Australien

www.baedeker.com

Verlag Karl Baedeker

TOP-REISEZIELE ★ ★

Ganz Australien in einem Urlaub kennenzulernen ist unmöglich. Der fünfte Kontinent ist riesig und besitzt jede Menge lohnender Reiseziele – doch wo liegen die absoluten Highlights? Wir haben für Sie zusammengestellt, was Sie auf keinen Fall verpassen sollten.

Great Barrier Reef
Farbenfrohe Falterfische im größten Korallenriff der Erde

Aborigines
Lernen Sie von den Ureinwohnern, wie man Didgeridoo spielt.

Gibb River Road
Echtes Outback-Feeling

Blue Mountains
Schroffes Sandsteinplateau mit den Felsendomen der »Three Sisters«

Wave Rock
Wind und Wasser haben die steinerne Welle geformt.

Hobart
Hafen mit Historie

TOP-REISEZIELE ** TASMANIEN

TASMANIA
1 Cradle Mountain/ Lake St. Clair National Park
© Baedeker
2 Franklin Gordon Wild Rivers N.P.
3 Hobart
4 Southwest National Park
5 Port Arthur

DIE BESTEN BAEDEKER-TIPPS

Die Top-Reiseziele zu kennen ist wichtig für einen gelungenen Aufenthalt. Richtig spannend aber wird es, wenn man ein bisschen mehr weiß als die anderen. Bevor es losgeht, schon mal eine Auswahl der besten Baedeker-Tipps und -Empfehlungen für Australien.

! Auf den Spuren der Ureinwohner
Mehrtägige Touren mit Flussfahrten, Bumerang-Unterricht, Bush-Tucker-Walk und traditionellem Essen am Lagerfeuer ► **Seite 67**

! Crime Time
Australische Krimis für unterwegs mit findigen Detektiven und einem gelungenen Mix aus Humor, Romantik und Verbrechen ► **Seite 106**

Wine & Dine
Winzertour für Weingourmets mit edlen Tropfen und Delikatessen

! Adventure Sail & Dive
Spannende Segeltörns und fantastische Tauchsafaris von Airlie Beach zu den Whitsunday Islands am Great Barrier Reef ► **Seite 136**

! Wanderung durch die Wipfel
In 25 m Höhe zwischen Königseukalypten und Riesenfarnen über den Otway Fly Tree Top Walk durch den Regenwald spazieren ► **Seite 173**

! Rockclimbing und Abseiling
Profis bieten in den Blue Mountains Tagestouren und Unterricht im Felsklettern am Seil. ► **Seite 204**

! Up, up and away ...
Frühmorgens werden die Gasbrenner im Hunter Valley angezündet, damit die Heißluftballone zum Sonnenaufgang in der Luft sind. Der Landung folgt ein Champagnerfrühstück. ► **Seite 220**

! Stilecht erkunden
Bis zu einer Woche dauern die Ausritte durch Australiens Cowboy-Paradies im Snowy-River-Hochland. ► **Seite 235**

! Sydney Harbour
Bewundern Sie die Skyline Sydneys auf einem Segeltörn oder während der Sunset Cruises mit Meeresfrüchtemenü und Party an Bord. ► **Seite 247**

! Schwindelfrei ...
... sollte man sein für den spektakulären Bridge Climb in den obersten Bogen der Sydney Harbour Bridge. ► **Seite 248**

! Überflieger
Abenteuerlustige können beim Harbour Rush im offenen Hubschrauber mit der Outdoor-Kamera persönliche Aufnahmen von Sydney festhalten. ► **Seite 266**

! Kanutour mit Badepause
Paddeln Sie die Katherine Gorge flussaufwärts zu einer krokodilfreien Badestelle. ► **Seite 311**

Desert Awakenings Tour
Erleben Sie bei Milchkaffee und Damper auf einer Sanddüne den Sonnenaufgang am Uluru/Ayers Rock, wandern Sie um den heiligen Berg und lauschen Sie den Legenden der Traumzeit. ► Seite 317

Sounds of Silence
Auf Sekt und Canapés bei Didgeridoo-Klängen folgt ein Gourmet-Barbecue mit Emu, Känguru und Krokodil. Zum Dessert erklärt ein Astronom den Sternenhimmel über dem nachtschwarzen Uluru. ► Seite 320

Nostalgisch
An die koloniale Ära erinnern die »Kookaburra River Queens«, zwei Nachbauten der Schaufelraddampfer jener Zeit, die mehrmals täglich den Brisbane River hinaufschippern. ► Seite 337

Miner's Heritage Walk
Im saphirhaltigen Sand der Schaumine von Rubyvale kann man selbst sein Glück versuchen. ► Seite 356

Reefsleep
Übernachten Sie an Bord eines Katamarans oder auf einem Ponton mitten im Great Barrier Reef inklusive zweier Tauchgänge und einer geführten Schnorcheltour. ► Seite 369

Oper im Outback
Lauschen Sie im Undara Volcanic National Park unter freiem Himmel berühmten Opernarien. ► Seite 395

Schlemmertour für Weingourmets
Gegrillte Jakobsmuscheln und saftiger Lammrücken werden zu Spitzenweinen der Saltram Winery serviert. ► Seite 411

Bridge Climb
Adrenalinkick auf der Sydney Harbour Bridge

Digging for Gold
Goldschürfen – ein Riesenspaß für die ganze Familie

Wal in Sicht!
Mehr als 100 Südliche Glattwale kommen jedes Jahr im Mai zur Paarung in die Bucht am Head of Bight. ► Seite 417

Koala Watching
Einer der besten Plätze, um Koalas zu beobachten, ist das Hanson Bay Wildlife Sanctuary auf Kangaroo Island mit geführten Nachttouren. ► Seite 421

Let's Dance!
Alle zwei Jahre im Oktober treffen sich in der staubigen Einöde von Curdimurka Tausende von Aussis in Smoking und Abendkleid zur größten Open-Air-Party des Kontinents. ► Seite 424

Unwiderstehlich
Schon seit 1921 produziert Cadbury eine sagenhafte Schokolade. Bei einer Tour durch die Fabrikanlagen nördlich von Hobart gibt es reichlich Kostproben und am Schluss aus der Schatztruhe einen Sack voll Schokolade. ► Seite 446

Kängurus
Australiens Wappentier springt mühelos 12m weit

Melbourne
Sensationeller Blick für Schwindelfreie aus dem 88. Stock des Eureka Tower

Wangaratta Jazz Festival
Anfang November spielen in Wangaratta Spitzen-Jazzer aus aller Welt – eines der Topevents in Down Under. ► Seite 465

Shipwreck Coast
Mehr als 200 Schiffe havarierten an den Klippen der Great Ocean Road. Im Warrrnambool Flagstaff Maritime Museum sind Wrackfunde des Dreimasters »Loch Ard« ausgestellt, der im Morgengrauen des 1. Juni 1878 am Riff vor Mutton Bird Island zerschellte. ► Seite 481

Hidden Secrets Shopping Tour
Als echte Insiderin der Melbourner Modeszene führt Fiona Sweetman zu angesagten Modemachern des Kontinents und verrät auch, wo australisches Design, handgemachte Schokolade oder tolle Tea Rooms zu finden sind ► Seite 484

Colonial Tram Car Dinner
Während drinnen die Gäste am Champagner nippen und australische Gerichte genießen, zuckelt das Colonial Tram Car Restaurant an den schönsten Punkten Melbournes vorbei. ► Seite 486

! Skydeck 88
Atemberaubend ist die Aussicht aus dem Glaskubus »The Edge« im 88. Stock des Eureka Tower, in 285 m Höhe der höchste Rundblick der Südhalbkugel.
► Seite 496

! Ein Familienklassiker ...
... ist »Puffing Billy«, ein historischer Dampfzug, der mehrmals täglich von Belgrave über Holzbrücken und durch Farnwälder des Emerald Lakeside Park bis nach Gembrook rattert. ► Seite 501

! Pitchen und Putten
Zu den ausgezeichneten Golfplätzen der Mornington-Halbinsel gehört auch Moonah Links, auf dem alljährlich die Golfmeisterschaft »Australian Open« ausgetragen wird. ► Seite 504

! Tauchen in Down Under
Tauchen Sie mit Walhaien und Riesenmantas im küstennahen Ningaloo Reef oder in den Korallengärten von Rottnest und Rowley Shoals. ► Seite 517

! Delfine hautnah
In Bunbury kann man frei lebende Delfine am Strand oder auf Schwimm- und Bootstouren beobachten. Ausgerüstet mit Wetsuit, Schnorchel und Flossen, besucht man die Delfine in ihrem natürlichen Lebensraum. ► Seite 525

! Tag Along Tour
Hilfsbereit, teamfähig und abenteuerlustig sollte man sein, wenn man sich der fantastischen Fahrt über die legendäre Canning Stock Route durch die Great Sandy Desert anschließen möchte.
► Seite 565

Tauchspot vor Westaustralien
Begegnung mit einem Kugelfisch am Ningaloo Reef

Kanutour mit Badepause
Paddeln Sie die Katherine Gorge flussaufwärts.

Rund eine halbe Million Aborigines leben heute in Australien.
► **Seite 43**

HINTERGRUND

PRAKTISCHE INFORMATIONEN VON A bis Z

PREISKATEGORIEN

Hotels
Luxus: ab 300 AUD
Komfortabel: 130 bis 300 AUD
Günstig: bis 130 AUD
Doppelzimmer ohne Frühstück

Restaurants
Fein & teuer ab 45 AUD
Erschwinglich: 25 bis 45 AUD
Preiswert: bis 25 AUD
für ein Hauptgericht ohne Getränke

TOUREN

Unvergesslich: ein Hubschrauberrundflug zum Uluru (Ayers Rock)
▸ Seite 152

Vor 40 000 Jahren Heimat des Homo Sapiens: der ausgetrocknete Lake Mungo
► **Seite 225**

REISEZIELE VON A BIS Z

Designwunder und Wahrzeichen: Sydneys Opernhaus und Hafenbrücke
► **Seite 256**

Tanz und Körperbemalung gehören zu den traditionellen Corroborees.
► **Seite 325**

Badehäuschen am Brighton Beach bei Melbourne
▸ **Seite 501**

Magischer Ort: das Tal der Winde ► **Seite 321**

Vorsicht vor Freshies & Salties!

Hintergrund

WISSENSWERTES ÜBER DEN FÜNFTEN KONTINENT, ÜBER FLORA UND FAUNA, DIE ABORIGINES, BRITISCHE HÖFLICHKEIT UND DEN MODERNEN ALLTAG AUSTRALIENS, ÜBER NATURSCHUTZ, PULSIERENDE METROPOLEN, DAS ENDLOSE OUTBACK UND DIE WUNDERBAR LÄSSIGE LEBENSART DOWN UNDER

G'DAY IN DOWN UNDER

I love a sunburnt country, a land of sweeping plains,
of ragged mountain ranges, of drought and flooding rains,
I love her far horizons, I love her jewel sea,
her beauty and her terror – the wide brown land for me.

Diese Zeilen, die Dorothea MacKellar 1904 als 19-Jährige im nasskalten England aus Heimweh verfasste, gehören noch immer zu den schönsten Liebeserklärungen an den fünften Kontinent. Bis heute lernen alle australischen Grundschulkinder ihr Liedgedicht »My Country« auswendig. Mit Inbrunst singen sie am Lagerfeuer von ihrem sonnenverbrannten Land. Heiß und ausgedörrt erscheint das Landesinnere, unwirtlich und weit. Dies ist die Heimat von riesigen Rinderfarmen, manche größer als die Schweiz. Einige von ihnen laden ein, das Outback hautnah zu erleben. Spätestens beim Ausritt, Wandern oder Mountainbiken durch die rauen, unversöhnlichen Landschaften erliegt man der atemberaubenden Schönheit einer Wildnis ohne Grenzen.

Gelebte Tradition *Bereits 60 000 Jahre vor den Europäern kamen die Aborigines ins weite Land.*

Naturwunder und Traumpfade

Mehr als 3000 Millionen Jahre Naturgeschichte machen Australien zum ältesten Kontinent der Erde. In der Wüstenoase Palm Valley, in den Blauen Bergen bei Sydney und in den tropischen Regenwäldern der Ostküste haben unzählige Pflanzen der Urzeit überlebt, in Riversleigh und bei Broome haben die Dinosaurier ihre Fußspuren hinterlassen. Songlines, Traumpfade, führen zur mystischen Vergangenheit der Aborigines, der Tjukuupa oder »Traumzeit« vor mehr als 40 000 Jahren. Am Anfang der Schöpfung stand die Regenbogenschlange, die mit den gewaltigen Granitkugeln der »Devils Marbles« mitten im Outback ihre Eier hinterließ. Die Legenden der Traumzeit sind in den Felszeichnungen des Uluru/Ayers Rock- und des Kakadu-Nationalparks erhalten, der größten Freiluftgalerie der Vorzeit. Erleben Sie die Traditionen der Vorfahren im Arnhem Land des Northern Territory, wo heute Aborigines und Weiße einander unbefangen begegnen. Erkunden Sie im Landrover Naturparadiese wie das bizarre Felslabyrinth der Karijini-Parks in Westaustralien oder Kangaroo Island an der

Meisterhafte Anpassung

Fast 700 Eukalyptus-Arten findet man auf dem fünften Kontinent, über Jahrmillionen bestens angepasst an die unterschiedlichen Klimazonen.

Endlose Weite

tz gibt es in Australien reichlich: Für seine 22,4 Mio. wohner, aber auch für die 6 Mio. Besucher, die jedes Jahr ans andere Ende der Welt reisen.

Herzlich willkommen ...

... im tropischen Inselparadies des Great Barrier Reef

Metropolen voller Lebenslust
Business, Lebensfreude und ein großes kulturelles Ange prägen das multikulturelle Melbourne.

Kleinod des Kontinents
Dichte Regenwälder, verwunschene Wasserfälle und idyllische Seen machen den Reiz Tasmaniens aus.

Karawane zur Sonne
Im gemächlichen Passgang schreiten die Dromedare am Cable Beach durch den weichen Sand.

Great Ocean Road, wo Tausende von Koalas, Kängurus und Schnabeltiere leben. Ein Muss für Taucher ist die fantastische Unterwasserwelt des Great Barrier Reef, des größten Riffs der Welt, vor der Ostküste Australiens. Im Sommer 2008 entdeckte dort ein internationales Biologenteam Hunderte bislang unbekannter Meerestiere, darunter 150 neue Korallenarten. Wer sie bestaunen will, sollte ein paar Tage auf dem Whitsunday Archipel einplanen. Grün und hügelig ragen seine 74 versunkenen Berge auf halbem Weg zwischen Brisbane und Cairns aus den tropisch warmen Fluten – Fluchtpunkte für Inselfantasien, Segelabenteuer und exklusive Robinsonaden.

Die Leichtigkeit des Seins

»No worries!« In Australien nimmt man's gelassen. Der rote Kontinent steht für eine entspannte Lebensart, Humor und Gastfreundschaft. Schier grenzenlos scheint die Hilfsbereitschaft der Australier zu sein, ob bei einer Panne mitten im Outback oder wenn man sich in Sydney verlaufen hat. Mit einer Geduld und Freundlichkeit, über die Europäer nur staunen können, wird der Reifen gewechselt und die Route erklärt – eine liebenswerte Eigenschaft aus Pioniertagen, als man bedingungslos füreinander einstehen musste, um zu überleben. Aus dieser Zeit stammt auch die »Mateship«, »echte Männerfreundschaft«, die man am liebsten bei einem gemeinsamen Barbecue pflegt. Die Einwanderungswellen der letzten 50 Jahre haben den einstigen Außenposten des britischen Weltreichs in einen Schmelztiegel der Nationen verwandelt, quicklebendig, trendy und lebensfroh. Das zeigt sich besonders in den Metropolen Melbourne und Sydney. Sie begeistern mit ihrem faszinierenden Mix aus alten Bauten und hypermoderner Architektur, kühl-grünen Gärten, feinsandigen Stränden, besten Küchen aus aller Welt und einer spannenden Kulturszene. Ob beim schrill-frivolen Mardi Gras, beim Tauchen mit Walhaien, beim Opalschürfen oder Abseilen an Tasmaniens spektakulärer Kliffküste, immer wieder überrascht der Kontinent seine Besucher. Heiß und ausgedörrt erscheint er nur auf den ersten Blick – ein Sprühregen genügt und Tausende Wildblumen bedecken die rote Erde mit einem kunterbunten Blütenmeer. Wer das Land bereist, lernt das Staunen. Und wird bald die Ansicht der Aussies teilen, dass ihr Land »ganz weit unten« absolut »The Place to be« ist.

Entspannte Lebensart
Einmalig sind Hilfsbereitschaft und Humor der Australier.

Fakten

Wie entstand der fünfte Kontinent? Woher kamen die Aborigines? Was trinken Koalas? Und womit verdienen die Aussies ihr Geld? Kompakte Antworten auf vielerlei Fragen, die zeigen, wie einzigartig und aufregend Australien ist.

Natur und Umwelt

Spannende Geologie

Kontinent der Superlative

Australien, eingebettet **zwischen dem Indischen und dem Pazifischen Ozean**, ist der kleinste Kontinent und gleichzeitig die größte Insel der Erde. Die Nord-Süd-Ausdehnung reicht von den äußeren Tropen bis zu den gemäßigten Breiten: 3700 km. Die Strecke von Ost nach West ist ähnlich lang – 4000 km.
Erdgeschichtlich findet man in Australien die ältesten Landschaften der Welt – beispielsweise die MacDonnell Ranges rund um Alice Springs, ein Faltengebirge, dessen Alter rund drei Milliarden Jahre betragen soll. Bis vor 200 Millionen Jahren formten Australien und die Landmassen von Afrika, Südamerika, Indien und der Antarktis den Superkontinent **Gondwana**. Als dieser zerbrach, begann die Norddrift des australischen Kontinents, die bis heute anhält. Jahr für Jahr rückt das australische Festland seither dem Äquator näher – jedoch nur um einige Millimeter.
Der einst gebirgige, überaus fruchtbare und von üppigem Grün bedeckte Kontinent wurde – im Laufe vieler Jahrmillionen – durch gewaltige Erosionskräfte zum flachsten aller Erdteile.

Drei Naturräume

Grob kann die Landmasse in drei Naturräume unterteilt werden: das östliche, küstennahe **Randgebirge**, das **Tiefland** im Innern sowie der über die Hälfte des Kontinents einnehmende **westliche Schild** mit Plateaus, Bergketten und einem schmalen Küstentiefland. Während ausreichend Niederschläge den Osten grünen und blühen lassen, machen regenarme Wüsten, Steppen und Felsgebirge den größten Teil des restlichen Kontinents aus. Die Viehzüchter im trockenen Outback überleben dank tiefer Brunnen, mit denen unterirdisches Wasser aus einem 1,7 Millionen Quadratmeter großen artesischen Becken zutage gefördert wird. Dennoch weist die Statistik mehr verfügbares Wasser pro Kopf der australischen Bevölkerung aus als in vielen anderen Ländern der Erde, was vor allem in den Städten zu gedankenloser Verschwendung führt, zum Beispiel zu ständigem Bewässern der Vorgärten.

Uluru und Kata Tjuta

Aus der spannenden Erdgeschichte erklärt sich auch das Entstehen vieler **Naturwunder** wie Uluru und Kata Tjuta. Zur Zeit des frühen Kambriums, als Zentralaustralien von einem Binnenmeer bedeckt war, bewegten sich verschiedene Erdplatten im Untergrund in entgegengesetzte Richtungen. Durch den Druck, den die Schollen aufeinander ausübten, faltete sich der Meeresboden zu einer großen Gebirgskette auf – es entstand die mächtige Peterman Range. Ein be-

← Magisch geformter Sandsteinkoloss mitten im Outback: der Uluru oder Ayers Rock, der heilige Berg der Aborigines

Zahlen und Fakten Australien

Lage

- 113° bis 151° östliche Länge; 10° bis 43° südliche Breite

Fläche und Staatsgebiet

- 7 617 930 km² (21-fache Größe Deutschlands)
- 6 Außengebiete: Coral Sea Islands (Ozeanien, Ashmore & Cartier Islands (Südostasien), Christmas Islands (Südostasien), Cocos (Keeling) Islands (Südostasien), Norfolk Islands (Ozeanien), Heard & McDonald Islands (1500 km nördl. der Antarktis) und Australian Antarctic Territory (Antarktis)

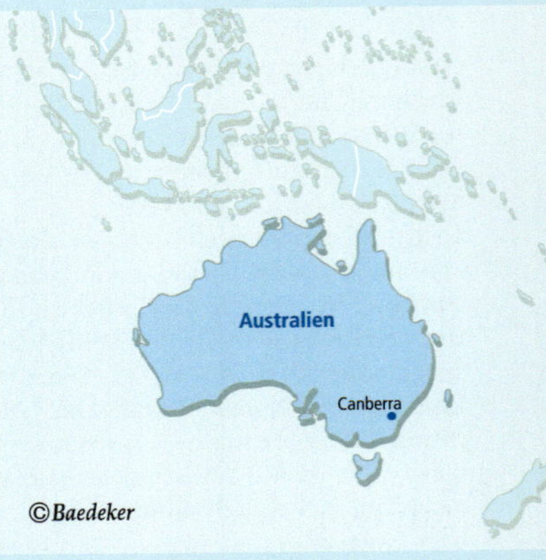

Nationalflagge Australiens

Bevölkerung

- 22,4 Mio. Einw. in Australien (2010) (zum Vergleich: Nordrhein-Westfalen und Rheinland-Pfalz: 22 Mio. Einw.)
- Bundesstaaten: New South Wales (NSW) 7,3 Mio., Victoria (VIC) 5,7 Mio., Queensland (QLD) 4,4 Mio., Western Australia (WA) 2,2 Mio., South Australia (SA) 1,1 Mio., Tasmania (TAS) 502 600, Australian Capital Territory (ACT) 356 000, Northern Territory (NT) 237 000
- Bevölkerungsdichte: 2,9 je km², höchste Dichte: ACT, 147 Einw./km² niedrigste Dichte: NZ, 0,2 Einw./km² (Deutschland: 229 je km²)
- Altersstruktur: 19 % jünger als 14 und 13 % über 65 Jahre
- Ca. 90 % leben in der Stadt, rund 90 % haben europäische Wurzeln, ca. 8 % sind asiatischer Abstammung
- 2,3 % beträgt der Anteil der Ureinwohner (Aborigines)
- 24 % der australischen Einwohner sind im Ausland geboren.

Staat

- Parlamentarische Monarchie (im Commonwealth) mit Zweikammerparlament
- Staatsoberhaupt: Königin Elizabeth II, vertreten durch Generalgouverneurin Quentin Bryce (seit 5. Sept. 2008). Regierungsschefin ist seit 2010 Julia Gillard , Australiens 27. Premierminister

Wirtschaft

- Bruttosozialprodukt: 704 Mrd. Euro, BIP pro Kopf: 33 713 Euro, BIP-Wachstum: 2,8 %, Inflationsrate: 3,1 % (2010)
- Arbeitslosenquote: 5,1 % (2010)
- Wirtschaftsstruktur (2008): Handel/Gastronomie: 13 %, Transport/Kommunikation: 7 %, Öffentliche Dienstleistungen: 71,3 %, Industrie: 24,9 %, Bauwirtschaft: 7 %, Bergbau: 5 %, Land-, Forstwirtschaft und Fischerei: 3,8 %, sonstige Dienstleistungen: 31 %
- Hauptausfuhrprodukte: Kohle, Erze, Erdöl- und Erdgasprodukte, Metalle, Fleisch, Fisch, Wein, Textilfasern, Getreide, Gold und Kraftfahrzeuge.

sonders harter Ablagerungsbrocken, umgeben von weitaus weicherem, erosionsanfälligem Gestein – diese Komponenten bewirkten die Entstehung des **Uluru**. Der feste »Gesteinsknödel« drehte sich nämlich unterirdisch dank weiterer Erdbewegungen von der Waagrechten um fast 90° in eine nahezu senkrechte Lage. Die Oberkante dieses Batzens erblickte nun bald das Sonnenlicht: Das sehr viel weichere darüberliegende und umgebende Material zerfiel nämlich rasch durch Fröste, Regen, Hitze und Wind. Wasser und Wind trugen diesen »Abfall« davon. An dem übrig gebliebenen harten **Inselberg**, der nun entstanden war, rieben die erodierenden Kräfte zwar auch – es entstanden jedoch lediglich Löcher und Höhlen. Dass der 3,4 km lange sichtbare Rücken, dessen unteriridischer Sockel auf etwa dieselbe Größe geschätzt wird, so einsam aus der Ebene hervorragt, verdankt er also seiner Widerstandskraft. Die rote Farbe erklärt sich übrigens dadurch, dass das im Gestein enthaltene Eisen an der Luft während vieler Jahrtausende oxidierte. Im Laufe des Tages changieren die Farben des Felsens von rötlichgrau zu violettrot.

Naturwunder Great Barrier Reef

Millimetergroße Baumeister

Für Taucher ist es ein großes Ereignis. Jedes Jahr zur selben Zeit, ungefähr **Anfang November**, scheint es im warmen Wasser des Pazifik zwischen Bundaberg und Thursday Island für wenige Tage zu schneien. Das seltsame Flockengestöber, das die Sicht durch die Brille trübt, wurde erst vor einigen Jahren publik gemacht. »**Spawning of the corals**« – so lauteten damals die Schlagzeilen in den Zeitungen. Eine Attraktion, die sich kein Unterwasser-Fan entgehen lässt. Das seltsame Schneegestöber hat natürlich einen Grund. An einer der

◄ Weiter auf S. 30

Korallenflecken im Riff: Über 700 Inseln gehören zum Great Barrier Reef.

BEDROHTES PARADIES

Die Korallenriffe des Great Barrier Reef sind bedroht. Gefahren gibt es genügend: Erwärmung des Meerwassers, El Niño, Korallenkrankheiten, sogar ein gefräßiger Seestern und die Aufheizung der Erdatmosphäre.

Der Great Barrier Reef Marine Park ist ein besonderer Ort: Mit weit über 2500 Einzelriffen und 500 Inseln erstreckt er sich auf einer Fläche von 350 000 km² über 2300 km entlang der ostaustralischen Küste und hat seit 1981 den Status eines **UNESCO-Weltnaturerbes**. Die einzigartigen Korallenriffe sind Lebensraum für über 1500 Fisch-, 400 Korallen- und 240 Vogelarten. Zusammen mit 500 unterschiedlichen Seegräsern, 22 Walspezies und sieben von acht weltweit bekannten Wasserschildkrötenarten ist das Great Barrier Reef der vielfältigste Lebensraum unseres Planeten. Doch das Paradies ist bedroht: Wie alle Ökosysteme unterliegen auch die Korallenriffe einem ständigen Wandel. Organismen wachsen, vermehren sich und sterben. Riffe werden von Stürmen verwüstet. Aber vor allem der Mensch übt mit seinen zahlreichen Aktivitäten einen erheblich negativen Einfluss aus: Zunehmende Sedimentfracht der Flüsse als Folge von Bodenerosion durch Abholzungen, vermehrte Nährstoffzufuhr aus der Landwirtschaft durch Überdüngung oder Abwässer aus der Industrie sowie steigende Wassertemperaturen als Resultat der globalen Erwärmung sind nur einige Gefahren, denen die Riffe bildenden Organismen ausgesetzt sind.

Ein Grad Celsius genügt

Um optimal gedeihen zu können, sind Korallen auf sauberes und warmes Wasser, einen konstanten Salzgehalt sowie ausreichendes Sonnenlicht angewiesen. In gesundem Zustand ist die kalkige Oberfläche der Korallen von einer dünnen Schicht aus **Korallenpolypen** überzogen. Diese fragilen Lebewesen verdanken ihren ökologischen Erfolg dem Umstand, dass sie mit mikroskopisch kleinen **Algen** in Symbiose zusammenleben. Diese sind es auch, die den Korallen die **Farbenpracht** verleihen. Wie alle Pflanzen betreiben die Algen Fotosynthese, wobei sie aus Kohlendioxid und Sonnenenergie Nährstoffe herstellen. Als brave Untermieter treten sie einen Teil davon an den Hauswirt, die Koralle, ab. Diese revanchiert sich mit Stickstoff und Phosphor, die wiederum von den Algen zum Wachstum benötigt werden. Das perfekte Zusam-

menspiel hält die Korallen gesund und fördert die Kalkausscheidungen der Polypen, was die Riffe stetig wachsen lässt. Doch die Wohngemeinschaft reagiert **empfindlich** auf schwankende Wassertemperaturen. Schon wenn sich das Meer nur um 1 °C erwärmt, stoßen die Polypen ihre Partner ab. Ist nur noch die Hälfte der farbgebenden Algen vorhanden, erscheinen die Korallen bereits bleich. Halten die ungünstigen Bedingungen länger als einige Wochen an, sterben die Korallenstöcke endgültig ab, und es dauert Jahrzehnte, bis die Wunden im Riff durch nachwachsende Korallen geheilt sind.

El Niño

Alle fünf bis sieben Jahre erhöht sich die Gefahr einer Korallenbleiche durch das **Klimaphänomen** El Niño. Durch eine Umstellung der Großwetterlage im Südpazifik kann sich das Meer vor der Ostküste Australiens im Sommer überdurchschnittlich stark erwärmen. Eine solche Situation ergab sich 1998, als ein gewaltiger El Niño die größte jemals am Great Barrier Reef beobachtete Korallenbleiche auslöste. Das Unheil begann im Januar und verstärkte sich im Februar und März. Ungewöhnlich hoher Luftdruck über Nordaustralien hatte die Schatten spendenden Regenwolken von der Küste vertrieben. Durch den anhaltenden Sonnenschein und schwach windiges Wetter stiegen die Wassertemperaturen in den Riffgebieten auf über 30 °C, die für Korallen kritische Grenze. Ein Überangebot an Sonnenlicht und salzarmes Wasser stressten die Organismen zusätzlich. So nahm das Unheil seinen Lauf: Im April hatten 88 % der küstennahen Riffe mehr oder weniger stark ihre Farbe verloren. Glücklicherweise waren die Zerstörungen nicht flächendeckend, in Einzelfällen jedoch verheerend; so etwa in der Palm-Island-Gruppe, nördlich von Townsville, wo an einzelnen Riffen bis zu 80 % der Korallen abstarben. Im australischen Sommer 2002 befürchteten Wissenschaftler eine neue Katastrophe. Im Januar und Februar hatte ungewöhnlich warmes Wetter die Wassertemperaturen erneut auf 30 °C steigen lassen. Auch diesmal verbrannten zahlreiche Korallenorganismen. Besonders betroffen waren die Hart- und Weichkorallen der Innenriffzonen, vereinzelt – wie in den Whitsundays – starben sogar Muscheln und Seeanemonen ab. Aber bereits im März konnte Entwarnung gegeben werden. Aufziehende Regenwolken hatten die Meerestemperaturen sinken lassen. In den nächsten Monaten erholten sich die in Mitleidenschaft gezogenen Korallenkolonien rasch.

Korallenkrankheiten

Nicht nur **zu hohe Wassertemperaturen**, sondern auch verschiedene Korallenkrankheiten können die Riffe ausbleichen und absterben lassen. Zu den häufigsten zählen »black band disease« und »white syndrome«. Bei Letzterem kommt es zu einem Zerfall des Korallengewebes durch **aggressive Bakterien**. Die Krankheit kann sich mit einer Geschwindigkeit von 2 cm pro Tag in einer Korallenkolonie ausbreiten. Ebenfalls spektakulär ist der Verlauf der »black band disease«, die in Australien erstmals 1993 beobachtet wurde. Dabei wandert ein 5–40 mm breites, dunkles Band über die Oberfläche von Steinkorallen. Auslöser der Krankheit sind sog. **Wimperntierchen**. Diese nur 0,3 mm großen, einzelligen Lebewesen, eine Unterart der bekannten Pantoffeltierchen, sitzen in flaschenartigen Gehäusen eingesenkt im Korallenkalk. Versiegt aus irgendwelchen Gründen der Nahrungsnachschub, schwärmen die Tierchen aus, um sich einen besseren Standort zu suchen. In Grüppchen lassen sie sich auf gesunden Teilen der Koralle nieder, wo sie neue Gehäuse bauen. Damit werden sie zu rücksichtslosen Killern: Sie zerstören das Gewebe aus Korallenpolypen, das den Kalk wie ein dünnes organisches Tuch überzieht. Bei seinem Zerfall werden Bakterien frei, an denen sich die Wimperntierchen laben. Ebbt der Nahrungsstrom ab, ziehen die hungrigen Gesellen weiter. So schiebt sich das dunkle Band der Zerstörung mit einer Geschwindigkeit von bis zu 4 mm pro Tag über die Oberfläche der Koralle. Riffkrankheiten richten im Allgemeinen jedoch nur geringe Schäden an.

Gefräßiger Seestern

Viel schlimmer kann der **Dornenkronen-Seestern** (»Crown of Thorns Starfish«, Acanthaster planci) den farbenfrohen Riffbildnern zusetzen. Der gefräßige Seestern, der bis zu 21 mit giftigen Stacheln gespickte Arme hat und im ausgewachsenen Zustand einen Durchmesser von 35 bis 80 cm erreicht, ernährt sich vorzugsweise von Korallenpolypen. Normalerweise ist er ein eher seltener Riffbewohner, der nur geringe Schäden anrichtet. Wenn aber eine zunehmende Zahl von Tieren mehr Korallenpolypen vertilgt, als nachwachsen, können ganze Riffe mit schwerwiegenden Folgen für alle Lebensgemeinschaften kahl gefressen werden. Als kritisch gelten mehr als 30 Seesterne pro Hektar. Wird diese Dichte überschritten, spricht man von einem Ausbruch. So geschehen in den Jahren 1986, 1992 und 2000. Im Rekordjahr 2000 waren 18 % der 228 überwachten Einzelriffe gleichzeitig von Aus-

brüchen betroffen. In Einzelfällen hatten die Seesterne 80 % der Korallenstöcke vernichtet. Doch allen Katastrophenmeldungen über einen bevorstehenden Untergang des Great

Der gefräßige Dornenkronen-Seestern stellt eine Gefahr für das Riff dar.

Barrier Reef zum Trotz konnten sich die Korallengärten nach dem Rückzug der gefräßigen Gesellen bislang schnell wieder erholen. Schlüssige Gründe für die explosionsartige Vermehrung der Seesterne wurden bislang nicht gefunden.

Größte Bedrohung

Die größte Bedrohung für alle Korallenriffe ist jedoch die von Klimawissenschaftlern vorhergesagte **Erwärmung der Erdatmosphäre** um etwa 2 °C im 21. Jahrhundert: Erhöhte Wassertemperaturen, ein steigender Meeresspiegel, häufigere Stürme, Dürreperioden, Überflutungen und andere Wetterextreme, aber auch eine mögliche Änderung der Meeresströmungen oder der chemischen Zusammensetzung des Meerwassers drohen die natürlich gegebene Anpassungskraft der Korallenriffe zu überfordern.

Die Vitalität des bedrohten Great Barrier Reef zu erhalten und zu stärken, das haben sich das **Australian Institute of Marine Science** und weitere Organisationen zum Ziel gesetzt. In einem umfangreichen Überwachungsprogramm dokumentieren sie alljährlich den Zustand und den natürlichen Wandel von über 100 Einzelriffen. Große Bedeutung haben dabei spezielle **Rifforganismen**, die sog. Schlüsselspezies, aus deren Gesundheitszustand sich Rückschlüsse auf die Lebensbedingungen im gesamten Riff ziehen und zukünftige Entwicklungen ableiten lassen. Diese Informationen sind unverzichtbar für ein effektives Riffmanagement und damit den Erhalt des einzigartigen Naturwunders.

größten Baustellen der Natur, dem **Great Barrier Reef**, wird weitergearbeitet. Viele der millimetergroßen Baumeister – **Steinkorallenpolypen** – beginnen im November mit der Fortpflanzung und entlassen regelrechte Pakete von Spermien ins Wasser. Flockend treiben sie durchs Nass und setzen sich schließlich auf den winzigen Körperchen der weiblichen Polypen ab, um dort die Eier zu befruchten. Bald wird der Laich im Wasser treiben und sich, um dem Licht der kräftigen Sonne entgegenwachsen zu können, möglichst schnell auf der Oberfläche des Riffs einnisten. Nun wächst das befruchtete Ei zum Polypen heran, bildet ein Skelett aus und einen Mund sowie fünf Tentakel mit Nesselzellen zur nächtlichen Jagd aufs nährende Plankton. Weitere Polypen gesellen sich dazu, bis eine **Kolonie** entsteht. Je nachdem, welcher Spezies die Winzlinge angehören, wachsen die Fächer und Arme der **Acropora- oder Hornkorallen** jährlich um 10–15 cm, während das Riff zwischen 0,5 und 1 cm an Dicke gewinnt. Es gibt, vor allem in tieferen Gewässern, jedoch auch Cluster von langsamer wachsenden **Schwarzkorallen** – die sehr gerne zur Herstellung von Schmuck verwendet werden.
Nach einer gewissen Zeit, wenn die Polypen abgestorben und ihre Skelette durch die Wellen zu Korallensand zerrieben sind, machen sich **Algen** ans Werk. Sie kleben den Sand fest aneinander. Um durchschnittlich einen Zentimeter pro Jahr wächst das Barrier Reef damit. Auf der neu geschaffenen Oberfläche werden sich im nächsten Spätfrühling wieder neue Jung-Polypen ansiedeln. Übrigens: Der Name »Großes Barrierenriff« täuscht. In Wahrheit bildet »The Reef« nämlich keine Riffbarriere. Vielmehr setzt es sich aus gut **2900 Einzelriffen und etwa 500 Inseln** zusammen. Vor rund 18 Mio. Jahren, mit der Norddrift des australischen Kontinents in wärmere Gewässer, begannen die kleinen Polypen ihr Werk. An der Küste nördlich von Cairns entstanden die ältesten Riffteile. Zwei Mio. Jahre später hatten sich die Korallenbänke bereits weit in Richtung Süden ausgedehnt.

Gefährdetes Paradies

Gefahren drohen diesem wundersamen Bauwerk von vielen Seiten: Touristen, die trotz aller Mahnungen ihren Müll ins Meer werfen, auf den fragilen Stöcken herumwandern oder **Korallen als Souvenirs** abbrechen oder Ölgesellschaften, die in den Randgebieten des Riffs reiche Reserven vermuten und bereits mehrere Probebohrungen vorgenommen haben. Gefahr droht aber auch von den sog. **Dornenkronen-Seesternen**. Denn sie vernichten die winzigen Baumeister, die alle Jahre aufs Neue an dem Wunderwerk arbeiten.

Naturkatastrophen damals und heute

Feuer und Wasser

In ganz Australien gibt es keinen aktiven Vulkan mehr. Womit Geologen nicht ausschließen, dass jederzeit eine Eruption den Kontinent erschüttern kann. Wie zuletzt um 600 vor Christi Geburt am **Mount Gambier** in South Australia. Oder vor 190 000 Jahren, als mächtige, glutheiße Lavaströme die Basaltlandschaft im **Undara Volcanic Natio-**

nal Park in der Gulf Savannah von Queensland geformt haben. Das neuzeitliche Australien wird von ganz anderen Naturkatastrophen heimgesucht: von verheerenden **Buschfeuern**, die immer während der Trockenperioden große Waldregionen in ein Flammenmeer verwandeln. Trotz massiver Löscharbeiten zu Land und aus der Luft greifen die Brände oft genug auf dicht besiedelte Gebiete über – die schwersten Buschfeuer in der Geschichte Australiens forderten in Victoria im Februar 2009 über 180 Menschenleben.

Genau das Gegenteil, aber deshalb nicht minder gefährlich, sind **Überflutungen**, die während plötzlich einsetzender Regenzeiten ganze Ortschaften im Outback im Nu meterhoch unter Wasser setzen. So herrscht in Charleville am Mathilda Highway alle Jahre wieder »Land unter«, wenn der Warrigo River über seine Ufer tritt.

An den Küsten sorgen **Wirbelstürme** für viel Wind. Schlimm wüteten der Zyklon »Tracy«, der am zweiten Weihnachtstag 1974 über Darwin hinwegfegte und 65 Menschen tötete, der Zyklon »Ingrid«, der 2005 mit Windgeschwindigkeiten von bis zu 280 km/h über drei australische Staaten hinwegzog, und der Zyklon »Larry«, der 2006 mit bis zu 290 km/h über die Ostküste von Nordqueensland raste.

Klima

Ein Kontinent heizt sich auf

Die subtropische Hochdruckzone beschert Australien fast das ganze Jahr **trockene, klare Luft und strahlenden Sonnenschein**. Dabei wirken die großen Landmassen wie eine überdimensionale Heizfläche. Die Sommertemperaturen in der Mitte und im Norden des Landes liegen im Januardurchschnitt oft über 35 °C. Extreme, im Landesinnern lang anhaltende Hitzewellen mit Temperaturen von über 40 °C werden überall verzeichnet. Während des Winters von Mai bis Oktober gibt es in den Höhenlagen der Australischen Alpen für mehrere Monate Frost und eine geschlossene Schneedecke. Entlang der schmalen Küstenzonen mildern die Meere die Temperaturunterschiede zwischen Tag und Nacht und – wenn auch geringer – zwischen Sommer und Winter. Wesentlich wichtiger ist die kühlende Wirkung der Seewinde in der heißen Sommerperiode. Sie nehmen den hohen Nachmittagstemperaturen ihre Spitzenwerte. Im weiträumigen Landesinnern gibt es extreme Temperaturschwankungen zwischen Tag und Nacht. Diese führen zur Taubildung auf den Pflanzen und sind in den vielen Monaten ohne Niederschlag die einzige Wasserversorgung der Vegetation.

? WUSSTEN SIE SCHON …?

- TROPISCHE ZONE:
  nördlich des Wendekreises des Steinbocks
- SUBTROPISCHE ZONE:
  südlich des Wendekreises des Steinbocks
- KÜHLGEMÄSSIGTE ZONE:
  im äußersten Süden (VIC) und auf Tasmanien

◄ Weiter auf S. 36

Australien Klimastationen

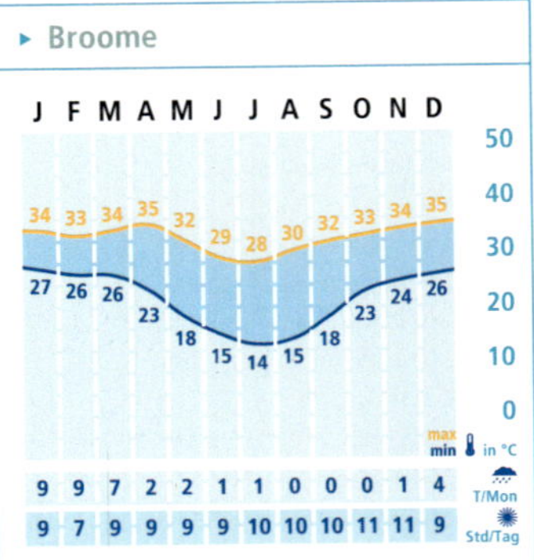

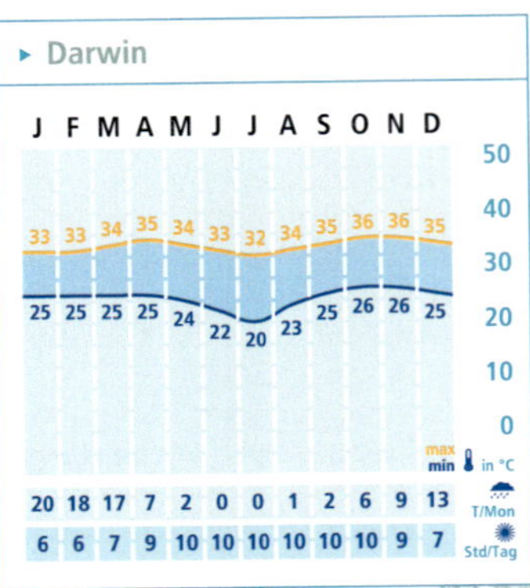

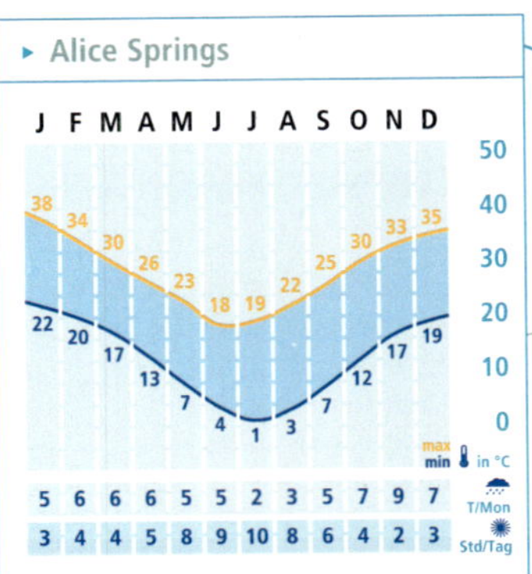

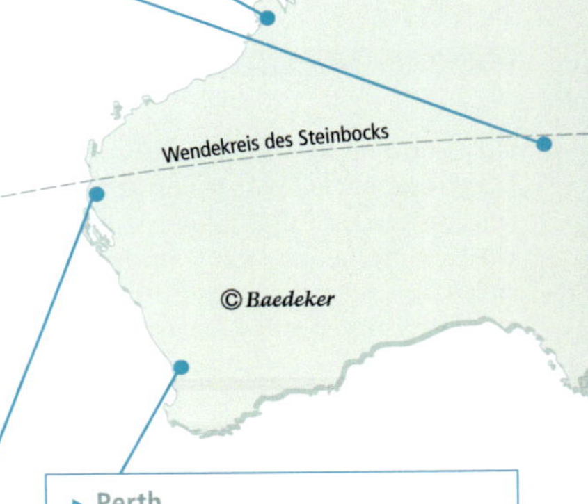

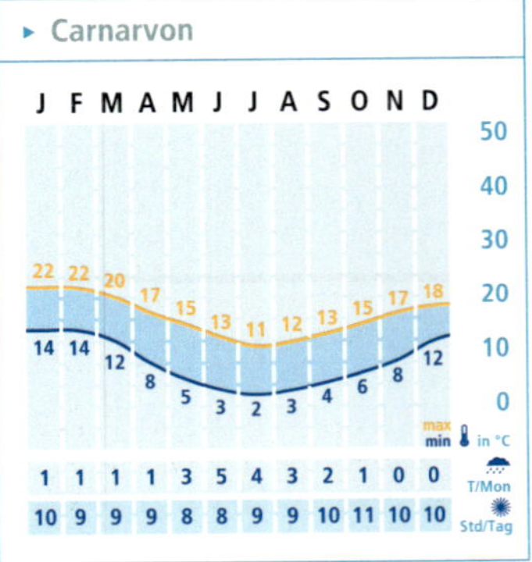

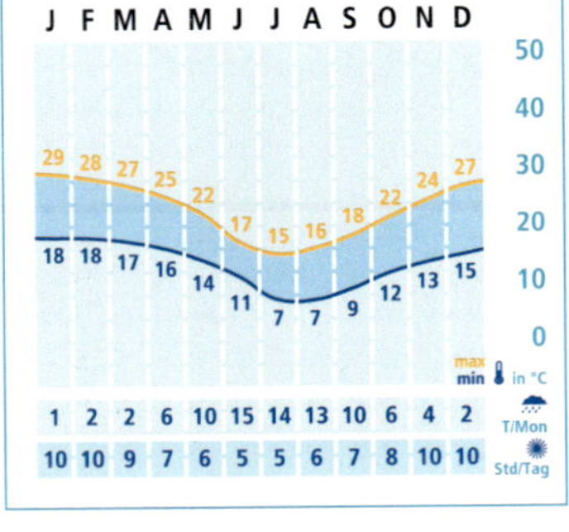

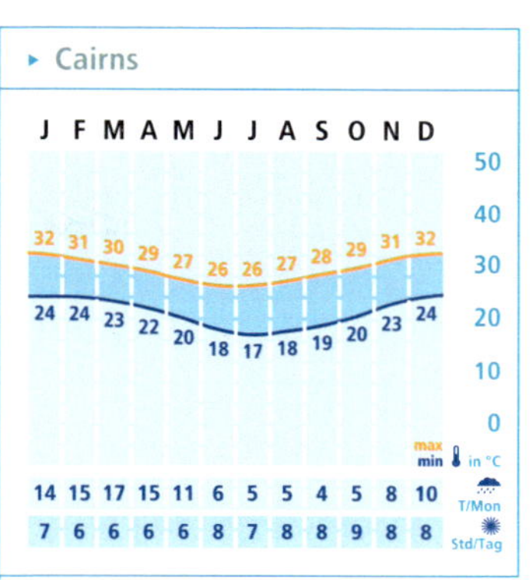
Cairns
J F M A M J J A S O N D
50 40 30 20 10 0
32 31 30 29 27 26 26 27 28 29 31 32
24 24 23 22 20 18 17 18 19 20 23 24
max min in °C
14 15 17 15 11 6 5 5 4 5 8 10
T/Mon
7 6 6 6 6 8 7 8 8 9 8 8
Std/Tag

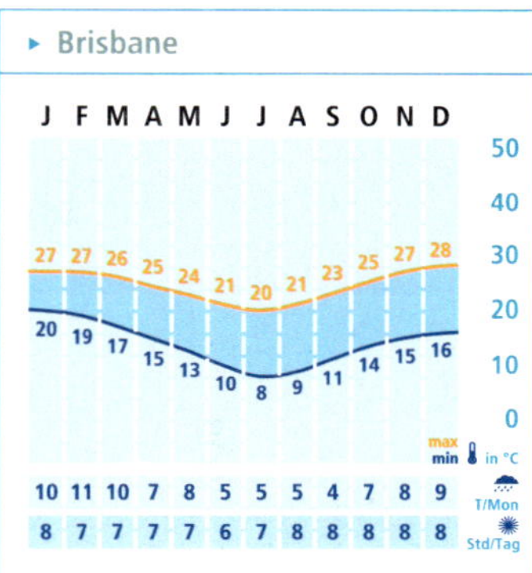
Brisbane
J F M A M J J A S O N D
50 40 30 20 10 0
27 27 26 25 24 21 20 21 23 25 27 28
20 19 17 15 13 10 8 9 11 14 15 16
max min in °C
10 11 10 7 8 5 5 5 4 7 8 9
T/Mon
8 7 7 7 7 6 7 8 8 8 8 8
Std/Tag

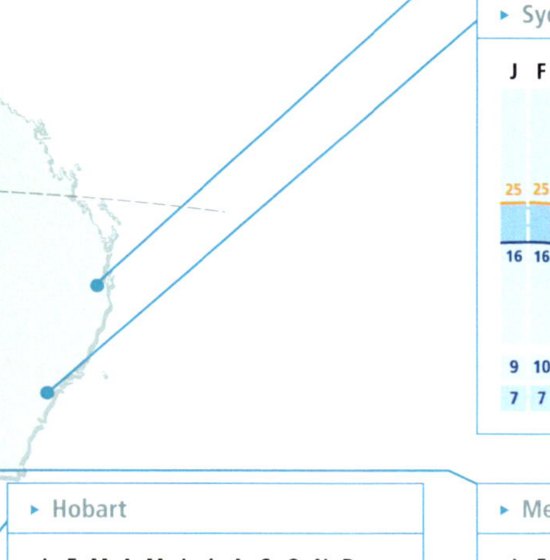

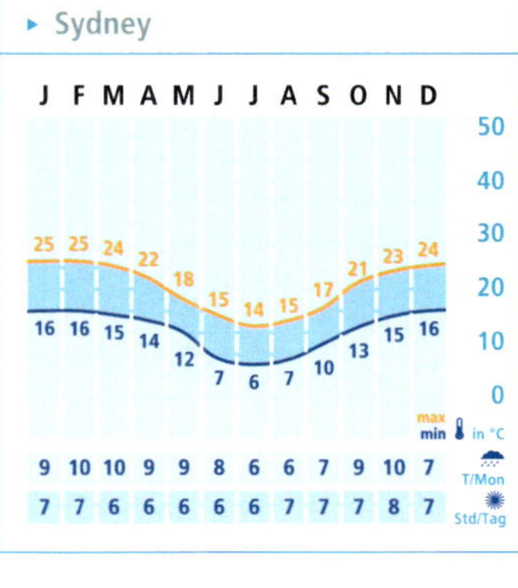
Sydney
J F M A M J J A S O N D
50 40 30 20 10 0
25 25 24 22 18 15 14 15 17 21 23 24
16 16 15 14 12 7 6 7 10 13 15 16
max min in °C
9 10 10 9 9 8 6 6 7 9 10 7
T/Mon
7 7 6 6 6 6 6 7 7 7 8 7
Std/Tag

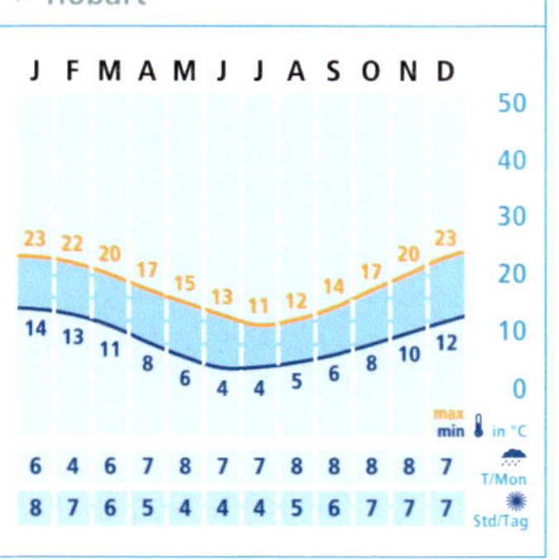
Hobart
J F M A M J J A S O N D
50 40 30 20 10 0
23 22 20 17 15 13 11 12 14 17 20 23
14 13 11 8 6 4 4 5 6 8 10 12
max min in °C
6 4 6 7 8 7 7 8 8 8 8 7
T/Mon
8 7 6 5 4 4 4 5 6 7 7 7
Std/Tag

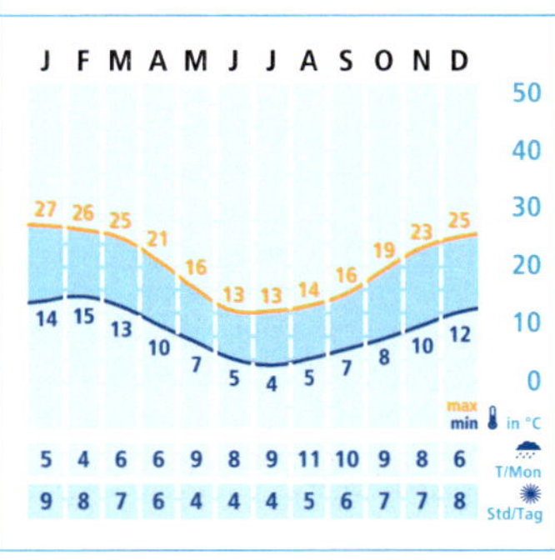
Melbourne
J F M A M J J A S O N D
50 40 30 20 10 0
27 26 25 21 16 13 13 14 16 19 23 25
14 15 13 10 7 5 4 5 7 8 10 12
max min in °C
5 4 6 6 9 8 9 11 10 9 8 6
T/Mon
9 8 7 6 4 4 4 5 6 7 7 8
Std/Tag

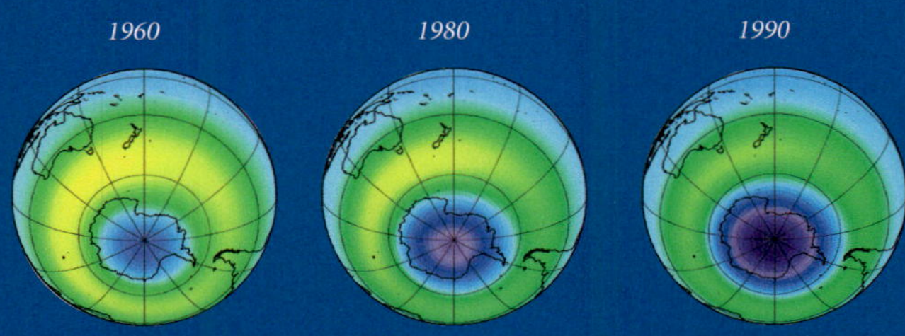

DAS GEFÄHRLICHE LOCH

»Die Lücke über dem Südpol wird sich 20 Jahre später als erhofft schließen. Aufgrund des weltweiten Klimawandels dauert es wahrscheinlich bis 2070, bis über der Antarktis nicht mehr alljährlich im Frühjahr ein Ozonloch entsteht«, lautete im September 2008 das Ergebnis einer Studie der Weltorganisation für Meteorologie (WMO), die alle vier Jahre herausgegeben wird.

Ozon bildet sich unter dem Einfluss ultravioletter Sonnenstrahlen aus gewöhnlichem Sauerstoff und hat die segensreiche Eigenschaft, die lebensfeindlichen ultravioletten Komponenten im Sonnenlicht durch Absorption abzuschwächen. Dabei wird es in seine drei atomaren Bestandteile zerlegt, die sich anschließend wieder zu gewöhnlichen Sauerstoffmolekülen zusammenfinden. Auf diese Weise stellt sich zwischen dem Ozon-Auf- und -Abbau ein Gleichgewicht ein.

Das Unheil mit den FCKWs

Mit der Freisetzung der berüchtigten **Fluor-Chlor-Kohlenwasserstoffe** begann das Unheil. Die zunächst für ungefährlich gehaltenen Gase wurden bis zu ihrem weltweiten Verbot in der Industrie, in Klimaanlagen und Kühlschränken, als **Treibmittel** von Spraydosen oder zum Aufschäumen von Dämmstoffen eingesetzt. Nach 10 bis 15 Jahren erreichten die langlebigen Stoffe die Stratosphäre, wo sie Ende der 1970er-Jahre ihr Zerstörungswerk begannen. Damit Ozon zerfallen kann, müssen ganz bestimmte atmosphärische Bedingungen erfüllt sein, die über der Antarktis im Spätwinter gegeben sind. Dann werden in der Stratosphäre jene niedrigen Temperaturen erreicht (unter –83 °C), bei denen sich Eiswolken bilden können. Mit den ersten Sonnenstrahlen des heraufziehenden Frühlings beginnt an der Oberfläche der Eiskristalle ein verhängnisvoller Prozess. In einer fotochemischen Kettenreaktion werden mithilfe der als Katalysator wirkenden Chloratome aus den FCKWs in wenigen Wochen 80 bis 90 % der **Ozonschicht** vernichtet. Erst die fort-

Ozon (griechisch = das Duftende) ist die aus dreiatomigen Molekülen (O_3) bestehende Variante des Sauerstoffs (O_2).

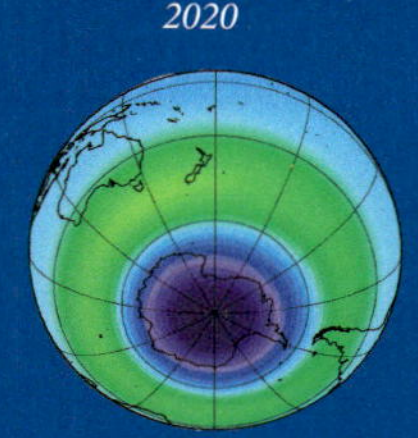

150 175 200 225 250 275 300 325 350 375 400 425 450 475 500
[DU]

Simulierte Entwicklung der Ozonschicht; Deutsche Forschungsanstalt für Luft- und Raumfahrt, Oberpfaffenhofen, Dr. Martin Dameris

schreitende Jahreszeit sorgt mit steigenden Temperaturen für eine Unterbrechung des unheilvollen Kreislaufs. Im November bricht der winterliche Tiefdruckwirbel über der Antarktis zusammen und ozonreiche Luftmassen aus niedrigen Breiten strömen nach Süden und füllen die Ozonsenke wieder aus. Bislang blieb das alljährliche Phänomen auf die polaren Regionen südlich des 70. Breitengrades beschränkt – Australien liegt also noch weit außerhalb des betroffenen Gebiets. Weit gefährlicher als die jedoch Ozonverluste über dem Südpol ist jedoch die schleichende Ausdünnung der globalen Ozonschicht. Weltweit gingen bislang gut 10 % des schützenden Schirms verloren. Neben einem erhöhten Sonnenbrandrisiko wird das intensivere Sonnenlicht für den Anstieg der **Hautkrebserkrankungen** – insbesondere in Australien und Neuseeland – verantwortlich gemacht.

Slip, slap, slop

Können wir noch unbesorgt in die südliche Hemisphäre reisen? Diese Frage lässt sich – bei entsprechendem Verhalten – mit ja beantworten. Schon die Kinder lernen in Australien die Sonnenschutz-Devise »slip, slap, slop«: **»slip«** heißt »schlüpf in ein Hemd«, **»slap«** steht für »setz dir einen Hut auf« und **»slop«** fordert dazu auf, sich mit einer starken Sonnenschutzcreme mit hohem Lichtschutzfaktor gegen ultraviolette Strahlung einzucremen. Aus den aktuellen Ozonwerten, der geografischen Breite, der Tageszeit sowie der Lufttrübung lässt sich für jeden Hauttyp die sogenannte **»burntime«** errechnen – diese Zeitspanne (in Minuten und im Wetterbericht verkündet) kann man sich in der Regel ohne Risiko der Sonne aussetzen.

Ein Silberstreif

Langfristig ist damit zu rechnen, dass sich das Ozonloch wieder schließt. Denn bereits zwei Jahre, nachdem der Ozonverlust über dem Südpol 1985 entdeckt wurde, einigten sich Politiker aus aller Welt auf das **Montrealer Protokoll**. Das Abkommen schreibt den Staaten vor, ihren Ausstoß von Treibgasen wie etwa FCKW deutlich zu reduzieren. Das Protokoll ist mehrfach verschärft worden. Die Maßnahmen greifen allmählich, aber der Erfolg kommt später als erhofft. »Erst vom Jahr 2020 an wird sich das Ozonloch zu erholen beginnen«, prognostizieren heute die Klimaexperten. »**In 50 bis 60 Jahren**«, so Paul Crutzen, 1995 Chemie-Nobelpreisträger und ehemaliger Direktor des Max-Planck-Instituts für Chemie in Mainz, »werden sich die Ozonlöcher über der Antarktis und der Arktis im Wesentlichen geschlossen haben«.

Australien Regengebiete

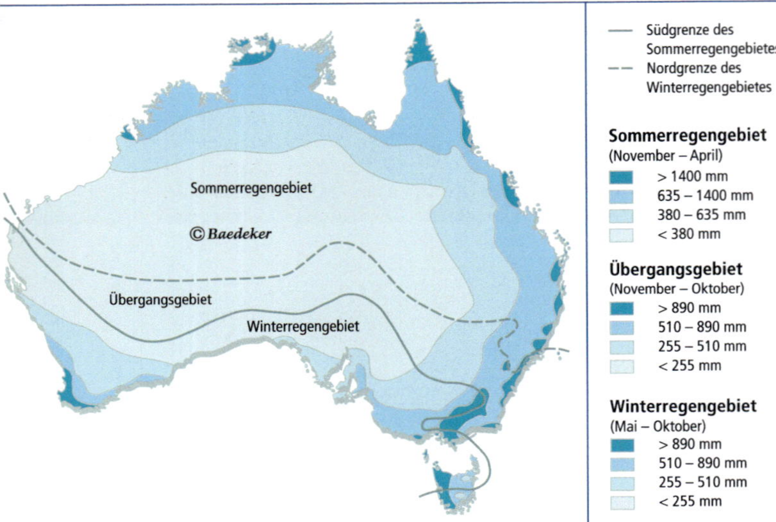

Wassertemperaturen

Die Temperaturen des Meerwassers steigen von Süden nach Norden. Nördlich von Brisbane (Ostküste) bzw. Carnarvon (Westküste) werden das ganze Jahr über mehr als 20 °C gemessen. Am kältesten ist das Wasser vor Melbourne und an den Küsten Tasmaniens, und die höchsten Werte verzeichnen die Nordostküste von Queensland und die Cape-York-Halbinsel, wo im Mittel 29 °C erreicht werden.

Niederschläge

Australien ist nach der Antarktis der niederschlagsärmste Kontinent. Und das langjährig ermittelte Niederschlagsmittel setzt sich oft aus **langen Dürreperioden** mit dann folgenden **extremen Regenfällen** zusammen. Man kann zwei große Niederschlagszonen bestimmen:

Sommerregengebiete ►

Im australischen Sommerhalbjahr wird der Norden von ergiebigen Monsunregen erfasst. Sie führen vor allem im Dezember und Januar zu großen Überschwemmungen. Die hohen Temperaturen werden wegen der großen Luftfeuchtigkeit nahezu unerträglich, sodass Reisende den Norden im Sommer meiden. Die Südhälfte des Kontinents mit Ausnahme des äußersten Südostens bleibt in dieser Sommerperiode meistens ohne Niederschlag. Verbunden mit optimalen Temperaturen kann sich der Wetterbericht meist kurz fassen: »just fine« – Klimabedingungen, wie der sonnenhungrige Tourist aus Europa sie sich nur wünschen kann.

Winterregengebiete ►

Im Winterhalbjahr hingegen sorgt eine Hochdruckzone im Norden für Trockenheit und günstige Reisebedingungen. In dieser Zeit erhalten der Südwesten, der Westen Tasmaniens und z. T. auch Südostaustralien Winterregen.

Pflanzen und Tiere

Knochentrocken, aber pflanzenreich

Eukalyptus und Akazien

Obwohl Australien nach der Antarktis das trockenste Land der Erde ist und fast zwei Drittel des Landes nur von dürrem Spinifexgras überwuchert und völlig baumlos sind, übertrifft der Pflanzenreichtum des fünften Kontinents die gesamte Flora Nordamerikas und Europas um Längen. Überall zu sehen – und oftmals auch zu riechen – sind die landestypischen Eukalyptusbäume. Zerreibt man die Blätter in der Hand, duftet es nach Hustenbonbons. Mehr als **890 Eukalyptus-Arten** kommen in Down Under vor. Eine Vielfalt, die nur noch von den oftmals schlanken, hohen Akazien übertroffen wird, von denen fast 1000 Arten in Australien unter dem Namen **»Wattle«** bekannt sind – alljährlich am 1. September feiert der Kontinent deren Blüte beim »Wattle Day«.

Viele Urlauber, die durch den Nordwesten Australiens touren, fühlen sich nach Afrika versetzt. Denn auch in Australien sind **Affenbrotbäume (Baobab)** mit ihren meterdicken grauen Stämmen und den wirr nach oben ragenden Ästen heimisch. Diese Baobab Trees sind für viele Wissenschaftler der Beleg dafür, dass Afrika und Australien einst eine gemeinsame Landmasse formten. Während der Trockenzeit wirken diese Bäume sehr düster – dann werfen sie nämlich ihr gesamtes Laub ab.

Tropische Riesenfarne im tasmanischen Mount Field National Park

Blütenträume im Frühling

Während semi-arider Trockenbusch und wüstenähnliche Landschaften im regenarmen Landesinneren dominieren, grünt und blüht es an der Küste. Nach langen Winterregen, ab ca. Ende August, legt der Frühling im Südwesten Australiens bunte Matten aus Banksien, Orchideen und Schwertlilien ähnlichen roten und grünen **»Kangaroo Paws«** aus – der Wappenblume des Bundesstaats Western Australia. Die Regenwälder im nördlichen New South Wales und in Queensland sind so einzigartig, dass sie zum **UNESCO-Weltnaturerbe** erklärt wurden. Der Dschungel zwischen Townsville und Cooktown zählt zu den ältesten Urwäldern der Erde. Als letzte Überbleibsel jener Regenforste, die vor 200 Millionen Jahren den Superkontinent der Südhalbkugel, Gondwana, bedeckten, bergen sie botanische Schätze: **archaische Farne** und Blütenpflanzen, die zum Teil immer noch auf dem gleichen Entwicklungsstand wie vor 120 Millionen Jahren sind, so etwa der Palmfarn Bowenia spectabilis, der weltweit zu den kleinsten Zykaden zählt, oder der Palmfarn Lepidozamia ho-

Jedes Kind kennt die Meister der großen Sprünge – neben dem Emu ist auch das Känguru Wappentier Australiens.

pei, der bis zu 20 m groß werden kann. Botanische Dinosaurier sind auch die **Wollemi Pine** in den Blue Mountains und die **Marienpalme** des Palm Valley. Über 1100 Arten höherer Pflanzen gedeihen in diesem gigantischen Ökosystem Urwald – davon allein über 800 Baumspezies.

? WUSSTEN SIE SCHON ...?

- ... dass der Kookaburra-Vogel »Olly« neben Platypus »Syd«, dem Echidna-Ameisenigel »Millie« und der Kragenechse »Lizzie« 2000 das Maskottchen der Olympischen Spiele von Sydney war?

Känguru, Koala und Co.

Außergewöhnliche Tierwelt

Lieutenant James Cook mochte seinen Augen nicht trauen: Ein Windhund-ähnliches Lebewesen mit langer Schnauze und Hasenohren hatte er soeben erspäht bei diesem ersten Landgang in Australien, den die Crew der »Endeavour« am Morgen des 29. April 1770 unternahm! Mit dem enorm großen Schwanz rudernd, konnte das Tier augenscheinlich riesige Sprünge machen! Er nannte das Wesen später **»Kan-Ga-Roo«**. Ein dunkelhäutiger Ureinwohner habe ihm diesen Namen verraten, behauptete der berühmte Entdecker und Navigator. Übersetzt bedeute es: »Langnase«. »Rotes Riesenkänguru« sollten die Wissenschaftler jenes knapp 2 m große Tier später nennen, das es der »Endeavour«-Besatzung bei der Exkursion nahe Sydney gezeigt hatte: Olympiareife Sprünge bis 12 m schafft es nämlich mühelos – ebenso eine Rekord-Geschwindigkeit von 80 Stundenkilometern! 51 Arten der wundersamen Weitspringer konnten Biologen seit James Cooks Ankunft in Down Under ausmachen – vom 25-cm-Rattenkänguru bis zum eben beschriebenen Prachtexemplar reicht die Palette. Es gibt aber auch Kängurus, die hoch über dem Erdboden nisten wie das **Lumholtz-Baumkänguru**, eine Art Mischung aus Koala und Känguru.

Ein ganzes Buch würde nicht genügen, um den weltweit **einzigartigen Artenreichtum** der australischen Fauna in Worte zu fassen. Allein 130 Beuteltier-, 165 Schlangen-, 500 Echsen- sowie über 65 000 Insekten-Spezies bevölkern Down Under. Die australische »Südfauna« – Fachbegriff: **Notogaea** – steckt voller freundlicher, mitunter aber auch gefährlicher Exoten. Das bekannteste Tier neben dem Känguru ist sicher der **Koala** – übrigens kein »Bär«, sondern ein Beuteltier. Er verschläft einen Gutteil des Tages in den Wipfeln der Eukalyptusbäume. Sobald die Sonne untergeht, beginnt er für wenige Stunden zu fressen – bis zu zwei Kilo Eukalyptus-Laub kann er in sich hineinstopfen (► Baedeker Special S. 230). Dass der Koala kein besonders durstiger Geselle ist und auch ohne Wasser auskommt, fiel schon den Aborigines auf, denn »Ko-ala« bedeutet übersetzt: »trinkt nicht«. Das putzige **Schnabeltier** (Platypus), eine Mischung aus Reptil und Säugetier mit Entenschnabel, Otterfell und Biberschwanz, können Urlauber mit viel Geduld frühmorgens und abends an stillen Flussläufen und kleinen Seen beobachten. Oder – mit gebührendem Abstand – das bis zu 6 m lange **Leistenkrokodil** – »Saltie« genannt –, das an vielen Flüssen und Stränden des Nordens heimisch ist (►Baedeker Special S. 306). Entwicklungsgeschichtliche Relikte sind der Samtwurm **Peripatus** oder der **Lungenfisch** – zwei Gattungen, deren Entstehen 100 Millionen Jahre zurückliegt. Nicht zu vergessen die gefährlichsten **Schlangen** der Welt: Der Biss der Westlichen Taipan enthält so viel Gift, dass man auf der Stelle 50 000 Mäuse töten könnte. Zusammen mit der Östlichen Braunschlange, der Todes- und Tigerotter sowie der Kupferkopfschlange zählt sie zu jenen Bewohnern des Landesinnern bzw. der Subtropen-Region, denen man besser nicht begegnen sollte. Weswegen Urlauber gut beraten sind, bei Wanderungen gutes Schuhwerk und lange Hosen zu tragen.

Vogelwelt Schier unermesslich ist Australiens Vogelreichtum. Unter den 720 Arten finden sich die karmesinroten Penanntsittiche, Gelbhauben- und Nacktaugenkakadus, Weißwangenreiher, Weißbauch-Seeadler

Gigantisch: die »Painted Rocks« im tasmanischen Maria Island National Park

sowie poppig bunte Gebirgsloris. Und Straußenvögel wie der **Emu**, der mit rund 1,80 m Höhe nicht nur zweitgrößter Vertreter seiner Gattung ist, sondern auch – neben dem Känguru – zum australischen Wappentier erkoren wurde. Vom Aussterben bedroht sind die mannsgroßen **Helmkasuare** mit ihren gefährlichen, messerscharfen Krallen, die in den Regenwäldern Queenslands ihr Rückzugsgebiet gefunden haben. Jedermann in Australien kennt das Kinderlied vom Lachenden Hans, dem **Kookaburra**. Diesen heiser krächzenden schwarz-weiß-blauen Eisvogel kann man oft nicht nur hören, sondern auch sehen. Viele Arten sind aber auch erst dann zu beobachten, wenn die Nacht heraufzieht. Zu diesen nachtaktiven Tieren gehören der Wombat, der Tasmanische Beutelteufel und Flughunde.

Nationalparks und Naturschutzgebiete

Schutz der angestammten Flora und Fauna

In den rund 220 Jahren weißer Besiedlung wurden über 70 % der ursprünglichen Pflanzen- und Tierwelt verändert. Acker- und Weidewirtschaft, Holzgewinnung und Bergbau haben das naturbelassene Buschland stark eingeengt. Die verbliebenen »Wilderness«-Areale gilt es zu schützen und, wo möglich, zu erweitern. Die angestammte Flora und Fauna, außergewöhnliche Landschaften, gefährdete Regenwälder, Küsten- und Feuchtgebiete sowie Kultstätten der Aborigines und Zeugnisse früher weißer Besiedlung wurden von den Einzelstaaten und der Bundesregierung Australiens in ihre Obhut genommen und als Schutzgebiete ausgewiesen. Aber **National Parks** – neben State Parks, Nature Reserves und State Recreation Areas – sollen mehr sein als natürliche, schützenswerte Landschaften. Sie bieten den Menschen Gelegenheit, Umwelt und Natur bewusst und entspannt zu erleben sowie Verantwortung für die Natur zu lernen. Bereits 1879 richtete man den ersten australischen Nationalpark (Royal National Park) südlich von Sydney »for public rest, recreation and pleasure« ein. Mit einer Fläche von 22 200 km² ist heute der **Kakadu National Park** im Northern Territory der größte australische Nationalpark. Der **Great Barrier Reef Marine Park** ist 345 000 km² groß und damit das größte Meeresschutzgebiet der Erde. Heute umfassen die 523 australischen Nationalparks (ohne die 145 Meeresschutzgebiete) fast 26 Mio. ha, dazu kommen noch 2700 andere Schutzgebiete mit rund 22 Mio. ha. Insgesamt stehen damit 7,5 % der Landfläche Australiens unter Naturschutz. Die in den letzten Jahrzehnten stark angewachsene Natur- und Umweltschutzbewegung des Landes hat wesentlich dazu beigetragen, dass es auf dem Kontinent noch Regenwälder, naturbelassene Berg-, Küsten- und Inselbereiche, Feuchtgebiete und ungezähmte wilde Flüsse gibt.

Baedeker TIPP

Nationalparks online

Einen schnellen Überblick über Nationalparks in Australien gibt es unter www.atn.com.au/parks/parks.htm

Bevölkerung · Politik · Wirtschaft

Aborigines

Uraustralier

Mindestens 56 000 Jahre vor dem Eintreffen der Europäer in Australien haben dort Aborigines gelebt. Sie wurden von den Weißen so genannt in Anlehnung an das lateinische »ab origine« (= **vom Ursprung an**). Die Weißen sahen die Ureinwohner lange als primitive, bestenfalls bedauernswerte Wilde von abstoßender Hässlichkeit, die von Natur aus unterlegen und zum Aussterben bestimmt waren.

Im Einklang mit der Natur

Die Aborigines hatten, in grauer Vorzeit aus Südasien kommend, den ganzen Kontinent in Besitz genommen und sich optimal an die widrigen Lebensbedingungen angepasst. Gesellschaft und Kultur waren sehr viel differenzierter, als es die Eindringlinge aus dem selbstbewussten Großbritannien wahrnehmen wollten. Sie waren **meisterhafte Naturbeobachter** und Fährtensucher, unschlagbar im Auffinden von Wasser und Nahrung. Die Forschung schätzt die Zahl der in 500 – 600 Volksgruppen über den gesamten Kontinent verteilten Ureinwohner zu Beginn der weißen Besiedlung um 1770 auf 300 000.

Vernichtung durch die Weißen

Zu Beginn der Landnahme durch die Weißen reagierten die Ureinwohner oft mit erschrockenem Staunen auf die hellhäutigen, voll bekleideten Eindringlinge, ja sie hielten sie sogar für die wiederkehrenden mächtigen Schöpferahnen der lang vergangenen Traumzeit. Doch es wurde keine friedliche Kolonisation. Durch die Anlage von Sträflingslagern, Siedlungen und Weidestationen wurden die Aborigines aus ihren angestammten Jagd- und Stammesgebieten verdrängt, ihr Lebensraum und damit ihre Kultur zerstört. Man nahm ihnen ihre altüberlieferten Sammel- und Jagdgebiete und entweihte ihre sakralen Orte und Zeremonienplätze. Erbittert setzten sich die Alteingesessenen gegen die Eindringlinge zur Wehr. Für jeden getöteten oder verwundeten Weißen gab es jedoch ein erbarmungsloses Strafgericht, das auch Frauen und Kinder nicht verschonte. Seit 1816 durften entsprechend der **»Proclamation of Native Outlawry«** Aborigines ungestraft getötet werden. Das dun-

! *Baedeker* TIPP

Long Walk Home

Die wahre Geschichte einer Flucht quer durch die Wüste Australiens (Rowolt TB 2003). In den 1930er-Jahren lässt die australische Regierung Kinder von Aborigines von ihren Familien trennen und in Lager bringen, wo sie zu Dienstboten erzogen werden sollen – die »Stolen Generations«. Auch Molly, Daisy und Grace werden verschleppt. Doch Heimweh und Misshandlungen lassen die drei Mädchen das Unmögliche wagen: Sie fliehen und laufen zu Fuß nach Hause. Quer durch die australische Wüste, verfolgt von den Häschern der Eingeborenenbehörde, immer am Kaninchenzaun entlang, der den Kontinent teilt. Ein halbes Jahrhundert später hat Mollys Tochter die bewegende Geschichte aufgeschrieben – die Verfilmung 2002 wurde ein internationaler Erfolg.

Gut gelaunt: Aborigine-Kinder auf der Strandpromenade von Geraldton

kelste Kapitel der kurzen weißen Geschichte Australiens beraubte die seit Urzeiten heimischen Bewohner des Landes ihrer Wurzeln, machte sie heimatlos und zum Freiwild. So schrumpfte ihre Bevölkerungszahl von 300 000 (1770) auf 60 000 (1920). Am ehesten konnten die Aborigines ihr angestammtes Dasein im wüstenähnlichen Zentrum und im unwegsamen »Top End« im Norden weiterführen, überall dort, wo sich die lebensfeindliche Natur dem europäischen Expansionsdrang widersetzte. Auf den großen Rinderstationen fanden sie Arbeit, die ihrer traditionellen Lebensweise am ehesten entsprach. Am schlimmsten war und ist das Schicksal der entwurzelten Aborigines und Mischlinge in den Slums der Städte, wo sie mit der Sozialhilfe zwar ein Existenzminimum erhalten, aber kaum Möglichkeiten zur Integration finden und somit oft zu Opfern von Alkohol und Krankheiten werden. Nach offiziellen Erhebungen lebten Anfang des 21. Jh.s wieder rund 460 000 Aborigines in Australien.

Stolen Generations

Erst Ende der 1990er-Jahre wurde von der australischen Gesellschaft ein besonders brutaler Versuch der Assimilierung aufgearbeitet: Von etwa 1900 bis Anfang der 1970er-Jahre trennten Regierung und Kirche über 100 000 meist »halbblütige« Aborigine-Kinder von ihren Eltern und brachten sie in Lagern und Missionsstationen unter, wo sie wie Weiße erzogen werden sollten. Im August 2007 gab es erstmals ein richtungsweisendes Urteil, das den Kindern der »gestohlenen Generationen« eine Entschädigung zusprach. Am 13. Februar **2008 entschuldigte sich Australiens damaliger Premierminister Kevin Rudd** offiziell im Namen der australischen Regierung für die Kindsentführungen, Massaker und Misshandlungen an den Aborigines seit der britischen Kolonialisierung 1788 – Rudds Vorgänger hatten eine solche Entschuldigung stets abgelehnt.

Kampf der Ureinwohner um ihre Rechte Seit den 1960er-Jahren kämpfen die Ureinwohner teilweise erfolgreich um die Rückgabe ihres angestammten Landes. Im Nordterritorium wurden ihre **»Land Rights«** 1976 per Gesetz anerkannt und man gestand ihnen die Kontrolle über einige ihrer wichtigen Kultstätten wie den Uluru/Ayers Rock wieder zu. Die **Aboriginal Land Trusts** erhielten seither ein Drittel der Fläche des Northern Territory zurück, das jetzt von den Aboriginal Land Councils verwaltet wird und nur mit schriftlicher Genehmigung betreten werden darf. In den anderen Bundesstaaten gehen die Auseinandersetzungen um die Ansprüche der Aborigines weiter, die seit 1962 wahlberechtigt sind.

Sprachenvielfalt Die Aborigines hatten rund 250 teils sehr voneinander abweichende Sprachen mit einem reichen Wortschatz, differenziert nach Alltags- und Kultsprache.

Sozialstruktur Persönlicher Besitz war den Aborigines seit jeher unbekannt, von den Jagdwaffen und heiligen Steinen oder Hölzern (Tjurungas) abgesehen. Die einzelnen **familienartigen Gruppen** gehörten jeweils zu einer Volksgruppe, die sich an bestimmten Orten und zu bestimmten Zeiten zu Zeremonien und Festen traf. Es gab keine Häuptlinge oder Führer; eine herausgehobene Stellung nahmen die alten Männer als Bewahrer der altüberlieferten Schöpfungsmythen und Zeremonien sowie Besitzer geheimer sakraler, oft für Frauen und Kinder verbotener Gegenstände (Steine, Schwirrhölzer) ein.

Kompliziert waren die Verwandtschaftsbeziehungen, die von **Totems** bestimmt wurden, Tieren und Pflanzen zumeist, die für die Betroffenen sakrosankt waren, nicht gejagt, getötet oder verspeist werden durften. Dieses Totemsystem war auch für eheliche Bindungen maßgeblich. Große Bedeutung hatten die Initiationsriten der jungen Männer; mit dem Eintritt in die Erwachsenenwelt bekamen sie Zugang zum geheimen Wissen der Alten.

Vorstellungswelt Die Vorstellungswelt der Aborigines basiert auf der lange entschwundenen **»Traumzeit«**, in der die tote Erde durch die Urahnen in Menschen- oder Tiergestalt beseelt wurde. Alle markanten Naturerscheinungen, wie Wasserstellen, Berge, Schluchten, Höhlen und auffallende Bäume, waren Ausdruck dieser schöpferischen Kräfte, die in Zeremonien, Mythen, Liedern und Darstellungen immer wieder neu beschworen wurden (►Baedeker Special S. 322). Als Nachfahren der Traumzeitwesen und in deren Auftrag verehrten und bewahrten die Aborigines ihre Umwelt. Das Stammesgebiet war für sie Lebensraum und Heimat zugleich, sein Verlust führte zur Entwurzelung.

Einwanderung

Sträflingskolonie Die **»First Fleet« (1788)** und viele weitere Schiffe brachten ausschließlich Strafgefangene und die zu ihrer Bewachung abgestellten Soldaten nach Australien. Die **»Convicts«** hatten hart zu arbeiten; bei

Bewährung oder nach Ablauf ihrer Strafe konnten sie als Freigelassene (**»Emancipists«**) in der Kolonie bleiben und als Handwerker oder Bauern tätig werden. Die Offiziere der Wachmannschaften sicherten sich bei der Landvergabe und durch Sträflingsarbeit für ihre eigenen Interessen gewaltige Vorteile.
Die Stellung der jungen Kolonie war nicht unangefochten. Auch Frankreich zeigte Interesse am südpazifischen Raum. Um französischen Landansprüchen zuvorzukommen, drängte die Regierung in London auf neue Niederlassungen. Bis 1868, als die Sträflingstransporte nach Westaustralien als letzter Kolonie eingestellt wurden, waren insgesamt über 160 000 Gefangene nach Australien verfrachtet worden. Doch immer größer war auch die Zahl der freien Siedler geworden, die Europa den Rücken kehrten. Australien wurde zu einem klassischen Einwanderungsland, auch wenn es nie die Faszination Amerikas erreichte. Um 1850 lebten in Australien über 400 000 weiße Einwohner; davon waren noch 20 % Sträflinge.

Einwanderer aus Deutschland

Als sträflingsfreie Kolonie galt **Südaustralien**, wohin schon bald nach der Gründung ganze Dorfgemeinschaften aus Brandenburg und Schlesien einwanderten (1838). Sie hatten sich als Altlutheraner der vom preußischen König befohlenen Union widersetzt und manche Repressalien zu erleiden gehabt. In der Nähe von Adelaide bewahrten sie sich ihre geschlossene Dorfsiedlung und ihre Wirtschaftsweise bis zur erzwungenen Assimilierung und Umbenennung der Siedlungen während der antideutschen Welle im Ersten Weltkrieg. Auch Queensland wurde zur neuen Heimat vieler deutscher Bauern.

Eindeutig britische Tradition: Lawn Bowling erinnert an adlige Teegesellschaften im viktorianischen England.

YARRA DUCHESS
MELBOURNE CRUISERS

Goldrausch

Der Goldboom nach der **Mitte des 19. Jh.s**, der von Victoria und Neusüdwales ausgehend wie eine Riesenwelle den ganzen Kontinent überrollte, brachte erstmals international zusammengewürfelte Menschenmassen ins Land. Im Jahr 1870 betrug die Bevölkerungszahl Australiens 1,647 Mio.; sie hatte sich im Lauf von 20 Jahren vervierfacht. Als gegen Ende des 19. Jh.s der gewerblich-industrielle Aufschwung der Hauptstädte Sydney, Melbourne und Adelaide stark zurückging, sank auch die Einwanderungsquote. Nur Westaustralien blieb von diesem Wirtschaftsdruck verschont; hier erreichte der Goldrausch seinen späten Gipfel.

Einwanderung aus Europa

Im Jahr 1901 zählte das Commonwealth of Australia 3,774 Mio. Bewohner (ohne Aborigines). Die Weltwirtschaftskrise 1929 und der Zweite Weltkrieg brachten einen Einschnitt; Australien brauchte mehr Menschen und öffnete sich bereitwillig den Strömen von Heimatlosen und Verfolgten aus dem zerbombten Europa.
Von den Griechen, Jugoslawen, Italienern und Maltesern, die bereits in Australien ansässig waren, wurden nach und nach alle Familienmitglieder nach Australien geholt. Der Zusammenhalt in diesen Gemeinschaften führte zu **räumlichen Konzentrationen** gleicher ethnischer Gruppen. So stammten schon 1971 über 41 % der Einwanderer in Melbourne aus Italien, Griechenland und Malta; in Sydney kamen rund 32 % der Einwanderer aus jenen Ländern.

Neue Einwanderungspolitik

Die Einwanderungspolitik Australiens änderte sich 1966, als die lange beibehaltene diskriminierende »White Australia Policy« aufgegeben wurde. Dadurch hat sich die Zuwanderung aus den asiatischen Ländern deutlich verstärkt. Bedeutend war auch die Aufnahme vietnamesischer Flüchtlinge. Heute gelten strengere Regeln, um **gezielt Wirtschaftswachstum** in zukunftsfähigen Technologien und Berufen zu fördern, darunter auch gezielte Kampagnen, die »high potentials« ins Land holen sollen, besonders in Victoria und New South Wales.

Staat und Verwaltung

Aus Kolonien wurden Staaten

Die sechs Staaten des Commonwealth of Australia – **New South Wales** (NSW), **Queensland** (QLD), **South Australia** (SA), **Tasmania** (TAS), **Victoria** (VIC) und **Western Australia** (WA); später kamen noch **Australian Capital Territory** (ACT) und **Northern Territory** (NT) sowie exterritoriale Gebiete hinzu – begannen als britische Kolonien und erreichten durch den »Australian Colonies Government Act« von 1850 eigenständige Regierungen. Die Kolonien entwickelten sich zunächst eigenständig und in Konkurrenz zueinander; die verschiedenen Spurbreiten der Eisenbahnlinien waren für diese Situation bezeichnend.

← *Viktorianische Prachtbauten und gläserne Wolkenkratzer – durch den Goldrausch stieg Melbourne zur Finanzmetropole des Kontinents auf.*

Australien Bundesstaaten und Territorien

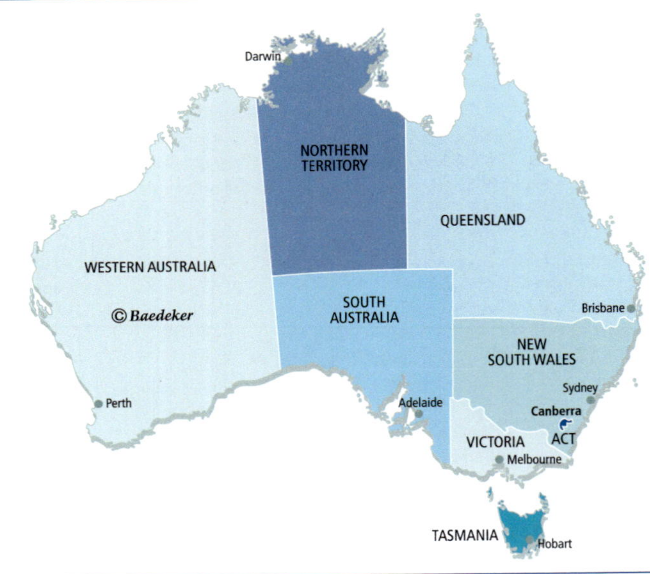

Nationalflagge

Auf der Nationalflagge (►Abb. S. 24) steht links oben der **Union Jack** für die Zugehörigkeit zum Vereinigten Königreich von Großbritannien und Nordirland. Der siebenstrahlige **Commonwealth Star** darunter symbolisiert die ursprünglich sechs Bundesstaaten und mit einem Strahl die Territorien. Weitere fünf unterschiedlich große Sterne repräsentieren rechts das Sternbild des **Kreuz des Südens**.

Commonwealth of Australia

Der seit den 1880er-Jahren vom britischen Mutterland geforderte Zusammenschluss der Streitkräfte war der Anlass zur berühmten Rede des Premiers von New South Wales, Henry Parker, in Tenterfield am 24. Oktober 1889, in der er ein gemeinsames Heer und die Bildung einer Zentralregierung forderte. Im Jahr 1900 konnte schließlich der Verfassungsentwurf für die australische Föderation in London von Queen Victoria unterzeichnet werden, um am 1. Januar 1901 in Kraft zu treten. Die Kolonien hatten sich damit zum »Commonwealth of Australia« zusammengeschlossen und Sir Edmund Barton wurde erster Premierminister. Für die **neue Bundeshauptstadt** wurde aus New South Wales ein 939 Quadratmeilen großes Gebiet herausgelöst und zum **Australian Capital Territory** erklärt, zum »Gebiet der Australischen Hauptstadt« **Canberra**. Bis ihrer Fertigstellung tagten die Parlamentarier von 1901 bis 1927 in der Interimshauptstadt Melbourne.

Regierung

Australien ist einerseits eine **parlamentarische Monarchie** in enger Anlehnung an das britische Regierungssystem, zugleich aber eine Föderation, die in ihrer Verfassung viele Ähnlichkeiten mit den Vereinigten Staaten von Amerika aufweist. Die britische Königin – vertreten durch einen **Generalgouverneur** – ist nach wie vor Staatsoberhaupt Australiens. 1999 sollte die Republik ausgerufen werden, doch in einem Referendum entschieden sich die Australier mehrheitlich für die Beibehaltung der Monarchie (► Geschichte). Australiens **Zweikammerparlament** besteht aus Senat und Repräsentantenhaus. **Wahlpflicht** besteht auf Bundes- und auf Staatsebene. Aborigines werden erst seit 1962 bzw. 1967 in Wählerlisten aufgenommen, seit 1984 gilt auch für sie bei Bundeswahlen Wahlpflicht. Änderungen der australischen Verfassung sind nur über einen Volksentscheid möglich.

Die australischen **Bundesstaaten** haben jeweils ein **eigenes Parlament** und eine eigene Landesregierung, deren nominelles Oberhaupt jeweils ein Gouverneur als Vertreter der britischen Krone ist.

Der vom Generalgouverneur ernannte **Premierminister** und sein Kabinett werden von jener Partei oder Koalition gestellt, die im Parlament über die Mehrheit verfügt. Im Parlament sind vier große politische **Parteien** vertreten: die Australische Labor-Partei, die Liberale Partei, die Nationale Partei von Australien und die Australischen Demokraten. Die seit jeher dominierenden politischen Kräfte Australiens sind die Labor Party (ALP) und die Liberal Party (LP), die das Land seit seiner Gründung mit relativ kurzen Unterbrechungen abwechselnd regiert haben. 27. Premier des Commonwealth of Australia ist seit dem 24. Juni 2010 **Julia Gillard.** Die Labour-Politikerin, bereits seit 2007 Vize-Premier, löste ihren Parteikollegen Kevin Rudd ab, der heute als Außenminister der neuen Regierung angehört.

Judikative

Die oberste Rechtsprechung des Bundes erfolgt durch den **Obersten Gerichtshof** (High Court of Australia), der zugleich Verfassungsgerichtshof und oberste Berufungsinstanz ist. Das australische Recht fußt im Wesentlichen auf dem britischen.

Gewerkschaften

Es gibt in Australien rund 300 Gewerkschaften (Trade Unions; nach britischem Vorbild) mit vier Dachorganisationen; die größte mit 46 Einzelgewerkschaften und 1,8 Mio. Mitgliedern ist der 1927 gegründete **Australian Council of Trade Unions (ACTU)**. Streiks sind außerordentlich häufig und kaum vorhersehbar. Sie können ganze Wirtschaftsbereiche lahm legen, wie z. B. 2005 die Streiks australischer Fluglinienbediensteter.

Wirtschaft

Landwirtschaft

Bis in die erste Hälfte des 20. Jh.s bildete die Ausfuhr landwirtschaftlicher Produkte die Basis für Australiens wachsenden Wohlstand. **Wolle** wurde zu einem ersten Exportschlager. Grundlage für den

Australien Landnutzung

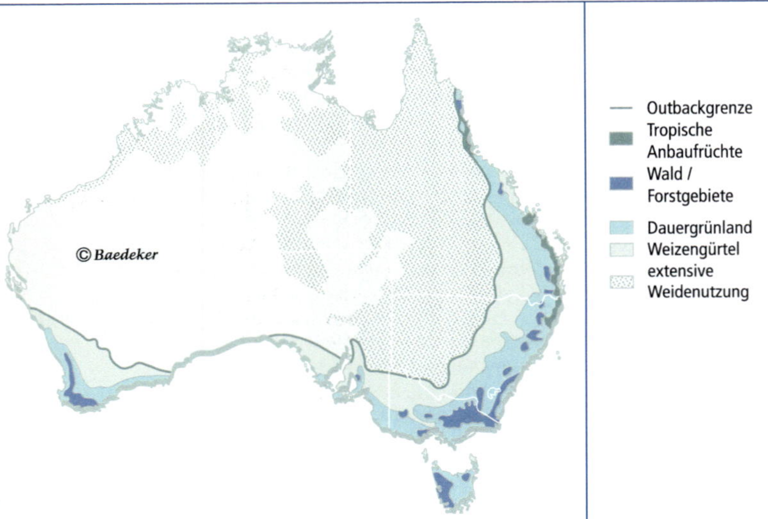

Wollboom war die Einfuhr von Merinoschafen, die in Australien beste Wollqualitäten lieferten. Die Rinderhaltung und der Export von **Fleisch** erlebten einen großen Aufschwung, als das Landesinnere von Queensland mit seinen artesischen Wasservorkommen erschlossen wurde. Dritter wichtiger Exportartikel wurde **Weizen**, der auf den riesigen Flächen günstig angebaut werden konnte.

Industrie und Bergbau

Die Industrie konzentrierte sich von Anbeginn in den Hauptstädten Australiens, wo die Ballung industrieller Arbeitsplätze 1971/1972 ihren Höhepunkt erreichte. In den 1970ern verlagerten sich die Investitionen mithilfe internationalen Kapitals auf den Bergbausektor. Es kam zu einem beispiellosen **Rohstoffboom**: Australien lag bald weltweit an erster Stelle beim Export von Eisenerz, Blei und Bauxit (Tonerde), auf Platz zwei bei Steinkohle und Wolfram und an dritter Stelle bei Zink. Australien ist auch viertgrößter Goldlieferant der Erde.

Export/Import

Mit einem Volumen von 114 Milliarden Euro stellten Australiens Exporte 2009 ein Prozent des Welthandels und steuerten 21 % zum Bruttoinlandsprodukt bei. Hauptausfuhrgüter sind **Wolle, Kohle und mineralische Rohstoffe**. Die weltweite Nachfrage lassen die Exporte von Eisenerz aus der Pilbara-Region (WA), Blei, Mangan, Zink, Aluminiumoxid (Tonerde), Gold, Silber, Kupfer sowie Kohle aus den großen Tagebaugebieten in Queensland und New South Wales (Hunter Valley) jährlich um mehr als 10 % steigen. Die landwirtschaftlichen Exporte dominieren Weizen, Canola (Raps), Wein sowie

Fleischerzeugnisse, vor allem Rind. Australiens wichtigster Exportmarkt ist Japan, gefolgt von China, den Vereinigten Staaten, Süd-Korea und Neuseeland. Bei den Importen stellen Nutzfahrzeuge und Personenkraftwagen ein Drittel des Gütervolumens; Computer, Maschinen und Erdöl sind weitere Haupteinfuhrgüter. Wichtigstes Lieferland sind die Vereinigten Staaten, gefolgt von China und Japan.

Neben boomenden Rohstoffexporten sorgt vor allem der wachsende Dienstleistungssektor für Wohlstand. Der internationale Fremdenverkehr ist ein bedeutender Wirtschaftsfaktor. Zählte man 1984 rund 1 Mio. ausländische Besucher, so waren es 2009 bereits 5,9 Millionen. Bis 2015 wird ein Wachstum auf 8,4 Millionen Touristen erwartet. Zielgruppe Nr. 1 sind – neben dem asiatischen Markt – die Europäer. Seit 2000 können auch Deutsche im Alter zwischen 18 und 30 Jahren (wie zuvor schon u. a. Briten, Iren und Niederländer) ein **Working Holiday Visum** beantragen, das ihnen erlaubt, ein Jahr lang durchs Land zu reisen und diesen Aufenthalt legal durch Jobs zu finanzieren; denn an freien Arbeitsstellen, so heißt es, herrsche kein Mangel, auch nicht an touristischen Orten, wo man gern auf die Sprachkenntnisse der Europäer zurückgreift. ◄ Tourismus

Grundstock des früheren Reichtums: die guten Wollpreise

Geschichte

Wie lebten die ersten Aborigines? Wann kamen die weißen Entdecker? Wo war die erste Siedlung der deportierten Sträflinge? Was brachten die freien Siedler und wie veränderte der Goldrausch das Land? Streiflichter der australischen Geschichte von der »Traumzeit« bis zum souveränen Staat.

Die Anfänge Australiens

vor ca. 62 000 Jahren	Einwanderung der australischen Ureinwohner aus Südostasien

Aborigines

Auch die Ahnen der **australischen Ureinwohner** kamen aus der Ferne! Sie sind nach neueren Forschungen jedoch spätestens vor 56 000, wenn nicht gar schon vor 120 000 Jahren aus dem süd- bzw. südostasiatischen Raum zugewandert. Das älteste Skelett in Australien wurde am Lake Mungo (New South Wales) gefunden. Das Alter des **Mungo Man** wird von einigen Wissenschaftlern auf rund 40 000 Jahre, von anderen auf 62 000 Jahre geschätzt. Eine vollständige Besiedlung kann jedoch erst seit 32 000 Jahren nachgewiesen werden.
Während und auch noch nach der letzten Eiszeit, als der Spiegel des Weltmeeres weit unter dem heutigen Niveau lag, gab es diverse Landbrücken bzw. leicht überwindbare Wasserstraßen, die die Einwanderung des Homo sapiens von Asien her ermöglichten. Etliche Wissenschaftler vermuten, dass viele Einwanderer in seetüchtigen Booten oder auf entsprechenden Flößen nach Australien gelangten; allerdings konnten bis heute keine Anzeichen entdeckt werden, ob die Urahnen der Aborigines (von lat. »ab origine«, **»vom Ursprung an«**) über Kenntnisse in Navigation bzw. im Bootsbau verfügten.
Mit dem Ende der letzten Eiszeit stieg der Meeresspiegel und die Uraustralier blieben für Jahrtausende isoliert. Als sich die ersten Menschen in Australien ansiedelten, war das Klima feuchter als heute. Der gesamte Kontinent eignete sich als Lebensraum. Die allmähliche Erwärmung des Klimas zwang die Aborigines, sich nach allen Regeln der Überlebenskunst an die immer kärglicher werdende Umwelt anzupassen. Als vor gut 240 Jahren europäische Zuwanderer Australien in Besitz nahmen, war der fünfte Kontinent von schätzungsweise 300 000 Ureinwohnern bevölkert, die als Jäger und Sammler in kleinen Gruppen ihre Stammesgebiete durchzogen.

Ein Kontinent wird entdeckt

1606	Willem Jansz landet an der Westküste von Cape York.
1642/1643	Abel Tasman entdeckt die Südspitze von Tasmanien.
1770	James Cook nimmt den Ostteil des Landes für die englische Krone in Besitz.

← *Sträflinge waren zu allem zu gebrauchen: Bessere Herrschaften ließen sich in Schienenfahrzeugen umherschieben.*

Terra Australis Incognita

Schon lange vor seiner Entdeckung hatten Gelehrte im alten Europa die Existenz eines Südkontinents vermutet. Die griechische Antike hielt diesen Kontinent als Gegengewicht zur nördlichen Erdhälfte für notwendig. Ptolemäus unterstützte um 150 n. Chr. diese Symmetriethese und bekräftigte die Vorstellung von einem im Süden gelegenen, unbekannten Land (»Terra Australis Incognita«), das durch Feuergürtel und durch ein Meer voller Gefahren von der bis dahin bekannten Welt getrennt sei. Das rätselhafte **»Südland«** wurde vielfach erwähnt und in fantasievollen Zeichnungen dargestellt.

Chinesen, Portugiesen und Spanier

Möglicherweise waren chinesische Seefahrer, die seit dem 9. Jh. die Ostküste Afrikas und Teile Indonesiens ansteuerten, auch an die nördlichen Küsten Australiens gelangt. Ab dem 11. Jh. suchten regelmäßig Fischer aus Makassar auf Celebes (Sulawesi) vor der **Nordküste Australiens** nach der Delikatesse Trepang (Seewalzen, Bêche-de-mer). Als Marco Polo 1292 auf dem Seewege von China nach Venedig zurückkehrte, berührte er Australien nicht, doch er berichtete in seinen Erinnerungen von einem an Gold und Muscheln reichen Land südlich von Java. Seit dem 15. Jh., als Spanien und Portugal um die Vorherrschaft auf den Weltmeeren wetteiferten, rückte das unbekannte »Südland« in greifbare Nähe. Vermutlich landeten Portugiesen an der australischen Küste, denn 1516 gründeten sie auf Timor – keine 500 km von Australien entfernt – eine Niederlassung.
Kontroversen unter den Historikern rufen bis heute die sogenannten Karten von **Dieppe** hervor, die zwischen 1536 und 1550 für den französischen Thronfolger angefertigt wurden und angeblich auf portugiesische Quellen zurückgehen: Südlich von Java wird ein als **»Java – la Grande«** bezeichnetes Land dargestellt, das als erste Karte Australiens gelten könnte. Auch die Spanier waren im frühen 17. Jh. in die Nähe Australiens gelangt. Unter Pedro Fernandez de Quiros startete eine Expedition vom peruanischen Lima zur Erkundung des Südkontinents; doch die vermeintlich gefundene Terra Australis war eine Insel der Neuen Hebriden. Im Jahr 1606 segelte Kapitän Luís Vaez de Torres weiter westwärts durch die nach ihm genannte Torres-Straße zwischen Neuguinea und der Nordküste Australiens, beinahe in Sichtweite von Cape York.

Entdeckung durch die Niederländer

Der erste zuverlässige Bericht von der australischen Nordküste stammt aus dem Jahr **1606** von dem niederländischen Kapitän Willem Jansz. Er stach von Java aus in See, um Neuguinea und andere Inseln zu erforschen. Die Fahrt führte am nordöstlichen Carpentaria-Golf entlang; die Westküste von Cape York hielt man für einen Teil von Neuguinea. Die Nordostwinde vom afrikanischen Kap der Guten Hoffnung beschleunigten wohl die Reise der Segelschiffe auf ihrem Weg zu den ostindischen Niederlassungen, doch manches Schiff kam im Sturm vom Kurs ab und erreichte statt Java die **Westküste Australiens**. 1616 landete Kapitän Dirk Hartog auf der nach ihm benannten Insel in der Shark Bay südlich von Carnarvon. 1622

Wrack der 1629 gestrandeten »Batavia« im Museum von Fremantle

erreichte die »Leeuwin« die Südwestspitze des Kontinents (Kap Leeuwin). 1623 erkundeten Jan Carstensz und Dirk Meliszoon die Nordküste und das Schiff »Arnhem« wurde zum Namenspatron des Arnhemlandes. 1627 segelte Peter Nuyts vor der Südküste bis zum Westen der Eyre Peninsula. 1629 strandete die »Batavia« vor der Westküste, der Batavia Coast bei Geraldton mit den Houtman-Abrolhos-Inseln. Die größte Leistung unter den niederländischen Seefahrern aber vollbrachte 1642/1643 **Abel Tasman**, der im Auftrag von Antonij van Diemen, dem Generalgouverneur von Batavia (heute Jakarta), den australischen Kontinent in einem großen Bogen umrundete und dabei auf Tasmanien stieß, das er zu Ehren seines Auftraggebers »Van Diemen's Land« taufte. Erst 1853 wurde die Insel nach ihrem Entdecker umbenannt. 1644 ging Tasman erneut auf Entdeckungsreise und segelte von Cape York im Norden Queenslands bis Port Hedland in Western Australia. Durch diese kartografisch festgehaltenen Erkundungen hatten sich die holländischen Seefahrer gute Kenntnisse vom Küstenverlauf des Südlandes verschafft, das sie **Neu-Holland** tauften. An einer Besiedlung des aus ihrer Sicht feindseligen und kargen Lands zeigten sie jedoch kaum Interesse.

Weitere Entdeckungsfahrten

Die Verlagerung der Machtverhältnisse in Europa nach dem Ende des Dreißigjährigen Krieges (1618 – 1648) zugunsten Englands und zum Nachteil der Niederlande sorgte dafür, dass englische Seeleute die Erkundungsfahrten der Holländer weiterführten. Der erste Brite vor Australien war 1688 **William Dampier**, der als Pirat und Abenteuerschriftsteller auf einer Weltumsegelung neues Material suchte. Er studierte einige Wochen lang die Nordwestküste nördlich vom heutigen Broome am King Sound, wobei er Natur und Ureinwohner gleichermaßen abstoßend fand. 1699 kam er im Auftrag der britischen Admiralität erneut zur Erkundung der Nordwest- und Westküste des fünften Kontinents.

Der Niederländer **William de Vlamingh** erforschte 1696/1697 den australischen Südwesten. Er entdeckte und benannte Rottnest Island vor Perth sowie den Swan River. Der Küste folgte er von Mandurah nordwärts bis zum West Cape. Ende des 17. Jh.s waren die Nord- und die Westküste Australiens in ihrem Verlauf bekannt, dazu die Südküste bis zur Großen Australischen Bucht sowie der Süden Tasmaniens, das noch bis um 1900 als Teil des australischen Festlandes galt. Doch weder Holländer noch Engländer zeigten Interesse am »Südland«, das unwirtlich erschien und weder Handelspartner noch Gold oder Gewürze zu bieten schien. In der zweiten Hälfte des 18. Jh.s tauchten auch französische Schiffe im Südpazifik auf. Louis Antoine de Bougainville unternahm eine Weltumsegelung, die ihn nahe an die Küste des heutigen Queensland brachte. Doch die Hindernisse des Great Barrier Reef ließen ihn seinen Kurs ändern, sodass er die Ostküste Australiens nicht für Frankreich beanspruchen konnte.

James Cook

Am 26. August 1768 verließ **James Cook** (►Berühmte Persönlichkeiten) im Auftrag der Royal Navy die Küste Englands – u. a. mit dem Ziel, den Südkontinent heimlich zu erkunden und ihn zu annektieren. Als sein Schiff, die »**Endeavour**«, am 21. August 1770 die Spitze von Cape York erreichte, nahm Cook auf Possession Island vor der Küste im Namen des britischen Königs Georg III. den gesamten Os-

In historischen Kostümen wird nachgestellt, wie James Cook 1770 im Auftrag der britischen Krone an der Spitze von Cape York landete.

ten des neuen Landes in Besitz und gab ihm den Namen »New South Wales«. Nach Cooks Heimkehr im Jahr 1771 bemühte sich die britische Admiralität darum, die Entdeckungen geheim zu halten; erst 1923 wurde die an Cook erteilte Geheimorder, das Land für die Krone einzunehmen, veröffentlicht. James Cook hat Australien nicht entdeckt, die »Terra Australis« war lange vor ihm bekannt. Sein Verdienst bestand in der **Erkundung der Ostküste**. Damit schuf er die Voraussetzungen dafür, dass 18 Jahre später die »First Fleet« in Australien landen und eine Strafkolonie errichten konnte.

Umsegelung des Kontinents

Erst 1798/1799 bewiesen die beiden Seeleute **Matthew Flinders** und **George Bass** durch die Umsegelung von »Van Diemen's Land«, dass Tasmanien eine Insel und nicht Teil des australischen Festlands ist. Von London kommend, segelte Flinders von Dezember 1801 bis Mai 1802 an der gesamten australischen Südküste entlang, von Kap Leeuwin bis Sydney. Im Juni 1803 wurde die Reise nach einer Umsegelung des ganzen Kontinents ebenfalls in Sydney beendet. Matthew Flinders' Vorschlag ist es zu verdanken, dass der südliche Kontinent **seit 1817 offiziell Australien** heißt.

Erkundung des Landesinnern

Wissensdurst, Abenteuerlust, Gewinnsucht

Nachdem der Küstenverlauf Australiens bekannt war, wurde in vielen Vorstößen das Inland schrittweise erforscht. Es war nicht nur wissenschaftliche Motivation, die Gelehrte und Abenteurer zu den teilweise tragisch endenden Expeditionen trieb. Auch erhoffter Profit und Landgewinn waren mächtige Anreize und die Geldgeber der aufwendigen Erkundungsunternehmen rechneten mit der Erschließung riesiger Weidegebiete und reicher Bodenschätze.

Raum Sydney

Die junge Sträflingskolonie Sydney besaß zwar in Port Jackson einen geradezu idealen Naturhafen, doch das Land selbst war wenig ertragreich und die Siedlung hatte schlimme Hungerjahre zu überstehen. Schon bald nach der Landung ließ Gouverneur Arthur Phillip eine Reihe von Erkundungsreisen in die Umgebung von Sydney durchführen. Bereits im Mai 1788 wurden im Norden Broken Bay und Pitt Water erkundet, anschließende Reisen führten zum Hawkesbury River. Die Überquerung der Blue Mountains leitete die Besiedlung im Westen ein.

Snowy Mountains

Die Snowy Mountains wurden von McMillan und Strzelecki erforscht. McMillan erkundete 1839–1841 den Südosten der Snowy Mountains, von Currawong Station ausgehend bis nach South Gippsland. Graf **Paul Edmund von Strzelecki** durchquerte von Goulborn her 1840 das Gebirge, bestieg und benannte schließlich den dort höchsten Berg nach dem polnischen Freiheitskämpfer Tadeusz Kosciuszko (1746–1817) Mount Kosciuszko und zog weiter durch das südliche Gippsland bis in die Nähe von Western Port.

Nullarbor-Wüste

Unvorstellbare Strapazen musste 1841 **Edward John Eyre** ertragen, der mit seinem Aborigine-Begleiter Wylie die Nullarbor-Wüste von Port Lincoln (SA) bis Albany (WA) durchquerte, nachdem er bereits 1840 weit in den wüstenhaften Norden Südaustraliens bis zum Rand des später nach ihm benannten Salzsees Lake Eyre vorgedrungen war. Zwischen 1837 und 1839 war es ihm zwar gelungen, die Eyre Peninsula zu erkunden, doch hatte er erfolglos versucht, auf einer Inlandsroute von Canberra durch Victoria nach Adelaide zu gelangen.

Erste Durchquerungen des Kontinents

Ludwig Leichhardt gelang 1844 – 1845 die erste Ost-Nord-Durchquerung des Kontinents. Auf einer zweiten Expedition verschwand er 1848 für immer spurlos mit seiner gesamten Begleitung (►Berühmte Persönlichkeiten). Um die ausstehende Süd-Nord-Durchquerung des Kontinents wetteiferten zwei Expeditionen, die von Melbourne bzw. Adelaide starteten. In Melbourne begann 1860 eine von der Regierung aufwendig ausgestattete Expedition unter der Leitung von **Robert O'Hara Burke** und **William John Wills**. Die Anführer wurden beraten von dem deutschen Botaniker Ferdinand J. H. von Müller und dem deutschen Astronom Georg B. von Neumayer. Im Dezember 1860 beschloss Burke, bei Cooper's Creek ein Basislager zurückzulassen und nur zu viert mit den besten Kamelen schneller zum Carpentaria-Golf vorzudringen. Die Gruppe erreichte Ende Januar 1861 zwar den Golf, blieb aber im Mangrovensumpf stecken. So kehrten die Männer um und kamen am 21. April 1861 abends wieder am Basislager an, das die zurückgebliebene Mannschaft – des Wartens müde – am gleichen Vormittag geräumt hatte, um die Wüste in Richtung Hauptlager bei Menindee zu durchqueren. Trotz der zurückgelassenen Lebensmittel und hilfreicher Aborigines starben Burke und Wills – beide erhielten 1863 in Melbourne ein Staatsbegräbnis.

Erfolgreiche Süd-Nord-Durchquerung

Erfolgreich hingegen konnte **John McDouall Stuart** seine Süd-Nord-Durchquerung von Adelaide aus zu Ende führen. Im März 1860 brach er mit zwei Begleitern von Chambers Creek im Norden Südaustraliens auf und durchquerte das Rote Zentrum. Unterwegs benannte er die MacDonnell Ranges nach dem Gouverneur von SA und taufte den Berg im Mittelpunkt Australiens Central Mount Stuart. Nördlich von Tennant Creek zwangen ihn Krankheit und feindliche Aborigines zum Rückzug. 1861 wurde eine zweite Expedition losgeschickt, die jedoch bei Burke Creek umkehren musste. Doch Stuart gab nicht auf und brach mit zehn Begleitern erneut auf. Er entdeckte den Daly Waters Creek, den Chambers und den Katherine River und erreichte am 25. Juli 1862 die Mündung des Mary River in den Van-Diemen-Golf, ca. 100 km nordöstlich von Darwin. Auch der Rückmarsch Stuarts endete tragisch; er überlebte zwar, war jedoch fast blind und total erschöpft. Der Verlauf der Overland-Telegrafenlinie von Adelaide nach Darwin folgte weitgehend der Route, die Stuart gewählt hatte. Seine Expedition war gleichsam der Höhepunkt der Forschungsreisen durch Australien. Er hatte die **wahre Na-**

tur der Landesmitte entdeckt. Es gab keinen riesigen Inlandsee, nur wüstes, trockenes Land und quälende Hitze. Auch wenn Australien um 1880 weitgehend erforscht war, blieben bis in die 1930er-Jahre noch weiße Flecken auf der australischen Landkarte – abgelegene Gebiete, die erst aus der Luft erkundet werden konnten.

Besiedlung durch die Europäer

1788	Landung der »First Fleet« mit 1000 Strafgefangenen in der Botany Bay
1817	Der Kontinent erhält offiziell den Namen Australien.
1825	Gründung von Van Diemen's Land (ab 1853 Tasmanien)
1829	Gründung von Western Australia
1836	Gründung von South Australia
1851	Gründung von Victoria, erste Goldfunde sorgen für Aufregung.
1859	Gründung von Queensland

Sträflingskolonie

Die Besiedlung Australiens bzw. der **Südostküste des Kontinents**, die James Cook im Jahr 1770 als New South Wales zum Besitz der britischen Krone erklärt hatte, begann 1788 mit der Sträflingskolonie in der **Botany Bay**, an der heute die Millionenstadt Sydney liegt. Mit der Unabhängigkeit der USA (1783) hatte Großbritannien die Kolonien in Nordamerika als Aufnahmegebiet für verurteilte Kriminelle verloren. Deshalb bot sich Australien als Ersatz an: Am 18. Januar 1788 gingen die ersten ca. 1000 Strafgefangenen in der Botany Bay an Land.

Da sich das Gebiet um diese Bucht jedoch für eine Besiedlung als schlecht erwies, wich man in die weiter nördlich gelegene Bucht von Sydney aus, wo der Gouverneur der neuen englischen Kolonie New South Wales am **26. Januar 1788** den Union Jack hisste und die erste britische Niederlassung in Australien gründete. Damit begann die Geschichte des »Weißen Australiens« – der 26. Januar ist heute Nationalfeiertag (**Australia Day**).

Convicts und Emancipists

Die Verschiffung von Sträflingen auf den südlichen Kontinent wurde etwa 80 Jahre lang betrieben. In dieser Zeit kamen rund 137 000 Männer und rund 25 000 Frauen als Strafgefangene ins Land. Die meisten **Deportierten** (Convicts) waren Kleinkriminelle wie Taschendiebe, Schafdiebe oder Wilderer, jede fünfte Frau war eine Prostituierte. Im Lauf der Zeit wurden auch immer mehr politische Gefangene – in der Regel aus Irland – nach Australien verschifft. Ab 1793 folgten die ersten **freien Siedler** (Emancipists). Sie führten Me-

Australien *Staatenbildung bis 1911*

rinoschafe aus Südafrika und England ein und machten damit die **Schafzucht** zur wirtschaftlichen Basis der entstehenden Kolonie. Teilweise auch ohne behördliche Erlaubnis nahmen sie weite Landgebiete für die Schafzucht, später auch für den Anbau von Weizen in Besitz und setzten Sträflinge als billige Arbeitskräfte ein. So wurde nicht nur die Erschließung des Kontinents vorangetrieben, sondern es bildeten sich auch riesige Farmen, die billige Wolle für die britische Textilindustrie lieferten.

Innere Autonomie

Eine Zäsur in zweierlei Hinsicht stellt das Jahr **1851** dar. Als erste Kolonie erhielt Victoria mit der **Hauptstadt Melbourne** die innere Autonomie, die in den kommenden Jahren auch anderen Kolonien in Australien zugebilligt wurde, nur Westaustralien bekam sie erst 1890.

Ehemaliger Stützpunkt der Van Diemen's Land Company auf Tasmanien

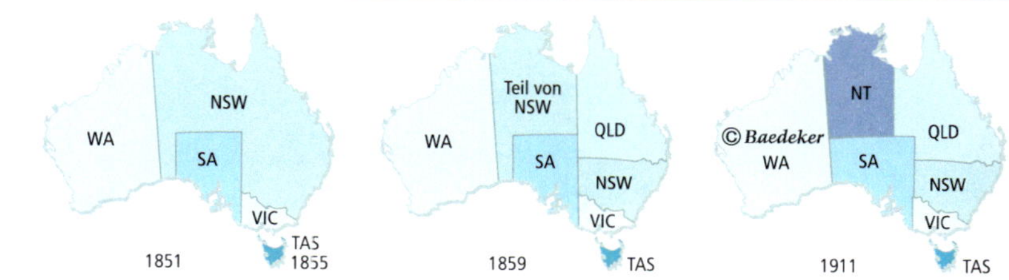

Und schließlich lösten ab 1851 Goldfunde im Südosten des Kontinents – in Summerhill Creek an den westlichen Ausläufern der Blue Mountains – ein regelrechtes **Goldfieber** aus, von dem sich mindestens eine halbe Million Menschen nach Australien treiben ließ, was sich letztendlich auf die Sozialstruktur der Kolonien auswirkte. Denn hatten bis zu diesem Zeitpunkt Landwirte, Händler und Schafzüchter sowie Sträflinge und Freigelassene das gesellschaftliche Bild beherrscht, gelangten nun auch Angehörige der **Mittelschicht**, vor allem Handwerker und höher Gebildete nach Australien, die bei der Erschließung des Kontinents und beim Aufbau eines modernen Staatswesens von großem Nutzen waren.

◄ Goldrausch

Allerdings hatte der Menschenzustrom – innerhalb von zehn Jahren verdreifachte sich die weiße Bevölkerung, 1901 lebten 3,8 Mio. Menschen vorwiegend britischer Abstammung auf dem Kontinent – und die damit einhergehende Ausweitung des Siedlungsraums furchtbare Auswirkungen für die **Aborigines**. Man raubte ihnen ihr Land, seit 1816 durften sie sogar ungestraft getötet werden – ihre Bevölkerungszahl schrumpfte von rund 300 000 im Jahr 1750 auf 60 000 im Jahr 1920.

◄ Erste große Einwanderungswelle

Bushranger

Ein Problem im 19. Jh. war die **Buschräuberei**. Sie begann in Australien fast gleichzeitig mit der weißen Besiedlung. Sträflinge, denen die Flucht geglückt war, fanden im undurchdringlichen Busch Zuflucht und sorgten durch Raubüberfälle für ihren Lebensunterhalt. Ein frühes Beispiel war »**Black Cesar**«, ein entsprungener schwarzer Strafgefangener, der 1796 erschossen wurde. Besonders schlimm trieben es die bandenmäßig organisierten Räuber auf Van Diemen's Land (Tasmanien), die berüchtigten »Vandemonians«. Mit dem Goldrausch kam ein neuer Typus Buschräuber. Die Situation eskalierte zwischen 1850 und 1880, als organisierte Banden bewusst die **Goldtransporte** überfielen. Berüchtigte einzelne Vorgänger der **Kelly-Bande** (► Berühmte Persönlichkeiten) waren beispielsweise »Mad« Dan Morgan, der im April 1865 bei Wangaratta erschossen wurde, ebenso wie Ben Hall, der im Mai 1865 bei Forbes den Tod fand. Erst mit der Erschließung des Landes durch Telegrafen und Eisenbahn endete die Buschräuberei.

Souveräner Staat

1901	Vereinigung der australischen Kolonien zum Commonwealth of Australia
1914–1918	Kriegsteilnahme Australisch-Neuseeländischer Truppen (ANZAC) auf Seiten der Briten
1939–1945	Kriegsteilnahme Australiens auf Seiten der Alliierten
1942	Darwin wird von japanischen Flugzeugen bombardiert.
1967	Die Aborigines erhalten die vollständigen Bürgerrechte.
1999	Die Mehrheit der Australier stimmt wider Erwarten für die Beibehaltung der parlamentarischen Monarchie.
2000	Sydney richtet die XXVII. Olympischen Spiele aus.
2005	Landesweite Proteste wegen Arbeitsrechtsreform
2008	Mit Quentin Bryce wird erstmals eine Frau Generalgouverneurin Australiens.
2010	Julia Gillard wird neue Premierministerin (Labour).

Von der Kolonie zum Bundesstaat

Nachdem sich die Kolonien nach und nach die Selbstverwaltung erstritten hatten, war es nur noch eine Frage der Zeit, bis sie sich zu einem Bund zusammenschlossen. Im Juli 1900 wurde eine bundesstaatliche Verfassung von der Bevölkerung angenommen und von Queen Victoria von England gebilligt. Am 1. Januar 1901 vereinigten sich die australischen Kolonien zum **Commonwealth of Australia** (Australischer Staatenbund); wegen der Rivalität zwischen Sydney und Melbourne einigte man sich auf ein Gebiet zwischen den beiden Metropolen, wo die **Hauptstadt Canberra** erst noch aus dem Boden gestampft werden musste. Zwar blieb das offizielle Staatsoberhaupt der parlamentarischen Monarchie weiterhin die britische Königin Victoria, doch war dieser 1. Januar die Geburtsstunde einer neuen Nation, auch wenn die Unabhängigkeit Australiens erst 1931 endgültig festgeschrieben wurde. Das neue Parlament in Canberra konnte erst 1988 seiner Bestimmung übergeben werden.

Die neue **Verfassung** orientierte sich größtenteils an den Vorbildern der USA und Großbritanniens und war – beispielsweise mit dem Wahlrecht für Frauen – für die damalige Zeit außergewöhnlich liberal. Den Aborigines wurden jedoch keinerlei Rechte zugestanden.

Zeit der Weltkriege

Erster Weltkrieg

So wie Australien Soldaten nach Südafrika geschickt hatte, um die Briten 1899–1902 im Kampf gegen die Buren zu unterstützen, kämpften im Ersten Weltkrieg 1914–1918 Australier auf freiwilliger Basis **auf Seiten der Briten** gegen die Deutschen und deren Verbündete. Australische Truppen besetzten die deutschen Kolonien Neu-

Überall in Australien gibt es Mahnmale zu Ehren der gefallenen Soldaten des Ersten Weltkriegs, so auch in Melbourne.

guinea, Samoa und den Bismarckarchipel im Pazifik; auch auf europäischen Schlachtfeldern waren Australier präsent. Die Schlacht von **Gallipoli** am 24. April 1915 gegen Truppen des Osmanischen Reiches auf der türkischen Dardanellen-Halbinsel endete für das australisch-neuseeländische Expeditionsheer (Australia and New Zealand Army Corps) mit einer Katastrophe. Der 24. April ist seither als **ANZAC Day** ein nationaler Feiertag. Nach dem Krieg erhielt Australien als Siegermacht das Mandat über das einstige deutsche Gebiet von Neuguinea und die deutschen Inseln südlich des Äquators zugebilligt.

Zweiter Weltkrieg

Auch im Zweiten Weltkrieg kämpfte Australien, das sich durch die japanische Expansion im pazifischen Raum in seiner Existenz bedroht sah, **auf Seiten der Alliierten**. Australische Kampfeinheiten kamen in Griechenland, auf Kreta und in Nordafrika gegen deutsche und italienische Truppen zum Einsatz, dafür verlor Australien einen Teil von Neuguinea an japanische Kampfverbände. 1942, als Nippons Luftwaffe die Stadt Darwin bombardierte, war Australien sogar – zum bisher ersten und einzigen Mal – direkt von kriegerischen Handlungen betroffen. Mit amerikanischer Waffenhilfe konnte schließlich das Gespenst einer japanischen Invasion gebannt werden. Auch im Zweiten Weltkrieg gab der Aufbau einer eigenen Rüstungsindustrie der weiteren Industrialisierung des Landes einen starken Auftrieb.

Nachkriegszeit bis heute

ANZUS-Pakt

Seit dem gemeinsamen Waffengang mit den USA im Zweiten Weltkrieg unterhält der fünfte Kontinent enge Beziehungen zu den Nordamerikanern. 1952 schloss Australien mit den USA und Neuseeland den ANZUS-Pakt (**Australia, New Zealand, USA**), ein Verteidigungsbündnis, das die Grundlage dafür bildete, dass das Land die Vereinigten Staaten von Amerika mit Truppen unterstützt. In den Korea-Krieg entsandte Australien zwischen 1950 und 1953 rund 14 000 Soldaten, zwischen 1962 und 1972 engagierte es sich mit insgesamt 50 000 Soldaten im Vietnam-Krieg. 1993 befanden sich australische Truppen als UNO-Friedenstruppen in Somalia und 1999 stellten Australier das Gros der internationalen Friedenstruppe in Osttimor. Premier John Howard wollte mit dem Militäreinsatz Australien als demokratische Ordnungsmacht im Südpazifik positionieren. 2002 schickte Australien Soldaten zu Friedensmissionen in Afghanistan und auch im Irak-Krieg 2003 nahm Australien mit 2000 Soldaten an der »Allianz der Willigen« teil.

Neue Einwanderungspolitik

In der zweiten Hälfte des 20. Jh.s änderte das Land seine Einwanderungspolitik. Es öffnete seine Grenzen verstärkt europäischen Einwanderern nicht nur aus England und Irland, hielt aber noch lange am Prinzip des **»Weißen Australien«** fest. Schließlich wurden weitere Diskriminierungen aufgehoben, sodass sich ab 1966 einige Hunderttausend Asiaten, denen bis dahin die Einwanderung verwehrt worden war, in Australien niederlassen konnten. Allerdings ist die Diskriminierung Farbiger durch die Einwanderungsbehörden bis heute gängige Praxis. Internationale Aufmerksamkeit erregte die Krise um die Flüchtlinge auf dem norwegischen Frachter »Tampa«. Ende August 2001 hatte dieses Schiff mehr als 400 meist aus Afghanistan stammende Flüchtlinge vor Australien aus Seenot gerettet, die jedoch auf Anweisung des australischen Regierungschefs John Howard nicht ins Land einreisen durften. Neuseeland und der Inselstaat Nauru erklärten sich schließlich zur Aufnahme bereit.

Aborigines

Offizielle Entschuldigung der australischen Regierung ►

1960 wurden die Aborigines **australische Bürger** mit Recht auf Sozialleistungen. Zwei Jahre später erhielten sie das Wahlrecht und 1967 schließlich alle australischen Bürgerrechte. Am 13. Februar **2008** entschuldigte sich Australiens Premierminister Kevin Rudd offiziell im Namen der Regierung in einer Rede vor dem australischen Parlament für das während zwei Jahrhunderten den Aborigines angetane Unrecht. Die UN-Erklärung, die indigenen Völkern das Recht auf Selbstbestimmung einräumt, hat Australien bislang jedoch nicht anerkannt. Ein Förderungsprogramm der Regierung soll innerhalb von zehn Jahren bis 2020 Bildung, Beschäftigungsgrad und Lebenserwartung der Ureinwohner verbessern.

Australien bleibt am Rockzipfel der Monarchie

1999 entschieden die Australier in einem **Referendum**, ob Australien eine Republik mit einem eigenen Präsidenten werden sollte. 55 % der Australier stimmten jedoch für die **Beibehaltung der Monarchie**. Bei der Volksabstimmung wurde auch eine neue Präambel für die Verfassung abgelehnt, die die Aborigines als »erstes Volk der Nation« gewürdigt hätte. Immerhin durfte bei der Eröffnungszeremonie der

Highlight der jüngsten australischen Geschichte: die Olympischen Spiele in Sydney im Jahr 2000

XXVII. Olympischen Sommerspiele, die Australien 2000 ausrichtete, die Leichtathletin Cathy Freeman (►Berühmte Persönlichkeiten), eine Nachfahrin australischer Ureinwohner, das Olympische Feuer in Sydney entzünden.

Jüngste Ereignisse

Die letzte große Lücke der Eisenbahnverbindungen wurde 2004 geschlossen: Der Schienenstrang reicht nun bis Darwin. Der **»Ghan«** verbindet jetzt auch das rote Zentrum mit dem grünen Top End und damit mit den Märkten Südostasiens (►Baedeker Special S. 284).

Als »Australiens 11. September« wird »The Bali Bombing« angesehen. Bei dem Anschlag auf eine Diskothek in Kuta am **12. Oktober 2002** starben 202 Touristen. Auch 2005 bei den Selbstmordattentaten von Jimbaran waren die meisten Opfer wieder Australier. Geschockt, dass sich die einst so fernen internationalen Konflikte jetzt vor der eigenen Haustür abspielten, erhöhte Australien massiv seine Ausgaben für Sicherheit und Terrorbekämpfung – und begeht seitdem den 12. Oktober als Staatstrauertag.

Am **14. November 2005** kam es zu den größten Protesten in der Geschichte des Landes. Hunderttausende protestierten gegen die Arbeitsmarktpolitik der Regierung Howard, deren geplante Reform eine Lockerung des Kündigungsschutzes vorsah, das Unternehmern ermöglicht, Tarife durch individuelle Vereinbarungen zu unterlaufen.

Zum ersten Mal in seiner Geschichte stehen in Australien Frauen an der Spitze: Die bisherige Gouverneurin des Bundesstaats Queensland, **Quentin Bryce**, trat am 5. September **2008** das Amt der **Generalgouverneurin** an. **2010** übernahm **Julia Gillard** nach einer parteiinternen Revolte das Amt von Premier Kevin Rudd. Die Labor-Politikerin ist die erste Frau an der Spitze der australischen Regierung. Seit der Jahrtausendwende tobten im Südosten Australiens immer wieder verheerende **Buschfeuer**, am schlimmsten im Februar **2009**, als die Flammen in Victoria wochenlang wüteten und über 180 Menschen starben.

Kunst und Kultur

Was symbolisiert die Regenbogenschlange für die Aborigines? Wohin bewegt sich die Kunst des »Weißen Australien«? Welche Popstars aus Down Under stürmen die internationalen Charts und wo wurde 2008 das romantische Filmepos »Australia« gedreht?

Tjukurrpa · Traumzeit

Verdrängung jahrtausendealter Kultur

Das Vordringen der englischen Viehherdenbesitzer und Landbesetzer, der freigelassenen Sträflinge, der Goldsucher aus vielen Ländern und der Bergbaugesellschaften bedeutete das unwiderrufliche Ende für den angestammten Daseinsraum der Ureinwohner, für ihre viele Jahrtausende alte Kultur, für ihre althergebrachten Stammes- und Jagdgebiete, ihre Lebensweise und ihre Vorstellungswelt.

Ab dem Ende des 19. Jh.s wurden **Kultur und Sprache** der Aborigines vor allem in Zentralaustralien intensiv erforscht. Hier ist insbesondere das Engagement zweier Männer für das Volk der **Aranda** zu nennen. **Carl Strehlow** (1871 bis 1922) kam 1894 aus Deutschland in die Missionsstation Hermannsburg. Er lernte die Sprache der Aranda, übersetzte das Neue Testament und machte sich um die Kultur der Aborigines verdient, indem er deren Mythen und Lieder aufzeichnete. Sein Sohn **Theodor Strehlow** (1908 – 1978) widmete sich ganz dem Erhalt von Kulturzeugnissen der Aborigines. Er veröffentlichte dazu Filme, Dias, Tonaufnahmen, Karten und Bücher.

Eine Sonderstellung in der Kunst der australischen Ureinwohner nimmt der Aranda **Albert Namatjira** ein (►Berühmte Persönlichkeiten). Er malte Landschaftsaquarelle in europäischer Technik, ließ in seinen Bildern jedoch die spirituelle Sichtweise der Aborigines einfließen.

! *Baedeker* TIPP

Auf den Spuren der Ureinwohner

In ganz Australien gibt es Touren, die die Kultur der Aborigines näher bringen, darunter: *Aurukun Wettland Charters*: Mehrtätige Flussfahrten auf Cape York (www.aurukunwetlandcharters.com); *Kakadu Culture Camp*: Wildlife-Bootsfahrten und Bush-Tucker-Walk mit traditionellem Dinner am Lagerfeuer (http://kakaduculturecamp.com); *Kepa Kurl Cultural Discovery Tours*: Bush Food, Bumerang-Unterricht und Erzählungen aus der Traumzeit in Esperance/WA (www.kepakurl.com.au); *Desert Tracks*: Auf mehrtägigen Touren lernen Sie die Traditionen der Pitjantjatjara kennen (www.deserttracks.com.au); *Iga Warta*: In den nördlichen Flinders Ranges verraten die Adnyamathanha, wie sie jahrtausendelang vom Land gelebt haben (www.igawarta.com); *Worn Gundidj*: Touren auf den Spuren der Aborigines im Tower Hill Game Reserve bei Warrnambool/VIC (www.worngundidj.org.au).

Kulturzeugnisse der Aborigines

Kunstwerke mit ritueller Bedeutung

Steinritzungen, Fels- und Höhlenbilder, Rindenmalerei, Sandbilder, Totempfähle, Schnitzereien und Flechtarbeiten sind nicht als individuelle künstlerische Leistung zu sehen. Kunstwerke der Aborigines haben eine **rituelle Funktion**. Sie stellen Symbole zur Vergegenwärtigung der Beziehungen zwischen den Menschen und ihrer natürlichen Umwelt dar. Nach der Vorstellung der Aborigines versahen ihre

← *Selbst Kunstwerk und Tempel der australischen Kultur: das National Museum in Canberra*

Vorfahren, überirdische Wesen in menschlicher oder tierischer Gestalt, während der **Tjukurrpa** – die von Nicht-Aborigines **»Traumzeit«** (Dreamtime) genannt wird – alle Naturerscheinungen wie Regen, Wasserlöcher, Höhlen, Felsen und Bäume mit spiritueller Bedeutung. Die Symbole auf den kultischen Objekten verkörpern die Kräfte aus der Traumzeit. Sie bestimmen zugleich das rituelle Geschehen der ihnen zugeordneten Stammesgemeinschaft. Die Muster (geometrische Motive, Tierdarstellungen) entsprechen den Mythen und Gesängen, die dem Gruppenverband eigen sind. Schon die Herstellung eines Kunstwerks wurde von magischen Sprüchen und Liedern begleitet, als Ausdruck für die betroffene **Totemgruppe**. Die Menge der Muster ist schier unendlich, wie auch die Zahl der magischen Verse.

Im zentralen Australien standen die **Tjurungas** im Zentrum des Kults, flache Steine oder Holzabschnitte, auf denen Muster mit Tierzähnen eingeritzt wurden. Sie waren – wie auch Ritualschilde, Sandbilder und Totempfähle – für Frauen und Kinder teilweise tabu. Als Materialien zur **Bemalung von kultischen Gegenständen und der eigenen Körper** bei zeremoniellen Tänzen benutzte man natürlichen Ocker in roten und gelben Farbtönen, oft über weite Handelswege beschafft, sowie schwarze Holzkohle und weißen Kalk, außerdem als Schmuck Tierfedern, besonders zarte Flaumfedern. Durch die Bemalung mit Farben oder Lehm und das Ankleben von Federn wurde die Person des »Corroboree«-Tänzers in der Zeremonie zur Verkörperung der Traumzeitvorfahren unkenntlich. Aber auch profane Gebrauchsgegenstände, insbesondere Jagdgeräte wie Schwirrholz, Speer und Speerschleuder, wurden mit Traumzeitsymbolen verziert.

Nordaustralien

In Nordaustralien, im Arnhem Land und auf der Cape-York-Halbinsel, finden sich zahllose **bemalte Höhlenwände** und überhängende Felswände, wo die jagenden Gruppenverbände in der Regenzeit Schutz fanden. Auf den Bildern sind legendäre Gestalten dargestellt, die Schöpferahnen der Traumzeit und Personifikationen der Naturgewalten. Die **Regenbogenschlange** symbolisiert den Beginn des Lebens, lebenserhaltendes Wasser und Fruchtbarkeit. Im **»Röntgenstil«** sind nicht nur die sichtbaren Körper, sondern auch die Organe des Körperinneren abgebildet. Neben Tieren, Menschen und Jagdszenen erscheinen in Schablonenmalerei immer wieder Handumrisse; zu den kultischen Riten gehörten das ständig wiederholte Berühren und Nachzeichnen der Felsenbilder. In den jüngsten Darstellungen sind bemerkenswerterweise auch Segelschiffe der Weißen und Gewehre zu sehen.

Eine ganz andere Ausdruckswelt und Darstellungsweise kennzeichnet die Kultur der **Tiwi**, die isoliert auf den Inseln Bathurst und Melville im Norden leben. Ihre Vorfahren schufen eindrucksvolle **Holzschnitzereien**, die oft Vogelfiguren und Geisterwesen darstellen. Berühmt wurden vor allem ihre **Pukumani**, große, bunt verzierte Begräbnispfähle. Daneben fertigten die Tiwi kunstvolle **Flechtarbeiten** an.

Gefühl für Farbe: Die Kunst der Aborigines steht heute hoch im Kurs.

Das Vordringen der weißen Zivilisation beendete die kultische Verflechtung der Kunst mit Mythos und Ritus. Zauber und Geheimnisse sind fast gänzlich entmythologisiert. Die von den Ureinwohnern immer noch mit ausgeprägtem Gefühl für Farbe und Form produzierten Rinden- und Acrylfarbenmalereien, Holzschnitzereien und Flechtwerke präsentieren sich heute als Kunsthandwerk ohne den früheren spirituellen Hintergrund. Es gibt überall **Aborigine-Läden und -Kunstgalerien**, doch die größten Gewinnspannen erzielen meist die weißen Händler. Auch die zeremoniellen Tänze sind häufig zur Touristenattraktion geworden, wobei die magische Bedeutung und die vorgetragenen Gesänge von den Akteuren oft bewusst verfälscht werden, aus Angst vor dem Zorn der Traumzeitvorfahren.

Kunst des weißen Australien

Kolonialzeitliche Malerei und Bildhauerei

Die australische Kunst der frühen Kolonialzeit orientierte sich vollkommen an der in England gängigen Malerei und Bildhauerei. **Tom Roberts**, Frederick McCubbin, Charles Edward Conder und Arthur Streeton gehörten zur **»Heidelberg School«**, die in den 1880er-Jahren im Melbourner Vorort Heidelberg im Yarra-Tal entstand. Die Künstlerfreunde malten in impressionistischer Manier die ländlichen Motive ihrer Umgebung und das Leben im australischen Busch. Bekannt wurde der aus Hamburg stammende, in Hahndorf bei Adelaide lebende **Hans Heysen** (1877 – 1968) mit seinen Bildern der Flin-

Der deutsche Künstler Otto Herbert Hajek schuf die bunten Plastiken vor dem Festival Centre in Adelaide.

ders Ranges. Noch lange orientierten sich die australischen Maler und Bildhauer an Europa und hielten sich mit Vorliebe in London auf. In **George Russell Drysdales** (1912–1989) Gemälden ist Australien ein Land der Dürre. **Arthur Boyd** (1920–1999) und **Albert Tucker** (1914–1999) begannen in surrealistischen Stilen zu arbeiten. **Sidney Robert Nolan** (1917–1992) wurde 1947 durch seinen Ned-Kelly-Zyklus bekannt. Von ihm stammen auch die Gallipoli-Bilder, die er zur Erinnerung an seinen im Zweiten Weltkrieg gefallenen Bruder dem Australian War Memorial in Canberra übereignete. Andere Schöpfungen Nolans, der gern als Vorläufer der britischen Pop-Art bezeichnet wird, sind im Heide Museum of Modern Art bei Melbourne, im Festival Arts Centre in Adelaide und im Federal Law Building in Sydney zu sehen.

Zeitgenössische Künstler

Um die Mitte des 20. Jh.s, als sich das selbstbewusst gewordene Australien immer mehr vom Mutterland löste, gab es auch in der australischen Kunst eine rasche Entwicklung zur Eigenständigkeit. Besonders seit den späten 1960er-Jahren schossen Privatgalerien und Kunsthandlungen in vielen Städten aus dem Boden. Es lohnte sich, australische Kunst zu sammeln. Bekannte Künstlernamen sind Brett Whiteley, Fred Williams und Jeffrey Smart als Maler, Tom Bass, Inge King und Stephen Walker als Bildhauer. Große Beachtung fand 1977 die Gestaltung der Plaza des Festival Arts Centre in Adelaide durch den deutschen Bildhauer **Otto Herbert Hajek** (1927 – 2005). International bekannte Stars der Kunstszene sind die 1960 in Brisbane geborene Malerin und Videokünstlerin **Tracey Moffatt** und der 1954 in Melbourne geborene Bildhauer **Lawrence Carroll**.

Staatliche Förderung

Vielfalt im kreativen Schaffen brachte 1973 der **Australia Council**, mit dem Künstler erstmals breit angelegte staatliche Förderung erhielten. 1980 folgte die Gründung der **Artbank** als staatliches Kunst-Miet-Programm, das heute mehr als 9000 Werke herausragender australischer Künstler umfasst. Eine umfassende Übersicht über Galerien, Kunstausstellungen und Events in ganz Australien gibt der monatlich erscheinende **»Art Almanac«** (www.art-almanac.com.au).

Architektur

Kolonialzeitliches Erbe

Die Anfänge in Sydney

Am Anfang der britischen Kolonialzeit standen in Sydney nur Zelte, die zunächst von recht armseligen Holzhütten abgelöst wurden. Im Jahr 1799 errichtete man in Parramatta am Westende von Port Jackson für Gouverneur Hunter ein zweistöckiges Regierungsgebäude, das **Old Government House**, das 1815 unter Gouverneur Macquarie erweitert und umgestaltet wurde, sodass es bis zur Fertigstellung des Government House in Sydney 1847 als Residenz dienen konnte. Während der Gouverneurszeit von Macquarie (1809–1821) wurden neue breite Straßen geplant und Sydney erhielt viele öffentliche Gebäude im georgianischen Stil. Dazu zählen das sog. Rum Hospital und die Meisterwerke von **Francis Howard Greenway**, der wegen Wechselbetrugs im Jahr 1814 nach Australien deportiert worden war, doch schon 1816 zum Stadtarchitekten avancierte. Nach seinen Plänen wurden das Macquarie Lighthouse am South Head gebaut, die Hyde Park Barracks als Sträflingskaserne, die Kirchen St. James und St. Matthews sowie das Gerichtsgebäude in Windsor. In ihren perfekten Maßen und der Harmonie klarer, einfacher Formen verdeutlichen diese Bauwerke die optimistische Einstellung der frühen Kolonialzeit. Gouverneur Macquarie forderte, auch in den übrigen Siedlungen ansehnliche Gebäude zu errichten. Das ließ die Ausgaben auf dem Bausektor schließlich so ansteigen, dass die Regierung in London 1819–1821 einen Beamten namens John Thomas Bigge zur Kontrolle und Berichterstattung nach Sydney entsandte.

Frühe Pionierbauten in Tasmanien

In großer Zahl blieben in Tasmanien, der zweitältesten Niederlassung nach Sydney, öffentliche und private Gebäude aus der Pionierzeit erhalten, besonders in und um Hobart, Launceston und die Midlands. Was Greenway für Sydney war, wurde der Londoner Architekt **John Lee Archer** für Tasmanien, wo er 1827–1838 Kasernen, Brücken, Kirchen und Gerichtsgebäude schuf.

Viktorianische Gebäude Bezeichnend für die anfängliche Architektur Australiens war ihre Ausrichtung auf das britische Mutterland. Man bemühte sich, auch am anderen Ende der Welt möglichst »englisch« zu bauen. Die Neubelebung von Gotik, Klassizismus sowie italienischer und französischer Renaissance bestimmte auch in Australien den Stil. Die **prunkvolle Stadtarchitektur** der viktorianischen Ära war gut geeignet, um den auf den Goldfeldern gewonnenen Reichtum zu demonstrieren. Neben eindrucksvollen Herrenhäusern, eleganten Landsitzen und einfachen »Homesteads« (Farmhäusern) fallen insbesondere in den älteren Vororten der großen Städte die »Terrace Houses« auf, Reihenhäuser mit überdachten Terrassen und Balkonen, mit reich verzierten gusseisernen Gittern und Balustraden.

Den Tropen angepasst Typisch für einige heiße Gegenden Australiens sind die **»Queensländer«** genannten Stelzenhäuser, die nicht die englische Bauweise nachahmen. Sie passen sich mit weit überstehenden, Schatten spendenden Dächern und Öffnungen zur besseren Luftzirkulation sowie vorgesetzten Säulen- und Bogengängen dem heiß-feuchten Klima an.

Architektur im 20. und 21. Jahrhundert

Eigenständige Wege Im 20. Jh. stellte sich das nun unabhängige Australien auch in der Architektur auf eigene Füße und richtete sich nicht mehr nach britischen Vorbildern. Ein frühes Beispiel eigenständiger Architektur ist die frei tragende, wegen ihres riesigen Bogens »Coathanger« (= Kleiderbügel) genannte **Sydney Harbour Bridge**. 1932 vollendet, wurde diese Brücke mit den massigen Pfeilertürmen an beiden Seiten zum ersten Wahrzeichen der Stadt, das 1973 durch das weltbekannte **Sydney Opera House** mächtige Konkurrenz bekam. Der kühne Entwurf des Dänen **Jørn Utzon** wurde erst nach 14 Jahren fertiggestellt, die Baukosten hatten sich damit mehr als verzehnfacht.

Bemerkenswert in der Bundeshauptstadt **Canberra** sind die in der zweiten Hälfte des 20. Jh.s geschaffenen repräsentativen Bauten: der Oberste Gerichtshof (High Court), die Nationalbibliothek, die Nationalgalerie, die Akademie der Wissenschaften und vor allem das neue Parlamentsgebäude und das 2001 eröffnete Nation Museum of Australia. Auch die Hauptstädte der anderen Bundesstaaten haben sich in den letzten Jahrzehnten architektonisch anspruchsvolle Kulturzentren geleistet, so Adelaide mit seiner Festival Hall, Brisbane mit dem Cultural Centre und **Melbourne** mit dem Arts Centre, dem Federation Square und seinen Docklands, die bis 2015 zu einem neuen Stadtteil um- und ausgebaut werden. In den Innenstadtbereichen der australischen Hauptstädte akzentuieren Büro- und Bankhochhäuser die Silhouette, wie der runde, 48-stöckige Australia Square Tower in Sydney und der 88-stöckige Eureka Tower in Melbourne.

Die ausufernden Stadtlandschaften in den Ballungsgebieten ziehen sich wie Teppiche aus flächenverschlingender, einförmiger Einfamilienhausbebauung, unterbrochen durch Grünanlagen, über weite Be-

Designwunder und Wahrzeichen Australiens: das Opernhaus von Sydney

reiche der Küstenregion hin. Für verdichtete Bauweise in den Wohngebieten lassen sich die Australier nicht begeistern.

◄ Pritzker-Preis 2002

Eine kleine Sensation ereignete sich im Jahr 2002, als der nur Insidern bekannte, in Sydney lebende Architekt **Glenn Murcutt** (geb. 1936) den Pritzker-Preis erhielt. Den sogenannten Nobelpreis für Architektur bekam der Australier für sein Gesamtwerk, das »eine architektonische Erwiderung auf die Landschaft und das Klima« darstelle. Tatsächlich sind seine Bauten – meist Wohnhäuser, aber auch Schulen und Museen – der landschaftlichen Umgebung und ihren Witterungsverhältnissen optimal angepasst. »Ich plane gern horizontal, weil ich nicht mit den Bäumen konkurrieren möchte«, lautet das Credo von Murcutt, der nach eigenen Worten von den Aborigines den »Respekt« gelernt habe, »die Erde mit leichter Hand zu berühren«, und der gern einfache Materialien wie Holz, Glas und Wellblech sowie Energie sparende Technologien verwendet.

Musik und Film

Tänze und Gesänge der Aborigines

Das Brauchtum der Ureinwohner Australiens ist längst weitgehend zur oberflächlichen Touristenattraktion verkommen. Die zeremoniellen Tänze (**»Corroborees«**) und Gesänge, die früher für Nichteingeweihte tabu waren, sind heute als »Folklore aus der Steinzeit« Höhepunkte von Pauschaltouren. Unter gewollt unverständlichem Vortrag der altüberlieferten Mythen und Lieder, um ein letztes Geheimnis zu wahren, und begleitet von den Tönen des Didgeridoo werden die Tänze vorgeführt. Als die Daseinswelt der Ureinwohner noch intakt war, erneuerten die kultischen Tänze die Schöpferaktivitäten der verehrten Traumzeitvorfahren oder führten als Bestandteil von Initiationsriten in die Gemeinschaft ein.

Klassische Musik Mehr als 2500 Konzerte werden alljährlich landesweit von **Musica Viva** (www.mva.org.au), Australiens größtem Klassikveranstalter, geboten – bei den »National Concert Series« und dem »Huntington Estate Music Festival« konzertieren die weltbesten Kammermusiker, bei der »Menage« musizieren Nachwuchsstars in intimen Lokalitäten, während die Gäste ein Glas Wein genießen. Ein Erlebnis sind auch die »Twilight Concerts« in Frensham/NSW, die an lauen Frühlingsabenden erklingen. 1796 wurde in Sydney die erste **Oper** aufgeführt. 38 Jahre lang war **Dame Nellie Melba** gefeierte Diva in Europas Opernhäusern (► Berühmte Perönlichkeiten). Als Nachfolgerin der Callas galt die 1926 in Sydney geborene Sopranistin **Joan Sutherland** (►Berühmte Persönlichkeiten).

Operndiva Nellie Melba

Folk Der australische Folk hat seine Wurzeln in den sehnsuchtsvollen Songs der irischen, englischen und schottischen Einwanderer. Zur heimlichen Nationalhymne wurde ein Lied, das Banjo Paterson 1895 nach einer wahren Begebenheit schrieb: **»Waltzing Matilda«** – die Ballade eines »jolly swagman«, der von der Polizei gestellt wird und daraufhin Selbstmord begeht. International bekannte Folksänger aus Down Under sind Slim Dusty, Keith Urban und **John Williamson**, der auch Politik macht. 1991 forderte er in »A Flag of Our Own« eine eigenständige Flagge für Australien und mit »Good Bye Blinky Billy« warnte er vor der Ausrottung der Koalas.

Rock, Pop und Jazz International sehr erfolgreich sind auch australische Rockgruppen und Popsänger: **Olivia Newton-John** war Australiens Beitrag zum Discofieber, die **Bee Gees** träumten von »Massachusetts«, während **AC/DC** mit harten Beats die Fans beschallte. Auch Icehouse, Men at Work, Crowded House, Midnight Oil und Savage Garden sind berühmte Musikexporte aus Down Under. An der Spitze der internationalen Charts zu finden sind australische Sängerinnen wie Natalie Imbruglia oder **Kylie Minogue**. 1947 präsentierte **Graeme Bell** (geb. 1914) bei den Weltjugendfestspielen in Prag die erste Jazzband des fünften Kontinents im Ausland – seit 2001 werden alljährlich die

Bells Awards als nationaler Jazz-Preis verliehen. Zu den bekanntesten Jazzinterpreten Australiens gehören heute der Trompeter James Morrison (geb. 1962), der Saxophonist Dale Barlow (geb. 1960) und der Jazz-Gitarrist Peter O'Mara (geb. 1957).

Kassenknüller vom fünften Kontinent

Mit »The Story of the Kelly Gang« (Die Geschichte der Kelly-Bande) wurde 1906 in Melbourne von den Brüdern Tait der **erste Spielfilm der Welt** gedreht. Noch im selben Jahr zog Sydney nach: mit dem Stummfilm »Soldiers of the Cross«, gedreht von der Heilsarmee. Bis in die 1930er-Jahre folgten mehr als **250 Stummfilme**. Als britische und US-Firmen den Vertrieb übernahmen, geriet die boomende australische Filmproduktion in eine Krise, von der sie sich dank staatlicher Förderung in den 1970er-Jahren langsam erholte.

Der 1944 in Sydney geborene Regisseur **Peter Weir** erreichte 1975 mit seinem mystischen **»Picknick am Valentinstag«** weltweite Beachtung für sich und den australischen Film und ließ 1977 mit »Die letzte Flut« ein ähnlich geheimnisvolles Werk folgen. Nach »Ein Jahr in der Hölle« mit **Mel Gibson**, der dank der Mad-Max-Actionreihe zu einem der erfolgreichsten Hollywoodschauspieler avancierte, zog es auch Weir nach Hollywood – und die meisten seiner dort gedrehten Filme erhielten einen Oscar: »Der letzte Zeuge«, »Der Club der toten Dichter«, »Green Card«, die »Truman Show« und zuletzt 2003 »Master & Commander«.

Baedeker TIPP

Australien hören

Wie vielfältig und facettenreich die Literatur und Kunst, Musik und Architektur des fünften Kontinents ist, verrät das Audiobuch »Australien hören« aus dem Silberfuchs-Verlag mit einer musikalisch illustrierten Zeitreise von den alten Mythen bis zur Gegenwart (www.silberfuchs-verlag.de).

Von Hogan bis Kidman

Aus Peter Weirs Schatten traten 1986 Peter Faiman mit Darsteller Paul Hogan als **»Crocodile Dundee«** und 1994 Regisseur P. J. Hogan mit der schrillen Komödie **»Muriels Hochzeit«** mit Toni Collete in der Hauptrolle. Das mit einem Budget von mehr als 100 Mio. AUD größte Projekt in der Geschichte des australischen Films ist bislang **»Australia«**, der Ende 2008 in die Kinos kam. Als Drehort für die abenteuerliche Romanze zwischen Lady Ashley (**Nicole Kidman**, ► Berühmte Persönlichkeiten) und dem raubeinigen Drover (**Hugh Jackman**), die während des Zweiten Welkriegs spielt, wählte Regisseur Baz Luhrmann Darwin und die Landschaft Nordaustraliens.

Jährliches Schaufenster der Kinoindustrie ist das **Melbourne International Film Festival** (www.melbourne filmfestival.com.au).

Berühmte Persönlichkeiten

Welcher Entdecker wurde als Gott begrüßt? Wer gilt als »Robin Hood des Outback«? Wem gelang als Erstem die Durchquerung des Kontinents und wer entzündete 2000 in Sydney das olympische Feuer? Elf Porträts von Persönlichkeiten, die Australien geprägt haben.

James Cook (1728–1779)

Seefahrer und Entdecker

Auf drei großen Fahrten erkundete er die Welt, kartografierte den Pazifik und nahm Ostaustralien für die britische Krone in Besitz, ehe er auf Hawaii erschlagen wurde: James Cook, der bedeutendste Seefahrer und Entdecker seiner Zeit. Geboren in Marton/Middlesborough in England, heuerte er mit 17 Jahren auf einem Kohlenschiff an. Seine schmale Heuer investierte er in Mathematikstunden und Nautik-Unterricht, Sternbilder und Seekarten studierte er nachts bei Kerzenlicht. Besonders faszinierte den wissbegierigen jungen Mann ein weißer Fleck auf der Südhalbkugel. Immer wieder bewarb er sich bei Geldgebern um Expeditionen, um das Geheimnis des »Südlandes« zu lüften. 1768 erhielt der inzwischen 40-Jährige das Kommando über die H. M. Bark **»Endeavour«**. Mit 90 Mann Besatzung umsegelte er Kap Hoorn an der Südspitze von Chile und stieß in den Pazifik vor, ein Jahr nach seiner Abreise aus Plymouth erreichte er Tahiti, 1770 Neuseeland und die Südostspitze Australiens. In der Botany Bay bei Sydney betrat Cook als erster Brite australischen Boden, folgte dann der Küste nach Norden und nahm am 21. August 1770 auf Possession Island den ganzen Osten Australiens für die britische Krone in Besitz. Durch den Indischen Ozean ging es 1771 wieder nach England zurück. Im Jahr darauf verließ Cook den Hafen von Plymouth erneut, um mit der H. M. S. »Resolution« das Südmeer und die Südpolarländer zu erkunden, und umsegelte dabei erstmals die Erde zwischen dem 60. und 70. Breitengrad von West nach Ost. Bei seiner Rückkehr 1775 wurde er von König Georg III. zum Kapitän der Flotte ernannt. Cook brach im Juli 1776 zu seiner **dritten Weltreise** auf. Er besuchte die Kerguelen, dann Tasmanien, entdeckte das nach ihm benannte Cook-Archipel und am 25. Dezember 1777 die Weihnachtsinseln. Im März 1776 erreichte er die Küste Amerikas, stieß bis zu den Eismassen der Beringstraße vor und segelte vorbei an den Sandwichinseln nach Hawaii. Die Einheimischen empfingen Cook und seine ausgezehrten Seeleute äußerst freundlich – sie hielten ihn für einen zurückgekehrten **Gott mit seinem Gefolge**. Als Cook jedoch eine Woche nach seiner Abreise schon wieder auf Hawaii landete, war der Empfang weniger freundlich – denn was war das denn für ein Gott, dessen Schiffsmast brechen konnte? Im Streit um ein entwendetes Beiboot kam es am 14. Februar 1779 schließlich zu einem Gemetzel, bei dem Cook mit einem **Keulenschlag** niedergestreckt und von den Einheimischen getötet wurde. Sechs Tage später wurden die Gebeine des berühmten Kapitäns nach Seemannsart im Meer versenkt.

Cathy Freeman (geb. 1973)

Idol der Aborigines

Als erste Ureinwohnerin des fünften Kontinents gewann Cathy Freeman 1997 in Athen eine olympische Goldmedaille. Bei der Ehren-

← Ihr häufiger Partner Luciano Pavarotti sagte über die Sopranistin Joan Sutherland: »Sie ist ohne Zweifel die Stimme dieses Jahrhunderts.«

runde schwenkte die damals 24-jährige Sportlerin neben dem australischen Southern Cross auch die **Flagge der Aborigines**, die oben schwarz ist wie ihr Volk, unten rot wie das Outback, in der Mitte kreisrund und gelb wie die Sonne – mit dem Verstoß gegen die Regeln des IOC interessierte sich die Weltöffentlichkeit schlagartig für die Läuferin und die Situation der Aborigines, deren Botschafterin sie bis heute ist.

Zum Markenzeichen wurde ihr **Tattoo** auf der rechten Schulter. »COZ I'M FREE« – »weil ich frei bin« steht dort in die Haut geritzt. Geboren wurde die weltberühmte Sprinterin 1973 als Catherine Astrid Salome Freeman in Mackay/Queensland. Als sie fünf Jahre alt war, verließ ihr Vater Norman, ein alkoholkranker ehemaliger Rugbyspieler, die Familie, und ihre Mutter Cecilia heiratete Bruce Barber, der Cathys Talent erkannte und förderte. 1990 wurde die 17-Jährige über 200 m Landesmeisterin Australiens, 1992 folgte ihre erste Olympia-Teilnahme. Der internationale Durchbruch gelang ihr 1994 bei den **Commonwealth Games**, 1995 erlief sie in Göteborg die erste WM-Medaille, 1997 und 1999 die Weltmeistertitel über 400 m. Den nach eigener Aussage größten Moment ihrer sportlichen Karriere erlebte Freeman bei den Olympischen Spielen 2000 in Sydney. Sie entzündete das **Olympische Feuer** – und gewann mit 49,11 Sekunden über 400 m die Goldmedaille. Am 15. Juli 2003 gab sie ihren Rücktritt vom Leistungssport bekannt. 2004 trug sie die olympische Fackel durch Australien.

Edward Kelly (1855 – 1880)

Buschräuber mit Kultstatus

Im 19. Jh. gab es in Australien zahlreiche berüchtigte Buschräuber, zumeist entflohene Strafgefangene. Doch keiner erlangte je die Berühmtheit von Edward **»Ned« Kelly**, dem Sohn eines irischen Strafverbannten aus Beveridge nördlich von Melbourne. Er war gerade 14 geworden, als man ihn beim Pferdediebstahl erwischte und für drei Jahre ins Gefängnis sperrte. Doch – dadurch keineswegs geläutert – war Ned Kelly bald weit und breit als Viehdieb gefürchtet. Dass er sich dabei auf das Stehlen von Rindern und Pferden fast ausschließlich wohlhabender Viehzüchter beschränkte, sollte jedoch seinen Ruf als »**Robin Hood des Outback**« begründen, der ihn bis heute im Licht eines australischen Volkshelden erstrahlen lässt.

Als jedoch bei einem Feuergefecht drei Polizisten im Kugelhagel der Kelly-Bande starben, wurde Ned Kelly zum »Staatsfeind Nummer 1«. Er stahl mit seiner Gang nicht nur immer dreister Vieh, sondern überfiel auch Banken, Postkutschen und Goldtransporte.

Von einem eigenen Mann verraten, kam es zu einem letzten Feuergefecht, bei dem er festgenommen wurde. Man verurteilte ihn zum Tod, und 32 000 Unterschriften gegen seine Hinrichtung zum Trotz legte ihm der Henker am 11. November 1880 im Gefängnis von Melbourne den Strick um den Hals. Ned Kelly ist nur 25 Jahre alt geworden.

Nicole Kidman (geb. 1967)

Australiens Kinostar Nr. 1

Kühl, kontrolliert und unnahbar war gestern: Im bildgewaltigen Romantikepos »Australia« spielte Nicole Kidman 2008 eine der leidenschaftlichsten Rollen ihres Lebens. Alle Welt staunte über die Wandlung der »Eisheiligen von Holywood« (The Times, 2002), die zuvor mit Vorliebe unterkühlte Frauentypen verkörperte. Schon als kleines Mädchen stand der jüngste Spross der Kidman-Dynastie – des größten Grundbesitzers Australiens – auf der Bühne; ihr Filmdebüt folgte mit 16 Jahren in »Die BMX-Bande«. Kurz darauf verließ die 1,80 m große Schöne die Schule zugunsten der Schauspielerei. International berühmt wurde sie 1990 mit »Days of Thunder« – doch nicht wegen ihrer Darbietung, sondern wegen einer Liaison, die wenige Wochen später amtlich wurde – noch im selben Jahr heiratete sie Hollywoods Superstar **Tom Cruise**. Gemeinsam drehten sie 1999 unter Regie von Altmeister Stanley Kubrick »Eyes Wide Shut«. Der Erotikthriller brachte den Durchbruch und machte Kidman mit Gagen von 10 bis 15 Mio. US-Dollar pro Film zu einer der bestbezahlten Diven Hollywoods. Kurz nach Drehende von Cruise geschieden, kompensierte Kidman die Scheidung mit Affären und einem Arbeitsmarathon: Ein Film folgte dem nächsten, darunter »Moulin Rouge« (2001), »The Others« (2001), »Unterwegs nach Cold Mountain« (2003) und »Der Goldene Kompass« (2007). Einen **Oscar** bekam sie 2003 für ihre Darstellung der Virginia Woolf in »The Hours«. Kidman ist seit 2006 mit dem Country-Sänger **Keith Urban** verheiratet und und gebar am am 7. Juli 2008 ihre erste leibliche **Tochter Sunday Rose**. Mit ihrem Ex-Mann Tom Cruise hatte Nicole Kidman zwei Kinder adoptiert, Isabella und Connor, die mittlerweile im Teenageralter sind.

Ludwig Leichhardt (1813 – 1848)

Entdecker, Botaniker und Geologe

Ludwig Leichhardt gilt als der **berühmteste Deutsche** in der Geschichte des südlichen Kontinents. Ein Stadtteil von Sydney und ein Fluss im Norden Australiens wurden nach ihm benannt. Leichhardt, als sechstes Kind eines Torfstechers in Trebatsch (Brandenburg) geboren, studierte Medizin und Naturwissenschaften in Berlin, dann in London und erwarb so exzellente Englischkenntnisse, dass er seine späteren Forschungstagebücher in dieser Sprache niederschrieb. 1841 brach er nach Australien auf. Die ersten eineinhalb Jahre durchstreifte er den Busch und entwarf bald Pläne für eine große Überlandexpedition, die durch Queensland bis in den Norden nach Port Essington (Cobourg Peninsula) führen sollte. Im September 1844 startete er mit neun Männer, darunter zwei Aborigines. Am 17. Dezember 1845 erreichte die Gruppe Port Essington – die **erste Durchquerung Australiens** von Südosten nach Norden war gelungen. In einer zweiten Expedition wollte der deutsche Forscher den Kontinent etwa

auf Höhe des 22. Breitengrades von Osten nach Westen durchqueren. Im Februar 1848 brach er mit sechs Begleitern auf. Ein Brief an einen Freund in Sydney war sein letztes Lebenszeichen: »Obgleich das Land mitunter bedeutende Schwierigkeiten darbot, so ging doch alles gut vonstatten. Myriaden von Fliegen sind unsere einzige Plage.« Seither ist die **Forschergruppe verschollen**. Zahlreiche Suchexpeditionen wurden ausgesandt, doch vergeblich, es fehlte jede Spur. Die australischen Behörden gingen jedem Erfolg versprechenden Hinweis nach, aber Leichhardts rätselhaftes Verschwinden konnte nie aufgeklärt werden. Der australische Literaturnobelpreisträger ► Patrick White setzte mit seiner Romanfigur Johann Ulrich Voss dem verschollenen deutschen Forscher ein literarisches Denkmal.

Nellie Melba (Helen Porter Mitchell) (1861 – 1931)

Stimmgewaltiger Stern am Opernhimmel

Ihr Künstlername »Melba«, den die **Sängerin** (► Abb. S. 74) mit der **märchenhaft schönen Sopranstimme** als Huldigung an ihre Heimatstadt Melbourne wählte, ist noch heute vielen ein Begriff – aber nicht im musikalischen, sondern im kulinarischen Bereich. Zu Lebzeiten jedoch war sie ein gefeierter Opernstar. Als ihre Gesangslehrerin, die berühmte Pariser Pädagogin Mathilde Marchesi de Castrone, Nellie Melbas Stimme zum ersten Mal hörte, soll sie ihrem Gatten zugerufen haben: »Salvatore, enfin j'ai trouvé une étoile!« (»Salvatore, endlich habe ich einen Stern gefunden!«)

Die Sängerin feierte wahre Triumphe an allen großen Opernhäusern der Welt, besonders als Interpretin von Verdi- und Puccini-Opern sowie mit Werken von Richard Wagner. Fast 40 Jahre lang, von 1889 bis 1928, war sie die Primadonna assoluta der **Covent Garden Opera** in London. Zar Alexander III. war so begeistert von Nellie Melba, dass er ihr ein Diamantenhalsband im Wert von 100 000 US-Dollar schenkte. 1918 wurde die Sängerin als **Dame of the British Empire** vom englischen König in den Adelsstand erhoben. Ihren Ruhm als Sängerin überlebte ihr Name in Verbindung mit einem international bekannten Eisdessert: Als sie 1892 in London gastierte, erfand der berühmte Koch Auguste Escoffier ihr zu Ehren eine kulinarische Köstlichkeit: **»Pêche Melba«** (Pfirsich auf Eis).

Keith Rupert Murdoch (geb. 1931)

Medienmogul

Als Hauptaktionär und leitender Vorstand der News Corporation ist der gebürtige Australier Rupert Murdoch der **größte Medienunternehmer der Welt** – unter seinem Einfluss stehen rund drei Viertel der global vertriebenen Medien. 1931 als Sohn von Sir Keith Murdoch und Dame Elisabeth Murdoch in die Melbourner Oberschicht hineingeboren, besuchte Murdoch das private Geelong College in Australien, studierte an der Oxford University Wirtschaftswissenschaften und lernte den Journalismus als Reporter für die »Gazette« in Birmingham und während eines Praktikums beim »Daily Express«

in London. Nach dem überraschenden Tod seines Vaters baute Murdoch das Familienunternehmen, damals zwei Zeitungen in Adelaide und ein Radiosender, durch Übernahmen, Beteiligungen und Neugründungen in allen Mediensparten zum weltgrößten Medienverbund aus – der **News Corporation**. Zu ihr gehören u. a. das Hollywood-Filmstudio 20th Century Fox, der Verlag Harper Collins, die US-amerikanische TV Network Fox Television und seit 2007 auch der US-Verlag Dow Jones mit dem renommierten »Wall Street Journal«. In Asien ist Murdoch mit Star TV Europa präsent, in Europa flimmert sein Sky Television über die Mattscheibe. Seit 1994 ist Murdoch mit 49,9 Prozent am Privatsender **VOX** beteiligt. 2008 kündigte Murdoch Investitionen von 100 Mio. US-Dollar in sechs regionale TV-Sender in Indien an. Murdochs Internetportal www.myspace.com hat über 260 Mio. Mitglieder. Er gehört miteinem geschätzten Privatvermögen von 11,4 Milliarden US-Dollar zu den **100 reichsten Männern der Welt** und lebt mit seiner dritten Ehefrau Wendi Deng und vier Kindern in New York.

? WUSSTEN SIE SCHON ...?

- dass die Ordensfrau Mary MacKillop (1842 – 1909) durch Papst Benedikt XVI. im Oktober 2010 als erste Australierin heilig gesprochen wurde?

Albert Namatjira (1902 – 1959)

Maler zwischen den Welten

Der Angehörige der Aranda-Volksgruppe Albert Namatjira ist mit der bedeutendste **Landschaftsmaler** Australiens. Der Künstler, von seinen Eltern **»Elea«** genannt, wurde in der deutschen Missionsstation Hermannsburg südwestlich von Alice Springs geboren. Die Familie musste den christlichen Glauben annehmen und er wurde auf den Namen Albert getauft. Dennoch wurde er mit 13 Jahren in das Aborigine-Leben eingeführt. Sechs Monate lang lebte er mit dem **Aranda-Stamm** im australischen Busch, lernte von den Stammesälteren die traditionellen Sitten und Gesetze, die Traumzeit-Orte – und **Ilkalika** kennen, seine Frau. Die Bekanntschaft mit Rex Battersea, der den 33-jährigen Namatjira in Maltechniken unterrichtete, markiert den Beginn seiner künstlerischen Karriere. 1938 präsentierte er seine Werke erstmals in Melbourne – die Ausstellung war, wie die nachfolgenden in Adelaide und Sydney, rasch ausverkauft. Namatjira verstand es wie kein zweiter, die landschaftlichen Schönheiten des »Red Centre« in **Aquarellen westlichen Stils** festzuhalten. Dafür wurde er 1953 von Queen Elizabeth II mit der Queen's Coronation Medal ausgezeichnet und 1954 in Canberra von der britischen Königin empfangen. Als er zwei Jahre später in Alice Springs ein Haus bauen wollte, das Grundstück aber als rechtloser Ureinwohner nicht erwerben konnte – erst 1962 erhielten die Aborigines Bürgerrechte wie etwa das Wahlrecht –, erhielt Namatjira 1957 gemeinsam mit seiner Frau als erste Aborigines die **australische Staatsbürgerschaft**. Namatjira starb mit 57 Jahren; er hinterließ rund 2000 Gemälde.

Mark Olive (geb. 1966)

Botschafter der Aborigine-Küche

Er ist Australiens erster Chefkoch aus den Reihen der Aborigines: Mark Olive. Sein Markenzeichen ist ein schwarzes Kopftuch wie eine Piratenkappe, seine Spitzname lautet »The Black Olive«, die schwarze Olive. Geboren wurde Mark Olive in Woolongong/NSW, wo er seiner Mutter und seinen Tanten zusah, wie sie mit **traditionellen Lebensmitteln** wie Wattleseed (Akaziensamen) and Lemon Myrtle (Zitronenmyrte) Köstlichkeiten fabrizierten. Während Olive noch mit einer Ausbildung zum Mechaniker liebäugelte, brachte ein Praktikum in der Küche die Entscheidung. Olive absolvierte beim italienischen Küchenchef Rino Collechia in Woolongong seine Ausbildung, kochte für Kongresse, Filmcrews und koscher für Juden, zog 1992 nach dem Tod seiner Mutter nach Sydney und eröffnete dort sein erstes Restaurant, »The Midden«, das bereits nach 18 Monaten schließen musste. 1998 zog Olive nach Melbourne, wo er als Koch des »Flamin' Bull« mit Bush Tucker zu experimentieren begann. Parallel belegte Olive Theaterkurse an der Swinburne University, die er mit dem **Bachelor of Arts** in Film and Television verließ. Seitdem hat Olive die Küche der ältesten Kultur der Welt auch im Fernsehen berühmt gemacht. In seiner Sendung »The Outback Café« kombiniert der **TV-Koch** seit 2006 Lifestyle, Kochen und Landeskunde in einer bisher ungekannten Form, präsentiert das Leben von Aborigine-Gemeinden in abgelegenen Orten, erklärt Bush Food und verfeinert den Geschmack des Outbacks mit vielen Ideen aus Küchen anderer Völker. Olive hat nicht nur die australische Küche verändert, sondern auch das Leben in den indigenen Kommunen. Was früher wild gesammelt wurde, wird dort heute von den Ureinwohnern angepflanzt, um den wachsenden Bedarf an authentischen Outback-Zutaten zu decken. Gemeinsam mit den Ältesten hält Olive Workshops, um verloren gegangenes Kochwissen wieder zu entdecken – und informiert im Gegenzug die Aborigines über eine gesunde, ausgewogene Ernährung (www.blackoliveproductions.com).

Joan Sutherland (1926 – 2010)

Nachfolgerin der Callas

Schon früh in ihrer Karriere erhielt die in Sydney geborene **Opernsängerin** Joan Sutherland (►Abb. S. 76) den Beinamen **»La Stupenda«**, die Fabelhafte. Sie wurde zur Nachfolgerin »der Callas« ausgerufen, und zeitlebens verglich man sie mit der großen australischen Operndiva Nellie Melba (►S. 80). 1959 gab die Sutherland am Londoner Opernhaus Covent Garden ihr gefeiertes Debüt und eroberte in der Folge die großen Häuser in Paris, Mailand und New York.

Einen Namen machte sich Joan Sutherland darüber hinaus als Konzert- und Oratoriensolistin, insbesondere als Bach- und Händel-Interpretin. 1979 wurde die bereits viel Geehrte von Königin Elizabeth II in den Adelsstand erhoben. 1990 gab die Diva im Sydney Opera House ihre Abschiedsvorstellung. 2001 empfing sie im Festspielhaus von Baden-Baden für ihr Lebenswerk den Deutschen Schallplattenpreis der Deutschen Phono-Akademie aus den Händen von José Carreras und wurde mit Standing Ovations gefeiert.

Patrick White (1912 – 1990)

Schriftsteller

Er führte mit seiner »epischen und psychologischen Erzählkunst der Weltliteratur einen neuen Erdteil zu«, so die Laudatio: 1973 erhielt Patrick White als erster und bislang einziger australischer Autor den **Nobelpreis für Literatur**. In London als Sohn australischer Eltern geboren, wuchs er teils in Australien, teils in England auf. Für seinen ersten Roman »Happy Valley« fand White 1939 in London einen Verleger – und erntete lobende Worte von Graham Greene und Elizabeth Bowen. In der Heimat hingegen wurde seine Beschreibung des dortigen Landlebens wenig positiv aufgenommen. Während des Zweiten Weltkriegs war er für die Royal Air Force als Nachrichtenoffizier tätig und lernte seinen Lebensgefährten Manoly Lascaris kennen, mit dem er 1946 außerhalb von Sydney das Anwesen »Dogwoods« kaufte, Milchvieh, Blumen und Gemüse züchtete. Daneben verfasste er weitere Werke wie den von Heinrich Böll übersetzten »Tree of Man« (1956), der in der Heimat als unaustralisch verrissen und vom Publikum ignoriert wurde. Der große Durchbruch in Australien gelang White erst mit **»Voss«**, für den er mit dem ersten Miles Franklin Award ausgezeichnet wurde. Seit den 1970er-Jahren setzte sich White verstärkt für die Rechte der Aborigines und den Umweltschutz ein. Je populärer er wurde, desto mehr scheute die **»Stimme Australiens«** die Öffentlichkeit. So nahm er auch an der Feier anlässlich der Verleihung des Nobelpreises nicht teil, sondern schickte seinen Malerfreund Sir Sidney Nolan und stiftete mit dem Preisgeld Australiens höchstdotierten Literaturpreis. White, der seit seiner Kindheit unter Asthma litt, starb nach langer Krankheit 1990 in Sydney. Seine Asche streuten Manoly Lascaris und seine Agentin Barbara Mobbs in einen Teich des Centennial Park.

Mandawuy Yunupingu (geb. 1956)

Musiker

Yothu Yindi (Mutter und Kind) ist die renommierteste **Ethno-Rockband** Australiens, die mit ihrem Mix aus traditioneller Aborigine-Musik, Pop, Rock, Reggae und Gospel die internationalen Tanzflächen erobert und dem Didgeridoo zu ungeahnter Popularität verholfen hat. Gegründet wurde die Band aus Aborigines, Mischlingen und Weißen 1986 von Mandawuy Yunupingu – »Mandawuy« bedeutet »aus Ton geformt«. Er war der erste Aborigine mit akademischem Abschluss, 1992 wurde er sogar zum Australier des Jahres gewählt. Die meisten seiner Songtexte in Yolngu-Sprache und Englisch beleuchten kritisch die Geschichte und Gesellschaft Australiens. CDs und Tour-Daten unter www.yothuyindi.com/theband.html.

Praktische Informationen

WIE WAR DAS NOCH MAL MIT DEN JAHRESZEITEN? WO KANN MAN KOALAS, WOMBATS UND DELFINE ERLEBEN? WAS GEHÖRT ZUM BUSH TUCKER UND WO SIND DIE HOTSPOTS FÜR SURFER, TAUCHER, GOLFER UND GIPFELSTÜRMER? LESEN SIE ES NACH – AM BESTEN SCHON VOR DER REISE!

Anreise · Reiseplanung

Anreise

Mit dem Flugzeug

Rund 20 Stunden dauert die reine Flugzeit von Mitteleuropa an die Ostküste Australiens. Die meisten Besucher landen in **Sydney** oder **Melbourne**. Weitere internationale Flughäfen gibt es in Perth, Brisbane, Adelaide, Cairns und Darwin. Wem der Direktflug zu anstrengend ist, der hat die Möglichkeit, die günstigen **Stopover-Programme** der Airlines für einen Zwischenstopp zu nutzen, u. a. in Dubai, Singapur, Hongkong, Kuala Lumpur oder Bangkok.
Die wichtigsten Airlines, die Australien regelmäßig anfliegen, sind **British Airways, Emirates, Lufthansa, Malaysia Airlines, Qantas, Singapore Airlines** und **Thai Airways**. Singapore Airlines setzt auf Flügen von Singapur nach Sydney und Melbourne den Großraumjet A380 ein. Günstige Verbindungen zwischen Asien und Australien schafft Tiger Airways. Die preisgünstigste Reisezeit ist zwischen April und Juni, die teuerste kurz vor Weihnachten.

Mit dem Schiff

Die Ostküste Australiens wird von **Kreuzfahrtreedereien** wie P & O, Cunard Lines und Hapag-Lloyd angesteuert. Wer Zeit und Muße mitbringt, kann Australien auch in 12 Wochen mit dem **Frachtschiff** erreichen – von Hamburg aus geht es vorbei an Malta durch den Suezkanal und via Singapur nach Sydney, Brisbane, Melbourne und Adelaide (Frachtschiff-Touristik Kapitän Zylmann GmbH, Exhöft 12, 24404 Maasholm, Tel. 0 46 42 / 96 55-0, www.zylmann.de).

Mit dem Bus

Unglaublich, aber wahr: Seit April 2009 bietet **OzBus** einen regelmäßigen Busservice **von Berlin nach Sydney**. Die Tour durch drei Kontinente und 17 Länder dauert zwei Wochen und wird auch zwischen London und Sydney angeboten (www.oz-bus.com/de_index.html).

Reisedokumente

Für die Einreise nach Australien benötigen alle ausländischen Staatsbürger einen noch mindestens sechs Monate gültigen **Reisepass** bzw. Kinderausweis (mit Lichtbild) und ein **Visum**. Bei einer Aufenthaltsdauer von bis zu drei Monaten (Short Stay) wird es als **ETA (Electronic Travel Authority)** bei der Reisebuchung von Airlines oder Reisebüros kostenlos ausgestellt. Während der eingedruckten Gültigkeitsdauer des Visums ist eine mehrfache Einreise nach Aus-

> ! *Baedeker* TIPP
>
> **eVisitor Visum**
>
> Das Visum für eine Australien-Reise können sich Besucher auch schnell und bequem selbst beschaffen: Unter www.immi.gov.au kann das »eVisitor Visum« kostenlos beantragt werden.

tralien möglich. Ausführliche Infos zu den Touristen-, Working Holiday- und, Businessv-Visa gibt es auf der staatlichen Website **www.immi.gov.au**. Wer einen Wagen mieten will, braucht zusätzlich einen **Internationalen Führerschein**. Unterlagen wie Impfpass und Mitgliedsausweis eines Automobilklubs können hilfreich sein. Fotokopien der Reisedokumente erleichtern bei Verlust die Beschaffung von Ersatzpapieren.

Zollbestimmungen

Einreisebestimmungen

Pro Person über 18 Jahren dürfen eingeführt werden: 2,25 l Alkohol, 250 Zigaretten oder 250 g Tabak, Waren und Geschenke im Wert von 900 AUD bzw. 450 AUD bei Reisenden unter 18 Jahren. Wer Reiseschecks oder andere Geldmittel im Wert von mehr als 10 000 AUD nicht deklariert, macht sich strafbar. Die Einfuhr von Medikamenten nach Australien unterliegt sehr strengen Bestimmungen. Jegliche Arzneien müssen beim Zoll angegeben werden. Bei starken Medikamenten ist es ratsam, eine Kopie des Rezeptes oder ein Schreiben des Arztes bei sich zu haben, das die Krankheit und die erforderlichen Medikamente beschreibt.

Wiedereinreise in die EU

Bei der Wiedereinreise in die EU gelten für den steuerfreien privaten Gebrauch folgende Höchstmengen: 200 Zigaretten oder 100 Zigarillos oder 50 Zigarren oder 250 g Tabak, 1 l Spirituosen mit mehr als 22 Vol.-% Alkohol oder 2 l Spirituosen unter 22 Vol.-% oder 2 l Likörwein oder 2 l Schaumwein, ferner 2 l Wein, 500 g Röstkaffee oder 200 g löslicher Kaffee (Personen ab 15 Jahren), 100 g Tee oder 40 g Tee-Extrakt, 50 ml Parfüm, 250 ml Eau de Toilette sowie Waren im Wert von 430 Euro. Ausgenommen sind Goldlegierungen und Goldplattierungen. Arzneimittel, die wie das bei Vielfliegern beliebte Melatonin in Australien frei verkäuflich, daheim aber rezeptpflichtig sind, dürfen nicht eingeführt werden! Achtung: Für Souvenirs aus Korallen, Riesenmuscheln oder Krokodilleder sind Dokumente nach dem **Washingtoner Artenschutzabkommen** erforderlich. Auch für zahlreiche Orchideen- und andere exotische Pflanzenarten sind solche Nachweise zwingend. Nähere Informationen erteilt das Zoll-Infocenter: Tel. (0 69) 46 99 76 00, www.zoll.de.

Quarantänevorschriften

- Um das Einschleppen von Schädlingen oder das Übertragen von Tierseuchen zu verhindern, ist die Einfuhr von Nahrungsmitteln sowie pflanzlichen und tierischen Produkten nach Australien strengstens untersagt. Die Einfuhr klar identifizierbarer Medizin für den persönlichen Bedarf ist erlaubt.

Wiedereinreise in die Schweiz

Bei der Wiedereinreise in die Schweiz sind Reiseproviant und gebrauchtes persönliches Reisegut abgabenfrei; außerdem für Personen ab 17 Jahren 250 g Kaffee, 100 g Tee, 200 Zigaretten oder 50 Zigarren oder 250 g Rauchtabak, 2 l Getränke mit bis zu 15 Vol.-% Alkoholge-

INTERNATIONALE FLUGHÄFEN UND AIRLINES

INTERNATIONALE FLUGHÄFEN

▶ **Sydney Kingsford Smith International Airport (NSW)**
www.sydneyairport.com.au
10 km nördlich von Sydney Airport Express Rail, www.airportlink.com.au. Die Busse Richtung Sydney fahren nur bis Bondi und Burwood (www.sydneybuses.info)

▶ **Melbourne Tullamarine International Airport (VIC)**
www.melbourneairport.com.au
25 km nordwestlich von Melbourne, Airport Skybus (www.skybus.com.au)

▶ **Adelaide International Airport (SA)**
www.aal.com.au
6 km westlich von Adelaide
Airport Shuttle in die City und nach Glenelg (www.adelaidemetro.com.au) und Skylink Shuttle (www.skylinkadelaide.com.au)

▶ **Brisbane International Airport (QLD)**
www.bne.com.au, 10 km nordöstlich von Brisbane
Airport City und Hotel-Shuttle (www.coachtrans.com.au), Air Train (www.airtrain.com.au)

▶ **Cairns International Airport (QLD)**
www.cairnsairport.com, 6 km nördlich von Cairns, Airport Shuttle Bus, (www.australiacoach.com.au)

▶ **Canberra International Airport (ACT)**
www.canberraairport.com.au
10 km östl. von Canberra, Airliner Shuttle Bus, www.airliner.com.au

▶ **Darwin International Airport (NT)**
www.darwin-airport.com.au
7 km nordöstlich von Darwin; Airport Shuttle Bus

▶ **Perth International Airport (WA)**
www.perthairport.com
12 km nordöstlich von Perth
Airport Shuttle

FLUGGESELLSCHAFTEN

▶ **Qantas Airways**
www.qantas.com/de
Reservierung in Deutschland:
Tel. 01805 / 25 06 20

▶ **British Airways**
www.britishairways.com
Reservierung in Deutschland:
Tel. 01805 / 26 65 22

▶ **Emirates**
www.emirates.de
Reservierung in Deutschland:
Tel. 01805 / 42 56 52

▶ **Lufthansa**
www.lufthansa.com
Reservierung in Deutschland:
Tel. 01805 / 838 42 67

▶ **Malaysia Airlines**
www.malaysiaairlines.de
Reservierung in Deutschland:
Tel. 069 / 13 87 19 10

▶ **Singapore Airlines**
www.singaporeair.de
Reservierung in Deutschland:
Tel. 069 / 719 52 00

▶ **Thai Airways**
www.thaiair.de; Reserv. in D.:
Tel. 069 / 719 52 00

halt und 1 l mit mehr als 15 Vol.-% Alkoholgehalt; ferner Geschenke im Wert bis 300 CHF.

Mehrwertsteuererstattung

Das **Tourist Refund Scheme**, das mit Serviceschaltern an allen internationalen Flughäfen in Australien vertreten ist, ermöglicht die Erstattung der allgemeinen 10%igen Umsatzsteuer (GST) und der Weinsteuer (WET), die beim Kauf von Waren in Australien bezahlt wird. Die Voraussetzungen: Die gekaufte Ware muss mindestens einen Wert von 330 AUD haben, höchstens 30 Tage vor Abflug gekauft worden sein und als Handgepäck mit an Bord genommen werden. Ferner muss der Händler als Kaufbeleg einen Tax Invoice mit elfstelliger Steuernummer ausstellen.

Departure Tax

Bei der Ausreise muss jeder Passagier eine Departure Tax entrichten, die meist bereits im Flugpreis enthalten ist. Kinder unter 12 Jahren und Transitreisende, die sich weniger als 24 Stunden im Land aufhalten, sind von der **Ausreisesteuer** befreit.

Auskunft

WICHTIGE ADRESSEN

AUSKUNFT ZU HAUSE

▸ **Tourism Australia**
Neue Mainzer Str. 22
60311 Frankfurt/Main
Tel. 069 / 27 40 06 22
Fax 069 / 27 40 06 40
www.australia.com
Broschürenversand in
Deutschland: 069 / 95 09 1 73
Österreich: 01 / 79 56 73 44
Schweiz: 01 / 838 53 30

▸ **Tourism New South Wales**
c/o News Plus Communications+
Media GmbH
Sonnenstr. 9
80331 München
Tel. 0190 / 82 90 46
www.visitnsw.com.au

▸ **Tourism Northern Territory**
Neue Mainzer Str. 22
60311 Frankfurt/Main
Tel. 069 / 27 40 06 18
Fax 069 / 27 40 06 40
http://de.travelnt.com

▸ **Tourism Queensland**
c/o globalspot GmbH
Oberbrunner Str. 4
81475 München
Tel. 089 / 759 69 88 20
Fax 089 / 759 69 88 10
www.queensland-australia.eu

► **Tourism South Australia**
Neue Mainzer Str. 22
60311 Frankfurt/Main
Tel. 069 / 27 40 06 33
Fax 069 / 27 40 06 40
www.southaustralia.de

► **Tourism Tasmania**
Liebigstr. 12, 80538 München
Tel. 089 / 12 01 04 69
www.discovertasmania.com

► **Tourism Victoria**
Neue Mainzer Str. 22
60311 Frankfurt/Main
Tel. 069 / 27 40 06 77
Fax 069 / 27 40 06 40
www.visitvictoria.com

► **Tourism Western Australia**
c/o Destination
Australian Partnership
Sonnenstr. 9, 80331 München
Tel. 089 / 236 62 18 11
www.westernaustralia.com

WORK & TRAVEL

► **www.travelworks.de/work-and-travel-australien.html**
Alles zum Thema *Working-Holiday-Visum* für 12 Monate und Jobben in Down Under für junge Leute zwischen 18 und 30 Jahren. Außerdem: 5- oder 11-tägiges Cowboy/-girl-Training auf einer australischen Farm mit Pferden, Schafen, Kühen und Kängurus rund 400 km nördlich von Sydney.

»AUSSIE SPECIALISTS«

Diese *qualifizierten Australien-Reiseveranstalter* erhalten besondere Schulungen von ►**Tourism Australia** und können so mit Erfahrung und Insider-Wissen bei Planung und Buchung des Australienurlaubs helfen. Mitglieder in Deutschland sind u. a.:

► **Art of Travel**
Tal 26, 80331 München
Tel. 089 / 211 07 60
Fax 089 / 211 07 621, www.artoftravel.de/Australien-a26.aspx
Zum Programm gehören romantische Hideaways, Begegnungen mit Riesenfischen am Great Barrier Reef, Urlaub auf Rinderfarmen, Spa-Erlebnisse in der Regenwald-Lodge, exklusive Flugsafaris von Melbourne zum Uluru/Ayers Rock und Gourmet-Reisen nach Tasmanien.

► **Australia Tours**
Wallstr. 66, 10179 Berlin
Tel. 030 / 27 59 23 27
Fax 030 / 27 59 23 28
www.australiatours.de
Gut organisierte Selbstfahrertouren und geführte Gruppenreisen von Sydney nach Darwin entlang der Ostküste, durch das Rote Zentrum und Top End. Tauchgänge am Great Barrier Reef, Golfurlaub auf den schönsten Plätzen von Melbourne und der Mornington-Halbinsel sowie Erlebnistouren »Taste of Tasmania«.

► **Boomerang Reisen**
Rossmarkt 12, 60311 Frankfurt
Tel. 069 / 92 88 68 91
Fax 069 / 92 88 68 923
www.boomerang-reisen.de
Australischer Bilderbogen mit Mietwagen oder Busrundreisen: von Sydney ins Outback zum Uluru/Ayers Rock, Schnorcheln am Great Barrier Reef, Campingabenteuer an der Ostküste oder in der weiten Nullarbor-Ebene, Weinproben im Barossa Valley, Ausflüge nach Kangaroo Island oder eine Fahrt auf dem Murray River an Bord eines luxuriösen Schaufelraddampfers.

Karawane Reisen

Schorndorfer Straße 149
71638 Ludwigsburg
Tel. 07141 / 28 48 50
Fax 071 41 / 28 48 55
www.karawane.de
Perfekte Organisation und große Auswahl an Routenvorschlägen für Selbstfahrer mit Pkw, Allradfahrzeugen und Campmobilen sowie Gruppenreisen mit Bus und Campingtouren zu den Höhepunkten Australiens – Sydney, Uluru/Ayers Rock und Great Barrier Reef. Spannende Touren führen durch das endlose Outback und den tropischen Norden. Zum Programm gehören Opernabende in Sydney, Wandern auf dem Great Ocean Walk, Weinproben im Barossa Valley, Segel- und Tauchtouren an den Küste von Queensland sowie einzigartige Tierbeobachtungen auf Kangaroo Island. Im 4WD-Camper geht es durch Westaustralien und Tasmanien, an Bord eines Katamarans durch die Whitsunday Islands, im Luxuszug quer durch den Kontinent.

AUSKUNFT IN AUSTRALIEN

▶ Canberra and Region Visitors Centre

330 Northbourne Avenue
GPO Box 673
Dickson ACT 2602
Tel. 02 / 62 05 00 44
Fax 02 / 62 30 83 53
www.visitcanberra.com.au

▶ Tourism Northern Territory

Level 4, Tourism House
43 Mitchell Street
Darwin NT 0800
Tel. 08 / 89 99 39 00
Fax 08 / 89 99 38 88
Tel. 13 67 68 (Ortstarif)
www.travelnt.com

▶ Tourism New South Wales

Tourism House, Level 255
Harrington Street
The Rocks NSW 2000
Tel. 02 / 99 31 11 11
NSW Holiday Information Line
Tel. 13 20 77 (Ortstarif)
www.visitnsw.com.au

▶ Tourism Queensland

GPO Box 328
Brisbane Queensland 4001
Tel. 13 88 33 (Ortstarif)
www.queenslandholidays.com.au

▶ Tourism South Australia

South Australian
Visitor & Travel Centre
18 King William Street
Adelaide SA 5000
Tel. 1300 / 65 52 76
www.southaustralia.com

▶ Tourism Tasmania

Level 2 ANZ Centre
22 Elizabeth Street
Hobart Tasmania 7001
Tel. 1300 / 65 51 45
www.discovertasmania.com.au

▶ Tourism Victoria

Visitor Information Centre
Federation Square
Melbourne VIC 3000
Tel. 03 / 96 58 96 58
Fax 03 / 96 50 77 87
www.visitvictoria.com

▶ Tourism Western Australia

Western Australian Visitor Centre
Forrest Place / Wellington Street
Perth WA 6000
Tel. 1800 / 81 28 08
Fax 08 / 94 81 01 90
www.westernaustralia.com

AUSTRALISCHE BOTSCHAFTEN

► **Deutschland**
Australian Embassy
Wallstr. 76–79, 10179 Berlin
Tel. 030 / 88 00 88-0
www.germany.embassy.gov.au

Australisches Generalkonsulat
Neue Mainzer Str. 52–58
60311 Frankfurt/Main
Tel. 069 / 90 55 80

► **Österreich**
Australian Embassy
Mattiellistr. 2–4, 1040 Wien
Tel. 01 / 50 67 40, Fax 01 /504 11 78
www.austria.embassy.gov.au

BOTSCHAFTEN IN AUSTRALIEN

► **Deutschland**
Embassy of the Federal Republic of Germany
119 Empire Circuit
Yarralumla ACT 2600
Tel. 02 / 62 70 19 11
www.canberra.diplo.de

► **Schweiz**
Embassy of Switzerland
7 Melbourne Avenue
Forrest ACT 2603
Tel 02 / 61 62 84 00
www.eda.admin.ch/australia

► **Österreich**
Embassy of Austria
12 Talbot Street, Forrest ACT 2603
Tel. 02 / 62 95 15 33
www.bmeia.gov.at

INTERNET

► **www.australia.com**
Offizielle, umfangreiche Homepage von Tourism Australia mit Infos zu Urlaubsplanung, Regionen, Aktivitäten, Veranstaltungen, Angeboten von Reiseveranstaltern sowie mit Routenplaner

► **www.australien-info.de**
Sehr gut strukturierte, umfangreiche Homepage zu Australien mit allen Infos, die man zur Reiseplanung benötigt, einschließlich aktueller Meldungen und mehr als 500 kommentierter Links

► **www.aboriginalaustralia.com**
Die Kultur der Ureinwohner, auch auf Deutsch präsentiert vom Aboriginal Australia Culture Centre

► **www.travelclinic.com.au**
Verbund aus 25 Kliniken, die sich auf Reisemedizin spezialisiert haben. Umfangreiche Online-Info zu Impf- und Gesundheitsfragen.

► **www.auswaertiges-amt.de**
Kurzporträt von Australien mit Hintergrund zu Wirtschaft, Politik, Kultur sowie Links zu deutschen Institutionen in Australien

► **www.backpackingaround.com**
www.stonedcrow.com
G'Day Mate! Gute Infos für Rucksackreisende

► **www.australiablog.com**
Umfangreiche aktuelle Infos und gute Tagebücher

► **www.reisebine.de**
Online-Reisemagazin mit tollen Erfahrungsberichten zu Australien

► **www.wheretostay.com.au**
Sehr hilfreich bei der Suche nach Unterkünften

► **www.fahrplan-online.de**
Große Übersicht über Fahrpläne in Australien

Badeurlaub

Baden, Surfen, Schnorcheln

Die einschließlich der Inseln **47 000 km lange Küste** Australiens bietet unzählige lange Sandstrände und kleinere felsige Badebuchten. Vielerorts herrschen ideale Bedingungen für Strandwanderer und Wassersportler. Surfen, Schwimmen, Schnorcheln und Tauchen führen die Hitliste der sportlichen Vergnügungen in Australien an. An vielen Stellen herrschen **gefährliche Meeresströmungen** (rip currents), die mit bis zu 250 km/h Badende hinaus auf das Meer ziehen. Es wird daher empfohlen, nur an von Mitgliedern der Surf Life Saving Association **bewachten Stränden**, die mit rotgelben Fahnen markiert sind, Wassersport zu treiben. Und nicht vergessen: immer Sonnenschutzmittel mit hohem Lichtschutzfaktor benutzen und schützende Kleidung und einen Hut anziehen! Der bei Sydney gelegene **Bondi Beach** ist Australiens beliebtester – und daher oft überfüllter – Strand. Er wird auch von vielen Surfern frequentiert. Zu den bevorzugten Badeplätzen zählen ferner in Victoria die Strände von Gippsland und entlang der **Great Ocean Road** sowie an der südaustralischen Insel Kangaroo Island. In Queensland

i Sicheres Baden

- Grüne Flagge: Gute Badebedingungen
- Rotgelbe Flagge: Überwachter Strandabschnitt, an dem man mehr oder weniger gefahrlos baden kann
- Gelbe Flagge: Beim Baden ist Vorsicht geboten
- Rote Flagge: Baden verboten

Blaues Meer, warme Sonne und nette Leute – am Strand ist immer was los.

Strandperlen

- Jervis Bay, ACT: Traumstrand mit Tümmlern
- Bondi Beach, NSW: Sonne, Surfen, Party – mitten in Sydney
- Byron Bay, NSW: Esoterik am Pazifik
- Sunshine Beach, Noosa, NSW: Wellen für Anfänger
- Bell's Beach, VIC: Hotspot der Profisurfer
- Ninety Miles Beach, VIC: einsame Endlosstrecke für Strandläufer
- Rainbow Beach, QLD: bunter Sand zum Burgenbauen
- Whitehaven Beach, QLD: Idyll für Romantiker

locken südlich von Brisbane die Strände der Gold Coast, nördlich der Hauptstadt die familienfreundliche Sunshine Coast. Während der Badebetrieb an der **Gold Coast** recht lebhaft ist – mit Hotspots für Surfer und allen Arten von Unterhaltung und Unterkünften –, findet man an der **Sunshine Coast** noch vielfach Erholung in ruhig gelegenen Küstensiedlungen. Ebenfalls in Queensland, unweit nördlich von Maryborough, liegen die geschützten Strände der **Hervey Bay**. Diese Sandstrände sind sehr gut für Kinder geeignet, da sie flach abfallen und das Wasser ruhig ist. Noch weiter nördlich, vor Townsville, liegt **Magnetic Island**, ebenfalls mit schönen langen Sandstränden, v. a. die 3 km lange Horseshoe Bay. Berühmt ist auch der **Four Miles Beach** bei Port Douglas nördlich von Cairns. Im Norden Westaustraliens erstreckt sich bei Broome der 24 km lange, unglaublich breite **Cable Beach**, wo allerdings der Gezeitenwechsel sehr stark ist. Schöne Badestrände und exzellente Surfreviere gibt es auch am Indischen Ozean westlich und nordwestlich von Perth. Auskunft über **FKK-Strände** erhält man in den örtlichen Tourismusstellen und unter www.members.fortunecity.de/nacktbaden/au.

Mit Behinderung unterwegs

Australien ist **behindertenfreundlich**, für Rollstuhlfahrer wurde in den Hotels und öffentlichen Verkehrsmitteln in den letzten Jahren viel getan. Viele Touristenattraktionen sind behindertengerecht eingerichtet. Allerdings sollte man Fluggesellschaften, Autovermieter und Hotels rechtzeitig über spezielle Bedürfnisse informieren.

BEHINDERTENORGANISATIONEN

▸ **National Information Communication Awareness Network (NICAN)**
Unit 5; 48 Brookes Street
Mitchell ACT 2911
Tel. 02 / 62 41 12 20
www.nican.com.au

▸ **National Disability Services Limited**
Locked Bag 3002
Deakin West ACT 2600
Tel. 02 / 62 83 32 00
Fax 02 / 62 81 34 88
www.nds.org.au

Elektrizität

Australische Steckdosen haben drei flache Einsteckschlitze, von denen die beiden oberen schräg stehen. Die Stromspannung beträgt 220–240 Volt. Adapter (engl. Adapter) erhält man im Einzelhandel, an den Flughäfen sowie in den örtlichen Tourist Centres.

Adapter notwendig

Essen und Trinken

Vom britischen Erbe zur kulinarischen Vielfalt

Australien ist ein Land für Schlemmer – und seine Metropolen sind spannende **Schmelztiegel kulinarischer Traditionen**. Einwanderer aus Europa und Asien brachten ihre Rezepte mit und laden vor allem in den Großstädten ein, nach Herzenslust die Küchen dieser Welt zu entdecken. Die Palette der **Restaurants** reicht vom einfachen Imbiss über Bistros, Cafés und Pubs bis hin zu eleganten Tempeln der Haute Cuisine. Frischer Fisch und Meeresfrüchte, in Australien preiswerter als daheim, lassen sich in vielen köstlichen Variationen genießen. Eine Entdeckung wert: **»bush tucker«**, die Küche des Outback mit landestypischen Zutaten wie Känguru-Steak, Emu-Pastete, Kurrajong-Samen und den Macadamia-Nüssen (► Baedeker Special, S. 96). Als Botschafter der **zeitgenössischen Küche der Aborigines** gilt der populäre TV-Koch **Mark Olive** (► Berühmte Persönlichkeiten).

Preiskategorien

- Fein & teuer: ab 45 AUD
- Erschwinglich: 25 bis 40 AUD
- Preiswert: bis 25 AUD

Preise der im Reiseteil beschriebenen Restaurants für ein Hauptgericht ohne Getränke

Breakie, Lunch & Tea

Das australische Frühstück, liebevoll »Breakie« genannt, wird wie in England serviert: mit **Ham & Eggs** (Schinken und Eier) oder Bacon & Eggs (Speck und Eier), dazu weiße Bohnen in süßlicher Tomatensoße und Hash Browns, kleine Kartoffelkuchen. Ferner gereicht werden Cereals (Getreideflocken) und Toast. Probieren Sie einmal den bräunlichen, nach Hefe riechenden, pflanzlichen Brotaufstrich **»Vegemite«** – er ist seit 1922 ein Frühstücksklassiker! Gegen 10.00 Uhr sorgt der **»Morning Tea«** – heißer Tee mit Milch, zu dem Kekse oder kleine Kuchen gegessen werden – für neuen Schwung. Das Mittagessen gegen 12.00 Uhr, **Lunch** genannt, besteht meist aus einem Salat, einer Suppe oder einem üppig belegten Sandwich – zu allen Gerichten werden häufig Kartoffelchips gereicht. Ihr Dinner nennen die Australier traditionell **»Tea«**, wenngleich zur Hauptmahlzeit zwischen 18.00 und 20.00 Uhr kein Tee, sondern Deftiges serviert wird: Rind, Kalb, Lamm, Huhn oder Fisch, begleitet von reichlich Salat, diversem Gemüse und Kartoffeln, die als Auflauf, Grillkartoffel oder gekocht gereicht werden. Daheim wie unterwegs sehr beliebt ist das

◄ Weiter auf S. 98

Aromatische Buschtomaten, aber auch Wichetty-Raupen gehören zur traditionellen Speisekarte der Ureinwohner. Die fetten Raupen werden roh verzehrt oder schnell in Asche gegart. Ihre Haut wird dadurch knusprig, das Innere fest und hellgelb. Der Geschmack erinnert an Mandeln – eine Delikatesse, die nur in Australien vorkommt.

BUSH TUCKER

Illaware-Pflaumen, Bunya-Nüsse, Buschtomaten, Emu, Wallaby und Krokodil – was die Aborigines seit Urzeiten essen, gehört heute zu den kulinarischen Highlights des fünften Kontinents: das exotische Bush Tucker des Outback.

»Buschessen« ist alles, was wild gedeiht und gejagt und gesammelt werden kann: Krokodil, Wallaby, Wasserbüffel und Emu, aber auch Goanna, Possum, Eidechsen und Schlange. Im tropischen Norden wird der Barramundi aus dem Meer gezogen, an der Südküste der delikate »Whiting«. Sehr beliebt sind inzwischen auch die **»witchetty grubs«**, fette Käferlarven, die zwischen den Wurzeln der Acacia Kempana leben. In heißer Asche geröstet, begeistert die »Trüffel des Outback« durch ein Aroma aus Mandeln, Garnelen und Käse die Gourmets. Die Marrons, Krustentiere aus Westaustralien, gelten unter Feinschmeckern als beste Langusten der Welt, die Moreton Bay Bugs, Bärenkrebse, ebenfalls als Hochgenuss. Ähnlich delikat sind **Yabbies**, Süßwasser-Langusten. Als beste Auster aus Down Under gilt die cremige pazifische Felsenauster **Sydney Rock Oyster**, die seit 1870 in Victoria und New South Wales auch gezüchtet wird. Beim Känguru leiden die Australier unter einem **Skippy-Komplex**. Für Aborigines ist das Beuteltier eine Delikatesse, andere Australier können sich nur wenig für den Verzehr ihres Nationaltiers begeistern. So wandert das fettarme und vielseitig verwendbare Fleisch in den Export.

Früchte, Beeren und Gewürze

Von den rund 20 000 australischen Pflanzenarten ist jede fünfte genießbar. Kommerziell angebaut wird bis heute allerdings nur die **Macadamia**, die bekannteste australische Nuss. Doch auch die Nüsse der Pandanuspalme und die **Bunya-Nüsse** aus Queensland mit ihrem typischen Rum-Aroma werden von den Ureinwohnern seit mehr als 50 000 Jahren verzehrt. Die Schale der Busch-Kokosnuss ist fast so hart wie die der

echten Kokosnuss. Doch statt Fruchtfleisch und Milch ist nur das kleine Fruchtsäckchen im Innern genießbar. Die an Pfirsich erinnernden **Quandongs** werden gerne zu Chutneys und Konfitüre verarbeitet. Mango-Chutneys begleiten die Emu-Pastete, **Buschtomaten** – kleine Beeren mit intensivem Geschmack – geben dem Risotto die richtige Würze, dunkelrote **Illawara-Pflaumen** garnieren das magere Känguru-Steak. Kapitän James Cook brachte 1770 australischen Spinat mit nach Europa. Während dieser »Meerfenchel« heute in der französischen Küche einen festen Platz hat, ist er in seiner Heimat vergessen. Verfeinert werden die Speisen mit einer Vielzahl fremdartiger Kräuter und Gewürze, zu denen Pfefferblatt, **Anismyrte** und die Blüten des Flaschenbaumes gehören. Wilde Limetten sowie **Lemon Aspen** liefern Zitronengeschmack. Die hibiskusähnlichen Blüten der wilden Rosella verbinden die Geschmacksnoten von Waldbeeren und Rhabarber, während **Clove Lillipilli** mit seinem feinen Nelkenduft Assoziationen an die Weihnachtszeit weckt. Im australischen Bush gedeihen schließlich auch einmalige Vitaminbomben: Die **Billy-Goat-Pflaume** enthält rund 50-mal so viel Vitamin C pro Gramm wie eine Orange.

Vom Lagerfeuer zur Gourmetküche

Die Küche der Aborigines bewahrte im 18. Jh. zwar so manchen europäischen Siedler vor dem Hungertod, geriet aber während der Kolonialzeit immer mehr in Vergessenheit. Erst Mitte der 1980er-Jahre begann ihre Renaissance: 1987 gründete Vic Cherikoff von der Sydney University mit »Bush Tucker Supply of Australia« das erste Unternehmen, das die Lebensmittel der Ureinwohner kommerziell vertrieb. Heute begeistern die Ingredienzien aus dem Busch die besten Köche des Landes (► Special Guide, S. 14). Das legendäre **Damper** stammt indes von den Stockmen und Jackaroos. Die Viehhirten bereiteten das Buschbrot früher in einem Blechtopf zu, den sie in einen Erdofen, ein Loch mit glühenden Kohlen stellten. **Wattlecino** heißt Australiens würziger Trendcafé aus gerösteten und gemahlenen Saaten der Wattle-Akazie.

Das müssen Sie probieren!

- Barramundi Fillets – köstliches weißes Fischfilet, besonders lecker mit gehackten Macadamianüssen
- Kangaroo – fettarmes Kängurufleisch
- Sydney Rock Oysters – fangfrische Austern
- Moreton Bay Bugs – Krustentiere aus der Bucht vor Brisbane
- Black-fingered Mud Crabs – große Flusskrebse
- Yabbies – Süßwassergarnelen
- Pavlova – ein Berg aus Baiser, frischen Beeren, Pfirsischen, Kiwis und viel Sahne
- King Island Cheese – Der Käse von der Insel vor Tasmanien gehört zu den besten des Kontinents.
- Wattleseed Damper – im Erdofen gebackenes Brot mit den Samen der Wattle-Akazie

»Barbie«, ein Barbecue (BBQ) mit Fisch, Fleisch, Gemüse und dem obligatorischen Tomatenketchup. Um 1950 brachten italienische Einwanderer die **Kaffeekultur** nach Melbourne, für die die Stadt bis heute berühmt ist. Und auch unterwegs überrascht die meist sehr gute Qualität der diversen Kaffeegetränke. Sehr beliebt sind auch Milchmixgetränke, die in riesigen Pappbechern zum Mitnehmen angeboten werden. Bei **Milchshakes** wird die Milch mit Sirup und etwas Vanilleeis im Mixer vermengt, bei Thickshakes wird mehr Eis zugesetzt. Smoothies bestehen aus Fruchtmark, Saft und wahlweise Eis oder Milch.

Alkoholische Getränke

Alle alkoholischen Getränke sind in Australien mit einer 14,5%igen Wine Equalisation Tax (WET/Wein- und Branntweinsteuer) belegt. Sie sind zudem nur in lizenzierten Bars, Restaurants oder **Bottle Shops** erhältlich, die häufig Tankstellen oder Supermärkten angegliedert sind. In nichtlizenzierten Gaststätten lädt meist ein Aufkleber auf der Tür oder am Fenster ein, seine alkoholischen Getränke selbst mitzubringen: **B.Y.O. – Bring Your Own**.

Bier ► Eiskalt wird das Lieblingsgetränk der Australier serviert: Bier. 1886 errichteten die Brüder **Foster** in Melbourne die landesweit erste Brauerei für untergäriges Bier. Ihr Gerstensaft wurde zum Welterfolg. Heute ist »Foster's« weltweit das Synonym für australisches Bier. Zwei Kultbiere der Einheimischen braut ihre Tochter Carlton & United: das Victoria Bitter, kurz »VB« genannt, und das Melbourne Bitter. Süffige Lagerbiere sind Pure Blonde, Crown Lager, Hahn Premium Light Lager, die tasmanischen Biere James Boag's Premium und Cascade Light sowie das Knappstein Enterprise Reserve Lager des Weinguts (!) Knappstein in Clare. Bei Brisbane wird seit 1942 ein weiteres Kultbier gebraut: **XXXX**, sprich: Four X.

Erstklassige Weine ► Schlesische Winzer, die nach der gescheiterten deutschen Revolution 1848 nach Südaustralien ausgewandert waren und im **Barossa Valley** ihren Messwein anbauten, sowie die Winzer im **Hunter Valley** begründeten den Weinbau in Australien. Dominierten früher einfache Reben für den heimischen Markt und für Massenweine, gehören heute zahlreiche australische Weine zu den Spitzentropfen der Welt.

Hochprozentiges ► Australiens Nr. 1 unter den hochprozentigen Spirituosen ist der **»Bundy«**. Den goldbraunen Bundaberg Rum aus Queensland gibt es als »Gold« (37 %), »Black Vintage« (40 %), »Distiller's No.3« (43 %) und »Overproof« (57 %).

Feiertage · Feste · Events

Sportwettkämpfe, Kultur-, Kunst- und Musikfestivals, Gedenkfeiern und die Feste der Ureinwohner und Einwanderer aus aller Welt: Im multikulturellen Einwandererland Australien finden das ganze Jahr über zahllose Veranstaltungen statt, die zum Miterleben und Mitmachen einladen.

FESTKALENDER

FEIERTAGE

► **Landesweit**

New Year's Day (1. Januar)
Australia Day (26. Januar; zur Erinnerung an die Landung der First Fleet im Jahr 1788)
Good Friday (Karfreitag; März/April)
Easter Monday (Ostermontag; März/April)
ANZAC Day (25. April; Jahrestag der Schlacht bei Gallipoli 1915, aber auch allen übrigen Kriegsopfern Australiens gewidmet)
Christmas Day (Weihnachten; 25. Dezember)

► **In verschiedenen Bundesstaaten**

Easter Saturday (Ostersamstag; März/April)
Labour Day (Tag der Arbeit; in WA 1. Montag im März, in VIC 2. Montag im März, in ACT 3. Montag im März, in QLD 1. Montag im Mai, in NSW 1. Montag im Oktober, in SA 2. Montag im Oktober)
Queen's Birthday (Geburtstag der englischen Königin: in WA im September, in den übrigen Staaten 2. Montag im Juni)
Bank Holidays (Bankfeiertage; u. a. Anfang August)
Boxing Day (26. Dezember; nicht in SA)

SCHULFERIEN

Im Dez. und Jan. liegen die achtwöchigen Schulferien, zwei Wochen Ferien gibt es um Ostern, Pfingsten sowie im Aug./Sept. – zu diesen Zeiten sind alle beliebten Reiseziele stark frequentiert.

FESTE UND EVENTS: JANUAR

► **Hahndorf Festival (SA)**

German Festival – großes Schützenfest Mitte Januar mit Weinproben, Bierzelt und bayerischen Spezialitäten

▶ **Hunter Valley (NSW)**
Vintage Festivals – Weinfeste von Ende Januar bis in den März (http://www.winediva.com.au/regions/hunter-valley.asp)

▶ **Melbourne (VIC)**
Australian Open – internationales Tennisturnier mit den Besten der Weltrangliste (www.australian open.com)

▶ **Perth (WA)**
Perth Cup – wichtiges Pferderennen (www.perthcup.com)

▶ **Sydney (NSW)**
Sydney Festival – drei Wochen Musik, Theater, Oper und Ballett (www.sydneyfestival.org.au)

▶ **Tamworth (NSW)**
Tamworth Country Music Festival – 10-tägiges Festival, bei dem der Country Music Award vergeben wird (www.tamworth countrymusic.com.au)

FEBRUAR

▶ **Hobart (TAS)**
Royal Hobart Regatta – dreitägige Segelregatta auf dem Derwen River (www.royalhobartregatta.com)

▶ **Kangaroo Island (SA)**
Kangaroo Island Cup Carnival
Das Pferderennen in Kingscote auf Kangaroo Island ist Höhepunkt eines großen ländlichen Festes (www.racingsa.com.au/clubs/ki.html).

▶ **Perth (WA)**
Perth International Festival of the Arts – fast vier Wochen Kulturfeste und innovatives Theater (www.perthfestival.com.au)

▶ **Sydney (NSW)**
Sydney Mardi Gras – beim größten Schwulen-Karneval der Welt tanzen über 6000 Kostümierte durch die Straßen von der Liverpool Street bis zum Moor Park. Die Events des Party-Marathons sind schon Monate im Voraus ausverkauft (www.mardigras.org.au).

MÄRZ

▶ **Adelaide (SA)**
Adelaide Festival of Arts – in allen »geraden« Jahren lädt Südaustraliens Hauptstadt in den ersten drei Märzwochen zu einem bedeutenden Kunstfestival ein mit Konzerten, Opern, Kabarett, Theater- und Ballettaufführungen (www.adelaide festival.com.au)

WOMAD – Musiker und Tänzer aus aller Welt im Botanischen Garten von Adelaide (www.womadelaide.com.au)

▶ **Canberra (ACT)**
Canberra Festival – die Landeshauptstadt feiert sich und ihre Gründung 10 Tage lang (www.visitcanberra.com.au).

▶ **Melbourne (VIC)**
Moomba Waterfest – einwöchiges Festival mit Parade (www.melbourne.vic.gov.au)
Brunswick Festival – populäres Folk Festival (www.brunswick musicfestival.com.au)
Formel-1-Grand-Prix– spektakuläres Autorennen mit der F1-Elite (www.grandprix.com.au)

▶ **Port Fairy (VIC)**
Port Fairy Folk Festival – am Labour-Day-Wochenende (www.portfairyfolkfestival.com)

Parade am ANZAC Day

MÄRZ – APRIL

▶ **Bells Beach (VIC)**
Rip Curl Pro – internationaler Surfwettbwerb am legendären Bell's Beach bei Torquay (www.ripcurl.com)

APRIL

▶ **ANZAC Day**
Am 25. (in WA am 27.) April finden in vielen Orten Umzüge zu Ehren der Kriegsteilnehmer statt.

▶ **Barossa Valley (SA)**
Barossa Vintage Festival – Weinfeste zur Zeit der Weinlese (www.barossavintagefestival.com.au)

▶ **Lightning Ridge (NSW)**
Great Goat Race – skurriles, sehr populäres Ziegen-Wettrennen im Outback (www.racingnsw.com.au)

▶ **Melbourne (VIC)**
International Comedy Festival – eines der größten Comedy-Festivals der Welt (www.comedyfestival.com.au)

▶ **Tasmanien (TAS)**
Targa Tasmania – legendäre Oldtimer-Autorallye auf den herrlichen Küstenstraßen und Bergpässen Tasmaniens (www.targa.org.au)

MAI

▶ **Longreach (QLD)**
Outback Muster – dreitägiges Festival rund ums Viehtreiben in der Stockman's Hall of Fame (www.stockmanshalloffame.com.au)

▶ **Sydney (NSW)**
Art on The Rocks – Junge Künstler, Jazz und Klassik live im Stadtteil The Rocks (www.therocks.com)

▶ **Thredbo (NSW)**
Thredbo Jazz Festival (www.thredbo.com.au)

JUNI

▶ **Alice Springs (NT)**
Alice Springs Beanie Festival – Ausstellungen, Kunsthandwerk und Workshops der Anangu-Aborigines (www.beaniefest.org)

▶ **Barunga (NT)**
Wugularr Sports & Cultural Festival – am Wochenende um Queen's Birthday feiern die Ureinwohner in Barunga, 80 km südöstlich von Katherine (www.jawoyn.org/barunga-festival.htm).

▸ **Melbourne (VIC)**
International Film Festival – neues australisches Kino und internationale Filme (www.melbournefilmfestival.com.au)

▸ **Woodford**
The Dreaming – Australia's International Indigenous Festival – sieben Tage präsentieren über 2000 Künstler Theater, Comedy, Filme, Konzerte und Kleinkunst, zum Finale gibt es ein großes Feuerwerk (www.woodfordfolkfestival.com).

JULI

▸ **Alice Springs (NT)**
Lions Camel Cup – am zweiten Samstag finden in Alice Springs mehrere Rennen statt (www.camelcup.com.au).

▸ **Willunga (SA)**
Willunga Almond Blossom Festival – bezaubernde Mandelblüte im größten Mandelanbaugebiet Australiens (www.willungafestivals.com)

AUGUST

▸ **Alice Springs (NT)**
Henley on Todd Regatta – ein besonderes Bootsrennen im buchstäblichen Sinne: Es findet im ausgetrockneten Flussbett des Todd River statt (www.henleyontodd.com.au).

▸ **Brisbane (QLD)**
Brisbane Festival – eine bunte Mischung aus Theater, Musik und Tanz. Höhepunkt ist eine Parade durch die Innenstadt (www.brisbanefestival.com.au).

▸ **Darwin (NT)**
Darwin Beer Can Regatta – witzige Regatta mit Booten, die alle nur aus leeren Bierbüchsen gemacht sind (www.beercanregatta.org.au)

▸ **Mount Isa (QLD)**
Mount Isa Rotary Rodeo – wilde Bullen, harte Männer und schöne Cowgirls (www.isarodeo.com.au)

▸ **Sydney (NSW)**
City to Surf – über 60 000 Teilnehmer aus aller Welt treten alljährlich zu Australiens größtem Volkslauf an, der über die 14 km lange Strecke vom Hyde Park bis zum Bondi Beach verläuft (www.coolrunning.com.au).

SEPTEMBER

▸ **Birdsville (QLD)**
Birdsville Races – spektakuläres Pferderennen am ersten Septemberwochenende (www.birdsvilleraces.com)

▸ **Broome (WA)**
Shinju Matsuri – einwöchiges Perlen-Festival mit Konzerten, Galaball und Bootsrennen (www.shinjumatsuri.com)

▸ **Canberra (ACT)**
Floriade – riesiges Blumenfestival zur Feier des Frühlingsbeginns im Commonwealth Park (www.floriadeaustralia.com)

▸ **Melbourne (VIC)**
Australian Football League Final – ganz Australien hält den Atem an, wenn am letzten Samstag das Endspiel der besten Footy-Teams auf Melbournes Cricket Ground angepfiffen wird (www.afl.com.au).

OKTOBER

► **Melbourne (VIC)**
Melbourne International Arts Festival – weltberühmtes Festival von Theater, Tanz und Oper der klassischen Künste (www.melbournefestival.com.au).

Alternativ feiert gleichzeitig das **Melbourne Fringe Festival** drei Wochen die Kleinkunst (www.melbournefringe.com.au).

NOVEMBER

► **Melbourne (VIC)**
Melbourne Cup – der ganze Kontinent fiebert mit beim exklusivsten Pferderennen Australiens am ersten Dienstag im November, in Victoria ist der Tag ein Feiertag (www.melbournecup.com).

► **Mungabareena (NSW)**
Mungabareena Ngan Girra Festival
Im Mungabareena-Reservat und in Albury findet ein großes dreitägiges Festival der Ureinwohner statt. Es gibt Kunst, Musik und Tanz (www.aborigi nalartdirectory.com/shop/festivals-prizes/munga bareena-ngangirra-festival.php).

DEZEMBER

► **Sydney und Hobart (NSW, TAS)**
Sydney to Hobart Yacht Race – in Sydney startet am zweiten Weihnachtsfeiertag die härteste Segelregatta Australiens, die am 2. Januar in Hobart endet (http://rolexsydneyhobart.com).

► **Landesweit**
31.12. **New Years's Eve Celebrations** – Riesenparty, Feuerwerk und Feste (www.newyearseve.com.au)

Geld

Landeswährung ist der Australische Dollar (AUD), der in 100 Cents eingeteilt ist. Banknoten haben einen Wert von 5, 10, 20, 50 oder 100 AUD, Münzen sind 5, 10, 20, 50 Cents sowie 1 und 2 AUD wert. Die **Preise** werden in einzelnen Cents angegeben und an der Kasse auf die nächsten 5 Cents auf- oder abgerundet.

Währung

WECHSELKURSE

1 AUD = 0,73 EUR
1 EUR = 1,37 AUD
1 AUD = 0,97 CHF
1 CHF = 1,03 AUD

KARTE VERLOREN?

Ist eine Bank- oder Kreditkarte verloren gegangen oder gestohlen worden, sollte man sie sofort sperren lassen. Seit 2005 gibt es eine einheitliche Notfall-Nummer für sämtliche sperrbaren Medien wie Bank- und Kreditkarten sowie SIM-Karten von Handys. Innerhalb Deutschlands ist die Nummer kostenlos, aus dem Ausland sind die Gesprächsgebühren zu zahlen. **Tel. (+ 49) 116 116.**

An Geldautomaten kann man mit Bank- und Kreditkarten rund um die Uhr Geld abheben. Gängige Kreditkarten werden von Banken, den meisten Hotels, Restaurants, Autovermietern und vielen Geschäften akzeptiert. **Banken** haben meist Mo.–Do. 8.00–16.00, Fr. bis 17.00 Uhr geöffnet.

Gesundheit

Ärztliche Hilfe

Die Ärztedichte und medizinische Versorgung in Australien entspricht deutschem Niveau. Alle Krankenhäuser verfügen über einen Notdienst (Ambulance); sämtliche Adressen sind in den Yellow Pages aufgelistet. Im Outback leistet der **Royal Flying Doctor Service** medizinische Hilfe: Tel. 02 / 92 41 24 11, www.flyingdoctors.org.au. Wer in Australien einen Arzt oder ein Krankenhaus aufsucht, muss die angefallenen Kosten umgehend bar bezahlen – Kreditkarten oder Reiseschecks werden nicht akzeptiert. Der Abschluss einer **Auslandskrankenversicherung** wird daher dringend empfohlen.

Apotheken

Arzneimittel gibt es beim **»Chemist«**, einer Mischform aus Apotheke und Drogerie mit einem Schalter für rezeptpflichtige Medikamente. Der Großteil der international üblichen Medikamente ist hier, wenngleich gelegentlich unter anderem Namen, erhältlich.

Achtung vor diesen Tieren!

Schlangen, Spinnen, Moskitos, Haie, Quallen, Krokodile: In Australien leben die gefährlichsten Tiere der Welt. Doch wenn man sich entsprechend vorsichtig verhält, besteht kein Grund zur Besorgnis. Besonders in Acht nehmen muss man sich vor den **giftigen Würfelquallen**, die von November bis April an den Küsten Queenslands und des Northern Territory auftreten. Eine Berührung der meterlangen Fangarme dieser »Stinger«, »Seawasp« oder »Box Jelly Fish« genannten Quallen ist nicht nur äußerst schmerzhaft, sondern meist tödlich. Die Badeverbote an den markierten Strandabschnitten sollten daher unbedingt eingehalten werden.

Viele Strände sind durch **Hainetze** gesichert. Mehr über die gefährlichen **Salzwasserkrokodile**, die sich in den tropischen Küstengewässern im Norden Australiens besonders wohl fühlen, erfährt man im ►Baedeker Special S. 306.

Slip! Slap! Slop!

Die Ozonschicht über Australien ist sehr dünn und entsprechend intensiv scheint die Sonne. Mit 280 000 Erkrankungen und 1400 Todesfällen pro Jahr besitzt Australien die höchste Hautkrebsrate der Welt. Befolgen Sie daher unbedingt den Ratschlag der Cancer Council Australia: »Slip on a shirt, slap on a hat and slop on sunscream« – ziehen Sie ein **Hemd** an, tragen Sie einen **Hut** und cremen Sie sich mit einer **Sonnencreme** mit hohem Lichtschutzfaktor ein. Auch die Sonnenbrille sollte nie fehlen! Info: www.cancer.org.au.

Ein ausreichender Sonnenschutz ist in Australien besonders wichtig.

Mit Kindern unterwegs

Australien ist ein sehr kinder- und **familienfreundliches Reiseland**. Fast alle Museen bieten neben freiem oder deutlich ermäßigtem Eintritt ein abwechslungsreiches Kinderprogramm auch außerhalb der Ferien. Restaurants haben meist eine Auswahl an Kindermenüs auf der Karte, Kinder unter vier Jahren essen oft kostenlos. Selbst kleinere Orte besitzen **Spielplätze**, ergänzt durch Picknicktische, Sanitärblock mit WC und Dusche sowie Grillgelegenheit.

Optimal ausgerichtet auf Familien sind auch die Campingplätze. Wer einen Mietwagen hat, sollte nicht nur die Fahrzeuggebühren, sondern auch die Tagesmieten für die **Kindersitze** vergleichen – hier gibt es deutliche Unterschiede. Kinder bis 9 kg Körpergewicht müssen in einer Babyschale, Kinder bis 4 Jahren in einem Kindersitz transportiert werden. Für Kinder von 4 bis 8 Jahren genügt eine Sitzerhöhung.

Kleiner Knigge

Politeness first!

Die sprichwörtliche australische **Hilfsbereitschaft** kann man auf dem fünften Kontinent häufig erleben. Ihre lockere Begrüßung mit G'day und die alltägliche Anrede mit Vornamen auch bei Fremden lässt sie auf den ersten Blick indes lockerer wirken, als sie es tatsächlich sind. Im Alltag merkt man schnell: Australier sind sehr auf **Höflichkeit und Diplomatie** bedacht und deutlich zurückhaltender mit Kritik als Mitteleuropäer. So entschuldigen sich Australier lieber einmal zu viel als zu wenig. Zum guten Ton gehört es auch, im einsamen Outback entgegenkommende Autofahrer zu grüßen, in dem man die rechte Hand oder den rechten Zeige- und Mittelfinger kurz hebt. Abgehobene Angeber, die **»Tall Poppies«**, werden von den Australien gern wieder auf den Boden der Tatsachen zurückgebracht.

Kleidung

»Smart casual« ist der Dress Code in Australien: Die Kleidung darf leger und locker, muss aber gepflegt und sauber sein. Mit nacktem Oberkörper in den Pub, nur in Schlappen in die Bar zu gehen, das ist verpönt. In guten Restaurants und bei kulturellen Abendveranstaltungen wird Wert auf ein »formal attire« gelegt, zu dem für den Herrn Krawatte und Jackett gehören.

Trinkgeld

Ein Trinkgeld zu geben ist in Australien nicht allgemein üblich; in guten Restaurants wird jedoch bis zu zehn Prozent des Rechnungsbetrages als Trinkgeld hinterlassen.

Literaturempfehlungen

Belletristik

Peter Carey: Die wahre Geschichte von Ned Kelly und seiner Gang. Fischer TB 2004. Carey ist einer der bekanntesten Autoren seines Landes. Für seinen Roman über die australische Buschräuber-Legende Ned Kelly erhielt er 2001 den Booker Price.

Bruce Chatwin: Traumpfade. Fischer TB 2006.
Der letzte Roman des 1989 verstorbenen britischen Autors über seine Reise zu den australischen Ureinwohnern – ein exotischer Roman, wissenschaftlicher Essay und Reisebericht in einem.

Peter Goldsworthy: Maestro. Deuticke 2007.
Der mürrische Klavierlehrer Eduard Keller, der den 15-jährigen Paul unterrichtet, ist im Darwin von 1967 ein Außenseiter. Warum ...? Das verrät der in Australien gefeierte Roman, der mit Klaus-Maria Brandauer in der Titelrolle verfilmt wurde.

! *Baedeker* TIPP

Crime Time

Bony und der Bumerang (Goldmann 2005). Ein geheimnisvoller Mordfall bringt Kriminalinspektor Napoleon Bonaparte nach Barrakee. *Arthur W. Upfields* 28 Bony-Romane sind Krimi-Klassiker.
Pasta, Panik und Pistolen (Blanvalet TB 2008). Eine hinreißende Heldin, witzige Dialoge und delikate Rezepte gehören zu den Krimis von *Kerry Greenwood* über Corinna Chapman, einer Bäckerin aus Leidenschaft in Melbourne.
Off Road: Shane O'Connors fünfter Fall (Lübbe 2007). Bei seinem letzten Fall lässt *Manuela Martina* den findigen Brisbaner Detektiv in der Nähe von Darwin ermitteln.
Kalter August (Goldmann 2008). *Peter Temple.* Auch wenn eine heiße Spur auf drei junge Aborigines deutet, ahnt Joe Cashin, Ermittler bei der Mordkommission von Melbourne, dass andere hinter dem Mord an Fabrikant Bourgoyne stecken.

Julica Jungehülsing: Ein Jahr in Australien. Herder 2008.
Am Ende einer Australienreise beschließt Julica Jungehülsing zu bleiben. Ihr Buch erzählt von Reisen quer durchs Land, von Barbies, Outback-Abenteuern, der perfekten Welle, den nettesten Busfahrern der Welt und der wahren Leichtigkeit des Seins.

Hilke Maunder: Australien Hören. Silberfuchs 2010. Andreas Fröhlich erzählt die spannende Reise durch Australiens Kulturgeschichte von den Ursprüngen bis zur Gegenwart, von den Legenden der Traumzeit über Buschballaden bis zu den Operndiven aus Downunder.

Sally Morgan: Ich hörte den Vogel rufen. Unionsverlag 2007.
Sally Morgan, 1951 in Perth geboren, gilt als die wichtigste Vertreterin der Aborigines-Literatur. Sie schildert das Leben von Aborigines, ihre Träume, Bräuche und ihren Kampf ums Überleben.

Jern Poster: Das gestohlene Paradies. Goldmann 2007.
Geräusche und Gerüche mitten im australischen Outback – ein opulenter historischer Abenteuerroman.

Sian Rees: Das Freudenschiff. Piper TB 2003.
Die wahre Geschichte eines Schiffs im 18. Jahrhundert, dessen Fracht aus 240 Frauen bestand, die als Mätressen nach Australien verschickt wurden. Ein Jahr waren sie unterwegs, in London wäre ihnen nur die Haft oder der Tod durch den Galgen geblieben.

Lynne Wilding: Land meiner Sehnsucht. Blanvalet TB 2008.
Aus den Armenvierteln Sydneys über die Welt der High Society bis zu den Weiten der roten Erde – große Gefühle in einem packenden Roman! Die 2007 verstorbene Bestsellerautorin gilt als Königin der Australien-Saga.

Tim Winton: Der singende Baum. btb 2007.
In seiner ungewöhnlichen Liebesgeschichte gelingt es Winton meisterhaft, glaubwürdige Figuren und ein authentisches Gefühl für den fünften Kontinent zu schaffen.

Barbara Wood: Dieses goldene Land. Krüger 2010.
Eine junge Frau flieht aus der Enge des viktorianischen England nach Australien, um dort ihren Weg zu machen.

Geschichte

Albrecht Hagemann: Kleine Geschichte Australiens. Beck 2004.
Spannender und umfassender Überblick über die Vergangenheit des fünften Kontinents.

Tony Horwitz: Cook: Die Entdeckung eines Entdeckers. Piper 2006.
Der Pulitzerpreisträger Horwitz hat sich auf die Spur von Kapitän Cook begeben und ihn neu entdeckt.

Gerhard Leitner: Die Aborigines Australiens. Beck 2006.
Die Geschichte der Aborigines von der Urzeit bis heute, ihre Naturverbundenheit, religiösen Riten und Feste – Leitner gibt eine gute Übersicht und lässt Aborigines authentisch zu Wort kommen.

Kulinarisches

Bill Granger: Sunshine-Küche. Dorling Kindersley 2007.
Grapefruit-Krabben-Salat, Ingwer-Garnelen, Hühnchencurry oder Kürbiscremesuppe – in diesem Buch verrät Australiens Kult-Koch leckere, unkomplizierte Rezepte für jeden Tag, die zeitsparend und gesund sind.

Australien und Neuseeland: Das Kochbuch. Fackelträger 2008.
Moderne Rezepte der spannenden Crossover-Küche mit Weinempfehlungen und ästhetischen Food-Fotografien.

Bildband

Marco Moretti: Damals und Heute Australien. Travel House Media 2006. Die Schönheiten eines unglaublichen, zauberhaften Landes am Ende der Welt.

DuMont Bildatlas Nr. 053 Australien Osten · Sydney. DuMont Reiseverlag 2010. Bilder und Informationen zu den schönsten Orten und Ereignissen im Osten Australiens.

DuMont Bildatlas Nr. 119 Australien Westen · Süden · Tasmanien.
DuMont Reiseverlag 2011.
Eine Reise durch West-Australien mit Bildern von Clemens Emmler und Texten von Bruni Gebauer und Stefan Huy.

Medien

Zeitungen

Mit seiner »News Corporation«, zu dem auch der Zeitungsverlag »News Limited« gehört, beherrscht Medienmogul **Rupert Murdoch** (► Berühmte Persönlichkeiten) den australischen Medienmarkt. Seine größte Konkurrentin ist die »Fairfax Group«.
Die wichtigsten Tageszeitungen sind der **»Sydney Morning Herald«**, die **»Herald Sun«**, die **»Canberra Times«**, **»The Age«** aus Melbourne und **»The Australian«**, der landesweit verbreitet wird. Jeden Dienstag erscheint **»Die Woche in Australien«** mit Fußballergebnissen und Nachrichten aus Deutschland. Größter Zeitschriftenverleger ist ACP, auflagenstärkstes Objekt die Frauenzeitschrift »Women's Weekly«. Auflagenstarke deutschsprachige Zeitschriften sind an Flughäfen mit deutlicher Verspätung erhältlich.

Radio und Fernsehen

In Australien gibt es rund 550 Rundfunksender. Die öffentlich-rechtliche **Australian Broadcasting Corporation** (ABC) betreibt sieben Radiosender, das TV-Programm ABC und den digitalen Sender

ABC 2. Der ebenfalls öffentlich-rechtliche **Special Broadcasting Service** zeigt mehr als die Hälfte seiner Programme in einer von 60 Fremdsprachen mit englischen Untertiteln, darunter auch einige Sendungen mit deutschen Untertiteln, auch im Internet als Live-Stream. Schnell, umfassend und zuverlässig informiert die Deutsche Welle im Hörfunk, Fernsehen und im Internet – zum Online-Infoservice gehört auch **Podcasting**, der Nachrichten-Download auf MP3-Player. Die wöchentliche Programmvorschau gibt es als PDF-Download unter www.dw-world.de.

Privatsender und Pay TV

Die größten nationalen Privatsender sind Seven Network, Network TEN und Nine Network. Hinzu kommen rund 50 regionale, kommerzielle Sender sowie Pay-TV-Sender wie AUSTAR-Entertainment, Foxtel und Optus Vision.

Nationalparks

In Australien gibt es mehr als 2700 Nationalparks und Naturschutzgebiete sowie 18 Welterbe-Stätten (UNESCO World Heritage). Alle wichtigen Nationalparks sind im Kapitel »Reiseziele von A bis Z« beschrieben. Informations- und Kartenmaterial erhält man vor Ort in den Besucherzentren oder Rangerstationen bzw. von den Büros der einzelnen Bundesstaaten.

AUSKUNFT

▶ **Parks Australia**
Department of Sustainability, Environment, Water, Population and Communities, GPO Box 787
Canberra ACT 2601
www.environment.gov.au

▶ **National Parks Association of the ACT Inc.**
GPO Box 544, Canberra ACT 2601, Tel. 02 / 62 29 32 01
www.npaact.org.au

▶ **NSW National Parks and Wildlife Service**
Department of Environment & Climate Change (DECC), PO Box A290, Sydney South NSW 1232
Information Centre: Level 14
59–61 Goulburn Street, Sydney
Tel. 02 / 99 95 50 00
www.nationalparks.nsw.gov.au

Symbol Australiens: Der Koala ist ein baumbewohnender Beutelsäuger

Australien *Denkmäler des Welterbes*

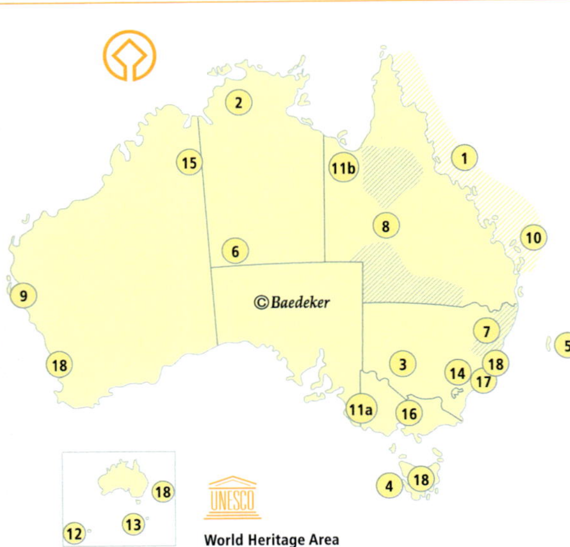

K = Kulturerbe der Menschheit
N = Naturerbe der Menschheit

1 Great Barrier Reef (N; 1981)
2 Kakadu National Park (K, N; 1
3 Willandra Lakes Region (K, N;
4 Tasmanian Wilderness (N; 198
5 Lord Howe Island Group (N; 1
6 Uluru Kata Tjuta National Park (Ayers Rock; N, K; 1987)
7 Central Eastern Rainforest Reserves of Australia (N; 1987
8 Wet Tropics of Queensland
9 Shark Bay, Western Australia (
10 Fraser Island (N; 1992)
11 Australian Fossil Mammal Site (N; 1994)
a Naracoorte b Riversleig
12 Heard and McDonald Islands (N; 1997)
13 Macquarie Island (N; 1997)
14 Greater Blue Mountains Area (N; 2000)
15 Purnululu NP (N; 2003)
16 Melbourne Royal Exhibition and Carlton Gardens (K; 2004
17 Sydney Opera (K; 2007)
18 Australian Convict Sites (K; 2

► **Northern Territory Government**
Natural Resources, Environment and the Arts; Goyder Building
25 Chung Wah Terrace
PO Box 30, Palmerston NT 0831
Tel. 08 / 89 99 55 11
www.nt.gov.au/nreta/parks

► **Queensland Government**
Environmental Protection Agency (EPA); Customer Service Centre, 160 Ann Street
Brisbane QLD 4000
Tel. 07 / 32 27 81 85
www.epa.qld.gov.au

► **Government of South Australia**
Department for Environment and Heritage (DEH)
Level 1/100 Pirie Street
Adelaide SA 5001
Tel. 08 / 82 04 19 10
www.parks.sa.gov.au

► **Parks and Wildlife Service Tasmania**
GPO Box 1751
Hobart TAS 7001
Tel. 1300 / 13 55 13
www.parks.tas.gov.au

► **Parks Victoria**
Level 10/535 Bourke Street
Melbourne VIC 3000
Tel. 03 / 86 27 46 99
www.parkweb.vic.gov.au

► **Nature Base**
Department of Environment and Conservation

Eine Meeresbiologin erklärt die Entstehung der Korallen am Great Barrier Reef.

Locked Bag 104
Bentley Delivery Centre
Bentley WA 6983
Tel. 08 / 93 34 03 33
www.naturebase.net

AUSTRALIENS UNESCO-WELTERBE

1 Great Barrier Reef
Das größte Barriereriff der Welt säumt auf mehreren Tausend Kilometern die Nordostküste Queenslands ►Seite 362.

2 Kakadu National Park
Diese tropische Landschaft ist der Lebensraum der Gagadju-Aborigines am East Alligator River (bei Darwin) ►Seite 302.

3 Willandra Lakes
In der Halbwüste lebte der älteste bislang bekannt gewordene Mensch in Down Under: Mungo Man, der Urvater der Aborigines ►Seite 225.

4 Tasmanian Wilderness
Gesteinsformationen aus praktisch allen großen Epochen der Erdgeschichte finden sich im Bereich des Cradle Mountain und des Lake St. Clair ►Seite 436.

5 Lord Howe Islands
Zwei Flugstunden von Sydney mitten im Pazifik: eine Vulkaninsel mit beeindruckenden Banyanbäumen und Ketiapalmen, umgeben vom südlichsten Korallenriff der Erde ►Seite 224.

6 Uluru & Kata Tjuta National Park (Ayers Rock)
Der majestätische Uluru (Ayers Rock) ist das Wahrzeichen Australiens und Heiligtum der Aborigines. Der Nationalpark ist mit dem Flugzeug leicht erreichbar ►Seite 317.

7 Central Eastern Rain Forest Reserves
Über 50 Regenwaldgebiete im Grenzgebiet der Bundesstaaten Queensland und New South Wales. Unter Schutz stehen subtropische, gemäßigte und gemäßigt kühle Regenwaldformationen.

8 Wet Tropics
Tropischer Regenwald im Nordosten von Queensland; der Wald reicht bis ans Riff am Cape Tribulation ►Seite 347.

9 Shark Bay
Isoliert gelegener Lebensraum an der westaustralischen Küste mit vielfältiger Tierwelt (u. a. Buckelwale, Seekühe, Delfine, Schildkröten) ►Seite 569.

10 Fraser Island
Größte Sandinsel der Welt mit einigen der ältesten und höchsten Dünen der Erde, vielen Seen und großem Regenwaldgebiet an der Südküste Queenslands ►Seite 357.

11 Fossil Mammal Sites
Weltberühmte Fossilfundstätten in Riversleigh/Queensland und in den südaustralischen Naracoorte-Höhlen ►Seiten 378, 427.

12/13 Macquarie, Heard und MacDonald Islands
Südlich von Tasmanien gelegen, die subantarktischen, sogenannten External Territories, Heard und McDonald Islands sind für Besucher nicht zugänglich.

14 Blue Mountains
Steile Sandsteinklippen und Schluchten, Wasserfälle und Eukalyptuswälder, 90 Minuten westlich von Sydney ►Seite 200.

15 Purnulu National Park/ Bungle Bungle
Die spektakulären Sandsteinfelsen sind seit 40 000 Jahren Heimat der Aborigines ►Seite 567.

16 Royal Exhibition Building and Carlton Gardens in Melbourne
Für die Weltausstellung 1861 im Carlton Park von Melbourne errichteter Palast, in dem bis 1927 das Parlament tagte ►Seite 493.

17 Sydney Opera House
Das muschelförmige Designwunder am Hafen von Sydney ist eines der Wahrzeichen von Down Under ►Seite 256.

18 Australian Convict Sites
Old Government House and Domain, Hyde Park Barracks, Cockatoo Island (in und bei Sydney, ►Seite 240), Old Great North Road (Dharug NP, ►Seite 218), Kingston and Arthur's Historic Area (Norfolk Island, 1500 km östlich von Australien); Fremantle Priso n (►Seite 528); Tasmaniens Brickendon und Woolmers Estates, Port Arthur (►Seite 451), Darlington Probation Station (►Seite 460, Coal Mines Historic Site (►Seite 461) und die Cascades Female Factory (►Seite 446).

Notruf

- **Polizei, Krankenwagen, Feuerwehr**
  Tel. 000
  (landesweit, gebührenfrei)
  vom Handy: Tel. 112
- **Giftnotruf**
  Tel. 13 11 26
- **Panne / Unfall**
  Tel. 13 11 11 (24-Std.-Helpline)

Outback

Abenteuerland

Das Outback gehört zu den letzten Gebieten der Erde, die **noch nahezu unberührt** sind. Karge Steinwüsten, glitzernde Salzseen, endlose Sanddünen, ausgedorrte Creeks mit mächtigen Eukalyptusbäumen und **rotes Buschland** mit Spinifex und Saltbushes prägen sein Bild, aber auch: Oasen mit Palmen und heiße Quellen. Tagsüber können die Temperaturen bis auf 50 °C klettern, nachts bis an die Frostgrenze fallen. Niederschläge sind selten, doch wenn sie kommen, verwandeln sie das Land für kurze Zeit in einen Blütenteppich.

Unterwegs im Outback

Auf den großen, geteerten Highways ist die Fahrt durch das Outback ein sicheres Abenteuer und bei genügend Wasser- und Benzinvorrat problemlos mit Wohnmobil oder Pkw zu meistern. Nehmen Sie mindestens 3 bis 4 Liter Wasser pro Person und Tag mit und kalkulieren Sie unvorhergesehene Stopps ein. Die vielen **Offroad-Strecken** verlangen eine gute Vorbereitung, Erfahrung – und einen Geländewagen. Wer diese Schlagloch- und Schotterpisten mit einem Leihwagen befährt, der keinen Allradantrieb besitzt und nicht ausdrücklich im Vertrag auch offroad zugelassen ist, verliert den Versicherungsschutz. Beste Reisezeit sind die Monate **April bis Oktober** – im australischen Herbst und Winter sind die Straßen trocken, die Luft deutlich kühler. Im Sommer können sintflutartige Regenfälle die Straßen und Pisten unpassierbar machen.

! *Baedeker* TIPP

Hilfe aus der Luft

Wer die medizinische Hilfe des **Royal Flying Doctor Service** (RFDS) im Outback in Anspruch nehmen möchte, benötigt ein Satellitentelefon oder ein Funkgerät (HF-Radio), das u. a. McKays Communications vermietet (www.mckayscommunications.com.au). Auf ihrer Website geben die »Fliegenden Ärzte« weitere wertvolle Tipps zum Reisen im Outback: Tel. 02 / 92 41 24, www.flyingdoctor.net.

Routen-Klassiker

Berühmt ist vor allem der **Birdsville Track**. Die ehemalige Viehtreiberroute, auf der 2002 der »Great Australian Cattle Drive« wiederbe-

◂ Weiter auf S. 116

Legendäre Outback-Adresse am Oodnadatta Track: das Pink Roadhouse

KONTAKTBÖRSE IM NIRGENDWO: OUTBACK PUBS

Untrennbar mit dem Leben im Outback verbunden sind die Pubs, ein Erbe aus dem englischen Mutterland. Nach einer Woche harter Arbeit setzt sich bis heute das Gros der Landbevölkerung in seinen Wagen und fährt, manchmal Hunderte von Kilometern, zur nächsten Pinte, um einmal unter Menschen zu sein und sich den Staub aus der Kehle zu spülen.

Die Saufgelage am Wochenende sind nur bedingt für Frauen geeignet, denn der tief verwurzelte Chauvinismus der **»Ocker«**, der bierbäuchigen Machos, ist im Outback noch immer weit verbreitet. Der Kneipenbesuch mit Freunden ist ihnen heilig – ihre Frau darf als »Sheila« daheim am Herd stehen. Stadtmenschen indes blicken mitunter etwas irritiert auf die von der Bar baumelnden BHs.

In the middle of nowhere

Legendär ist vor allem der **Daly Waters Pub**, 910 km nördlich von Alice Springs, der 1893 zunächst als Geschäft entlang der Bahnstrecke, um 1930 dann zum Hotel für die Crew und Passagiere internationaler Qantas-Flüge nach Singapur umgebaut wurde, die hier auf halber Strecke landen und auftanken mussten. Den Schankraum schmücken Dinge, die frühere Besucher zurückgelassen haben. Authentisch sind auch das **Pink Roadhouse** am Oodnadatta Track (►S. 428) und das **Roadhouse** von Barrow Creek, 250 km nördlich von Alice Springs, dessen Pub noch eine »Bush Bank« besitzt: Mit Unterschrift und Datum stecken die Gäste ihre Geldscheine an die Wand hinter der Bar – als Guthaben für die Drinks beim nächsten Besuch. Auch das **Humpty Doo Hotel** 45 km südlich von Darwin hat sich seit der Eröffnung 1970 kaum verändert. Der rustikale Pub von **Grove Hill** 150 km südlich von Darwin wurde vor wenigen Jahren von einem Tierarzt aus Darwin originalgetreu im alten Stil restauriert – mit dem einzigen Zugeständnis, dass es jetzt fließend Wasser und Strom aus dem Netz gibt. Genau auf halbem Weg zwischen Alice Springs und Adelaide liegt eine andere Outback-Ikone, das **William Creek Hotel.** 1887 als Servicestation für den »Ghan« errichtet, ist es heute Hauptarbeitgeber vor Ort: Sechs der elf Einwohner arbeiten hier an der Bar, die neben Geldscheinen Berge von Visitenkarten schmücken. Eine

Besonderheit ist »Big Berta« – im riesigen Büstenhalter werden Spenden für die »fliegenden Ärzte« gesammelt. Zu den südaustralischen Ikonen gehört ebenso das historische **Prairie-Hotel** in Parachilna, das »Feral Food« vom Feinsten serviert: Känguru, Emu, Krokodil und Barramundi, garniert mit Früchten, Kräutern und Gewürzen aus dem Busch. Wie landestypische Gerichte auch aussehen können, zeigt der Pub von Blinman mit seinem Sieben-Gänge-»Menü«: Meatpie und ein Six-Pack Bier.

Hotel ohne Betten

Viele der berühmten Outback-Pubs tragen bis heute die Bezeichnung »Hotel« – und erinnern mit ihrem Namen noch an die Zeit, als der Alkoholausschank nur gestattet war, wenn der Wirt auch ein Bett unter seinem Dach bereithielt. Thekengetränk ist das **Bier**, Wein gilt das Frauengetränk. »Cold one« heißt die Order: Kalt muss die »Stubbie« sein, die Dose im Styroporring gegen die Wärme. Auch die Gläser stehen daher im Kühlschrank. Im urigen **Blue Heeler Hotel** von Kynuna am Matilda Highway in Queensland wurde indes 1891 sogar Champagner durch das Fenster gereicht. Damit sollten einst die streikenden Schafscherer besänftigt werden. Namensgeber der legendären Kneipe war ein australischer Hütehund, der einst an der Schwingtür gewacht haben soll – und die Gäste nur passieren ließ, wenn sie ihn mit einer Dose Bier günstig gestimmt hatten. Und wenn sie spätnachts noch nach Hause wanken mussten, schlief der Blue Heeler bereits seinen Rausch aus. Doch wie lamentierte Dusty Slim 1957: »There's nothin' so lonesome, so dull or so drear, than to stand in the bar of a pub with no beer« – und landete mit seinem Song »A Pub With No Beer« einen Welthit. Seine Kneipe gibt es tatsächlich: in Taylors Arm bei Bellingen an der Nordküste von New South Wales. Mittlerweile hat der **Pub with no Beer** jedoch eine eigene Brauerei – süffige Ales, dunkle Porter und helle Pilsner-Biere, traditionell handgebraut von Murray's Craft Brewing, sorgen jetzt dafür, dass der »Pub with no Beer« zum »Pub with own Beer« wurde ... und sogar einen »Grand Cru« auf dem Thekenmenü führt.

Middy, pot und schooner

Jeder Bundesstaat hat seine eigenen **Bierglasgrößen**. So fasst ein »schooner« in New South Wales 425 ml, in South Australia 285 ml. In Sydney wird ein Bierglas mit 285 ml »middle«, in Brisbane »pot« und in Hobart »ten ounce« genannt. In einen »Jug« gehören indes landesweit 1140 ml Bier.

Mitten durchs Outback: nur mit dem Geländewagen zu bewältigen

lebt wurde, verbindet Birdsville in Queensland mit Marree in Südaustralien. Die 514 km lange Piste führt durch »Gibber«-Steinebenen und wellenförmige Dünen ins Herz der Simpson Desert.
Als härteste und längste Piste Australiens gilt die **Canning Stock Route**, auch ein alter Herdenweg, der über 2000 km von Halls Creek in den Kimberleys durch die Great Sandy Desert nach Wiluna führt, gute 800 km nordöstlich von Perth. Auf der Strecke müssen mehr als 1000 Dünen überquert werden und je nach Reisezeit herrschen dort Temperaturen von über 45 °C. 2005 fuhr Jakub Postrzygacz als erster Mensch die gesamte Strecke allein mit dem Fahrrad, in 33 Tagen.
Die **Route 66** präsentiert in Queensland das Leben im Outback mal schrill, mal schräg, immer faszinierend und voller Farben. Das Abenteuer beginnt in der Rinderhauptstadt Rockhampton und führt vorbei an Dingo, wo sich im Juli die Meister im Wildhundfallen-Weitwurf treffen, und den Minen bei Emerald bis nach Barcaldine.

Gefahren unterwegs

Die wichtigste Regel bei ernsthaften **Pannen**: sich nicht (!) vom Auto entfernen – Ihr Fahrzeug wird eher gefunden als eine einzelne Person. Die größte Gefahr ist die **Müdigkeit** – schier endlos lang ziehen sich die Straßen durch die Landschaft, die sich erst nach Stunden zu ändern scheint. Wer merkt, dass die Aufmerksamkeit nachlässt, sollte eine Pause machen – und dabei die trotz aller Trockenheit lebende

Natur entdecken. Die zweithäufigste Unfallursache sind **Tiere**, die besonders nach Einbruch der Dämmerung die Fahrbahn kreuzen: Kängurus, Emus, Rinder und Schafe. Sie werden oft viel zu spät erkannt. Wenn möglich, sollten Nachtfahrten vermieden werden – viele Mietwagenversicherungen übernehmen keine Kosten bei nächtlichen Wildunfällen. Eine riesige Staubwolke kündigt die dritte Gefahrenquelle an: Australiens Mega-Trucks. Deutsche Laster sind wahre Winzlinge gegen die berühmten **Road Trains**. Die 150 – 200 t schweren Trucks donnern mit Tempo 90 kreuz und quer über den Kontinent, halten nicht für Tiere – und auch sonst eher ungern. Könige der Landstraße sind die Triple Road Trains – die Kolosse sind mit über 50 m so lang wie drei deutsche Sattelzüge – und meist nur transkontinental unterwegs.

Post · Telekommunikation

Post

Die australischen **Postämter** sind Mo. – Fr. 9.00 – 17.00 Uhr geöffnet, die Hauptpostämter in Großstädten zudem sonnabends von 8.30 bis 12.00 Uhr. **Briefmarken** gibt es nicht nur in Postämtern, sondern auch in Hotels, Souvenirgeschäften und an vielen Kiosken. Ein Luftpostbrief nach Europa bis maximal 50 g Gewicht kostet 2,20 AUD, Postkarten 1,45 AUD. Die Post ist von den Großstädten aus vier bis sechs Tage unterwegs, vom Outback aus deutlich länger. Portorechner und Postamt-Suche: **www.auspost.com.au.**

Telefon

Im liberalisierten Telefonmarkt Australiens bieten verschiedene Anbieter Orts-, Fern- und Auslandsgespräche. Die öffentlichen Fernsprecher akzeptieren Münzen, Telefonkarten und häufig auch Kreditkarten. **Telefonkarten** gibt es in allen Telstra Shops, an Kiosken und in Geschäften mit der Aufschrift »Phonecards sold here«. Ortsgespräche von einer öffentlichen Telefonzelle des ehemaligen Monopolisten **Telstra** sind zeitlich unbegrenzt und kosten 0,40 AUD. Preiswerter als die Telstra-Telefonkarten sind bei internationalen Gesprächen die **Prepaid- und Calling Cards** von Drittanbietern, die an Tankstellen und Kiosken vertrieben werden. Einen Überblick über den billigsten Tarif gibt die Website **www.phonecardselector.com.au**.
Das **Mobilfunknetz** in Australien ist aufgrund der geringen Bevölkerungsdichte nicht flächendeckend, außerhalb der Städte gibt es noch zahlreiche Funklöcher, im Outback ist kein Empfang möglich. D-Netz-Handys loggen sich automatisch in das australische GSM-1800 und GSM-900-Netz ein, E-Netz-Nutzer benötigen ein Dual-Band-Handy. Wer viel telefonieren muss, kann die teuren Roaming-Gebühren umgehen, indem er die SIM-Karte gegen eine Prepaid-Karte austauscht – damit jedoch eine neue Rufnummer erhält. Weitere Infos unter **www.acma.gov.au**. Beim Internetanbieter **www.mojoknows.**

WICHTIGE NUMMERN

LÄNDERVORWAHLEN

- **Von Deutschland, Österreich und der Schweiz**
  nach Australien: Tel. 00 61
- **Aus Australien**
  nach Deutschland: Tel. 00 11 49
  nach Österreich: Tel. 00 11 43
  in die Schweiz: Tel. 00 11 41

INNERHALB AUSTRALIENS

- **ACT und NSW**
  Tel. 02
- **VIC und TAS**
  Tel. 03
- **QLD**
  Tel. 07
- **SA, NT und WA**
  Tel. 08
- **Toll Free Numbers**
  Gebührenfreie Nummern beginnen mit 1800 oder 800, Servicenummern zum Ortstarif mit 13 oder 1300. Achtung: Bei 1900-Nummern kann der Anbieter die Gebühren frei festlegen!

AUSKUNFT

- **Inland**
  Tel. 013
- **Vermittlung Ausland**
  Tel. 01 01

com.au gibt es günstige »Australien-Packages« und man erhält schon vor Abflug eine **australische SIM-Karte** (die bereits aktiviert wurde) mit der Rufnummer, die man vorab zu Hause weitergeben kann.

Preise und Vergünstigungen

Die durchschnittlichen Preise in den Städten und Orten entlang der dicht besiedelten Küste bewegen sich auf mitteleuropäischem Niveau, im Outback steigen die Preise proportional mit der Entfernung vom nächsten Versorgungszentrum. Rabatte für Flugtickets, Bahn und Bus, Mietwagen, Ausflüge oder Tauchkurse gibt es mit dem **Internationalen Studentenausweis** (www.isic.de), den die Studentenwerke für 12 Euro ausstellen, mit dem **Jugendherbergsausweis** (www.djh.de) und mit der in Australien sehr anerkannten **VIP Backpapers Discount Card**, die für 43 AUD jeweils für 1 Jahr online bestellt werden kann unter www.vipbackpackers.com. Die **Smartvisit cards** für **Sydney** (www.seesydneycard.com), **Melbourne** (www.seemelbournecard.com) und **Tasmanien** (www.seetasmaniacard.com) bieten für einen oder mehrere Tage kostenlosen Eintritt bei zahlreichen Sehenswürdigkeiten, Rabatte in Restaurants und Geschäften sowie wahlweise auch freie Fahrt im öffentlichen Nahverkehr.

WAS KOSTET WIE VIEL?

Einfaches DZ
ab 100 AUD

Einfache Mahlzeit
ab 20 AUD

3-Gänge-Menü
ab 80 AUD

Glas Bier/285 ml
ab 5 AUD

1 l Benzin
ab 1,25 AUD

1 Tasse Cappuccino
ab 3,50 AUD

Reisezeit

Umgekehrte Jahreszeiten in drei Klimazonen

Wegen der Größe des Landes gibt es in puncto Wetter so ziemlich alles, von sengender Hitze bis zu eiskalten Nächten. Die **Jahreszeiten** in Australien sind denen in Europa genau entgegengesetzt: von September bis November ist Frühling, Sommer von Dezember bis Februar, Herbst von März bis Mai und Winter von Juni bis August. Die große Nord-Süd-Ausdehnung des fünften Kontinents sorgt dafür, dass Australien zu einem Drittel im tropischen Klima und zu zwei Dritteln in der gemäßigten Zone liegt. Als Klimatrennlinie gilt der **Wendekreis des Steinbocks**, der auf der Höhe Townsville – Alice Springs – Carnarvon verläuft. Der äußerste Norden (Cape York, Darwin, die Kimberleys) ist **tropisch** und weist von November bis April/Mai dramatische Niederschläge auf, sodass Reisen dann nur eingeschränkt möglich sind. Der größte Teil des Landes ist **subtropisch**, im Zentrum dazu aber sehr trocken, mit nur geringen Niederschlägen. Der Süden (Victoria, Sydney, Tasmanien) weist **gemäßigtes Klima** auf, ähnlich wie Europa. Eine ideale Reisezeit für das ganze Land lässt sich daher nicht empfehlen.

Der tropische Norden

Für den tropischen Norden mit dem Great Barrier Reef sind die trockenen Wintermonate der **»dry season«** (Mai – Oktober) eindeutig die beste Reisezeit. Optimal sind Juni bis August mit sehr wenig Regen und viel Sonnenschein bei mittleren Tagestemperaturen von 24 °C (Townsville) bis 26 °C (Cairns). Nahezu 30 °C werden dann noch an der Nordspitze der Cape-York-Halbinsel gemessen. Das Meer hat nördlich von Townsville und am Great Barrier Reef auch im Winter (ohne gefährliche Meerestiere) ideale Badetemperaturen von mindestens 22 °C bis 24 °C. Recht stabiles Wetter prägt auch die

! Baedeker TIPP

Wind und Wetter

Aktuelle Daten zu Wetter und Wassertem-pe-raturen in Australien findet man unter www.wetteronline.de/Australien.htm und www.marine.csiro.au/~lband/web_point/.

Monate Mai und Sept./Okt. Eine gewisse Ausnahme ist der Küstenabschnitt Townsville/Cairns, wo die **Great Dividing Range** ans Meer herantritt und der Südostpassat – je nach Wetterlage – selbst in der Trockenzeit einige Regentage bringt. Die vorgelagerten Riffinseln bleiben sonnig. Ab Oktober steigt in Nordqueensland aber die Gewitterneigung (sog. »build up season«) deutlich an, mit der Gefahr von Überflutungen (floodings). In der **wet season** von November bis April gibt es oft heftige Monsunregen mit erhöhtem Risiko von Wirbelstürmen für alle Küstenbereiche nördlich des Wendekreises und das gesamte Great Barrier Reef.

Der gemäßigte Süden

Für Reisen in die Küstenregionen südlich des Wendekreises bieten sich, bis auf den Winter, **alle Jahreszeiten** an. Zwar ist der Sommer im südlichen Queensland mit mittleren Tageshöchsttemperaturen um 30 °C (Brisbane) und oft drückender Schwüle nicht jedermanns Sache, doch nach Süden werden die Bedingungen schnell erträglicher. Zwischen Sydney und Melbourne und in den Blue Mountains sind 24 °C bis 28 °C im Sommer normal. Werte von über 40 °C sind bei Winden aus dem heißen Zentrum Australiens selbst in Küstennähe möglich.

Das Outback mit Uluru (Ayers Rock)

Abseits der Küsten erreichen die Sommertemperaturen rasch bis zu 40 °C. Daher sollte man für Fahrten ins rote Herz Australiens und zum Uluru/Ayers Rock die gemäßigten **Frühjahrs- und Herbstmonate** wählen. Im Winter liegen die Tagestemperaturen bei 18 °C bis 20 °C und auch die Sonne spielt mit, aber die Nachtfröste können unter –5 °C sinken und einem schon zusetzen.

Wassertemperaturen

Das Meer ist **im Februar am wärmsten**. Bis zu 29 °C werden rund um die Cape-York-Halbinsel und am nördlichen Great Barrier Reef gemessen, maximal 25 °C bei Brisbane, 23 °C an den Traumstränden von Sydney, aber höchstens 16 bis 18 °C vor Melbourne.

Shopping · Souvenirs

Shoppingparadies

In den letzten Jahren hat sich Australien zum Einkaufsparadies gewandelt, selbst in den entlegensten Orten des Outback gibt es landestypische Souvenirs. Am Flughafen kann man sich die **Mehrwertsteuer** erstatten lassen (► S. 89). Unter der Woche sind die Geschäfte in der Regel von 9.00 bis 17.30 Uhr offen, Supermärkte haben nahezu rund um die Uhr und auch am Sonntag geöffnet. Donnerstags oder freitags lockt vielerorts **Late Night Shopping** bis 21.00 Uhr.

Zahlreiche Mitbringsel in den Souvenirshops stammen nicht aus Australien, sondern aus Asien. Wer sichergehen will, ein wirklich australisches Souvenir zu kaufen, sollte die Feinheiten der Auszeichnung kennen. Beim Label **»Made in Australia«** müssen 50 % der Produktionskosten in Australien angefallen sein. Artikel mit dem Label **»Product of Australia«** (oder »Produce of Australia«) sind aus heimischen Materialien im Land gefertigt.

Aborigine-Kunst

Es wird **viel Massenware** angeboten, bei der kein einziger Ureinwohner beteiligt war. Aber auch **echtes Aborigine-Kunsthandwerk** – für den Laien oft nur schwer erkennbar – ist in so vielen Facetten erhältlich, dass die Auswahl schwer fällt: Sie reicht von traditionellen Punkt- und Rindenbildern über moderne Erdpigment-Rasterdrucke, dekorierte Schmuckstücke, Flechtarbeiten und Schnitzereien bis hin zu Bumerangs, Didgeridoos, Klanghölzern, Keramik und CDs mit traditioneller Musik. Es empfiehlt sich, direkt in den autorisierten **Aboriginal Art Galleries** und **Aboriginal Cultural Centres** – z. B. am Uluru/Ayers Rock – einzukaufen. Dass es sich tatsächlich um ein Originalprodukt handelt, gewährt das **Label** der National Indigenous Arts Advocacy Association, dessen Registriernummer den jeweiligen Künstler ausweist (www.culture.com.au).

Opale und Perlen

Vor der Küste von Broome, im Norden Westaustraliens, werden echte **Perlen** gezüchtet. Fast 95 % aller Opale weltweit kommen aus dem australischen Outback. Am wertvollsten ist der **Schwarzopal**, der hauptsächlich rings um Lightning Ridge (NSW) gefunden wird. Die Hauptmenge bilden die hellen **Light Opals** – die meisten stammen aus Coober Pedy, Andamooka, Lambina (alle SA) oder White Cliffs (NSW). Beim **Boulder Opal** hat die Edelsteinsubstanz Risse im Muttergestein aufgefüllt. Um das Farbenspiel der Opale zur Geltung zu bringen, werden die Steine zu runden oder ovalen Cabochons in Form geschliffen. Am wertvollsten sind reine **»solid opals«**. Günstiger sind Dubletten, bei denen das hauchdünn geschliffene Opalplättchen auf einer Unterlage aus Onyx, schwarzem Kunstglas oder Potch-Opal klebt. Bei Tripletten wird auf die Opalschicht noch eine schützende Schicht Bergkristall, Kunststoff oder Bleiglas geklebt.

Outback-Kluft

Seit Generationen steht der Name **RM Williams** in Australien für Outdoor-Kleidung, Sattelzeug und Stiefel der Viehtreiber. Mittlerweile wird die Arbeitskluft aber auch in der Stadt getragen. Hemden und Hosen sind meist aus **Moleskin** gefertigt, einem fest verwobenen Stoff aus 100 % Baumwolle mit samtiger Oberfläche. An die Füße gehören **Blundstone Boots**, strapazierfähige Stiefel mit wasserdichter Sohle, Griffschlaufen und seitlichem Gummizug, die seit 1870 in Hobart auf Tasmanien hergestellt werden. Auf den Kopf gehört ein weiterer Klassiker: der **Akubra**. Die seit 1870 aus Kaninchenfell gefertigten Filzhüte sind bis heute nicht nur die beliebtesten Hüte im Outback, sondern schmücken auch die Köpfe von Premierministern, Sportgrößen und Filmstars. Bei richtigem Sauwetter trägt ein »Ocker«, ein Kerl aus dem Outback, einen knie- bis knöchellangen, gewachsten Mantel, der seinen Träger, wie der Markenname **»Driza-Bone«** (»dry as a bone«) verrät, knochentrocken hält – auch in der City.

Sport-Outfit und Designermode Ein australisches Wasserloch aus dem Volkslied »Waltzing Matilda« wurde zum Namensgeber für Australiens berühmteste Surf- und Extremsportkleidung: **Billabong**. Größter Konkurrent ist **Rip Curl**, der seit mehr als 30 Jahren Outfits und Boards für den Ritt auf der Welle produziert. Dritter im Bunde ist **Mambo**, der mittlerweile nicht nur Surfbekleidung, sondern auch eine extravagante Mode und Schmuck herstellt. Marcs, Country Road und Trent Nathan sind drei klassische, aber moderne australische Modedesigner. Zur Topriege der Mode made in Australia gehören auch Lisa Ho, Miss Louise, Le Louvre, Alannah Hill, Tea Rose und Alex Perry.

Leder, Felle, Artenschutz Die Ausfuhr von Schaf-, Känguru- und Possumfellen ist erlaubt, ebenso Lederprodukte von Krokodilen, die in Farmen gezüchtet wurden, wenn man ein entsprechendes **Zertifikat** vorweisen kann. Ganz im Gegensatz zu Schildpatt von wilden Schildkröten, Korallen oder geschützten Muschelarten, deren Ausfuhr streng verboten ist!

Kulinarisches Australischer geht es nicht: die schwarzbraune Hefepaste **Vegemite** fehlt auf keinem Frühstückstisch. In jedem Souvenirshop finden sich auch Eukalyptus- und Wattle-Honig. Als australische Nuss schlechthin wird die **Macadamia** vermarktet, die vor allem in Western Australia und Queensland geerntet wird. Selten und ungewöhnlicher als Billy oder Bush Teas, die meist aus Sri Lanka stammen und nur im Outback-Look verpackt werden, ist **Tee**, der tatsächlich aus Down Under kommt – er wird im Daintree Nationalpark und auf den Atherton Tablelands angebaut. Naschkatzen schwören auf die einheimische Schokolade von Haigh's, Max Brenner oder The Chocolate Box. **Australischer Wein** ist im Land deutlich teurer als in Deutschland – die meisten Tropfen sind zudem auch daheim erhältlich.

Sprache

Amtssprache, Umgangssprache Amtssprache ist **Englisch**. Selbst wer gute Englischkenntnisse besitzt, wird Schwierigkeiten haben, die australische Umgangssprache zu verstehen: **Strine**, der australische Slang, weist viele lautliche Abweichungen, Vereinfachungen und bildhafte Redewendungen auf. Ein Charakteristikum ist das Zusammenziehen von Silben und ganzen Wörtern; auf ►Seite 128 findet man eine kleine Übersetzungshilfe typischer Slangausdrücke. Ethnologen unterscheiden etwa **250 eigene Aboriginesprachen**, wobei die Unterscheidung von Sprachen und Dialekten im Einzelnen sehr schwierig ist.

SPRACHFÜHRER ENGLISCH

Auf einen Blick

Ja/Nein	Yes/No
Vielleicht.	Perhaps./Maybe.
Bitte.	Please.
Danke/Vielen Dank!	Thank you/Thank you very much!
Gern geschehen.	You're welcome.
Entschuldigung!	I'm sorry!
Wie bitte?	Pardon?
Ich verstehe Sie/dich nicht.	I don't understand.
Ich spreche nur wenig ...	I only speak a bit of ...
Können Sie mir bitte helfen?	Can you help me, please?
Ich möchte ...	I'd like ...
Haben Sie ...?	Have you got ...?
Wie viel kostet es?	How much is this?
Wie viel Uhr ist es?	What time is it?

Kennenlernen

Guten Morgen!	Good morning!
Guten Tag!	Good afternoon!
Guten Abend!	Good evening!
Hallo!/Grüß dich!	Hello!/Hi!
Mein Name ist ...	My name's ...
Wie ist Ihr/Dein Name?	What's your name?
Wie geht es Ihnen/dir?	How are you?
Danke. Und Ihnen/dir?	Fine, thanks. And you?
Auf Wiedersehen!	Goodbye!/Bye-bye!
Tschüs!	See you!/Bye!
Bis bald!	See you later!

Auskunft unterwegs

links/rechts/geradeaus	left/right/straight on
nah/weit	near/far
Bitte, wo ist ...?	Excuse me, where's ..., please?
... die Bushaltestelle	... the bus stop
... der Hafen	... the harbour
... der Flughafen	... the airport
Wie weit ist das?	How far is it?
Ich möchte ... mieten.	I'd like to hire ...
... ein Auto	... a car
... ein Fahrrad	... a bike

Panne

Ich habe eine Panne.	My car's broken down.

Würden Sie mir bitte einen Abschleppwagen schicken?	Would you send a breakdown truck, please?
Gibt es hier in der Nähe eine Werkstatt?	Is there a service garage nearby?

Tankstelle

Wo ist die nächste Tankstelle?	Where's the nearest petrol station?
Ich möchte ... Liter	... litres of ...
... Normalbenzin.	... three-star.
... Super.	... four-star.
... Diesel.	... diesel.

Unfall

Hilfe!	Help!
Vorsicht!	Look out!
Rufen Sie bitte ...	Please call ...
... einen Krankenwagen.	... an ambulance.
... die Polizei.	... the police.
Es war meine/Ihre Schuld.	It was my/your fault.
Geben Sie mir bitte Ihren Namen und Ihre Anschrift.	Please give me your name and address.

Arzt

Können Sie mir einen guten Arzt empfehlen?	Can you recommend a good doctor?
Ich brauche einen Zahnarzt.	I need a dentist.
Ich habe hier Schmerzen.	I've got pain here.

Einkaufen

Wo finde ich ... eine/ein ...?	Where can I find a ...?
Apotheke	chemist
Bäckerei	bakery
Kaufhaus	department store
Lebensmittelgeschäft	grocer's shop
Markt	market

Essen

Wo gibt es hier ...	Is there ... here?
... ein gutes Restaurant?	... a good restaurant
Gibt es hier eine gemütliche Kneipe?	Is there a nice pub here?

Reservieren Sie uns bitte für heute abend einen Tisch.	Would you reserve us a table for this evening, please?
Auf Ihr Wohl!	Cheers!
Bezahlen, bitte.	Could I have the check, please?

Übernachtung

Können Sie mir ... empfehlen?	Could you recommend ... ?
... ein Hotel/Motel	... a hotel/motel
... eine Pension	... a guest-house
Ich habe ein Zimmer reserviert.	I've reserved a room.
Haben Sie noch ...?	Have you got ...?
.. ein Einzelzimmer	... a single room
... ein Doppelzimmer	... a double room
... mit Dusche/Bad	... with a shower/bath
... für eine Nacht	... for one night
... für eine Woche	... for a week
Was kostet das Zimmer	How much is the room
... mit Frühstück?	... with breakfast?
... mit Halbpension?	... with half board?

Bank/Post

Wo ist hier bitte eine Bank?	Where's the nearest bank?
Ich möchte ... Euro (Franken) wechseln.	I'd like to change ... Euro (Swiss Francs).
Was kostet ...	How much is ...
... ein Brief ...	... a letter ...
... eine Postkarte ...to Germany?	... a postcard ...nach Deutschland?

Speisekarte

Breakfast	Frühstück
coffee (with cream/milk)	Kaffee (mit Sahne/Milch)
decaffeinated coffee	koffeinfreier Kaffee
hot chocolate	heiße Schokolade
tea (with milk/lemon)	Tee (mit Milch/Zitrone)
scrambled eggs	Rühreier
poached eggs	pochierte Eier
bacon and eggs	Eier mit Speck
fried eggs	Spiegeleier
hard-boiled/soft-boiled eggs	harte/weiche Eier
(cheese/mushroom) omelette	(Käse-/Champignon-) Omelett
bread/rolls/toast	Brot/Brötchen/Toast
butter	Butter
honey	Honig
jam/marmalade	Marmelade/Orangenmarmelade

yoghurt	Joghurt
fruit	Obst

Starters and Soups	***Vorspeisen und Suppen***
clear soup/consommé	Fleischbrühe
cream of chicken soup	Hühnercremesuppe
mixed/green salad	gemischter/grüner Salat
onion rings	frittierte Zwiebelringe
seafood salad	Meeresfrüchtesalat
shrimp/prawn cocktail	Garnelen-/Krabbencocktail
smoked salmon	Räucherlachs
vegetable soup	Gemüsesuppe

Fish and Seafood	***Fisch und Meeresfrüchte***
cod	Kabeljau
crab/lobster	Krebs/Hummer
herring	Hering
mussels/oysters	Muscheln/Austern
perch	Barsch
plaice	Scholle
salmon	Lachs
scallops	Jakobsmuscheln
sole	Seezunge
squid	Tintenfisch
trout	Forelle
tuna	Tunfisch

Meat and Poultry	***Fleisch und Geflügel***
barbequed spare ribs	gegrillte Schweinerippchen
beef/chicken	Rindfleisch/Hähnchen
chop/cutlet	Kotelett
fillet	Filetsteak
duck(ling)	(junge) Ente
gravy	Fleischsoße
ground beef	Hackfleisch vom Rind
ham	gekochter Schinken
kidneys	Nieren
lamb (with mint sauce)	Lamm (mit einer sauren Minzsoße)
liver (and onions)	Leber (mit Zwiebeln)
minced beef	Hackfleisch vom Rind
mutton	Hammelfleisch
pork	Schweinefleisch
rabbit	Kaninchen
sausages	Würstchen
sirloin steak	Lendenstück vom Rind, Steak
turkey	Truthahn
veal	Kalbfleisch

venison	Reh oder Hirsch
Dessert and Cheese	***Nachspeisen und Käse***
apple pie	gedeckter Apfelkuchen
Cheddar	kräftiger Käse
cream	Sahne
fruit salad	Obstsalat
goat's cheese	Ziegenkäse
ice-cream	Eis
pastries	Gebäck
Vegetables and Salad	***Gemüse und Salat***
baked beans	Bohnen in Tomatensoße
baked potatoes	gebackene Kartoffeln mit Schale
cabbage	Kohl
carrots	Karotten
cauliflower	Blumenkohl
chips/french fries	Pommes frites
corn	Mais
cucumber	Gurke
fritters/hash browns	Bratkartoffeln
garlic	Knoblauch
leek	Lauch
lettuce	Kopfsalat
mashed potatoes	Kartoffelpüree
mushrooms	Pilze
onions	Zwiebeln
peas	Erbsen
peppers	Paprika
pumpkin	Kürbis
spinach	Spinat
tomatoes	Tomaten
Fruit	***Obst***
apples/pears	Äpfel/Birnen
blackberries	Brombeeren
cherries	Kirschen
grapes	Weintrauben
lemons	Zitronen
oranges	Orangen
peaches	Pfirsiche
pineapples	Ananas
plums	Pflaumen
raspberries	Himbeeren
strawberries	Erdbeeren
Beverages	***Getränke***
beer on tap	Bier vom Fass

red/white wine .... Rot-/Weißwein
dry/sweet .... trocken/lieblich
sparkling wine .... Sekt
soft drinks/mineral water .... alkoholfreie Getränke/Mineralwasser
fruit juice .... Fruchtsaft
lemonade .... Limonade
milk .... Milch

Zahlen

1 .... one
2 .... two
3 .... three
4 .... four
5 .... five
6 .... six
7 .... seven
8 .... eight
9 .... nine
10 .... ten
11 .... eleven
12 .... twelve
13 .... thirteen
14 .... fourteen
15 .... fifteen
16 .... sixteen
17 .... seventeen
18 .... eighteen
19 .... nineteen
20 .... twenty
21 .... twenty-one
30 .... thirty
40 .... forty
50 .... fifty
60 .... sixty
70 .... seventy
80 .... eighty
90 .... nintey
100 .... hundred
1000 .... a/one thousand
1/2 .... a half
1/3 .... a third
1/4 .... a quarter

Slangausdrücke

amber fluid .... Bier
Apple Isle .... Tasmanien

Aussie salute	Wellenbewegung mit den Händen vor dem Gesicht, um die Fliegen zu verscheuchen
back of beyond	weit weg
bad egg	hinterhältiger Typ
Banana Bender	jemand aus Queensland
to bell	jemanden anrufen
billabong	Wasserloch im trockenen Flussbett
billy	Wasserkessel aus Metall
billy tea	traditionelle australische Art, Tee zuzubereiten
blind Freddy	Idiot
bloke	Mann, Kumpel
bloody	zur Betonung und Verstärkung
blowies	Schmeißfliegen im Outback
to be bombed	betrunken sein
boomer	großes männliches Känguru
bulldust	feinster Staub im Outback
to go bush	sich verdrücken
I'm bushed	ich bin müde
bush tucker	Nahrung der Ureinwohner
chrissie prezzie	Weihnachtsgeschenk
cobber	enger Freund
cop shop	Polizeistation
crook	schlecht, ärgerlich
cuppa	eine Tasse Tee
damper	Fladenbrot
dead-set	total, ganz und gar
desert oak	Wüstenkasuarine (typisch für den Uluru Kata Tjuta National Park)
digger	ursprüngl. Goldgräber, auch: australischer Soldat
Down Under	Australien
drover	Viehtreiber
dumper	Riesenwelle
dunny	Toilette
esky	Kühltasche
fair dinkum (dinky di)	ehrlich und wahrhaftig
a fair go	eine Chance
to fossick	ursprüngl. Gold oder Edelsteine suchen, allg. etwas suchen
Fremantle doctor	kühle Brise vom Indischen Ozean in den heißen Monaten

galah	Vogel mit grauem Rücken und rosa Vorderseite, aber auch Narr
garbo	Müllmann
giddy	good day, gebräuchlichste Grußform
full as a goog	betrunken
googie	Ei
grasshopper	Tourist in einer Gruppe
grey ghost	grau gekleidete Polizei in NSW zur Parkuhrenkontrolle
grog	Sammelbegriff für Alkohol
gum tree	Sammelbegriff für Eukalyptusbäume
homestead (property station)	eine große australische Farm
hooray, hooroo	tschüs, auf Wiedersehen
jackeroo	männlicher Helfer auf einer Ranch
jillaroo	weibliche Ranchhilfe
jumbuck	Schaf
jumbuck barber	Schafscherer
knock-off	Arbeitsende, Feierabend
Koori	Aborigines in NSW und VIC
Kraut	abwertende Bezeichnung für Deutsche
legless	zu betrunken zum Gehen
loo	Badezimmer, Toilette
mate	Freund, jedes männliche Wesen
matilda	Kleiderbündel, Schlafsack
Mister say so	Chef
Mulga mail	Buschtelegraf, Gerücht
neck oil	Bier
The Never Never	entlegenstes Landesinnere
no worries	alles okay
old man	ausgewachsenes männliches Känguru
Orstralia, OZ	Australien
outback	Landesinneres
O'syergoin?	Wie geht's?
Pat Malone (own)	Reimwort für eigen
pavlova	Baisertorte mit Sahne und Früchten, benannt nach der russischen Tänzerin Anna Pawlow[n]a (1881 – 1931)
pokies	Pokermaschinen, »einarmige Banditen«
pollie	Politiker
pommy	jemand aus England (POME stand auf de[r] Kleidung der Sträflinge)
prang	Autounfall

pull your head in	kümmere dich um deine Sache
Rafferty's rules	ohne alle Regeln
ringer	bester Schafscherer, bester Stockman (Rinderhirte)
ripper	tatsächlich gut
round	urspr. Rinder zusammentreiben, eine Runde ausgeben
to rubbish	jemand niedermachen, anschwärzen
Rumbush	Land jenseits der Stadt, reine Natur
sanger, sango	Sandwichschoner, großes Glas Bier
shearer	Schafscherer
Sheila	junge Frau
shout	eine Runde spendieren
snag	Würstchen
squareheads	Deutsche, Österreicher, Schweizer
squatocracy	Nachkommen der Squatter (Landadel)
squatter	Landbesitzer/Landbesetzer
strine	Australian Slang
stubby	kleine Bierflasche
sunbake	Sonnenbad
swagman, swaggie	Wanderarbeiter
ta	danke
Tassie, Taswegian	Tasmanier
tata	auf Wiedersehen
tinnie	Bierdose
togs	Badeanzug
too right	sicher, wahr
toot	Toilette
Top End	Norden des Northern Territory
top sort	ein steiler Zahn
true blue/echttucker	Essen
two-up	illegales Glücksspiel
ute	kleiner Lieferwagen
vegemite	brauner Hefeextrakt
to walkabout	weggehen bzw. das traditionelle Leben der Aborigines
Waltzing Matilda	mit einem Bündel durchs Land ziehen
Westralian	Westaustralier
witchetty grubs	große weiße Wurzellarven, von den Aborigines als Leckerbissen geschätzt
woomera	Speerschleuder (der Aborigines)
wowser	puritanisches oder prüdes Benehmen

Übernachten

In Australien gibt es eine große Auswahl an Unterkünften, deren Einrichtung, Lage und Komfort mit **einem bis fünf Sternen** klassifiziert sind. Die Preise schwanken je nach Wochentag und Monat; häufig gibt es auch in der Saison günstige **Weekend-Specials** oder Rabatte durch Coupons in Werbeflyern. Kinder unter zwölf Jahren schlafen im Zimmer der Eltern meist kostenlos; Babybetten, Flaschenwärmer und andere Utensilien der Säuglingspflege sind oft vorhanden oder werden auf Anfrage gerne besorgt. Das Frühstück ist in Hotels nur in Ausnahmefällen im Übernachtungspreis inbegriffen. Verbreitet sind Tee- oder Coffeemaker auf dem Zimmer für die »early morning cup«, das erste warme Getränk am Morgen.

i Preiskategorien

- Luxus: ab 300 AUD
- Komfortabel: 130 bis 300 AUD
- Günstig: bis 130 AUD

Doppelzimmer ohne Frühstück

Hotels In den größeren Städten und in beliebten Feriengebieten sind zahlreiche internationale **Hotelketten** vertreten. Zu den bekanntesten Namen gehören Hyatt International, Accor Asia-Pacific, Six Continents Hotels, Starwood, Hilton International, Four Seasons, die japanische ANA-Gruppe, Le Meridien und die australische Rydges-Kette. Einige Hotelketten bieten **Hotelpässe** an, mit denen günstigere Übernachtungen möglich sind. Achtung auf dem Land: Nicht jeder Prachtbau mit riesigen Veranden und der Aufschrift »Hotel« hat tatsächlich auch Zimmer – mitunter handelt es sich auch nur um den Dorfpub!

Motels Eine Institution sind Motels. Ausgestattet mit kleinem Bad oder Dusche, Kühlschrank, Tee- oder Kaffeemaschine und TV, liegen die Unterkünfte meist in den Außenbezirken und bieten Autofahrern eine **günstige Nacht**, zu der oft ein Frühstück auf dem Zimmer gehört.

Resorts und Retreats Großzügiger und mit viel Grünanlagen angelegt sind die Resorts, große Hotelanlagen mit umfangreichem Animationsprogramm und diversen Sportangeboten – einige besitzen nicht nur eigene Badestrände, sondern Privatinseln, wo die Prominenz exklusiv ihren Urlaub verbringt. Kleiner, aber meist ebenso edel sind »Retreats«.

Apartments, Suites Für Selbstversorger sind möblierte **Ferienwohnungen** eine gute Alternative. Sie besitzen meist ein oder mehrere Schlafräume, ein kombiniertes Wohn-Esszimmer mit Küche und ein Bad mit Waschmaschine und Trockner. In Großstädten besonders beliebt sind Apartments mit **Hotel-Service**, wie sie von Saville Suites (www.savillesuites.com) oder Medina (www.medina.com.au) angeboten werden.

Bed & Breakfast, Homestay

Echte **australische Gastfreundschaft** lässt sich bei einer Nacht im Privatquartier erleben – zum Beispiel in einer Familienvilla aus viktorianischer Zeit, einem Bergarbeiterhäuschen oder einem stattlichen Townhouse. Meist gehört zum gemütlichen Zimmer ein eigenes Bad, und wer mag, setzt sich abends noch zum Gastgeber an den Kamin – der Wohnbereich wird gern mit den Gästen geteilt. Am Morgen folgt ein **herzhaftes Frühstück**. Adressen erhält man in den örtlichen Fremdenverkehrsämtern, bei Reiseveranstaltern sowie im Internet unter **www.babs.com.au** und bei Bed & Breakfast and Farmstay Australia (BBFA), Tel. 03 / 94 31 54 17, **www.australianbedandbreakfast.com.au**, dem zentralen B&B-Portal für alle Bundesstaaten.

Farmstay

Viele Landwirte haben ihre Höfe für Besucher geöffnet, die den Tagesablauf miterleben und auf der Farm auch mit anpacken können. Die Größe der **Bauernhöfe** reicht von kleinen Farmen bis zu 400 000 ha großen »stations« im Outback, die Palette der Zimmer von einfach bis luxuriös. Infos unter **www.australianfarmstay.com.au**.

Caravaning, Camping

Nicht nur Urlauber, auch Einheimische genießen es, mit Zelt, Camper oder Wohnmobil Australien zu entdecken. Die Ausstattung der Plätze ist oft recht luxuriös, Swimmingpools, Küchen sowie Grillplätze gehören zum Standard, ebenso **»on-site vans«**, fest montierte Caravans, die wie Hütten vermietet werden; gelegentlich auch **»cabins«**, einfache Hütten. Sehr beliebt sind die Campgrounds des National Parks & Wildlife Service in den Nationalparks. Während der Hochsaison sind sie jedoch häufig überfüllt – daher rechtzeitig reservieren! **Bush Campsites** sind einfachste Rastplätze im Outback, deren einziger Komfort eine mit Steinen eingefasste Feuerstelle ist. Aktuelle Campingverzeichnisse gibt es bei den Fremdenverkehrsbüros der Bundesstaaten und den Automobilclubs; gute Plätze bietet auch **www.big4.com.au**.

Betten für Backpacker

Preiswerte Unterkünfte, die mit Selbstkocherküche, Internetterminals, Gäste-Waschmaschinen und geselligen Lounges perfekt auf die Bedürfnisse zugeschnitten sind, finden sich in allen Bundesstaaten. Größte gemeinnützige Organisation für preiswerte Unterkünfte ist die **Youth Hostel Association (YHA) Australia** (www.yha.com.au) mit landsweit 140 Häusern, die unter **www.hihostels.com** gebucht werden können. Genauso empfehlenswert sind Backpacker-Hostels von **Nomads** (**www.nomadsworld.com**) und die Unterkünfte, die online unter **www.hostelaustralia.com** recherchiert und reserviert werden können. Gut und günstig sind schließlich auch die drei gut geführten Budget-Hotels der **YWCA Australia** (www.ywca.org.au) und die sechs Häuser des **YMCA** (www.ymca.org.au), von denen zwei allerdings nur Langzeitunterkünfte anbieten. Ganz besondere Budget-Betten gibt es in Melbourne – das schicke **Base Backpackers St. Kilda** (www.stayatbase.com) ist Australiens erstes Designhotel für Rucksacktouristen – mit einer »Sanctuary«-Etage exklusiv für Frauen.

Urlaub aktiv

Ein sportliches Land

Sport spielt im australischen Leben eine herausragende Rolle. **Großevents** wie der Große Preis von Melbourne in der Formel 1 oder das dortige Grand-Slam-Turnier begeistern alljährlich Zehntausende von Zuschauern. Schnell, hart und rau ist die der beliebteste Zuschauersport des Kontinents: **Aussie Rules Football** oder schlicht »Footy« – ein schnelles Fußballmatch mit Vollkontakt. Seine Hochburgen hat der härteste Mannschaftssport der Welt im Bundesstaat Victoria, aber auch in Sydney, Perth und Brisbane. Höhepunkt des Football-Jahres ist das **Grand Final** in Melbourne. Einzig in Queensland konnte sich Australian Football nicht durchsetzen. Hier schlägt das Herz für **Rugby**. Dritter Nationalsport ist **Cricket**. Seit 1882 wird alle vier Jahre leidenschaftlich der prestigeträchtigste Zweikampf gegen das einstige Mutterland England ausgetragen – die »Ashes«. Höhepunkt der Tennissaison sind die **Australian Open** in Melbourne. Pferderennen waren die ersten sportlichen Großereignisse, die europäische Einwanderer Ende des 18. Jh.s organisierten. Heute gibt es in Australien über 400 Pferderennbahnen, Höhepunkt des Pferdesports ist das Rennen um den **»Melbourne Cup«** am ersten Dienstag im November auf dem Flemington Racecourse (www.melbournecup.com). Ein geruhsamer Sport – wie auch ein gesellschaftliches Ereignis – ist **Lawn Bowling**, bei dem weiß gekleidete Damen und Herren mit Hut stilvoll eine schwarze Kugel über den akkurat geschnittenen Rasen rollen lassen.

Badeurlaub ►S. 93

Pferderennen gehören in Australien zu den Top-Sportevents.

Camel Safari

Einige Orte im Outback bieten **Kamelsafaris** an, so etwa von **Explore the Outback** bei der Frontier Camel Farm am Ross Highway südöstlich von Alice Springs. Auch in den Bergen von Victoria, an einigen Stränden von Queensland, New South Wales und Western Australia sowie auf Bruny Island vor Hobart kann man an Kamelsafaris teilnehmen. Freunde der Wüste können Ausritte in die Strzelecki Desert und die Sturt's Stony Desert in Südaustralien buchen.

Fluss- und Hafenrundfahrten

Hafenrundfahrten in **Sydney** oder eine Flussfahrt auf dem Yarra River in **Melbourne** gehören zu den Highlights einer Australienreise. Ein Erlebnis sind auch die **Fahrten mit Schaufelraddampfern** auf dem Murray – sie starten in Victoria in Swan Hill, Echuca und Mildura, in South Australia in Mannum, Murray Bridge und Blanchetown. In Perth/Western Australia legt der nostalgische PS Decoy zum Sightseeing-Törn auf dem Swan River ab; in Launceston/Tasmania starten Touren auf dem Tamar River. Auf dem Hawkesbury River in New South Wales ist der Briefträger Kapitän – auch er nimmt auf seiner Postrunde stets gerne Gäste mit!

Golf

Mit mehr als 1500 Greens ist Australien ein Eldorado für Golfer. Zu den schönsten Anlagen gehören der bereits 1891 gegründete **The Royal Melbourne Club** mit drei Meisterschaftsplätzen (www.royalmelbourne.com.au), der **Kingston Heath Golf Club** im Herzen von Melbourne (www.kingstonheath.com.au), **Sydneys Long Reef Golf Club** direkt am Meer (www.lrgc.com.au) und das **Joondalup Golf Resort** 20 Minuten außerhalb von Perth, wo häufig Kängurus das Spiel beobachten (www.joondalupresort.com.au). Die Greenfees für Gäste sind deutlich günstiger als in Europa, denn Golf ist Volkssport – und bereits Kinder schwingen hier den Schläger.

Kajak, Kanu, Rafting

Viele australische Flüsse eignen sich für **Wildwasserfahrten** im Schlauchboot. Mit 44 Stromschnellen gehört der ganzjährig Wasser führende **Tully River** im tropischen Nordqueensland in die Weltrangliste für **Whitewater Rafting**. Aber auch der Nymboida River, Gwydir River, Shoalhaven River, Mitchell River und Franklin River sorgen mit vielen Strudeln und Stromschnellen für Adrenalinkicks. Wunderschöne Gebiete für Kanu- und Kajakfahrer sind der Nymboida River, die Gippsland Lakes von Victoria und der Murray-River. Unvergesslich ist eine Tour im Seekajak durch den Hafen von Sydney mit Blick auf die Oper. Im Dezember findet auf dem Murray River das härteste Kanurennen des Kontinents statt: der **Murray Marathon** – fünf Tage brauchen die Paddler für die 404 km lange Strecke von Yarrawonga nach Swan Hill (www.murraymarathon.ymca.org.au). Vor allem am Great Barrier Reef sind Touren mit dem Seekajak ein unvergessliches Erlebnis.

Reiten

Sehr verbreitet ist der Reitsport – sei es als Zuschauer beim Rodeo und Pferderennen wie dem **Melbourne Cup** am ersten Dienstag im

November auf dem Flemington Racecourse (www.melbournecup.com), den **Birdsville Races** im Outback (www.birdsvilleraces.com) oder als Freizeitreiter. Entsprechend einfach ist es, einen Pferdehof zu finden, an organisierten Ausritten teilzunehmen oder für eigene Touren ein Pferd zu leihen. Mit etwas Glück kann man dabei einer Herde »Brumbies« begegnen, australischen Wildpferden. In die Vergangenheit entführen Fahrten mit der Kutsche oder im Gespann.

Rockclimbing Blue Mountains, Grampians, Point Perpenticular oder die Klippen von Tasmanien: Australien ist ein Mekka für alle, die gerne bouldern. Die mehr als 2000 Klettersteige des **Mount Arapiles** (VIC) haben das verschlafene Nest Natimuk zum Zentrum des Bergsports gemacht – zumal die nahen Grampians weitere 3000 Routen bieten. In New South Wales begeistern die **Blue Mountains** und die Seeklippen von Nowra Climbing-Freaks. Sydney lockt mit ungewöhnlichen Kletterpartien: Beim **Skywalk** können Besucher den steilen Aufstieg zur Spitze des 268 m hohen Sydney Towers wagen, beim **Bridge Climb** über die Sydney Harbour Bridge klettern.

Segeln Zu den schönsten Segelrevieren der Welt gehören die **Whitsunday Islands** im Great Barrier Reef mit kurzen Distanzen, vielen kleinen Buchten und geschützten Ankerplätzen. Gute Segelbedingungen bieten auch der windungsreiche Hawkesbury River, die Häfen von Sydney und Pittwater, die Port Philip Bay von Melbourne und der Swan River bei Perth. Mit 1008 km ist die **Sydney-Hobart-Regatta**, die alljährlich in der Weihnachtszeit stattfindet, zwar bei Weitem nicht die längste Blauwasser-Wettfahrt der Welt, aber sie gilt als eine der tückischsten. Vor allem ihr Mittelstück, die 210 km breite und nur 90 m tiefe Bass-Straße zwischen Tasmanien und dem australischen Kontinent, zählt zu den stürmischsten Gewässern der Erde.

! *Baedeker* TIPP

Adventure Sail & Dive

Drei Tage dauern die Segel- und Tauchsafaris ab Airlie Beach zu den Whitsunday Islands im Great Barrier Reef. Ein Segelabenteuer für Leute, die mit anpacken wollen, für Schnorchler und passionierte Taucher – komplette Taucherausrüstungen und Kompressor stehen zur Auswahl. Oder relaxen Sie einfach auf dem Sonnendeck, während andere sich unter Wasser vergnügen (www.karawane.de).

Surfen Surfer aus aller Welt tummeln sich das ganze Jahr über an den zahllosen Stränden des australischen Kontinents – und nicht umsonst heißt das beliebteste Städtchen an der Gold Coast südlich von Brisbane **»Surfer's Paradise«**. Sydneys Bondi Beach und Bell's Beach in Victoria sind international berühmte Hotspots der Surferszene und Austragungsorte renommierter Surfwettbewerbe. Über die Sicherheit der Sportler wacht an vielen Stränden die **Surf Rescue**.

Tauchen Ob Tauchgänge in den Korallengärten des Great Barrier Reef, Walhaibegegnungen am Ningaloo Reef in Westaustralien oder Käfigtau-

ADRESSEN AKTIVURLAUB

CAMEL SAFARIS

► **Explore the Outback**
P.M.B. 118 William Creek
via Port Augusta 5710
Tel. 18 00 / 06 42 44
www.austcamel.com.au

GOLF

► **Australian Golf Union**
Level 3, 95 Coventry Street
South Melbourne VIC 3205
Tel. 03 / 96 26 50 50
www.agu.org.au

KANU, KAJAK UND RAFTING

► **Australian Canoeing**
Ground Floor
Sports Central
6 Figtree Drive
Sydney Olympic Park
Homebush NSW 2128
Tel. 02 / 81 16 97 27
www.canoe.org.au

► **Australian Rafting**
PO Box 455
Tully QLD 4854
Tel. 07 / 40 66 77 44
www.austraftfed.com

KLETTERN UND BERGSTEIGEN

► **Australian School of Mountaineering**
166 Katoomba Street
Katoomba NSW 2780
Tel. 02 / 47 82 20 14
www.asmguides.com

SEGELN

► **Australian Yachting Federation**
Locked Bag 806
Milsons Point NSW 2061
Tel. 02 / 84 24 74 00
Fax 02 / 99 06 23 66
www.yachting.org.au

chen zum Great White Shark (Großer Weißer Hai) vor der Küste Südaustraliens, der fünfte Kontinent gilt als Taucherparadies. Wer noch keinen Tauchschein hat, kann es in den vielen PADI-zertifizierten Tauchschulen des Landes lernen. Es gibt für jeden Bundesstaat eine **Diving Association**, eine zentrale Übersicht zu Tauchplätzen der einzelnen Bundesstaaten findet man unter **www.diveoz.com.au**. Ein besonderes Erlebnis für Schnorchler und Taucher: mit Delfinen und Robben schwimmen – zum Beispiel in der Port Philip Bay.

Wandern

Gewandert wird vor allem in den **Nationalparks** und in den Naturschutzgebieten, die ein dichtes Netz von mehrstündigen bis mehrtägigen **Trails** und kurzen Short Walks erschließen, die teilweise auch für Rollstuhlfahrer angelegt wurden. Informationen und Karten gibt es bei den Rangern in den Besucherzentren der Nationalparks und den örtlichen Fremdenverkehrsbüros. Wanderungen ohne Gepäck werden von Auswalk (www.auswalk.com.au) angeboten. Von Cooktown (QLD) bis Melbourne (VIC) führt der 5300 km lange **Bicentennial National Trail** (www.nationaltrail.com.au). Der rund 1200 km lange **Heyson Trail** von Cape Jervis entlang der Fleurieu Peninsula bis in die Flinders Ranges (SA) gehört zu den schönsten Wanderpfaden der Welt (www.heysentrail.asn.au). Durch verschiedene Vegetationszonen führt der **Myall Heritage Trail** von den 1585 m hohen Barrington Tops hinunter zu den an der Pazifikküste gelegenen Myall Lakes (NSW). Der 65 km lange **Overland Track** erschließt in 5 bis 7 Tagen die fantastische Wildnis Tasmaniens.

Whale Whatching und Dolphin Tours

Wale kommen zu bestimmten Jahreszeiten in die Gegenden der Byron Bay (NSW), von Fraser Island (QLD), Albany (WA), Ningaloo Reef (WA), Eyre Peninsula (SA) und an die Great Ocean Road bei Warrnambool (VIC). Mit etwas Glück kann man **Delfine** in der Byron Bay (NSW), vor der Eyre Peninsula (SA), bei Monkey Mia (WA) und Bunbury (WA) beobachten.

Wintersport

Im gebirgigen Grenzland von New South Wales und Victoria ist von Juli bis September Skisaison. Die besten Skigebiete findet man in den **Snowy Mountains** am Mount Buller (1600 m), drei Autostunden nordöstlich von Melbourne. **Thredbo** gilt als »St. Moritz der Antipoden«, wo Weltcup-Rennen ausgetragen werden. **Perisher Blue** heißt das größte Skigebiet Australiens im Mount Kosciuszko National Park in 1640 bis 2034 m Höhe, erschlossen von über 50 Liften. Elitärster Wintersportort ist **Falls Creek** mit über 90 Pisten und Tiefschneehängen am Mount McKay.

Verkehr

Mit dem Auto

Verkehrsregeln

In Australien herrscht **Linksverkehr**! Die Straßen sind gut ausgebaut, selbst Landwege werden meist regelmäßig planiert. Die **Höchstgeschwindigkeit** beträgt innerorts 50 km/h. Auf Land- und Fernstraßen gilt Tempo 100, falls nicht anders angegeben. Stationäre »Booze Bus«-Teams, die Autofahrer zur Seite winken, oder mobile Polizeieinheiten kontrollieren rund um die Uhr und selbst im entlegensten Kaff die Einhaltung der **Alkoholgrenze** von 0,5 Promille. Alle Insassen müssen angeschnallt sein und dürfen keine Gliedmaßen außerhalb des Fahrzeuges haben – auch nicht die Armbeuge auf dem heruntergelassenen Autofenster! Einen aktuellen Überblick über sämtliche Kameras zur Verkehrsüberwachung und Geschwindigkeitsmessung gibt es bei www.roadwatch.com.au.

Mietwagen

Am preiswertesten ist es, den Mietwagen bereits vor Reiseantritt zu buchen. Das **Mindestalter** für eine Anmietung ist 21 Jahre, Fahrer unter 25 Jahren müssen eine zusätzliche Gebühr entrichten. Für die **Kaution** ist eine **Kreditkarte** erforderlich. Schließen Sie unbedingt ei-

Entfernungen in Australien

ntfernungen in traßen-km zwischen usgewählten Orten in ustralien Ohne Fährstrecke elbourne-Devenport	Adelaide	Albany (WA)	Alice Springs (NT)	Brisbane (QLD)	Broken Hill (NSW)	Cairns (QLD)	Canberra (ACT)	Darwin (NT)	Hobart (TAS)*	Kununurra (WA)	Mackay (QLD)	Melbourne (VC)	Mount Isa (QLD)	Perth (WA)	Prot Hedland (WA)	Surfers Paradise (QLD)	Sydney (NSW)	Uuru/Ayers Rock (NT)
delaide	•	2673	1533	2045	506	3352	1196	3022	1001	3219	2783	731	2742	2781	3783	2125	1412	1578
bany (WA)	2673	•	3588	4349	2810	5656	3846	4614	3674	3787	5087	3404	5106	409	2057	4429	3970	3633
ice Springs (NT)	1533	3588	•	3038	1670	2457	2706	1489	2534	1686	2505	2264	1209	3696	3416	3118	2830	443
isbane (QLD)	2045	4349	3038	•	1539	1716	1261	3463	1944	3660	976	1674	1829	4457	5390	80	1001	3254
oken Hill (NSW)	506	2810	1670	1539	•	2846	1101	3519	1123	3356	2277	853	2406	2918	3920	1619	1160	1715
airns (QLD)	3352	5656	2457	1716	2846	•	2568	2882	3521	3079	740	2981	1248	5674	4809	1796	2495	2900
anberra (ACT)	1196	3846	2706	1261	1101	2568	•	4195	918	4392	1999	648	2561	3954	4956	1341	286	2751
arwin (NT)	3022	4614	1489	3463	3159	2882	4195	•	4023	827	2930	3753	1634	4205	2557	3543	4034	1932
obart (TAS)*	1001	3674	2534	1944	1123	3521	918	4023	•	4220	2682	270	3075	3782	5338	2024	1142	2579
nunurra (WA)	3219	3787	1686	3660	3356	3079	4392	827	4220	•	3127	3950	1831	3378	1730	3740	4516	2129
ackay (QLD)	2783	5087	2505	976	2277	740	1999	2930	2682	3127	•	2412	1296	5195	4857	1056	1926	2948
elbourne (VC)	731	3404	2264	1674	853	2981	648	3753	270	3950	2412	•	2805	3512	4514	1754	872	2309
ount Isa (QLD)	2742	5106	1209	1829	2406	1248	2561	1634	3075	1831	1296	2805	•	4905	3561	1909	2400	1652
rth (WA)	2781	409	3696	4457	2918	5764	3954	4205	3782	3378	5195	3512	4905	•	1648	4537	4073	3741
ot Hedland (WA)	3783	2057	3416	5390	3920	4809	4956	2557	5338	1730	4857	4514	3561	1648	•	5470	5080	3359
rfers Paradise (QLD)	2125	4429	3118	80	1619	1796	1341	3543	2024	3740	1056	1754	1909	4537	5470	•	921	3334
ney (NSW)	1412	3970	2830	1001	1160	2495	286	4034	1142	4516	1926	872	2400	4073	5080	921	•	2875
ru/Ayers Rock (NT)	1578	3633	443	3524	1715	2900	2751	1932	2579	2129	2948	2309	1652	3741	3859	3334	2875	•

ne Zusatzversicherung auf 0 % Eigenbeteiligung ab, da viele Australier nur schlecht oder gar nicht versichert sind. Fragen Sie auch nach den **mautpflichtigen Strecken** in Sydney und Melbourne. Beide Städte haben inzwischen elektronische Toll-Systeme, d. h. keine Mautstellen mehr, sodass der Mietwagen für das elektronische System ausgerüstet sein muss (www.citylink.com.au). Bei den meisten Autovermietern sind Fahrten auf ungeteerten Straßen nur mit Allradfahrzeugen möglich – für Touren ins Outback sind diese **»4WDs«** ein Muss! Sehr beliebt sind **Campervans** und Wohnmobile. Campervans haben zwei bis drei Schlafplätze, Motorhomes vier bis sechs Betten. Achtung: **Bußgelder** werden inzwischen über die Mietwagenfirmen kassiert, d. h. bei Verstößen wird die Kreditkarte auch im Nachhinein noch belastet.

Motorräder

Eine BMW F650GS, eine DR650 oder lieber eine Harley? Ob auf eigene Faust oder als geführte Tour, Motorradfreunde finden in Australien **traumhafte Strecken**. Von Sydney aus kann man durch die Blue Mountains kurven, durchs Hunter Valley und die Snowy Mountains. Atemberaubend sind von Melbourne aus die Great Ocean Road und der Grampians National Park. Auch die Sunshine Coast um Brisbane, die wilde Küste Westaustraliens und das goldene Outback versprechen unvergessliche Eindrücke. **Aussie Biker** und **Bike round Oz** vermieten Motorräder und organisieren Touren in ganz Australien.

Mit dem Flugzeug

Inlandsnetz

Neben **Qantas** (► S. 88) und seiner Billig-Tochter **Jetstar** sorgen die Low-Cost-Carrier **Virgin Blue** und **Tiger Airways** mit zahlreichen regionalen Airlines für gute Verbindungen. Zweitgrößte inländische Fluglinie ist **Regional Express**, kurz REX, die New South Wales, Victoria, Queensland, Tasmanien und Südaustralien anfliegt.

Mit der Fähre

Autofähren

Von Melbourne (VIC) schippert die **Spirit of Tasmania** (www.spiritoftasmania.com.au) der Reederei TT-Line in 14 Stunden nach Devonport (TAS). In der Hochsaison reduziert eine Hochgeschwindigkeitsfähre nach George Town (TAS) die Fahrzeit auf sechs Stunden. Am Eingang der Port Philip Bay verbindet die **Searoad Ferry** (www.searoad.com.au) in 40 Minuten Queenscliff auf der Bellarine Peninsula mit Sorrento auf der Mornington Peninsula. Zu den beliebtesten Fährverbindungen in New South Wales gehören die Routen der **Sydney Ferries** (Tel. 02 / 13 15 00, www.sydneyferries.info) und **Wisemans Ferry** (Tel. 02/45 66 42 41) am Hawkesbury River. In Queensland pendeln zahlreiche Fähren zu den vorgelagerten Inseln und dem **Great Barrier Reef**; Haupthäfen sind Mackay und Shute Harbour. **Kangaroo Island** (SA) wird von Cape Jervis (www.sealink.com.au) angelaufen. In Western Australia setzt der **Rottnest Express** (www. rottnestexpress.com.au) von Perth, Fremantle und Northport nach Rottnest Island über.

Mit der Bahn

Dicht an der Ostküste, grob geknüpft im Outback: Das Bahnnetz ist nicht so eng wie in Europa, bietet dafür aber einige der schönsten Eisenbahnstrecken der Welt. Sie lassen sich online unter **www.gsr.com.au** entdecken und buchen.

Bahnpässe ►

Unbegrenztes Reisen in der Economy-Klasse, einschließlich Schlafwagen, ermöglicht der **Austrail Pass**, der außerhalb Australiens erworben werden muss. Der **Austrail Flexi-Pass** verbindet unbegrenztes Reisen in der Economy Class mit Stopover-Flexibilität: Reiseunterbrechungen sind jederzeit möglich! Sechs Monate freie Fahrt mit den Schienenlegenden »Ghan«, »Indian Pacific« und »The Overland«

gewährt der **Rail Explorer Pass**. Der **East Coast Discovery Pass** von CountryLink ermöglicht günstige Bahnreisen zwischen Melbourne und Cairns, jedoch immer nur in die einmal gewählte Fahrtrichtung. Der **Backtracker Rail Pass** für 14 Tage, 1, 3 oder 6 Monate bietet in NSW freie Fahrt auf den XPT und The-Xplorer-Zügen. Der **Sunshine Rail Pass** berechtigt 7, 14 oder 21 Tage lang zu unbegrenzten Zugfahrten in Queensland. Queensland lässt sich auch mit dem Queensland Explorer Pass 7, 14 oder 21 Tage unbegrenzt entdecken. Eine Übersicht der Bahnpässe findet sich unter www.railaustralia.com.au.

Legendäre Züge

Indian Pacific

Weltberühmt ist der Indian Pacific, der das ganze Jahr hindurch zwei Mal wöchentlich in drei Tagen **von Sydney nach Perth** den Kontinent durchquert. Die nach dem Orient-Express mit 4352 km zweitlängste Eisenbahnstrecke der Welt verläuft durch das ländliche New South Wales nach Adelaide, dann über die Nullarbor-Ebene und die »lange Gerade« – 478 km Schienen immer geradeaus.

The Ghan

Der legendäre Ghan fährt freitags und sonntags von Adelaide **quer durch das Rote Zentrum** bis in den tropischen Norden nach Darwin, ►Baedeker Special, S. 298.

The Southern Spirit

Seit Februar 2011 lässt sich der Südosten Australiens mit dem Southern Spirit entdecken, der von Adelaide via Melbourne nach Brisbane fährt.

The Overland

Dritte Schienenlegende ist The Overland, der seit 1887 Adelaide mit Melbourne verbindet. Die 828 km lange Strecke (11 Std.) wird heute drei Mal pro Woche tagsüber in beide Richtungen bedient.

Wildwechsel auf Australisch ...

WICHTIGE ADRESSEN

AUTOMOBILCLUBS

▸ **Australian Automobile Association (AAA)**
103 Northbourne Avenue
Canberra ACT 2601
Tel. 02 / 62 47 73 11
Fax 02 / 62 57 53 20
www.aaa.asn.au
Nur hier können Führerscheine umgeschrieben werden.

▸ **National Roads and Motorists' Association Ltd. (NRMA)**
Service-Tel. 13 11 22
PO Box 1026
Strathfield NSW 2135
Tel. 02 / 98 48 52 01
www.mynrma.com.au

▸ **National Motorists Association Australia (NMAA)**
PO Box 213, Clayfield QLD 4011
Tel 04 / 19 30 38 32
www.aussiemotorists.com

▸ **Australian Drivers Association (ADRA)**
PO Box 1110
Subiaco WA 6904
Tel. 08 / 94 02 90 06
www.adrawa.com.au

▸ **Automobile Association of the Northern Territory**
Tel. 08 / 89 81 38 37
www.aant.com.au

▸ **Royal Automobile Club of Queensland**
Tel. 07 / 33 61 24 44
www.racq.com.au

▸ **Royal Automobile Club of Tasmania**
Tel. 03 / 13 27 22, www.ract.com.au

▸ **Royal Automobile Club of Victoria Ltd.**
Tel. 03 / 97 90 22 11
www.racv.com.au

▸ **Royal Automobile Club of Western Australia Inc.**
Tel. 13 17 03
www.rac.com.au

MIETWAGEN

▸ **Avis**
Tel. 01805 / 21 77 02
www.avis.de
In Australien: Tel. 13 63 33
www.avis.com.au

▸ **Budget**
Tel. 01805 / 24 43 88
www.budget.de
In Australien: Tel. 1300 / 36 28 48
www.budget.com.au

▸ **Hertz**
Tel. 01805 / 33 35 35
www.hertz.de
In Australien: Tel. 13 30 39
www.hertz.com.au

▸ **Sixt/Dollar**
Tel. 01805 / 25 25 25, www.sixt.de
In Australien: Tel. 1300 / 660 660
www.e-sixt.com

▸ **National Car Rental**
Tel. 0800 / 464 73 36
www.national.de
In Australien: **Europcar**
Tel. 1300 / 13 13 90
www.europcar.com.au

MOTORRÄDER

▸ **Aussie Biker**
4/15 Venture Drive
Noosaville DC QLD 4566
www.aussiebiker.com.au

- **Bike Round Oz**
  20 Old Admiral Lane
  Perth WA 6112
  www.bikeroundoz.com

INNERAUSTRALISCHER FLUGVERKEHR

- **Qantas**
  Tel. 13 13 13
  www.qantas.com.au

- **Jetstar**
  Tel. 13 15 38
  www.jetstar.com/au/index.html

- **Regional Express**
  Tel. 13 17 13
  www.rex.com.au

- **Virgin Blue**
  Tel. 13 67 89
  www.virginblue.com

- **Tiger Airways**
  Tel. 03 / 93 35 30 33
  www.tigerairways.com

BAHNREISEN

- **Rail Australia**
  Generalagentur
  für Deutschland:
  STA Travel
  Im Vogelsgesang 1
  60488 Frankfurt/Main
  Tel. 069 / 74 30 32 92
  www.statravel.de
  in Australien: Tel. 08 / 82 13 45 92
  www.railaustralia.com.au

- **Great Southern Railway**
  Zuständig für The Ghan, Indian Pacific und The Overland
  Tel. 13 21 47
  www.gsr.com.au

- **TransWA**
  Bus-/Bahnverkehr
  in Western Australia
  Tel. 1300 / 66 22 05
  www.transwa.wa.gov.au

- **Country Link (NSW)**
  Tel. 13 22 32
  www.countrylink.info

- **Queensland Rail**
  Tel. 1300/13 17 22
  www.traveltrain.com.au

- **Victoria Line**
  Tel. 13 61 96
  www.vline.com.au

- **www.fahrplan-online.de**
  Fahrpläne weltweit

BUSVERKEHR

- **Greyhound Australia**
  Tel. 1300 / 47 39 46
  Tel. 07 / 746 90 99 50
  www.greyhound.com.au

- **Tasmania's Own Redline Coaches**
  Service-Tel. 1300 / 36 00 00
  Tel. 03 / 63 36 14 46
  www.redlinecoaches.com.au

Sunlander und Co.

In der komfortablen Queenslander Class des **Sunlander** mit Gourmetrestaurant und Unterhaltung im Club Car wird es auf der 32-stündigen Fahrt von Brisbane nach Cairns nicht langweilig. Schneller geht es im **Tilt Train**, der voll klimatisiert in knapp 25 Stunden die Küste hinauf nach Cairns sprintet. Der **Westlander** fährt von Brisbane landeinwärts. Nach 17 Stunden bzw. 750 km endet die Fahrt in Charleville. Das Outback von Queensland erschließt der **Spirit of the**

Outback, der von Brisbane aus, vorbei an Rockhampton, nach etwa 24 Stunden Longreach erreicht.

Kuranda Scenic Railway

Seit mehr als 100 Jahren im Einsatz ist die Kuranda Scenic Railway, die täglich in 1 3/4 Stunden von Cairns **durch den tropischen Regenwald** der Atherton Tablelands nach Kuranda fährt (www.kurandascenicrailway.com.au).

Barossa Wine Train

Seit 2011 verkehrt auch wieder der traditionelle Barossa Wine Train von Adelaide in 90 Minuten nach Tanunda – der Nostalgiezug wurde von Château Tanunda finanziell gerettet und umfangreich restauriert. Während der Fahrt können Weine von 30 Erzeugern aus dem Barossa Valley verkostet werden.

Museumsbahnen

Noch mehr Schienen-Nostalgie wecken die Museumsbahnen. Ein Familienklassiker bei Melbourne ist der historische Dampfzug **Puffing Billy**, der mehrmals täglich von der Belgrave Station über Holzbrücken und durch Farnwälder zum Emerald Lake Park rattert. Auf der **Walhalla Goldmine Railway** wird die Zeit des Goldrausches in Victoria wieder lebendig. Ein Klassiker ist auch der **Gulflander**, der von Normanton 150 km zum Goldgräberstädtchen Croyden schaukelt.

Mit dem Bus

Fernbusse

Als einziges nationales Busunternehmen bietet **Greyhound Australia** häufige preiswerte Verbindungen zu mehr als 1100 Zielen. Die Busse sind mit Klimaanlage, WC und Video ausgestattet; es herrscht Anschnallpflicht und Rauchverbot. Greyhound bietet viele nationale und regionale Buspässe an – der **Aussie Explorer Pass** gilt nur auf vorher festgelegten Strecken, beim **Aussie Kilometre Pass** können bis zu 20 000 Buskilometer gekauft und flexibel abgefahren werden.

Hop-on-, Hop-off-Fernbusse

Gezielt an junge Budget-Reisende richten sich die Angebote von alternativen Reisebusveranstaltern wie **OzExperience**, deren Buspässe ein beliebiges Aus- und Zusteigen ermöglichen. Während Übernachtungskosten zusätzlich anfallen, sind einige Aktivitäten wie Seekajakfahren bereits eingeschlossen.

Aboriginal Land

Permit für das Betreten von Aborigine-Land

Viele Gemeinden der Aborigines liegen in abgelegenen Regionen abseits der Touristenwege und dürfen nur mit einer **besonderen Genehmigung** (Permit) aufgesucht oder passiert werden. Diese muss beim jeweiligen Aboriginal Land Council vorher beantragt werden und hat eine lange Bearbeitungszeit.
Bei rein touristischem Interesse ist eine Gewährung unwahrscheinlich. Bei **organisierten Touren** (► S. 67) wird das Permit vom Veranstalter besorgt.

PERMITS FÜR ABORIGINE-GEBIETE

▶ Northern Territory
Central Land Council
31–33 Stuart Highway
PO Box 3321
Alice Springs NT 0871
Tel 08 / 89 51 62 11
www.clc.org.au

Northern Land Council
45 Mitchell Street
Darwin NT 0801
Tel. 08 / 89 20 51 00
www.nlc.org.au

▶ New South Wales
NSW Aboriginal
Land Council
33 Argyle Street
Parramatta NSW 2150
Tel. 02 / 96 89 44 44
www.alc.org.au

▶ South Australia
Anangu Pitjantjatjara
Yankunytjatjara Land Council
PMB 227 Umuwa via
Alice Springs NT 0872
Tel. 08 / 89 54 81 11
www.waru.org

Maralinga Tjarutja
Administration Office
PO Box 435, Ceduna SA 5690
Tel. 08 / 86 25 29 46
Fax 08 / 86 25 30 76
www.wangkawilurrara.com

▶ Western Australia
South West Aboriginal
Land & Sea Council
1490 Albany Highway
Cannington WA 6107
Tel. 08 / 93 58 74 00
www.noongar.org.au

Zeit

Sommerzeit

Australien hat verschiedene Zeitzonen. Die Sommerzeit, in Down Under **Daylight Saving Time** genannt, ist leider nicht einheitlich festgelegt und auch die Start- und Enddaten variieren. In Australian Capital Territory, New South Wales, South Australia und Victoria endet die Sommerzeit Anfang April, in Western Australia bereits Ende März, d. h., die Uhr wird um eine Stunde vorgestellt. In Tasmanien beginnt die Sommerzeit bereits Anfang Oktober. Keine Sommerzeit gibt es im Northern Territory und in Queensland. Western Australia hat sich nach einem Referendum 2009 gegen die Daylight Saving Time entschieden.

i Zeitzonen

- Eastern Standard Time (ACT, NSW, VIC, TAS) = MEZ + 10 Stunden
- Eastern Standard Time (QLD) = MEZ + 9 Stunden
- Central Standard Time (NT) = MEZ + 8 Stunden 30 Minuten
- Central Standard Time (SA) = MEZ + 9 Stunden 30 Minuten
- Western Standard Time (WA) = MEZ + 7 Stunden

OYOT
FRB·216

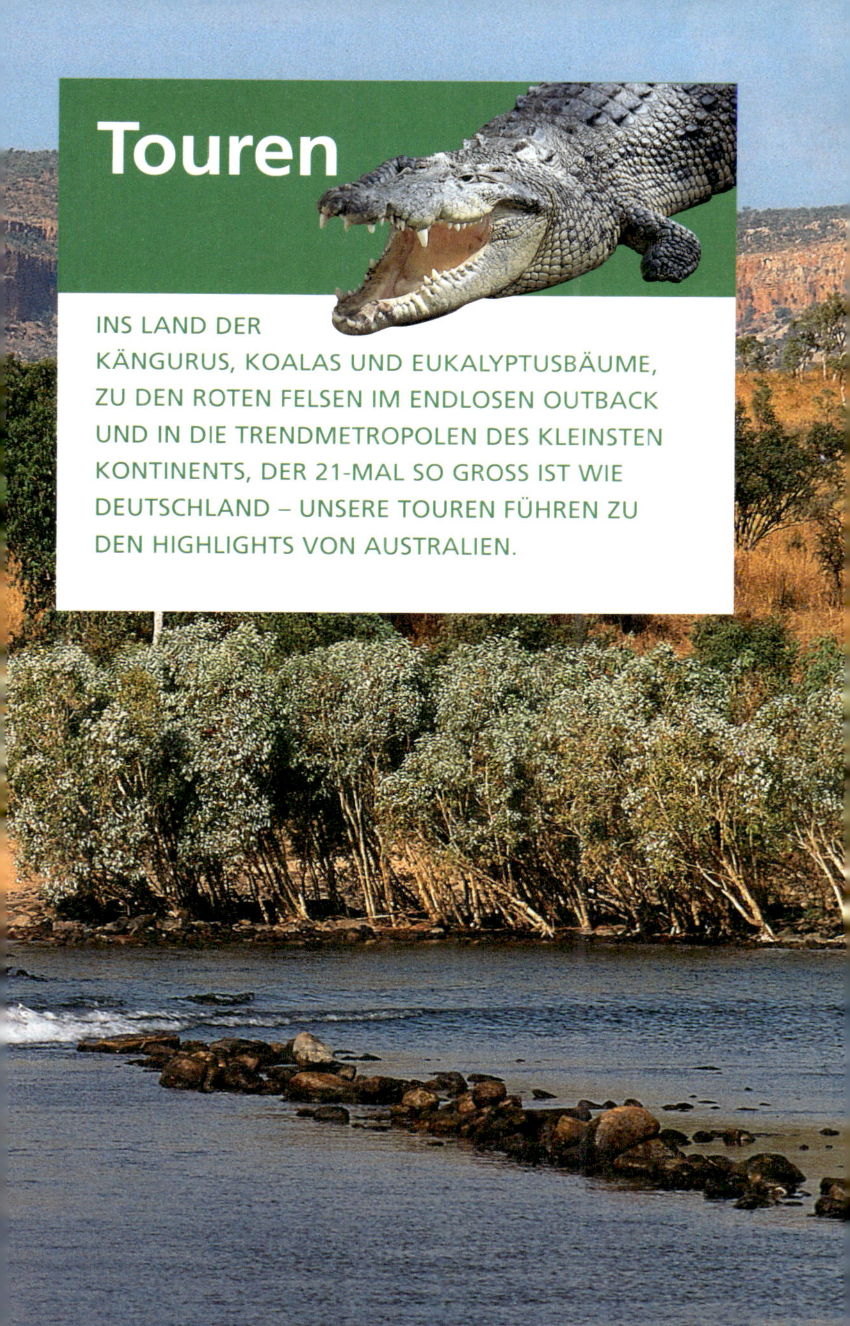

Touren

INS LAND DER KÄNGURUS, KOALAS UND EUKALYPTUSBÄUME, ZU DEN ROTEN FELSEN IM ENDLOSEN OUTBACK UND IN DIE TRENDMETROPOLEN DES KLEINSTEN KONTINENTS, DER 21-MAL SO GROSS IST WIE DEUTSCHLAND – UNSERE TOUREN FÜHREN ZU DEN HIGHLIGHTS VON AUSTRALIEN.

TOUREN DURCH AUSTRALIEN

Mit den Aborigines auf den Spuren ihrer Ahnen wandeln, die Steilküsten und Traumstrände der Great Ocean Road erradeln, einen Sonnenaufgang bei einer Ballonfahrt im Outback erleben, Wale sichten und herrliche Weine genießen – unsere Touren durch Australien verbinden die schönsten Ecken des fünften Kontinents.

TOUR 1 Kontinent der Kontraste: vier Wochen Australien

Haben Sie Mut zur Lücke und beschränken Sie sich auf die vier Top-Regionen: den Süden zwischen Melbourne und Adelaide, das rote Outback beim Uluru (Ayers Rock), Queenslands Küste und Sydney zum Abschluss.

► **Seite 152**

← *Die Furt durch den Pentecost River am Fuß der Cockburn Range ist uneben, aber mit einem 4WD gut befahrbar.*

Magnetic Island
Die sonnigste Insel des Great Barrier Reef besitzt herrliche Strände.

Taste of Tasmania
Zahme Kängurus im Lake-St.-Clair-Nationalpark

Unterwegs in Australien

Australien ist eines der vielfältigsten Urlaubsländer der Erde, ein Traumziel mit überwältigenden Landschaften und Nationalparks, aufregenden Metropolen und der mystischen Kultur der australischen Ureinwohner. Entdecken Sie ein völlig anderes Leben am anderen Ende der Welt.

»Tyrannei der Entfernung«

Australien ist das Land der **riesigen Distanzen**: Sydney und Cairns trennen mehr als 4000 km und zwischen Adelaide und Darwin liegt auf 3000 km als einzige bedeutende Stadt Alice Springs. In ländlichen Regionen leben die Menschen oft Hunderte Kilometer vom nächsten Pub oder Supermarkt entfernt. Australier klagen daher gerne über die »Herrschaft der Weite«, der auch bei der Reiseplanung Rechnung getragen werden muss. Wichtig zu wissen: Nur die Hälfte des australischen **Straßennetzes** ist asphaltiert – insgesamt 18 400 km. Diese geteerten Hauptstrecken verlaufen zumeist in den dicht besiedelten Küstenregionen bzw. stellen die wichtigsten Überlandverbindungen dar. Besonders im Osten und in den Ballungsräumen sind sie dicht befahren und staugefährdet. Die Routen im Landesinnern sind vorwiegend Schotterpisten, die regelmäßig planiert werden – und gut zu befahren sind, solange es nicht geregnet hat. Über den jeweiligen Straßenzustand informieren im Outback riesige Schilder entlang dieser Overland Tracks. Bei einem zeitlich begrenzten Urlaub kann weniger oft mehr bedeuten. Sehr zu empfehlen sind daher **Fly & Drive-Angebote**, bei denen einige Strecken buchstäblich überflogen werden und an interessanten Zielen ein Fahrzeug gemietet wird.

! *Baedeker* TIPP

No worries!

Vor allem in der Hochsaison sollte man Flüge und Hotels unbedingt rechtzeitig buchen – das spart jede Menge Zeit, Geld und Ärger. Alle hier vorgestellten Touren durch Australien können u. a. über Karawane Reisen nach dem Bausteinprinzip individuell gebucht werden (www.karawane.de).

Engpässe zur Ferienzeit

Ebenfalls wichtig bei der Reiseplanung: Beachten Sie die australischen Ferienzeiten. Besonders während der Sommerferien von **Mitte Dezember bis Anfang Februar**, über Ostern und Pfingsten sowie während der Winterferien im August und September kann es nicht nur im Flugverkehr und bei den Autoverleihern zu Engpässen kommen, sondern auch in der Hotellerie. Sehr gefragt sind auch die Unterkünfte in den Nationalparks – um während der Ferien oder der Feiertage im Nationalpark Wilsons Promontory zu zelten oder in den Hütten von Tidal River zu schlafen, reservieren die Einheimischen bereits ein Jahr im Voraus die Plätze!

Berücksichtigt werden müssen bei der Reiseplanung außerdem die **klimatischen Verhältnisse** (► S. 31) sowie die strengen **Quarantäne-**

bestimmungen, die auch zwischen den einzelnen Bundesstaaten und in bestimmten Regionen Australiens gelten. So ist es beispielsweise strikt verboten, Obst, Gemüse und andere Lebensmittel nach Mildura mitzunehmen, um das Einschleppen von Fruchtfliegen in Victorias Obstbaugebiet zu verhindern.

Touringrouten Australiens

Viel erleben bei wenig Aufwand

Wer wenig Zeit oder Lust hat, seine Reiseroute durch Australien selbst im Voraus zu planen, findet vor Ort zahlreiche staatliche Touristenrouten, die die schönsten Landstriche eines Bundesstaates präsentieren oder auch staatenübergreifend verlaufen. Für diese **»Tourist Drives«** oder »Self Drives« gibt es umfangreiches Infomaterial im Internet und bei den Fremdenverkehrsämtern. Die berühmteste Route verläuft auf dem **Pacific Highway** immer an der Küste entlang von der Gold Coast über Brisbane bis nach Cairns. Daran anschließen könnte der **Great Tropical Drive** (www.greattropicaldrive.de) mit 13 verschiedenen Teilrouten und einem großen Rundkurs im Norden Queenslands. Der **Great Sunshine Way** führt von der Gold Coast über Brisbane und die Sunshine Coast bis nach Fraser Island, die Selbstfahrerroute **Reef to Outback** von Rockhampton bzw. Gladstone bis nach Longreach. Auf dem **Rainforest Way** (www.rainforestway.com.au) lassen sich 14 Nationalparks erkunden. Ost- und Westküste verbindet der **Savannah Way** (www.savannahway.de) zwischen Cairns und Broome, für den streckenweise ein Allradwagen erforderlich ist. Sehr beliebt im Süden Australiens sind der **Sydney-Melbourne Touring** (www.sydneymelbournetouring.com.au), der beide Metropolen verbindet, und die **Great Southern Touring Route** (www.great southerntouring.com.au), die von Melbourne aus die schönsten Ecken im Westen Victorias erschließt. Mit dabei: die Great Ocean Road, die Grampians und die Goldfelder.
Zu den beliebtesten Selbstfahrerstrecken im Northern Territory (http://de.travelnt.com/expe rience/driving.aspx) gehören der **Explorer's Way** von Adelaide nach Darwin, die Schotterpiste **Red Centre Way** vom Uluru (Ayers Rock) nach Alice Springs, der **Nature's Way** von Darwin in den Kakadu Nationalpark und der **Overlander's Way** von Townsville in Queensland nach Tennant Creek im Northern Territory. Eine Herausforderung für Offroad-Fans ist der 2200 km lange **Binns Track** von Timber Creek im Northern Territory nach Mount Dare in Südaustralien. Der kostenlose 4WD Tracks Guide von Tourism South Australia enthält Infos zu allen Offroad-Routen des Bundesstaates. Mit dem Pkw zu bewältigen ist die 1000 km lange **Adelaide – Melbourne Touring Route**, die u. a. die Limestone Coast, das Weinbaugebiet Coonawarra und die Great Ocean Road berührt. Durch die verwitterten Flinders Ranges mit ihrer uralten Aborigines-Kultur und die Weinbaugebiete Clare Valley und Barossa Valley führt der 980 km lange **Wine, Wildlife & Outback Trail**. Sehr beliebt ist auch

Atemberaubend: ein Hubschrauberrundflug zum heiligen Berg der Aborigines, dem Uluru

die 3500 km Strecke **Adelaide – Perth** durch die Nullarbor-Ebene (alle: www.southaustralia.com). Insidertipps für Selbstfahrer, vor allem für die Strecken im Northern Territory und Western Australia, gibt auch die Broschüre »Australiens wilde Seiten«, die kostenlos bei Tourism Australia erhältlich ist oder als PDF im Internet unter www.australien-info.de/katalog_watc.html. Ebenfalls dort zu finden ist eine Westaustralien-Landkarte für Selbstfahrer.

Tour 1 Kontinent der Kontraste

Start W 13

Länge der Tour: 2750 km (ohne Flüge) **Tourdauer:** ca. 4 Wochen
Flugzeug: Inlandsflüge **Mietwagen:** Einweg-Buchung

Ganz Australien in einer Urlaubsreise kennenzulernen ist unmöglich. Um dennoch einen guten Eindruck vom fünften Kontinent und seiner Vielfalt zu bekommen, haben wir vier Highlights herausgesucht: den Süden mit den Metropolen Melbourne und Adelaide sowie der legendären Great Ocean Road, das endlose Outback zwischen Uluru (Ayers Rock) und Alice Springs, die fantastische Unterwasserwelt des Great Barrier Reef und als krönenden Abschluss Sydney und Umgebung.

Nach Ihrer Ankunft in Australien sollten Sie mindestens einen Tag für ❶ ✶✶ **Melbourne** einplanen, die pulsierende Hauptstadt Victorias – für einen Überblick mit Adrenalinkick sorgt »The Edge« im Eureka-Tower. Die City Circle Tram und ein City Tourist Shuttle bringen Sie kostenlos zu den Sehenswürdigkeiten im CBD und den Docklands. Ein Muss sind auch drei Museen: das Melbourne Museum als größtes Museum der südlichen Hemisphäre, das Immigration Museum, das die Geschichte der Einwanderung spannend dokumentiert, und das Ian Potter Centre NGV Victoria mit seiner hervorragenden Aborigines-Kunstsammlung. Genießen Sie den Trubel am Federation Square in einem der vielen Lokale, bevor Sie auf dem Yarra River ins alte Hafenstädtchen Williamstown schippern oder sich am Strand von St. Kilda vom Stadtspaziergang erholen. Abends können Sie in Jamie Olivers »Fifteen« speisen oder im nostalgischen Colonial Tram Car Restaurant beim australischen Dinner stilvoll an den schönsten Punkten der Stadt vorbeizuckeln. Ins Nachtleben entführen das Trendviertel South Yarra und Fitzroy mit seiner legendären Brunswick Street.

Melbourne muss man mögen

Starten Sie früh am Morgen zur ❷ ✶✶ **Great Ocean Road** – dann bleibt unterwegs noch Zeit für den Besuch des **National Wool Museum** in Geelong, das die Geschichte der australischen Wollindustrie präsentiert. Faszinierend ist auch die **»Surfworld«** in Torquay, das größte Surfmuseum der Welt am Tor zur Great Ocean Road. Wie eine Riesenschlange windet sich die Traumstraße 320 km lang zwischen Regenwald und Steilküste an der wilden »Shipwreck Coast« entlang. Vorbei an den berühmten **»12 Aposteln«**, erreichen Sie Warrnambol, wo das **Flagstaff Maritime Museum** die Zeit um 1900 zu neuem Leben erweckt. Bei Wishart's at the Wharf im beschaulichen Port Fairy gibt's die besten Fish & Chips. Unser Tipp: Bei Apollo Bay verlässt die Straße die Küste und schlängelt sich durch den Great Otway National Park. Hier führen die Holzstege des **Otway Fly Tree Top Walk** in 25 m Höhe über die Wipfel des Regenwaldes. Einmalig ist auch ein **Helikopterrundflug** über die spektakuläre Küste!

Panoramastraße am Indischen Ozean

Entdecken Sie in den ❸ ✶✶ **Grampians** zu Fuß die herrlichen Mac Kenzie-Falls und die Felsformation der **»Balconies«**. Danach gewährt das **Brambuk-Kulturzentrum** in Halls Gap Einblicke in das Leben der örtlichen Aborigines – im Nationalpark sind 80 Prozent der Felsmalereien der Ureinwohner Victorias zu finden.

Wandern und Weinproben

Nach Hamilton wird ❹ ✶ **Coonawarra** erreicht: Das Topgebiet für schwere, erdige Rotweine empfiehlt sich für einen Lunch inmitten der Rebgärten. Danach geht es in die Unterwelt: Die ❺ ✶✶ **Naracoorte Caves** locken mit prähistorischen Meisterwerken. Auf dem Princes Highway geht es rasch zum **Coorong National Park** mit wunderschönen B & B im Hinterland der einsamen Sandstrände. Von Mannum aus können Sie den **Murray River**, Australiens zweitlängsten Fluss, ganz nostalgisch entdecken: auf einem Schaufelraddampfer

Uluru
Rot schlägt das Herz des fünften Kontinents.
★★ Daintree NP 15
80 km
14 ★★ Great Barrier Reef
★ Cairns
81 km
16 ★ Atherton Tableland
Great Barrier Reef
Lustiger Riffbewohner: der Clownfisch
★★ Kings Canyon
218 km
12 ★★ Alice Springs
13
450 km
Sydney
Für viele die schönste Stadt der Welt
★★ Kata Tjuta 11
42 km
10 ★★ Uluru (Ayers Rock)
6 ★★ Barossa Valley
68 km
★★ Adelaide 7
26 km
362 km
128 km
★★ Blue Mountains 18
65 km
19
★★ Sydr
★ Hahndorf 9
★★ Kangaroo Island 8
★★ Naracoorte Caves 5
★★ Grampians 3
★★ Great Ocean Rd.
154 km
38 km
239 km
269 km
★ Coonawarra 4
2
1 ★★ Melbourne
Great Ocean Road
Steilklippen aus Sandstein am Indischen Ozean
Kangaroo Island
Die Meister der großen Sprünge in wilder Natur

oder im Hausboot. Im nahen ❻ ✶✶ **Barossa Valley** laden mehr als 50 Kellereien mit Direktverkauf zum Probieren ein – zu den renommiertesten Weingütern zählen Bethany, Orlando Wines, Penfold's, Yalumba, Peter Lehmann und Wolf Blass. Die zahlreichen lutherischen Kirchen erinnern daran, dass die ersten Siedler einst aus Deutschland kamen.

Schlemmen und Natur pur

Starten Sie den Tag mit einem **Champagne Ballooning**, einem Ballonflug mit Sektfrühstück im Rebenland. Danach bleibt genügend Zeit, Südaustraliens Hauptstadt ❼ ✶✶ **Adelaide** zu entdecken. Seine Art Gallery of South Australia gehört zu den wichtigsten Sammlungen des Landes, sein South Australian Museum erzählt von den Ureinwohnern des fünften Kontinents, sein Central Market ist ein Schlaraffenland für Feinschmecker. Ganz bodenständig ist das Kult-Essen, das seit mehr als 100 Jahren ein Imbisswagen vor der Hauptpost serviert: »Pie Floater« – eine Fleischtasche mit Erbsensuppe. Wer mehr Zeit für Adelaide reserviert hat, sollte Tagesausflüge zu den Pelzrobben und Felskolossen von ❽ ✶✶ **Kangaroo Island** einplanen und einen Bummel durch ❾ ✶ **Hahndorf** in den Adelaide Hills, das wie kein zweiter Ort sein deutsches Erbe pflegt – und die Heimat des bekannten Landschaftsmalers Hans Heysen war.

Heiliger Berg im Herzen des Kontinents

Morgens ist Abflug vom Adelaide International Airport nach Yulara, dem Flugfeld an Australiens berühmtesten Wahrzeichen, dem mystischen ❿ ✶✶ **Uluru (Ayers Rock)**, wie die örtlichen Anangu-Aborigines ihren heiligen Berg nennen. Achten Sie die religiösen Gefühle der Ureinwohner und verzichten Sie auf die Besteigung des gigantischen Felsblocks, der 348 m aus dem endlosen Outback aufragt. Viel eindrucksvoller ist ein Basewalk mit einem Aborigines-Guide! Nicht verpassen sollte man auch die in Sichtweite 32 km westlich gelegene Gebirgsformation der ⓫ ✶✶ **Kata Tjuta** (Olgas), wie die 36 Felskuppen bei den Ureinwohnern heißen. Wunderschön: eine Wanderung durch das »Valley of the Winds«, das mitten durch die »vielen Köpfe« führt.

Ein Gefühl für die **endlose Weite des Outbacks** vermitteln die gut 450 km Autofahrt nach ⓬ ✶✶ **Alice Springs**. Wer sich vorab einen Permit besorgt hat und Offroad-Erfahrung besitzt, kann statt der Asphaltstrecke via Curtain Springs und Henbury die Schotterpiste »Red Centre Way« nehmen und vorbei an den atemberaubenden Schluchten des ⓭ ✶✶ **Kings Canyon** die Hauptstadt des Roten Zentrums ansteuern. In »The Alice« sind auch die fliegenden Ärzte beheimatet – besuchen Sie ihre Basis ebenso wie die Zentrale der »School of the Air«. Alice Springs ist zudem ein idealer Ort, um authentische, d. h. zertifizierte Aborigines-Kunst zu erstehen.

Faszinierende Unterwasserwelt

Nun fliegen Sie nach **Cairns** zu einem zweiten Wunderwerk der Natur: dem ⓮ ✶✶ **Great Barrier Reef**. Das größte Korallenriff der Welt ist die einzige natürliche Lebensform, die sogar vom Mond aus zu erkennen ist. Tauchen oder schnorcheln Sie im schillernden Blau des glasklaren Wassers – die Farbenpracht und Vielfalt der Unterwasserwelt ist unvergleichlich! Wie lecker die Fischwelt ist, zeigt ein Dinner in der quirligen Tropenmetropole **Cairns**, die nachts auch mit einem Night Market lockt.

Regenwald trifft Ozean

Der ⑮ ✶✶ **Daintree National Park** birgt die ältesten Regenwälder Australiens – am **Cape Tribulation** reichen sie bis ans Meer. Auf Flussfahrten lernen Sie die beiden Krokodilarten Australiens kennen, »Salties« und »Freshies«, bei **Tree Top Walks** die reiche Vogelwelt in den jahrtausendealten Baumgiganten. Die vulkanischen ⑯ ✶ **Atherton Tablelands** zwischen Cairns und Innisfail sind das Reich tosender Wasserfälle und idealer Ausgangspunkt für Touren ins Outback von Queensland – z. B. zu den ✶ **Undara Lava Tubes**, riesigen unterirdischen Gängen, die durch Lavaströme der Vulkane entstanden.

Rebhänge und Felsgiganten

Fliegen Sie von Cairns nach Sydney weiter und fahren Sie von dort mit einem Mietwagen Richtung Norden ins 100 km entfernte ⑰ ✶ **Hunter Valley**, dem ältesten Weinbaugebiet Australiens. In den fruchtbaren Ebenen des Lower Hunter Valley wurden bereits 1823 die ersten Reben gepflanzt. Heute sind hier über 70 Weingüter zu Hause und laden zur Verkostung edler Tropfen. Ohne Sorgen können Sie die Degustation auf geführten Kutschfahrten genießen.

Erfrischend kühl ist es in den⑱ ✶✶ **Blue Mountains** 65 km westlich von Sydney. Hohe Wasserfälle, herrliche Eukalyptuswälder und bizarre Felsformationen wie die berühmten **»Three Sisters«** machen die blauen Berge zu einem beliebten Wandergebiet. Adrenalinkicks versprechen die Fahrt mit der steilsten Standseilbahn der Welt (52 % Gefälle!) oder Abseiling im Jamieson Valley.

i Highlights der Tour 1

- Melbourne – multikulturelle Hauptstadt Victorias
- Great Ocean Road – Traumstraße zwischen steilen Klippen und urzeitlichem Regenwald
- Barossa Valley – Heimat herrlicher australischer Rotweine
- Uluru – der heilige Berg der Aborigines
- Great Barrier Reef – Abtauchen in die Wunderwelt der Korallen
- Blue Mountains – Wanderung zu den versteinerten Schwestern
- Sydney – Perle des Südpazifik

Goldgelbe Strände, pulsierende Szeneviertel, aufregende Lokale, historische Highlights und gläserne Wolkenkratzer: Für viele ist ⑲ ✶✶ **Sydney** die schönste Stadt der Welt. Um die Perle an beiden Ufern des Parramatta River zu erkunden, sollten Sie mindestens zwei Tage einplanen. Start ist am Naturhafen Sydney Harbour, wo Captain Arthur Phillip 1788 vor Anker ging und die erste Siedlung auf australischem Boden gründete: **The Rocks**, heute ein angesagtes Ausgehviertel mit herrlichem Blick auf Sydneys Wahrzeichen, die Oper. Ebenfalls ein Muss: eine **Hafenrundfahrt** und für Schwindelfreie der Bridge Climb über die Harbour Bridge. Oder entdecken Sie Sydney aus der Luft bei einem Rundflug im Helikopter. Stilvoll shoppen lässt es sich im **Queen Victoria Building**, Ausgefalleneres bieten die Paddington Markets. Sydney ist eine **Schlemmeroase** und liebt Experimente. Was gerade angesagt ist, verrät ein Blick in den Sydney Morning Herald Good Food Guide. »Life is a beach ...« sagen die Sydneysider, also gönnen Sie sich zum Abschluss noch ein Bad am schneeweißen Sandstrand von **Bondi Beach**.

Tour 2 Australien für Einsteiger

Länge der Tour: 3820 km

Route: Bruce Highway

Tourdauer: Mindestens 14, inkl. Mount Isa 21 Tage

Beste Reisezeit: Mai – Oktober

Zu den beliebtesten Urlauberrouten Australiens gehört die Fahrt von Brisbane nach Cairns auf dem gut ausgebauten Bruce Highway: Sonnenstrände, Koralleninseln und Regenwald säumen die Ostküstenstrecke, die hoch im tropischen Norden ihre Abenteuerlust entdeckt: mit einem Abstecher ins raue, rote Outback.

Lebensfrohe Kapitale

1 ** **Brisbane** ist mit 1,5 Mio. Einwohnern die Hauptstadt und damit das politische, wirtschaftliche und kulturelle Zentrum von Queensland. Liebevoll nennen die lebensfrohen Bewohner ihre florierende Kapitale »Brissie« – und genießen in den South Bank Parklands das bunte Leben unter freiem Himmel – auf Märkten, in Schlemmerlokalen und an einem Strand mitten in der Stadt. Beliebtestes Ferienziel der gesamten Ostküste ist die 2 * **Gold Coast** südlich von Brisbane mit ihrem 57 km langen Sandstrand, zahlreichen Themenparks, Dutzenden von Golfplätzen und ebenso vielen Shopping Malls. Nachts trifft man sich in den Bars, Restaurants und Nachtclubs von **Surfers Paradise**. Dort sollte man unbedingt einen Blick wagen vom höchsten Wohngebäude des Kontinents. Das 322,5 m hohe **Q1** bietet mit dem Observation Deck in der 77. und 78. Etage einen tollen 360-Grad-Blick von den Sandstränden bis zum subtropischen Regenwald des **Lamington National Park**, der wie der nahe **Springbrook-Nationalpark** zum UNESCO-Weltnaturerbe zählt.

i Highlights der Tour 2

- Brisbane – quicklebendige Hauptstadt des Sunshine State
- Gold Coast – Glitzer, Glanz und Glamour am Endlosstrand
- Fraser Island – die größte Sanddüne der Welt ist grün
- Whitsunday Islands – Inselträume in Schneeweiß und Türkis
- Charters Towers – Ausflug in Queenslands goldene Zeiten
- Mount Isa – ab in den Untergrund!
- Cairns – Lebenslust in den Tropen

Côte d'Azur Australiens

Eine Autostunde nördlich von Brisbane erstreckt sich ein 60 km langer Küstenstreifen, der einst von Hipppies entdeckt wurde – und heute als Côte d'Azur der Antipoden gilt: die 3 * **Sunshine Coast.** Ihr schönstes Juwel ist ** **Noosa**: Hier kann man auf der Strandpromenade an schicken Boutiquen, Cafés und Restaurants vorbeiflanieren, in den Noosa Everglades paddeln und im Noosa National Park Koalas beobachten. Kletterfans zieht es in die Glasshouse Mountains – die zehn Felskegel verkörpern laut Legende versteinerte Seelen von Aborigines. Nicht verpassen sollte man zudem den Australia Zoo des 2006 verstorbenen »Crocodile Hunter« Steve Irwin mit 550 typisch australischen Tierarten.

Ein Regenwald, auf Sand gebaut

In **Hervey Bay**, von Ende Juli bis Anfang November Ausgangshafen für Whale-Watching-Törns, legen das ganz Jahr hindurch Fähren nach 4 * **Fraser Island** ab. »K'ghari« – das Paradies nannten die australischen Ureinwohner die mit 123 km Länge und nur 8 km Breite größte Sandinsel der Welt. Umso mehr überrascht die reiche Vegetation mit hohen Palmen, prähistorischen Farnen und riesigen Kauri-Fichten. Vergessen Sie nicht Ihr Badezeug: Mehr als 50 Seen säumen die Dünenkette. Fotogenes Wahrzeichen ist das Maheno-Wrack am Oststrand.

Südliches Great Barrier Reef

5 **Bundaberg** markiert den südlichen Beginn des Great Barrier Reef – auf Lady Eliot Island und Lady Musgrave Island finden Taucher perfekte Bedingungen. Am * **Mon Repos Beach** 15 km nordöstlich können Besucher von November bis März gemeinsam mit Rangern vom Queensland Parks & Wildlife Service aus nächster Nähe Meeresschildkröten bei der Eiablage beobachten – acht Wochen später schlüpft der Nachwuchs und macht sich auf den Weg ins Meer. Um zu erfahren, woher der legendäre »Bundaberg Rum« kommt, lohnt sich ein Abstecher ins ländliche Hinterland mit seinen weiten Zuckerrohrfeldern.

Mackay, die Hauptstadt der australischen Zuckerindustrie, ist ein guter Ausgangspunkt für Touren auf die 6 ** **Whitsunday Islands**. Die 74 Eilande, eigentlich ertrunkene Berge, gehören zu den schönsten Zielen entlang des Riffs – wer gerne segelt, schnorchelt oder taucht, sollte dafür mehrere Tage einplanen. Jeder findet hier eine Inselidylle nach seinem Geschmack! Unbedingt einen Stopp einplanen sollten Sie auch im * **Cape Hills National Park** 35 km nordöstlich von Mackay – in der Morgendämmerung können Sie dort Kängurus beobachten, die ins Wasser hoppeln und einige Schlucke Meerwasser trinken, um ihren Salzbedarf zu stillen. Trockenen Fußes lässt sich die Unterwasserwelt des Great Barrier Reef im ** **Reef HQ** von 7 **Townsville** erleben: Mitten durch riesige Becken voller Muränen und Mantarochen, weißen Haien und farbigen Korallen führt ein Glastunnel.

Das Zentrum der Welt

Rund 130 km westlich von Townsville wurde 1872 bis 1916 Gold im Wert von über 50 Mio. AUD gefördert: 8 **Charters Towers** verstand sich damals als »The World«, wie es noch heute auf dem Tower Hill

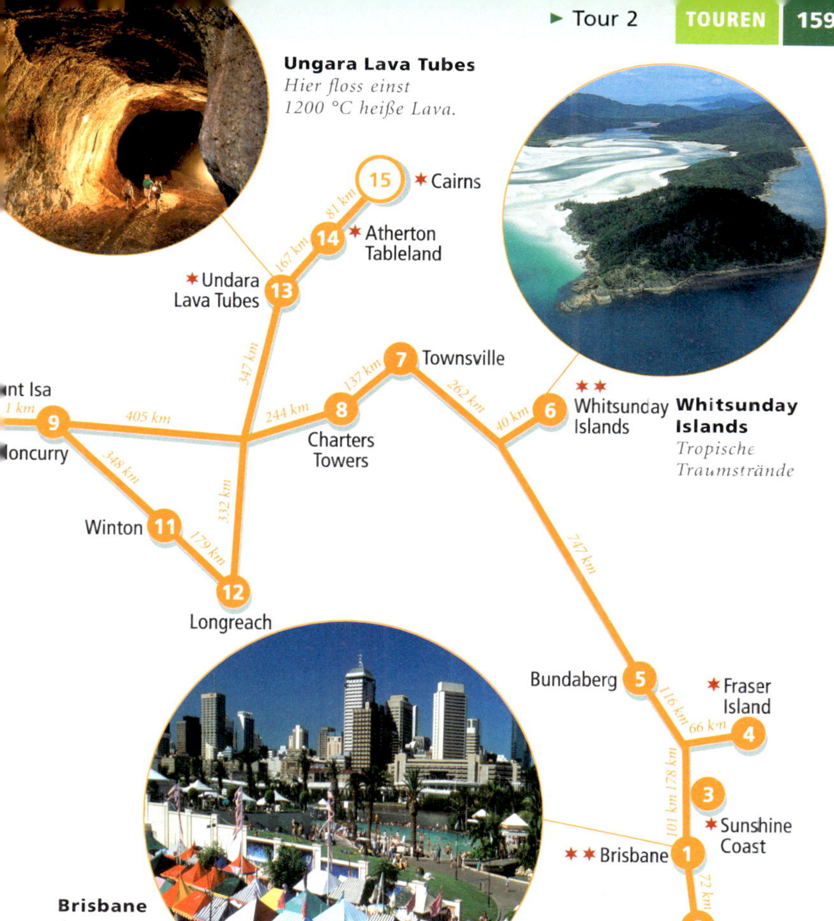

Ungara Lava Tubes
Hier floss einst 1200 °C heiße Lava.

Whitsunday Islands
Tropische Traumstrände

Brisbane
Angesagter ·ffpunkt sind die Bank Parklands.

zu lesen ist. Immer weiter dringt der Flinders Highway ins Outback vor. Hier ist die Heimat von »Stations«, riesigen Rinderfarmen – einige lassen auch Gäste am Farmalltag teilhaben wie die ★ **Windermere Station** (www.windermerestation.com.au) oder die ★ **Carisbrooke Station** (www.carisbrooketours.com.au).

Nächstes Ziel ist 9 **Cloncurry**. In dem verschlafenen Städtchen hat John Flynn 1927 den **Royal Flying Doctor Service** gegründet – bis heute bilden die fliegenden Ärzte das Rückgrat der medizinischen

Zwischen Himmel und Horizont: Rast mit Aussicht am Pazifischen Ozean

Versorgung im Outback. Die Bergbaustadt ⑩ ✶ **Mount Isa** feiert alljährlich im August das **größte Rodeo Australiens** – ein Spektakel, das die Stadt drei Tage lang in einen Ausnahmezustand versetzt. Wie die Kumpels heute unter Tage arbeiten, vermitttelt die **Hard Time Mine Tour** hautnah – jeder darf einmal selbst den Bohrer ansetzen! Welche Fossilien aus der Vorzeit der Fels birgt, zeigt über Tage das **Riversleigh Fossils Centre** mit Exponaten aus 30 Millionen Jahren.

Australiens heimliche Nationalhymne

Aus ⑪ **Winton** stammen gleich zwei uraustralische Errungenschaften: 1920 wurde hier mit Qantas die zweitälteste Fluggesellschaft der Welt gegründet und1895 verfasste Banjo Paterson in Winton die heimliche Nationalhymne der Australier: **»Waltzing Matilda«** – die wohl schönste Hommage an einen Schafdieb. Den Pionieren des Outback gewidmet ist die ✶ **»Stockman's Hall of Fame«** in ⑫ **Longreach.** Vorbei am urzeitlichen Binnenmeer von Hughenden, in dem u. a. ein 14 m hohes Dinosaurierskelett gefunden wurde, das stolz im Flinders Discovery Centre am Highway präsentiert wird, geht es durch weites, flaches Buschland nördlich nach Mount Surprise. Hier hat das größte Lavahöhlen-System der Welt den Untergrund mit 60 Höhlen und Gängen durchlöchert: die ⑬ ✶ **Undara Lava Tubes**.

Das ⑭ ✶ **Atherton Tableland** wirkt mit seinen tosenden Wasserfällen, fruchtbaren Feldern und großen Plantagen nach dem trocken-heißen Outback wie ein Garten Eden.
Mit einem Zwischenstopp in ✶ **Kuranda**, das zum Souvenir-Shopping im Regenwald lädt, erreichen Sie ⑮ ✶ **Cairns**. 2003 erhielt die boomende Kapitale des Far North von Queensland eine Badelagune mitten in der Stadt, deren Küste sonst eine Wattlandschaft mit Mini-Mangroven säumt. Mit den Inseln des nördlichen Great Barrier Reef und dem urzeitlichen Regenwald von Daintree vor der Haustür lohnt es sich, für Cairns ein paar Tage länger einzuplanen – auch sein Nachtleben unter tropischem Himmel ist legendär. Für einen stilgerechten Abschied vom Sonnenstaat empfiehlt sich ein Ausflug in den mondänen Badeort ✶ **Port Douglas**, der zwei unvergleichliche Abenderlebnisse bietet: ein Romantik-Dinner im Regenwald und einen atemberaubenden Gourmet Seafood Platter auf einer Terrasse direkt am Dickinson Inlet. Sie haben die Wahl!

Tour 3 Quer durchs Never Never

Länge der Tour: 2050 km
Route: Stuart Highway
Tourdauer: Mindestens 10 Tage
Beste Reisezeit: Mai – Dezember

Vom roten Zentrum im heißen Outback zum tiefen Grün des tropischen Nordens: Unterwegs auf dem Red Centre Way und dem Explorer's Way erleben Sie grandiose Landschaften. Beobachten Sie Krokodile, reiten Sie auf einem Kamel, paddeln Sie durch tiefe Schluchten und lernen Sie von den Ureinwohnern ihre jahrtausendealte Kultur kennen.

Mitten im Outback

In drei bis vier Flugstunden erreichen Sie aus allen größeren australischen Städten das Eingangstor zum fulminanten Auftakt dieser Tour: den **Flughafen Yulara** direkt am Uluru, wo das Ayers Rock Resort Unterkünfte aller Preisklassen bietet. Luxus pur verspricht das Camp »Longitude 131« mitten in der Wüste – mit direktem Blick auf den Berg! Einfach himmlisch ist das »Sound of Silence«-Dinner unter dem funkelnden Firmament – nach dem Gourmet-Barbecue erklärt ein Astronom die Sterne. Für die Aborigines ist der ❶ ✶✶ **Uluru** ein heiliger Berg – aus Respekt vor den religiösen Gefühlen der Ureinwohner sollten Sie daher auf die Besteigung des Inselbergs verzichten, der 348 m hoch das Outback überragt. Beginnen Sie Ihre Entdeckungsreise am Kulturzentrum des Nationalparks mit einer sehenswerten Einführung in die Kultur und Natur der Region. Danach geht es mit einem Anangu-Guide rund um den Fuß des Felsens. Unterwegs erklärt er die Symbolik der Felsmalereien, wie der mächtige Monolith während der »Traumzeit« entstand und wo die Ureinwohner im Busch Pflanzen und Tiere zum Überleben finden. In der Weite und Stille des Outback entfaltet der Fels im Farbenfeuer des Sonnenuntergangs eine ganz besondere Magie. Der nächste Tag beginnt früh morgens mit einer Wanderung durch das »Valley of the Winds« in den nahen Felsdomen der ❷ ✶✶ **Kata Tjuta.**

Schluchten-Parade

Während der Tageshitze fahren Sie im klimagekühlten Leihwagen auf dem »Red Centre Way« zum ❸ ✶✶ **Watarrka National Park** mit dem berühmten **Kings Canyon**, wo die zweite Wanderung ansteht: Entlang der Steilkante der tiefroten 300-m-Schlucht geht es hin zu einer von Palmen beschatteten grünen Oase. Schlag auf Schlag folgen weitere spektakuläre Naturschauspiele: Simpsons Gap, Standley Chasm, Ellery Creek Big Hole und Ormiston Gorge. Der passende Abschluss: Emufilet, Barramundi oder Kängurusteak im Red Ochre Grill von ❹ ✶✶ **Alice Springs** – so schmeckt das Outback!

Auf den Spuren der Entdecker

Der Explorer's Way, dessen Asphaltband schnurgerade nach Norden weist, folgt der Route des berühmten Entdeckers John McDouall Stuart, der 1862 als erster den Kontinent durchquerte. Erster Stopp sind die ❺ ✶ **Devil's Marbles**, fein ausbalancierte Kugeln, die in den Augen der Aborigines die Eier der Regenbogenschlange darstellen. Den Staub der Straße spülen Sie sich im urigen ❻ **Daly Waters Pub** aus der Kehle, der ältesten Kneipe (1893) des Nordterritoriums. Richtig frisch für neue Erlebnisse macht ein Bad in den Thermalpools von ❼ **Mataranka**. Die 13 Schluchten des Katherine River im ❽ ✶✶ **Nitmiluk-Nationalpark** lassen sich am eindrucksvollsten im Kanu oder Kajak erkunden – auch hier gibt es idyllische Badestellen. Ebenfalls im Nationalpark liegt der Badepool der ❾ ✶ **Edith Falls.**

i Highlights der Tour 3

- Uluru – Farbenrausch am heiligen Berg
- Kata Tjuta – 36 Felsenköpfe
- Kings Canyon – Paradeschlucht mit Palmen
- Alice Springs – Australiens faszinierende Outback-Hauptstadt
- Nitmiluk Nationalpark – Paddeltour durch tiefe Schluchten
- Kakadu Nationalpark – jahrtausendealte Felsenkunst der australischen Ureinwohner
- Darwin – Boomtown im tropischen Top End

Jahrtausendealte Felsmalereien

In Pine Creek biegen Sie auf den Nature's Way Tourist Drive, der zum größten australischen Nationalpark führt: dem ❿ ✶✶ **Kakadu National Park** – Namensgeber waren die örtlichen Gagudju-Aborigines. Sie schufen bei ⓫ ✶✶ **Nourlangie Rock** und ⓬ ✶✶ **Ubirr Art Site** jahrtausendelang fantastische Felsmalereien. Die amphibische Landschaft mit ihren unzähligen Wasservögeln und Krokodilen erleben Sie beim Yellow Water Cruise – am eindrucksvollsten zu Sonnenauf- und -untergang! Wie hoch »Salties« springen können, zeigen eindrucksvoll die »Jumping Crocodiles« vom Adelaide River. Eine Stunde später sind Sie bereits in ⓭ ✶✶ **Darwin** und genießen auf den Holzplanken der Cullen Bay Marina vielleicht schon ein saftiges Krokodilsteak.

Nourlangie Rock
Jahrtausendealte Felszeichnungen im Röntgenstil

Kakadu National Park
»Salties« sind blitzschnelle Jäger.

12 ★★ Ubirr Art Site
40 km
13
250 km
11 ★★ Nourlangie Rock
★★ Darwin
45 km
230 km
10 ★★ Kakadu NP
9 ★ Edith Falls
8 ★★ Nitmiluk NP
121 km
7 Mataranka
165 km
6 Daly Waters
510 km

Devil's Marbles
*traliens Urein-
er sehen in den
altigen Granit-
en die Eier der
bogenschlange.*

5 ★ Devil's Marbles
403 km
218 km
4 ★★ Alice Springs
3 ★★ Watarrka NP
314 km
★★ Kata Tjuta 2
42 km
1 ★★ Uluru (Ayers Rock)

Uluru
Heiliger Fels der Aborigines

Kata Tjuta
Bizarre Sandsteinköpfe

Tour 4 Durch den Wilden Westen

Länge der Tour: ca. 5500 km
Route: Victoria Highway
Tourdauer: Mindestens 20 Tage
Beste Reisezeit: April – Oktober

Der tropische Norden und weite Westen Australiens ist ein Terrain der Extreme: Nirgendwo sonst im Land sind die Flüsse tosender, die Klippen steiler, die Schluchten tiefer, die Böden reicher – und die Menschen herzlicher. Hier ist das Outback noch ein Land der Pioniere, die dem rauen Alltag mit einer unbändigen Lebensfreude begegnen.

Naturerlebnisse der Extraklasse

Diese Tour lässt sich gut mit Tour 3 ab Katherine kombinieren bzw. auch in zwei Teiltouren aufteilen: Darwin – Broome und Broome – Perth, die natürlich auch in entgegengesetzter Richtung absolviert werden können. Von ❶ ✶✶ **Darwin** geht es auf dem gut ausgebauten Stuart Highway nach ❷ **Katherine**, das mit dem ❸ ✶✶ **Cutta Cutta Caves Nature Park** und dem ❹ ✶✶ **Nitmiluk National Park** zwei Topattraktionen des Northern Territory in nächster Nähe besitzt – wer sie noch nicht kennt, sollte mindestens anderthalb Tage in der Kleinstadt einplanen! Weiter gen Westen führt nun der mitunter kurvenreiche Victoria Highway durch Farmland. Seinen Namen erhielt er vom größten – und krokodilreichsten – Flusslauf des Nordterritorium, dem **Victoria River**: In Timber Creek und Victoria River starten Bootstouren, bei denen die blitzschnellen »Salties« hautnah beobachtet werden können.
Nur mit Allradwagen zu befahren ist südwestlich von ❺ **Kununurra** die ❻ ✶✶ **Gibb River Road**, die von Mai bis September fast 700 km lang durch die Kimberley-Berge führt. Doch auch der Highway 1 ist gespickt mit einzigartigen Naturerlebnissen. Mit 740 km² ist der ❼ ✶ **Lake Argyle** der größte Wasserspeicher des Kontinents. Eindrucksvoll: ein Rundflug am Abend über die vielen Wasserarme des Stausees. Besichtigen Sie auch die Kimberley Diamond Mine mit ihren rosa Diamanten. Auch für den ❽ ✶✶ **Purnululu Nationalpark** mit den Bungle-Bungle-Bergen empfiehlt sich ein Rundflug – die bienen-korbartigen Sandsteindome, die seit 2003 zum UNESCO-Weltnaturerbe gehören, sind sonst nur per Allradwagen zu erreichen. In ❾ ✶ **Halls Gap** starten Flüge zum 145 km südlich liegenden Wolf Creek-Krater – der kreisrunde Ring mit 880 m Durchmesser entstand vor rund 300 000 Jahren durch einen Meteoriteneinschlag.

Urzeit-Meere und tropische Brandung

In Fitzroy Crossing führt eine Stichstrecke zum ❿ ✶ **Geike Gorge National Park**, dessen Uferbänke aus fossilen Korallenriffen bestehen. Im warmen Wasser tummeln sich Süßwasserkrokodile und Schwertfische. Eine Million Jahre alte Überbleibsel eines Urzeit-Meeres sind auch die zerklüfteten Wände der ⓫ ✶✶ **Windjana Gorge**, die nur während der Trockenzeit erreicht werden kann. Weiter gen Westen

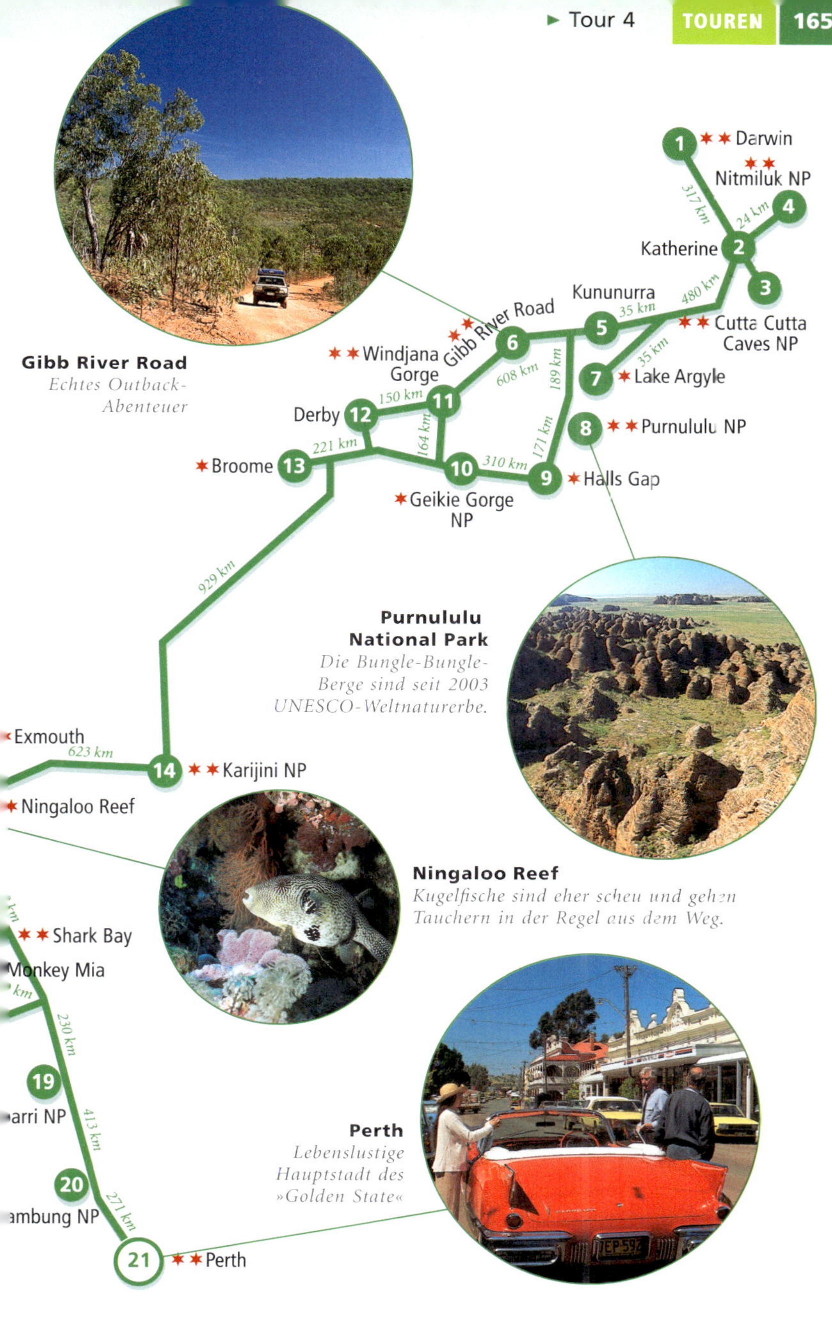

Gibb River Road
Echtes Outback-Abenteuer

Purnululu National Park
Die Bungle-Bungle-Berge sind seit 2003 UNESCO-Weltnaturerbe.

Ningaloo Reef
Kugelfische sind eher scheu und gehen Tauchern in der Regel aus dem Weg.

Perth
Lebenslustige Hauptstadt des »Golden State«

können Sie in ⑫ **Derby** einen dickbäuchigen Baobab Tree bestaunen, der früher als Gefängnis genutzt wurde. In ⑬ ✶ **Broome**, Australiens altem Zentrum der Perlenfischerei, ist Entspannung angesagt – beim Baden, Sonnen und Kamelreiten am 22 km langen Cable Beach, bei einem Filmabend im ältesten Freilichtkino des Kontinents oder bei einem Ausflug im Hovercraft zu den versteinerten Fußstapfen der Dinosaurier.

Reichtum in Stein

Vorbei am endlosen einsamen 80 Mile Beach zeigt die Fahrt nun, worauf Westaustraliens Reichtum basiert: Rohstoffen. In **Port Hedland** warten kilometerlange Block Trains auf die Verschiffung der Erze aus Tom Price, der weltgrößten Eisenerzmine und Hauptort der Pilbara-Region. Die Stadt ist auch ein guter Ausgangspunkt für Ausflüge in den ⑭ ✶✶ **Karijini National Park** mit seinen vielfarbigen Gesteinsoberflächen, Wasserfällen und Schluchten. Für ein idyllisches Picknick empfehlen sich die Fortescue Falls.

Tierische Begegnungen

Während des »Coral Spawning«, wenn die Korallen ihre Geschlechtszellen (Gameten) ausstoßen, kommen von März bis Juni Walhaie an die Küste vor ⑮ ✶ **Exmouth** – dann können Sie mit den friedlichen Giganten der Meere schnorcheln und tauchen. Die Unterwasserwelt des artenreichen ⑯ ✶✶ **Ningaloo Reef** lässt sich von Coral Bay aus in einem Glasbodenboot beobachten. In ⑰ ✶ **Monkey Mia** kommen frei lebende Delfine mehrfach täglich an den Strand, wo sie die Ranger vor den Augen der Urlauber erläutern und füttern. Mit etwas Glück lassen sich auf Wildnisfahrten im Katamaran auch Seekühe, Dugongs genannt, im warmen Wasser entdecken. Weitere Höhepunkte des UNESCO-Weltnaturerbes ⑱ ✶✶ **Shark Bay** sind der von Muscheln übersäte Shell Beach und die Stromatolithen von Hamelin Pool, die fast drei Milliarden Jahre alt sind.

Sandsteinsäulen

Zu den schönsten Klippen des Kontinents gehören die Kliffs im ⑲ ✶✶ **Kalbarri National Park** – genießen Sie vom Aussichtspunkt am Hawk's Head einen herrlichen Ausblick auf die Murchison River Gorge! Kahl ragen meterhohe, jahrtausendealte Kalksteinsäulen im ⑳ ✶✶ **Nambung National Park** aus dem Wüstensand. Gegen Abend erreichen Sie schließlich die entlegendste Großstadt der Welt: ㉑ ✶✶ **Perth**. Das Zentrum der boomenden westaustralischen Kapitale lässt sich gut zu Fuß oder mit den kostenlosen Bussen der Central Area Transit (CAT) erkunden, abends lockt ein Dinner Cruise auf dem Swan River mit den besten Weinen Westaustraliens.

i Highlights der Tour 4

- Victoria River – Krokodile hautnah
- Purnululu – filmreife Sandsteindome mitten in der Wüste
- Broome – Badeperle am Traumstrand
- Karijini – rostrote Schluchten und wertvolle Erze
- Ningaloo Reef – Tauchen mit Walhaien
- Shark Bay – Begegnung mit Delfinen
- Kalbarri – Australiens schönste Steilküste
- Perth – einsamste Großstadt der Welt

Tour 5 Rund um den Südwesten

Länge der Tour: 2365 km

Tourdauer: Mindestens 7 Tage
Beste Reisezeit: September – April

Der Südwesten Australiens ist ein wenig bekanntes Kleinod: Riesige Karriwälder und Kornfelder, Karsthöhlen und Rebenhänge prägen das Landesinnere, stürmische Kaps, malerische Buchten und strahlend weiße Sandstrände säumen die Küste, die von September bis November zur Walbeobachtung lädt.

Erste Adresse am Swan River

Von 1 ✶✶ **Perth**, dessen alte Kolonialbauten entlang der St. George's Terrace erkundet werden können, fahren Sie ins 100 km östlich liegende 2 ✶ **York,** das 1831 als erste Binnenstadt Westaustraliens gegründet wurde – zahlreiche viktorianische Bauten säumen die Avon Terrace. Über Corrigan mit seinem skurrilen Hundefriedhof und Hyden geht es weiter durch die Kornkammer Australiens, den »Wheat Belt«, bis zur versteinerten Brandungswelle des 3 ✶✶ **Wave Rock**. In der charmanten nostalgischen Zwillingsstadt 4 ✶ **Kalgoorlie-Boulder** dreht sich seit über 100 Jahren alles ums Gold: 1931 wurde hier der mit 67,4 x 29,2 cm Ausdehnung bislang größte Nugget der Erde gefunden, befindet sich mit der 5 km langen und 1,5 km breiten Super Pit Mine der größte Gold-Tagebau der Welt und können Besucher in der Hannans North Tourist Mine 66 m unter Tage erleben, wie einst die Goldgräber gearbeitet und gelebt haben.

Sonnenstrände und stürmische Klippen

Vorbei an Norseman, dem Tor zur baumlosen Nullarbor Plain, die den Westen vom Süden Australiens trennt, erreichen Sie den Badeort 5 ✶ **Esperance** – die besten Strände finden Sie westlich der Stadt! Wunderschön ist auch der vorgelagerte Archipel mit mehr als 100 Inseln. Eine botanische Schatzkammer ist der ✶ **Fitzgerald River National Park**, in dem die kohlartige, bis 2,50 m hohe Königs-Hakea wächst – planen Sie eine kurze Wanderung ein! Am ausgedehnten Naturhafen des King George Sound wurde 1827 Westaustraliens erste Siedlung gegründet: 6 ✶ **Albany** – zu 39 historischen Gebäuden führt der Albany Heritage Trail. Die Cheynes Beach Whaling Station war als letzte Walfangstation Australiens bis 1978 in Betrieb und birgt heute die sehenswerte »Whaleworld« – mit Glück lassen sich von September bis November Wale vor der Küste sichten. Ein Muss ist auch der 10 km südlich liegende 7 ✶ **Torndirrup National Park** mit seiner wilden Granitküste. Steil und anstrengend ist der Aufstieg zum Bluff Knoll, mit 1095 m höchster Berg im Süden Westaustraliens und Herzstück des 8 ✶ **Stirling Range National Park**. Die Mühen des Aufstiegs werden mit einer fantastischen Fernsicht belohnt, von Ende September bis November lohnt sich die Wildblumenblüte. Die Holzfällerstadt 9 ✶ **Pemberton** verdankt ihre Existenz den Urwäldern in der Umgebung. Berühmtester Baumriese ist der Glouces-

ter Tree im gleichnamigen Nationalpark: Seine Plattform in 61 m Höhe dient seit 1947 als Feuerausguck – und bietet einen fantastischen Rundblick auf die Waldregion.
Am ⑩ ✶ **Cape Leeuwin**, dem südwestlichsten Punkt Australiens, treffen der Indische und der Große Südliche Ozean aufeinander – ein schöner Anblick aus dem strahlend weißen Leuchtturm! Nur ein Katzensprung ist es von der Küste zur jungen Weinregion ⑪ ✶ **Margaret River**, in der 1967 die ersten Reben gepflanzt wurden – und heute 105 Winzer hervorragende Tropfen produzieren. Nicht verpassen sollten Sie auch die spektakuläre Tropfsteinhöhle Ngilgi Cave. Von ⑫ **Bunbury**, wo bei jedem Besuch von Delfinen am Strand eine Fahne hochgezogen wird, und vorbei an der schnell wachsenden Stadt Mandurah erreichen Sie ⑬ ✶ **Freemantle**, das Insider nur »Freo« nennen – gönnen Sie sich eine Pause am »Cappuccino Strip«, bevor Sie nach ⑭ ✶ **Perth** zurückkehren!

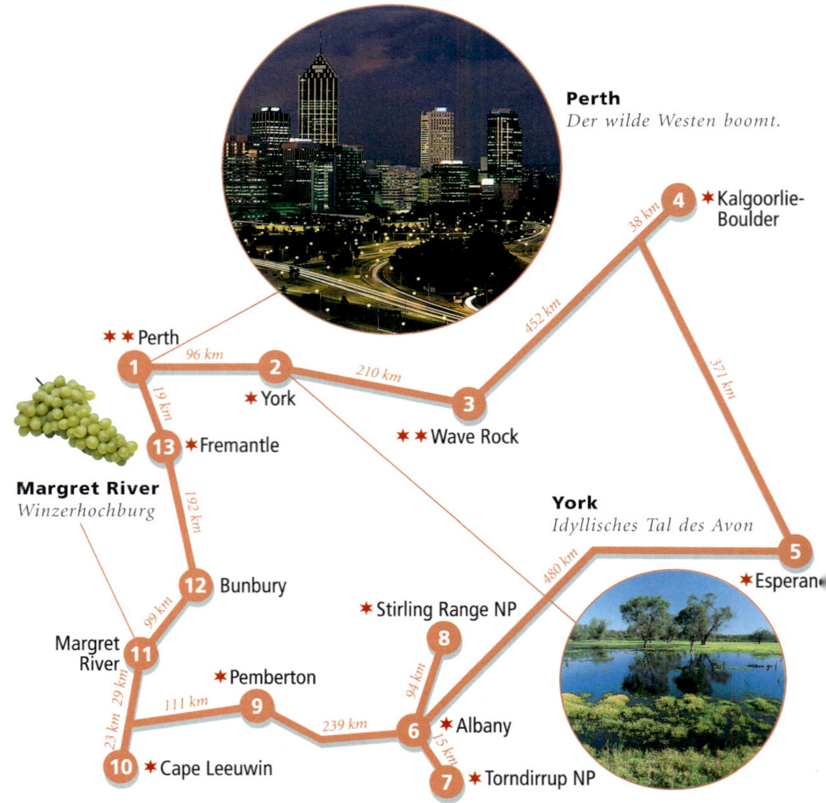

Perth
Der wilde Westen boomt.

Margret River
Winzerhochburg

York
Idyllisches Tal des Avon

Tour 6 Taste of Tasmania

Länge der Tour: 1200 km
Route: Rund um Tasmanien
Tourdauer: Mindestens 14 Tage
Beste Reisezeit: Oktober – März

Wildnis im Westen, Altengland im Osten: Auf der grünen Berginsel Tasmanien, die der Größe Irlands entspricht, hat eine 12 000-jährige Isolation ein anderes Australien geschaffen. Wer Einsamkeit und Abenteuer, aber auch aufregende Kunst und beste Weine sucht, wird begeistert sein von »Under Down Under«!

Kontrastreiche, urwüchsige Natur

Schon die Lage ist beneidenswert: Am Fuße des Mount Wellington schmiegt sich Tasmaniens heimelige Hauptstadt 1 ✶✶ **Hobart** an den buchtenreichen Derwent River. Die City säumt die Docks der Sullivan's Cove mit altem Sandstein, Glas und Stahl. Alljährlich Ende Dezember drängen sich die Zuschauer auf der Tasman Bridge, wenn die Sieger des Sydney to Hobart Yacht Race erwartet werden – die 630 Seemeilen-Strecke gilt als eine der härtesten Hochseeregatten der Welt. Dem Flusslauf landeinwärts folgend, wird 2 **New Norfolk** erreicht, wo die Zufahrt zum 3 ✶ **Mount Field National Park** mit seinen Pandanus-Wäldern am Lake Dobson, alpinen Moorlandschaften und rauschenden Wasserfällen abzweigt. Via Ellendale geht's zurück zum Lyell Highway, der steil zum nördlich liegenden 4 ✶✶ **Cradle Mountain National Park** ansteigt, einem Eldorado zum Buschwandern mit dem berühmten **Overland Track** und zig markierten »Short Walks«. Den Muskelkater vertreibt das Waldheim Alpine Spa der urig-edlen Cradle Mountain Lodge.

Abstecher an die Küste

Durch die vom Bergbau zerwühlte Landschaft von Queenstown erreichen Sie den schönsten Fischerort Tasmaniens, 5 ✶ **Strahan**, in dem Flussfahrten durch den Urwald am Unterlauf des Gordons River beginnen. Mögliche Stopps auf der Fahrt zur Nordküste sind die Minenstadt Rosebery, in der noch heute Zink abgebaut wird, und die Montezuma Falls als höchster Wasserfall Tasmaniens. Vorbei an der Industriestadt Burnie und dem Fährhafen 6 **Devonport** geht es weiter zum Badeort 7 **Port Sorell** – die schönsten Sandstrände befinden sich nördlich des Rubicon River im Narawntapu Nationalpark.

Weinprobe, Traumstrand und Spurensuche

Bei York Town beginnt das 8 ✶ **Tamar Valley**, in dem renommierte Weingüter wie Strahlynn, Rosevears Estate oder Pipers Brook einen hervorragenden Pinot Noir, Chardonnay und Riesling anbauen. Die edlen Tropfen der Region sollten Sie im sehr britisch wirkenden 9 ✶ **Launceston** genießen, dessen Stillwater Restaurant mehrfach als bestes Restaurant der Insel ausgezeichnet wurde. 10 **Bicheno** ist ein idealer Standort, um die Sehenswürdigkeiten der Umgebung zu erkunden – die **Freycinet Peninsula** mit ihren imposanten Granitfelsen und der herrlichen 11 ✶✶ **Wineglass Bay** und den Douglas Apsley

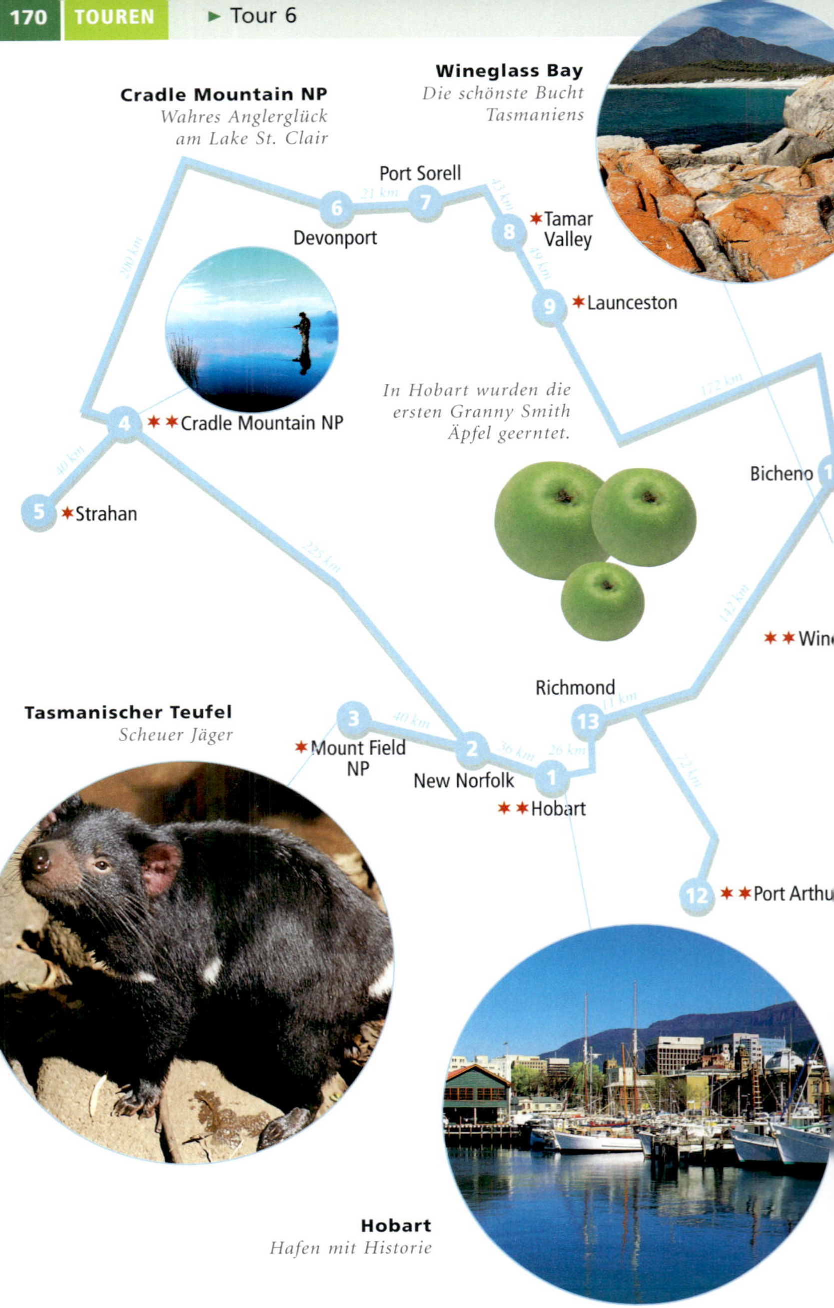
Wineglass Bay
Die schönste Bucht Tasmaniens
Cradle Mountain NP
Wahres Anglerglück am Lake St. Clair
Port Sorell
21 km
6
7
43 km
8
Tamar Valley
Devonport
49 km
200 km
9
Launceston
In Hobart wurden die ersten Granny Smith Äpfel geerntet.
172 km
4
Cradle Mountain NP
40 km
5
Strahan
Bicheno
225 km
142 km
Win
Richmond
11 km
Tasmanischer Teufel
Scheuer Jäger
3
40 km
13
Mount Field NP
2
36 km
26 km
72 km
New Norfolk
1
Hobart
12
Port Arthu
Hobart
Hafen mit Historie

National Park mit tiefen Schluchten und trockenen Eukalyptuswäldern. 12 ✶✶ **Port Arthur** sollten Sie auf einer Geistertour bei Dunkelheit entdecken – dann wirken die alten Gemäuer richtig gruselig. Die historische Stätte auf der vom Meer nahezu umschlossenen Tasman Peninsula war zwischen 1830 und 1877 für 12 500 Häftlinge das härteste Gefängnis der Welt – die »Hölle auf Erden«. Strafgefangene erbauten auch die älteste Brücke Tasmaniens, die seit 1832 im Nostalgiestädtchen 13 **Richmond** den Coal River überspannt. Zurück nach 14 ✶✶ **Hobart** sind es gut 30 Minuten, zum Fughafen sogar nur 20 Minuten.

i Highlights der Tour 6

- Hobart – Tasmaniens heimelige Hauptstadt und Seglertreff
- Cradle Mountain – Wander- und Wellnessparadies
- Strahan – malerischer Fischerhafen am wilden Fluss
- Tamar-Tal – kühle Tropfen und beste Küche
- Wineglass Bay – wilder Traumstrand
- Port Arthur – der härteste Knast des Empire
- Richmond – Kleinod der Kolonialzeit

Tour 7 Fahrradtour Great Ocean Road

Länge der Tour: 300 km
Route: Great Ocean Road
Tourdauer: 5 – 7 Tage
Beste Reisezeit: November – März

Für viele Australier ist die fantastische, kurvenreiche Küstenstraße von Warrnambool nach Torquay bis heute Symbol des gewonnenen Kampfes gegen eine unerbittliche Natur. Wer hier radelt, muss selbst bei größter Hitze einen Helm tragen – und bekommt garantiert Kondition.

1. Tag: 70 km

Dreimal werktags und zweimal wochenends transportieren die Züge des West Coast Rail Service auch Fahrräder von **Melbourne** Southern Cross zum Ausgangspunkt der Radtour, 1 ✶ **Warrnambool**. Zwischen Mai und September lassen sich hier die Southern Right Whales von einer Aussichtsplattform am Logan's Beach beobachten – sie ziehen nur 200 m vom Strand entfernt vorbei. Proviant für die erste Etappe gibt es im Fishtales Café an der Lieburg Street. Auf dem Princes Highway geht es 18 km lang durch flaches Farmland nach Allansford, wo die **Cheese World** leckere Milk Shakes serviert (Great Ocean Road, Tel. 03 / 55 65 31 30, www.cheeseworld.com.au).
Den ersten Blick auf die Küste können Sie bei einem Abstecher zum 2 ✶ **Childers Cove** erhaschen. Zur kleinen Bucht mit traumhaftem Strand führt 3 km hinter Mepunga West die Childers Cove Road, die nach dem Schlenker zum Meer nach 5 km bei Nirranda zur Great Ocean Road zurückkehrt. Jetzt können Sie die Räder laufen lassen:

Twelve Apostels
... da waren es nur noch acht.

Panorama
Steile Klippen künden vom Kampf mit den Gezeiten.

Mit Schwung erreichen Sie ❸ **Peterborough**. Von nun an folgt die Straße dicht der Küste – und fordert Kondition: Im steten Wechsel geht es bergauf, bergab. Doch jetzt kommen auch die natürlichen Topattraktionen Schlag auf Schlag: die Felshöhle **»The Grotto«**, die 86 Stufen der **»Gibson's Steps«** in einer 70 m hohen, steilen Sandsteinwand – und die ❹ ✶ **London Bridge**. Bis 1990 existierte ein zweiter Bogen, der die mächtige Sandsteinformation mit dem Festland verband. Als diese Landverbindung tosend einstürzte, standen noch zwei Touristen auf dem Felsrumpf – ein Hubschrauber brachte die beiden zurück an Land. 2005 stürzte ein ganzer Felsen ein.

Weitere Hintergründe zu den sturmumtosten bizarren Felsen präsentiert das **Loch Ard Shipwreck Museum** an der Lord Street 27 (Öffnungszeiten: tgl. 9.30 – 17.30 Uhr) im heutigen Etappenziel ❺ ✶ **Port Campbell**. Für eine ruhige Nacht empfiehlt sich das kleine B & B »Sounds of the Sea« an der Pitcher Street 7 (Tel. 03/55 98 63 93, Fax 04/ 37 98 85 92, www.check-in.com.au), in dessen Garten man auch grillen kann.

i Highlights der Tour 7

- Warrnambool – Begegnung mit Walen und ihrer Geschichte
- Twelve Apostels – legendäre Sandsteinsäulen in der Brandung
- Loch Ard – die schlimmste Katastrophe der Kliffküste
- Otway Range – Wanderung durch die Baumwipfel
- Lorne – Baden mit Stil
- Torquay – Hauptstadt der Surfer

Cape Otway Lighthouse
Im sturmumtosten Leuchtturm gibt es auch Unterkünfte.

Surferhochburg Bells Beach
Jedes Jahr um Ostern werden hier die Surfweltmeisterschaften ausgetragen.

2. Tag: 50 km

Der anstrengendste Tag der Tour – und zugleich der schönste: Nach dem kurzen, steilen Anstieg hinter Port Campbell sind es nur 8,5 km zur spektakulären 6 ✶✶ **Loch Ard Gorge** und 12 km zu den 7 ✶✶ **Twelve Apostles**. Wer die Etappe unterbrechen möchte, kann hinter Princetown dem Gellibrand River folgen – nach 18 km gibt es dort hinter den Dünen einen ruhigen Campingplatz. Wer auf den Zeltplätzen im Otway National Park schlafen möchte, findet nach dem steilen Anstieg nach 8 **Lavers Hill** den letzten Laden, um sich mit Vorräten einzudecken. Sie sind noch fit? Dann meistern Sie doch die letzten Kehren und Kurven und folgen Sie nach 9,1 km der Stichstraße zum Johanna Beach, wo man direkt am Strand zelten kann. Komfortabler sind die **Blue Johanna Cottages** (225 Blue Johanna Road, Tel. 03 / 52 37 42 24, www.bedsandbreakfasts.com.au/bluejohanna).

Nach dem Auf und Ab bei Lavers Hill wird die Straße nun flacher und folgt für rund eine Stunde dem Aire River, ehe hinter Hordon Vale die eigentliche

! *Baedeker* TIPP

Wanderung durch die Wipfel

Durch die Wipfel des 121 km² großen Otway National Park mit seinen moosbedeckten Stämmen uralter, 100 m hoher Königseukalypten und mannshohen Farnwäldern führen in 25 m Höhe die 600 m langen Holzstege des Otway Fly Tree Top Walk (Tel. 03 / 52 35 92 00, www.otwayfly.com). Für den besonderen Blick gibt es einen 50 m hohen Aussichtsturm, der fast die höchsten Baumwipfel erreicht.

Die Great Ocean Road folgt spektakulären Steilklippen aus Sandstein.

»Bergetappe« beginnt: der Aufstieg in die Otway Ranges – die härtesten 200 Höhenmeter der Tour. Ein wunderschöner 24-km-Abstecher führt zum ❾ **Cape Otway Lighthouse**, das auch einige Unterkünfte im Leuchtturmwärterhäuschen bietet (Tel. 03/52 37 94 20). Erst hinter Cape Horn können Sie sich erholen: Genießen Sie den herrlichen Blick auf die Küste – und lassen Sie dann die Räder schnurgeradeaus laufen bis ❿ **Apollo Bay**. Wer jetzt einige Strandtage einlegen möchte, findet nur 60 m vom Meer mit den **Rayville Boat Houses** an der Noel Street, Tel. 03 / 52 37 63 81, www.rayville.com.au) wunderschöne Ferienvillen in maritimem Ambiente.

4. Tag: 80 km Die Great Ocean Road schmiegt sich heute eng an die Küste, klettert und fällt über mitunter 100 Höhenmeter, säumt steile Klippen und breite Sandstrände, passiert kleine Wasserfälle und dichte Wälder. Nach 45 km ist es Zeit für eine Pause – die Loutit Bay Bakery (46 B Mountjoy Parade, Tel. 03 / 52 89 12 07) in ⓫ ✶ **Lorne** ist genau der richtige Platz dafür. Ausgiebig baden können Sie am Breakwater Beach. Danach windet sich die Straße weiter die Küste entlang bis nach ⓬ **Anglesea**, wo Kängurus den Golfplatz bevölkern. Zehn Gehminuten von den Lokalen im Ort entfernt liegt ruhig am Anglesea River das Anglesea River Gums B & B (10 Bingley Parade, Tel. 03/52 63 30 66, www.greatoceanroad.org/rivergums). Noch gemütlicher ist das Cimarron B & B 2 km vor Anglesea am Airey's Inlet (105 Gilbert Street, Tel. 03 / 52 89 70 44, www.cimarron.com.au).

5. Tag: 49 km

Gut erholt meistern Sie den letzten steilen Anstieg von der »Shipwreck Coast« hinüber zur Surf Coast. Biegen Sie am Point Addis rechts ab und folgen Sie der Kliffkante vorbei am berühmten Surferstrand ⓭ ✶ **Bells Beach** bis nach ⓮ ✶ **Torquay.** Unbedingt ansehen müssen Sie sich hier die **Surf World**, eine grandiose Hommage an die großen Meister der kleinen Boards.

Fahren Sie danach nicht auf der B100 weiter nach Geelong, sondern folgen Sie zunächst noch der Küste bis ⓯ **Barwon Heads**. Jenseits des Flusses windet sich die Straße nach Ocean Grove. Auf der Shell Road erreichen Sie ⓰ ✶ **Queenscliff** – in Victorias ältester Stadt, heute ein quicklebendiges Küstenstädtchen mit Kunstgalerien, trendigen Cafés und viktorianischen Prachtbauten, endet die Tour. Als krönenden Abschluss können Sie sich eine Nacht im **Athelstane House** gönnen (4 Hobson Street, Tel. 03 / 52 58 10 24, www.athelstane.com.au), das zu den schönsten Landhotels Victorias gehört, und auch die Küche von Tyler Vakidis mundet vorzüglich! Zurück nach Melbourne geht's wieder per Bahn.

Baedeker TIPP

La Bimba

Was im La Bimba aus der Küche kommt, ist garantiert »bio« von regionalen Erzeugern und so lecker, dass der Paradeblick auf die Bucht von Apollo Bay zu Nebensache wird. Hervorragend sortiert ist auch die Weinkarte mit Tropfen aus dem Südosten Australiens (125 Great Ocean Road, Apollo Bay, Tel. 03 / 52 37 74 11).

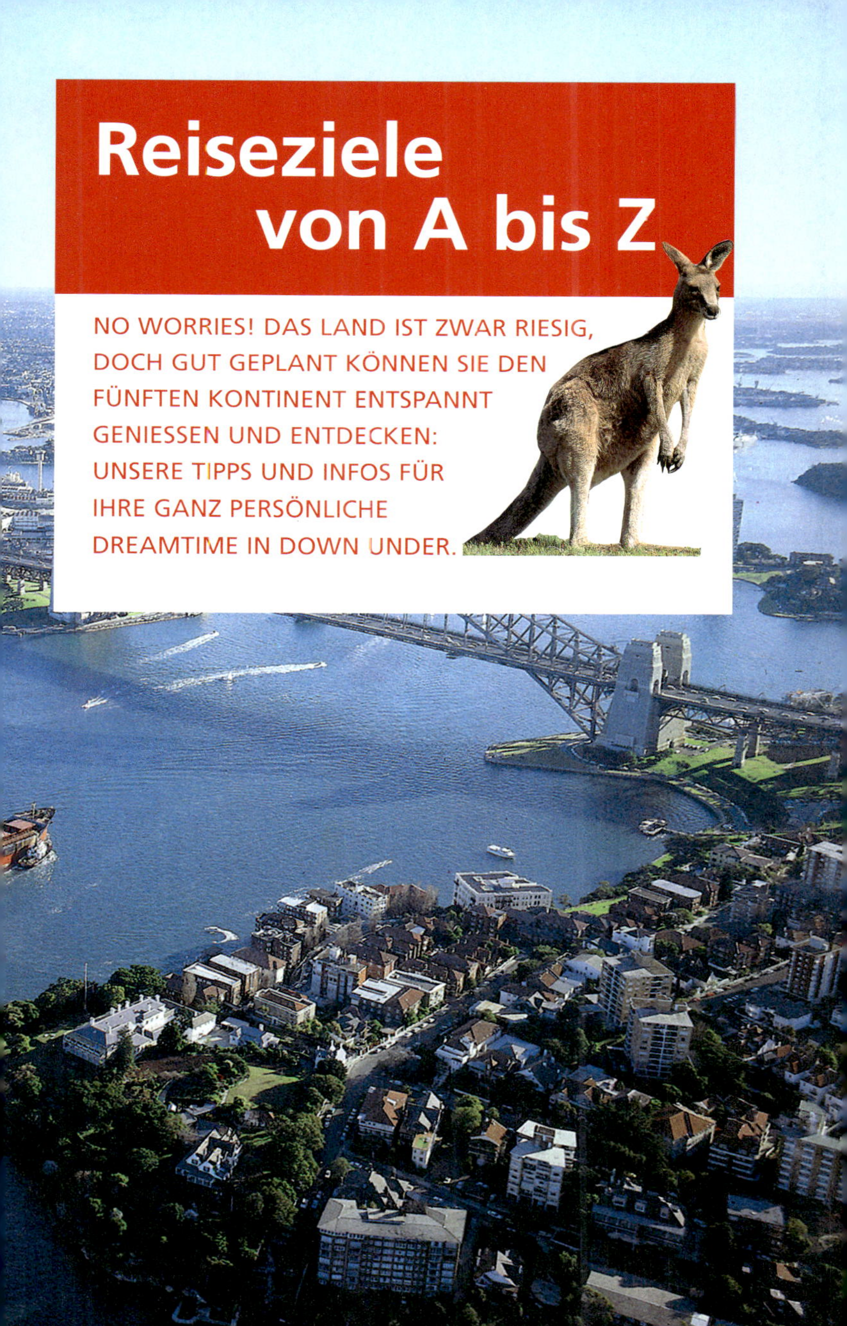
Reiseziele
von A bis Z
NO WORRIES! DAS LAND IST ZWAR RIESIG,
DOCH GUT GEPLANT KÖNNEN SIE DEN
FÜNFTEN KONTINENT ENTSPANNT
GENIESSEN UND ENTDECKEN:
UNSERE TIPPS UND INFOS FÜR
IHRE GANZ PERSÖNLICHE
DREAMTIME IN DOWN UNDER.

Sunday Times
Kodak film

AUSTRALIAN CAPITAL TERRITORY

Kürzel: ACT
Hauptstadt: Canberra
Symbolpflanze: Royal Blue Bell
Fläche: 2430 km²
Bevölkerungszahl: 356 000
Symboltier: Helmkakadu

★ Canberra

V 14

Einwohnerzahl: 340 800

»Kamberra«, »Treffpunkt«, nannten die Ngunnawal-Aborigines das Gebiet, auf dem 1911 Australiens Hauptstadt entstand. Spötter bezeichnen sie gern als »beleuchtete Weide«. Zu Unrecht: In Canberra herrscht nicht nur die Politik, sondern auch Lebenslust und Kultur.

Australiens Hauptstadt

Seit ihrer Gründung war Australiens Hauptstadt eine kosmopolitische Metropole mit hoher Lebensqualität. Rundum gibt es viel Natur, keine Staus im weitläufigen Straßennetz und sogar ein leicht erreichbares Skigebiet in den Snowy Mountains. Nur eines fehlt: Im Unterschied zu den anderen Landeskapitalen liegt die Stadt gute 100 km von der Küste entfernt in einem kühlen Hochland.

Künstliche Metropole

Nachdem 1901 der australische Staatenbund aus der Taufe gehoben worden war, musste eine Hauptstadt gefunden werden. Sydney und

Australian Capital Territory

← *Hauptstadt im Aufwind: die National Gallery von Canberra*

1901	Der Australische Staatenbund wird begründet.
1908	Enscheidung für Canberra als Sitz der neuen Hauptstadt
1927	Parlament und Regierung nehmen hier ihre Arbeit auf.
2003	Verheerende Buschfeuer in den Außenbezirken

Melbourne, die beiden größten, erbittert rivalisierenden Metropolen, hatten bei der Federal Convention 1898 zwar gewichtige, aber keine überzeugenden Argumente ins Feld führen können. So bestimmte das Gremium Melbourne zum Interims-Sitz des Parlaments und legte fest: Die neue Hauptstadt solle auf dem Staatsterritorium von New South Wales stehen – aber mindestens 100 Meilen (166 km) von Sydney entfernt. Die Würfel fielen am 8. Oktober 1908 mit knapper Mehrheit für eine neue **Hauptstadt** im Distrikt Yass-Canberra.
Ein 1912 international ausgeschriebener Wettbewerb zur Stadtplanung wurde von **Walter Burley Griffin** (1876 – 1937) aus Chicago gewonnen. Griffin entwarf als Kernstück ein Dreieck mit dem Parlamentsgebäude an der Spitze. Erst 1927 konnten Bundesparlament und Bundesregierung von Melbourne in das provisorische Parlamentsgebäude umziehen. Damals lebten in der Stadt rund 5000 Menschen. Seit 1989 besitzt auch das Hauptstadtgebiet, wie die anderen Bundesstaaten, eine eigene Regierung. Die **Legislative Assembly von Canberra** umfasst 17 Abgeordnete. Ein 2006 in Duffy enthülltes Denkmal erinnert an die verheerenden **Buschbrände** im Januar 2003.

Canberra, 650 m hoch und auf halbem Wege zwischen ►Sydney und ►Melbourne gelegen, ist von fast 900 m hohen Bergen umrahmt. Kernstück der am Reißbrett entstandenen Hauptstadt ist der **Lake Burley Griffin**. Dieser Stausee teilt die Stadt in zwei Bezirke: **City Hill** im Norden ist das Geschäftszentrum, **Capital Hill** im Süden ist der Sitz der Regierung. Nord- und Südstadt werden durch die Commonwealth Avenue und die Kings Avenue miteinander verbunden.

Highlights Canberra

Australian War Memorial
Nr. 1 in der Besuchergunst – eindrucksvolles Mahnmal und Militärmuseum
► **Seite 183**

National Gallery of Australia
Gigantische Hommage an die Kunst der Ureinwohner und der weißen Australier
► **Seite 185**

New Parliament House
Superlative für das Symbol der Demokratie am Capital Hill. Vom begehbaren Grasdach hat man eine tolle Aussicht über die ganze Stadt.
► **Seite 186**

National Museum of Australia
Australiens Geschichte und Gegenwart als faszinierendes Puzzle
► **Seite 189**

National Botanic Gardens
Die Flora des fünften Kontinents – zu erleben auf 140 km Wanderwegen
► **Seite 189**

Canberra Orientierung

Essen

1. Waters Edge Restaurant
2. Courgette
3. The Habit Café

Übernachten

1. Hyatt Hotel Canberra
2. Brassey Hotel
3. Ginninderry Homestead B&B
4. Victor Lodge

CANBERRA ERLEBEN

AUSKUNFT

Canberra and Region Visitor Centre
330 Northbourne Avenue
Tel. 1300 / 55 41 14
www.visitcanberra.com.au

VERKEHR

Vom 8 km östlich gelegenen *Canberra International Airport* (www.canberra airport.com.au) fahren Shuttlebusse in 10 Min. ins Zentrum.

SHOPPING

Mit den drei Kaufhäusern Myer, David Jones und Target und über 310 weiteren Geschäften ist das 1989 in der City eröffnete *Canberra Centre* in der Bunda Street das Shopping-Zentrum der Hauptstadt (www.canberracentre.com.au). Canberras ältester Markt sind die *Gorman House Markets* im gleichnamigen Kunstzentrum, die Sa. von 9.00 bis 16.00 Uhr mit Designerkleidung, Kunsthandwerk, Straßenkunst und multikultureller Küche locken.

ESSEN

► Fein & teuer

① ***Water's Edge Restaurant***
400 Parkes Place, North Parkes
Tel. 02 / 62 73 50 66, www.outincan berra.com.au/watersedge
Eleganz in Weiß prägt die Schlemmeroase mit Blick auf den Lake Burley Griffin, in der Basilica und Dominique Clevenot mit moderner australischer Küche verwöhnen.

► Erschwinglich

② ***Courgette***
54 Marcus Clarke Street
Tel. 02 / 62 47 40 42
www.courgette.com.au
Französisch inspirierte ModOz-Küche von James Mussilon, der in zwei weiteren Restaurants (Aubergine: 18 Barker Street, Griffith; Sabayon: West Row, Canberra City) die Hauptstädter bekocht.

► Günstig

③ ***The Habit Café***
1 McPherson Street, O'Connor
Tel. 02 / 61 62 00 33
Schönes Ambiente und gute Küche

ÜBERNACHTEN

► Luxus

① ***Hyatt Hotel Canberra***
Commonwealth Avenue
Tel. 02 / 62 70 12 34
www.canberra.park.hyatt.com
Auch wer nicht im noblen Art-déco-Hotel wohnt, sollte hier unbedingt den traditionellen »High Tea« genießen.

► Komfortabel

② ***Brassey Hotel***
Belmore Gardens, Barton
Tel. 02 / 62 73 37 66
www.brassey.net.au
Denkmalgeschütztes Gebäude nahe der Nationalgalerie

Baedeker-Empfehlung

③ ***Ginninderry Homestead B & B***
468 Parkwood Road
Ginninderry Falls (bei Macgregor)
Tel. 02 / 62 54 64 64, www.ginninderry.com.au
20 km westlich versteckt sich ein georgianisches Idyll mit eleganten Zimmern.

► Günstig

④ ***Victor Lodge***
29 Dawes Street, Tel. 02 / 62 95 77 77
www.victorlodge.com.au
Ruhiges, sauberes Hostel in Kingston mit Ein- und Mehrbettzimmern

Sehenswertes in Canberra

Lake Burley Griffin

Der 1958 aus dem Molongolo River aufgestaute, 7 km² große See ist von zahlreichen Grünanlagen mit Picknickplätzen gesäumt. Ein Seerundweg lädt zum Radeln, Joggen und Spazierengehen ein. Ab dem **Acton Ferry Terminal** am Nordende der Commonwealth Bridge bzw. vom Barrine Drive, wo auch Fahrräder und Boote vermietet werden, verkehren kleine Ausflugsboote. Am Regatta Point dokumentiert die National Capital Exhibition den Ausbau der Stadt (Öffnungszeiten: tgl. 9.00 – 17.00 Uhr, www.nationalcapital.gov.au). Vor dem Ausstellungsgebäude schießt der an den Australien-Entdecker James Cook erinnernde **Captain Cook Memorial Jet** 147 m aus dem See (tgl. 10.00 – 12.00, 14.00 – 16.00, im Sommer auch 19.00 – 21.00 Uhr). Folgt man der Uferpromenade, gelangt man zu **Blundell's Cottage**, einem der ältesten Häuser Canberras, von 1860. Der letzte Bewohner George Blundell lebte hier über 50 Jahre lang bis 1933.

◄ National Capital Exhibition

Etwas weiter südlich steht auf Aspen Island der 50 m hohe, mit weißem Quarz verkleidete **Carillon**. Der Glockenturm war ein Geschenk der britischen Regierung zum 50. Geburtstag Canberras (Führungen Di. und Do. 12.30, Sa. 11.30 Uhr nach Voranmeldung, Tel. 02 / 62 57 10 68, Recitals: tgl. 12.30 – 1.20 Uhr).

ANZAC Parade

Die ANZAC Parade, eine breite, rechts und links von Kriegsdenkmälern gesäumte Allee, führt vom Lake Burley Griffin zum Australian War Memorial am Fuß des Mount Ainslie. Wo sich die **Prachtstraße** und die Constitution Avenue schneiden, stehen die ältesten Gebäude Canberras. Die St. John's Church wurde 1841 von Robert Campbell gestiftet und 1845 geweiht. Auf ihrem Friedhof sind frühe Siedler begraben. Das Schulhaus stammt aus den 1840er-Jahren.

Australian War Memorial

Mit mehr als 1 Mio. Besuchern im Jahr ist der wuchtige Bau eines der meistbesuchten Museen Australiens. 1941, mitten im Zweiten Weltkrieg, feierlich eingeweiht, erinnert es an die 102 000 Gefallenen Australiens in den vergangenen Kriegen. Die Einrichtung mit Archiv, Kunstgalerie und Bibliothek ist auch eines der größten Militärmuseen der Welt. Ausstellungsschwerpunkte sind die **beiden Weltkriege, der Korea- und der Vietnamkrieg**. Besonderes Interesse finden die ausgestellten alten Flugzeuge sowie ein rekonstruiertes japanisches Mini-Unterseeboot aus dem Hafen von Sydney (Öffnungszeiten: tgl. 10.00 – 17.00 Uhr, www.awm.gov.au).

Baedeker TIPP

Canberra Explorer Bus

Statt per Auto kann man die Stadt im Canberra Explorer Bus erkunden – 25 km Rundstrecke in etwa einer Stunde; Start beim Visitor Centre in der Northbourne Ave. Abfahrtszeiten für den »Sightseeing Loop« tgl. 11.00, 12.45 und 14.30 Uhr. Bei der »All Day Discovery Tour«, die um 9.30 Uhr beginnt, kann man an 24 Haltestellen den Bus verlassen und später wieder einsteigen; www.canberradaytours.com.au.

Canberra National Gallery Orientierung

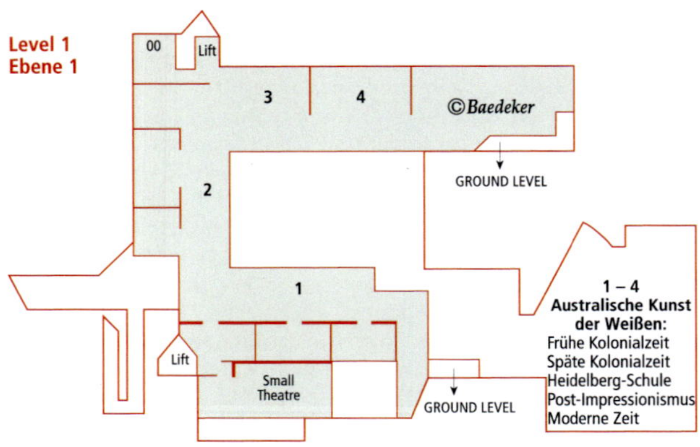

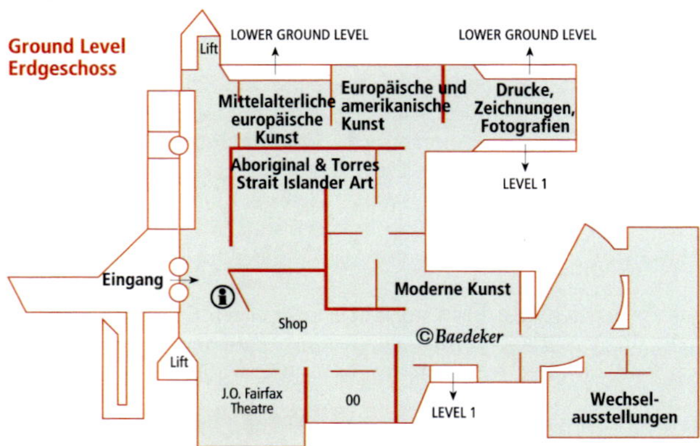

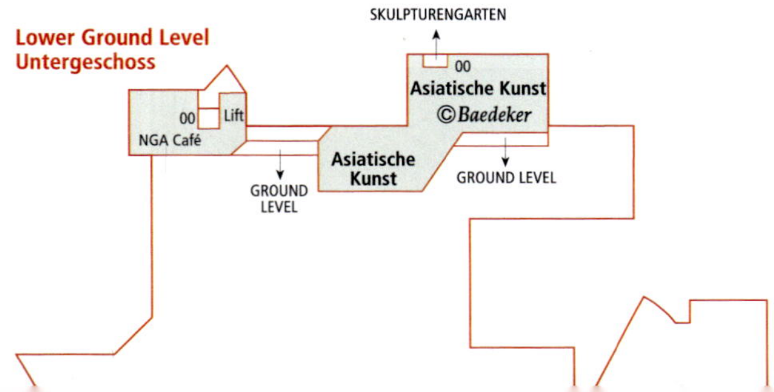

Australian-American Memorial

Das 73 m hohe Memorial am Nordende der Kings Ave. wurde 1954 errichtet. Die Aluminiumsäule, gekrönt von Globus und Adler, wird von Amtsgebäuden des Verteidigungsministeriums umgeben und erinnert an den Beistand der Vereinigten Staaten von Amerika bei der Verteidigung Australiens im Zweiten Weltkrieg. Östlich der Gedenkstätte erhebt sich der 663 m hohe Mount Pleasant.

★★ National Gallery of Australia

Der kubische Betonbau der National Gallery of Australia (NGA) am Südufer des Lake Burley Griffin gehört zu den Hauptsehenswürdigkeiten Canberras (► Abb. S. 188). Er enthält die **umfassendste Sammlung australischer Kunst**, aber auch asiatische, afrikanische und internationale Kunstwerke (Öffnungszeiten: tgl. 10.00 – 17.00, Führungen tgl. 11.00 und 14.00 Uhr). Ein Schwerpunkt ist die »weiße« Kunst Australiens mit Arbeiten seiner berühmtesten Künstler, u. a. Tom Roberts, Sidney Nolan, Arthur Boyd, Albert Tucker und Margret Presten. Zunächst zieht jedoch das **Aboriginal Memorial** alle Blicke auf sich: Die Installation aus über 200 mit Totemzeichen bemalten Hollow Logs – ausgehöhlten Baumstämmen – der Ramingining erinnert an die australischen Ureinwohner, die während der 200-jährigen Landnahme durch die Europäer zu Tode kamen. Schön ist auch ein Spaziergang im Skulpturengarten zwischen Museum und Seeufer mit klassischen und modernen Werken.

Exponat in der Nationalgalerie: das »Aboriginal Memorial«

National Portrait Gallery

Zwischen dem High Court und der National Gallery zeigt die National Portrait Gallery in ihrem Neubau Porträts von rund 450 Australiern, die das Land geprägt haben (Öffnungszeiten: tgl. 9.00 – 17.00 Uhr; www.portrait.gov.au). Mittwochs präsentieren Künstler und Kuratoren von 12.45 bis 13.30 Uhr kostenlos Sammlungshighlights.

★ Questacon

Am High Court of Australia, dem Obersten Gerichtshof des Landes, vorbei gelangt man zum Questacon. **Technik und Wissenschaft** werden hier erlebbar: Besucher spüren ein Erdbeben, sehen Blitze oder Tornados entstehen – in sechs Galerien laden 200 interaktive Exponate zum Experimentieren ein (King Edward Terrace, Parkes, www.questacon.edu.au, Öffnungszeiten: tgl. 9.00 – 17.00 Uhr).

National Library of Australia

Der 1968 im Stil eines griechischen Tempels errichtete Bau bildet den architektonischen Gegenpol zu Nationalgalerie und Gerichtshof. Highlights sind **Cooks Logbuch** (1768 bis 1771) und Wills Tagebuch

NEW PARLIAMENT

★★ Acht Jahre Bauzeit und rund 1,1 Milliarden Australische Dollars, 4700 Räume, die größtenteils tief in den Capitol Hill hineingebaut wurden – der Bau des New Yorker Architekten Romaldo Giurgola weist verschiedene Superlative auf. Immerhin rangiert der Mensch (und Steuerzahler) im wahrsten Sinne des Wortes über dem Parlament, denn Besucher können auf dem Grasdach des Gebäudes rund um die Uhr spazieren gehen.

Öffnungszeiten:
tgl. außer 25.12. 9.00 – 7.00 Uhr; kostenlose Führungen auch auf Deutsch ab 9.00 Uhr alle 30 Minuten; Audioguides auf Deutsch gegen eine Spende.

① Great Veranda
An der Great Veranda ist das australische Wappen mit den Wappentieren Känguru und Emu zu sehen.

② Foyer
58 graugrüne Marmorsäulen im Foyer symbolisieren einen Eukalyptuswald, die Intarsien der Wandpaneele stellen die australische Flora dar.

③ Great Hall
Die Great Hall, würdiger Schauplatz großer Staatsbankette, schmückt ein riesiger Gobelin nach einem Gemälde des australischen Künstlers Arthur Boyd.

④ Members' Hall
Die Members' Hall ist ausschließlich den Mitgliedern des Parlaments vorbehalten.

⑤ House of Representatives
Während der Sitzungsperioden gestatten Galerien im ersten und zweiten Stock werktags ab 14.00 Uhr Einblicke in die Debatten der 150 Abgeordneten im »House of Representative Chamber«.

⑥ Senatssaal
Im Westflügel liegt der Saal der 76 Senatoren.

Bei Führungen kann man übrigens eine Rarität bestaunen: Unter dickem Glas gut geschützt liegt eine der vier noch erhaltenen Fassungen der Magna Charta, der englischen »Verfassung« von 1297.

← *Den Zugang zum Bundesparlament schmückt das 196 m² große Mosaik »Possum Wallaby Dreaming« aus 90 000 handgefertigten Granitsteinchen in sieben Farben, entstanden nach dem gleichnamigen Dot-Painting des Aborigine-Künstlers Michael Nelson Tjakamarra.*

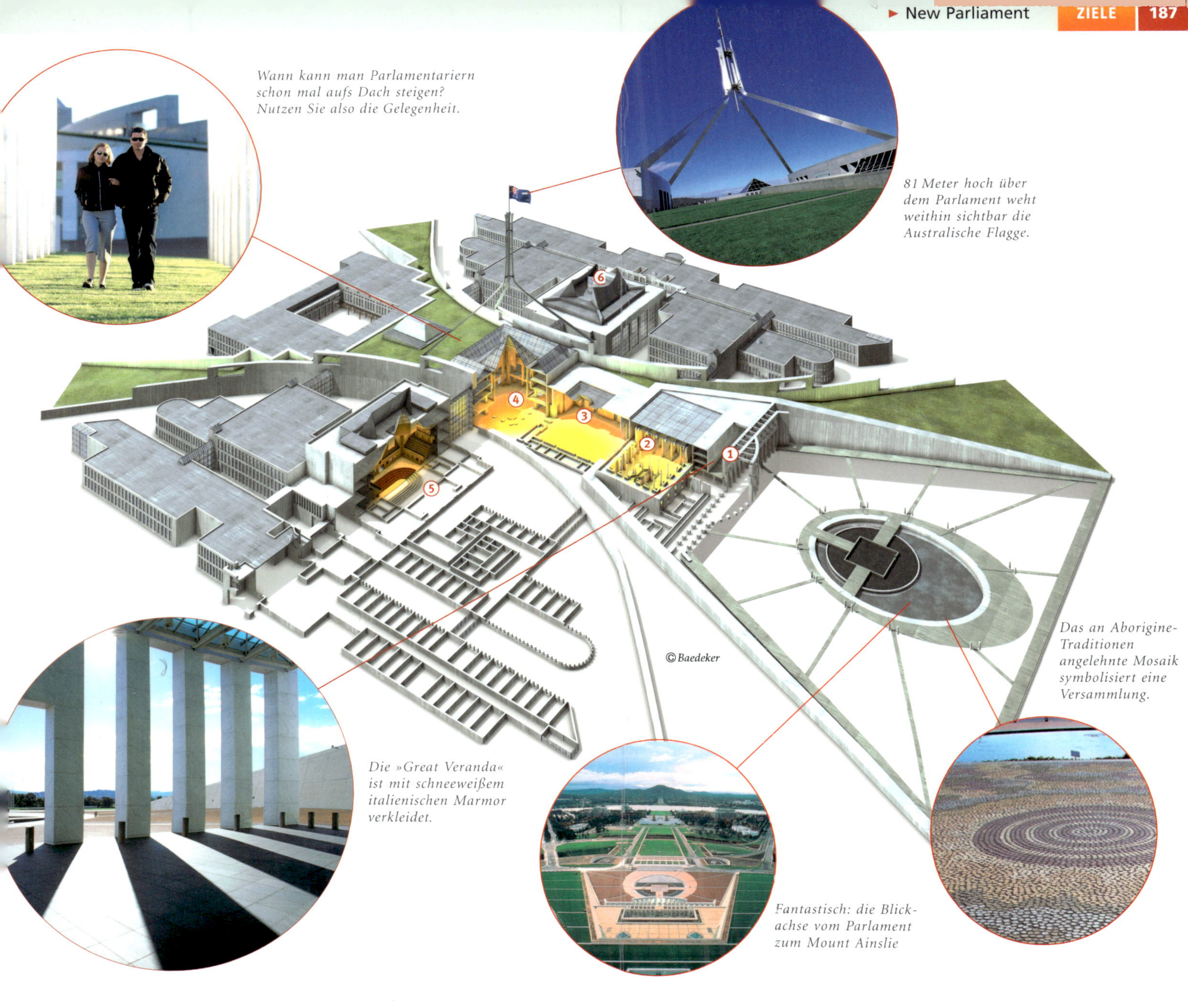

Wann kann man Parlamentariern schon mal aufs Dach steigen? Nutzen Sie also die Gelegenheit.

81 Meter hoch über dem Parlament weht weithin sichtbar die Australische Flagge.

Das an Aborigine-Traditionen angelehnte Mosaik symbolisiert eine Versammlung.

Die »Great Veranda« ist mit schneeweißem italienischen Marmor verkleidet.

Fantastisch: die Blickachse vom Parlament zum Mount Ainslie

über seine tragisch endende Expedition (1860/1861). Öffentlich zugänglich sind Foyer, Ausstellung und Lesesaal (Öffnungszeiten: Mo. – Do. 9.00 – 21.00, Sa. bis 17.00, So. 13.30 – 17.00 Uhr).

Old Parliament House

Der strahlend weiße neoklassizistische Bau an der King George Terrace war bis 1988 Zentrum der australischen Politik. Heute erzählt hier das Museum of Australian Democracy die Geschichte der australischen Politik (Öffnungszeiten: tgl. 9.00 – 17.00 Uhr; http://moadoph.gov.au). Empfehlenswert ist die Sound- and Lightshow »Order! Order« im ehemaligen Repräsentantenhaus, gezeigt werden dabei u. a. Ausschnitte aus Sitzungen (tgl. um 12.00 und 16.15 Uhr).

Aboriginal Tent Embassy ►

Vor dem ehemaligen Parlamentsgebäude steht die **»Aboriginal Tent Embassy«** (Botschaft der Aborigines), seit 1972 ein Symbol für die Ansprüche der Ureinwohner auf Land und Selbstbestimmung.

New Parliament

► 3-D-Abb. S. 186/187

Government House

Der **Generalgouverneur**, australisches Staatsoberhaupt und Vertreter der britischen Königin, residiert seit 1927 im 1891 erbauten Government House im Stadtteil Yarralumla (Dunrossil Drive).

Botschaftsviertel

Die meisten der **diplomatischen Vertretungen** in Yarralumla sind im Stil der Gastländer gebaut. Architektonisch auffallend sind u. a. die Botschaft Neuguineas mit gemustertem Giebel, die an den Parthenon erinnernde griechische Botschaft mit marmorverkleideten Säulen, die indonesische Botschaft mit Skulpturen balinesischer Götter, die US-Botschaft in einem Kolonialgebäude und die an einen Tempel erinnernde Botschaft Thailands. Die Deutsche Botschaft befindet sich am Empire Circuit.

Wer sich für Münzen interessiert, kann dabei zuschauen, wenn in der **Royal Australian Mint**, der Königlich Australischen Münzprägeanstalt, an der Denison Street im Stadtteil Deakin (südwestlich vom Capital Hill, Zufahrt über die Adelaide Avenue) die australischen Geldmünzen geprägt werden. Ein Museum im Foyer informiert anschaulich über die Geschichte des australischen Münzwesens. Besucher können sich gar ihre eigenen 1-Dollar-Münzen prägen (Öffnungszeiten: Mo. – Fr. 9.00 – 16.00, Sa., So. 10.00 – 16.00 Uhr; www.ramint.gov).

! *Baedeker* TIPP

Sportex

Die Ausstellung im Australian Institute of Sports, der Kaderschmiede australischer Elitesportler, bietet Einsichten in das tägliche Training – und lädt Besucher ein, die eigenen sportlichen Fähigkeiten zu testen: beim Rollstuhl-Basketball, Elfmeterschießen oder Rudern (Leverrier Crescent, Bruce, Tel. 02 / 62 14 14 44; Öffnungszeiten: tgl. 9.00 – 17.00 Uhr; Führungen: 10.00, 11.30, 13.00, 14.30 Uhr, www.ais.org.au).

Wie ein riesiges **Puzzle aus Traumpfaden** liegt das Nationalmuseum auf der Acton-Halbinsel am Nordufer des Lake Burley Griffin (Architekten: Ashtan, Ragatt und McDougall). In dem 2001 eröffneten Bau erzählen **fünf Dauerausstellungen** kreativ und kritisch vom roten Kontinent, seinen Völkern, Symbolen und der mehr als 50 000-jährigen Geschichte. Zum Museum gehören außerdem ein rotierendes Kino, eine Bibliothek, ein Amphitheater, Cafés und ein Restaurant sowie ein Museumsshop. Ein ungewöhnliches Erlebnis ist der **Garden of Australian Dreams** des Landschaftsarchitekten Richard Weller (Öffnungszeiten: tgl. 9.00 – 17.00 Uhr, www.nma.gov.au).

★★ **National Museum of Australia**

Das Haupteinkaufs- und Geschäftsviertel Canberras breitet sich um den London Circuit aus, wo die Commonwealth Avenue am City Hill endet. Die Sydney & Melbourne Buildings mit ihren Kolonnaden wurden 1926/1927 erbaut, als sich ringsum noch weite, baumlose Ebenen ausdehnten. Auf dem Civic Square steht die Kupferstatue **»Ethos«** des australischen Bildhauers Tom Bass (1962) und auf der benachbarten Petrie Plaza zieht das nostalgische St.-Kilda-Karussell vor allem Kinder in seinen Bann. Westlich liegt der Campus der Australian National University.

Civic Centre

Ebenfalls im Westen, am McCoy Circuit, befindet sich der 1929/1930 errichtete schöne Art-déco-Sandsteinbau des National Film & Sound Archive. Hier werden Hunderttausende von Film- und Fernsehproduktionen sowie unzählige Tonaufzeichnungen und Radioprogramme, Skripten und Druckschriften aufbewahrt. Im Ausstellungssaal kann man historische Aufnahmen hören und sehen (Öffnungszeiten: tgl. 9.30 – 16.00 Uhr, www.www.nfsa.gov.au).

★ **National Film & Sound Archive**

Etwa 1 km westlich der Universität erstrecken sich die National Botanic Gardens. Unterhalb des Telstra Towers an den Hängen des Black Mountain kann man alle wichtigen Vertreter der australischen Flora inklusive einem künstlichen Regenwald kennenlernen (Öffnungszeiten: tgl. 8.30 – 17.00 Uhr, www.anbg.gov.au).

★ **National Botanic Gardens**

Im National Aquarium am Scrivener-Staudamm lassen sich zahlreiche Lebewesen aus einheimischen Gewässern und den Weltmeeren beobachten. Winzige Riffbewohner gehören ebenso dazu wie die an vielen australischen Badestränden gefürchteten **Haie**. Im benachbarten Tierpark kann man alle wichtigen Vertreter der australischen Fauna sehen (Zufahrt über Lady Denman Drive; Öffnungszeiten: tgl. 10.00 – 17.00 Uhr, http://nationalzoo.com.au)

★ **National Zoo & Aquarium**

Umgebung von Canberra

Beste Aussichten

Zwar war der Bau des **Black Mountain Tower** heftig umstritten, doch heute genießen Gäste und Einheimische gleichermaßen täglich von 9.00 bis 22.00 Uhr den 360-Grad-Rundblick von den beiden Aussichtskanzeln oder aus dem beliebten **Drehrestaurant** (Mountain Drive, gebührenfrei Tel. 1800 / 80 67 18, Tower Restaurant: Tel. 02 / 62 48 61 62) des 195 m hohen Fernmeldeturms auf dem Gipfel des **Black Mountain**. Weitere schöne Ausblicke auf das Hauptstadtgebiet eröffnen sich vom Mount Ainslie (Mount Ainslie Drive, Ainslie), Mount Pleasant (Morshead Drive, Duntroon) und vom Red Hill (Red Hill Drive).

Gold Creek Village

Nur 15 Autominuten vom Stadtzentrum entfernt, lockt das kleine Dörfchen Gold Creek Village mit Erlebnissen für die ganze Familie. Im **National Dinosaur Museum** (Öffnungszeiten tgl. 10.00 – 17.00 Uhr; Ecke Gold Creek Road/Barton Highway, Nicholls, www.natio

Juni bis September ist in den Snowy Mountains Skisaison.

naldinosaurmuseum.com.au) lassen sich Giganten der Urzeit wie der australische Muttaburrasaurus bewundern. Beim Bird Walk kann man rund 50 Vogelarten entdecken, im **Canberra Reptile Sanctuary** Krokodile und fauchende Echsen bestaunen (beide: Öffnungszeiten: tgl. 10.00 bis 17.00 Uhr; http://canberrareptilesanctuary.org.au). Die Welt im Kleinen steht in **Cockington Green**: Zum detailgetreu nachgebauten Modelldorf aus Großbritannien haben sich typische Bauten aus Australien und aller Welt gesellt. Durch die Miniaturwelt schnauft eine winzige Dampfeisenbahn (Öffnungszeiten: tgl. 9.30 bis 17.00 Uhr; 11 Gold Creek Road, www.cockingtongreen.com.au).

Tidbinbilla Nature Reserve

Im 4000 Hektar großen Naturschutzgebiet 40 km südwestlich von Canberra, das 2003 durch einen verheerenden Buschbrand stark beeinträchtigt wurde, lassen sich **Kängurus, Wallabys, Emus** und die scheuen Schnabeltiere in ihrer natürlichen Umgebung beobachten. Der einzige den Brand überlebende Koala wurde sinnigerweise Lucky getauft. Der **Canberra Deep Space Communication Complex** gehört zu den drei leistungsstärksten Weltraumbeobachtungsstationen der Erde und bietet interessante Weltallexponate. Star unter den Exponaten ist ein 3,8 Milliarden Jahre altes Stück Mondgestein. (Öffnungszeiten: tgl. 9.00 – 17.00 Uhr, www.cdscc.nasa.gov). Südlich des Reservats lockt der Abenteuerpark »Corin Forest« mit Vergnügungen wie Bobbahn oder Flying Fox (Tuggeranong, Öffnungszeiten: tgl. 10.00 – 16.00 Uhr, www.corin.com.au).

? WUSSTEN SIE SCHON ...?

- ... dass Canberra 160 Weingüter umgeben? 40 von ihnen haben ihre Kellertür geöffnet und laden zur Verkostung. Kurzportraits der Winzer und Unterkunftsmöglichkeiten im Canberra Wine District enthält die kostenlose Faltkarte »Wineries Guide« (www.canberrawines.com.au).

✶ Lanyon Homestead

Im Lanyon Homestead, einem liebevoll restaurierten Anwesen in Tharwa, 30 km südlich von Canberra abseits des Monaro Highway am Murrumbidgee River, wird das 19. Jahrhundert wieder lebendig (Öffnungszeiten: Di. – So. 10.00 – 16.00 Uhr).

✶ Snowy Mountains

Die bis 2228 m hohen Snowy Mountains erheben sich zwei Autostunden südlich von Canberra entlang der Grenze zwischen New South Wales und Victoria. Im Vergleich mit den europäischen Alpen sind die »Schneeberge« zwar bescheiden, trotzdem sind sie das ganze Jahr über ein beliebtes Ausflugsziel, ►S. 233.

NEW SOUTH WALES

Kürzel: NSW
Hauptstadt: Sydney
Symbolpflanze: Waratah

Fläche: 801 642 km²
Bevölkerungszahl: 7,3 Mio.
Symboltiere: Schnabeltier, Kookaburra

»Premier State« nennt sich New South Wales voller Stolz. Er ist der älteste, bevölkerungsreichste, am dichtesten besiedelte und wirtschaftlich stärkste Staat. Die ältesten Weingüter des Kontinents, UNESCO-Weltnaturerbe, die pulsierende Hafenmetropole Sydney und das erste Koala-Hospital der Welt warten auf Besucher.

Kaleidoskop der Gegensätze

Seinen Namen erhielt New South Wales 1770 von James Cook, da ihn die Küste an das britische Wales erinnerte. Karstige, bis zu 2000 m hohe **Alpenhänge** in den Snowy Mountains wechseln sich ab mit Jahrmillionen altem subtropischem **Regenwald**. Die schneeweißen, flachen Silikatsandstrände des Booderee National Park und das türkisfarben schimmernde Wasser laden zum Tauchen, Schnorcheln oder Schwimmen ein. Auch sonst stehen einige der einsamsten Strände Australiens, schroffe Vulkanfelsen oder **bizarre Steilklippen** auf dem Reiseplan. Und in den Nationalparks können Sie sich auf die Begegnung mit vielen Eastern-Grey-Kängurus, Emus, Wallabys oder Wombats freuen.

Aufgereiht wie die Perlen einer Kette liegen **schmucke Küstenorte** wie Byron Bay, Coffs Harbour und Kiama am Highway 1, der Hauptverbindung zu den Nachbarstaaten Queensland im Norden und Victoria im Süden. Aber auch in New South Wales orientieren sich die Menschen küstennah: Kaum dass sie das hoch aufragende Bergland der Great Dividing Range mit den nach Westen abfallenden, fruchtbaren Äckern und Weiden überwunden haben, wagen sich nur noch wenige Straßen ins dünn besiedelte, trockene Innere des Kontinents.

Gleich einer herausgeputzten Diva zieht die Küsten-City **Sydney** alle Aufmerksamkeit auf sich – aus der Luft wie vom Wasser ein erhebender Anblick. Die Hauptstadt von New South Wales weiß auch nach der Olympiade 2000 ihre Besucher zu fesseln: mit erlesenen Restaurants, lebhaften Einkaufszentren, einem vielseitigen Kulturangebot, spannender Historie, feinsten Badestränden in Citynähe und

i Topziele in NSW

- Blue Mountains – tiefe Schluchten und versteinerte Schwestern ►Seite 200
- Byron Bay – Kultbadeort mit berühmtem Blues-Festival ►Seite 207
- Hunter Valley – die ältesten Weingärten Australiens ►Seite 219
- Mungo National Park – bizarre Dünenlandschaften ►Seite 225
- Sydney – für viele die schönste Hafenstadt der Welt! ►Seite 240

← *Keine zwei Fahrstunden von Sydney entfernt: die gewaltigen Felsendome der »Three Sisters« in den Blue Mountains*

New South Wales

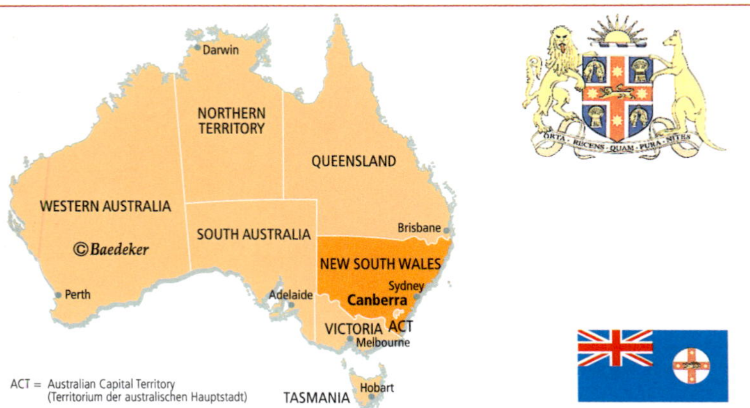

so spannenden Erlebnissen wie dem Sydney Harbour Bridge Climb, der Besteigung der Hafenbrücke. Nur wenige Ampelstopps von der Innenstadt entfernt erreicht man die Ausläufer des Royal National Park, der 1879 eingerichteten und damit ältesten Naturschutzzone Australiens, in deren Eukalyptuswäldern mit etwas Glück noch Koalas zu beobachten sind.

Ein Katzensprung ins Hinterland scheint die Fahrt ins grüne Hunter Valley, wo **Weingüter** in ausgedehnten Rebenfeldern kauern. Richtung Norden bahnt sich der Highway 15 seinen Weg durch die endlosen Hochweiden von New England. Und schon 65 km westlich von Sydney, in den **Blue Mountains**, in deren Eukalyptuswäldern mit etwas Glück Koalas beobachtet werden können, herrscht einsame Natur vor. Keine drückende Sommerhitze, sondern erfrischend kühle Bergluft, die schon früh Touristen in die abgelegene Region lockte.

Albury

U 14/15

Albury, von seiner Schwesterstadt Wodonga nur durch den Murray River getrennt, gehört seit 2009 zu den »Evocities« – und ist gemeinsam mit Armidale, Bathurst, Dubbo, Orange, Tamworth and Wagga Wagga eine der sieben Modellstädte von New South Wales für vorbildliche Lebens-, Arbeits- und Wohnqualität auf dem Land.

Rastplatz am Fluss

Die Stadt (45 800 Einw.) schmiegt sich an das Nordufer des Murray River, den Hume und Hovell 1824 auf ihrer Forschungsreise erreicht hatten. Später entstand hier der wichtigste Übergang über den Fluss. Einen guten Überblick hat man vom **Monument Hill**. An der geschäf-

tigen Dean Street sind einige Gebäude aus dem 19. Jh. erhalten: Bahnhof, Gericht, Postamt und die Regional Art Gallery (Öffnungszeiten: Mo. – Fr. 10.00 – 17.00, Sa./So. bis 16.00 Uhr) in der ehemaligen Town Hall. Das Regionalmuseum befindet sich im früheren Turks Head Inn am Wodonga Place im Noreuil Park. In der Nähe ankert die »P. S. Cumberoona«, der Nachbau eines **Schaufelraddampfers**. Einst war in Albury der Endhafen für die auf dem Murray River verkehrenden Raddampfer. Der **Ettamogah Pub**, 10 km nördlich am Highway, ist die »Parade-Kneipe«.
Der riesige, 1936 erbaute **Hume-Stausee** im Südwesten von Albury ist ein Paradies für Wassersportler und Angler. Im Süden sind die im Winter schneebedeckten Bogong-Berge in Victoria zu sehen. Tagesausflüge führen zu den in Victoria gelegenen Weinbaugebieten um Rutherglen.

ALBURY

AUSKUNFT

Albury Information Centre
Gateway Visitor Information Centre
Gateway Island, Hume Highway
Tel. 1300 / 79 62 22, www.destinationalburywodonga.com.au

ESSEN UND ÜBERNACHTEN

► **Komfortabel**
Albury Georgian Motel
599 Young Street, Tel. 1300 / 13 57 44
www.alburygeorgian.com.au
Zentrales Vier-Sterne-Haus mit geräumigen Zimmern und guter italienischer Küche

Armidale

W 12

Städtenamen wie Armidale oder auch Glen Innes zeugen von den schottischen Viehzüchtern, die als Erste den fruchtbaren Landstrich hoch auf dem Tafelland der Great Dividing Range besiedelten.

Herz der Region New England

Die Höhe von rund 1000 m beschert Armidale angenehme Sommer, ab und an eiskalte Winter und schöne Farbenspiele im Herbst. Die Stadt ist Sitz der University of New England, im Zentrum dokumentieren Bauwerke alte Siedlergeschichte.
Im **New England Regional Art Museum** ist die Howard-Hinton-Sammlung mit Werken australischer Künstler der viktorianischen Ära zu bewundern (Kentucky Street, Öffnungszeiten: Di – Fr. 10.00 – 17.00, Sa./So. bis 16.00 Uhr; www.neram.com.au). Das **Armidale Folk Museum** Ecke Rusden/Faulkner Street führt durch 150 Jahre Kolonisationsgeschichte (Öffnungszeiten: tgl. 13.00 – 16.00 Uhr). 1812 wurde St. Marys Cathedral, 1875 die anglikanische Cathedral of St. Peter geweiht.

ARMIDALE

AUSKUNFT

82 Marsh Street, Tel. 02 / 67 70 38 88
www.armidaletourism.com.au

ÜBERNACHTEN

Deer Park Motor Inn
Deer Park, 72–74 Glen Innes Road
Tel. 02 / 67 72 99 99
Fax 02 / 67 72 89 62
www.deerparkmotorinn.com.au
Familienfreundliches Motel mit Restaurant, Bar, Pool und Sauna

Umgebung von Armidale

New England National Park

Der New England National Park, 85 km östlich von Armidale, umfasst eines der größten Regenwaldgebiete in New South Wales und gehört zum UNESCO-Weltnaturerbe. Mit dem Auto kann man bis hinauf zum 1564 m hohen Point Lookout fahren, wo der Blick bei klarem Wetter bis zum Pazifik reicht. 20 km Wanderwege führen zu Wasserfällen an steilen Felswänden und hinunter zum Fuß des hier senkrecht aufsteigenden Tafellandes (Zufahrt über Armidale auf dem Waterfall Way; Übernachten kann man in einfachen Hütten oder auf Campingplätzen, Information: Tel. 02 / 66 57 23 09).

★ **Glen Innes**

Das Städtchen liegt in der wunderschönen Berglandschaft des **New England Tableland**, gut 100 km nördlich von Armidale. Es nennt sich »keltische Hauptstadt von New England« und pflegt mit Stolz seine schottischen Wurzeln. Entsprechend werden auch die historischen Bauten aus der Pionierzeit instand gehalten, v. a. auf der zentralen Grey Street. Ebenfalls einen Besuch lohnt das **Cooramah Aboriginal Cultural Centre** (www.gleninnes.com/cooramah; Öffnungszeiten: tgl. 9.00 – 16.00 Uhr).

Edelsteinsuche

Das Umland, vor allem die 70 km entfernte Nachbarstadt Inverell, ist reich an **Saphirvorkommen**. Wer eigenhändig auf Edelsteinsuche gehen will, kann sich nach öffentlich zugänglichen Minen im Visitor Centre an der Church Street erkundigen.

★ **Gibraltar Range & Washpool National Park**

Die beiden Nationalparks liegen zwischen Glen Innes und Grafton, rechts und links des Gwydir Highway, in eindrucksvoller, wilder Berglandschaft. Das auf ca. 1200 m Höhe gelegene New England Plateau wird hier von tiefen Schluchten zerschnitten, Wasserfälle, imposante Granittürme vulkanischen Ursprungs und gemäßigter Regenwald bestimmen das Bild. Durch beide Parks führen schöne Wanderwege. Am Gibraltar Range National Park Visitor Centre startet der 100 km lange **World Heritage Walk**, der als fünftägige Rundtour beide Parks verbindet.

Ballina

X 11

Ausgedehnte Zuckerrohrfelder um Ballina sind für alle, die aus dem Süden kommen, die ersten Vorboten der hier beginnenden Subtropenregion.

★ **Thursday Plantation**

Teebaumöl ►

Schnurgerade führt der Pacific Highway nach Ballina hinein, ein 30 000-Einwohner-Küstenstädtchen an der Mündung des Richmond River. Am Pacific Highway bietet sich die Besichtigung der Thursday Plantation an, die ihre berühmten **Tea-Tree-Produkte** in alle Welt exportiert. Malealucea alternifolia lautet der lateinische Name jener Pflanze, deren Öl gegen fast alles helfen soll – unbestritten ist die antiseptische Wirkung (www.thursdayplantation.com; Öffnungszeiten: Mo. – Fr. 9.00 – 17.00 Uhr). Im Besucherzentrum werden Tea-Tree-Shampoo und Heilsalben verkauft.

◄ Naval & Maritime Museum

Im Seefahrtsmuseum an der Regatta Avenue ist ein rekonstruiertes **Balsa-Floß** ausgestellt, von denen ursprünglich drei im März 1973 von Südamerika aus den Pazifik überquerten (www.ballinamaritime museum.org.au; Öffnungszeiten: tgl. 9.00 – 16.00 Uhr).

Umgebung von Ballina

Evans Head

Südlich von Ballina verlässt der Pacific Highway die Küste. In Woodburn folgt man einer Nebenstraße, die nach 10 km in Evans Head endet, einem kleinen Urlaubsort am Bundjalung National Park. Der Küstenpark reicht bis zum Ferienort Iluka am **Clarence River**.

✶ Yamba

Yamba, das auf der gegenüberliegenden Uferseite gelegene einstige Fischerdorf, ist ein **Anglerparadies**. Schöne Strände, vielerlei Wassersportmöglichkeiten und fischreiche Angelplätze gibt es am Clarence River, an den nahen Küstenseen und am Ozean. So gilt u. a. Angourie Point, 5 km südlich von Yamba, unter erfahrenen Surfern als **Top-Surfspot**. Etwa 5 km südlich beginnt der Yuraygir National Park, der sich 60 km entlang der Küste bis nach Red Rock erstreckt.

◄ Yuraygir National Park

Batemans Bay

W 14

Das Küstenstädtchen an der Mündung des Clyde River, 160 km östlich von ► Canberra, ist ein beliebtes Ferienziel der Hauptstädter. Viele Rentner, aber auch immer mehr junge Familien finden hier bezahlbare Häuser und einen relaxten Lebensstil.

Fish and Fun

Herrliche **schneeweiße Sandstrände** im Süden des Orts bieten gute Bademöglichkeiten und **Hotspots für Surfer** wie die Pink Rocks bei Broulee mit bis zu 6 m hohen Wellen. Fischerei und Austernzucht bescheren den Restaurants täglich fangfrische Meerestiere.

Murramarang National Park

Zahlreiche Zwergkängurus, aber auch die viel größeren Eastern Grey **Kangaroos** bevölkern den Murramarang National Park, der einige Kilometer weiter nördlich beginnt. Am größten ist die Chance einer Begegnung mit Australiens Wappentieren eine Stunde vor Sonnenuntergang. Fahren Sie höchstens 30 km/h – die Straßen sind nicht geteert und die Tiere springen oft unvermittelt vor den Wagen. In **Batehaven** am Corrigans Beach gibt es ein Muschelmuseum, im **Birdland Animal Park** leben zahme Koalas und Wombats (Öffnungszeiten: tgl. ab 9.30 Uhr, www.birdlandanimalpark.com.au).

Bega

V 15

Bekannt ist Bega in Australien für seine guten Surfstrände und die hervorragenden Käsesorten von Bega Cheese.

Käsehochburg

Knapp 4500 Einwohner zählt das Städtchen inmitten grüner Hügel, 450 km südlich von ► Sydney am Schnittpunkt von Princes und Snowy Mountains Highway. Wie um 1900 Käse hergestellt wurde, zeigt das **Bega Cheese Heritage Centre** am Ufer des Bega River, wo man auch gut zu Mittag essen kann (Öffnungszeiten: tgl. 9.00 bis 17.00 Uhr, www.begacheese.com.au). Das **Bega Family Museum** in einem ehemaligen Hotel von 1870 dokumentiert die Zeit der Besiedlung der Südküste.

Umgebung von Bega

Mimosa Rocks National Park

Der malerische Küstenpark östlich von Bega besitzt eine 12 km lange Küstenlinie mit Stränden, Klippen, Landzungen und Buchten. Beeindruckend sind **Bunga Head** und **Mimosa Rocks**, massive vulkanische Blöcke, die teils vom Festland abgetrennt im Meer stehen.

Kilometerweit zieht sich der weiße Sandstrand am Camel Rock Beach bei Bermagui.

Der Wadbilliga National Park im Nordosten von Bega schützt eines der größten unzerstörten australischen Flusseinzugsgebiete. Die Wasserfälle und die Schlucht des Tuross im Nordwesten des Parks sind besonders reizvoll. Hohe Eukalyptuswälder und großflächige Heide prägen den westlichen Teil. Buschwanderungen, u. a. vom Cascades-Parkplatz zu den **Tuross-Wasserfällen** (3 km, 2 Std.), und Buschcamping sind entlang der Wasserläufe von Brogo und Wadbilliga möglich. Außerdem findet man hier auch einige Plätze zum Schwimmen.

★ **Wadbilliga National Park**

Der Angler- und Fischerort Bermagui nördlich von Bega, etwas abseits vom Princes Highway an der hier **Sapphire Coast** genannten Küste, wurde in den 1930er-Jahren durch den US-amerikanischen Sportangler und Schriftsteller **Zane Grey** (1872 – 1939) bekannt.

Bermagui

8 km nördlich erstreckt sich der kleine Wallaga Lake National Park, ein Waldgebiet am südlichen und westlichen Ufer des Wallaga-Küstensees, mit vielen geschützten Buchten. Der Zugang erfolgt am besten über den See; Boote kann man in Beauty Point und Regatta Point mieten, beide liegen nördlich von Bermagui am Wallaga Lake.

◄ Wallaga Lake National Park

★ Berrima

W 14

Der Beschluss, die Eisenbahnlinie an Berrima vorbeizuführen, beendete die Stadtentwicklung früh – um 1900 lebten hier gerade noch acht Einwohner. Doch der Stillstand erwies sich als Glück, denn so blieben erstaunlich viele historische Bauwerke erhalten, die, gründlich restauriert, das Städtchen heute zu einem lebendigen Freilichtmuseum machen.

Bilderbuchstädtchen

»Historic Berrima 1831« ist bei der Stadteinfahrt auf einem Holzschild zu lesen. Ein stattliches Alter für das heute 400 Einwohner zählende Dorf, das fern der Küste und rund 130 km südwestlich von ►Sydney gegründet wurde.

Schönstes Gebäude ist das **Berrima Courthouse** von 1838 an der Ecke Argyle/Wilshire Street, das heute ein kleines Gerichtsmuseum beherbergt (Öffnungszeiten: tgl. 10.00 – 16.00 Uhr, www.berrimacourthouse.org.au). Im Jahr 1839 wurden das Berrima Jail und die St. Francis Xavier Church erbaut. Stadtgeschichte wird im Berrima Museum präsentiert. Das benachbarte Surveyor General Inn von 1835 ist angeblich das älteste Hotel Australiens.

Umgebung von Berrima

Mittagong

Rund 7000 Menschen leben in Mittagong nordöstlich von Berrima am Hume Highway. Es ist das Tor zu den **Southern Highlands**, einer eindrucksvollen Mischung aus Sandsteinfelsen, unberührtem Busch- und fruchtbarem Farmland mit kleinen historischen Dörfern und den 1828 entdeckten **Wombeyan Caves** knapp 65 km nordwestlich von Mittagong. Fünf der vermutlich 230 Höhlen sind zu besichtigen (Öffnungszeiten: tgl. 8.30 – 17.00 Uhr).

★★ Blue Mountains

V/W 13/14

Im Hinterland von ►Sydney wartet eine magische Urlandschaft: die Blue Mountains mit Wasserfällen und schroffen Schluchten, ein beliebtes Ausflugsziel und seit 2001 UNESCO-Weltnaturerbe.

Blaue Berge

Das 600 bis 1000 m hohe Plateau, zerschnitten von zwei großen und vielen kleinen Tälern mit uraltem Regenwald, gehört zur Great Dividing Range. Seinen Namen erhielt es vom Öl der hier wachsenden 91 **Eukalyptusarten**. Wenn dieses Öl bei Hitze verdampft, bildet sich ein feiner Nebel, der sich als **blauer Schimmer** über die Berge legt – und sie sehr anfällig macht für Waldbrände. Regelmäßig gehen große Teile des Waldes in Flammen auf. Im dichten Grün gedeihen 132 endemische Pflanzen wie die Wollemi-Kiefer. 1813 gelang Blaxland, Wentworth und Lawson die erste Durchquerung des Gebiets, hinter dem, wie die ersten Siedler vermuteten, China lag.

! *Baedeker* TIPP

Lookouts

Die besten Aussichtspunkte oberhalb des Jamison Valley sind der Wentworth Falls Lookout im Süden des gleichnamigen Örtchens, in Leura der spektakuläre Gordon Falls Lookout (nahe Laurella House) mit siebenminütigem Abstecher zum überhängenden Elysian Rock sowie der weit vorgerückte Sublime Point (Sublime Point Road) 900 m über dem Abgrund, Echo Point in Katoomba und Govett's Leap bei Blackheath.

Geschichte

Das abweisende Massiv der Blue Mountains bildete für die ersten Siedler lange Zeit ein gefährliches und unüberwindbares Hindernis. Im Jahr 1813 gelang die erste Durchquerung. Damit war der Weg zu den dringend benötigten Weidegründen im Westen des Kontinents bereitet. Nach der Erbauung der Eisenbahn 1868 waren es dann vor allem wohlhabende Sydneysider, die, angelockt von der kühlen Bergluft, vor der Sommerhitze an der Küste hierher flohen.

Fahrt durch die Blue Mountains

★ Glenbrook

Gleich hinter Glenbrook, dem östlichen Tor zu den Blue Mountains mit dem **Infozentrum der Nationalparkverwaltung**, präsentieren Marge's Lookout und Elizabeth's Lookout Panoramablicke über die Urlandschaft!

Der Film »Die Verführung der Sirenen« (1994) mit Hugh Grant machte den australischen Maler **Norman Lindsay** (1879 – 1969) auch im deutschsprachigen Raum bekannt. Seine gewagten Gemälde wie »Die gekreuzigte Venus« waren in den 1930er-Jahren ein Skandal. Sie entstanden auf dem Landsitz »Springwood« bei **Faulconbridge**, 20 km nordwestlich von Glenbrook, wo Lindsay ab 1912 lebte. Heute gehört das Anwesen dem National Trust (Öffnungszeiten: tgl. 10.00 bis 16.00 Uhr, www.normanlindsay.com.au).

Springwood

Von Faulconbridge aus kann man auch mit den Aborigine Evan Yanna Muru in die Bergwelt wandern (►Special Guide, S. 6).

Wentworth Falls

Südlich des kleinen Orts Wentworth Falls stürzen sich die gleichnamigen **Wasserfälle** fast 300 m tief in das Jamison-Tal hinab. Vom Aussichtspunkt Wentworth Falls Reserve führen der Over-Cliff Track, der Under-Cliff Track, der Valley of Waters Track und der National Pass Track, der bereits 1890 in die Felswand gehauen wurde, zum Fuß der Fälle – alle Wege erfordern gute Kondition!

Leura

Alljährlich im Oktober feiert Leura sein »Gardens Festival«. Das ganze Jahr hindurch begeistert die Blütenpracht der **Everglades Gardens**

Felsenglühen im Morgenlicht: der »Hanging Rock« in den Blue Mountains

BLUE MOUNTAINS ERLEBEN

AUSKUNFT

Blue Mountains Tourism Limited
Echo Point, Katoomba
Tel. 1300 / 65 34 08
www.visitbluemountains.com.au

ÜBERNACHTEN

► Luxus

Lilianfels Blue Mountains Resort & Spa
Lilianfels Avenue, Echo Point
Katoomba NSW 2780
Tel. 02 / 82 48 52 30
Fax 02 / 82 48 52 11
www.lilianfels.com.au
1889 erfüllte sich Frederick Darley mit dem herrlichen Landsitz einen Lebenstraum. Heute bietet das Fünf-Sterne-Hotel 89 erlesene Zimmer und zwei ausgezeichnete Restaurants. Entspannen Sie sich im Spa mit tibetanischer Tempelmassage.

► Komfortabel

Alpine Motor Inn
1 Orient Street, Katoomba NSW 2780
Tel. 02 / 47 82 20 11
Fax 02 / 47 82 20 53
www.alpinemotorinn.com.au
Zentrales Best Western Motel mit gutem Restaurant, 2 Autominuten von den Three Sisters und Scenic World.

ESSEN

► Fein & teuer

Baedeker-Empfehlung

Solitary Restaurant
90 Cliff Drive, Leura
Tel. 02 / 47 82 11 64
www.solitary.com.au
John Cross erhielt 2009 als einer von drei Küchenchefs des Landes im »Sydney Morning Herald Good Food Guide« zwei Kochhauben. Empfehlung: Geschmorte Lammschulter mit Peter Lehmann Shiraz.

► Erschwinglich

The Ferns on Megalong
130 Megalong Street, Leura
Tel. 02 / 47 84 27 77
Die Atmosphäre im alten Haus von 1920 ist herzlich, die Küche modern-australisch. Schön an warmen Tagen: ein Mahl im sonnigen Innenhof.

mit Terrassen, rhododendronbewachsenen Wegen, Grotte und Open-Air-Theater (Öffnungszeiten: tgl. 10.00 – 17.00, Winter bis 16.00 Uhr; 37 Everglades Ave., www.evergladesgardens.org.au). Im Landsitz von Dr. Herbert Vere Evatt (1894 –1965), dem australischen Labour-Führer und ersten Präsidenten der UN-Vollversammlung, zeigt das **Leuralla Gardens Toys and Railway Museum** Kinderspielzeug und Modelleisenbahnen von 1900 bis heute (Öffnungszeiten: tgl. 10.00 – 17.00, Winter bis 16.00 Uhr; 36 Olympian Parade, www.toyandrailwaymuseum.com.au).

Wahrzeichen der Blue Mountains

Nach Katoomba führen der schnelle Great Western Highway und der aussichtsreiche, 8 km lange Cliff Drive zum **Echo Point** mit Infozentrum und Panoramablick auf das Jamison Valley und die 300 m hohen **»Three Sisters«** (► Abb. S. 192). Der Sage nach handelt es sich

bei den drei Felsendomen, die nachts angestrahlt werden, um die Schwestern Meenhi, Weemala und Gunnedoo, die ihr Vater in Sandsteinsäulen verwandelte, um sie von ihren Liebhabern fernzuhalten. **Katoomba**, heute das touristische Herz der Blue Mountains mit einigen denkmalgeschützten **Art-déco-Bauten**, Outdoor-Shops und Eisenbahnanschluss, war im 19. Jh. wie Leura und Wentworth Falls eine Bergbausiedlung.
Transportiert wurde die Kohle damals mit einem System von Güter-Standseilbahnen, zu dem auch die 1880 errichtete Standseilbahn **Katoomba Scenic Railway** gehörte – seit 1958 jedoch transportiert die mit 52 Prozent Gefälle steilste Bahn der Welt alle zehn Minuten nur noch Touristen durch dichtes Grün und einen 80 m langen Felsentunnel. Unten führt ein 380 m langer Plankenweg vorbei an einem alten Stolleneingang mit audiovisuellen Displays zur Talstation der »Scenic Cableway«, die als **steilste Seilbahn des Kontinents** zurück auf das Plateau schwebt, wo zum Abschluss die »Scenic Skyway« in 270 m Höhe die Schlucht überquert (Öffnungszeiten: tgl. 10.00 bis 17.00 Uhr; 1 Violet Street, www.scenicworld.com.au).

Olympisches Wildwasser

Wo Kanuten im Jahr 2000 um olympische Medaillen im Slalom kämpften, können sich heute Paddelbegeisterte ab 12 Jahren auf die Wildwasserstrecke des **Penrith Whitewater Stadium** wagen (Öffnungszeiten: tgl. 9.00 – 17.00 Uhr, McCarthy's Lane, Cranebrook, Tel. 02 / 47 30 43 33, www.penrithwhitewater.com.au). Auf dem Highway geht es weiter nach **Blackheath**, wo das **Megalong Australian Heritage Centre** (tgl. 8.00 – 16.00 Uhr) vom harten Leben der ersten Siedler erzählt. Herrliche Ausblicke bieten die Aussichtspunkte Govett's Leap und Evan's Lookout. Weiter westlich folgen der höchstgelegene Ort der Blue Mountains, Mount Victoria (1064 m), und Hartley, wo die Jenolan Caves Road abzweigt.

»Binnomea«, dunkler Platz, nannten die Aborigines das Höhlensystem im Karst am Rand des Kanangra Boyd National Park. Die prächtig illuminierten **Jenolan-Höhlen** gehören zu den größten Tropfsteinhöhlen des Kontinents. Obwohl schon 1867 von Weißen entdeckt, ist ein Teil der Kalksteinhöhlen noch nicht erforscht. **Neun Höhlen** lassen sich mit Führung besichtigen: auf 3 km gesicherten Wegen – oder kriechend und kletternd beim »Underground Adventure« (Öffnungszeiten: tgl. 9.00 – 17.00 Uhr; Jenolan Caves Road, www.jenolancaves.org. au; festes Schuhwerk erforderlich!).

Abenteuer unter Tage: der Besuch der Jenolan Caves

Lithgow State Mine Heritage Park & Railway

Wie der Kohlenbergbau und die Eisenbahn ab 1870 das Leben im Lithgow Valley veränderten, verrät das Open-Air-Museum Lithgow State Mine Heritage Park & Railway (Öffnungszeiten: tgl. 10.00 bis 16.00 Uhr). Bis zum Jahr 1910 verband die **Zig Zag Railway** – damals eine technische Meisterleistung – Sydney mit den Farmen im Hinterland. Seit 1975 fahren die nostalgischen Dampfloks wieder auf einer 7,2 km langen Strecke ab der Bells Line of Road über drei Sandsteinviadukte und durch zwei Tunnels (Abfahrt ab Clarence Station 11.00, 13.00, 15.00 Uhr; www.zigzagrailway.com.au).

✶ **Bells Line of Road**

Die 1841 angelegte Nebenstrecke nach Richmond ist für viele die **landschaftlich schönste Route** durch die Blue Mountains. Jedes Wochenende im April/Mai und September/Oktober öffnet im Weiler Mount Wilson mit den **Breenhold Gardens** (www.breenhold.com.au) einer der größten und schönsten Privatgärten Australiens seine Pforten, der auf 45 ha sechs mit Mauern eingefasste Gärten, Elemente europäischer Landschaftsparks und offenes Buschland verbindet. Ausschließlich Flora aus kühleren Gebieten der nördlichen und südlichen Hemisphäre gedeihen in den 1000 m hoch gelegenen **Mount Tomah Botanic Gardens**, einer Außenstelle der Royal Botanic Gardens von ►Sydney (Öffnungszeiten: April – Sept. 10.00 – 16.00, sonst 10.00 – 18.00 Uhr; www.bluemts.com.au/mounttomah).

Wollemi National Park

Als der australische Parkwächter David Noble im September 1994 zu einer Klettertour im heutigen Wollemi National Park aufbrach, ahnte er nicht, dass er mit einer **botanischen Sensation** heimkehren würde. In einer der vielen schwer zugänglichen Schluchten der Blue Mountains stieß er auf Bäume, die er noch nie zuvor gesehen hatte. Sie besaßen farnähnliche Blätter und eine schokoladenbraune Rinde, die über und über mit Blasen bedeckt war. Noble nahm einen Zweig mit, ließ ihn von Botanikern in Sydney untersuchen und erfuhr: Er hatte einen botanischen Dinosaurier entdeckt. Seine **Wollemi Pine** entpuppte sich als eine bisher nur als Fossil bekannte Gattung der Araukariengewächse. Mittlerweile wurden weltweit drei Standorte mit etwa 100 Exemplaren gefunden. Zum Schutz der Wollemi Pine (Wollemi-Kiefer) wurde, neben Schutzmaßnahmen für die Wildstandorte, ein umfangreiches Vermehrungsprogramm begonnen und die ersten nachgezogenen Wollemi Pines an Botanische Gärten und Parks auf der ganzen Welt vergeben. Inzwischen können sie auch käuflich erworben und in deutschen Botanischen Gärten wie in Hamburg, Frankfurt, Berlin oder Stuttgart bestaunt werden (http://germany.wollemipine.com).

! *Baedeker* TIPP

Rockclimbing und Abseiling

Die Blue Mountains sind ein Eldorado für Kletterbegeisterte. Profis der Australian School of Mountaineering bieten in Katoomba auch Unterricht für Anfänger – so z. B. einen Tageskurs »Abseiling«, d. h. Felsklettern am Seil (166B Katoomba Street, Tel. 02 / 47 82 20 14, www.asmguides.com).

★ Broken Hill

R 12/13

Wer die alte Bergbaustadt im äußersten Westen von New South Wales ansteuert, erlebt den ganz eigenen, herben Charme des »Accessible Outback« und eine Oase der Künstler.

Minenstädtchen

Als Gründer der »Silver City« gilt der deutschstämmige Grenzreiter Charles Rasp, der 1883 auf einer Felsnase, die er als »broken hill« bezeichnete, über einen Silberklumpen gestolpert war. 1885 gründete Rasp die Broken Hill Propriety Company Ltd. »The Hill« erwies sich rasch als **größtes Silber-, Blei- und Zinkvorkommen der Welt**. Im Jahr 1900 holten fast 10 000 Bergleute aus 16 Minen 500 000 Tonnen Erz aus dem Boden – pro Mann knapp 50 Tonnen. Heute fördern 400 Männer in der letzten operierenden Mine rund 2,8 Millionen Tonnen pro Jahr.

Historisches Stadtzentrum

Das historische Stadtzentrum wurde ins National Heritage Register aufgenommen. Mit dem Broken Hill Courthouse von 1889, der 1891 erbauten Town Hall und dem zeitgleich errichteten Post Office mit Uhrturm säumen **Prachtbauten im viktorianischen Stil** die Hauptachse der Stadt, deren Name an die Quelle des Reichtums erinnert: **Argent Street**, Silberstraße. Dass nicht nur die Bergbaugesellschaft, sondern auch die Gewerkschaft eine starke Kraft in Broken Hill war, zeigt die Broken Hill Trades Hall (1898 – 1904) an der Blende Street.

★ Daydream Mine, Miners' Memorial

Einblick in den **Alltag der Bergleute** von einst vermittelt die Daydream Mine bei einer Führung in einem 200 m tiefen Stollen (tgl. 10.30 – 15.30 Uhr). Am **Line of Lode** erinnert das »Miners' Memorial« an verunglückte Bergleute. Pro Hart, einstiger »Kumpel«, schuf mit einer Ameise aus Stahl ein Symbol für die Schufterei im Stollen.

BROKEN HILL ERLEBEN

AUSKUNFT

Visitor Information Centre
Ecke Blende/Bromide Street
Tel. 08 / 80 88 97 00
www.visitbrokenhill.com.au

ÜBERNACHTEN

▶ **Komfortabel**

Royal Exchange Hotel
320 Argent Street, Broken Hill
Tel. 08 / 80 87 23 08
www.royalexchangehotel.com
Hübsches Art-déco-Boutique-Hotel im Zentrum von Broken Hill mit 24 Zimmern.

ESSEN

▶ **Erschwinglich**

Broken Earth Cafe & Restaurant
Federation Way, auf der Line of Lode
Tel. 08 / 80 87 13 18
www.tandou.com.au
Schlemmeroase, in der Emu, Fasan und Känguru mit Flussminze und Buschtomaten munden. Gratis dazu: der Panoramablick auf Broken Hill

Künstlerkolonie

Angelockt von dem intensiven Licht, haben sich seit den 1970er-Jahren rund 30 Künstler in Broken Hill niedergelassen. Ihre Werke sind in drei Dutzend Galerien zu bewundern, von denen der Besuch der Pro Hart Gallery besonders lohnenswert ist. Die **Broken Hill Regional Art Gallery** an der Argent Street zeigt neben Aborigines-Kunst fast 1500 Werke australischer Künstler wie Arthur Boyd, Barbara Hanrahan, Michael Nelson Tjakamarra und William Sandy (Öffnungszeiten: Mo. – Fr. 10.00 – 17.00, Sa./So. 13.00 – 17.00 Uhr). Kunst der Aborigines zeigt das Selbsthilfeprojekt **Thankakali Aboriginal Art Centre**. Auf Einladung von Broken Hill schufen 1993 zwölf Künstler aus Sandstein den **Living Desert Sculpture Site**. Im **Railway Mineral & Train Museum** sind historische Loks ausgestellt. Wie Schulkinder auf den entlegenen Farmen im Outback per Funk unterrichtet werden, lässt sich in der **»School of the Air«** erleben. Am Flughafen haben die **fliegenden Ärzte** ihre Basis (Führungen: Mo. – Fr. 10.00 bis 17.00, Sa./So. 11.00 – 16.00 Uhr; www.flying doctor.net).

Umgebung von Broken Hill

★ Silverton

Die Geisterstadt, in der um 1889 Silber abgebaut wurde, ist heute eine beliebte **Kulisse für Kinofilme**: »A Town like Alice« und »Priscilla, Queen of the Desert« wurden hier gedreht. Vor dem **Silverton Hotel** steht der schwarze Bolide aus »Mad Max 2« – auf den Latten unter der Veranda ist zu lesen, welche Filme hier gedreht wurden. Über die Landesgrenzen bekannt ist Silverton auch für seine »Arid Zone Artists« Shane Gehlert, Kym Hart und Howard William Steer. In die Vergangenheit entführen das Schulmuseum in der ehemaligen Dorfschule und das Historische Museum im einstigen Gefängnis (Öffnungszeiten: tgl. 9.30 – 16.30 Uhr). Am Ortsausgang Richtung Broken Hill beginnen Kamelritte durch die Halbwüste ringsum.

Menindee Lakes

Fischadler, Pelikane, Reiher – fast **200 Vogelarten** tummeln sich ca. 120 km südlich von Broken Hill an den neun Menindee-Seen, die über Kanäle mit Darling River und Kinchega NP verbunden sind.

★ Mutawintji National Park

Rund 130 km nordöstlich von Broken Hill erstreckt sich in den Bynguano Ranges der Mutawintji National Park (Anfahrt nur bei Trockenheit von Broken Hill, Tibooburra und ►White Cliffs). Im Mutawintji Historic Site, das 1998 den Aborigines zurückgegeben wurde, gibt es zahlreiche **Aborigines-Felsenmalereien** (nur mit Führung; Auskunft in Broken Hill oder Tel. 08 / 80 87 60 77).

Tibooburra

Die ehemalige Goldgräberstadt Tibooburra ist einer der einsamsten und heißesten Orte im Nordwesten von New South Wales, 340 km nördlich von Broken Hill (Anfahrt auf dem Silver City Hwy.).

Sturt National Park

Nur 23 km nördlich beginnt der große Sturt National Park, das abgelegenste und trockenste Naturschutzgebiet von New South Wales, wo im Sommer die Temperatur auf über 50 °C steigt (beste Besuchszeit: April bis September). Im Westen des Parks erstrecken sich rote Sandhügel der Strzelecki Desert, nach Osten gehen sie in endlose Ebenen mit Kies und Geröll über und im Nordosten bei Olive Downs erheben sich bis zu 150 m hohe Tafelberge (Jump Up Country). Im Park leben **rote Kängurus, Emus und Eidechsen**. Die Straßen sind nach Regenfällen oft unpassierbar; es gibt Campingplätze, jedoch kein Trinkwasser. Der sogenannte Dog Fence markiert die Grenze zu Queensland. Dieser angeblich längste Zaun der Welt sollte ursprünglich die Verbreitung der Kaninchen nach Norden verhindern, heute soll er die Schafweiden vor Dingos schützen.

◄ Dog Fence

★ Byron Bay

X 11

Nicht der Dichter, sondern sein Großvater und Weltumsegler George Gordon Noël Byron (1788 – 1824) stand Pate für die Surferhochburg vor der grünen Kulisse erloschener Vulkane.

Licht über dem Wasser: Das Leuchtfeuer am Cape Byron markiert den östlichsten Punkt des australischen Festlands.

BYRON BAY ERLEBEN

AUSKUNT

Byron Bay Visitor Centre
Stationmaster's Cottage
80 Jonson Street
Byron Bay NSW 2481
Tel. 02 / 66 80 85 58
www.visitbyronbay.com.au

BLUES FESTIVAL

Paul Kelly, Eric Burden und Ozomatli gehören zu den Stars, die beim alljährlichen »Coast Blues & Roots Music Festival« zu Ostern bereits aufgetreten sind (Tyagarah Tea Tree Farm, Byron Bay, www.blues fest.com.au).

ESSEN

► Erschwinglich
Boomerang Grill
5/2 Fletcher Street
Tel. 02 / 66 85 52 64
Küchenchef Marc Romanella zaubert leckere Crossover-Gerichte.

ÜBERNACHTEN

► Luxus
The Byron at Byron Resort & Spa
77 Broken Head Road
Tel. 1300 / 55 43 62
Fax 1300 / 66 39 21 99
www.thebyronatbyron.com.au
Tropisch inspirierte Nobeloase mit 92 DZ, 25-m-Pool, »The Restaurant« und Bar

► Günstig
Arts Factory Backpackers Lodge
Arts Factory Village
Skinners Shoot Road
Tel. 02 / 66 85 77 09
http://nomads hostels.com/arts-factory/
Der beliebte Treff der Hippies damals ist bis heute angesagt, das junge Publikum nächtigt in Tipis, Cabines und genießt Café, Pool und Buddha-Spa.

Badeort und Surferhochburg

Hippies, Aussteiger und Künstler machten in den 1970er-Jahren die Landspitze und ihren betriebsamen Badeort berühmt. Heute teilen sich Familien mit Kindern und wohlhabende Paare den Strand, Jugendliche und Junggebliebene warten auf die perfekte Welle – Surfbretter kann man überall mieten.

Byron Bay Lighthouse ►

Wahrzeichen ist der 1901 erbaute, **lichtstärkste Leuchtturm Australiens** auf dem Felsvorsprung **Cape Byron**. Man erreicht ihn auf der Lighthouse Road, dabei passiert man den populären Clarks Beach und das Surfer-Mekka Watego's Beach. An klaren Tagen ist der Ausblick vom Byron Bay Lighthouse grandios: die schroffen Reste des einstigen Tweed-Schildvulkans im Nordosten mit zum UNESCO-Weltnaturerbe erklärten Regenwäldern, die langen, feinsandigen Strände rund um den Ort, grüne Zuckerrohrfelder und das dunkelblaue Meer. Ein Weg führt zur Landspitze hinunter, dem östlichsten Punkt des australischen Festlands; hier erstreckt sich auch ein kleiner Sandstrand. Die Landzunge ist der ideale Ort, um **Delfine** und, während der Monate von Juli bis September, Gruppen von **Buckelwalen** auf ihrer alljährlichen Wanderung zu beobachten.

★ Central Coast

W 13

Nur eine Autostunde nördlich von ►Sydney beeindruckt die Central Coast zwischen ►Hawkesbury River und ►Newcastle mit malerischen Landschaften und herrlichen Stränden.

Ferienziel der Sydneysider

Den schönsten Eindruck erhält man, wenn man in ►Gosford den Pacific Highway verlässt und über Terrigal und The Entrance an der Küste entlang bis nach ►Newcastle fährt. Hier liegen zahlreiche Nationalparks, in denen Wanderpfade durch einsame Landschaften, zu Felszeichnungen der Aborigines oder zu Badestränden führen. Und natürlich kommen Segler, Angler und Surfer sowohl auf den Seen als auch am Meer voll auf ihre Kosten.

★ Brisbane Water National Park

Dieser Park zwischen dem Pacific Hwy. und Brisbane Water, nur wenige Kilometer südwestlich von Gosford, ist für seine **farbenprächtige Wildblumenblüte** im September/Oktober bekannt. Der Hauptzugang ist Girrakool (westlich von Gosford; kommt man aus Sydney über den Freeway, nimmt man die Ausfahrt Calga); die Straße von Kariong-Woy nach Woy-Patonga erschließt den Osten des Parks. Am Bulgandry Aboriginal Engraving Site südlich von Kariong gibt es Felsritzungen der Aborigines.

Terrigal

Ein 4 km langer Sandstrand, eine von Norfolk-Pinien gesäumte Esplanade, zwei idyllische Lagunen und die markante Kliffnase des »Skillion« machen Terrigal zu einem beliebten Ferienort.

The Entrance

Bekannteste Attraktion des kleinen Ferienorts an der Mündung des Tuggerah Lakes Channel in die Tasmanische See ist die **Pelikanfütterung**, die täglich um 15.30 Uhr im Memorial Park nahe der Touristinformation beginnt. Wenige Schritte weiter können sich die Kleinen im Vera's Water Garden feucht-fröhlich austoben.

Coffs Harbour

X 12

Das milde Klima und das entspannte Leben locken viele Senioren nach Coffs Harbour, die hier ihren Lebensabend im Bungalow verbringen, sich am geschützten Jetty Beach sonnen oder die einsameren Strände im Norden entlangspazieren.

Beliebter Ruhesitz

Mit knapp 48 000 Einwohnern gehört Coffs Harbour schon zu den größeren Städten am Pacific Highway zwischen Sydney und der Grenze nach Queensland. Die Stadt hat zwei Siedlungskerne, einen am Highway, den zweiten am Hafen bzw. Bahnhof, in denen sich Urlauber sowie Pensionäre wohlfühlen. Letztere bewohnen in großer

Zahl stereotype Bungalow-Siedlungen am Stadtrand. Munteres Strandleben herrscht am **Park Beach** nördlich vom Hafen. Am geschützten **Jetty Beach** gleich nebenan, mit Blick auf die Marina, kann man selbst bei stärkerer Brandung ins Wasser. Einsamkeit und Ruhe bieten die Strandabschnitte weiter im Norden. Man erreicht sie vom Pacific Highway auf Abstechern; am **Diggers Beach** gibt es auch einen FKK-Strandabschnitt, weitere Traumstrände sind **Moonee Beach** in 14 km und **Emerald Beach** in 20 km Entfernung

Umgebung von Coffs Harbour

Big Banana Auf ausgedehnten Plantagen in der Umgebung werden in großem Stil Bananen angebaut, sofern man aus dem Süden kommt, ein deutliches Zeichen für den Klimawechsel. Die riesige Bananenattrappe direkt am Pacific Hwy., 3 km nördlich von Coffs, macht auf den Eingang zu einer **Bananen-Plantage** aufmerksam. Bei einer Besichtigung erfährt man alles über Anbau, Ernte und Verarbeitung der Früchte. Besucher werden in einer Kleinbahn durch das Gelände gefahren und können im angeschlossenen Restaurant allerhand Bananenspeisen kosten (www.bigbanana.com).

Woolgoolga Der Küstenort Woolgoolga bietet einen guten Surfstrand und fischreiche Angelplätze. Er liegt etwa 25 km nördlich von Coffs Harbour. Bemerkenswert ist ein **Sikh-Tempel** für die indische Bevölkerung, die früher in den Zuckerrohrplantagen von Queensland arbeitete, später

Nie überlaufen: Sawtells breite Sandstrände und das natürliche Felsenbad

COFFS HARBOUR ERLEBEN

AUSKUNFT

Coffs Harbour Visitor Information Centre
Ecke Pacific Highway
und McLean Street
Tel. 1300 / 36 90 70
www.coffscoast.com.au

ESSEN

► **Günstig**
Fisherman's Co-op
69 Marina Drive
Tel. 02 / 66 52 28 11
Fangfrische Meerestiere, vom Kutter direkt in die Pfanne gebracht.

SHOPPING

Eine besonders große und hochwertige Auswahl an Aborigine-Kunsthandwerk gibt es in der Cooinda Gallery, Coffs Harbour, The Promenade, 321 High Street, www.cooinda-gallery.com.au.

dann nach Süden zog und Bananen anbaute. Unberührte Sandstrände und Dünen findet man rund 10 km nördlich im **Yuraygir National Park**.

Sawtell

Sawtell ist ein kleiner, ruhiger Ferienort an der North Coast, 8 km südlich von Coffs Harbour. Zu seinen Vorzügen gehören Traumstrände, gute Wassersport- und Wandermöglichkeiten und nicht zuletzt ein natürliches **Meeresschwimmbecken** direkt am Strand.

Nambucca Heads

Es ist lange her, dass der Küstenort an der Mündung des Nambucca River ein bedeutender Hafen war. Heute überzeugt Nambucca Heads, knapp 50 km südlich von Coffs Harbour, dank ausgezeichneter Sandstrände als **beschauliches Seebad**. Erfahrene Surfer bevorzugen die Dünung in der Flussmündung. Die meisten fühlen sich allerdings zum breiten Main Beach oder zur Lagune an der Flussmündung hingezogen.

Coonabarabran

V 12

Weit draußen im Outback, über 450 km nordwestlich von ►Sydney, ist die Luft oft ganz trocken und klar. Dank fehlender Beleuchtung sind die Nächte pechschwarz und so kann man fast immer am Sternenhimmel die Formationen über der Südhalbkugel ausmachen.

Astronomy Capital of Australia

Dass das kleine Städtchen Coonabarabran am Rand des Warrumbungle-Nationalparks zu Australiens »Astronomy Region« gehört, kommt also nicht von ungefähr. Außerdem kann man sich hier vor der Reise ins Outback mit Vorräten und Informationen versorgen.

Umgebung von Coonabarabran

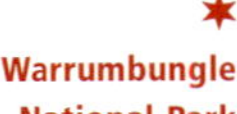

Warrumbungle National Park

Wie bizarre Fransen ragen etwa 15 km westlich von Coonabarabran die **Felsnadeln und Steindome** der Warrumbungle Mountains aus der weiten Ebene empor. Sie liegen im Übergangsbereich von den trockenen Gebieten des Westens zum niederschlagsreicheren Osten. Die seltsam geformten Felstürme sind die Überreste von gewaltigen vulkanischen Aktivitäten vor rund 13 Mio. Jahren. Das teils wild zerklüftete Gebiet mit von Schnee-Eukalypten bewachsenen Berggipfeln und tief eingeschnittenen Schluchten ist ein Dorado für Wander- und Kletterfreunde. Die schönsten Ausblicke entlang der Wanderwege genießt man bei Sonnenauf- und -untergang. Bekannt ist der Park auch für seine reiche Tier- und Pflanzenwelt, vor allem für seine Frühlingsblüten. Campingeinrichtungen sind vorhanden (Auskunft im National Park Visitor Centre in Coonabarabran). Der Hauptzugang befindet sich 35 km westlich von Coonabarabran am John Renshaw Parkway; weitere Zugänge gibt es von Gilgandra über die Gumin Road bzw. von Gulargambone (rund 80 km).

An der Zufahrtsstraße in den Park, 24 km westlich von Coonabarabran, steht hoch in den Bergen das **Siding Spring Observatory** mit Australiens längstem Teleskop: 3,9 m Länge (Öffnungszeiten: tgl. 9.30 – 16.00 Uhr, www.sidingspringexploratory.com.au).

Dorrigo National Park

X 12

Dorrigo thront auf einem Plateau, dessen schroff abfallende Kante noch von urzeitlich subtropischem und kühlgemäßigtem Regenwald bewachsen ist.

Am Rand des Regenwalds

Vom Pacific Highway führt der »Waterfall Way« hinauf in die malerische 1200-Einwohner-Gemeinde **Dorrigo**, 4 km östlich vom Nationalpark. Über den Regenwald informiert das **Rainforest Centre** beim Eingang an der Dome Road. Dort hat man von einem 70 m langen, über den Baumwipfeln verlaufenden Holzsteg einen atemberaubenden Blick. Im kleinen Canopy Café gibt es eine gute Auswahl an leckeren Erfrischungen. Im Nationalpark werden die Überreste der früher dichten Regenwälder des Dorrigo-Plateaus geschützt. Die Wildnis mit immergrünem Eukalyptus, Orchideen, Farnen, Moosen, zahllosen Vögeln und nachtaktiven Säugetieren ist großartig. Im Sommer gibt es reichlich Regen, dann sind die Wasserfälle am eindrucksvollsten. Zwischen 600 m und 6,5 km lange, gute

! *Baedeker* TIPP

Didgeridoos

Wer sich für Didgeridoos interessiert, dem australischen Musikinstrument aus einem von Termiten ausgehöhlten Baumstamm, der wird im Heartland Didgeridoos in Bellingen gut beraten (www.heartlanddidgeridoos.com.au).

Wanderpfade führen von den beiden Picknickplätzen The Glade, 1 km vom Besucherzentrum entfernt, und Never Never im Zentrum des Parks (10 km auf der Dome Road) durch Regenwald und zu Wasserfällen.

Eukalypten, Farne und Orchideen kann man im Dorrigo-Regenwald bestaunen.

In der einstigen Holzfällerstadt **Bellingen**, 32 km unterhalb von Dorrigo, leben heute noch viele Aussteiger und Hippies, weswegen die Gegend auch gerne »Rainbow Belt« (Regenbogen-Zone) genannt wird. Im August findet alljährlich ein bekanntes **Jazz Festival** (www.bellingenjazzfestival.com.au) und jeden dritten Samstag ein gut besuchter Markt statt. An der Hyde Street liegt das restaurierte Hammond & Wheatley Emporium, ein altes Warenhaus, in dem heute Mode und Haushaltswaren verkauft werden. Eine große Auswahl an **Kunsthandwerk** gibt es am Ortsrand in der ehemaligen Butterfabrik (www.bellingen.com/butterfactory/woodcraftgallery).

★ ◄ Old Butter Factory

Dubbo

V 13

Im Herzen der Western Plains, des von Stauseen bewässerten Weizengürtels 420 km nördlich von ►Sydney, lockt Dubbo mit Australiens größtem Freigehege – dem Western Plains Zoo.

★ **Western Plains Zoo**

Mehr als 1000 Tiere aus fünf Kontinenten lassen sich 5 km südwestlich in freier Wildbahn auf einem 6 km langen Rundweg zu Fuß, per Fahrrad, im Elektrokarren oder im eigenen Wagen entdecken. Sehr beliebt sind die zweitägigen »**Zoofaris**« (www.zoofari.com.au) mit drei tierischen Entdeckungstouren und Übernachtung in einer Zelt-Lodge – umgeben von Elefanten, Löwen, Giraffen und Nilpferden (Öffnungszeiten: tgl. 9.00 – 17.00 Uhr; Obley Road, Tel. 02 / 68 82 58 88, www.westernplainszoo.com.au).

Umgebung von Dubbo

Wellington

★ ◄ Caves

Das Städtchen Wellington am Zusammenfluss von Macquarie River und Bell River, 47 km südöstlich von Dubbo, ist vor allem durch die Wellington-Höhlen bekannt. In einer der weit verzweigten **Kalkstein-**

höhlen ist ein riesiger Stalagmit zu bewundern (8 km südlich von Wellington, in der Nähe des Mitchell Hwy.; Führungen: tgl. 9.00, 10.00, 11.00, 14.00, 15.00 und 16.00 Uhr). Wassersportfreunde tummeln sich auf dem **Burrendong**-Stausee, 25 km südöstlich.

Dungog

W 13

Inmitten grüner Hügel, rund 80 km nördlich von ►Newcastle, tauchen plötzlich die Häuser des Dörfchens Dungog auf, das 1838 als Militärstation gegründet wurde.

✶ **Barrington Tops National Park**

Seit 1986 ist die Wildnis 40 km südlich von Dungog als **UNESCO-Weltnaturerbe** geschützt, seit 1994 gehört sie als südlichster Teil zu den Central Eastern Rainforest Reserves of Australia (CERRA). In ihren vielfältigen Biotopen – Regenwald im Norden, Hartlaubgewächse im Süden, arktische Birkenwälder, Wasserfälle, Wildwasser und Seen – haben 43 Säugetier- und mehr als 200 Vogelarten ein Refugium gefunden, wie das Graue Riesenkänguru, Nacktnasenwombats, Koalas, Gelbohrkakadus und Leierschwänze. Allgegenwärtig auf den Picknickplätzen sind Dickschnabel-Würgerkrähen. Beliebtester Aussichtspunkt ist Careys Peak (1544 m), leichter zu erreichen sind der Andrew Laurie Lookout im Osten und Jerusalem Creek im Süden.

Eden

V 15

Alljährlich Anfang November feiert Eden mit Paraden, Konzerten und bunten Märkten das Whale Festival. Schon 1818 als Walfanghafen gegründet, ist Eden heute wichtigster Hafen der Südküste.

Alter Walfanghafen

Bei ihrer Arbeit unterstützt wurden die Walfänger von Orcas (Killerwalen) wie »Old Tom«; sein Skelett ist im **Killer Whale Museum** zu bewundern (Öffnungszeiten: Mo. – Sa. 9.15 – 15.45, So. 11.15 – 15.45 Uhr; Imlay Street, www.killerwhalemuseum.com.au). Die Orcas trieben die vorbeiziehenden Wale in die Twofold Bay, wo sie die Walfänger bereits erwarteten. Nachdem die Tiere zerlegt waren, erhielten die Orcas als Lohn die Zungen und Lippen, die nicht verwertet werden konnten. Auch der **größte je gefangene Wal** wurde hier Opfer der Walfänger – ein gut 30 m langer Blauwal.

✶ Walbeobachtungsfahrten ►

Heute liegt die Fischereiflotte im Snug Cove am Kai. An der Eden Main Wharf beginnen im Oktober/November Whale-Watching-Touren, bei denen vor allem **Buckelwale** auf ihrem Weg in die Antarktis beobachtet werden können. Angeboten werden diese Halbtagestouren u. a. von Cat Balou Cruises (Tel. 02 / 64 96 20 27, www.catbalou.com.au). Welche Männer auf See ihr Leben ließen, verrät die Seamens Memorial Wall am Rotary Barbecue Park. In der zweiten Hälfte des 20. Jh.s wurde Thunfisch in der Cannery Wharf in Konservendosen abgepackt; seit 1999 jedoch erfolgt die Verarbeitung offshore.

Boydtown

Im Jahr 1843 gründete der Londoner Unternehmer **Benjamin Boyd** (1801 – 1851) gegenüber von Eden den Hafen Boydtown, um Sydney als Hauptstadt der Kolonie Konkurrenz zu machen. Sein Traum zerplatzte bereits nach fünf Jahren: Boyd war bankrott. Nur das von Sträflingen errichtete Seahorse Inn, bis heute in Betrieb, die Ruinen der Kirche und einige Häuser erinnern heute noch an seine Vision. Die alte Walfangstation liegt inmitten des 10 486 ha großen **Ben-Boyd-Nationalpark**, der auf 45 km Länge die zerklüftete Küste schützt. Schöne Aussichten bieten sich vom Boyd's Tower und dem 29 m hohen Cape Green Lighthouse, das 1885 erbaut wurde.

Gosford

W 13

Keine 50 km trennen ► Sydney von Gosford, der Hauptstadt der malerischen ► Central Coast und Heimat der Central Coast Mariners, dem australischen Fußball-Erstligisten und Vizemeister 2008.

Eric, das Krokodil, ist der Star des **größten Reptilienparks von Australien**, in dem neben gefährlichen Spinnen, Schlangen, Waranen und Schildkröten auch Beuteltiere und die reiche Vogelwelt des fünften Kontinents bewundert werden können (Öffnungszeiten: tgl. 9.00 bis 17.00 Uhr; Pacific Highway, Somersby NSW 2250, www.reptilepark.com.au). 1948 von Eric Worrell ins Leben gerufenen Reptilienpark werden regelmäßig 300 Schlangen und 500 Spinnen gemolken, um Serum für Schlangen- und Spinnenbisse herzustellen.

GOSFORD ERLEBEN

AUSKUNFT

Gosford Visitor Centre
200 Mann Street
Gosford NSW 2250
Tel. 1300 / 13 07 08
www.cctourism.com.au

ESSEN

► Erschwinglich

Upper Deck
61 Masons Parade, Gosford
Tel. 02 / 43 24 67 05
www.upperdeck.com.au
Bestes Seafood wird hier geboten – mit Blick auf Brisbane Water.

ÜBERNACHTEN

► Komfortabel

Hibiscus Lakeside Motel
2 Diamond Head Drive
Budgewoi NSW 2262
Tel. 02 / 43 90 91 00, Fax 43 99 14 52
www.hibiscuslakesidemotel.com.au
Weitläufige Motelanlage mit 13 Zimmern und benachbartem Bootsverleih

Goulburn

V 14

Merinoschafen verdankt Goulburn, 210 km südwestlich von ► Sydney, seinen Aufstieg zum Zentrum einer wohlhabenden Farmgegend am Zusammenfluss von Wollondilly und Mulwarry.

Agrarzentrum Das 15 m hohe **»Big Merino«**-Betonschaf, dessen Bauch als Museum dient, verkündet bereits am Ortseingang, wovon das Agrarzentrum am Zusammenfluss von Wollondilly und Mulwarry lebt: von der Schafzucht. Den Durst der Arbeiter stillte ab 1836 die **Goulburn Brewery** an der Bungonia Road, die damit zu den ältesten Brauereien des Kontinents gehört – und als einzige ihre ursprüngliche Anlage erhalten hat (Besichtigung tgl. ab 11.00, Führungen So. 11.00, 15.00 Uhr oder n. V., Tel. 02 / 48 23 44 92 www.igoulburn.com).

★ Grafton

X 11

»Jacaranda-Hauptstadt« nennt sich Grafton und tatsächlich stehen entlang der breiten Straßen unzählige der herrlich duftenden Jacaranda-Bäume mit ihren lilafarbenen Blüten.

Capital of Jacaranda Die Kleinstadt schmiegt sich in eine Schleife des Clarence River, gute 660 km nördlich von ► Sydney, am Schnittpunkt von Pacific und

Überwältigend: die alljährliche Blütenpracht der Jacaranda-Bäume in Grafton

Gwydir Highway. Ende Okt./Anfang Nov. umhüllt ein wohlriechender Duft die Stadt: Unzählige Jacaranda-Bäume verwandeln die einstige Goldgräbersiedlung am Clarence River in ein violettes Blütenmeer. Dieses Naturspektakel wird seit 1935 alljährlich mit dem ältesten floralen Familienfest des Kontinents gefeiert – dem **Jacaranda-Festival** (www.jacarandafestival.org.au). Gepflanzt wurden die Bäume, die ein geradezu biblisches Alter von bis zu 200 Jahren erreichen, ab 1879 vom Samenhändler H. A. Volkers, der so im Auftrag der Stadt die Straßen schmücken sollte. Das 1903 erbaute **Schaeffer House** besitzt noch seine originale Inneneinrichtung (190 Fitzroy Street; Öffnungszeiten: Di., Mi., Do., So. 13.00 – 16.00 Uhr). Im Prentice House von 1880 ist jetzt die **Regional Gallery** untergebracht (158 Fitzroy Street, Öffnungszeiten: Di. – So. 10.00 – 16.00 Uhr).

Griffith

T-U 14

Wegen seiner vielen italienischen Einwohner wird Griffith auch gern das »australische Italien« genannt. Besuchen Sie eines der renommierten Weingüter und probieren Sie erlesene Tropfen wie den De Bortoli, McWilliam's Hanwood Estate und Melange-Wein.

Wein und italienische Küche

Erwartungsgemäß kann man in der 25 000-Einwohner-Stadt, 570 km westlich von ► Sydney, ausgezeichnet italienisch essen gehen. Im fruchtbaren Umland wachsen Gemüse, Zitrusfrüchte und Bananen, werden knapp 80 % der Weine von New South Wales gekeltert. Das alles ist aber nur dank künstlicher Bewässerung möglich. Ein gigantisches Netzwerk an Flüssen und künstlichen Wasserwegen versorgt die Murrumbidgee Irrigation Area, die auch als »Food Bowl of Australia« (Australiens Essnapf) bezeichnet wird.

Sehenswertes

Entworfen wurde Griffith von Walter Burley Griffin, dem Stadtplaner von ► Canberra. Im **Pioneer Park Museum** am Remembrance Drive sind 40 Gebäude aus dem späten 19. und frühen 20. Jh. zu einem Freilichtmuseum zusammengestellt worden (Öffnungszeiten: tgl. 9.00 – 16.30 Uhr). Zeitgenössische Künstler zeigt die **Griffith Regional Art Gallery** an der Banna Avenue (Öffnungszeiten: Di. – So. 11.00 bis 17.00 Uhr).

★ Hawkesbury River

W 13

Fruchtbares Farmland und flussnahe Dörfer verknüpft der Hawkesbury River im Norden von ► Sydney. Entdecken Sie die reizvolle Mischung ländlicher Idylle auf einer Bootstour ab Brooklyn.

Hawkesbury River

Wo er ins Meer mündet, hat sich der Hawkesbury River ein großartiges, weit verzweigtes Flusssystem geschaffen, **Broken Bay** genannt, ein **Paradies für Wassersportler**: Brisbane Water im Norden, Berowra und Cowan Creek sowie Pittwater im Süden. Die ersten Siedler kamen 1794 in die Gegend. Um 1810 wurden im oberen Hawkesbury-Tal die sogenannten Macquarie Towns gegründet: Windsor, Richmond, Wilberforce und Pitt Town. Vier **Nationalparks** umgeben den Hawkesbury: Ku-ring-gai Chase National Park, Brisbane Water National Park (► Central Coast), Dharug National Park und Bouddi National Park (www.nationalparks.nsw.gov.au).

Erkundung des Hawkesbury River

Brooklyn

Das Gebiet kann man gut mit dem Auto erkunden, noch besser ist allerdings eine **Bootstour**. Von Brooklyn, das nahe der Eisenbahnbrücke über den Hawkesbury River liegt (Anfahrt aus Sydney entweder auf dem Sydney-Newcastle Freeway oder mit dem Zug in einer Stunde von Sydneys Central Station aus), aber auch in Bobbin Head, Berowra Waters und Wisemans Ferry legen Ausflugsboote ab. Hier kann man auch Hausboote mieten.

Riverboat Postman

Ein besonderes Erlebnis ist die Fahrt mit **Australiens letztem Flusspostboten**. Seit 1910 versorgen die Hawkesbury River Ferries die an abgelegenen Wasserstraßen Lebenden mit Post und allem anderen Lebensnotwendigen (Hawkesbury River Ferries, Ferry Wharf, Brooklyn, Tel. 02 / 99 85 75 66, Fahrten: Mo. – Fr. ab 9.30, an 13.15 Uhr).

Wisemans Ferry

Der kleine Ort Wisemans Ferry liegt in einer Flussschleife am Südufer des Hawkesbury. Von hier kann man seit 1927 rund um die Uhr mit einer Fähre übersetzen. An der Old Northern Road zeigt die Ferry Artists Gallery (http://ferryartists.org) Arbeiten regionaler Künstler. Die Great Northern Road wurde 1826 – 1836 von Sträflingen erbaut. Seit 2010 gehört sie zum UNESCO-Welterbe, der Convict Trail (www.convicttrail.org) hält die Erinnerung an das Mammutprojekt wach. Auf der anderen Uferseite verläuft die Straße am Dharug National Park entlang, über Gunderman, Spencer und durch das Mangrove-Tal bis Mangrove Mountain.

★ Dharug National Park

Der Dharug National Park erstreckt sich nördlich von Wisemans Ferry am Nordufer des Hawkesbury. Sandsteinklippen, Wasserfälle und eine reiche Pflanzen- und Tierwelt bestimmen das Landschaftsbild. Entlang der Nord- und Westgrenzen des Parks verläuft die Great North Road, die 1826 von Sträflingen als erste Straße ins ► Hunter Valley erbaut wurde. Vom gerodeten Tal des Mill Creek aus führen Wanderwege entlang der Bäche. **Buschwanderungen** quer durch den Park sind ebenso möglich wie Buschcamping und Mountain Biking (Zufahrt von Sydney über Windsor oder Glenorie; in Wisemans Ferry mit der Fähre über den Fluss; der Parkeingang liegt ca. 5 km öst-

Gleich mehrere Nationalparks gibt es im Norden von Sydney: Herrliche Ausblicke aufs Meer bietet der Ku-ring-gai Chase National Park.

lich der Anlegestelle an der Straße nach Spencer; von Gosford über Central Mangrove und Spencer, Richtung Wisemans Ferry; Auskünfte in ►Gosford).

✶ Ku-ring-gai Chase National Park

An die nördlichen Vororte von Sydney grenzt seit 1894 einer der schönsten Nationalparks des Bundesstaats. Seit Juli 2006 gehört er zur National Heritage List: Ku-ring-gai, ein von Flüssen zerfurchtes, 154 km² großes Sandsteinplateau, das im Norden an der Broken Bay, der Mündungsbucht des Hawkesbury River, endet. Berühmt sind vor allem die **Felsmalereien** der örtlichen Guringgai-Aborigines, zu sehen auf dem »Aboriginal Heritage Walk«. Beste Sicht auf Broken Bay (nördlich), Pittwater (südlich) und Barrenjoey Lighthouse (östlich) bietet sich am Nordwestende des Parks vom West Head. Camping ist nur gestattet am Basin, wo es neben 400 Stellplätzen für Zelte auch kalte Duschen und Barbecue-Grills gibt.

✶ Hunter Valley

W 12/13

Ein frischer Hunter Semillon oder lieber ein gereifter Hunter Shiraz? Im sanft gewellten Hügelland des Hunter Valley haben Weinkenner und Gourmets Gelegenheit, bei einer Winzertour die vielen kulinarischen Delikatessen des berühmten Tals zu testen.

Mit seinen mehr als 120 Winzereien ist das Hunter Valley, rund zwei Autostunden nordwestlich von ►Sydney gelegen, das nach dem ►Barossa Valley zweitgrößte und **älteste Weinanbaugebiet des Kontinents**. Bei den Weißweinen dominieren vornehm-feiner Semillon und buttriger Chardonnay, bei Rotweinen der pfeffrige Shiraz, der gerne mit Cabernet Franc verschnitten wird. Vereinzelt wachsen auch Sauvignon Blanc oder Verdelho an den Weinstöcken. Zu Na-

! **Baedeker TIPP**

Up, up and away ...

Frühmorgens werden die Gasbrenner im Hunter Valley angefeuert, denn pünktlich zum Sonnenaufgang sollen sich die Heißluftballone in der Luft befinden. Eine Ballonfahrt über die grünen Hügel, Wälder und Weingärten ist zwar kein preisgünstiges, aber ein unvergessliches Erlebnis. Traditionell folgt der Landung ein ausgiebiges Champagnerfrühstück (Balloon Aloft, Branxton Road, North Roxbury, Tel. 02 / 49 38 19 55, www.balloonaloft.com.au).

men aus der Pionierzeit wie Lindeman's, Wyndhams und McWilliams sind Betriebe wie Bimbadgen oder Rothbury Estate hinzugekommen. Sie bieten neben **Weinproben** meist auch Kellerführungen an; viele Winerys verwöhnen ihre Gäste zudem mit lokaler Kunst oder **Gourmetküche** in einem hauseigenen Restaurant. Als Vater des Weinbaus gilt der Schotte (!) **James Busby**, der in Frankreich erste Weinkenntnisse erwarb und 1825 mit gerade 23 Jahren im Lower Hunter Valley als Erster sein eigenes Weingut gründete. 1833 brachte er von einer Europareise auch den roten Syrah mit, der als Shiraz zum Synonym für australischen Wein wurde. Weitere Winzer folgten ihm: 1830 George Wyndham, danach Tyrrell, Lindeman, Drayton und Tulloch.

Im Lower Hunter Valley

Pokolbin

Heute schlägt das Herz der Weinindustrie rund um Pokolbin mit renommierten Kellereien, Gourmetrestaurants, Cafés, Bars und schicken Unterkünften. Edle Tropfen kleinerer Kellereien kann man täglich im **Boutique Wine Centre** an der Broke Road probieren (Tel. 02 / 49 98 74 74, www.boutiquewinecentre.com.au).

Weingourmets treffen sich im sanft gewellten Hügelland des Hunter Valley.

Lower Hunter Valley Orientierung

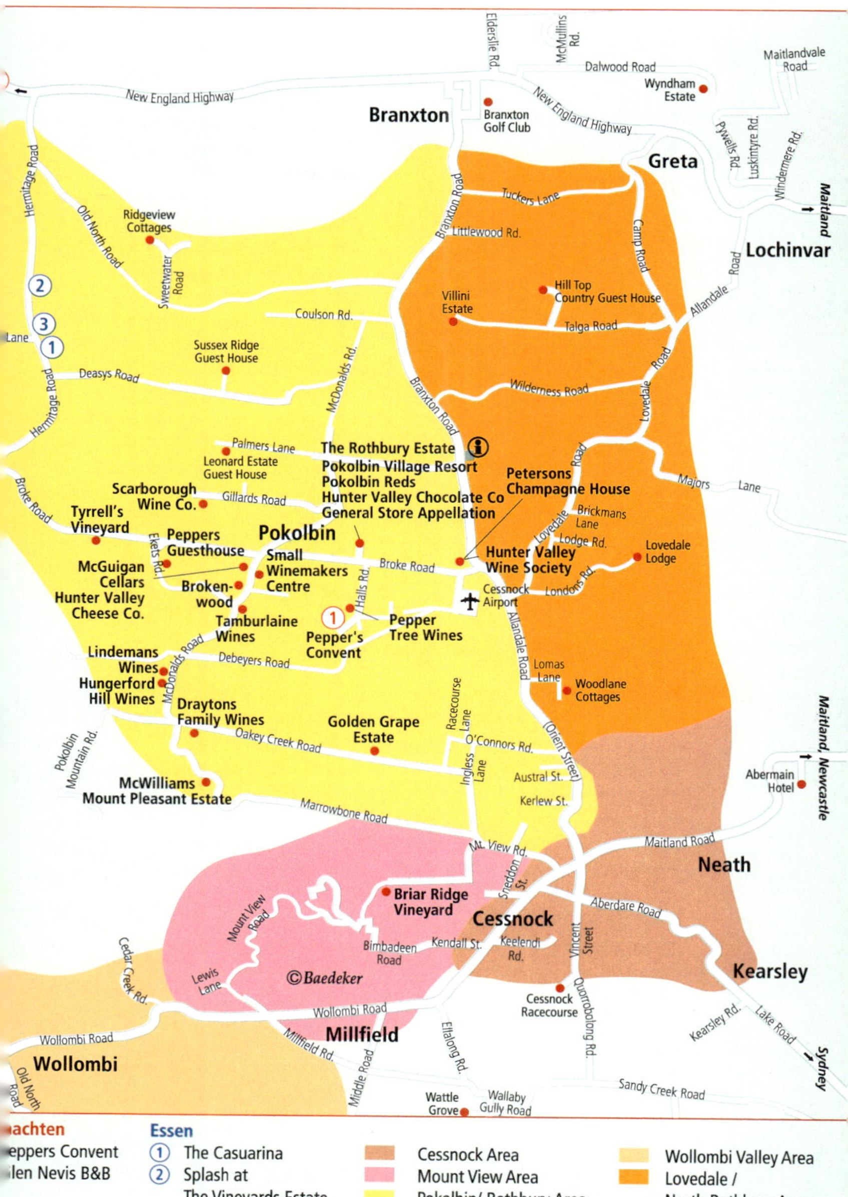

…achten
…eppers Convent
…len Nevis B&B

Essen
1. The Casuarina
2. Splash at The Vineyards Estate
3. The Brokenback Bar

- Cessnock Area
- Mount View Area
- Pokolbin/ Rothbury Area
- Wollombi Valley Area
- Lovedale / North Rothbury Area

Wineries

www.winecountry.com.au ►

Die meisten Weingüter haben tgl. zwischen 10.00 und 17.00 Uhr geöffnet. Preisgekrönt sind die Weine und Kellerführungen der 1895 gegründeten **Tulloch Wines** an der Ecke McDonalds und De Beyers Road (Tel. 02 / 49 98 75 80, www.tulloch.com.au). Die Weinprobe bei **Lindemans Ben Ean** an der McDonalds Road findet im 150 Jahre alten Gewölbekeller statt; lohnend ist auch das kleine Weinmuseum (Tel. 02 / 49 98 76 84, www.lindemans.com.au).

Bei **McGuigan Brothers** Ecke Broke und McDonalds Road gibt es nicht nur Weine, sondern auch die **Hunter Valley Cheese Company**, die erstklassige Käsesorten produziert (Tel. 02 /49 98 77 44, www.huntervalleycheese.com.au).

Der Shiraz von **Brokenwood** an der McDonalds Road 401 reift 14 Jahre im Eichenfass (www.brokenwood.com.au). Der VAT 1 Semillon von **Tyrrells** in der Broke Road gehört zu den Spitzenweinen Australiens (Tel. 0612 / 49 93 70 00, www.tyrrells.com.au). Preisgekrönt ist auch der Pinot Noir von **Briar Ridge** an der Mt. View Road in Cessnock (Tel. 02 / 49 90 36 70, www.briarridge.com.au).

! *Baedeker* TIPP

Genuss ohne Reue

Wer angesichts verführerischer Weinproben die Hände vom Steuer lassen möchte, kann sich einer geführten Hunter Vineyard Tour anschließen (tgl. 10.00 – 16.00 Uhr, ab Cessnock, Tel. 02 / 49 91 16 59, www.huntervineyardtours.com.au) oder in einer Pferdekutsche ohne Promillesorgen eine Ausfahrt mit Picknick und Weinverkostung genießen. (Pokolbin Horse Coaches, McDonalds Road, Pokolbin, Tel. 02 /49 98 73 05, www.pokoebinhorsecoaches.com.au).

Im Upper Hunter Valley

Wineries

Um Denman, Muswellbrook und Singleton dominieren größere Weinbaubetriebe. 1860 pflanzte der Deutsche **Carl Brecht** hier die ersten Reben. Bereits in den 1870er-Jahren wurden seine Tropfen auf internationalen Weinmessen mit Gold ausgezeichnet. Mit der Ankunft von **Penfolds** kam die erste große kommerzielle Kellerei, später folgten Unternehmen wie Arrowfield Wines, Pyramid Hill Wines, Two Rivers, James Estate Wines und **Rosemount Estate**, eines der größten australischen Weingüter (www.rosemountestate.com).

Kohlerevier

Singleton ►

Die 21 Kohlenförderstätten im oberen Hunter-Tal gewinnen jährlich über 88 Mio. t **Steinkohle**, die von riesigen Kraftwerken am New England Highway zur Stromgewinnung genutzt werden. So auch vom Kraftwerk Redbank Power bei Singleton, dessen Geschichte das Stadtmuseum im einstigen Gefängnis von 1874 erzählt.

Scone

Dank seiner renommierten Gestüte gilt Scone als **»Hauptstadt der Pferdezucht«.** Die Pferderennbahn kann sich mit Anlagen der australischen Metropolen messen, der Poloplatz besitzt olympischen Standard. Zum »Scone Horse Festival« im Mai gehören ein Galopprennen im Emirates Park, Paraden und Parties.

HUNTER VALLEY ERLEBEN

AUSKUNFT

Vintage Hunter Wine & Visitors Centre, 455 Wine Country Drive
Pokolbin NSW 2325
Tel. 02 / 49 90 09 00, Fax 49 90 09 01
www.winecountry.com.au

WINE & JAZZ

Das Ende der Traubenernte wird alljährlich im Mai mit den »Hunter Valley Harvest Celebrations« gefeiert, bei denen die Tropfen der Region verkostet werden. Wer einmal eine Opernaufführung auf einem Weingut erleben möchte, sollte sich im Oktober die »Opera in the Vineyards« (www.4di.com.au) auf dem Wyndham Estate ansehen. Zum Picknick mit Freunden, begleitet von gutem Wein und erlesenen Jazzklängen, lädt im gleichen Monat »Jazz in the Vines« (www.jazzinthevines.com.au) auf Tyrrells Vineyard.

ÜBERNACHTEN

► Luxus

① ***Peppers Convent***
Halls Road, Pokolbin NSW 2320
Tel. 02 / 49 98 77 64, Fax 49 98 73 23
www.peppers.com.au/convent
Nobelherberge in einem ehemaligen Kloster inmitten der Weinreben. Jamie Hartcher serviert im Chez Pok französisch inspirierte Küche. Daniel Hunt verwöhnt seine Gäste im berühmten Robert's Restaurant mit frischen Austern, Wild und hausgemachter Pasta.

► Komfortabel

② ***Glen Nevis B & B***
399 Westbrook Road
Singleton NWS 2330, Tel. 02 / 65 77 56 12, www.glen-nevis.com.au
Blümchenmuster, Rüschen und viel Romantik: Laurel und John Villis haben ihre viktorianische Villa, einst das Haupthaus einer Rinderfarm, ganz im Stil jener Jahre eingerichtet.

ESSEN

► Fein & teuer

① ***The Casuarina***
Hermitage Road, Pokolbin
Tel. 02 / 49 98 78 88
www.casuarinainn.com.au
Bezauberndes Anwesen mit einem Toprestaurant – Spezialitäten sind Thai-Currys, mediterrane Meeresfrüchte und flambierte Crêpe Suzette.

Baedeker-Empfehlung

② ***Splash at The Vineyards Estate***
555 Hermitage Road, Pokolbin
Tel. 02 / 65 74 72 29
www.thevineyardsestate.com.au
Mit 15 Jahren stand Dena Hutchinson bereits am Herd – heute gehört die Küchenchefin mit ihren Seafood-Gerichten zu den besten Köchen des Bundesstaats.

► Erschwinglich

③ ***The Brokenback Bar***
Tuscany Wine Estate Resort
Hermitage/Mistletoe Road, Pokolbin
Tel. 02 / 49 98 72 88
www.tuscanywineestate.com.au
Tapas, Steaks und Holzofenpizza – genossen am Kaminfeuer oder auf der Terrasse mit Blick auf die Weingärten. Die edlere Variante ist das »Mill Restaurant« des Weinguts.

Lightning Ridge

U/V 11

In Lightning Ridge dreht sich alles um Opale. Denn in der kleinen Stadt im tiefsten Outback, nur noch 60 km südlich der Grenze zu Queensland, werden bis heute Opale gefunden, deren Farbtöne von schwarz bis zu dunkelrot changieren und die daher als besonders wertvoll gelten.

Stadt der schwarzen Opale

Die meisten Opalgeschäfte befinden sich in der **Morilla Street**. Interessierte können eine **Opalmine** besichtigen (Opal Mine Walk Tours, Bald Hill Road, tgl. 9.00 – 17.00 Uhr; www.walkinmine.com.au) und beim Schleifen der Steine zuschauen. Die opalführende Schicht liegt rund 20 m unter der Erde. Entspannung findet man kostenlos in den **Artesian Ridge Bore Baths** in der Pandora Street – hier entspringen 42 °C warme Quellen.

** Lord Howe Island

Gletscherblau schimmernder Pazifik, gelb leuchtende Strände an der türkisfarbenen Lagune – die idyllische Halbmondinsel im weiten Pazifik, zweieinhalb Flugstunden bzw. 770 km nordöstlich von ►Sydney, gehört seit 1982 zum Weltnaturerbe der UNESCO.

Echtes Hideaway!

www.lordhowe island.info ►

Lord Howe ist ein 11 km langes und 2 km breites **Naturidyll**, das auf kleinstem Raum eine unglaubliche Vielfalt an Flora und Fauna bietet. Um die einzigartigen Biotope zu bewahren, dürfen sich **maximal 400 Besucher** auf der **Koralleninsel** aufhalten. Die Westküste ist eine einzige sichelförmige Bucht mit seichtem Wasser und langen Sandstränden, abgeschlossen durch ein Korallenriff, das so eine Lagune bildet. Hier suchen Taucher nach dem bedrohten Schwarzen Kabeljau, nach bunten Papageien- oder Gauklerfischen. Beliebteste Wandertour ist der Aufstieg vom Ned's Beach zum Malabar Hill und Kirn's Lookout. Nur mit Führer darf Mount Gower (845 m) bestiegen werden. Auf Radfahrer (Helmpflicht!) warten 13 km herrliche Tracks. Ein besonderes Erlebnis ist es, am **Sylph Hole** mit den Meeresschildkröten zu schwimmen. Surfer treffen sich am Blinkie Beach und auf dem Neun-Loch-Golfplatz wird im November das »Lord Howe Island Golf Open« ausgetragen. Segler umrunden gern den höchsten Monolithen der Erde – **Balls Pyramid**, eine 552 m hohe Felsnadel, die steil aus dem Pazifik emporragt.

! *Baedeker* TIPP

Südseetraum

Umgeben von Palmen thront am Südende der Insel das bezaubernde Boutique-Hotel Capella Lodge mit schicken Suiten, feinem Spa und dem White Gallinule Restaurant mit Gourmetküche und Panoramablick (Lagoon Road, Tel. 02 / 65 63 20 08, Fax 02 / 65 63 21 80, www.lordhowe.com).

Vor 40 000 Jahren Heimat des Homo sapiens: der ausgetrocknete Lake Mungo

★ Mungo National Park

S 13

Was der Ötzi für die Alpenländer, ist der Mungo Man für Australien: der Urvater der Aborigines. Gefunden wurde er im Gebiet des heutigen Mungo-Nationalparks, 110 km nordöstlich von Mildura.

Ein Trockensee ist die Fundstätte der ältesten australischen Homo sapiens. 1969 entdeckte der Geologe Jim Bowler von der University of Melbourne im Murray Outback unter einer Sanddüne das Skelett einer Frau: Mungo I, vor 26 000 Jahren bei einer zeremoniellen Feuerbestattung begraben. 1974 wurde wenige Meter weiter ein noch älteres Skelett entdeckt: **Mungo Man**, 40 000 Jahre alt. Außerdem wurden Herdstellen, Muschelhaufen und Fossilien längst ausgestorbener Tiere wie des Tasmanischen Tigers und des büffelgroßen Zygomaturus gefunden. Der 27 847 ha große Mungo National Park wurde 1981 als Teil des Seensystems der **Willandra Lakes** aus dem Pleistozän zum **UNESCO-Weltnaturerbe** erklärt. Die öde Halbwüste war bis vor 15 000 Jahren der zweitgrößte der 17 Willandra-Seen. Als sich nach der letzten Kaltzeit vor 15 000 Jahren das Klima wieder erwärmte, begann die gesamte Seenkette auszutrocknen. Die Abbruchkanten von Lake Mungo bilden heute die **»Walls of China**« (Chinesische Mauer), ein 33 km langer Halbkreis aus **bizarr geformten Dünen**, über die ein steter Westwind bläst.

◄ Zufahrt und Aktivitäten

In ►Mildura (110 km südwestlich) beginnt eine grobe Schotterpiste; weiter, aber besser ist die Zufahrt via Wentworth und Lothere, wo ebenfalls 60 km Dirt Road folgen – allerdings aus festgefahrenem Sand und daher bei Trockenheit besser zu befahren. Von Norden aus wird der Nationalpark via Menindee und Pooncarie nach 126 km Gravel Road erreicht. Nach Regen sind die Zufahrten und Wege im

Nationalpark allerdings selbst mit Allradfahrzeugen unpassierbar. Im Park gibt es eine **70 km lange Rundfahrt** und drei kurze Wanderwege; von Mildura aus starten organisierte Touren. Unterkunft bieten zwei Campingplätze (http://nationalparks.nsw.gov.au).

Murwillumbah

X 11

Inmitten eines Bananen- und Zuckerrohranbaugebiets nahe der Grenze zum benachbarten Bundesstaat Queensland schmiegt sich das Landstädtchen Murwillumbah an die Ufer des Tweed River.

Obstanbaugebiet

Das 8500-Seelen-Städtchen ist Standort einer Zuckerfabrik in Condong, die nach der Zuckerrohrernte zwischen Juni und Dezember zu besichtigen ist. In der **Tropical Fruit World** am Pacific Highway, 5 km vor Kingscliff, wird man durch eine Plantage gefahren. Unterwegs erfährt man allerlei über die Obstsorten und ihre Zubereitung (Öffnungszeiten: tgl. 10.00 – 16.30 Uhr, www.tropicalfruitworld.com.au).

Umgebung von Murwillumbah

✶ Mount Warning National Park

Der Bergring um das schöne Tweed-Tal ist der Rest eines längst erloschenen Schildvulkans, sein Schlot der 1156 m hohe **Mount Warning**. Heute liegt er in dem gleichnamigen Nationalpark, rund 30 km westlich von Murwillumbah. An den unteren Hängen besteht die Vegetation aus subtropischem Regenwald, weiter oben aus gemäßigtem Regenwald mit zahlreichen Vogelarten. Wer den Mount Warning besteigen will, muss allerdings fit sein – insbesondere das letzte Drittel des 9 km langen Weges hat es in sich. Die Mühen werden belohnt: Bei klarer Sicht reicht der Blick bis ► Byron Bay und zur ► Gold Coast. Auch für weniger Durchtrainierte gibt es Wanderpfade – die Zufahrt liegt 12 km südwestlich von Murwillumbah an der Straße nach Kyogle; an der Zufahrtsstraße gibt es einen Campingplatz.

✶ Border Ranges National Park

Der Border Ranges National Park umfasst die schroffen Überbleibsel des einstigen Tweed-Schildvulkans an der Grenze zwischen New South Wales und Queensland. Seine seltenen subtropischen Regenwälder, Teil des **UNESCO-Weltnaturerbes**, haben es in sich: Riesige Würgefeigen mit lianenartigen Luftwurzeln wechseln sich mit Moreton-Bay-Eukalypten und dichten Palmfarnen ab, hinter denen sich die munteren Pademelons verstecken, die aussehen wie winzige Kängurus. Seltene Gelbohrkakadus oder rote Pennantsittiche gehören ebenfalls zu den Bewohnern dieses Paradieses – wer weiß, vielleicht begegnet der Wanderer auch einem der scheuen Schwarzleierschwänze. Für die passende Geräuschkulisse sorgen Dutzende Wasserfälle. Man erreicht den Nationalpark, 38 km westlich von Murwillumbah, über den Summland Way oder die Kyogle Road. Durch den Park führt der 60 km lange Tweed Range Scenic Drive, der zwar nicht asphaltiert, für normale Pkw jedoch befahrbar ist. An ihm liegen Campingplätze (Kyogle, Tel. 02 / 66 32 14 73).

Newcastle

W 13

Stahl und Kohle haben Newcastle geprägt, doch seit der Schließung von BHPs Werk zeigt Australiens zweitälteste Stadt eine erstaunliche Wandlung. Alljährlich Mitte März steigt mit dem »Surffest« Australiens größter Wettbewerb der Wellenreiter.

Pulsierende Hafenstadt

Newcastle entstand 1804 als Sträflingssiedlung für besonders schwere Fälle, bald darauf begann der Kohlebergbau im nahen ►Hunter Valley. Den größten Aufschwung erlebte die Stadt, nachdem sie Mitte des 19. Jh.s zum Haupthafen des Huntergebiets geworden war. 1911 wählte BHP Newcastle als Standort eines Stahlwerks, das 2000 seinen Betrieb einstellte. Noch immer jedoch ist Newcastle (146 000 Einw.) **größter Kohlehafen des Kontinents** – 2010 wurden 97 Mio. t Kohle exportiert; angestrebt wird bis 2013 eine Verdoppelung.

Sehenswertes in Newcastle

Regionalmuseum

Historische Bauten wie das Customs House (1876) und die anglikanische Christ Church Cathedral (1902) bezeugen den Wohlstand um 1900. Hauptverkehrsader ist die Hunter Street, zum Einkaufen bummelt man über die Hunter Mall. Das **Regionalmuseum** in der Hunter Street 787 dokumentiert die Geschichte vom Kohlenabbau bis zum großen Erdbeben von 1989 (Öffnungszeiten: Di. – So. 10.00 – 17.00 Uhr). Königin Elizabeth II eröffnete 1977 die **Newcastle Region Art Gallery** in der Laman Street 1, die mit über 5000 Werken das Kunst-

► NEWCASTLE ERLEBEN

AUSKUNFT

Newcastle Visitors Centre
361 Hunter Street
Tel. 02 / 49 74 29 99
www.visitnewcastle.com.au

ÜBERNACHTEN

► Komfortabel

① *Fernwood B & B*
16 Ravenshaw Street
The Junction Newcastle NSW 2291
Tel. 02 / 49 69 29 12, Fax 49 69 25 67
www.fernwoodbandb.com.au
Romantisches B & B mit französischem Touch im Vorort Fernwood

ESSEN

► Erschwinglich

① *Scratchleys on the Wharf*
200 Wharf Road, Tel. 02 / 49 29 11 11
www.scratchleys.com.au
Bestes Seafood in maritimem Ambiente – probieren Sie den Red Snapper mit Cajun-Gewürzen.

Newcastle Orientierung

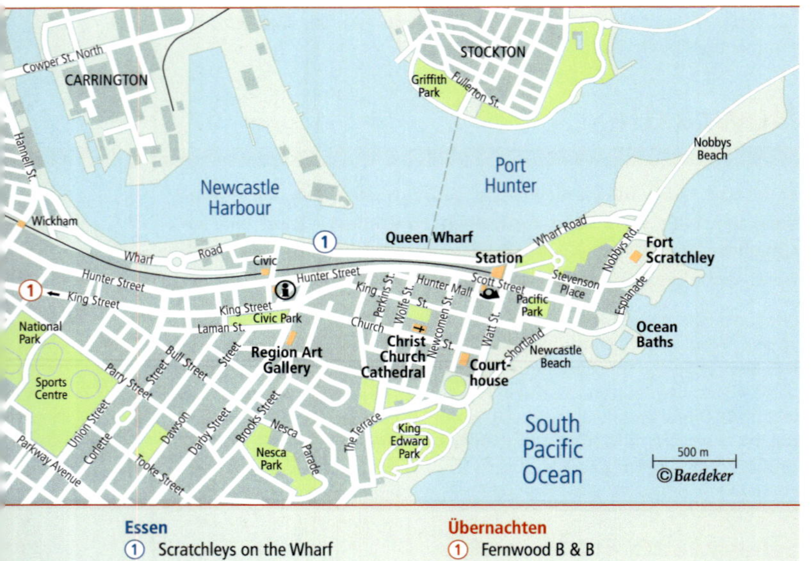

schaffen der Region präsentiert (Öffnungszeiten: Di. – So. 10.00 bis 17.00 Uhr). 45 Minuten dauert eine Stadtrundfahrt mit der **Famous Tram** ab Newcastle Railway Station, Ecke Watt und Scott Street (Abfahrt Mo. – Fr. 11.00, 13.00 Uhr, www.famous-tram.com.au).

✶ Queens Wharf

Hauptattraktion am Hafen sind die restaurierten Kais der Queens Wharf mit ihren **Boutiquen, Straßencafés** und Spazierwegen entlang der Küste und zur City Mall. In der **Marina** liegen schnittige Segeljachten und Motorboote vertäut und von der Ferry Wharf pendelt die Stockton-Fähre alle 15 Minuten über den Hunter River.

Fort Scratchely

Aus Angst vor einem russischen Überfall wurde 1880 bis 1886 während des Krimkriegs am äußersten Ende der Halbinsel (Nobby's Road) ein Fort errichtet. Von hier genießt man einen guten Ausblick über die Stadt. Die Festung ist heute **Maritime and Military Museum**.

Umgebung von Newcastle

✶ Port Stephens

Der geschützte Naturhafen 50 km nördlich von Newcastle rühmt sich als **Dolphin Capital of Australia** – in seinem 20 km weit ins Land reichenden Naturhafen leben 160 Tümmler. Touren zur Delfinbeobachtung – im Juni/Juli auch zum Whale Watching – starten von **Nelsons Bay**, dem touristischen Zentrum von Port Stephens. Zur

Kommune (63 700 Einw.) gehören auch die größeren Orte Shoal Bay, Salamander Bay und Soldiers Point, die kleineren, neueren Gebiete Lemon Tree, Mallabula, Tanilba Bay und Oyster Cove sowie die im Norden liegenden Ferienzentren Tea Gardens und Hawks Nest. Angesagteste Unterkunft ist das 2006 eröffnete **Designhotel** BH2 One Mile Ridge (www.beachhouses.com.au/bh2.html), ein luxuriöses Strandhaus mit herrlichem Pool und Spabereich.

Orange

V 13

Auch wenn um Orange, 270 km nordwestlich von ► Sydney, viel Obst angebaut wird, Orangen gehören nicht dazu. Ihren Namen erhielt die am erloschenen Vulkan Mount Canabolas gelegene 33 000-Einwohner-Stadt nach Wilhelm von Oranien.

Stadt am Vulkan

Seine Blütezeit erlebte Orange in den 1880er-Jahren – daran erinnern die 1887 erbaute Town Hall und die ehemalige Union Bank –, und es gab ernsthafte Überlegungen, sie zur Bundeshauptstadt Australiens zu machen. Ganz in der Nähe kam Andrew Barton, genannt **Banjo, Paterson** (1864 – 1941) zur Welt, einer der populärsten australischen Dichter. Sein Volkslied **»Waltzing Matilda«** gilt als inoffizielle Nationalhymne Australiens. Sehenswert ist der Botanische Garten, 2 km nördlich des Stadtzentrums. Im Südwesten von Orange wird ausgezeichneter Wein angebaut.

Port Macquarie

X 12

Kilometerlange Sandstrände sind die Hauptattraktion von »Port«, wie die Einwohner ihre Stadt in der Mitte der »Holiday Coast« gern nennen.

◄ www.portmacquarieinfo.com.au

Im Oktober 1818 entdeckte John Oxley die Bucht 420 km nördlich von Sydney, und bereits drei Jahre später waren drei Segelschiffe mit 60 Strafgefangenen und 38 Soldaten an Bord unterwegs, um hier eine Sträflingssiedlung zu gründen. 1830 kamen die ersten Siedler und bauten **Australiens erstes Zuckerrohr** an. Seit den 1970er-Jahren erlebt »Port« einen bislang ungebrochenen Aufschwung als Touristen- und Ferienzentrum.

Sehenswertes in Port Macquarie

Zwar ist das Stadtbild überwiegend modern, dennoch blieben im Stadtzentrum einige historische Gebäude erhalten. So ist die 1824 bis 1828 von Sträflingen erbaute **St. Thomas Church** Ecke Hay/William

◄ Weiter auf S. 232

Tagsüber dösen Koalas am liebtsten versteckt im Laub der Eukalyptusbäume.

HOSPITAL FÜR PLÜSCHIGE PATIENTEN

Müde setzt Cloud eine Pfote vor die andere. Ganz vorsichtig klettert sie an dem Eukalyptus hoch, der inmitten des Geheges steht. Sie wurde aus dem brennenden Busch gerettet und Pfleger Bill hat sie liebevoll gesund gepflegt – in Australiens erstem Koala-Krankenhaus.

Die über **80 cm großen** Tiere ähneln mit ihrem plüschigen Fell, ihren Knopfaugen und der Stupsnase einem niedlichen Teddy. »Doch sie sind keine Bären«, erzählt Bill. »Sie sind **Beuteltiere**.« Ganz kahl und gerade mal so groß wie eine Erdnuss ist das frisch geborene Koala-Junge. Gleich nach der Geburt schlüpft es in den schützenden Beutel an die Zitzen der Mutter. Erst nach sieben Monaten wagt sich das Baby heraus, bleibt aber mindestens noch zehn weitere Monate bei der Mutter. Mit drei Jahren sind Koalas geschlechtsreif. Dann antworten die Weibchen mit katzenähnlichen Rufen auf die Brunftschreie der Männchen und nähern sich dem Freier, sobald der alle lästigen Konkurrenten vertrieben hat.

Feinde der Lieblinge

Koalas können von schlimmen Krankheiten heimgesucht werden, erklärt Bill. Am häufigsten sind Durchfall und Blasenschwäche oder die »Dirty Thale«-Infektion, die zum Tode führen kann. Der ärgste Feind der Koalas ist jedoch der Mensch. Viele der Tiere werden mit Knochenbrüchen eingeliefert, weil ein Auto sie beim nächtlichen Überqueren einer Straße angefahren hat. Vor allem im städtischen Südosten Australiens geschehen solche **Unfälle** häufig. Viele Koalas sterben aber auch bei Buschfeuern. Vor den rasend schnellen Flammen können sie oft nicht schnell genug flüchten. Aber auch die Tiere in den **Streichelzoos** leiden. Für sie bedeutet es Stress, wenn sie den ganzen Tag von Kindern in den Arm genommen, gestreichelt und dabei fotografiert werden. »Koalas«, sagt Bill, »sind keine Kuscheltierchen, so süß sie auch aussehen mögen.«

Frisst Gift und trinkt nicht

Am nächsten Gehege begrüßt Bill einen Stammgast. »Hallo Fenech! Wie geht's?« Das erblindete alte Koala-Männchen verbringt in dem Hospital einen würdigen Lebensabend. Der Pfleger schiebt Fenech einen Eukalyptuszweig hin. Dankbar knabbert der Koala ihn bis aufs letzte Blatt ab. Rund 500 Gramm Laub fressen die kleinen Beuteltiere jeden Tag. In

Mit Patenschaften für die niedlichen Tiere kann man die Arbeit des Hospitals unterstützen.

der übrigen Zeit, das sind **rund 20 Stunden, schlafen sie**. Da der Nährstoffgehalt der Eukalyptusblätter extrem gering ist, die Tiere daher nur wenig Energie aufnehmen, müssen sie die meiste Zeit des Tages ruhen. Das können sie sich auch leisten, denn ein erwachsener Koala hat im Baum keine Feinde und kein anderes Tier macht ihm die **Eukalyptusnahrung** streitig. Von den rund 700 Eukalyptusarten, bei denen es sich allesamt um für den Menschen giftige Pflanzen handelt, kommen für die Kletterbeutler nur ca. 50 Sorten als Nahrung in Frage, alle übrigen muss der Koala verschmähen, will er sich nicht selbst vergiften. Es heißt auch, die Beuteltiere hätten keinen Durst – der Name »Koala« stammt aus der Sprache der australischen Ureinwohner und bedeutet »trinkt nicht«. Doch die notwendige Feuchtigkeit nehmen die Koalas über die Blätter auf. Wie viele dieser possierlichen Tiere es noch in Down Under gibt, weiß niemand genau – zwischen 40 000 und 80 000, so schätzt man. Das ist aber nur ein Bruchteil der ursprünglichen Population. Früher wurden die Tiere noch gejagt. Sie galten als Schädlinge, weil sie die Bäume kahl fraßen. An den Rand seiner Existenz brachte den Koala aber auch die rücksichtslose Abholzung der Eukalyptuswälder. Seit 1927 gibt es zwar ein **Koala-Jagdverbot**, aber nach wie vor werden massenhaft Eukalyptusbäume, die Lebensgrundlage der Beuteltiere, gerodet.

Ehrenamtlich

Bill freut sich über die Gäste des **Koala-Krankenhauses**, denn die kaufen fleißig im Souvenirshop ein. Mit diesen Geldern und Spenden werden die Kosten des Krankenhauses gedeckt. »Die 50 Helfer arbeiten alle ehrenamtlich erzählt Bill, »aber für die Medikamente müssen wir viel Geld bezahlen. Oft sind das spezielle Salben oder Pastillen, die wir von weit her anliefern lassen müssen.« Auch der Tierarzt, der täglich nach den kleinen Patienten sieht, berechnet Honorare. Tierfreunde gründeten die Klinik 1973, weil sie das Sterben kranker und verletzter Koalas nicht länger mit ansehen wollten. Über 200 Tiere werden alljährlich gesund gepflegt. Koala Hospital & Study Center Roto House, Macquarie Nature Reserve, Lord Street, Port Macquarie NSW 2444, (Tel. 02 / 65 84 15 22, www.koalahospital.org.au).

Erbe der Kolonialzeit: das ehemalige Royal Hotel

Street eine der ältesten Kirchen Australiens. Das ehemalige **Royal Hotel** an der Mündung des Hastings'empfing seine ersten Gäste im Juli 1841. Heute kann man hier zwar nicht mehr übernachten, aber auf der Terrasse des Cafés sitzt es sich sehr schön.
Einblicke in die Stadtgeschichte gewährt das **Hastings Historical Museum** an der Clarence Street, moderne Malerei der Aborigines ist in der **Port Macquarie Hastings Regional Gallery** in der Horton Street zu sehen (Öffnungszeiten: Di. – Fr. 10.00 – 16.00, Sa./So. 10.00 bis 14.00 Uhr). In zwei ehemaligen Lotsenhäusern von 1896 zeigt das **Mid Coast Maritime Museum** Schiffsmodelle und nautisches Gerät aus rund 100 Jahren Seefahrtsgeschichte (Öffnungszeiten: Mo. – Fr. 10.00 – 16.00 Uhr; William Street). Am Kai der Lady Nelson Wharf liegt die 1903 vom Stapel gelaufene, 35 m lange **»Alma Doepel«**, das letzte voll aufgetakelte Handelsschiff Australiens.

Kooloonbung Creek Nature Park

Eine herrlich grüne Oase mit einer geradezu erstaunlichen Biotopvielfalt ist der Kooloonbung-Creek-Naturpark Ecke Horton/Gordon Street, in dem sage und schreibe 165 Vogelarten und verschiedene Echsen leben. Port Macquaries frühe Geschichte spiegelt der **historische Friedhof** mit Gräbern der Strafgefangenen wider.

★ **Sea Acres Rainforest Centre**

Auf Naturfreunde wartet im Süden der Stadt am Pacific Drive einer der seltenen Küstenstreifen mit Regenwaldbeständen, der auf einem 1,3 km langen Plankenweg entdeckt werden kann (Öffnungszeiten: tgl. 9.00 – 16.30 Uhr). Weiter südlich dominiert das Tacking Point Lighthouse von 1879 einen Landvorsprung mit einem schönen Blick auf den anschließenden Lighthouse Beach.

Koala Hospital

Im Koala Hospital am südlichen Stadtrand werden kranke Koalas gesund gepflegt – Besucher sind willkommen (► Baedeker Special S. 230). Das 1890 für den Landbesitzer John Edmund Flynn erbaute **Roto House** auf demselben Gelände ist mit Möbeln aus dieser Zeit eingerichtet und vermittelt einen Eindruck der Lebensverhältnisse einer wohlhabenden Familie (heute Sitz der Nationalpark-Verwaltung; Öffnungszeiten: Mo. – Fr. 10.00 – 16.00, Sa., So. 9.00 – 13.00 Uhr; Zufahrt auf der Lord Street, 1 km südlich in Richtung Laurieton).

Umgebung von Port Macquarie

Koalas, Wallabys und Kängurus leben im **Billabong Koala Park** am Oxford Highway unmittelbar nach dessen Kreuzung mit dem Pacific Highway (Öffnungszeiten: tgl. 9.00 – 17.00 Uhr).

Etwa 20 km westlich im Hinterland liegt der Ort **Wauchope** am Oxley Highway. Die Hauptsehenswürdigkeit ist Timbertown (3 km westlich der Stadt), die Rekonstruktion einer Holzfällersiedlung aus der Zeit um 1880.

Baedeker TIPP

Gipsy Falls

Rund 25 km südwestlich von Port Macquarie im Lorne-Tal beim Gipsy-Wasserfall verstecken sich zwei Ferienvillen aus Holz, außen rustikal, drinnen farbenfroh und nostalgisch: Die Badewanne ruht auf Löwenklauen, für wohlige Wärme sorgen Holzöfen und Heizdecken. Zum Dinner wird raffinierte Landküche serviert (Lorne NSW 2439, Tel. 02 / 65 56 97 02, Fax 02 / 65 56 97 52, www.gypsyfalls.com.au).

★ Snowy Mountains Kosciuszko National Park

V 15

An schneebedeckte Berge denkt niemand bei Australien. Und doch ist im gebirgigen Grenzland der Bundesstaaten New South Wales und ►Victoria von Juli bis September Skisaison.

Kosciuszko National Park

Die **»Schneeberge«** gehören zur Great Dividing Range, die hier ihr alpines Gesicht zeigt: mit steilen Canyons, zerklüfteten Gipfeln und kurvigen Straßen. Von Juni bis September verwandelt der Schnee die Bergregion in einen Skizirkus.
Einen großen Teil der »Snowys« schützt der Kosciuszko National Park, mit 6750 km² der **größte Nationalpark Australiens**. Hier ragt auch der mit 2228 m höchste Gipfel des Kontinents auf: **Mount Kosciuszko**, 1840 vom polnischen Erstbesteiger Pawel Edmund Strzelecki nach dem polnischen Freiheitshelden Tadeusz Kosciuszko (1746 bis 1817) benannt. Wenige Meter unterhalb des Gipfels entspringt der Snowy River, der im 19. Jh. Banjo Paterson zu seiner Ballade **»Der Mann vom Snowy River«** inspirierte. Etwas weiter am Nordosthang der Fiery Range liegt die Quelle des Murrumbidgee, mit 1579 km Länge größter Nebenfluss des Murray, der ebenfalls in der Nähe des Mount Kosciuszko sein Quellgebiet hat. Der Oberlauf des Murray bildet die Südwestgrenze des Bundesstaats und des Nationalparks. Er ist im Sommer ein beliebtes Revier für Wildwasser-Kajakfahrten und Whitewater Rafting.

Snowy Mountains Hydroelectric Scheme Berühmt wurden die jährlich von über 3 Mio. Besuchern bestaunten Berge durch das gigantische Snowy Mountains Hydroelectric Scheme. Für die Umleitung des Snowy River wurden 100 000 Leute angestellt. 1949 begannen die Bauarbeiten für das **spektakuläre Ingenieurprojekt**; 1974 waren 145 km Tunnelstrecke und 80 km Aquädukte fertig, die 16 Dämme und sieben Wasserkraftwerke, zwei davon unterirdisch, miteinander verbinden. Sie produzieren heute jährlich 4500 Gigawattstunden grüne Energie. Das ausgeklügelte Bewässerungssystem verwandelte die einst unfruchtbare »Riverina« rund um Griffith in ein ertragreiches Obst- und Weinbaugebiet. Führungen durch drei Anlagen und Infos zum Mammutprojekt gibt es 2 km nördlich von Cooma am Monaro Highway im Information & Education Centre der **Snowy Mountains Hydroelectric Authority** (Öffnungszeiten: Mo. – Fr. 8.00 – 17.00, Sa., So. 10.00 – 14.00 Uhr; Tel. 1800 / 62 37 76, www.snowyhydro.com.au).

Rundfahrt durch die Snowy Mountains

Cooma Erste Siedler kamen bereits 1827 in das auf 800 m Höhe gelegene **Monaro Tableland** – vom Aborigine-Wort Maneroo für »baumlose Ebene«. Seit 1847 fanden in Cooma (7000 Einw.) Sträflinge und freie Siedler, Goldgräber und später die Arbeiter des Snowy Mountains Hydroelectric Scheme eine Heimat. Im 1890 angelegten **Centennial**

Frostfeste Schnee-Eukalypten gedeihen in den Bergen der Snowy Mountains.

Park erinnern 28 Flaggen an die Nationen die am Bau beteiligt waren. Hauptgeschäftsstraße ist die Sharp Street. In der Little Gallery im Hain Centre stellen Künstler der Monaro Art Group ihre Arbeiten aus. Kunsthandwerker der Region sind auch im 1854 erbauten **Lord Raglan Inn** an der Lambie Street 9 zu sehen, heute ein Kulturzentrum mit Galerie (Öffnungszeiten: Mi. – So. 10.00 – 16.00 Uhr). In der Vale Street präsentiert das **Correctional Services Museum** die Haftbedingungen von einst (Öffnungszeiten: Di. – Fr. 12.30 bis 15.30, Sa. 9.30 – 15.30 Uhr). Die **Cooma-Monaro-Railway** verband zwischen 1889 und 1988 Cooma mit ► Sydney und wird heute von Ehrenamtlichen betrieben. In einem Triebwagen von 1924 laden sie ab Cooma Station zur Fahrt nach Bunyan und weiter nördlich nach Chakola (Öffnungszeiten: Sa./So. 11.00, 13.00, 14.00 Uhr; www.cmrailway.org.au).

! Baedeker TIPP

Stilecht erkunden

... lässt sich die raue Bergwelt des endlosen Snowy-River-Hochlands bei den Reynella Alpine Horseback Safaris. Bis zu einer Woche dauern die Ausr tte durch Australiens Cowboy-Paradies. Wie einst der »Mann vom Snowy River« reiten die Gäste durch den Mount-Kosciuszko-Nationalpark und lagern abends am offenen Feuer. Den frisch gebackenen »Damper« spült »Billy tea« hinunter, geschlafen wird wie einst in der »swag«, einem Schlafsack mit Gummihülle und Kopfkissen (Reynella Rides, Adaminaby NSW' 2630, Tel. 1800 / 02 99 09, www.reynellarides.com.au).

Jindabyne

Das alte Dörfchen Jindabyne 64 km südlich von Cooma wurde in den 1960er-Jahren für das Snowy Scheme geflutet. Auf einer Landzunge am Stausee entstand das heutige Ferienstädtchen. Im Sommer starten Pferdetrekkings, Mountainbiketouren und Wildwasserfahrten im Kajak oder Schlauchboot, im Winter ist Jindabyne fest in der Hand der **Wintersportler**, die ihre Unterkünfte bereits Monate im Voraus buchen. In Jindabyne beginnt der 1950 erbaute **Alpine Way**, der kurven- und aussichtsreich nach Thredo und von dort über den Dead-Horse-Gap-Sattel der Great Dividing Range führt, bis nach 110 km Khancoban und der Murray Valley Highway erreicht wird. Im Winter besteht westlich von Thredbo Schneekettenpflicht!

★★ Skigebiet

Westlich etwas außerhalb von Jindabyne zweigt die Kosciuszko Road ab nach **Perisher Blue**, dem Zusammenschluss der vier Wintersportorte Blue Cow, Perisher Valley, Guthega und Smiggin Holes. Gemeinsam bilden sie das **größte Skigebiet Australiens** in 1640 bis 2034 m Höhe, erschlossen von 50 Liften und der futuristischen Ski Tube, einem unterirdischen Zubringer von Bullocks Flat zum Mount Blue Cow. Langläufer finden am Nordic Shelter mehr als 100 km Loipe.
9 km westlich erreicht man auf 1760 m **Charlotte Pass**, das **höchstgelegene Dorf Australiens**. Benannt wurde es nach Charlotte Adams, die als erste Europäerin 1881 den Gipfel des Mount Kosciuszko erklomm. Auf der heute für den Autoverkehr gesperrten Old Kosciuszo

SNOWY MOUNTAINS

AUSKUNFT

Snowy Region Visitor Centre
Kosciuszko Road, Jindabyne
Tel. 1800 / 00 44 39
www.snowymountains.com.au

ÜBERNACHTEN

► Komfortabel
Crackenback Farm and Cottage
Alpine Way Thredbo Valley NSW 2627
Tel. 1800 / 64 50 08
www.crackenback.com
Gefüllte Regenbogenforelle, herzhafte Lammrippen oder Apple Crumble – in der gemütlichen Berghütte von 1884 wird der Hunger aufs Köstlichste gestillt. Bei der Verdauung hilft die riesige Schnapsbar, die Zimmer entwarf Stararchitekt Glenn Murcutt.

Road kann man zum 9 km entfernten Gipfel wandern. Die **Gletscherseen** der hochalpinen Region erschließt die 22 km lange Rundtour »Main Range Walk«. Ein besonderes Erlebnis ist die Blütenpracht der Wildblumen von Januar bis Mitte Februar.

Exklusivster und teuerster Wintersportort Australiens ist **Thredbo** am Fuß des Mount Kosciuszko (2228 m). 14 Lifte erschließen das Skigebiet am Mount Crackenback (1930 m) und Mount Kosciuszko in 1365 bis 2037 m Höhe. Drei Viertel aller Pisten tragen eine rote Markierung, die längste Abfahrt ist auch eine der leichtesten: Auf 6 km von Karel's T-Bar bis zum Anfängerbereich Friday Flat überwindet sie knapp 700 Höhenmeter. Sonnabends begeistert der »Flare Run« die Gäste, eine Fackelabfahrt, die mit 702 Skifahrern sogar den Eintrag ins Guinnessbuch der Rekorde schaffte. Im kleinen Örtchen Khancoban endet der Alpine Way, dafür beginnt hier die Khancoban Cabramurra Road. 10 km vor **Cabramurra** lohnt das Murray 1 Power Station & Visitor Centre mit dem zweitgrößten **Wasserkraftwerk** des »Snowy Scheme« einen Besuch. An der Waterfall Farm Road gibt es eine Viewing Area (Öffnungszeiten: tgl. 9.00 bzw. 10.00 – 16.00 Uhr). Auf der Weiterfahrt durch die Snowys passiert die Straße nun das 1550 m hoch gelegene Wintersportgebiet **Mount Selwyn**, ein ideales Terrain für Familien – fast 90 Prozent der Abfahrten sind einfach bis mittelschwer.

Khancoban Cabramurra Road

Die ersten Skiläufer Australiens waren Bergarbeiter aus der Goldmine von **Kiandra** am Snowy Mountains Highway. Um sich im Schnee besser fortbewegen zu können, banden sie sich Zaunlatten an die Stiefel. Im Winter 1859/1860 gab es erste Skirennen, 1878 gründeten sie den Kiandra Snow Shoe Club, den ältesten Skiclub der Welt. An das einstige Goldgräberdorf, in dem am New Chum Hill ein **9 kg schwerer Nugget** entdeckt wurde, erinnert heute nur noch das alte Court House.

Yarrangobilly Caves

Von den rund 60 Yarrangobilly-Höhlen 30 km nördlich von Kiandra sind **nur vier erschlossen** und zugänglich: Glory Hole, North Glory, Jersey und Jillabenan. Zusätzliche Attraktion ist ein Pool mit ganzjährig warmem Mineralwasser.

★ South Coast

V/W 14/15

Die Südküste von New South Wales beginnt gut 100 km südlich von ►Sydney und erstreckt sich bis zur Grenze von ►Victoria. Fantastische Felsenkaps, geschützte Lagunen und weite Flussmündungen prägen die 450 km lange, abwechslungsreiche Küstenlinie.

Eingeteilt wird die South Coast in vier Abschnitte: die urbane **Illawarra Coast** zwischen Wollongong und Gerringong, danach folgt die eigentliche South Coast mit **Shoalhaven**, das von Berry im Kangaroo Valley bis nach Durras im Süden reicht. **Eurobodalla**, das »Land der vielen Wasser«, setzt sich südlich bis Bermagui fort, ehe die **Sapphire Coast** mit Eden als letztem Ort in New South Wales an der Grenze zu Victoria endet. Das **Klima ist gemäßigt**; für Abkühlung sorgt im Sommer eine Brise vom Meer, die im Frühjahr und Herbst auch stürmisch werden kann. Die Wassertemperaturen erreichen im Sommer 18 bis 23 °C.

Entlang der Südküste

Wollongong

Auf eine fast 50 km lange Kette von Vororten Sydneys folgt nach wenigen Kilometern Buschland Wollongong, mit 200 000 Einwohnern die drittgrößte Stadt von New South Wales. Während im Belmore

In der Dämmerung grasen Graue Kängurus und Wallabies am Peebly Beach des Murramarang National Park an der Südküste.

Basin gewöhnlich die Fischereiflotte vor Anker liegt, ballt sich die Schwerindustrie um den künstlich angelegten Port Kembla.

Otford Ein wirklich beeindruckendes Stück Küste lernt man kennen, wenn man Richtung Norden bis Otford fährt, wo einem auf dem Aussichtspunkt hoch über den Klippen die schäumende Brandung der Tasman-See zu Füßen liegt. Kurz davor, am Bald Hill, nutzen Drachenflieger die kräftigen Aufwinde, wie schon um 1900 der Flugforscher Lawrence Hargrave. Im Westen von Wollongong erheben sich die Berge der Great Dividing Range, die hier auch **Illawarra Range** genannt wird.

Kiama »Wo die See ein Geräusch macht«, so nannten die Ureinwohner den Ursprung des 21 000-Einwohner-Städtchens, dessen Hauptattraktion bis heute der ins Meer vorspringende Hügel Blowhole Point mit dem strahlend weißen Leuchtturm ist. Das »Blowhole« ist ein schmaler Spalt im Felsen, durch den die aus dem Süden heranrollende Meeresbrandung hindurchgepresst und bis zu 60 m hoch geschleudert wird. Bei Dunkelheit wird das Naturschauspiel beleuchtet. Eine ganz andere Perspektive bietet sich allen, die beim **Abseiling** an dem zum Meer gewandten Felshang mitmachen: schon ein echter Adrenalinkick, den man unter Aufsicht eines erfahrenen Führers von Optimum Experiences wagen kann (Tel. 02 / 42 37 55 56, www.optimumexperiences. com.au). Das **Pilot's Cottage Historical Museum** am Blowhole Point kümmert sich liebevoll um die Geschichte des Küstenstrichs (Öff-nungszeiten: Mo. – Fr. 11.00 – 15.00 Uhr).

★ Blowhole ►

Minnamurra Rainforest Park Ein 14 km langer Abstecher führt über den kleinen Ort **Jamberoo** – mit großem Actionpark für abenteuerlustige Kids – zum Minnamurra-Regenwald-Park mit einem 2 km langen Rainforest Loop und dem 3 km langen Weg zu den Minnamurra Falls und zurück.

★ **Nowra** Rund 165 km südlich von Sydney und 17 km landeinwärts erreicht man am Shoalhaven River die Streusiedlung Nowra (32 000 Einw.). Das historische Wohnhaus **Meroogal** von 1885 an der Ecke West und Worrigee Street erzählt von vier Generationen (Sa. 13.00 bis 17.00, So. 10.00 – 17.00 Uhr). Am Nordufer des Shoalhaven entstand 15 km nördlich von Nowra mit dem von Alexander Berry und Edward Wollstonecraft 1822 gegründeten **Coolangatta Estate** die älteste europäische Niederlassung an der Südküste – heute verwöhnt hier ein Weingut mit Gourmetküche, Golfspiel und Degustation (1335 Bolong Road, www.coolangattaestate.com.au). 14 km entfernt, am Greenwell Point, serviert DJ's Fish-'n'-Chips in der Main Street leckeren Fisch und fangfrische **Austern** von den umliegenden Farmen.

★ **Kangaroo Valley** Auf dem Tourist Drive 8 geht es über die Canberra Mountains, wo ein Aussichtspunkt Fernblicke auf die nördliche Shoalhaven-Region eröffnet, ins malerische Kangaroo Valley mit der gleichnamigen Ortschaft im Zentrum. Den Kangaroo River überspannt die älteste Hängebrücke des Bundesstaats: die **Hampton Suspension Bridge**, ein Koloss von 1898 mit festungsähnlichen Doppeltürmen. Von hier kann man bis zum Morton National Park weiterfahren. Hauptattraktion sind die **Fitzroy Falls**, die 17 km nordwestlich vom Kangaroo Valley über 80 m tief in eine Schlucht stürzen.

✶ Jervis Bay

Die Mündung des schmalen Parma Creek teilt die von weißen Sandstränden gesäumte Bucht in einen ruhigen Norden und einen lebhaften Süden mit vielen Zweitwohnsitzen der Sydneysider. Hauptorte sind **Vincentia** mit luxuriösen Ferienwohnungen und **Huskisson** mit dem zehn Hektar großen Lady Denman Heritage Complex (Öffnungszeiten: tgl. 10.00 bis 16.00 Uhr; www.ladydenman.asn.au) und der Möglichkeit zu **Segeltörns** auf dem Katamaran »Las Brisas« (Tel. 02 / 44 41 87 77; www. jervisbaysailingcharters.com.au).
Zwischen Juni und Oktober können vor der Küste **Delfine und Wale** beobachtet werden – buchen Sie eine Fahrt mit den Dolphin Watch Cruises (Huskisson, Tel. 02 / 44 41 6 11, www.dolphinwatch.com.au). An Ostern feiert Huskisson ausgelassen das Volksfest »White Sands Carnival«. Als schönster Platz zum Sonnenbaden und Surfen gilt **Hyams Beach** – laut Guinnessbuch der Rekorde »der weißeste Sandstrand der Welt«.

Ulladulla

Der hübsche Ferienort am Princess Highway bietet **Badespaß** für die ganze Familie in Lagunen mit schneeweißen Sandstränden wie dem Mollymook nördlich des Orts. Küstenseen wie Burril Lake und Tabourie Lake begeistern Kanuten, Bawley Point und Kioloa sind **Hotspots der Surfszene**.

South West Rocks

X 12

Rund 520 km von ► Sydney entfernt verspricht South West Rocks spektakuläre Tauchgänge und herrliche Strände zum Baden.

Sandtigerhaie, Mantas, Seesterne – die vorgelagerte, 125 m lange **Fish Rock Cave** gilt als wahres Taucherparadies (www.southwestrocksdive.com.au). In der **Arakoon State Recreation Area** östlich von South West Rocks steht das 1886 von Strafdeportierten errichtete **Trial Bay Gaol**. Zwischen 1915 und 1918 waren in dem Gefängnis 580 deutsche Auswanderer vorübergehend interniert – über ihr Schicksal informiert heute ein Museum (Öffnungszeiten: tgl. 9.00 – 17.00 Uhr).

Smoky Cape Lighthouse

Mit seinem ungewöhnlichen achteckigen Grundriss ist der 1770 erbaute Leuchtturm am Smoky Cape auch eine Augenweide. Wer die Einsamkeit liebt, kann in den **Lighthouse Cottages** von 1891 übernachten (Tel. 02 / 65 66 63 01, www.smokycapelighthouse.com).

Zu Füßen des Smoky-Cape-Leuchtturms warten herrliche Strände.

Hat Head National Park Küstenwanderwege erschließen zwischen Smoky Cape und Crescent Head den Hat Head National Park mit Sanddünen, Dünenseen und Sumpfgebieten. In dem Küstenpark gibt es Campingplätze und Picknickeinrichtungen, jedoch kein Trinkwasser!

Kempsey Im Hauptort des Macleay Valley befindet sich in der South Street die berühmte **Akubra Hat Factory** (kein Verkauf, jedoch Gratis-DVD, die den Prozess des Hutmachens erläutert; www.akubra.com.au).

★★ Sydney

W 13

Einwohner: 4,5 Mio.

Pulsierend, lebendig und traumhaft am Wasser gelegen, begeistert die Vier-Millionen-Metropole Einheimische und Besucher aus aller Welt. Für Sydneysider wie für viele Australier steht fest: »Sydney or the Bush« – »Sydney oder gar nichts«.

The Place to be! Sydney ist die größte und älteste Stadt des Kontinents, sein multikulturelles Kraftzentrum, Sitz von Banken, Versicherungen und bedeutender Handelshafen – für viele Touristen das Tor zu Australien. Über 500 Unternehmen aus Übersee haben in Sydney Geschäftsstellen eröffnet und mehr als die Hälfte aller australischen Großkonzerne hat im **Finanzzentrum des Kontinents** ihren Hauptsitz. 342 Tage lang scheint hier – zumindest statistisch – die Sonne und verführt zum **hedonistischen Lebensstil**: Surfen, Sonnenbaden, Segeln und Schlemmen mit Blick auf Port Jackson, den 55 km² großen Naturhafen mit 86 Buchten im Herzen der Stadt. Sydney ist Boomtown und Szenehochburg, lockt mit tollen Hotels, schicken Restaurants und endlose Traumstränden wie Bondi Beach oder Manly. Das rasante Wachstum der letzten Jahr hat aber auch Probleme gebracht: Verkehrsstaus sowie steigende soziale Spannungen, Kriminalitätsraten und Drogenkonsum.

Sparen beim Sightseeing

Die »See Sydney Card« berechtigt zum Eintritt in über 40 Top-Attraktionen wie Opera House, Aquarium und Taronga Zoo sowie in zahlreiche Museen und Galerien. Rabatte gibt es bei Stadttouren, Hafenrundfahrten und in über 100 Läden und Restaurants. Die Chipkarte ist mit oder ohne freie Fahrt in öffentlichen Verkehrsmitteln erhältlich (www.seesydneycard.com).

Schon bei Captain Arthur Phillip war es Liebe auf den ersten Blick, als er 1788 die ersten englischen Sträflingsschiffe in die lang gezogene Hafenbucht, Port Jackson, dirigierte. **»Der schönste Hafen der Welt«**, schrieb er in sein Tagebuch. In der ersten Ansiedlung »The Rocks« haben Deportierte wie freie Siedler sichtbare Spuren hinterlassen. Jüngere Stadtviertel wie Paddington oder Darlinghurst zeugen von bürgerlichen Wohnverhältnissen des 19. Jahrhunderts, viktorianische Prachtbauten vom Wohlstand der kolonialen Ära. Markante Wahrzeichen sind die monumentale Harbour Bridge und das unverwechselbare Opera House, seit 2007 UNESCO-Weltkulturerbe.

Highlights Sydney

Sydney Harbour Bridge
Adrenalinkicks und atemberaubende Ausblicke sind beim Bridge Climb garantiert.
▶ Seite 248

Art Gallery of New South Wales
Eintauchen in die Kunst der Aborigines und weißen Australier
▶ Seite 255

The Rocks
Flanierviertel mit historischem Flair
▶ Seite 245

Royal Botanic Gardens
Blumenpracht mit Hafenblick
▶ Seite 254

Sydney Opera House
Ein Wahrzeichen des Kontinents und UNESCO-Weltkulturerbe
▶ Seite 256

Sydney Tower
325 m hohe Spitze mit herrlicher Fernsicht, auch beim Dinner
▶ Seite 259

Queen Victoria Building
Schick shoppen in Boutiquen mit spätviktorianischem Charme
▶ Seite 259

Darling Harbour
Angesagtes Ausgehviertel mit Fernblick
▶ Seite 260

Sydney Aquarium
Haie, Mantas und Rochen hautnah
▶ Seite 261

Bondi Beach
Ikone der Badekultur und Sydneys berühmtester Strand
▶ Seite 270

Sydney Orientierung

Essen

1. Aria
2. Bel Mondo
3. Rockpool
4. Bécasse
5. Boathouse on Blackwattle Bay
6. Icebergs
7. Ravesi's
8. Tetsuya's
9. Peter Doyle at the Quay
10. Sydney Fish Market
11. Wolfie's Grill
12. Blackbird Café
13. Café Hernandez
14. Lord Nelson Brewery

Übernachten

1. BLUE Sydney
2. Intercontinental
3. Old Sydney Holiday Inn
4. Rendezvous Stafford Hotel
5. The Russell
6. Victoria Court Hotel
7. B & B Sydney Harbour
8. Sydney Harbour YHA
9. Woolbrokers Hotel

Ausgehen

1. Minus 5
2. Vivaz

Stadtgeschichte

Sydneys Geburtsstunde schlug am **26. Januar 1788** mit der Landung von elf Schiffen, an Bord 759 britische Sträflinge und knapp 300 Wach- sowie Seeleute. Der Kommandeur der »First Fleet« hatte vom britischen Kolonialminister **Lord Thomas Townshend Sydney** den Auftrag, einen Ort für eine Sträflingssiedlung auszuwählen. Dies bedeutete den Anfang der Inbesitznahme des großen unbekannten Südlands. Die ersten Jahre litt die junge Kolonie unter einer katastrophalen Versorgungslage. Erst 1842 wurde die **Stadt Sydney** offiziell gegründet, nachdem Sträflingsdeportationen nach Australien verboten worden waren. Um 1850 zählte die Hafenstadt bereits über 50 000 Einwohner. Goldfunde im Landesinnern ließen Sydney schnell wachsen und zum Ziel für **Einwanderer aus Europa und Asien** werden – heute ist jeder dritte Einwohner ein Einwanderer.

1788	Die ersten 11 Sträflingsschiffe erreichen Port Jackson.
1793	Landung der ersten freien Siedler
1842	Offizielle Stadtgründung
1932	Eröffnung der Harbour Bridge
1973	Eröffnung des Sydney Opera House
2000	Olympische Sommerspiele
2005	»Cronulla Riots«; rassistische Krawalle zwischen weißen Australiern und Emigranten aus Nahost
2007	Das Opernhaus wird UNESCO-Weltkulturerbe.
2008	XXIII. Weltjugendtag
2009	2009 Worlds Masters Games

Über den Entschluss des Parlaments, die Landeshauptstadt im Distrikt von Yass-Canberra neu zu bauen, tröstete man sich mit der 1932 eröffneten Harbour Bridge hinweg, der 41 Jahre später das zweite Wahrzeichen folgen sollte – das Sydney Opera House. Dessen Einweihung fiel in die Ära des **Sydney Push**: Die liberale Vereinigung von Künstlern, Studenten und linken Aktivisten kämpfte, ähnlich wie die frühere Studentenbewegung in Europa, gegen überkommene Moralvorstellungen sowie für die Rechte der Aborigines und setzte sich für den Erhalt vom Abriss bedrohter historischer Bauwerke ein. 2000 bescherten die **Olympischen Spiele** der Stadt einen nie da gewesenen Bauboom und die Fernsehübertragungen der Spiele trugen die Bilder der Traumstadt rund um den Globus. Im Juli 2008 fand in Sydney der XXIII. Weltjugendtag statt – der erste in Australien.

Ankunft und unterwegs in Sydney

Vom **Internationalen Flughafen Kingford Smith Airport** (www.sydneyairport.com.au) 10 km südöstlich der City fahren alle 10 bis 15 Minuten Züge des **Airport Rail Link** (10 – 15 Min.), Taxen (20 Min.) und Airport-Express-Busse (30 Min.) ins Stadtzentrum. Fern- und Vorortzüge halten an der **Central Railway Station** im Central Business District (CBD). Die Metropolregion erschließen die Bahnen der CityRail (www.cityrail.info), Stadtbusse (www.sydneybuses.info) sowie die 31 Fähren der **Sydney Ferries** (www.sydneyferries.info), die vom Circular Quay starten. Die **Sydney Metro Monorail** pendelt täglich 5,50 m hoch über der Straße auf einer 3,6 km langen Rundschlaufe vom CBD nach Darling Harbour und retour (www.metromonorail.com.au). Die **Sydney Light Rail** fährt rund um die Uhr vom Hauptbahnhof die Ziele Darling Harbour, Star City Casino, Sydney Fish Market sowie die Stadtviertel Glebe und Leichhardt an.

Sydney lässt sich **prima zu Fuß** entdecken, der öffentliche Nahverkehr ist gut und günstig und das Auto lässt man am besten am Hotel stehen. Unbegrenzte Fahrten im öffentlichen Nahverkehr erlaubt der **Sydney Pass** für 3, 5 oder 7 Tage (www.sydneypass.info). Der blaue **Bondi Explorer** fährt tgl. ab 9.00 Uhr Ziele in den östlichen Vororten bis zu Sydneys Traumstrand Bondi Beach an – Abfahrt am Circular Quay. Auskunft: Greater Sydney Transport Information, Tel. 13 15 00 (gebührenfrei), www.131500.info.

Baedeker TIPP

Hop on, hop off!

Die offenen roten Doppeldeckerbusse von City Sightseeing Sydney und die klimatisierten roten Sydney-Explorer-Busse fahren tgl. ab 9.00 Uhr vom Circular Quay als »Hop-on-hop-off«-Busse die wichtigsten Sehenswürdigkeiten im Stadtzentrum wie Opera House, The Rocks und Darling Harbour an (www.sydneybuses.info).

Sehenswertes im Stadtzentrum

The Rocks

Das Herz der City schlägt am weit verzweigten **Port Jackson**, dessen Hauptarm 19 km bis zur Mündung des Parramatta River ins Land reicht. Sydneys Hafen steckt voller Leben – Fähren, Jachten, Barkassen, Ozeandampfer und Kajaks wetteifern um ein Stück dieses wunderschönen Hafens. Im Schatten der **Sydney Harbour Bridge** (►3-D-Abb. S. 248) ducken sich die alten Speicher- und Lagerhäuser der Rocks. Gleich nach der Landung 1788 entstand hier die erste weiße Ansiedlung, auf den Felsen an der Westseite von **Sydney Cove** standen die ersten Zelte für die Sträflinge. Im Laufe des 19. Jh.s wurde die Hafengegend für Zolldepots und Lagerhäuser genutzt.

Doch die **historische Altstadt** war lange nur eins: berüchtigt, gefürchtet, heruntergekommen, voller Spelunken und schräger Gestalten. Als das Gebiet 1970 Büroneubauten weichen sollte, retteten die »Green-Ban-Proteste« die alte Bausubstanz, deren bewegte Geschichte im **Susannah Place Museum** an der Gloucester Street 58 erzählt wird (Öffnungszeiten: Sa., So. 10.00 – 17.00 Uhr). Erhalten blieb auch das älteste Haus der Stadt, das 1816 erbaute **Cadman's Cottage** in der George Street 110. Heute sind »The Rocks« schick, sauber und saniert, säumen teure Boutiquen und angesagte Lokale die Wasserfront. In den Seitenstraßen bieten winzige Läden Kitsch und Kunst made in Australia. Die George Street, in der am Wochenende der

Hop on, hop off! Mit dem Explorer Bus durch Sydneys historische Altstadt The Rocks

Rocks Market stattfindet, wurde 1810 nach dem englischen König benannt. Lebendige Geschichte vermitteln die 90-minütigen **Rocks Walking Tours**, die täglich zwei- bis dreimal in der Playfair Street 23 starten (Tel. 02 / 92 47 66 78, www.rockswalkingtours.com.au).

Millers Point

Durch den 1844 von Sträflingen in den Fels geschlagenen Tunnel **»Argyle Cut«** erreicht man das angesagte Wohngebiet Millers Point im Westen der Harbour Bridge, in dem neben gut erhaltenen Kolonialhäusern und der Garrison Church von 1844 immer teurere Eigentumswohnungen entstehen. Aus dem Tunnelbau stammt der Sandstein für **»The Hero of Waterloo«** an der Lower Fort Street 81, der sich mit dem »Lord Nelson Brewery Hotel« an der Kent Street 19 um den Ruf streitet, ältester Pub von Sydney zu sein.

Auf dem Hügel des Observatory Park thront seit 1877 das **Sydney Observatory** mit Astronomiemuseum und Sternenshow (Öffnungszeiten: tgl. 10.00 – 17.00 Uhr; www.sydneyobservatory.com.au).

Im nahen National Trust Centre zeigt die **S. H. Ervin Gallery** Wechselausstellungen australischer Maler (Öffnungszeiten: Di. – So. 11.00 bis 17.00 Uhr; www.nsw.nationaltrust.org.au).

Westlich der Harbour Bridge wurden auch die historischen Kaianlagen am **Dawes Point** saniert. Pier One wurde in die Nobelherberge **The Sebel Pier One** umgewandelt (www.sebelpierone.com.au). Pier Four ist Heimstatt der beiden Bühnen der **Sydney Theatre Company**, des Australian Theatre for Young People (www.atyp.com.au) und des Bangarra Dance Theatre (www.bangarra.com.au), das Traditionen der Ureinwohner mit zeitgenössischer Choreografie verbindet. Die künstlerische Leitung der Sydney Theatre Company haben seit 2007 Kate Blanchett und ihr Ehemann Andrew Upton inne. 2011 brachten sie mit »Bloodland« erstmals ein Stück in der indigenen »Yolgnu«-Sprache auf die Bühne (www.sydneytheatre.org.au), das die Verletzungen des alten Arnhemlandes durch die Moderne zeigt. An Pier 6 und 7 liegen schnittige **Luxusjachten** vor Anker, die 1912 erbaute Wharf 8/9 ließ Rupert Murdoch (► Berühmte Persönlichkeiten) zur Jahrtausendwende zur Hauptzentrale seines Medienimperiums umbauen. Auf der Promenade der Hickson Road geht es unter der Sydney Harbour Bridge am Wasser entlang zurück Richtung Rocks und weiter zur City – begleitet von **Panoramaaussichten** auf Sydney Cove, das Stadtzentrum und das spektakuläre Sydney Opera House am gegenüberliegenden Ufer.

Baedeker TIPP

Sydney Harbour

Bewundern Sie die Skyline Sydneys auch von der Wasserseite. Es gibt Dutzende von Anbietern für *Hafenrundfahrten* in Sydney wie Captain Cook Cruises (www.captaincook.com.au), Matilda Cruises (www.matilda.com. au) und Sydney Harbour Ferries (www.sydneyferries.info). Die meisten starten vom Circular Quay und vom Sydney Aquarium in Darling Harbour. Ein besonderes Erlebnis sind die *Segeltörns, Whale-Watching-Touren* oder *Sunset Cruises* mit Meeresfrüchtemenü und Party an Bord. Geführte Touren im Seekajak können Sie unter www.sydneyharbourkayaks.com.au buchen. Die *Tribal Warrior Association* lädt ab Circular Quay zu einer Hafenrundfahrt mit Aborigines (www.tribalwarrior.org).

Museum of Contemporary Art

Arbeiten der **künstlerischen Avantgarde** zeigt das im Art-déco-Stil erbaute Museum in der George Street 140 mit einer großen Sammlung zeitgenössischer australischer Kunst. Ab 2012 soll ein Erweiterungsbau neben Kursräumen für Kinder-, Jugend- und Special-Needs-Programme eine Bibliothek sowie Ausstellungsflächen beherbergen (Öffnungszeiten: tgl. 10.00 – 17.00 Uhr; www.mca.com.au).

Circular Quay

Wo 1788 die First Fleet ankerte, strömen heute Tausende Pendler von den sechs Landungsbrücken der **Sydney Ferries** herab zur Circular Quay Station. Den Autoverkehr von und zur Harbour Bridge bündelt der Cahill Expressway. Vor dem **Overseas Passenger Terminal** dümpeln Kreuzfahrtschiffe am Kai, sausen Wasser-Taxis über die Wasserfläche. Entlang der Promenade locken Cafés. Über die Alfred Street, südlich vom Circular Quay, erreicht man das **Justice & Police Museum** in der ehemaligen Wache der Wasserschutzpolizei an der Phillip Street 8, das von berüchtigten Ganoven wie Ned Kelly erzählt

◄ Weiter auf S. 253

SYDNEY HARBOUR BRIDGE

✶✶ Dort, wo der Hafen am schmalsten ist, verbindet seit 1932 die Sydney Harbour Bridge, ein wahres Meisterstück der Ingenieurkunst, das Stadtzentrum mit North Sydney. Von den Einheimischen liebevoll »Coat Hanger«, Kleiderbügel, genannt, war die zweitgrößte Stahlbogenbrücke der Welt bis zum Bau der Oper Sydneys Wahrzeichen.

Öffnungszeiten der Plattform:
10.00 – 17.00 Uhr. Deutlich günstiger als der »Bridge Climb« ist die ebenfalls herrliche Aussicht vom Pylon Lookout auf der 87 m hohen Spitze des südöstlichen Mastes.

① 1926: Die Fundamente
12 m tief werden die Sandsteinfundamente am Süd- und Nordufer versenkt – sechs Jahre wachsen die Brückenbogen langsam aufeinander zu.

② Zugkabel
Die ständig steigende Zuglast der Brückenteile wird durch Stahlkabel gehalten, die 36 m tief im Boden verankert sind.

③ Juli 1930: Die Verbindung
Innerhalb von zwölf Tagen werden die Zugkabel allmählich gelockert, bis die Brückenteile exakt aneinanderpassen. Seither hält sich die Brücke praktisch selber, der Druck wird auf die Fundamente abgeleitet.

④ Oktober 1930: Fahrbahn
Die vorgefertigten Fahrbahnteile werden 59 m über dem Wasser in die Brückenkonstruktion eingefügt. Der Radweg verläuft auf der Westseite, der Fußweg auf der Ostseite, zwei Bahngleise und die acht Fahrbahnen in der Mitte. Nun kann die Brücke eröffnet werden.

⑤ Scharniere
Starke Windböen und erhebliche Temperaturschwankungen stellen eine enorme Belastung für die Stabilität der Brücke dar. Über an den Fundamenten verankerte Scharniere werden Schwingungen und Ausdehnungen abgefangen.

⑥ Museum
Auf drei Etagen wird über den Bau des Hafentunnels erzählt, der seit 1992 die Hafenbrücke entlastet (tgl. 10.00 – 17.00 Uhr; www.pylonlookout.com.au).

! *Baedeker* TIPP

Schwindelfrei ...

sollte man sein für den spektakulären Bridge Climb, ein rasantes Klettererlebnis von 3½ Stunden oder beim Express Climb von 2¼ Std. Nach Alkoholtest und gründlicher Einweisung geht es im Bridge-Anzug und angeseilt über schmale Gittertreppen und Laufstege hinauf in den obersten Bogen der 503 m langen Harbour Bridge. In 134 m Höhe wird man mit einem 360-Grad-Rundblick über einen der schönsten Häfen der Welt belohnt. Außer Brillen darf nichts mitgenommen werden – Gruppenfoto und Urkunde sind inklusive. Tel. 02 / 82 74 7 77, www.bridgeclimb.com.

Zum Jahreswechsel gehört in Sydney das Silvesterfeuerwerk mit einer Riesenparty an der Harbour Bridge.

1972 ging es auf der Harbour Bridge noch gemütlich zu: Sie trägt zwei Bahngleise, sechs Spuren für den Autoverkehr, einen Rad- und einen Fußgängerweg. Heute entlastet ein Tunnel die viel befahrene Traversale.

Blick von Campbells Cove auf die Harbour Bridge

Sydney Umgebung

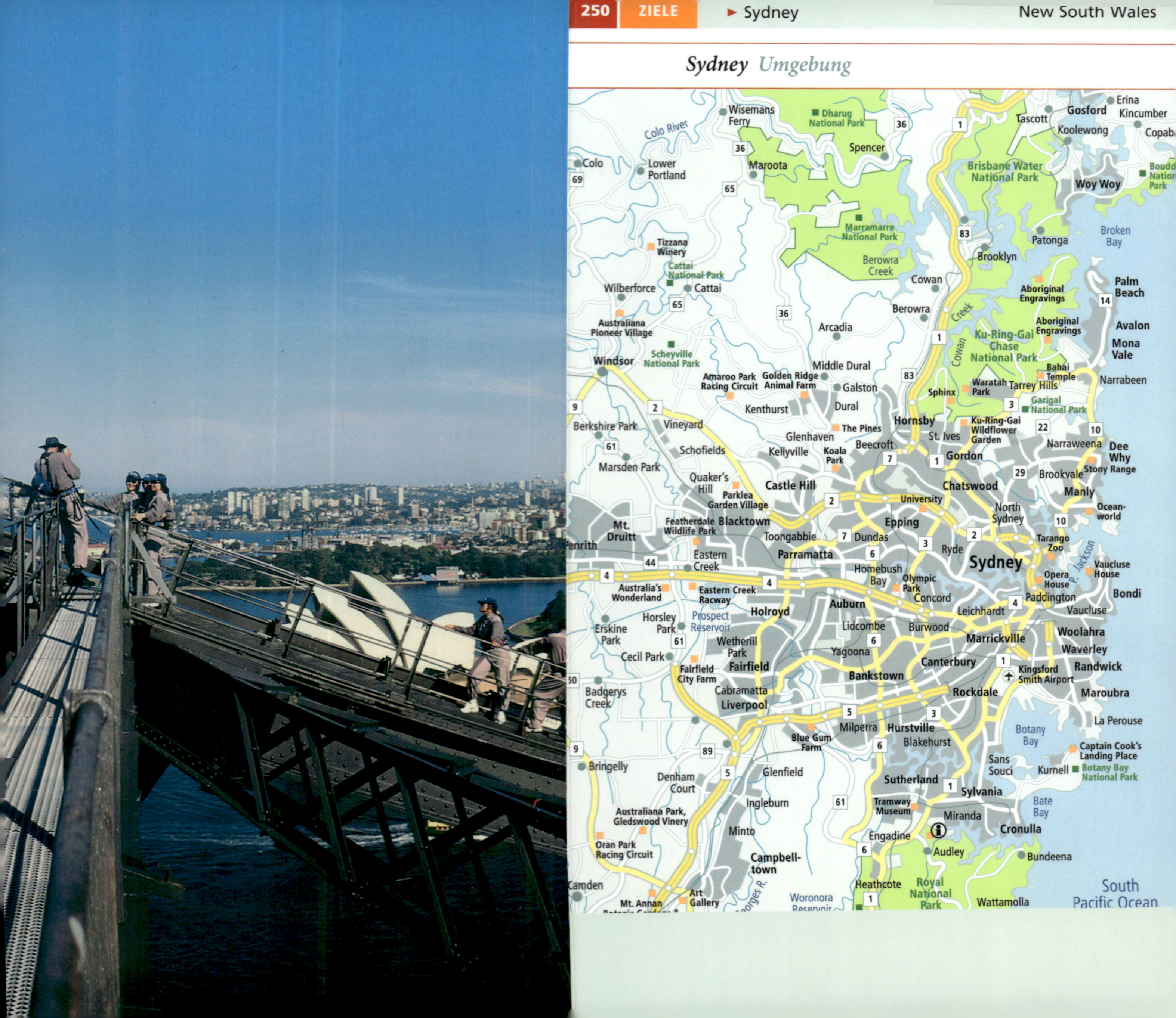

SYDNEY ERLEBEN

AUSKUNFT

Sydney Visitor Centres (SVC)
www.sydneyvisitorcentre.com
Stadtlife online:
www.cityofsydney.nsw.gov.au
www.sydneyaustralia.com
SVC Sydney International Airport
Tel. 02 / 96 67 60 50
SVC The Rocks, Ecke Argyle/Playfair Street, Tel. 18 00 / 06 76 76
SVC Darling Harbour, 33 Wheat Road, Tel. 02 / 92 40 87 88

EVENTS

Für Durchblick sorgt die Tageszeitung »Sydney Morning Herald« mit ihrer Freitagsbeilage »Metro«. Online: www.sydney.citysearch.com.au
Der größte Gay-Karneval der Welt ist der »Sydney Mardi Gras« im Februar www.mardigras.org.au
Größtes Kulturspektakel ist das Sydney Festival im Januar: www.sydneyfestival. org.au

SHOPPINGPARADIES

Tipps zu Einkaufspassagen, Shopping Malls und Märkten gibt's unter http://urbanwalkabout.com/sydney. Kleine Edel-läden finden sich in den altehrwürdigen Konsumpalästen ***Queen Victoria Building*** (QVB) und ***Strand Arcade***, ein bunter Mix von Mode bis Musik in den Einkaufszentren Skygarden, Chifley Plaza, Piccadilly und St. Martin No.1. An der Elizabeth Street lockt mit dem 1838 gegründeten ***»David Jones«*** das älteste Kaufhaus des Kontinents, an der Pitt Street das riesige ***Myer-Kaufhaus***. In Double Bay shoppt Sydneys Upper Class, in Darlinghurst und Paddington die trendbewusste Szene. Größtes Outlet-Zentrum der Stadt sind die ***Direct Factory Outlets*** in Homebush mit reduzierter Markenware von Calvin Klein bis Converse (www.dfo.com.au). Authentische ***Aborigineskunst*** verkaufen die Ulladulla Gallery, 13/2 Circular Quay (www.ulladullaaboriginalart.com.au), und die Hogarth Galleries, Walker Lane 7 in Paddington (www.aboriginalartcentres.com).

Aussichtsreich unterwegs mit der Monorail

AUSGEHEN

① ***Minus 5***
Shop 18, 2 Opera Quays , East Circular Quay, Tel. 02 / 92 51 03 11
www.minus5experience.com
Echt cool! Hier schlürft man seinen Wodka oder Cocktail bei Minusgraden an der Eisbar.

② ***Vivaz***
80 George Street, The Rocks
Tel. 02 / 92 51 44 67, www.vivaz.net.au
Samba, Salsa, Lambada und die beste Sangria – angesagter Nachtclub mit Livebands und Dinnermenü.

ESSEN

► Fein & teuer

① bis ⑦ , S. 262 / 263

⑧ ***Tetsuya's***
529 Kent Street. Tel. 02 / 92 67 29 00, www.tetsuyas.com
Queensland-Langusten-Ravioli, Thunfisch-Sashimi mit Wasabi-Vinaigrette – Tetsuya Wakuda verbindet aufs Köstlichste die mediterrane Küche mit japanischen Traditionen.

► **Erschwinglich**

⑨ ***Peter Doyle at the Quay***
Overseas Terminal, Circular Quay
Tel. 02 / 92 52 34 00
www.doyleatthequay.com.au
Feinste Fischküche mit Paradeblick auf das Sydney Opera House – probieren Sie Black Mussels und den Gelbflossenthunfisch.

⑩ ***Sydney Fish Market***
Bank Street Pyrmont
www.sydneyfishmarket.com.au
Bestellen Sie im Fischmarkt zum Lunch Schwertfischsteak, Hummer oder Muscheln aus Tasmanien.

⑪ ***Wolfie's Grill***
17–21 Circular Quay West
The Rocks, Tel. 02 / 92 41 55 77
www.wolfiesgrill.com.au
In den renovierten Campbell's Lagerhäusern der Kolonialzeit sitzt man am schönsten draußen auf der Terrasse mit Blick auf Hafen und Oper.

► **Preiswert**

⑫ ***Blackbird Café***
Cockle Bay Wharf, 201 Sussex Street
Tel. 02 / 92 83 73 85
www.blackbirdcafe.com.au
Von 9.00 Uhr bis weit nach Mitternacht stillt das beliebte Café mit Pizza auf dem heißen Stein, gegrilltem Lachsfilet oder Wok-Gerichten den Hunger. Gratis: die tolle Aussicht auf den Darling Harbour.

⑬ ***Café Hernandez***
1 Burton Street, Darlinghurst
Tel. 02 / 93 80 90 06
www.cafehernandez.com.au
Gegrillter Lachs, Knoblauch-Huhn, Tapas oder zartes Lamm; jeden Sa. abends Livemusik

⑭ ***Lord Nelson Brewery***
19 Kent Streets, The Rocks
Tel. 02 / 92 51 40 44
www.lordnelsonbrewery.com
Quayle Ale, Three Sheets oder ein Old Admiral? Sydneys Brauerei ist für sein süffiges Bier bekannt, in der Brasserie gibt's leckeren Fisch.

ÜBERNACHTEN

► **Luxus**

① ***BLUE Sydney***
The Wharf at Woolloomooloo
6 Cowper Wharf Rd, Sydney 2011
Tel. 02 / 93 31 90 00
www.tajhotels.com/sydney
Hinter der historischen Werftfassade von 1910 verwöhnt das Fünf-Sterne-Haus neben dem Jachthafen mit 100 Zimmern im klar-urbanen Stil, Wellness im edlen Spa Chakra, leichten Gerichten im BLUE Café oder einem Drink in der Water Bar – von Condé Nast Traveler in die Top Ten der Welt gewählt.

② ***Intercontinental***
117 Macquarie Street, Sydney 2000
Tel. 02 / 92 30 02 00
www.intercontinental.com
Herzstück der Nobelherberge am Botanischen Garten, nur wenige Gehminuten vom Circular Square entfernt, ist das liebevoll restaurierte Treasury Building aus dem 19. Jh.; 509 luxuriöse Zimmer, sechs Restaurants, Pool und Fitnesscenter in der 31. Etage mit Blick über den Hafen.

Baedeker-Empfehlung

③ ***Old Sydney Holiday Inn***
55 George Street, Sydney 2000
Tel. 02 / 92 52 05 24, Fax 92 51 20 93
www.holidayinn.de/sydney
175 geschmackvoll eingerichtete Zimmer mitten im historischen Viertel The Rocks vom Dachpool hat man einen fantastische Blick auf die Oper und den Hafen.

► Komfortabel

④ ***Rendezvous Stafford Hotel***
75 Harrington Street, The Rocks
Sydney NSW 2000
Tel. 02 / 92 51 67 11, Fax 92 51 34 58
www.rendezvoushotels.com/sydney
Super zentrales, charmantes Boutiquehotel mit 61 geräumigen Studios, Coffee Shop, beheiztem Außenpool, Sauna und Fitnessraum

⑤ ***The Russell***
143 a George Street, The Rocks
Sydney NSW 2000

Tel. 02 / 92 41 35 43, Fax 92 52 16 52
www.therussell.com.au
Charmante Bleibe mit 29 Zimmern, aussichtsreichem Dachgarten, »Acacia«-Restaurant und dem urigen »Fortune of War Hotel«, einem Pub von 1801

⑥ ***Victoria Court Hotel***
122 Victoria Street, Potts Point
Sydney NSW 2011
Tel. 02 / 93 57 32 00, Fax 93 57 76 06
www.victoriaCourt.com.au
Verträumter Wintergarten, riesige Himmelbetten, offene Kamine – die viktorianische Stadtvilla ist genau das Richtige für Romantiker.

► Günstig

⑦ ***B & B Sydney Harbour***
140–142 Cumberland Street
The Rocks, Sydney NSW 2000
Tel. 02 / 92 47 11 30
www.bbsydneyharbour.com.au
Zentral mit tollem Frühstück im schattigen Innenhof – vom Philipp Room blickt man auf die Oper.

⑧ ***Sydney Harbour YHA***
110 Cumberland Street, The Rocks
Sydney NSW 2000
Tel. 02 / 82 72 09 00, www.yha.com.au
Das einzige Backpacker-Hostel am Hafen mit 106 Zimmer mit 354 Betten ist dort, wo 1788 die ersten Siedler an Land gingen. Unschlagbar: die Nacht für 27 Euro im Sechserzimmer – und der Blick von den Liegen der Dachterrasse auf die Oper, den Hafen und Harbour Bridge!

⑨ ***Woolbrokers Hotel***
2 Allen Street, Pyrmont
Sydney NSW 2009
Tel. 02 / 95 52 47 73, Fax 95 52 4771
www.woolbrokershotel.com.au
Freundliches Haus mit 27 großen Zimmern, ideal für Familien; Parkplätze gegenüber in der Harris Street

(Öffnungszeiten: Sa., So. 10.00 – 17.00 Uhr, www.hht. net.au). Zu einer faszinierenden Zeitreise lädt das **Museum of Sydney** an der Ecke Phillip und Bridge Street ein (Öffnungszeiten: tgl. 9.30 – 17.00 Uhr, www.hht.net.au).

Opera House
◄ 3-D-Abb. S. 256

Allein schon die Lage an der Sydney Cove ist zauberhaft. Sind es Segel im Wind? Oder ist **Jørn Utzon** (1918 – 2008) die Architektur des Daches beim Schälen einer Orange eingefallen, wie Spötter behaupten? Was auch immer das Design des Dänen zitiert – seine kühne

Herzstück der City: von der Hafenbrücke blickt man direkt zum Circular Quay.

Konstruktion machte das 1973 von Königin Elizabeth II eingeweihte Sydney Opera House zum **Wahrzeichen der Stadt**. 2000 diente die Silhouette als Vorbild für das Logo der Olympischen Sommerspiele, seit 2007 ist die Oper **UNESCO-Weltkulturerbe**.

★ **Royal Botanic Gardens**

An den Treppen der Oper beginnen die Royal Botanic Gardens, die im Süden in The Domain und Hyde Park übergehen. Sie umschließen die Farm Cove genannte Hafenbucht, hier lag die erste Farm der Kolonie. Ein schöner Weg führt zu **Mrs Macquaries Point**, wo die Gouverneursgattin Elizabeth Macquarie angeblich gerne nach Schiffen Ausschau hielt. Etwa einen Kilometer entfernt ragt die kleine Sträflingsinsel **Fort Denison** (Pinchgut) aus dem Wasser, die von 1855 bis 1857 aus Furcht vor einem russischen Überfall befestigt wurde – mit Ausflugsbooten ab Circular Quay erreichbar.

Magnolien, Baumfarne und Grasbäume, Flaschenputzer, Würgefeigen und unzählige Eukalypten, die Royal Botanic Gardens präsentieren die faszinierende australische Flora – und Fauna: In vielen Baumwipfeln hängen »Flying Foxes«, Graukopf-Flughunde, die tagsüber schlafen und nachts jagen. Sie fliegen auf Futtersuche bis zu 40 km weit. Ihre Flügelspannweite kann 1,5 m betragen. Die wichtigsten Vertreter der im feuchtheißen Klima heimischen Pflanzenwelt lernt man im Tropical Centre kennen (Öffnungszeiten: tgl. 7.00 Uhr bis Sonnenuntergang, Führungen Fr. – So. 10.00 – 15.00 Uhr). Im Park liegen auch das **Government House**, seit 1845 Amtssitz des Gouverneurs von New South Wales, und das 1816 nach Plänen des berühmten Sträflingsarchitekten Francis Greenway als Pferdestall und Unterkunft für die Bediensteten des Gouverneurs erbaute **Conservatorium of Music**, das regelmäßig Konzerte veranstaltet (Mrs Macquaries Road, Öffnungszeiten: Nov. – Feb. 7.00 – 20.00, März, April, Sept., Okt. 7.00 – 18.00, Mai, Aug. bis 17.30, Juni/Juli bis 17.00 Uhr; Tel. 02 / 92 31 81 11, www.rbgsyd.nsw.gov.au).

◄ The Domain

Die Fortsetzung der Parkanlagen südlich des Cahill Expressway ist während der Mittagspause ein beliebtes Ausflugsziel und am Sonntagnachmittag wird der Park zur »Speakers' Corner« von Sydney.

** **Art Gallery of New South Wales**

In der Art Gallery Road am Ostrand des Parks sind Meisterwerke der **australischen Malerei des 19. und 20. Jh.s** ausgestellt sowie bemerkenswerte Stücke europäischer und asiatischer Künstler. Highlight der Galerie aber ist die hervorragende Sammlung mit Werken der **Aborigines und Torres Strait Islanders** (Öffnungszeiten: tgl. 10.00 – 17.00, Mi. bis 21.00 Uhr, www.artgallery.nsw.gov.au).

* **Wooloomooloo Finger Wharf**

Der Spaziergang entlang der Wasserkante endet an der einst **größten Holzwerft der südlichen Hemisphäre**, der 1910 erbauten Wooloomooloo Finger Wharf. Sie ist heute ein In-Treff mit Luxusapartments, Restaurants und dem noblen BLUE Hotel (► S. 252). Berühmtester Treff ist jedoch ein alter Imbisswagen am Cowper Wharf Roadway, Ecke Brougham Street: Schon Brooke Shields soll hier einen »Pie Floater«, eine gefüllte Teigtasche in Erbsensuppe schwimmend, genossen haben, seit 1945 das Traditionsessen von Harry's Café de Wheels (www.harryscafedewheels.com.au).

* **Macquarie Street**

Sydneys **Prachtboulevard** zwischen Opernhaus und Hyde Park wird gesäumt von stattlichen Bauten staatlicher Einrichtungen. Aus der Frühzeit der Kolonie haben sich die Münze und das Parlamentsgebäude erhalten, die Seitenflügel des 1816 erbauten Rum Hospital. Der Name erinnert daran, dass Gouverneur Macquarie den Erbauern des Krankenhauses zur Finanzierung das Monopol des Rumhandels überlassen hatte. Das **Parliament of New South Wales**, das seit 1827 im Nordflügel tagt, kann an sitzungsfreien Tagen von 9.00 bis 17.00 Uhr besichtigt werden (www.parliament.nsw.gov.au).

An das Parlament schließt das 1894 erbaute **Sydney Hospital** an. Im Südflügel des einstigen Rum Hospital wurden nach den Goldfunden von 1851 bis 1927 die Goldmünzen geprägt. Gegenüber erhebt sich das 13-stöckige British Medical Association House (Nr. 135 – 137), 1930 im Art-déco-Stil erbaut, und daneben das 3-stöckige **History House** im viktorianischen Stil von 1872, Sitz der Royal Australian Historical Society (Nr. 133).

SYDNEY OPERA HOUSE

★★ **Selten gelang es einem modernen Bauwerk, einen solch internationalen Bekanntheitsgrad zu erreichen – die Oper von Sydney kennt fast jeder. Das verdankt sie ihrer charakteristischen Form, ihrer fantastischen Lage direkt am Meer und dem kühnen Entwurf des dänischen Architekten Jørn Utzon, dem ein Stück Architektur von Weltrang gelang.**

Öffnungszeiten:
einstündige Führungen tgl. 9.00 – 17.00 Uhr, zweistündige Backstage-Touren für max. 8 Pers. tgl. 7.00 Uhr morgens! Tel. 02 / 92 50 72 50
www.sydneyoperahouse.com

① Opera Theatre
Mit 1547 Sitzplätzen gehört das Operntheater zu den großen Bühnen der Welt. Hier eine Oper oder ein Ballett zu besuchen ist ein Erlebnis!

② Concert Hall
Im Opera House werden nicht nur Opern aufgeführt! Rock und Pop sind durchaus mit von der Partie.

③ Drama Theatre, Playhouse und Studio
Ausgezeichnete Inszenierungen der Sydney Theatre Company und internationaler Ensembles zeigen das Drama Theatre mit 544 Sitzen, das Playhouse mit 398 Sitzen und das Studio Theatre mit 364 Sitzen.

④ Nördliche Promenade
Hier steht man und kann nicht anders als das Panorama zu bewundern.

Während der Bauzeit: Die komplizierte Dachlandschaft erforderte nie dagewesene konstruktive Lösungen.

⑤ Restaurant Guillaume at Bennelong
Guillaume Brahimi gehört mit drei Michelinsternen z[u] den Starköchen des fünften Kontinents – probieren Si[e] seinen Hummer mit Kaviar und Artischocken (Tel. 02 92 41 19 99, www.guillaumeatbennelong.com.au).

Den Entwurf für das gigantische Bauwerk lieferte Jørn Utzon, der 1918 in Kopenhagen geboren wurde und 2003 für sein Lebenswerk den Pritzker-Preis erhielt – den »Nobelpreis« für Architektur. 1957 wurde Utzon mit einem Schlag berühmt, als er den Wettbewerb zur Gestaltung des Opernhauses gewann. Doch als sich die Bauzeit wegen technischer Probleme verlängerte und die Kosten explodierten, kam es zum Eklat: Sieben Jahre nach Baubeginn stieg Utzon aus, verließ das Land und distanzierte sich von dem Projekt. Mittels einer Opernhaus-Lotterie wurden zusätzliche Gelder aufgebracht und das Architektur-Abenteuer für 102 Mio. Australische Dollar konnte nach 14 Jahren beendet werden. 2004 wurde nach Plänen von Utzon die Eingangshalle neu gestaltet. Zu seinem 90. Geburtstag am 9. April 2008 gab das Sydneys Symphony Orchestra ihm zu Ehren in der Oper ein Festkonzert. Im November 2008 starb Utzon in der Nähe von Kopenhagen.

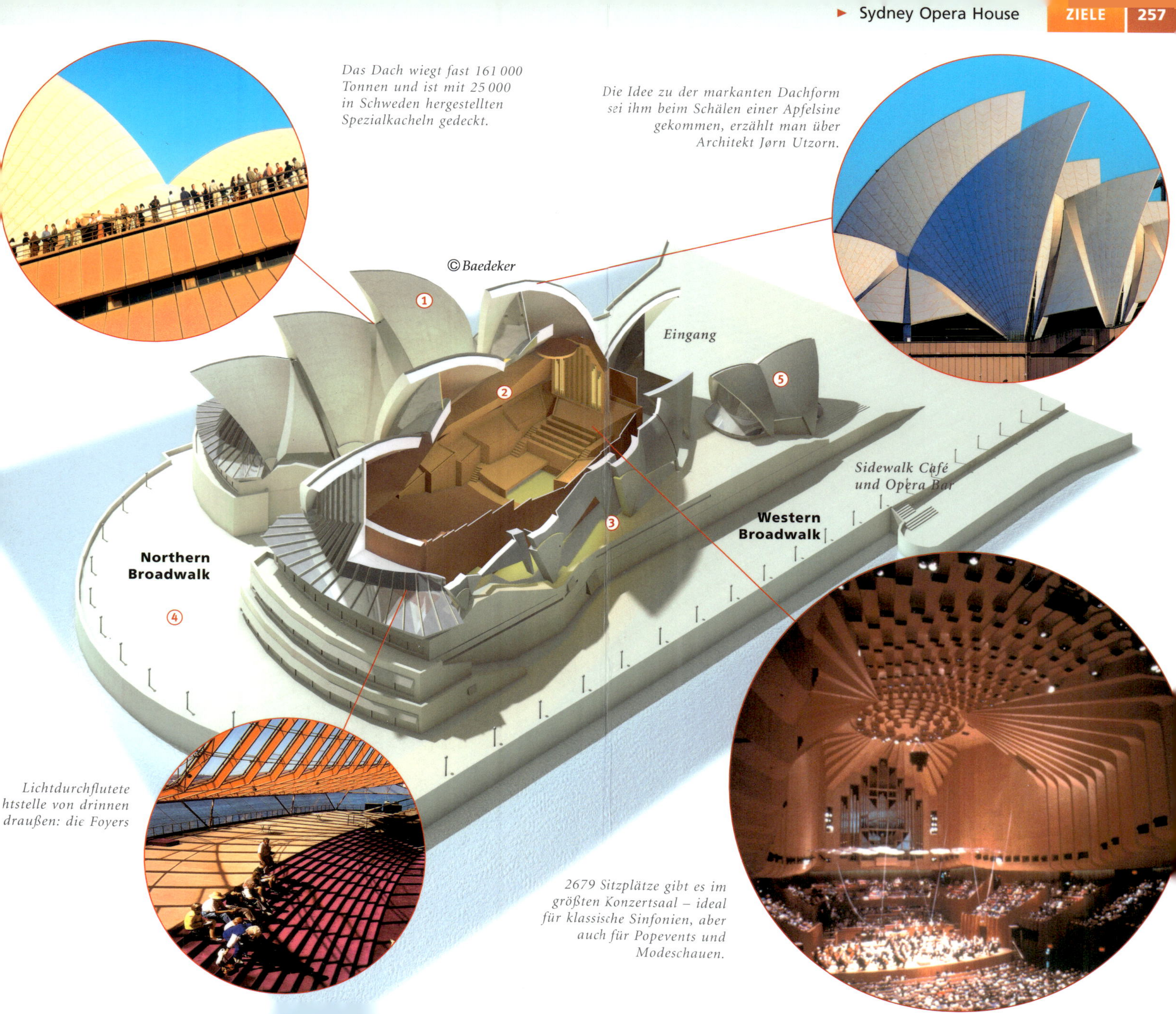
Das Dach wiegt fast 161 000 Tonnen und ist mit 25 000 in Schweden hergestellten Spezialkacheln gedeckt.
Die Idee zu der markanten Dachform sei ihm beim Schälen einer Apfelsine gekommen, erzählt man über Architekt Jørn Utzorn.
© Baedeker
1
2
Eingang
5
3
Sidewalk Café und Opera Bar
Western Broadwalk
Northern Broadwalk
4
Lichtdurchflutete
htstelle von drinnen
draußen: die Foyers
2679 Sitzplätze gibt es im größten Konzertsaal – ideal für klassische Sinfonien, aber auch für Popevents und Modeschauen.

State Library of New South Wales

Die **Staatsbibliothek** an der Macquarie Street entstand Anfang des 20. Jh.s im italienischen Neorenaissancestil, seit 1988 verbindet ihn eine verglaste Brücke mit dem Neubau. Zum Bestand gehören die Logbücher der Kapitäne Cook und Bank sowie frühe Fotografien aus dem 19. Jh.; das Fußbodenmosaik im Foyer zeigt die Australien-Karte von Abel Tasman aus dem 17. Jahrhundert.

Hyde Park Barracks

In den ersten Jahren der Kolonie mussten die Sträflinge ihre Unterkünfte selbst bauen, so auch 1819 am Queens Square die im georgianischen Stil nach Plänen des Sträflingsarchitekten **Francis Greenway** (1777 – 1837) errichteten Hyde Park Barracks, die 2010 in die Liste des UNESCO-Welterbes aufgenommen wurden. Seit 1990 erzählen sie als Museum vom Leben in der frühen Kolonialzeit (Öffnungszeiten: tgl. 9.30 – 17.00 Uhr, www.hht.net.au).
Gouverneur Macquarie gefiel der Bau so gut, dass er Greenway die Freiheit schenkte und ihn zum ersten Stadtbaumeister der Kolonie New South Wales ernannte. Das Konterfei Greenways schmückte lange Jahre sogar die australische Zehn-Dollar-Note. Als pubik wurde, dass Greenway einst als Fälscher von Pfund-Noten nach Australien deportiert worden war, wurden die Scheine eingezogen.

Kirchen

Älteste Kirche Sydneys ist die georgianische **St. James' Anglican Church** von 1819, ursprünglich von Francis Greenway als Gericht entworfen, 1824 als Kirche geweiht. Der Kirchturm diente früher den Schiffen als Orientierungspunkt. **St. Mary's Cathedral** wurde 1898 im neugotischen Stil aus Sandstein nach dem Vorbild der Kathedrale im englischen Lincoln und Notre Dame in Paris erbaut.

Supreme Court

Mit dem Bau des benachbarten Supreme Court an der Ecke Elizabeth und King Street war 1820 begonnen worden. **Greenway** hatte ein zweistöckiges, rechteckiges Ziegelgebäude geplant, doch es wurde daran im Laufe der Zeit so viel verändert, dass – vom Treppenhaus abgesehen – vom Original nur wenig erhalten blieb.

Hyde Park

Der Hyde Park ist Sydneys südlichste und zentralste Grünanlage direkt an der Grenze zum Central Business District und deshalb besonders in der Mittagspause sehr besucht. Das 1934 im Art-déco-Stil erbaute **ANZAC War Memorial** am Südende des Parks erinnert an die Gefallenen des Ersten Weltkriegs.

✶ Australian Museum

Östlich des Hyde Park in der College Street 6 liegt das älteste Museum Australiens mit der **größten naturgeschichtlichen Sammlung** des fünften Kontinents: Fossilien und Skelette längst ausgestorbener Tiere, wertvolle Mineralien und **Kunstwerke der Aborigines.** (Öffnungszeiten: tgl. 9.30 – 17.00 Uhr. Wo und wie die Mitarbeiter des Museums forschen, verraten seit Herbst 2010 die neuen Behind-the-Scens-Touren tgl. um 11.00 Uhr, Tel. 02/93 20 60 09, Voranmeldung erforderlich, www.amonline.net.au).

★★ **Sydney Tower (AMP Tower)**

In 40 Sekunden sausen drei Doppeldeckerlifte in der Market Street 100 das höchste Bauwerk des CBD empor: den 305 m hohen Sydney Tower, auch AMP oder Centrepoint Tower genannt, mit einer **Aussichtsplattform** in 268 m Höhe. Zum aussichtsreichen Schlemmen laden zwei Drehrestaurants und eine Café-Bar. Hinab geht es im Notfall über 1504 Treppenstufen. Der Eintritt beinhaltet den Besuch von **OzTrek**, einer 3-D-Reise durch Australiens Landschaft und Geschichte (Öffnungszeiten: So. – Fr. 9.00 – 22.30, Sa. bis 23.30 Uhr, www.sydneytoweroztrek.com.au). Für Adrenalinkicks sorgt der **Skywalk**, ein luftiger Spaziergang in 260 m Höhe (Öffnungszeiten: tgl. 9.00 – 22.00, letzte Tour um 20.15 Uhr; www.skywalk.com.au).

State Theatre

Folgt man der Market Street, passiert man das 1929 eröffnete State Theatre (Nr. 49). In dem auch wegen seiner Inneneinrichtung großartigen Monument der Kinoherrlichkeit finden Schauspiele und Konzerte sowie im Juni das **Sydney Film Festival** statt.

★ **Strand Arcade**

Mehrere **schöne Einkaufspassagen** verbinden Pitt, George und Castlereagh Street, darunter die modernen Piccadilly Arcade, Imperial Arcade und Centre Point.
Im Stil von 1891 restauriert wurde die **Strand Arcade**, 412 George Street, mit 90 schicken Shops, darunter mehrere Boutiquen bekannter australischer Designer. Im Untergeschoss des Hilton (259 Pitt Street) wurde die Marmorbar des berühmten Adam Hotel von 1893 wieder aufgebaut.

General Post Office

Das gewaltige Postgebäude (GPO), zwischen George Street, Martin Place und Pitt Street wurde in den 1880er-Jahren im **venezianischen Renaissancestil** erbaut. Der Uhrturm über der Fassade zum Martin Place ist 61 m hoch. Einige Flachreliefs sorgten übrigens für handfesten Ärger unter den Sydneysidern. So beanstandeten viele Bürger, dass in einer der Szenen ein nicht fachgerecht geschorenes Schaf abgebildet war. Noch schlimmer: In einem anderen Relief schaut die Empfängerin eines Briefs dem Überbringer allzu glücklich verliebt in die Augen – andere Zeiten, andere Sitten!

★ **Queen Victoria Building(QVB)**

Der französische Modeschöpfer Pierre Cardin nannte es das »schönste Einkaufszentrum der Welt«. Doch entscheiden Sie selbst: Der 60 m hohe Kuppelbau, 455 George Street, wurde um 1890 im Stil eines byzantinischen Palastes als Markthalle erbaut und gilt als **Sydneys feinste Adresse**. Auf drei Etagen laden über 200 Boutiquen, Restaurants und Cafés zum ausgiebigen Bummel ein.

Town Hall

Gegenüber erhebt sich das 1869 vollendete Rathaus von Sydney im prunkvollen viktorianischen Stil. In der Centennial Hall mit der **größten Orgel der Südhalbkugel** finden regelmäßig Konzerte und Versammlungen für bis zu 2500 Gäste statt. Einmal im Monat geben Jung-Organisten ein kostenloses Mittagskonzert.

Shopping total mit nostalgischem Ambiente im Queen Victoria Building

Südlich der Town Hall folgt die **St. Andrew's Cathedral** im neugotischen Stil. Der Grundstein wurde 1819 gelegt, damit ist das Gotteshaus die **älteste Kirche Australiens**.

Die ersten Chinesen kamen vermutlich an Bord der First Fleet ins Land, ihnen folgten Zehntausende während des Goldrausches. Zunächst lebten sie im Stadtviertel The Rocks, Anfang des 20. Jh.s zogen sie nach **Chinatown**. Dixon Street, Hay Street und Liverpool Street markieren heute die Grenzen von Chinatown. Besonders exotisch wird es freitagabends bei den **Night Markets** an der Dixon Street. Auf engstem Raum bieten mehr als 100 Stände Kleidung, Kunst und Kulinarisches. Gartenkünstler aus Guandong, der chinesischen Partnerprovinz von New South Wales, gestalteten 1988 mit Teichen, Wasserfällen und Bonsaibäumchen den **Chinese Garden of Friendship**, der sich bis Darling Harbour erstreckt (Öffnungszeiten: tgl. 9.30 bis 17.00 Uhr). Vom Pavilion of Clear View, auch »Gurr« genannt, genießt man einen herrlichen Ausblick auf den Garten und die Stadt. Ein eindrucksvolles Schauspiel ist die Feier des **chinesischen Neujahrsfestes** am ersten Vollmond nach dem 21. Januar.

★★ Powerhouse Museum

Westlich vom Sydney Exhibition Centre birgt das **ehemalige Dampfkraftwerk** an der Harris Street 500 eine Mammutschau aus Technik, Kultur, Mode und Design: Mit 380 000 Exponaten wie Dampfmaschinen, Satelliten und Weltraumanzügen besitzt das Powerhouse Museum die größte Sammlung der Stadt (Öffnungszeiten: tgl. 10.00 – 17.00 Uhr, www.powerhousemuseum.com).

★★ Darling Harbour

www.darlingharbour.com.au ►

Die einst verkommenen Industriedocks und Lagerhäuser an der Westseite der Cockle Bay wichen Ende der 1980er-Jahre einem **maritimen Einkaufs- und Vergnügungsviertel**, das weltweit Vorbild für die Revitalisierung einstiger Hafenflächen werden sollte. 1988, zur 200-Jahr-Feier der Staatsgründung, hatte die Stadtverwaltung beschlossen, Darling Harbour wiederzubeleben. Binnen kurzer Zeit entstand die schicke **Shoppingmeile** Harbourside. Die Multi-Media-Spielwelt **Sega World** und das achtstöckige **IMAX-Kino** sorgen für

Unterhaltung, Balkoncafés und **Terrassenlokale** an der King Street und Cockle Bay Wharf für fantastische Ausblicke. Beide Seiten des Hafenbeckens verbindet die 1902 erbaute **Pyrmont Bridge**. Die erste elektrisch betriebene Drehbrücke der Welt ist Fußgängern und der Monorail vorbehalten.

★ **Sydney Wildlife World**

Australiens Fauna wird seit 2006 im **Wildpark** am Aquarium Pier vorgestellt mit 6000 teilweise vom Aussterben bedrohten Tieren. Das »Red Heart of Australia« zeigt beispielsweise, wie Säugetiere im heißen Outback überleben (Öffnungszeiten: tgl. 9.00 – 17.00 Uhr, www.sydneywildlifeworld.com.au).

★★ **Sydney Aquarium**

Haie, Mantas und Rochen schwimmen über den Köpfen: Am Aquarium Pier im Great Barrier Reef Ozeanarium wandern die Besucher trockenen Fußes in Tunneln durch die **faszinierende Unterwasserwelt Australiens** mit 11 500 Tieren der Flüsse, Billabongs und Ozeane. Dem scheuen Platypus (Schnabeltier) ist gleich am Eingang ein Becken gewidmet. In die Welt des Weißen Hais entführt seit Sommer 2010 das Shark HQ, wo man junge Haie beim Aufwachsen beobachten und ein Hai-Trekking bestaunen kann (tgl. 9.00 – 20.00 Uhr, www.sydneyaquarium.com.au).

★ **National Maritime Museum**

Den Segeln eines Schiffes gleicht der von Philip Cox entworfene Bau des Meeresmuseums an der Murray Street 2. Besichtigt werden können **HMAS Vampire**, der letzte Zerstörer der australischen Marine, das U-Boot Onslow und das Cape Bowling Green Lighthouse (Öffnungszeiten: tgl. 9.30 – 17.00 Uhr, www.anmm.gov.au).

Gänsehaut garantiert: Begegnung mit Haien im Sydney Aquarium

SCHLEMMEROASE SYDNEY

Karte S. 242/243

Down Under boomt – auch kulinarisch. Natürlich hat auch in Sydney längst die Crossover-Küche Einzug gehalten, die mit unterschiedlichsten Kombinationen von speziellen Speisen aus aller Welt überrascht. Mediterran inspiriert, asiatisch angehaucht oder mit fantasievollen Beigaben aus der Busch-Cuisine: Känguru, Krokodil oder Emu sind in der »ModOz«, der modernen australischen Küche der trendbewussten Metropole, längst salonfähig.

ARIA

Das ultimative Dinner-Erlebnis versprechen Matt Morans innovative Kreationen, die seit 2009 alljährlich vom Sydney Morning Herald Good Food Guide mit zwei Kochmützen ausgezeichnet werden. Hinter den Glasfenstern werden nur feinste Zutaten verarbeitet, edelste Weine kredenzt und einer der herrlichsten Ausblicke auf Hafenbrücke und Oper geboten.

① Aria, 1 Macquarie Street, East Circular Quay, Tel. 02/92 52 25 55 www.ariarestaurant.com

Bel Mondo

Spektakulär ist auch die Aussicht des Bel Mondo im Argyle-Lagerhaus des Vorzeige-Viertels The Rocks. Jeder Gast soll in die Küche schauen können – eine stählerne, blitzende Bühne, auf der Franca und Stefano Manfredi virtuos italienische Kost vom Feinsten »inszenieren«, vor allem ihre Antipasti sind berühmt und

fantasievolle italienische Vorspeisen liegen derzeit voll im Trend. Warum Stefano und Franca ihr Lokal so geräumig gestaltet haben? Sie brauchen viel Platz fürs theatralische Kochen und Servieren.

② Bel Mondo, Gloucester Walk, The Rocks, Tel. 02/92 41 37 00 www.belmondo.com.au

Rockpool

Viel Raum? Vielleicht noch im Rockpool, Sydneys berühmtem Fischrestaurant. Jedoch, was nach Platz aus-

sieht, ist in Wahrheit das Werk einer Spiegelwand. Neil Perry, charismatischer und exzentrischer »Iron Chef« des gleichnamigen TV-Kochduells, schwört auf frischeste Zutaten – der Fisch muss mit der Angel, nicht im Netz gefangen sein. Mehr als 400 Spitzenweine stehen auf seiner preisgekrönten Weinkarte. Seit Frühjahr 2009 hat Perry noch zwei neue Filialen: Der Spice Temple in der Bugh Street 10 serviert asiatische Köstlichkeiten, in der Rockpool Bar an der Hunter Street 66 gibt es fangfrische Meerestiere vom Grill.

③ **Rockpool, 107 George Street The Rocks, Tel. 02 / 92 52 18 88 www.rockpool.com.au**

Bécasse

Auch Sydneys jüngster Starkoch Justin North erhält seit 2009 vom Sydney Morning Herald alljährlich zwei Kochmützen. Zu jedem Gang wird ein anderer Wein eingeschenkt – Probieren Sie zum saftigen Roastbeef den 2006er Longview Devil's Elbow Cabernet Sauvignon aus den Adelaide Hills. North gibt übrigens auch Kochkurse und verrät in zwei Kochbüchern leckere französische Rezepte.

④ **Bécasse, 204 Clarence Street Tel. 02 / 92 83 34 40 www.becasse.com.au**

Boathouse on Blackwattle Bay

Schwer zu finden und doch immer ausgebucht ist das Boathouse von Tony Papas and Robert Smallbone an der Anzac Bridge. Sydneysider wissen, dass es hier die besten Austern von der Südküste und eine sagenhafte Bouillabaisse gibt nebst traumhafter Aussicht auf das Lichtermeer der City.

⑤ **Boathouse on Blackwattle Bay, End of Ferry Road, Glebe, Tel. 02 / 95 18 90 11, www.boathouse.net.au**

Und mittags? An den Beach ...

Sehen und gesehen werden – vor allem an Sydneys unzähligen traumhaften Stadtstränden. Hotspot: das Iceberg's im Stadtteil Bondi mit fantastischer Fischküche und Milchlamm in Salzkruste. Im Ravesi's schlürfen Banker, Broker und Büroangestellte ihre tasmanischen Austern mit Blick aufs Meer und die Campbell-Parade.

⑥ **Iceberg's, 1 Notts Avenue, Bondi Beach, Tel. 02 / 93 65 90 00, www.idrb.com;** ⑦ **Ravesi's, Ecke Campbell Parade / Hall Street, Bondi Beach, Tel. 02 / 93 65 44 22, www.ravesis.com.au**

Star City Weiter nordwestlich, an der Pyrmont Street 80, kann man im **Kasino** der Star City bei Black, Roulette und Two-up sein Glück versuchen (www.starcity.com.au).

✶ **Fish Market** An der Bank Street auf dem **zweitgrößten Fischmarkt der Welt** werden jährlich rund 14 000 t Meerestiere versteigert, mehr als 100 Arten Seafood kommen hier an jedem Werktag ab 5.30 Uhr unter den Hammer – live zu erleben bei den Führungen ab 6.55 Uhr (!) am Doyles Seafood Café. Wollen Sie gern tasmanische Felsenaustern schlürfen oder lieber Lachscarpaccio und Thunfisch-Sashimi kosten? Zum Lunch laden Picknickplätze unter freiem Himmel, köstliche Fischplatten und kühlen Wein offerieren die Markthändler der zahlreichen Stände im Fischmarkt.

! *Baedeker* TIPP

Seafood-Kochkurse

Australische Starköche wie Christine Manfield, Cheong Liew und Guillaume Brahimi zeigen in der Sydney Seafood School am Fischmarkt, wie Jakobsmuscheln, Tintenfische, Sushi und Riesengarnelen richtig zubereitet werden. Da die drei- bis vierstündigen Kochkurse sehr gefragt sind, sollte man sich unbedingt frühzeitig anmelden (Tel. 061 / 29 00 41 11, www.sydneyfishmarket.com.au).

Sehenswertes in den Stadtvierteln

Balmain Einst Arbeiterviertel mit Werften, Docks und lauten Pubs, ist Balmain heute ein In-Viertel mit Geschäften, Restaurants und Cafés. Die Vergangenheit erschließt der **Balmain History Trail**, Cappuccino-Strip und Shoppingmeile ist Darling Street.

✶ **Taronga Zoo** In den naturnahen Gehegen auf einer Landzunge am Nordufer von Port Jackson leben Seehunde und Schneeleoparden, Gorillas, Zebras und Giraffen, Koalas und Kängurus. Letztere sind nachts hautnah zu erleben bei den »Roar & Snore«-Touren, bei denen im Zelt direkt am Gehege genächtigt wird (www.taronga.org.au; Bradley's Head Road, Öffnungszeiten: tgl. 9.00 – 17.00 Uhr; www.zoo.nsw.gov.au).

Cockatoo Island Die **größte Insel im Hafen** von Sydney erlangte erst als Gefängnis-, dann als Werftinsel Bedeutung. Heute hat die Sydney Harbour Federation die Gebäude und Anlage saniert und präsentiert auf Touren das historische Erbe (UNESCO-Welterbe; Campingplatz; Fähre ab Circular Quay und King Street Wharf, www.harbourtrust.gov.au).

Kings Cross Auf der William Street, die den Hyde Park durchquert, ist man nach einem halbstündigen Spaziergang Richtung Osten in **Kings Cross**, wo Darlinghurst Road, Victoria Street und Bayswater Road auf die William Street treffen. Um 1920 war die Gegend eine Hochburg der Künstler und Schriftsteller, in den 1950er-Jahren kamen die Beatniks und später die Hippies. Zum Rotlichtviertel abgesunken ist Kings Cross dann vor allem in der Zeit des Vietnamkriegs, als die amerika-

nischen Truppen scharenweise einfielen. Dieser Stadtteil hat zwei Gesichter: Tagsüber gibt man sich zurückhaltend, nachts »steppt der Bär«, doch die Kriminalitätsrate ist inzwischen deutlich gestiegen.
Einen starken Kontrast zur nächtlichen Szene bilden nördlich in Richtung Potts Point zwei Stadthäuser im georgianischen Regency-Stil, die für zwei wohlhabende Sydneysider erbaut wurden: das 1832 errichtete **Tusculum** an der Manning Street 3 und vor allem das elegante **Elizabeth Bay House** aus der Mitte des 19. Jh.s. Es birgt neben einem kunstvoll überkuppelten ovalen Treppenhaus im ersten Stock die landesweit wohl schönste Kolonialeinrichtung (7 Onslow Avenue; Öffnungszeiten: Fr. – So. 9.30 – 16.00 Uhr).

Darlinghurst, Paddington

Die am Südostende des Hyde Park beginnende **Oxford Street** ist auf den ersten 2 km Hauptachse von Darlinghurst, nach dem Taylor Square die pulsierende Lebensader von Paddington. Typisch für die beiden Viertel sind die von Bürgerinitiativen vor dem Abriss geretteten **Terrassenhäuser**, deren Veranden filigrane Balustraden aus Gusseisen schmücken. Die Geschichte der jüdischen Bevölkerung erzählt das **Sydney Jewish Museum** an der Darlinghurst Road 148 (Öffnungszeiten: So. – Do. 10.00 – 16.00, Fr. 10.00 – 14.00 Uhr, www.sydneyjewishmuseum.com.au). In Paddington, kurz Paddo genannt, findet man spannende Kunstgalerien, trendige Boutiquen und schicke Szenelokale. Über 250 Stände bilden jeden Sa. zwischen 10.00 und 16.00 Uhr den **Paddington Bazaar** rund um die Paddington Uniting Church. Angesagte Modeschöpfer wie Collette Dinnigan haben sich entlang der William Street angesiedelt. Die **Victoria Barracks**, 1841 bis 1848 von Sträflingen nach einem Entwurf von George Barney als Quartier für 800 Mann erbaut, bilden mit fast 12 ha den größten und besterhaltenen Komplex spätgeorgianischer Architektur in Australien. Jeden Do. um 10.00 Uhr führt der »Corps of Guides« durch die Anlage und das angeschlossene Militärmuseum.

★ Fox Studios

»Australia« (2008), »Mission Impossible II« (2006) »Superman Returns« (2005), »Star Wars: Episode II« (2002), »Moulin Rouge« (2001) und »The Matrix« (1999) gehören zu den erfolgreichsten Filmen, die in den auf ehemaligem Jahrmarkts- und Zirkusgelände errichteten Fox Studios gedreht wurden. Der **Vergnügungspark** an der Lang Road lockt mit Kinos, Bowlingbahn, Shops, Lokalen und cineastischen Attraktionen wie »Titanic: The Experience« und der »Hall of Cool Stuff« mit Requisiten und Kostümen aus Kultfilmen (Öffnungszeiten: tgl. 10.00 – 17.00 Uhr). Zu den Drehorten und Domizilen der Stars führen Halbtagestouren mit dem Bus und die **Sydney Movie Walking Tour** (www.sydneymovietours.com.au).

Vaucluse

Zu den feinen Wohnadressen Sydneys gehört der Vorort Vaucluse. Hier lohnt das romantische **Vaucluse House** an der Wentworth Road den Besuch, das sich der Politiker und Landerforscher William Charles Wentworth (1790 – 1872) in den 1830er-Jahren einrichten ließ. Im Herbst werden ausgezeichnete Jazzkonzerte veranstaltet (Tel. 02 / 82 39 22 11, Öffnungszeiten: Fr. – So. 9.30 – 16.00 Uhr).

Olympic Park

Die **Olympischen Sommerspiele 2000** in Sydneys Stadtteil **Homebush Bay**, 15 km westlich der City, waren ein Fest für Millionen. Rund 10 000 Athleten aus 200 Nationen nahmen teil. Sie wohnten gemeinsam mit etwa 5000 Betreuern und Funktionären im Olympischen Dorf, das nur 1 km von der Hälfte der fast 30 Wettkampfstätten entfernt liegt. An der Stelle einer Giftmüllkippe erstreckt sich heute das Olympia-Areal. Über 30 Mio. AUD kostete allein die Infrastruktur in Homebush Bay – der Bau von Straßen, Parks, Strom- und Wasserleitungen, deren Herzstück die futuristische Olympic Park Station ist, Endhaltestelle für Buslinien und die Züge der CityRail. Die Kosten für das **Australia Stadium**, ein futuristisches Glas-, Stahl- und Kunststoff-Ensemble, summierten sich auf gigantische 665 Mio. AUD. Heute ist das Olympagelände ein gefragtes Naherholungsgebiet und Veranstaltungsort für Großevents. Das einstige Olympische Dorf bildet nun den Mittelpunkt des neuen Stadtteils **Newington** (Infos und Touren: Sydney Olympic Park Visitor Centre, 1 Showground Road, Tel. 02 / 97 14 78 88, www.sydneyolympicpark.com.au).

! *Baedeker* TIPP

Überflieger

Entdecken Sie Sydney aus der Luft. Sydney Heli Aust veranstaltet täglich Hubschrauberrundflüge über die Metropole. Der halbstündige *Grand Tour* zeigt Ihnen die Oper und den Hafen, Bondi Beach und die südlichen Strände, bei der *Twilight Tour* fliegen Sie über die vergoldete Skyline in den Sonnenuntergang. Abenteuerlustige können sich beim *Harbour Rush* im offenen Hubschrauber ohne Türen den Wind durch die Haare wehen lassen und mit der Outdoor-Kamera persönliche Aufnahmen festhalten (www.viator.com, www.karawane.de/australien.html).

Parramatta

Parramatta, 1788 als zweite britische Siedlung gegründet, hieß ursprünglich Rose Hill. Der Ort liegt 24 km westlich der City und ist im Osten ganz von Vorstädten Sydneys eingeschlossen. Die neue Siedlung war sogar als Regierungssitz vorgesehen, wie das Old Government House zeigt, das ab 1790 im georgianischen Kolonialstil errichtet wurde und als Australiens ältestes öffentliches Gebäude gilt (heute UNESCO-Welterbe). Im Lachlan's Restaurant kann man wunderbar in historischem Rahmen speisen, Gänsehaut garantiert am dritten Freitag jeden Monats die Ghost Tour (Öffnungszeiten: tgl. 10.00 – 16.00 Uhr, www.oldgo vernmenthouse.com.au). Das originalgetreu restaurierte **Elizabeth Farm House** wurde 1793 erbaut und gilt als das älteste erhaltene Wohnhaus Australiens (70 Alice Street, Rosehill; Öffnungszeiten: Fr. – So. 9.30 – 16.00 Uhr).

Naturparks in der Umgebung von Sydney

Botany Bay National Park

Wo Capitän Cook am 29. April 1770 an Land ging, erstreckt sich heute 16 km südlich von Sydney der Botany Bay National Park auf

Sydney Olympic Park *Orientierung*

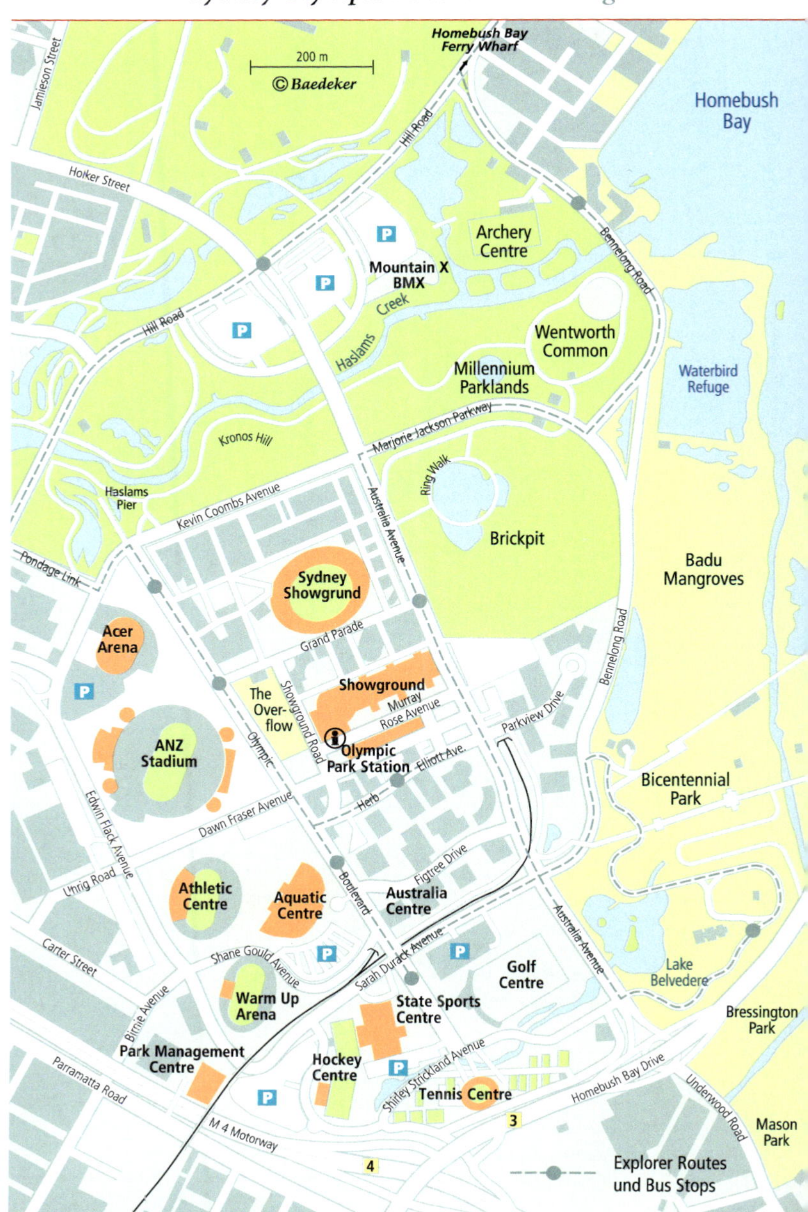

Hafen Sydney Orientierung

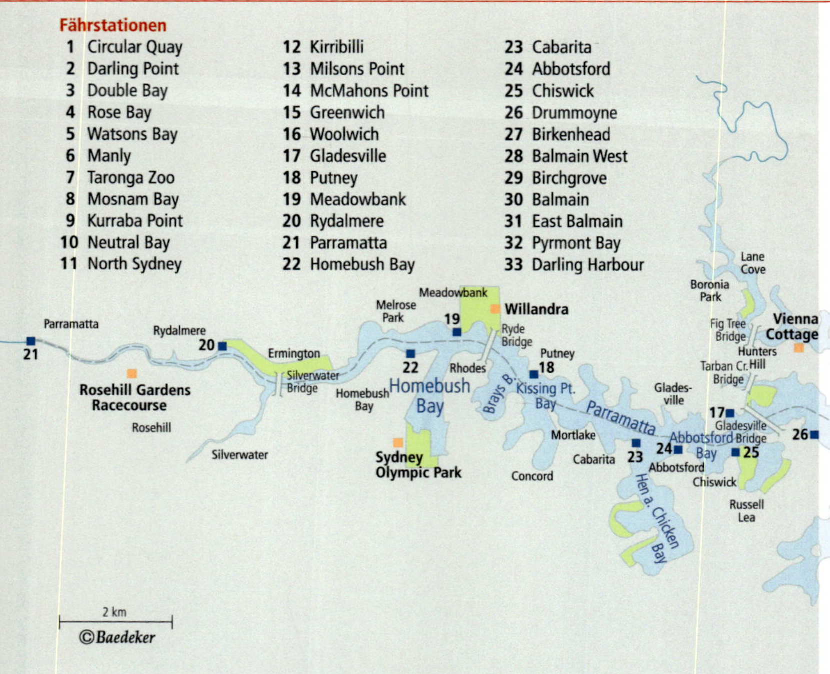

den beiden Landzungen La Perouse and Pernell. In der ehemaligen Cable Station erinnert das **La Perouse Museum** an den französischen Entdecker La Perouse, der zur gleichen Zeit wie Captain Phillip in der Botany Bay weilte und auf der Weiterfahrt Schiffbruch erlitt. Zum Botany Bay National Park gehören die Strände von Congwong Bay, Captain Cooks Landeplatz bei Kurnell mit Picknickplätzen und dem **Discovery Centre**, das über Cooks Forschungsreisen informiert, sowie die Küstenbefestigungen aus der Mitte des 19. Jh.s am Henry Head auf Bare Island. Zwischen Juni und November kann man vor der Küste **Buckelwale** beobachten.

★ **Royal National Park**

Den 1879 gegründeten und damit **ältesten Nationalpark Australiens** erreicht man 36 km südlich von Sydney. Im Osten liegen 21 km Strand und eine fast unberührte zerklüftete Steilküste, im Westen wird der Park von der Eisenbahnstrecke nach Süden begrenzt. Der Park mit einem heidebedeckten Sandsteinplateau, tiefen Bachtälern und teils dichten Waldbeständen wird vom Hacking River durchflos-

sen. Besonders eindrucksvoll ist im Frühjahr die farbenfrohe **Wildblumenblüte**. Vor der Besiedlung durch die Europäer lebten hier die Dharawal, von denen einige Felszeichnungen erhalten sind. Durch den Park führen gut ausgebaute Straßen mit Picknickplätzen und ein dichtes Wegenetz zu teilweise spektakulären Aussichtspunkten. Eine Fährverbindung besteht zwischen Cronulla und Bundeena über Port Hacking (Zufahrt mit dem Auto über Loftus, Waterfall und Stanwell Tops vom Princes Highway aus; es gibt auch eine direkte Zugverbindung zum Park, die Illawarra Line).

★ **Sydney Harbour National Park**

Der 1975 eröffnete, 390 ha große Nationalpark rund um Sydneys Hafen bietet nicht nur herrliche Aussichten auf die Skyline von Sydney, sondern auch unberührte Natur, Küstenheide, Regenwaldbestände, Sandsteinklippen und schöne Strände. Fahren Sie mit der Fähre zur vorgelagerten Insel **Fort Denison** und halten Sie Ausschau nach Delfinen. Informationen über geführte Touren, Wandermöglichkeiten und Bootsrundfahrten erhält man im Sydney Harbour Na-

»LIFE IS A BEACH ...«

sagen die Sydneysider. In der australischen Metropole, in der Boards die Bretter der Welt bedeuten, prägen drei Dutzend Strände das Lebensgefühl.

Beständige Brandung, schneeweißer Sandstrand, zerklüftete Klippen: **Bondi Beach** gilt als Verkörperung des australischen Lebensstils. Bereits 1890 stiegen hier die Sydneysider am Abend in die Fluten – noch vor 100 Jahren war das Baden erst nach Einbruch der Dunkelheit erlaubt. Heute ist es schick, in »Bondi« zu wohnen, den Beach und die Campbell's Parade mit charmanten Trendcafés und Bars vor der Tür. Wahrzeichen von Bondi sind die Mitglieder des 1906 gegründeten Rettungsschwimmer-Clubs – ihre berühmten Badehosen gibt es beim »North Bondi Life Saving Club« auch für Nichtmitglieder.

Ein gesicherter Küstenpfad folgt den Sandsteinklippen zum ruhigen **Tamarama Beach**, weiter nach und hin zum **Waverly Cemetery**, für viele Sydneys schönster Friedhof. Blendend weiß thronen die Gräber auf dem schroffen Fels hoch über der Brandung. Weiter südlich folgen Lady Bay und Camp Cove, der nur oben ohne zulässt. Ist die Strömung zu stark oder die Brandung zu heftig, baden die Sydneysider in **»rock pools«**, in den Fels gehauenen Meeresschwimmbecken. An der Landzunge bei Coogee entstand **Wylie's Bath** in einer Aushöhlung im Felsen. Auf Pfähle gestützt kleben die Sonnendecks an den Klippen.

Beliebteste Möglichkeit, der Stadt zu entfliehen, ist der von Pinien gesäumte Sandstrand in **Manly**. Hafen und Pazifik verbindet die geschäftige Fußgängerzone »The Corso«, im »Ocean Food« gibt's Sydney's beste Fish 'n' Chips. Im Aquarium »Oceanworld« füttern Taucher Stachelrochen und Haie (www.oceanworld.com.au). Draußen im Pazifik schützen Netze die Badenden vor Haien. Exklusivster Strand-Vorort ist indes **Palm Beach**, wo sich Millionäre, Pop- und Filmstars in Traumvillen mit herrlicher Aussicht niedergelassen haben.

tional Park Information Centre (Cadman's Cottage, 110 George Street, The Rocks, www.environment.nsw.gov.au). Zeugnisse der Geschichte sind Felszeichnungen der Aborigines, Überreste der Hafenverteidigung aus dem 19. Jh. und die **Quarantänestation** oberhalb von Spring Cove auf dem Weg nach North Head, die nur mit einer Führung zu besichtigen ist.

Tagesausflug in die Blue Mountains

Ein sehr beliebter Tagesausflug führt von Sydney in die ► Blue Mountains, 65 km westlich der Stadt. Bevor Sie die berühmten Felsen der Three Sisters bestaunen und in die spektakuläre Scenic Railway einsteigen, sollten Sie unbedingt einen Halt im **Featherdale Wildlife Park** (217–229 Kildare Road, Doonside, Öffnungszeiten: tgl. 9.00 – 17.00 Uhr, www.featherdale.com.au) einplanen. In den Gehegen der beiden Wildparks rund 30 bzw. 40 Autominuten westlich von Sydneys City können Sie hautnah **zahme Koalas, Kängurus und Wombats** erleben, die Ihnen aus der Hand fressen und gestreichelt werden dürfen. Nicht zu vergessen die Emus, Dingos, Kookaburras, Papageien und Schlangen, die ebenfalls in den Parks beheimatet sind.

Windsor

Etwas mehr als eine Stunde braucht man mit dem Auto für die 55 km von Sydney bis nach Windsor, eine der ältesten Städte Australiens mit vielen gut erhaltenen Gebäuden aus der Pionierzeit. 1794 kamen die ersten Siedler, 1810 wurde die Stadt zunächst unter dem Namen Green Hills von Gouverneur Macquarie gegründet, der sieben Jahre später **Francis Greenway** (► Baedeker Special, S. 454) mit dem Bau der Kirche St. Matthew beauftragte. Auch das Gerichtsgebäude wurde 1822 von Greenway entworfen. Auf der **Hawkesbury Heritage Farm** im 6 km nördlich gelegenen Wilberforce wurden alte Kolonialgebäude aus der Umgebung wieder aufgebaut (Öffnungszeiten: Di. – So. 10.00 – 17.00 Uhr, www.hawkesburytourism.com.au). Im Nachbarort **Ebenezer** steht die 1809 erbaute, gleichnamige Kirche, vermutlich das älteste Gotteshaus des Kontinents.

Tamworth

W 12

Alljährlich im Januar macht die 43 000 Einwohner zählende »Hauptstadt der australischen Country Music« mit einem gigantischen Festival ihrem Beinamen alle Ehre, denn hier werden seit 1972 die CMAA Country Music Awards of Australia verliehen.

Hauptstadt der Country Music

Am New England Highway ragt als unübersehbares Wahrzeichen die 12 m hohe »Big Golden Guitar« auf – im dazu gehörigen Tourist Centre zeigt das **Gallery of Stars Wax Museum** die wächsernen Konterfeis berühmter Interpreten wie Slim Dustry (Öffnungszeiten: tgl. 9.00 – 17.00 Uhr, www.biggoldenguitar.com.au).

Country Music Festival

Über 50 000 Besucher kommen alljährlich zum Country Music Festival (www.tamworthcountrymusic.com.au), bei dem gefeierte Stars wie Keith Urban, John Butler, Kasey Chambers und Adam Harvey auftreten – einige von ihnen haben sich an der Ecke Murry und Peel Street mit ihren **Hands of Fame** verewigt. Für das zehntägige Festival sind alle Unterkünfte in Tamworth seit Monaten im Voraus ausgebucht! An die Ikonen der Country Music erinnert auch die Country Music Hall of Fame (83 Brisbane Street, Mo. – Fr. 10.00 – 16.00, Sa. bis 14.00 Uhr (www.countrymusichalloffame.com.au), die mit ihren Sammlungen am jetzigen Standort aus den Nähten platzt und auf einen Neubau hofft.

★ Wagga Wagga

U 14

»Ort der vielen Krähen« – so nannten die Wiradjuri, die hier ursprünglich ansässigen Ureinwohner, den Ort 470 km südwestlich von ►Sydney, der heute die viertgrößte Stadt im Landesinnern ist.

www.wagga.nsw.gov.au ►

Mehr zur Geschichte der 57 000-Einwohner-Stadt am Murrumbidgee River, der 1829 durch Charles Sturt erkundet wurde, erfährt man im **Museum of the Riverina** an der Ecke Baylis und Morrow Street, zu dem auch der hervorragende **Botanische Garten** 1,5 km südlich des Stadtzentrums am Baden Powell Drive gehört (beide: Öffnungszeiten: Di. – Sa. 10.00 – 17.00, So. 12.00 – 16.00 Uhr).
Im Civic Centre an der Morrow Street zeigt die **Wagga Wagga Art Gallery** mit ihrer National Art Glass Collection eine beeindruckende Sammlung australischer Glaskunst seit 1970 (Öffnungszeiten: Di. bis Sa. 10.00 – 17.00, So. 12.00 – 16.00 Uhr, www.waggaartgallery.org). Historische Gebäude sind das 1900 errichtete Gericht, das 1888 eröffnete Postamt, die 1885 vollendete CBC-Bank sowie die Kirchen St. Andrew's und St. Michael's aus dem 19. Jahrhundert. Am Wagga Wagga Visitor Centre in der Tarcutta Street beginnt der 30 km lange **Wiradjuri-Rundweg**, der vorbei an herrlichen Aussichtspunkten dem Murrumbidgee River folgt.

★ White Cliffs

S 12

Fast 1000 km nordwestlich von ►Sydney mitten im Niemandsland voll sengender Hitze liegt White Cliffs, die älteste Opalstadt des Outback und Zentrum einer Mondlandschaft.

www.whitecliffsopalfield.com ►

Um vier Hügel herum bedecken rund 50 000 helle, weiße Krater den Boden: Opalminen. Angefangen hatte alles 1887, als ein Känguru-jäger per Zufall den ersten Edelopal entdeckte – sein Pferd war über

WHITE CLIFFS ERLEBEN

ESSEN UND ÜBERNACHTEN

PJ's Underground B & B
Dugout 72, Turley's Hill
Tel./Fax 08 / 80 91 66 26
www.babs.com.au/pj
Sechs schöne Zimmer und ein Cottage unter Tage plus direkten Zugang zur Opalmine von Joanne und Peter Pedler – rechtzeitig reservieren!

White Cliffs Underground Motel
Tel. 08 / 80 91 66 77

Seit 1887 wird in White Cliffs nach Opalen gegraben.

www.undergroundmotel.com.au
30 Zimmer im Berg mit gehobenem 3-Sterne-Standard, Pool und Dinner

den Halbedelstein gestolpert. Zunächst versteckte der Mann den Fund in den Satteltaschen, da der Stein im britischen Empire als Unglücksbote galt. Doch schon wenig später wurde der Fund bekannt. Die Nachricht verbreitete sich wie ein Lauffeuer und kurz darauf durchwühlte ein Heer von Glücksrittern den felsigen Grund. Am 21. März 1890 erhielt George J. Hooley die erste Schürflizenz. »The Blocks« ist damit **Australiens ältestes Opalfeld**. Rasch wuchs White Cliffs auf 5000 Einwohner an. Um 1900 rühmte sich die Stadt einer unterirdischen Bar und Bäckerei. Hauptabnehmer für die hochwertigen Kristallopale war das deutsche Kaiserreich, bis der Erste Weltkrieg das Ende des Opalbooms einläutete. Heute besteht White Cliffs aus vier flachen, kraterübersäten Hügeln, die aus den Salzbuschebenen herausragen.

140 Höhlenwohnungen, die sogenannten **Dugouts**, sind das Jahr hindurch bewohnt. Wie's drinnen aussieht, lässt sich bei Jock's Place gegen wenige Dollar besichtigen. Ebenfalls im Untergrund wohnen der deutsche Fotograf Otto Rogge und die Darmstädterin Barbara Gand (s. Tipp). Seit der Jahrtausendwende haben die knapp 200 Bewohner sogar Strom und allabendlich flackern die Fernsehschirme. Die Energie dazu ist für die nächsten Jahrmillionen gesichert: Die gewaltige Sonneneinstrahlung lässt sich hervorragend nutzen. Mit riesigen Parabolspiegeln erzeugt die Solar Power Station nachhaltige Sonnenenergie.

! *Baedeker* TIPP

Bush Paradise Jewellery

Die gebürtige Darmstädterin Barbara Gasch wanderte 1990 nach White Cliffs aus, gepackt von der Sehnsucht, Schmuck mit den strahlenden Steinen zu gestalten – im Shop »Barbara & Doug's Outback Treasures« sind ihre Opal-Kreationen zu kaufen (Öffnungszeiten: Di. – So. 9.00 – 17.00 Uhr).

NORTHERN TERRITORY

Kürzel: NT
Fläche: 1 420 970 km²
Symboltiere: Rotes Känguru, Keilschwanzadler

Hauptstadt: Darwin
Bevölkerungszahl: 237 600
Symbolpflanze: Sturt's Desert Rose (rosa Malvenart)

2008 wählte Regisseur Baz Luhrmann das Northern Territory als Setting für seinen Film »Australia« – eine Wildnis ohne Grenzen, das Idealbild vom einsamen Abenteuerkontinent Australien. In einem Gebiet, das viermal so groß ist wie Deutschland, leben gerade mal 237 600 Einwohner. Etwa die Hälfte von ihnen wohnt in Darwin, der Hauptstadt des Top End, wie der tropische Norden auch genannt wird. Die zweite große Stadt ist Alice Springs, Kapitale des Roten Zentrums im Süden des Bundesstaats.

Wildnis ohne Grenzen

Endlose Spinifexgras-Steppen und schroffe Felslandschaften prägen das Gesicht des **Top End**. Rostrot leuchtet die Erde im südlichen Zentrum, orangerot glühend spiegelt sich die Sonne in den Seen des Arnhem Land, dunkelrot schimmern die Termitenbauten und Stämme der Flusseukalypten des Never Never – eine landschaftliche Sinfonie in Rot. Die grenzenlose Wildnis zwischen Top End und Central Australia birgt einige der bekanntesten **Highlights des fünften Kontinents**: den Kakadu-Nationalpark im Norden mit uralten Felsmalerien der Aborigines, Krokodilen und geheimnisvoller Natur. Oder Uluru (Ayers Rock) und Kata Tjuta (Olgas), die trotz Massentourismus magischen Felsen – ein Muss für viele Australien-Besucher. Und die jahrmillionenalte Sandsteinschlucht des Katherine Gorge und die wie von Geisterhand aufeinander geschichteten Felsklötze der Devils Marbles südlich von Tennant Creek. Nicht zu vergessen der Watarrka National Park mit dem Kings Canyon, seit 20 000 Jahren Kultstätte der australischen Ureinwohner. Im multikulturellen Darwin, der fröhlichen Hauptstadt des Top End, können Sie unter Palmen die kreative Küche Australiens kosten. Alice Springs hingegen, eine City mit untrüglichem Western-Charme mitten im Roten Zentrum, gehört längst zu den wichtigsten Zielen für Besucher Australiens – Neville Shute setzte ihr 1950 in seinem später verfilmten Roman »A town like Alice« ein Denkmal.

i Topziele im NT

- Kakadu National Park – UNESCO-Welterbe im tropischen Norden ►Seite 302
- Nitmiluk National Park – gewaltige Schluchten des Katherine River ►Seite 309
- Uluru & Kata Tjuta – magischer Monolith und 36 mysteriöse »Köpfe« ►Seite 317
- Watarrka National Park – Wanderung durch den spektakulären Kings Canyon ►Seite 326

← *Sie lösten einst Australiens Transportprobleme in die entlegenen Siedlungen des Outback: wüstentaugliche Dromedare.*

Northern Territory

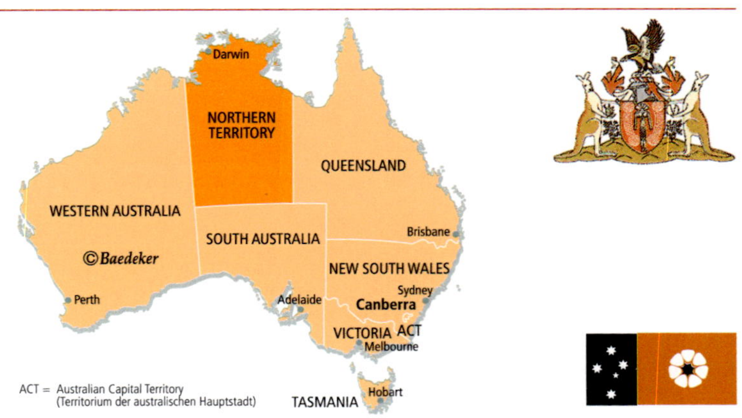

Ganzjährig heiß

Das Territory ist klimatisch einer der extremsten australischen Staaten: Während das nördliche Top End ungefähr zweieinhalb Mal so viel Regen abbekommt wie Stuttgart, fallen in den Wüstengebieten rund um Alice Springs weniger als 200 mm. Dafür steigen dort die Temperaturen im Sommer oft weit über 40 °C – aber die trockene Hitze erträgt sich leichter als die tropische Schwüle des Nordens!

Kultur der Ureinwohner

Das Nordterritorium hat immer eine Außenseiterrolle gespielt, denn im Red Centre war die »weiße Invasion« weniger stark zu spüren. Hier leben heute die meisten **Aborigines** und fast die Hälfte des Gebietes gehört ihnen. Das Land, das den Aborigines auf Grundlage des Aboriginal Land Rights Act 1976 übereignet wurde, darf nur mit einer schriftlichen Erlaubnis (**Permit**) des Land Council betreten werden, bei organisierten Touren wird das Permit vom Veranstalter besorgt (► S. 144). Entdecken Sie die lebendige Kultur der Ureinwohner in ihren Kulturzentren und Galerien, beim Boonu Boonu Festival in Borroloola im Juli oder bei einer **geführten Aborigines-Tour** (►auch S. 67, 291, 317).

> **! Baedeker TIPP**
>
> **Anangu Waai**
>
> Einblicke in die Kultur und Gesetze des Anangu-Stammes erhalten Sie im Uluru-Kata-Tjuta-Kulturzentrum, bei Workshops und auf den geführten Touren der Ureinwohner – z. B. Ananga Tours, die von Aborigines betrieben werden (Wilkinson Street, Alice Springs, Tel. 08 / 89 50 30 30, www.ananguwaai.com.au).

Geschichte

Im Jahr 1863 wurde das Gebiet zwischen ►Western Australia und ► Queensland als Northern Territory of South Australia in die Obhut der Kolonie Südaustralien gegeben. Fuß fassen konnten die Europäer hier jedoch erst 1869 mit der Gründung von Palmerston – heute

Darwin. Im Jahr 1911 wurde das Nordterritorium der Bundesregierung in ►Canberra unterstellt. Erst 1978 erhielt das Nordterritorium das Recht auf eine eigene Verwaltung nach dem Vorbild der anderen australischen Bundesstaaten.

Touristisches Kontrastprogramm

Die **endlose Weite** des Nordterritoriums – über 900 km von Ost nach West und über 1600 km von der Nordspitze bis zur Grenze Südaustraliens – bietet ein einmaliges Kontrastprogramm: Das trockene Zentrum ist allzeit sonnendurchglüht und dokumentiert in Schluchten und Tälern das Wirken einst gewaltiger Wasserkräfte. Die im Sommer überschwemmten Küstenebenen im Norden werden überragt vom Escarpment mit wilden Wasserfällen und bizarren Felsen. Der jahrtausendealten Kultur der australischen Ureinwohner, die in Höhlenmalereien, Felsritzungen und an heiligen Orten belegt ist, stehen die Annehmlichkeiten der modernen Zivilisation gegenüber – der Tourismus ist heute ein wichtiger Arbeitgeber.

Verkehr

Die Größe des Northern Terrritory setzt eine genauere Planung voraus. Mittlerweile sind die meisten größeren Straßen asphaltiert. So macht der rund 2800 km lange **Stuart Highway** zwischen ►Adelaide und ► Darwin die Süd-Nord-Durchquerung des Kontinents heute (fast) zu einem Kinderspiel. Bis zum Zweiten Weltkrieg wurde diese Verbindung dem Namen Highway wenig gerecht, weil sie nicht mehr als eine Schotterpiste war. Ausbau und Asphaltierungen begannen während des Kriegs, als die Japaner Darwin angriffen und die Straße dringend für den Nachschub in den Norden benötigt wurde.
Problematisch sind die gewaltigen Entfernungen, die sengende Hitze und die oft eintönige Landschaft, die schnell ermüden lässt. Aufpassen muss man auch bei **Dämmerung**, da es kaum Zäune gibt, sodass Rinder, Schafe, Kängurus und Emus einfach über die Straße laufen. Auch die riesigen **Road Trains** sind eine ständige Gefahr, da man ihre Geschwindigkeit leicht unterschätzt und sie nur schlecht bremsen können! Abwechslung bieten unterwegs allein die **Roadhouses** entlang der Strecke, die legendären Pubs im Nirgendwo des Outback (► Baedeker Special, S. 114/115).

◄ 4WD-Tracks

Außer den sogenannten normalen Tracks gibt es ausgesprochene Jeep-Routen, die alten, längst aufgegebenen Verbindungswegen zu abgelegenen Rinderstationen oder Bergbaustandorten und Viehdriften folgen wie der **Binns Track**, der am Mount Dare an der Grenze zu South Australia beginnt und über 2200 km über Timber Creek nach Kununurra führt. Der **Gulf-Savannah Track** führt von Tawallah Creek über die Nathan River Road unasphaltiert bis fast nach Borroloola und bietet jede Menge Landschaft, Staub und Einsamkeit – in der Trockenzeit muss man nur an einigen Flussüberquerungen den Allradantrieb zuschalten. Die 4WD-Tracks, d. h. **Strecken nur für Fahrzeuge mit Allradantrieb**, setzen gute Ausrüstung, ausreichende Vorräte an Wasser und Treibstoff sowie die gute Beherrschung des Fahrzeugs voraus. Informieren Sie sich immer vorab über Straßenzustand und Versorgungssituation, fahren Sie im Konvoi und vergessen Sie nicht die rechtzeitige Beantragung von Permits, sofern Aboriginal Land durchfahren werden soll. Im Northern Territory gibt es 72 **Flughäfen**; die touristisch wichtigsten befinden sich in ► Alice Springs, in ►Darwin und in Yulara am ►Uluru/Ayers Rock. Darwin ist seit 2004 von Adelaide aus über Alice Springs mit dem legendären **Überlandzug The Ghan** zu erreichen (►Baedeker Special S. 284).

Adelaide River

M 3

Der kleinen Siedlung Adelaide River, 110 km südlich von ►Darwin mit Caravanpark, Motel und Tankstelle am Stuart Highway gelegen, kam im Zweiten Weltkrieg eine besondere Bedeutung zu.

Alter Militärstützpunkt

Nachdem Darwin 1942 ausgebombt worden war, verlegte man das Hauptquartier der australisch-amerikanischen Streitkräfte nach Adelaide River – das prompt ebenfalls von den Japanern bombardiert wurde. Die Toten jener Tage ruhen auf der **Memorial Terrace**, dem größten Ehrenfriedhof Australien. Im **Adelaide River Inn** steht der Wasserbüffel Charlie, der durch den Film »Crocodile Dundee« zum Weltstar wurde, an der Bar. Ebenso fotogen: der denkmalgeschützte **Rail Precinct** rund um den alten Bahnhof.

✶ Jumping Crocodile Cruise

Knapp 40 km nördlich von Adelaide River bei Humpty Doo, wo der Arnhem Highway zum Kakadu-Nationalpark abzweigt, lassen sich bei einem Ausflug mit der »Adelaide River Queen« **springende Salzwasserkrokodile** erleben (Adelaide River Bridge, Arnhem Highway, Tel. 08 / 89 88 81 44, Öffnungszeiten: Nov. – März tgl. 9.00, 11.00, 14.30, April – Okt. tgl. 9.00, 11.00, 13.00, 15.00 Uhr, www.jumpingcrocodilecruises.com.au).

✶ Litchfield National Park

Anreise und Unterkunft

Der 65 700 ha große Litchfield National Park erstreckt sich rund 60 km nordwestlich von Adelaide River, nur zwei Autostunden von ► Darwin entfernt. Er ist während der Trockenzeit ein herrliches Ausflugsziel, da er weniger stark besucht ist als der berühmtere ►Kakadu National Park. Man erreicht den Park am besten über den Stuart Highway und den kleinen Ort **Batchelor**. Bei den Wangi Falls, dem Buley Rockhole und den Florence Falls gibt es Campingplätze, Buschcamping ist bei Tjaynera (Sandy Creek) Falls möglich, Hotels und Caravanparks gibt es in Batchelor oder in Adelaide River.

Wilde Wasserfälle und üppige Regenwälder

Im Litchfield National Park stürzen Wasserfälle aus dem Sandsteinplateau der Tabletop Range in Schluchten mit natürlichen, **krokodilfreien Badepools**. Wo es feucht genug ist, findet man tropische Regenwaldareale, sonst dominieren großflächige, offene Wälder. Die Litchfield Park Road führt durch den Park. Die nachfolgend beschriebene Strecke ist mit einem normalen Pkw zu befahren. Aus Batchelor kommend, stößt man zunächst auf die bis zu 6 m hohen »magnetischen« **Termitenbauten**, die wie Grabsteine aus der schwarzen Ebene emporragen. Ihre akkurate Nord-Süd-Ausrichtung sorgt dafür, dass nur die Schmalseite der heißen Mittagssonne ausgesetzt ist. Eine Abzweigung in Richtung Norden führt zum **Buley Rockhole** und weiter zu den **Florence Falls**, zwei zum Schwimmen geeignete Felsenpools – zwischen beiden verläuft ein 3,2 km langer Wanderweg. Wieder auf der Hauptstraße, erreicht man nach etwa 18 km und einem kurzen Fußweg einen Aussichtspunkt, von dem aus man die eindrucksvollen Tolmer Falls in eine Schlucht stürzen sieht (kein Zutritt). Eindrucksvoll sind auch 7 km weiter nördlich die **Wangi Falls**, in deren Felsenbecken man ebenfalls schwimmen kann. Für weitere Ziele im Süden des Parks benötigt man ein Allradfahrzeug, z. B. um die Tjaynera (Sandy Creek) Falls oder Lost City zu erreichen – an Ruinen erinnernde, frei stehende Sandsteinsäulen.

Termitenhügel erreichen eine enorme Festigkeit und Höhe.

★ Alice Springs

N 8

Einwohnerzahl: 28 000

Rote Erde, atemberaubende Natur, herzliche Gastfreundschaft – in der einzigen größeren Stadt im Herzen Australiens entstand der Mythos vom Outback. Wenn die Sonne über den MacDonnell Ranges wie ein roter Ballon versinkt und die ersten Feuer im staubigen Bett des ausgetrockneten Todd River auflodern, fühlt man sich an Neville Shutes Roman »A town like Alice« erinnert.

✶✶ **Hauptstadt des Outback**

Die 1950 als Hommage an die wagemutigen Farmer und Pioniere des Outback geschriebene Novelle machte das damals verschlafene Nest im Nirgendwo – knapp 1500 km von ►Darwin und 1700 km von ►Adelaide entfernt – mit einem Schlag berühmt. Die Stadt, die im Zuge des Telegraphenbaus 1872 an einem Durchbruch der MacDonnell Ranges nahe einer Quelle gegründet wurde, bildet die **geografische Mitte Australiens**, ganz dicht am Wendekreis des Steinbocks. Benannt wurde die staubige Outbacksiedlung auf 576 m Höhe nach Alice Todd, der Gattin des damaligen Postbeauftragten der Kolonie South Australia. Zu Beginn war Alice Springs ganz auf den Nachschub durch die Kamelkarawanen angewiesen, bis 1929 der Ghan den Eisenbahnanschluss brachte. Die Zahl der Einwohner vervielfachte sich, Wirtschaftsgrundlage waren Rinderherden und der Bergbau. Heute ist Alice Springs geschäftiger Ausgangspunkt für Fahrten zum ► Uluru, dem eigentlichen Symbol des roten Kontinents. Längst haben Restaurants, Luxushotels, Spielkasino und zahllose Läden in und um die Todd Mall das Bild von **»The Alice«** völlig verwandelt. Spätabends sollte aber niemand mehr durch die schlecht beleuchteten Straßen laufen oder im Bachbett des Todd River ein lauschiges Plätzchen suchen. Der sicherste Weg: ein Taxi zurück ins Hotel.

! *Baedeker* TIPP

Farbspiele

Fantastische Fotos vom Roten Zentrum lassen sich bei einem Hubschrauberrundflug über The Alice, Honeymoon und Simpson's Gap zum majestätischen Mount Gillen schießen (www.alicespringshelicopters.com.au). Atemberaubende Ausblicke versprechen auch die Fahrten im Heißluftballon, wenn die weite Ebene bei Sonnenaufgang unter dem Südhimmel zu leuchten beginnt – die Landung wird mit einem Sektfrühstück begossen (Tel. 08/89 52 87 23, www.outbackballooning.com.au).

Sehenswertes in Alice Springs

Anzac Hill

Ein kleiner Hügel mit **großartiger Aussicht** ist der Anzac Hill am Nordende der Hartley Street. Man blickt über Alice bis zur Kette der MacDonnell Ranges. Durch den engen Einschnitt des Heavitree Gap zwängen sich der Todd River, der Stuart Highway und die Eisenbahn. Der meist ausgetrocknete Fluss kann bei seltenen, dann jedoch starken Regenfällen zu einem reißenden Strom werden und tagelang die Straßen blockieren.

✶ **Todd Mall**

Das Stadtzentrum kann man gut zu Fuß erkunden. Es konzentriert sich in und um die Fußgängerzone Todd Mall, zwischen Wills und Stuart Terrace. Neben der John Flynn Memorial Church steht das 1926 gegründete **Adelaide House**, das erste Krankenhaus von Alice Springs, das heute ein kleines Museum beherbergt (Öffnungszeiten: März – Nov. Mo. – Sa. 10.00 – 16.00 Uhr). In einer Hütte hinter dem Hospital entwickelten Flynn und Traeger den pedalgetriebenen Radio-Sender, eine Voraussetzung für den 1929 ebenfalls von Flynn gegründeten Royal Flying Doctor Service (►Baedeker Special S. 354).

ALICE SPRINGS ERLEBEN

AUSKUNFT

Central Australian Tourism Visitor Information Centre
60 Gregory Terrace / Hartley Street
Tel. 08 / 89 52 58 00
www.tourism.thealice.com.au
www.centralaustraliantourism.com

EVENTS

Im Juni startet in Alice Springs das härteste Offroad-Motorradrennen Australiens, das *Tattersall's Finke Desert Race* über 200 km nach Finke (www.finkedesertrace.com.au). Beim *Alice Springs Rodeo* im Aug. zeigen Cowboys und Cowgirls ihr Können. Ende Aug. folgt eine Regatta inmitten der Wüste: Bei der alljährlichen *Henley-on-Todd-Regatta* (www.henleyontodd.com.au) marschieren die Mannschaften mit Bootattrappen durch das trockene Flussbett des Todd River. Dieser Scherz, den sich der örtliche Rotarier-Club 1961 als Wohltätigkeitsaktion ausgedacht hatte, zählt mittlerweile zu den Topevents des Northern Territory – neben dem Camelrennen *Imparja Camel Cup* (www.camelcup.com.au), das jedes Jahr im Juli stattfindet.

ESSEN

► Erschwinglich

① ***Red Ochre Grill***
Todd Mall, Tel. 08 / 89 52 96 14
www.redochrealice.com.au
Krokodilsalat, Emu-Filet, Barramundi Fish Cake, Kamelbraten oder Känguru – so schmeckt das Outback!

② ***Bojangles Saloon***
80 Todd Street, Tel. 08 / 89 52 28 73
www.bossaloon.com.au
Seit über 30 Jahren Kultkneipe mit deftiger Aussie-Küche. Legendär: in Guinness marinierte Krokodilwürfel.

ÜBERNACHTEN

► Luxus

① ***Bond Springs Outback Retreat***
Bond Springs Station
Alice Springs NT 0871
Tel. 08 / 89 52 98 88
Fax 08 / 89 53 09 63
www.outbackretreat.com.au
Farmleben auf einer Rinderfarm mit Luxus für die Gäste – zu erleben 25 km außerhalb von Alice Springs. Geschlafen wird in Suiten im Haupthaus oder in gemütlichen Cottages.

► Komfortabel

② ***Diplomat Motel***
Hartley Street / Gregory Terrace
Alice Springs NT 0870
Tel. 08 / 89 52 89 77
Fax 08 / 89 53 02 25
www.outbackresorts.com.au
Super zentral mit netten Zimmern rund um einen Swimmungpool

Baedeker-Empfehlung

③ ***Desert Palm Resort***
74 Barrett Drive, Alice Springs NT 0871
Tel. 08 / 89 52 59 77, Fax 08 / 89 53 41 76
www.desertpalms.com.au
Am berühmten 18-Loch-Golfplatz von Alice Springs: 80 gemütliche Ferienvillen inmitten eines tropischen Palmengartens

► Günstig

④ ***Desert Rose Inn***
15 Railway Terrace
Alice Springs NT 0870
Tel. 08 / 89 52 14 11
Fax 08 / 89 52 32 32
www.desertroseinn.com.au
Saubere Einzel- und Mehrbettzimmer mit Aircondition nicht weit von Todd Mall, Pubs und Restaurants

Historisches Erbe

Im 1928 erbauten **Old Court House** an der Ecke Parsons/Hartley Street würdigt eine Ausstellung die Leistung der australischen Pionierfrauen in der **National Pioneer Women's Hall of Fame** (Öffnungszeiten: tgl. 10.00 – 17.00 Uhr). In der **Residency** an der Parsons Street 29 wohnte von 1927 bis 1973 der oberste Regierungsbeamte von Alice Springs, heute erzählt hier ein Museum die Geschichte der zivilisationsfeindlichen Gegend (Öffnungszeiten: tgl. 9.00 – 17.00 Uhr). Ältestes Gebäude der Stadt ist das 1909 eröffnete **Old Stuart Town Goal** an der Parsons Street, das bis 1939 als Gefängnis diente (Öffnungszeiten: Mo. – Sa. 10.00 – 12.30 Uhr).

★ **Aboriginal Art & Culture Centre**

Über die **Kultur der Arrernte-Aborigines**, die in einem Reservat ca. 100 km südlich von Alice Springs leben, informiert das Museum an der Todd Street 86. In der Kunstgalerie kann man Arbeiten der Ureinwohner kaufen, in »Australiens erster Didgeridoo-Universität« das **Didgeridoo**-Spielen lernen oder geführte Ausflüge ins Reservat der Arrernte buchen (http://aboriginalart.com.au).

Royal Flying Doctor Basis

Wie die medizinische Versorgung im Outback durch die **»Fliegenden Ärzte«** funktioniert, erfährt man im Museum des Royal Flying Doctor Service an der Stuart Terrace (Öffnungszeiten: Mo. – Sa. 9.00 bis 15.00, So. 13.00 – 16.00 Uhr; www.flyingdoctor.net/central/visitcentre.htm, ►Baedeker Special S. 354).

Vom Anzac Hill blickt man über Alice Springs bis zu den MacDonnell Ranges.

Alice Springs Orientierung

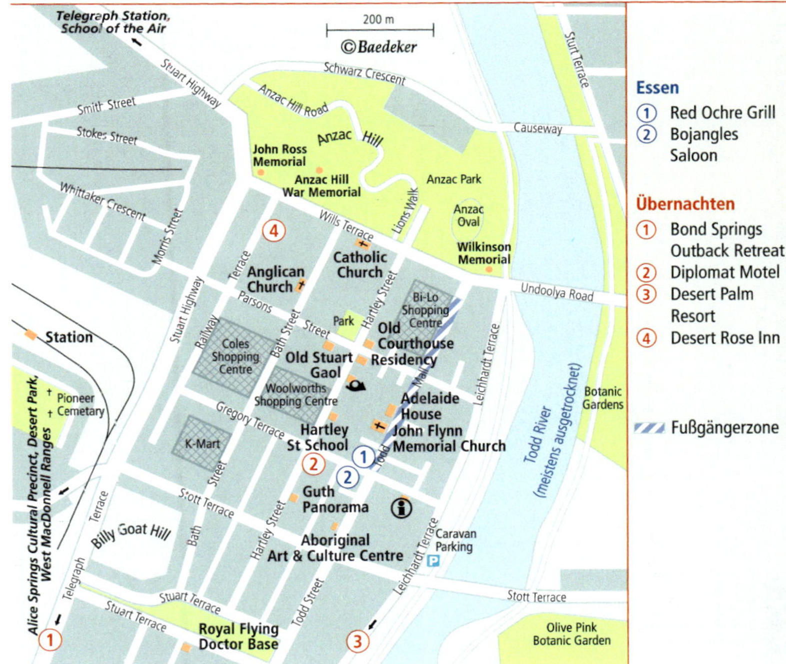

Alice Springs Reptile Centre

Die gefährlichsten Schlangen der Welt sowie Furcht einflößende Goannas, Echsen und andere Reptilien aus Australien präsentiert gegenüber das Reptile Centre an der Stuart Terrace 9 (Öffnungszeiten: tgl. 9.30 – 17.00 Uhr, www.reptilecentre.com.au).

Telegraph Station Historical Reserve

Die liebevoll restaurierte **alte Telegrafenstation**, aus der Alice Springs ab 1871 erwuchs, liegt heute 3,5 km nördlich der Stadt am Stuart Highway (Öffnungszeiten: tgl. 9.00 – 21.00 Uhr, im Winter nur bis 19.00 Uhr). In der Nähe laden die »Alice Springs« zum erfrischenden Bad und Picknick ein.

School of the Air

An der Head Street 80 erleben Besucher, wie Schulunterricht über Hunderte von Kilometern im Outback gemacht wird (Öffnungszeiten: tgl. 8.30 – 16.30, So. ab 13.30 Uhr, www.assoa.nt.edu.au).

Araluen Cultural Precinct

◄ Weiter auf S. 286

Westlich des Zentrums am Larapinta Drive präsentieren mehrere Museen Geschichte und Naturwissenschaften (www.araluen.nt.gov.au). Eine große Fossilien- und Meteoritensammlung sowie Kunstwerke der Aborigines gehören zum **Museum of Central Australia**. Im

NOSTALGIE AUF RÄDERN

Bis zur Eröffnung der Eisenbahnlinie dienten im Innern Australiens Kamele als Transportmittel. Die erste nach Alice Springs mitten im Outback geführte Bahntrasse wurde 1980 abgelöst und seit 2004 kann man tatsächlich quer durch den Kontinent per Bahn bis ins tropische Darwin reisen.

Zahllose Menschen drängelten sich am **3. August 1929** im Bahnhof von Adelaide, um die Abfahrt des ersten direkten Zugs ins rote Herz Australiens zu beobachten. Nach »nur« drei Tagen erreichte er die Outback-Siedlung Alice Springs, die damals noch Stuart hieß. Schon bei seiner Jungfernfahrt trug der Zug in Erinnerung an die legendären afghanischen Kameltreiber, die beim Bau der Bahn mitgewirkt hatten, den Beinamen »The Ghan«.

Wüstenschiffe

Bis zur Eröffnung der Bahnlinie waren **Kamelkarawanen** für die Pioniere im Landesinneren die einzige Verbindung zur Außenwelt. Über viele Jahrzehnte versorgten die aus Afghanistan, Pakistan und Indien importierten Lasttiere und ihre Treiber, die **»Afghans«**, Telegrafenstationen, Eisenbahncamps und einsame Farmen mit Waren, Medikamenten und Post. Bis in die abgelegensten Gegenden ermöglichten die schwankenden »Wüstenschiffe« einen schnellen und effizienten Warentransport. Die stampfenden Karawanen waren für die Erschließung artesischer Brunnen im Outback ebenso unverzichtbar wie für den Rücktransport von Wolle oder anderen Produkten aus dem Binnenland in die Küstenstädte. Durch die Eisenbahn und den zunehmenden Bau von Straßen verloren die Kamele rasch an Bedeutung. Die überflüssig gewordenen Tiere wurden freigelassen und vermehrten sich zu einer regelrechten Landplage. Schon 1925 genehmigte die Regierung Südaustraliens im **Camel Destruction Act** die uneingeschränkte Tötung von nicht registrierten Kamelen durch die Polizei – die friedlichen Lastenträger wurden oftmals zu Hunderten abgeschossen.

Ziel Alice Springs

Bereits 1878, zur Blütezeit der australischen Eisenbahnen, war mit dem Bau einer **Schmalspurbahn ins Zentrum** Australiens begonnen worden. Sie sollte von Port Augusta direkt nach Norden über die Wüstenorte Marree und Oodnadatta bis nach Alice Springs geführt und später nach

Darwin verlängert werden. Ziel des Projektes war es, die landwirtschaftliche und bergbauliche Erschließung des Binnenlandes zu fördern. Doch schon der erste Streckenabschnitt nach Marree führte durch eine der unwirtlichsten Gegenden Australiens. Nicht selten entgleiste der Zug, weil heftige Regenfälle die Strecke unterspült hatten oder die Schwellen von Termiten unterhöhlt worden waren. Dann saßen die Reisenden oft tagelang in der Wildnis fest und die Schaffner mussten wilde Ziegen gegen den quälenden Hunger der Passagiere schießen.

Langsam wächst die Strecke

1891 erreichten die Gleise **Oodnadatta**, das fast 40 Jahre lang Endstation der Bahnlinie blieb. Die Erkenntnis, dass das Binnenland außer Wüste auch fruchtbares Ackerland zu bieten hat, führte 1895 zum Weiterbau der Strecke. Im Jahr 1929 erreichte die Trasse endlich **Alice Springs**. Für viele der isoliert liegenden Rinder- und Schafstationen hatte sich damit ein dringend benötigter Versorgungsweg eröffnet. Häufige Unfälle und Unterbrechungen des Zugbetriebs machten die »Great Northern Railway« jedoch auf Dauer unwirtschaftlich. Deshalb suchte man schon bald nach einer alternativen Linienführung, die 1980 mit der Eröffnung einer neuen **Normalspurstrecke** über Tarcoola nach Alice Springs verwirklicht wurde. Im Oktober desselben Jahres endete mit der Ankunft des letzten Zugs aus Oodnadatta der Betrieb auf der alten Route und damit ein bedeutendes Kapitel australischer Eisenbahngeschichte.

Eisenbahnfreunde lassen heute auf dem letzten originalen Gleisabschnitt des »Ghan« die alten Zeiten wieder auferstehen: Zwischen Port Augusta und dem ehemaligen Eisenbahnknotenpunkt Quorn verkehren regelmäßig **historische Schmalspur-Dampfzüge** der 1956 stillgelegten Pichi Ritchi Railway.

Nur noch 48 Stunden

Die nostalgischen Gefühle sind geblieben, auch wenn der moderne aluminiumglänzende »Ghan« – außer dem Namen – mit seinem Vorgänger nur noch wenig gemein hat. Längst haben hämmernde Dieselloks die romantisch schnaufenden Dampfrösser abgelöst und die rumpelnden, zugigen Holzwagen sind windschnittigen und komfortablen Leichtmetallkonstruktionen gewichen. Heute können Reisende – einschließlich ihres Autos – zweimal wöchentlich von Adelaide in zwei Tagen und zwei Nächten 2979 km **quer durch den Kontinent** nach Darwin im tropischen Norden rollen (www.gsr.com.au).

Araluen Arts Centre sind Landschaftsgemälde von Albert Namatjira (► Berühmte Persönlichkeiten) und seinem Lehrer Rex Batterbee zu sehen, der den jungen Namatjira den Umgang mit Aquarellfarben lehrte. Eine restaurierte DC3 ist Schmuckstück des **Central Australian Aviation Museum** im ehemaligen Connellan Airways Hangar von Araluen (Öffnungszeiten: tgl. 10.00 – 17.00 Uhr).

★ **Alice Springs Desert Park**

Die inneraustralischen Wüsten sind erstaunlich lebendig. Eine Vielzahl von **Tieren und Pflanzen des Red Centre**, die in der wasserarmen Wildnis überleben können, stellt der Wüstenpark am Laparinta Drive vor. In 20 Minuten lässt der Film »The Changing Heart« die Entstehung der Erde Revue passieren, im Streichelzoo erfreuen zahme Zwergkängurus, Emus und Koalas die Besucher (Öffnungszeiten: tgl. 7.30 – 18.00 Uhr, www.alicespringsdesertpark.com.au).

Umgebung von Alice Springs

★ **Frontier Camel Farm**

Am Ross Highway, 5 km südöstlich der Stadt, werden inmitten einer ausgedehnten Dattelpalmenplantage **Dromedare** gezüchtet. Von April bis Oktober können Urlauber auf dem Rücken der schaukelnden Wüstenschiffe durch den Todd River reiten (wechselnde Tourzeiten, Info unter Tel. 08 / 89 50 30 30, http://cameltours.ananguwaai.com.au). Das südlich von Alice Springs am Heavitree Gap gelegen **Pitchi Ritchi Sanctuary** ist derzeit gschlossen, da nicht in die Heritage List des NT aufgenommen, Bürger von Alice setzen sich aber für Wiedereröffnung ein. Es handelt sich um eine Kombination aus Vogelpark und Freilichtmuseum, in dem auch Skulpturen von William Ricketts ausgestellt sind.

Eisenbahnfreunde müssen sich 10 km südlich von Alice Springs den **restaurierten Bahnhof** ansehen, ein Teilstück der historischen Outback-Eisenbahnstrecke des Ghan, auf der heute **Museumszüge** mit Dampfloks verkehren (Öffnungszeiten: tgl. 9.00 bis 17.00 Uhr; wechselnder Fahrplan, Tel. 08 / 89 55 50 47).

! *Baedeker* TIPP

Larapinta Trail

Der rund 250 km lange Fernwanderweg zieht sich von Alice Springs durch die Wildnis der westlichen MacDonnell Ranges und endet auf dem Gifel des 1380 m hohen Mount Sounder. Einige Abschnitte sind auch für Tagestouren geeignet, etwa die Strecke von der historischen Telegrafenstation in Alice Springs bis zur Schlucht Simpsons Gap. Geführte sechs- bis neuntägige Trekkingtouren kann man bei Shane Fewtrell buchen (www.treklarapinta.com.au).

★ MacDonnell Ranges

Alice Springs ist ein guter Ausgangspunkt für Ausflüge in die bis zu 1510 m hohen MacDonnell Ranges, die sich westlich und östlich der Stadt erstrecken. Die 300 bis 900 Millionen Jahre alten, zerklüfteten Bergketten gehören zu den ältesten Gebirgen der Welt. Sie sind rot und meist vegetationslos, in den Tälern gibt es immer wieder kleine grüne Oasen, ein Paradies für Vögel und andere Tiere.

★ **Namatjira Drive**

Wie die Perlen einer Kette reiht der Namatjira Drive **tiefe Sandsteinschluchten** aneinander – eine schöner als die andere! Die geteerte und gut befahrbare Route führt quer durch die westlichen MacDonnell-Berge und lässt sich bequem im Rahmen einer Tagestour ab und bis Alice Springs bewältigen.

Simpsons Gap

Als seien sie aus dem rostroten Fels herausgesägt worden, so schroff erheben sich die **bizarren Quarzitwände** des Simpsons Gap, der Schlucht im kleinen gleichnamigen Nationalpark, 22 km westlich von Alice Springs. Hier, wo bis weit in die Trockenzeit Wasser zu finden ist, endet auch ein Rad- und Wanderweg aus Alice Springs. Der Ort ist den **Aranda** heilig – als Wohnstätte ihrer Vorfahren, der Goanna (Riesen-Warane), und als Kreuzung mehrerer Urzeitpfade. **Standley Chasm** (Chasm = Abgrund), 30 km weiter westlich, sollte man um die Mittagszeit aufsuchen – für genau 20 Minuten illuminiert die hoch stehende Sonne die fast 100 m hohen und sich stellenweise bis auf wenige Meter verengenden Felswände, die jetzt wieder im Besitz der Iwupataka sind. Vom Parkplatz führt ein 1,5 km langer Pfad zur Schlucht hinunter, begleitet von einem Rinnsal, das ab und an in einem pfützengroßen Quellbecken untertaucht. Farnartige Cycathea-Palmen klammern sich an Felsen, im dunklen Schlund hat sogar ein Stück Regenwald überlebt.

Nur kurz am Tag berühren die Sonnenstrahlen den Grund von Standley Chasm.

Eine 8 km lange, geteerte Straße führt vom Namatjira Drive in den **Ormiston Gorge & Pound National Park** mit Campingplatz und Visitor Centre – Trinkwasser ist mitzubringen! Hauptsehenswürdigkeit ist die vom Ormiston River geschaffene Schlucht. Für die Aborigines verkörpert sie ein Stück **Emu-Traumzeit**, als der Himmelsvogel bereits zum Laufvogel auf der Erde geworden war. Am Südende der Schlucht, etwa 600 m vom Visitor Centre entfernt, erreicht man ein Wasserloch, das fast nie austrocknet. Die riesigen Findlinge, die bei

Für die Aranda war die Glen Helen Gorge Heimat der Riesenwasserschlange, eine der Schöpferahnen der Traumzeit.

Trockenheit aus dem Wasserloch herausragen, sind laut Aborigine-Legende die Eier des Vogels. Der 7 km lange **Ormiston Pound Walk** führt von der Schlucht durch das Naturschutzgebiet – Trinkwasser mitnehmen! Vom **Ghost Gum Lookout** hat man einen herrlichen Ausblick.

★ **Glen Helen Gorge**

Knapp 140 km westlich von Alice Springs endet der asphaltierte Namatjira Drive bei der berühmten Glen-Helen-Schlucht und der gleichnamigen Lodge mit dem gemütlichen **Namatjira Restaurant**, das Kängurufilet auf der Speisekarte hat. In der Lodge kann man auch 4WD-Touren durch den 386 ha großen Naturpark buchen (www.glenhelen.com.au). Für die Aranda ist der kleine See in der Schlucht die Heimat der **Riesenwasserschlange Yurlunggu**. Aus seinen Tiefen sollen einst die ersten Schöpferahnen der Traumzeit hervorgegangen sein, die der noch unfertigen Welt ihre heutige Gestalt verliehen. Bizarre Felsformationen im Osten des Nationalparks sind die Windows in the Rock, im Westen die Organ Pipes.

★ **Mereenie Loop Road**

Für die unbefestigte Piste zwischen Tyler Pass/West MacDonnell Ranges und dem Kings Canyon braucht man ein Allradfahrzeug und das **Mereenie Loop Permit**. Man erhält es im Visitor Centre in Alice Springs, im Glen Helen Resort, an der Tankstelle in Hermansburg und im Kings Canyon Resort. Zum Permit gehört eine Broschüre mit allen Highlights entlang der Strecke, die nach ca. 100 km ►Hermannsburg passiert und dann in den Finke Gorge National Park führt. Nördlich des Wegs erinnert der Riesenkrater **Gosse Bluff** an den Einschlag eines Meteoriten vor rund 140 Mio. Jahren. Schließlich erreicht man den Kings Canyon im ► Watarrka National Park und den ► Uluru (Ayers Rock).

Henbury Meteorites Conservation Reserve

Die zwölf unterschiedlich großen **Krater** 150 km südwestlich von Alice Springs entstanden vor 4700 Jahren beim **Einschlag eines Meteoriten**. Ein Wanderweg mit Informationstafeln verläuft um die Krater, die 6 bis 180 m Durchmesser haben. Die nicht asphaltierte Ernest Giles Road, die hinter Henbury zu den Kratern führt, ist nach Regenfällen schwer befahrbar.

*** Corroboree Rock**

Jenseits der Heavitree Gap, jenes Nadelöhrs im Süden von Alice Springs, durch das sich Eisenbahn, Stuart Highway und das sandige Bett des Todd zwängen, gelangt man auf den Ross Highway, der in die östlichen MacDonnell Ranges führt. Zunächst passiert man zwei für die Arrernte **heilige Stätten**: nach 10 km die Felsschlucht Emily Gap mit gut erhaltenen Felszeichnungen und nach weiteren 8 km Jessie Gap. Nach knapp 45 km erreicht man ein kleines Schutzgebiet rund um den Corroboree Rock. Dieser auffallende Kalkfels ist ebenfalls eine bedeutende Kultstätte der Ureinwohner. Ein kurzer Lehrpfad mit Schautafeln erschließt das Gelände.

*** Trephina Gorge Nature Park**

Eine Schotterpiste windet sich 80 km östlich von Alice Springs durch zwei Schluchten. Die 9 km lange Zufahrt zur Trephina Gorge kann man mit einem normalen Pkw zurücklegen; die raue Strecke zum John Hayes Rock Hole verlangt dagegen ein Allradfahrzeug. Die eindrucksvolle Trephina-Schlucht ist recht weiträumig und von hohen Sandsteinwänden umgeben. Entlang des breiten sandigen Flussbetts wachsen hohe **Flusseukalypten**. John Hayes Rock Hole dagegen ist schmal und schattig; wegen der vielen **Keilschwanzadler** wird das Gebiet unterhalb von Mount Hayes Valley of the Eagles genannt. Am Eingang zur Schlucht gibt es Fledermauskolonien.

Ross River Resort

Von hier ist es nicht mehr weit bis zum Ross River Resort mit kleinen Holzcabins, Pool und Spa rund um eine hübsche Farm. Auf Wunsch werden **Kamelausritte** und **Heißluftballonfahrten** organisiert (www.rossriverresort.com.au). Nur mit einem Geländewagen erreicht man den N'Dhala Gorge Nature Park oder den Ruby Gorge Nature Park – Zufahrt über Arltunga.

Arltunga Historical Reserve

Das **Geisterstädtchen** Arltunga liegt 110 km nordöstlich von Alice Springs ebenfalls am Ross Highway. Zwischen 1887 und 1916 wurde hier nach **Gold** geschürft. Übrig geblieben sind Minenschächte, verrostete Maschinen und Ruinen von Steinhäusern, die ehemalige Polizeistation und das Gefängnis wurden restauriert. Im Visitor Centre ist die Ortsgeschichte bestens dokumentiert (Anfahrt: über den Ross Highway, Abzweigung nach 75 km östlich der Trephina Gorge; die Piste ist nicht immer befahrbar).

★ Arnhem Land

M–P 2–4

Bis heute weitgehend unerschlossen ist die fast 100 000 km² große Wildnis von Arnhem Land im äußersten Nordosten des Northern Territory. Benannt wurde das Grenzland nach einem holländischen Segelschiff, das 1623 vor der Küste strandete.

Land der Aborigines

Weiße drangen erst in der Mitte des 20. Jh.s nach Arnhem Land vor, um entlang der Küste Bauxit abzubauen. Das Gebiet birgt eine reiche Aboriginalkultur, heute leben hier rund 30 000 Ureinwohner, denen das Gebiet seit 1976 wieder gehört. Etwa ein Fünftel von Arnhem Land entfällt auf den ►**Kakadu National Park**. Ein Großteil des übrigen Gebiets ist Individualreisenden gar nicht oder nur eingeschränkt zugänglich. Das gilt auch für die beiden Tiwi-Inseln Bathurst und Melville sowie die Cobourg Peninsula und die **Gove Peninsula**. Letztere ist eine der entlegensten Regionen des Nordterritoriums. Wilde Küstenlandschaft, unberührte Strände und tropische Vegetation sind der Lohn für die recht strapaziöse Anfahrt – nur mit Permit und Geländefahrzeugen. Nhulunbuy ist nicht nur ein Zentrum des Bauxitabbaus, sondern verfügt auch über eine Feriensiedlung und einen Tiefwasserhafen.

Bathurst & Melville Islands

Die beiden nordwestlich vorgelagerten **Tiwi-Inseln** Bathurst und Melville, durch die Clarence und Dundais Strait vom Festland bei ►Darwin getrennt, sind für ihr **Kunsthandwerk** bekannt. Die rund 2500 Bewohner verwalten ihre Inseln seit 1978 selbst. Bis zum 20. Jahrhundert hatten die Tiwi kaum Kontakt mit Festland-Aborigines und entwickelten so eine weitgehend eigenständige Kultur.

Berühmt sind ihre bis zu 6 m hohen, kunstvoll verzierten Pukamani-Totempfähle, die im örtlichen **Patakijiyali Museum** und im Museum of the Northern Territory in ►Darwin zu sehen sind. Seidenmalereien, Drucke und Holzschnitzereien im traditionellen Tiwi-Stil fertigt die Ngaruwanajirri Art Cooperative. Internationale Anerkennung finden die Werke der Künstlerwerkstatt **Tiwi Designs** (Puantulura Street Nguiu, Bathurst Island, Tel. 08 / 89 78 39 82, www.tiwidesign.com). Christliche Motive und die Dreamtime der Aborigines verbinden sich im Altarraum der 1942 von einem holländischen Zimmermann vollendeten **Missionskirche**. Ein Besuch der paradiesischen Inseln ist nur in kleinen Gruppen mit Genehmigung des Tiwi Land Council in Darwin oder Bathurst möglich.

! *Baedeker* TIPP

Blick in die Vorzeit

Nicht ganz billig, aber sehr eindruckvoll sind die 1- bis 2-tägigen Ausflüge nach Bathurst Island mit Tiwi Tours, die reiche Einblicke in das kulturelle Erbe der Ureinwohner geben. Die Agentur ist im Besitz der Aborigines. Tiwi Tours, Tel. 08 / 89 81 51 15, Fax 08 / 89 41 10 16, www.aussieadventure.com.au.

ARNHEM LAND ERLEBEN

ESSEN UND ÜBERNACHTEN

Peppers' Seven Spirit Bay
Tel. 08 / 89 79 02 81
www.peppers.com.au/Seven-Spirit-Bay
Nur mit dem Flugzeug in 45 Min. ab Darwin zu erreichen ist die Wilderness Lodge inmitten der unberührten Natur der Cobourg Peninsula. Gewohnt wird in 23 luxuriösen, offenen Hütten; Treffpunkt ist das Hauptgebäude mit Bar, Restaurant und von Palmen gesäumtem Swimmingpool.

PERMIT UND ORGANISIERTE TOUREN

Wer Arnhem Land auf eigene Faust erkunden will, braucht eine Genehmigung des Northern Land Council
Tel. 08 / 89 20 51 00
www.nlc.org.au
Sicherer sind organisierte Touren.

Davidson's Arnhemland Safaris
Tel. 08 / 89 27 52 40
www.arnhemland-safaris.com
Vom 700 km² (!) großen rustikalen Mount Borradaile Camp aus, eine Flugstunde von Darwin, werden bis zu 60 000 Jahre alte Felsmalereien der Aborigines, Flora und Fauna sowie Badestellen im Busch entdeckt.

Baedeker-Empfehlung

Dreamtime Safaris
Vor 17 Jahren errichtete François Giner auf dem Stammesland der Ngkalabon sein Camp, das einzigartig in Arnhem Land ist: Authentischer lässt sich die Kultur der Aborigines wohl kaum entdecken.
Touren: Mai – Sept. Di., Fr. ab Katherine, drei Nächte; Dreamtime Safaris, PO Box 1545, Katherine NT 0851, Tel. 08 / 89 75 44 66, www.aboriginalaustralia.com.au.

Cobourg Peninsula

Dugongs, Delfine, Schildkröten und Krokodile leben auf der Cobourg-Halbinsel, die etwa 200 km nordöstlich von ► Darwin ins Meer hinausragt. Auch die Cobourg Peninsula befindet sich im Besitz der Aborigines. Die Anreise über den Arnhem Highway, durch den ► Kakadu National Park und weiter über Oenpelli und Murgenella ist nur in der Trockenzeit mit einem geländegängigen Fahrzeug und mit Permit möglich. Am bequemsten erreicht man die Halbinsel mit dem Flugzeug von ► Darwin aus, wobei man bei Smith Point im **Gurig National Park & Cobourg Marine Park** landet. Für den 220 000 ha großen Nationalpark, zu dem auch vorgelagerte Korallenriffe und schöne Strände gehören, erhält immer nur eine beschränkte Zahl von Fahrzeugen einen Passierschein. Die weitgehend unzugängliche Wildnis wird von tropischem Eukalyptuswald, Sumpfgebieten und Mangrovendickicht geprägt. Im Frühjahr ist der Park Zwischenstation für Jabirustörche, Brolgakraniche und andere Zugvögel. Außerdem kann man hier Seekühe, Meeresschildkröten und Krokodile beobachten. In Black Point im Nordosten der Port Essington Bay befindet sich eine Rangerstation mit einem Besucherzentrum, das über die Geschichte der Halbinsel informiert.

Ayers Rock

►Uluru & Kata Tjuta National Park

★★ Darwin

M 3

Einwohnerzahl: 124 000

Darwin ist Australiens schnellstwachsende Stadt, Brückenkopf nach Asien und Top zum »Top End«. Die Hauptstadt des Northern Territory gewährt einer lässigen Lebensart viel Raum. Während der größten Mittagshitze bummeln Besucher und Darwinians durch Shops und füllen die Straßencafés, zum Sunset trifft man sich am Mindil Beach, wo die rotglühende Tropensonne im Meer versinkt.

Metropole des Top End

Die Nähe zum Äquator bekommen Reisende sofort zu spüren, wenn sie aus dem klimatisierten Flugzeug steigen. Im ersten Moment verschlägt es einem den Atem – die Schwüle scheint unerträglich zu sein. Kein Wunder, dass die Darwinians zu den fleißigsten Biertrinkern der Welt zählen – pro Kopf beträgt der Verbrauch mehr als 230 Liter pro Jahr. Weil dabei jede Menge leerer Dosen anfallen, haben sie sich eine originelle Form des Recyclings einfallen lassen – das verrückteste Bootsrennen der Welt. Nur derjenige darf an der **Darwin Lions Beer Can Regatta** alljährlich im Juli teilnehmen, dessen fantasievolles Floß aus leeren Bierdosen besteht (www.beercanregatta.org.au). Musik, Tanz, Kabarett und Film gehören im August zum **Darwin Festival** (www.darwinfestival.org.au). Darwin ist Australiens Brücke nach Asien und gleichzeitig das Tor zum »Top End«. 75 verschiedene Nationalitäten haben Darwin multikulturell geprägt, knapp ein Viertel der Bewohner sind Aborigines.

1839	Der Hafen Darwin wird entdeckt.
1869	Eine Siedlung entsteht.
1942	Darwin wird bei Luftangriffen durch die Japaner fast völlig zerstört.
1974	Hurrican Tracy richtet verheerende Schäden an.
bis 2015	Erweiterung der Wharf Precinct

Stadtgeschichte

Die Geschichte Darwins begann 1839, als Kapitän J. C. Wickham den gerade entdeckten Naturhafen nach dem Naturforscher Charles Darwin benannte. Der eigentliche Ort entstand erst 30 Jahre später, nachdem rund 200 km südlich bei Pine Creek Gold gefunden wurde. Das heutige Stadtbild ist die Folge zweier Katastrophen: Im Zweiten

Seit 1994 tagen die Volksvertreter des Northern Territory im modernen Abgeordnetenhaus.

Weltkrieg wurde die abgelegene Hafenstadt plötzlich ein strategisch wichtiger Stützpunkt für das britische Militär und zwischen Februar und September 1942 durch 64 **Luftangriffe der Japaner** fast völlig zerstört. Die zweite »great catastrophe« ereignete sich im Dezember 1974, als ein mächtiger Hurrikan genau am Heiligabend Kurs auf die Hauptstadt des Northern Territory nahm. Mit Windgeschwindigkeiten von bis zu 272 km/h zerstörte **Wirbelsturm »Tracy«** mehr als zwei Drittel aller Gebäude, 71 Menschen kamen ums Leben. Während das Government House von 1879 und das Old Courthouse von 1884 wieder aufgebaut wurden, mahnt die Ruine des einstigen Rathauses von Palmerston heute die Bürger, staatliche Sturmwarnungen ernster zu nehmen – viele hatten damals lieber Weihnachten feiern statt flüchten wollen.

Nach Tracy wurde mit dem radikalen Neuaufbau der Stadt begonnen, die als **Tor zu Ostasien** boomt – und in bauliche Großprojekte investiert. So wurden 2008 mit Pandanus und Evolution on Gardiner die ersten zwei »vertical villages« fertiggestellt, die auf 28 bis 33 Stockwerken neben Luxusapartments auch Shops, Pools, Gärten und Wellness im Spa für Gutbetuchte bieten. Bis 2015 wird **Darwins Wharf Precinct** erweitert mit einem großen Kongresszentrum, mehreren Hotels, Marina und Badelagune an einer neuen Promenade.

Darwin Orientierung

Museum & Art Gallery of the Northern Territory
East Point Reserve, Fanny Bay Gaol Museum
Airport, Crocodile Farm, Kakadu National Park, Aviation Heritage Centre

Fanny Bay
Mindil Beach
Mindil Beach Resort
MGM Grand Casino
Gardens Oval
Darwin Botanical Gardens
Amphitheatre
THE GARDENS
Palmerston Park Oval
Golf Course
Palmerston Park
Dinah Oval
Dinah Beach
STUART PARK
Frances Bay Marina
LARRAKEYAH
Harriet Place
Aquascene
Doctors Gully
Bicentennial Park
Darwin Performing Arts Centre
Leichhardt Memorial
Lameroo Beach
Port Darwin
Lyons Cottage
Old Admiralty House
Victoria Hotel
Chinese Temple
City Bus Terminal
Brown's Mart
Cathedral
Bennett Park
Old Town Hall
Old Courthouse
Parliament House
Anzac Memorial
Overland Telegraph Memorial
Darwin Hotel
Government House
STOKES HILL
Indo-Pacific Marine Museum
Australian Pearling Exhi…
Darwin Harbour
FORT HILL
Old Fort Hill Wharf
Stokes Hill Wharf
The Arcade
Iron Ore Wharf
Fort Hill Wharf

Eden Street, Charles Street, Westralia Street, Mary Street, Gonzales Rd., Meigs Cr., Henry Street, Queen Street, King St., Gothenburg Cr., Duke Street, Dinah Beach Road, Flinders Drive, Tiger Brennan Drive, Frances Bay Drive, Stuart Highway, Coronation Drive, Anne St., Margaret St., Ramirez Road, Geranium Street, Blake St., Melville St., Gardens Hill Cr., Mirambeena St., Gardens Road, Gilruth Av., Atkins Drive, Maria Liveris Dr., Gilruth Avenue, Chin Quan Rd., Kahlin Avenue, Smith Street, Beagle St., Houston St., Mitchell Street, Barossa Street, Morinda St., Marella St., Manoora St., Dashwood Cr., Packard Street, Larrakeyah Terrace, Doctors Gully Rd., Daly Street, Peary St., Cashman Street, McMinn Street, Woods Street, Harvey Street, Barneson St., McLachlan St., Shepherd St., Lindsay Street, Cavenagh Street, Mc Lachlan St., Briggs St., Manton St., Gardiner St., Litchfield St., Edmunds St., Woods St., Bennett St., Shadforth La., Peel St., Esplanade, Knuckey Street, The Mall, Austin Lane, West Lane, H. Chan Avenue, Herbert Street, Mavie Street, Hughes Avenue, Kitchener Dr.

Fußgängerzone

500 m

Essen
1 The Hanuman
2 Skycity
3 Char
4 Boardwalk Café

Übernachten
1 Crowne Plaza Darwin
2 Travelodge Mirambeena Resort
3 Ashton Lodge
4 The Cavenagh Motel

Ausgehen
1 Happy Y…
2 Nirvana

Sehenswertes in Darwin

Stadtanlage

Die Innenstadt wurde 1869 vom Chef der Landesvermessung, George Goyder, auf der Spitze der Halbinsel angelegt. Ihre **vier Hauptstraßen** lassen sich durch ihr Angebot unterscheiden: Die Esplanade säumen Hotels, Mitchell Street Backpacker Hotels, Cafés, Bars und Kinos. Smith Street ist mit seiner Mall der Shopping-Strip, Cavenagh Street bildete einst Chinatown.

Rundgang

Ein Rundgang empfiehlt sich für die späten Nachmittags- oder frühen Abendstunden. Startpunkt ist die 1902 erbaute **Christ Church Cathedral** in der Esplanade. An der Ecke Esplanade/Smith Street liegt die Police Station mit dem **Courthouse**, einem der ältesten Gebäude Darwins aus dem Jahr 1884. Weiter auf der Esplanade Richtung Norden folgt das schneeweiß gestrichene **Government House**, seit 1879 Repräsentanz des Administrator of the Northern Territory, des Vertreters des königlichen Generalgouverneurs für den Commonwealth of Australia.

Unübersehbar ist auch das neue **Parliament House**, in dem seit 1994 die Abgeordneten des Northern Territory tagen (Abb. S. 293; Öffnungszeiten: tgl. 8.00 – 18.00 Uhr, kostenlose Führungen Sa. 9.00, 11.00 Uhr). Zusammen mit dem Supreme Court von 1991 steht es auf historischem Grund – hier befanden sich einst auf dem State Square die 1942 zerstörten Gebäude der historischen Overland Telegraph Station und das alte Post Office.

Das **Telegraph Cabel Monument** erinnert an die Fertigstellung der über 3000 km langen Telegrafenleitung von Adelaide über Alice Springs bis nach Darwin im Jahr 1872.

Das **Old Admiralty House** in der Knuckey Street wurde 1930 als Stelzenhaus konzipiert und überlebte den Hurrikan Tracy ziemlich unbeschädigt. Die steinerne **Lyons Cottage** gegenüber diente in den 1920er-Jahren als Quartier für die Mitarbeiter der British Australian Telegraph Company. Auf der Knuckey Street gelangt man zur **Smith Street Mall** – Darwins Einkaufsmeile. Im 1890 erbauten Victoria Hotel, heute ein beliebter Pub, übernachteten einst Flugpioniere wie Bert Hinkler, die von Darwin aus erstmals nach England abhoben. 1935 richtete Qantas den Passagierdienst nach London ein – die Flugzeit: 12 Tage bei 42 Stopps. Für Nervenkitzel sorgt der Crocosaurus Cove (58 Mitchell Street, www.crocosauruscove.com; tgl. 9.00 bis 19.00 Uhr. Durch die Aquarien ziehen Barramundi, Saratogas, Säbelfische, in den Terrarien sorgen Rotrückenspinnen, Feuerwürmer, Taipane, 14 Krokodilarten aus aller Welt und andere gefährliche Genossen des fünften Kontinents für Gänsehaut. Und wer den besonderen Kick sucht, kann – geschützt im Aycrylglaskasten »Cage of Death« – ein Bad inmitten der Krokodile nehmen.

★ ◄ Shopping-Meile

Bicentennial Park

Im Bicentennial Park versammeln sich abends viele Besucher, um den Sonnenuntergang hinter Darwins Hafen zu erleben – der vier-

DARWIN ERLEBEN

AUSKUNFT

City Visitor Information Centre
Smith Street Mall, Tel. 08 / 89 42 01 56
www.tourismtopend.com.au

SIGHTSEEING

Die *Tour-Tub* (Tel. 08/ 89 85 63 22, www.tourtub.com.au) fährt als Open-Air-Bus zwischen 9.00 und 16.00 Uhr die meisten Attraktionen der Stadt an. Tiefer in die Geschichte, Flora und Fauna der Tropenkapitale entführt Steve Noble bei seinen *Darwin Bicycle* bzw. *Darwin Walking Tours* (Tel. 08 / 89 42 10 22, www.darwinwalking tours.com).

BÜHNE FREI!

Neben dem großen *Performing Arts Centre* in der Mitchell Street gibt es ein kleines Theater im historischen Browns Mart an der Smith Street. Freilichtveranstaltungen zeigt das Gardens Amphitheatre im Botanischen Garten. Sein Glück kann man an den Spieltischen des *MGM Grand-Darwin-Casino-Komplex* versuchen, mit Restaurants, Bars und Shows am Mindil Beach.

SHOPPING

Haupteinkaufsstraße im Zentrum ist die *Smith Street*, wo auch Darwins größter Produzent von Zuchtperlen, *Paspaley Pearls* (www.paspaleypearls.com), einen Showroom hat. Im Norden an der Trower Road 247 verspricht Darwins größtes Einkaufszentrum *Casuarina Square* Shopping total in 200 Shops. Asiatisch beeinflusst sind die abendlichen Märkte, u. a. freitags am Bus Transit Centre in der Mitchell Street. Berühmter ist der *Mindil Beach Market*, der von April bis Okt. Do. und So. mit leckerem Essen aus aller Welt zum Sunset-Picknick am Strand lädt. Sonntagvormittags locken die Märkte von Rapid Creek und Nightcliff. Hochwertige Aboriginal Kunst gibt es in der *Wadeye Arts and Craft Gallery*, 31 Knuckey Street, und in der *Aboriginal Fine Arts Gallery*, Ecke Knuckey und Mitchell Street.

AUSGEHEN

① ***Happy Yess***
5 Bennett Street, Tel. 04 / 09 28 59 47
www.happyyess.com
Do. ab 20.00, Sa., So. ab 21.00 Uhr
Non-Profit-Club mit Livemusik von Künstlern und Bands des Northern Territory

② ***Nirvana***
6 Dashwood Crescent
Tel. 08 / 89 81 20 25
Restaurant mit Jazz-Bar. Jeden Di. ab 21.00 Uhr Jamsessions mit Künstlern aus Darwin, Sa. Blues-Nacht.

ESSEN

► Fein & teuer

Baedeker-Empfehlung

① ***The Hanuman***
93 Mitchell Street, Tel. 08 / 89 41 35 00
www.hanuman.com.au
Traumhafte Fischkreationen und exquisite Thaiküche serviert Jimmy Shu in seinem Edelrestaurant im Holiday Inn.

② ***Skycity***
Gilruth Avenue, Mindil Beach
Tel. 08 / 89 43 88 88
www.skycitydarwin.com.au
Ausgezeichnete Gourmetküche von Karl Ewald, der den Ruhrpott gegen die Tropen tauschte.

Segler finden in Darwins moderner Cullen Bay Marina eine perfekte Infrastruktur.

► Erschwinglich

③ ***Char***

70 The Esplanade
Tel. 08 / 89 81 45 44
www.charrestaurant.com.au
Angesagtes Steak- und Seafood-Restaurant mit großer Terrasse unter lauschigen Bäumen.

► Günstig

④ ***Boardwalk Café***

54 Marina Boulevard, Cullen Bay
Tel. 08 / 89 81 02 00
www.boardwalkcafe.com.au
Frische Austern, Miesmuscheln und leckere Fischgerichte ganz rustikal open air – mit Blick auf die Bucht.

ÜBERNACHTEN

► Luxus

① ***Crowne Plaza Darwin***

32 Mitchell Street, Darwin 0800
Tel. 08 / 89 82 00 00
Fax 08 / 89 81 17 65
www.crowneplaza.com/cpdarwin
Moderne Nobelherberge im Zentrum mit 233 Gästezimmern, Pool, Spa und Gourmetrestaurant.

► Komfortabel

② ***Travelodge Mirambeena Resort***

64 Cavenagh Street, Darwin 0801
Tel. 08 / 89 46 01 11
Fax 08 / 89 81 51 16
Familienfreundliches, 2007 renoviertes und erweitertes Haus mit 375 Zimmern, Pool und Restaurant unweit der Esplanade in einem tropischen Garten.

► Günstig

③ ***Ashton Lodge***

48 Mitchell Street, Darwin 0801
Tel. 08 / 89 41 48 66
www.wisdombar.com.au
Charmant und zentral: das Hostel mit 26 Betten in drei Zimmerkategorien, Pool und Waschmaschinen. Gleich daneben: die beliebte Wisdom Bar.

④ ***The Cavenagh Motel***

12 Cavenagh Street, Darwin 0801
Tel. 08 / 89 41 63 83
Fax 08 / 89 41 45 41
www.thecavenagh.com
»The Cav« ist auch für Einheimische der In-Treff: Hier können sie sich bei Bier und Cocktails im Pool abkühlen. Die 61 Motelzimmer und Hostelschlafsäle wurden 2006 als beste Budget-Unterkunft im Northern Territory ausgezeichnet.

einhalb Mal so groß ist wie der von ►Sydney. Eine besondere Attraktion liefert die **Aquascene** am Doctor's Gully 28. Seit den 1950er-Jahren kommen mit der Flut Tausende von Fischen hierher, die gefüttert werden können – Zeiten unter Tel. 08 / 89 81 78 37, www.aquasecene.com.au.

★ **Wharf Precint**

Das alte Werftgelände der **Stokes Hill Wharf** wurde Ende der 1990er-Jahre zur attraktiven Hafenfront umgebaut mit kleinen Boutiquen, Cafés und Restaurants, wo man herrlich unter freiem Himmel sitzen kann. Hier beginnen auch Hafenrundfahrten. Besonders beliebt: Sunset- und Dinner-Cruises (www.ntstandby.com.au).

Bis 2015 wird das Gelände erweitert mit neuen Hotels und einem großen Kongresszentrum. Um tropische Gewässer dreht sich alles im **Indo Pacific Marine**, dem großen Aquarium mit vielen Infos zum Ökosystem der Korallenriffe. Es lohnt sich, abends nochmals dorthin zu gehen – das Nachtleben im Riff hat es in sich, wie die fluoreszierenden Leuchtkorallen zeigen. Die **Australian Pearling Exhibition** erzählt die spannende Geschichte der Perlentaucher von Darwin (Öffnungszeiten: tgl. 10.00 – 17.00 Uhr).

Um die Ölvorräte der australischen Marine im Zweiten Weltkrieg zu schützen, wurden am Wharf Precinct fünf Tunnels angelegt, die bis in die Stadt reichen. Nr. 5 der **WW-II Oil Storage Tunnels** birgt heute eine faszinierende Dokumentation zum Kriegsgeschehen um Darwin (Kitchener Drive, Öffnungszeiten: Mai – Sept. Mo. – Sa. 9.00 bis 16.00 Uhr, Okt. – April Di. – So. 9.00 – 13.00 Uhr).

! *Baedeker* TIPP

Unterm Sternenhimmel

Von April bis Nov. zeigt Darwins Deckchair Cinema am Ende des Kitchener Drive Wunschfilme und Kultstreifen. Das Freilichtkino hat 250 Liegestühle und 100 Sitze, am Kiosk werden Wein und Softdrinks verkauft (Tel. 08 / 89 81 07 00, www.deckchaircinema.com).

★ **Botanic Gardens**

Der Botanische Garten an der Geranium Street im Norden der Stadt wurde 1870 von einem deutschen Gärtner angelegt. Obwohl Hurrikan Tracy fast 80 % der Bepflanzung niederfegte, erholte sich der Park bald wieder. Mit über **400 Palmenarten**, die in einem Miniaturregenwald gedeihen, einer Orchideenzucht und Sumpfgelände zählt der 42 ha große Park zu den artenreichsten der Südhalbkugel. Mittendrin liegt ein großer Golfplatz (Öffnungszeiten: tgl. 7.00 – 19.00 Uhr).

Strände

Darwin hat zwar einige schöne Strände, aber auch starke Gezeiten, Salzwasserkrokodile und die **hochgiftigen Würfelquallen** (► S. 104), die in den Sommermonaten auftreten. Sie erlauben nur an Strandabschnitten das Baden, die offiziell freigegeben sind. Den Sonnenuntergang genießt man am besten am **Mindil Beach** im Westen der Stadt.

★ Sunset Market ►

Von April bis Oktober sorgt hier donnerstags und sonntags der Sunset Market mit über 200 Ständen, Garküchen und Straßenkünstlern für eine entspannte Atmosphäre (www.mindil.com.au).

Entspannung in der Esplanade – die grüne Begrenzung von Darwins City

★ **Museum & Art Gallery of the NT**

Das Museum in der Conacher Street an der Fannie Bay, 4 km nördlich der City, stellt Kunst und Kultur der Tiwi- und **Arnhem-Land-Aborigines** vor. Eine eigene Ausstellung ist dem verheerenden **Taifun Tracy** gewidmet (Öffnungszeiten: Mo. – Fr. 9.00 – 17.00, Sa., So. 10.00 – 17.00 Uhr, www.nt.gov.au/nreta/museums).

Fannie Bay Gaol Museum

Das Fannie Bay Gaol Museum weiter nördlich an der East Point Road beschäftigt sich mit der Geschichte des alten **Gefängnisses von 1833**. 1952 erfolgten hier die letzten Hinrichtungen (Öffnungszeiten: Mo. – Fr. 9.00 – 17.00, Sa., So. 10.00 – 17.00 Uhr).

Australian Aviation Heritage Centre

Hauptattraktionen des Flugzeugmuseums am Stuart Highway 557 nordöstlich der Stadt sind ein **B 52-Bomber** der US-Luftwaffe aus der Zeit des Vietnamkriegs und eine japanische Mitsubishi Zero A6M2, die bei den verheerenden Luftangriffen 1942 abgeschossen wurde (Öffnungszeiten: tgl. 9.00 – 17.00 Uhr, www.darwinsairwar.com.au).

Umgebung von Darwin

★★ **Kakadu National Park**

Topziel ist der 250 km entfernte ►Kakadu National Park, Australiens größter Nationalpark und Schatzkammer der Aborigines-Kultur, der als **UNESCO-Weltnaturerbe** unter Schutz steht, ►S. 302.

★ **Crocodylus Park & Zoo**

Mehr als 1000 **australische Salzwasserkrokodile** und amerikanische Alligatoren von 30 cm bis 4,70 m Länge, Wasserschildkröten, Schlangen, Löwen, Leoparden, Tiger und Affen leben im Crocodylus Park, fünf Autominuten vom Flughafen an der Knuckey Lagoon, 815 McMillans Road. Im Museum erfährt man Wissenswertes über das Leben und Verhalten der Krokodile (Öffnungszeiten: tgl. 9.00 –17.00 Uhr; Fütterung der Krokodile tgl. 10.00, 12.00, 14.00 und 15.30 Uhr; www.crocodyluspark.com, ►Baedeker Special S. 306).

Casuarina Coastal Reserve

Von Rapid Creek bis Lee Point reicht das Naturschutzgebiet an der Küste, 15 km nördlich von Darwin, mit tropischem Regenwald, Mangrovendickicht und schönem Strand. Vor der Küste ragt der **Old Man Rock** auf, eine heilige Stätte der Aborigines. Artilleriestellungen erinnern an den Zweiten Weltkrieg.

✶ Leanyer Recreation Park

Ein **Riesenspaß für Kinder** liegt am Vanderlin Drive: Neben zwei großen Planschbecken lockt im Leanyer-Wasserpark eine Ritterburg, aus der es an allen Ecken spritzt und sprudelt. Und alle paar Minuten entlädt sich ein riesiger Wassereimer auf die tobenden Kinder. Eintritt und Nutzung der BBQ-Elektrogrills sind kostenlos (Öffnungszeiten: Mi. – So. 10.00 – 19.00 Uhr, Schulferien tgl.).

Yarrawonga Zoo

Der Yarrawonga Zoo, etwa 22 km südlich der City, bietet eine gute Einführung in Flora und Fauna des Northern Territory (Öffnungszeiten: tgl. 9.00 – 17.00 Uhr).

Howard Springs Nature Park

Ein beliebtes Ausflugsziel ist auch der Howard Springs Nature Park 35 km südlich von Darwin. Die Quelle, die hier für **Badefreuden** sorgt und eine reiche Vogelschar anlockt, wurde von 1910 bis zum Bau des Manton Dam 1942 zur Wasserversorgung Darwins genutzt – Anfahrt über den Stuart Highway und die Howard Springs Road.

Crocodile Farm

Auf der Farm 40 km südlich von Darwin werden rund **36 000 Krokodile** gehalten (Anfahrt auf dem Stuart Highway, Öffnungszeiten: tgl. 9.00 – 16.00 Uhr, Führung 12.00 Uhr, Fütterung 12.00, 14.00 Uhr).

✶ Territory Wildlife Park

Südlich der Krokodilfarm zweigt vom Stuart Highway eine Straße in den Berry Springs Nature Park ab, der mit Badefreuden in drei Bassins lockt, die ein »Dschungel« von Pandanus umgibt. Im nahen Territory Wildlife Park kann man die **Tiere des Top End** in natürlicher Umgebung beobachten, u. a. im Aquarium, im Nachttierhaus und bei der Raubvogel-Flugschau (Öffnungszeiten: 8.30 – 18.00, Einlass bis 16.00 Uhr, www.territorywildlifepark.com.au).

Gregory National Park

M 4/5

Der mit 13 000 km² zweitgrößte, jedoch nur wenig besuchte Nationalpark des Northern Territory erstreckt sich rund 175 km südwestlich von ►Katherine beiderseits des Victoria Highway.

Wildnis erleben

Der Zugang in den östlichen Parkteil befindet sich beim Victoria River Roadhouse, in den westlichen Teil gelangt man bei Timber Creek. Weite Teile sind Wildnis, in der man nur mit einem Geländefahrzeug vorankommt. Während der Regenzeit können alle Straßen überflutet sein. Im Park gibt es fünf Campingplätze mit Pit-Toiletten, Feuerstellen und Picknickplätzen, Trinkwasser ist mitzubringen. Weite Flächen sind mit Eukalyptusbäumen bewachsen, eindrucksvoll sind die riesigen Baobabs (Affenbrotbäume). Durch den Ostteil verläuft die **Victoria-River-Schlucht**, die sich der mit 800 km Länge in der Regenzeit größte Wasserlauf im Northern Territory im Laufe von Jahrmillionen aus dem Untergrund herausgeschnitten hat.

In der Bullita-Sektion, dem größeren westlichen und nördlichen Bereich, gibt es **viele Krokodile** – »Salties« im Victoria River, »Freshies« in den Billabongs – also absolutes Badeverbot! Auf organisierten Bootstouren, die vom **Victoria River Roadhouse** (Tel. 08 / 89 75 07 44) aus angeboten werden, kann man die gefährlichen Tiere hautnah erleben. Eindrucksvoll ist auch die von mächtigen Dolomitblöcken eingefasste **Limestone Gorge** im Süden des Parks.

◄ Don't even think about swimming!

★ Hermannsburg

N 8

Die erste Missionsstation im Top End wurde 1877 von zwei lutherischen Missionaren aus dem deutschen Hermannsburg am Finke River gegründet. Die beiden blieben 15 Jahre, verbreiteten das Evangelium und boten den Aborigines medizinische Hilfe an.

Missionsstützpunkt

Zweiter Missionsführer war **Carl Strehlow** (1871 – 1922). Er übersetzte das Neue Testament in die Sprache der Aranda, gewann ihren Respekt und zeichnete Grammatik und Wortschatz der Aborigines auf. Zur Blütezeit lebten in der Mission fast 700 Ureinwohner. Berühmtester Zögling war **Albert Namatjira** (► Berühmte Persönlichkeiten), von dem einige Kunstwerke im **Tea Room** ausgestellt sind – probieren Sie hier auch unbedingt den Apfelstrudel nach altdeutschem Rezept (Öffnungszeiten: tgl. 9.00 bis 16.00 Uhr).

Im **Old Colonists' House** kann man lokalen Künstlern beim »Sand Painting« zuschauen. Seit 1982 sind die Aranda Eigentümer des 460-Einwohner-Dorfes, das 130 km südwestlich von ► Alice Springs liegt. Das Kirchlein von 1880, das Schulhaus und einige Wohnhäuser an der Hauptstraße können besucht werden, nicht aber das Wohngebiet der Aborigines. Mit Genehmigung des Land Council darf man im 20 km entfernten Palm Valley campen.

Ehemalige Missionskirche in Hermannsburg

★ **Finke Gorge National Park**

Ein fordernder Spaß für den Offroad-Fan ist der Track durch den 46 000 ha großen Finke Gorge National Park, der 19 km südlich von Hermannsburg beginnt. Für die Fahrt durch das felsenübersäte, meist trockene Flussbett des Finke River braucht man unbedingt einen Geländewagen. Seltene Regenfälle können die Zufahrt aber auch unpassierbar machen. Planen Sie eine 3- bis 4-stündige Wanderung durch das wildromantische **Palm Valley** ein, in dem die schlanken, bis zu 25 m hohen Red-Cabbage-Palmen wachsen. Die »Livistona mariae« stammen aus einer vergangenen Zeit mit feuchterem Klima und sind sonst ausgestorben. In der Schlucht mit bizarren Felsformationen, die Namen wie »Kathedrale« oder »Amphitheater« tragen, befinden sich auch heilige Stätten der Aborigines. Im Nationalpark gibt es einen Campingplatz. Zeitweise haben die Wasserstellen im Palm Creek auch genug Wasser zum Baden.

★★ Kakadu National Park

M/N 3

Seit 1978 steht Australiens größter Nationalpark auf der UNESCO-Welterbeliste, 1986 machte der australische Erfolgsstreifen »Crocodile Dundee« den urgewaltigen Kakadu-Nationalpark 250 km südöstlich von ►Darwin mit einem Schlag weltweit bekannt.

Naturparadies und UNESCO-Welterbe

»Gagadju«, einem früheren Dialekt der hier lebenden **Aborigines**, verdankt der 20 700 km² große Park seinen Namen. Schon vor 40 000 bis 60 000 Jahren hinterließen hier Australiens Ureinwohner erstaunliche **Zeugnisse steinzeitlicher Kultur**. Der Nationalpark umfasst beinahe das gesamte Einzugsgebiet des South Alligator River. Bis zu seiner Mündung passiert der 160 km lange Fluss dichte Regen- und Eukalyptuswälder, Sumpflandschaften und Mangroven. Besonders markant sind die 100 bis 200 m hohen Sandsteinklippen des trockenen ►**Arnhem-Land**-Plateaus, die sich 500 km lang quer durch den Park ziehen und am Ende der Regenzeit spektakuläre Wasserfälle bilden. Kormorane, Kraniche und Riesenstörche nisten im Tiefland, einem der wichtigsten Feuchtgebiete der Welt, das in der Regel von November bis Mai überschwemmt ist. Tausende von archäologischen Fundstätten und Felsmalereien belegen die frühe Kultur der Ureinwohner. Die wenigsten sind allerdings zugänglich. Die vermutlich ältesten und eindrucksvollsten Abbildungen kann man am **Nourlangie Rock** und **Ubirr Rock** bewundern. Die ältesten Zeichnungen sollen bis zu 30 000 Jahre alt und nach dem Glauben der Aborigines teilweise von Traumzeit-Wesen aus der Schöpferzeit gemalt worden sein. Die jüngsten Felsbilder stammen aus dem 20. Jahrhundert.

★★ Felsmalereien der Aborigines ►

★ **Tierbeobachtung**

Auch wenn einige Veranstalter Tagestouren mit dem Bus ab ►Darwin anbieten, sollte man für die einzigartige Natur und **faszinierende Tierwelt** des Kakadu-Nationalparks mehrere Tage einplanen. Die

Kakadu National Park: der Steilabbruch des Arnhem-Land-Plateaus am South Alligator River

meisten Besucher kommen während der Trockenzeit von Mai bis Oktober. Während der Regenzeit können die Straßen gesperrt sein. Ein Muss ist eine **Bootstour** kurz nach Sonnenaufgang. Lauschen Sie dem Gezwitscher Tausender von Wasservögeln, beobachten Sie Kookaburras, Wallabys, Dingos und träge dösende Krokodile. Abenteuerlustige kurven auf Allradpisten zu den Jim-Jim- und Twin-**Wasserfällen**. Die Straße ist nur während der Trockenzeit geöffnet – dann sind die Fälle allerdings eher ein Rinnsal!
Im Park gibt es außerdem einige der reichsten Uranlagerstätten der Welt sowie Gold- und Platinvorkommen. Die **Ranger Uranium Mine** 6 km westlich von Jabiru kann von Mai bis Oktober besichtigt werden (Tel. 1800 / 08 91 13).

Jabiru

Die Minenarbeiter wohnen im Hauptort Jabiru mit rund 1400 Einwohnern, wo Supermarkt, Motels, Schwimmbad und Krankenhaus vorhanden sind. Kakadu Air am Jabiru Airport bietet fantastische **Rundflüge über den Park** (www.kakaduair.com.au). Die Aborigines von **Kakadutours** führen durch die Wildnis des ►Arnhem Land und zu heiligen Stätten der Ureinwohner (www.kakadutours.com.au).

Im Kakadu National Park

Ubirr Art Site

Eine der beiden zugänglichen Stellen mit Felskunst der Aborigines liegt gut 50 km nördlich von Jabiru – unbedingt Wasser und Mückenschutz einpacken! Ein knapp 2 km langer Rundweg verläuft vom Parkplatz zu den **Felsmalereien**. Unterwegs hat man schöne

Röntgenstil: jahrtausendealte Felskunst der Ureinwohner am Nourlangie Rock

Ausblicke über den East Alligator River und die Sandsteinfelsen. Auf den Bildern im Röntgenstil (X-ray-style) sind Rückgrat, Rippen sowie innere Organe der Menschen exakt dargestellt; eine besondere Bedeutung genießt die Regenbogenschlange, eine der mystischen Schöpferfiguren. Lohnend ist auch der abzweigender Pfad hinauf auf den **Frieze Warrior Lookout**, von dem aus man die weiten Schwemm-ebenen überblickt. Der 6,5 km lange Rockholes Walk folgt dem Flussufer. Während der Regenzeit kann die Straße nach Ubirr wegen Überflutung gesperrt sein.

★★ Nourlangie Rock

Die **schönsten Felsmalereien** findet man am Nourlangie Rock, 35 km südwestlich von Jabiru. Vom Parkplatz aus führt ein 2 km langer Rundweg zum Anbangbang Rock Shelter, einer riesigen schattigen Spalte unter einem Felsübergang. Die dortigen Bilder im Röntgenstil sind vermutlich **bis zu 20 000 Jahre alt**. Warum die Farbe noch so »unwirklich« kräftig wirkt? 1964 frischte der damals 69-jährige Maler Nayambolmi alle Zeichnungen auf. Empfehlenswert ist auch der 12 km lange Barrk Walk um den Nourlangie-Felsen. Wer einen herrlichen Ausblick genießen möchte, sollte den kurzen Aufstieg zum **Nawurlandja Lookout** nicht scheuen. Dort befinden sich auch exzellente Felsmalereien, Nanguluwulur, in denen u. a. die Ankunft von Segelschiffen aus Europa dargestellt wird.

Warradjan Aboriginal Cultural Centre

Das eindrucksvolle Besucherzentrum der Binin, der traditionellen Eigentümer des Kakadu-Nationalparks, erzählt die Geschichte des Parks und seiner Bewohner und erklärt die Naturphänomene aus der Sicht der Ureinwohner. In dem kreisrunden Zentrum werden auch hochwertige Souvenirs und Bücher über die Aborigines verkauft (Öffnungszeiten: tgl. 9.00 – 17.00 Uhr).

KAKADU NATIONAL PARK ERLEBEN

ANREISE

Von Darwin kommend gelangt man auf dem Arnhem Highway nach Jabiru (257 km) und von dort über den Kakadu Highway bei Pine Creek zum Stuart Highway (206 km), der während der Trockenzeit gut zu befahren ist. Die Straße führt ziemlich dicht an dem Steilabbruch (Escarpment) des Arnhem-Plateaus vorbei, kann in der Regenzeit allerdings unterbrochen sein. Einige der abgelegensten Orte sind nur mit Allradfahrzeugen zu erreichen. Benzin auffüllen kann man an der Tankstelle in Jabiru, Cooinda sowie bei Ubirr im Border Store.

BOWALI VISITOR CENTRE

Das preisgekrönte Besucherzentrum 2 km südwestlich von Jabiru an der Kreuzung von Kakadu und Arnhem Highway widmet sich der grandiosen Natur auch aus Sichtweise der Aborigines, informiert über Straßenzustand und geführte Touren. In der angeschlossenen Marrawuddi Gallery wird Kunsthandwerk der Ureinwohner des Arnhem Land verkauft. Schauen Sie sich auch den Film über das Leben im Park und die Regenzeit an (tgl. 8.00 – 17.00 Uhr).

ÜBERNACHTEN

Die bei Weitem eindrucksvollste – und beste – Unterkunft bietet das *Gagudju Crocodile Holiday Inn* im Ostteil des Parks. An der Gagudju Lodge Cooinda gibt es neben einfachen Ferienvillen und Caravanstellplätzen auch eine Tankstelle und die Tickets für die *Yellow-Waters-Kreuzfahrten* – beide: www.gagudju-dreaming.com.au.

Baedeker-Empfehlung

► **Luxus**
Gagudju Crocodile Holiday Inn Resort
Flinders Street, Jabiru 0886
Tel. 08 / 89 79 90 00, Fax 08 / 89 79 90 98
Aus der Luft sieht die Hotelanlage mit Pool, Escarpment Restaurant & Cocktail Bar aus wie das mythische Riesenkrokodil Ginga.

BOOTSTOUREN

Auf Bootstouren lassen sich die vielen Vögel und Krokodile am besten beobachten – besonders gut am frühen Morgen oder in der Abenddämmerung. Die *Guluyambi East Alligator River* Cruises (Tel. 1800 / 08 91 13) ergänzt eine Einführung in die Kultur der örtlichen Gagudju-Aborigines – und ein Blitzbesuch in ►Arnhem Land. Die zweistündigen *Yellow-Water*-Törns (c/o Gagudju Lodge Cooinda, Tel. 08/ 89 79 01 45) auf dem South Alligator River und dem Yellow Water Billabong präsentieren eine gänzlich andere Flora und Fauna: Mangroven, Paperbark und Pandanus, Sumpfwiesen und Speergras säumen die Ufer.

Salzwasser- oder Leistenkrokodile sind blitzschnelle Jäger.

FRESHIES AND SALTIES

In Australien gibt es zwei Krokodilarten, doch Menschen müssen vor allem das Leistenkrokodil fürchten, ein Allesfresser und Hungerkünstler. In einer einzigen Nacht wurden einmal 1000 japanische Soldaten Opfer von Angriffslust und Fresssucht dieser gewaltigen Reptilien. Heute sind die Panzerechsen geschützt, sie werden aber auch touristisch vermarktet, was manchen Besucher behaglich erschaudern lässt.

Das **Süßwasser- oder Australienkrokodil** (Crocodylus johnsoni) ist im tropischen Norden Australiens beheimatet, besonders im Bereich des McKinley River im Northern Territory. Mit seiner langen, schmalen Schnauze kann es zwar bis zu 3 m lang werden, doch **»freshie«**, wie die Australier das weniger gefürchtete ihrer Großreptilien nennen, gilt im Allgemeinen als sehr scheu. Angriffe dieser Panzerechse auf Menschen sind bisher nicht bekannt, dennoch sollte man Warnhinweise unbedingt befolgen. Anders verhält es sich mit **»saltie«**, dem sogenannten Salzwasser- oder Leistenkrokodil (Crocodylus porosus). Anders als der Name vermuten lässt, leben Vertreter dieser Gattung nicht nur in Küstengewässern, sondern auch bis zu 100 km landeinwärts in Flüssen und Wasserlöchern.

Leistenkrokodile sind wahre Hochleistungsschwimmer, sie wurden bereits 1000 km vor der Küste auf hoher See gesichtet.

Blitzschnelle Jäger

Das **Leistenkrokodil** ist die am weitesten verbreitete Krokodilart. Es kommt überall in den tropischen Regionen Asiens und des Pazifiks vor, auch im offenen Meer zwischen Nordaustralien und der Südsee. Mit bis zu 7 m Länge ist das Leistenkrokodil nicht nur das heute **größte lebende Reptil**, sondern auch die aggressivste und am meisten gefürchtete Panzerechse der Welt. Seine Angriffe geschehen ohne Vorwarnung und völlig überraschend. Fast bewegungslos treibt das Saltie auf sein Opfer an der Wasserkante zu,

nur der obere Teil seines Kopfes ragt, wenn überhaupt, aus dem Wasser. Kurz vor seinem Ziel wuchtet es sich mit kraftvoller Bewegung aus dem Wasser, schnappt nach der Beute und zieht sie ins Wasser zu der berüchtigten **»Todesrolle«**. In wilden Pirouetten rotiert das Krokodil mit seiner Beute, bis das unglückliche Opfer ertrinkt oder verblutet. Dabei ist das Leistenkrokodil, das auch vor Kadavern nicht Halt macht, ein wahrer **Hungerkünstler.** Die Echse, die vom Fett in ihrem Schwanz zehren und den Stoffwechsel so sehr senken kann, dass ihr Herz nur dreimal in der Minute schlägt, ist in der Lage, monatelang ohne Futter auszukommen.

Zärtliche Bestie

Nach dem Zweiten Weltkrieg wurden Leistenkrokodile an der nordaustralischen Küste gejagt, sodass sie Ende der 1960er-Jahre beinahe ausgestorben wären. Seit 1971 sind sie unter Schutz gestellt. Zwar sind tödliche Konfrontationen zwischen Krokodilen und Menschen in Nordaustralien selten, aber Warnschilder müssen unbedingt beachtet werden. Auch an Land können sich die »lebenden Dinosaurier« bemerkenswert schnell bewegen und blitzartig angreifen, wenn sie auf Beute aus sind oder nur einen Eindringling in ihrem Revier vertreiben wollen.

Krokodile verfügen über ein **ausgeprägtes Sozialverhalten**, das sie von anderen Reptilien abhebt. Vor allem kümmern sie sich fürsorglich um ihren Nachwuchs. Sie bewachen ihre Nester, helfen ihren Jungen, die beim Schlüpfen aus den in der Bruthöhle vergrabenen Eiern ein Quäkkonzert anstimmen, aus dem Nest und tragen sie ins Wasser, indem sie sie ganz vorsichtig mit den Zähnen aufsammeln und in ihrem Riesenrachen Platz nehmen lassen. Bis zu sechs Monate werden die **Krokodiljungen** dann von den Eltern gegen Feinde verteidigt.

»Jumpin' Crocs«

»Crocs« sind in Australien auch ein Wirtschaftsfaktor. Auf Farmen werden sie gezüchtet und im Alter von zwei Jahren geschlachtet. Dann ist ihre Haut, die zu Koffern, Taschen und Gürteln verarbeitet wird, am wertvollsten, aber auch ihr Fleisch wird inzwischen weltweit geschätzt. Und auch an frei lebenden Reptilien, die bis zu 70 Jahre alt und eine Tonne schwer werden können, lässt sich verdienen: Auf dem Adelaide River können Touristen von Booten aus erleben, wie Salties aus dem Wasser springen und nach einem Fleischbrocken schnappen, den man ihnen an einer Angel vor die Nase hält.

★★ Bootsfahrt auf dem Yellow Water Creek

Ein kurzer Fußweg führt hinab zum Yellow Water Creek. Die **frühmorgendliche Rundfahrt** auf dem Fluss gehört zu den absoluten Höhepunkten im Kakadu-Nationalpark (►S. 305). Wer vor Sonnenaufgang partout nicht aus den Federn kommt, dem sei gesagt, dass der abendliche Sunset Cruise fast genauso faszinierend ist. Nehmen Sie ein Fernglas mit, um Reiher, Ibisse, Eisvögel, Jabirustörche, Spaltfußgänse, Schlangenhals-Vögel und Seeadler zu beobachten. Mit etwas Glück fährt man auch an Salzwasserkrokodilen vorbei, die reglos im Wasser auf Beute lauern. Da sich frühmorgens noch kaum ein Lüftchen regt, spiegelt die Wasseroberfläche alles glasklar wider: Vogelschwärme, Bäume, Wolken und die von der Morgensonne rot gefärbten letzten Nebelschwaden.

i Billabongs

- Nehmen Sie die Krokodilwarnungen unbedingt ernst! Wer trotzdem schwimmen will, tut dies auf eigene Gefahr. Achten Sie auch beim Bootfahren und am Ufer auf Krokodile!

★ Wasserfälle

Rund 50 km südlich des Besucherzentrums biegt eine 60 km lange, nur während der Trockenzeit befahrbare 4WD-Piste ab zu den kurz nach der Regenzeit spektakulären, 200 m hohen **Jim Jim Falls**. Die letzten 10 km bis zu den **Twin Falls** sind nicht einfach zu fahren, da hierbei der 1 m tiefe Jim Jim Creek durchquert werden muss – und im Fluss leben Krokodile!

Katherine

N 4

Drittgrößte Stadt des Northern Territory ist Katherine mit knapp 12 000 Einwohnern. Seinen Beinamen »Never Never Country« verdankt das Land am Stuart Highway Jeannie Gunn, die hier um 1900 als eine der ersten weißen Frauen lebte und mit ihrem Roman »We of the Never Never« den harten Alltag des Outback beschrieb.

Zentrum des »Never Never«

John McDouall Stuart entdeckte 1861 den **River Katherine** und benannte ihn nach der Tochter eines Freundes. 1871 begann mit einer Telegrafenstation und einem Wirtshaus die Entstehung des Orts. Der ständig Wasser führende Fluss zog viele Viehzüchter an, sorgte aber auch immer wieder für Überschwemmungen. 1926 kam der Bahnanschluss zum 315 km entfernten ►Darwin, seit 2004 hält in Katherine auch der »Ghan« (►Baedeker Special S. 284).

Sehenswertes in Katherine

Katherine Outback Heritage Museum

Im alten Flughafengebäude an der Gorge Road wird die Stadtgeschichte erzählt, kann man eine De Havilland Gypsy Moth aus den 1930er-Jahren bewundern – der **Doppeldecker** gehörte dem ersten

»Flying Doctor« Dr. Clyde Fenton (Öffnungszeiten: tgl. 9.00 – 17.00 Uhr). In der benachbarten **School of the Air** kann man sehen, wie Kinder per Funk und Internet zur Schule gehen (Besichtigung: März bis Nov. Mo. – Fr. 9.00 – 11.00 Uhr).

Umgebung von Katherine

Springvale Homestead

1879 gründete Ernest Giles 8 km südwestlich von Katherine die **älteste Rinderfarm des Top End** (Shadforth Road; Führungen: Mai bis Okt.; Unterkunft). Am Katherine River laden im **Low Level Nature Park** Pools der Katherine Springs zum Bad im 32 °C warmen Wasser.

✶ Cutta Cutta Caves

In den **Tropfsteinhöhlen** 27 km südlich von Katherine kann man meterhohe Stalaktiten und Stalagmiten bewundern. Hier leben auch fünf **seltene Fledermausarten** wie die »Ghost and Orange Horseshoe« und die harmlose Braune Nachtbaumnatter. Täglich Höhlenführungen zwischen 9.00 und 15.00 Uhr (Tel. 08 / 89 72 19 40).

✶✶ Nitmiluk National Park

Der Nitmiluk, der von den Europäern **Katherine Gorge** genannte Nationalpark 32 km nordöstlich von Katherine umfasst 13 durch Stromschnellen und Steinbarrieren getrennte Schluchten, die der Katherine River seit 25 Mio. Jahren stetig aushöhlt. Weiter flussabwärts wird der Katherine River zum Daly River und mündet in die Timorsee. Die **Sandsteinschluchten** sind mit 20 bis 70 m zwar nicht beson-

KATHERINE ERLEBEN

AUSKUNFT

Katherine Visitor Information Centre
Ecke Lindsay Street/Katherine Terrace
Tel. 08 / 89 72 26 50
www.visitkatherine.com.au
Region: www.krta.com.au

Nitmiluk National Park Visitors Centre
Tel. 08 / 89 72 12 53
www.nt.gov.au/nreta/parks
Ausflüge: www.nitmiluktours.com.au

ESSEN UND ÜBERNACHTEN

► Komfortabel

Knotts Crossing Resort
Ecke Giles Street/Cameron Street
Katherine NT 0851
Tel. 08 / 89 71 08 77
Fax 08 / 89 72 26 28
www.knottscrossing.com.au
Gut geführtes Motel mit 123 Z. und guter Küche in Katie's Bistro

Maud Creek Lodge
Lot 4179 Gorge Road
Katherine NT 0851
Tel. 08 / 89 72 25 33, Fax 89 71 10 22
www.maudcreeklodge.com.au
Outback-Luxus in der Homestead einer alten Station, nur 6 km entfernt vom Nitmiluk National Park

All Seasons Katherine
Stuart Highway, Katherine 0850
Tel. 08 / 89 72 17 44
www.accorhotels.com.au
100 Zimmer, Bar und Restaurant, 2 km außerhalb von Katherine

ders hoch, aber spektakulär: Rote Felswände, weiße Paperbarks, grüne Pandanus, hellweiße Strände und der tiefblaue Fluss machen den Park zu einem Besuchermagneten. Seit 1988 gehört er wieder den Jawoyn, den Nachfahren der einst hier ansässigen Ureinwohner. Man erreicht den Nationalpark per Bus von Katherine aus. Während der Regenzeit können Straßen und Wege im Nationalpark wegen Überflutung kurzfristig gesperrt sein. Am Parkeingang befindet sich das moderne **Nitmiluk Visitor Centre** mit Infos über Wege, Touren und die Kultur der Ureinwohner. Es werden auch Hubschrauberrundflüge angeboten. In der Trockenzeit ist der Katherine River flach und ruhig, dann trennen Felsplateaus die meisten Täler des Arnhem-Land-Plateaus. Während der Regenzeit steigt der Wasserspiegel nicht selten um bis zu 18 m und verwandelt den Fluss in einen reißenden Strom. Die **Wanderwege** reichen von Spaziergängen um das Visitor Centre – z. B. zum Aussichtspunkt oberhalb der ersten Schlucht, Dauer etwa 2 Std. – bis zu fünftägigen Buschwanderungen zu den 70 km entfernten Edith Falls im Nordwesten des Parks, dem **Edith Falls Walk**. Auf dem 11 km langen **Butterfly Gorge Walk**, der in eine Seitenschlucht der Katherine Gorge führt, kann man farbenfrohe tropische Schmetterlinge bestaunen.

★ **Edith Falls**

Die nur in der Trockenzeit (!) krokodilfreien Edith-Wasserfälle zählen zu den **schönsten Badeplätzen** im ganzen Northern Territory.

Die Katherine Gorge erkundet man am besten vom Wasser aus.

Die Lower Edith Falls sind auch für Rollstuhlfahrer in wenigen Minuten zu erreichen, zu den Upper Edith Falls führt ein teilweise steiler Wanderweg (1 Std.); der Aussichtspunkt über den Kaskaden wird über einen 2 km langen, oft rutschigen Wanderweg erreicht. Anfahrt: 40 km nördlich von Katherine führt vom Stuart Highway eine kurvige Schotterpiste zum Parkplatz mit Kiosk und Toiletten.

! *Baedeker* TIPP

Kanutour mit Badepause

Leihen Sie sich beim Nitmiluk Visitor Centre für vier Stunden ein Kanu und paddeln Sie flussaufwärts zum Ende der ersten Schlucht. Dort locken nicht nur eine krokodilfreie Badestelle, sondern auch Schatten spendende Überhänge, Aborigines-Malereien und eine traumhafte Szenerie.

Pine Creek

Pine Creek, rund 90 km nordwestlich von Katherine, war lange einer der Hauptorte der Minenindustrie von Nordaustralien. 1870 entdeckten Arbeiter beim Bau der Overland Telegraph Line am Yam Creek Gold, nach dem Zweiten Weltkrieg wurden auch Uran, Eisenerz, Silber, Blei und Zink gefördert. Im alten Bahnhof an der Miller Terrace lassen sich Stationsgebäude, Wasserbehälter und eine Wiegebrücke bestaunen, im nahen **Miners Park** sind Relikte aus der Goldgräberzeit ausgestellt, und vom **Miners Lookout** öffnet sich ein Panoramablick auf den Ort und einen gefluteten Tagebau. Einige Häuser der früheren Chinatown erinnern daran, dass früher viele Chinesen in den Minen arbeiteten.

✶

◄ Bonrock Country Stay

Drei bezaubernde Gästehäuser bietet 7 km südlich von Pine Creek am Stuart Highway der Schweizer Franz Weber in Australiens einzigem **Wildpferdereservat** Bonrock (www.bonrock.com).

✶

Bullo River Station

Gute 460 km südwestlich von Katherine mitten im Buschland liegt Bullo River Station. Mehr als 9000 weißgraue Brahman-Rinder grasen hier unter dem weiten Himmel des endlosen Outback. Wie die Filmfarm »Faraway Downs« im Film »Australia« (2008) wurde auch Bullo River durch eine Frau namens Sara berühmt: **Sara Henderson** (1936 – 2005). Nach dem Tod ihres Mannes geriet die **Rinderfarm** 1985 in finanzielle Schwierigkeiten. Doch Sara konnte sie retten durch ihr Buch »From Strength to Strength« und fünf weitere Bestseller, in denen sie ihren Kampf um die Farm beschrieb. Seit 2001 führen Saras älteste Tochter Marlee und deren Mann Franz Ranacher die 1600 km² große Station mit zwölf netten Gästezimmern und lassen von Februar bis November Gäste am Farmleben teilhaben. Wer will, kann mit anpacken, ausreiten oder am Lagerfeuer sitzen und wundersamen Geschichten lauschen. Zäune müssen repariert, Wasserstellen geprüft und Rinder zur Musterung getrieben werden – meist jedoch nicht mehr zu Pferd, sondern per Quad, das sich offroad gut bewährt hat. Vielleicht fangen Sie sogar einen Barramundi zum Dinner, das gemeinsam am großen Holztisch eingenommen wird (Bullo River Reservations, 33 Queen Street, Thebarton SA5031, Tel. 08/83 54 27 19, Fax 08/83 54 44 06, www.bulloriver.com).

Kings Canyon

►Watarrka Nationalpark

★ Mataranka

N 4

»Be careful, the outback bewitches you« – auch wenn Jeannie Gunn weniger als 12 Monate auf der Elsey Station bei Mataranka verbrachte, machte sie die Region mit ihrem 1908 erschienenen Roman »We of the Never Never« weithin berühmt. Das 1984 verfilmte Buch erzählt eindrucksvoll vom harten Leben im einsamen Outback, das dennoch auf viele eine ganz eigene Faszination ausübt.

Mataranka Pool

Die **Thermalquellen** im Elsey National Park laden 9 km östlich von Mataranka zu einem erfrischenden Bad ein. Ganz in der Nähe des 1981 rekonstruierten Mataranka Homestead entspringen die Rainbow Springs mit kristallklarem, 34 °C warmem Thermalwasser, das ein natürliches Becken inmitten eines tropischen Regenwalds speist. Allerdings ist man selten allein, da viele Reisende ihren Weg von Alice Springs nach Darwin hier gerne unterbrechen. Komfortabel übernachten kann man im **Mataranka Homestead Tourist Resort** an der Homestead Road (Tel. 08 / 89 75 45 44).

! *Baedeker* TIPP

Sunrise im Pool

Fast allein im Mataranka Pool ist man bei Sonnenaufgang, wenn bei Außentemperaturen von etwa 10 °C das Thermalwasser im Morgenlicht dampft und man mit etwas Glück Eisvögel bei der Jagd oder Wallabys beobachten kann.

Elsey National Park

Wunderschöne Spazierwege entlang des Waterhouse und Roper River erschließen den 13 840 ha großen Elsey-Nationalpark. Ein 8 km langer Weg führt vom »12 Mile«-Parkplatz zu den **Mataranka Falls**, von den Ureinwohnern Korowan genannt. Zwischen Papierrindenbäumen und Livingstonia-Palmen breiten sich die **Bitter-Springs-Thermalquellen** aus, die zu einem Badestopp einladen.

Tanami Track

N – K 6 – 8

Eine rote Lebensader quer durch das Outback: Der Tanami Track verbindet ►Alice Springs mit Halls Creek, das bereits in Westaustralien liegt. Er führt quer durch die Tanami-Wüste, in der sich die Luft im Sommer auf bis zu 50 °C aufheizen und im Winter bis zu minus 10 °C abkühlen kann.

Kaum zu glauben, aber wahr: In dieser Gegend leben Menschen. Die einsame Outbackpiste zieht sich quer durch Stammesland der Aborigines von der Volksgruppe der Walpiri. Diese Abenteuerpiste sollte, obwohl ca. 100 km geteert sind, **nur mit Allradwagen** befahren werden. Reisende sind gut beraten, sich bei den Roadhouses in Alice Springs bzw. Halls Creek nach dem Pistenzustand zu erkundigen! Nehmen Sie ausreichend Wasser und Benzin (Reservekanister) mit – entlang der 1000 km langen Strecke gibt es nur wenige Tankstellen. Denken Sie daran, dass in den abgelegenen Roadhouses oft keine Kreditkarten akzeptiert werden. Wichtige Hinweise zu **Reisen im Outback** ►S. 113.

Outbackpiste im Roten Zentrum

TANAMI TRACK ERLEBEN

ROADHOUSES AM TANAMI TRACK

► Erschwinglich

Rabbit Flat Roadhouse
Tel. 08 / 89 56 87 44
Nur Fr. – Mo. 7.00 – 21.00 Uhr
Schrullige Outback-Tankstelle, die nur übers Wochenende geöffnet hat. Dann tummeln sich an der Buschbar die durstigen Trucker und Farmer.

Tilmouth Well Roadhouse
Tel. 08 / 89 56 87 77
nur bis 21.00 Uhr
www.tilmouthwell.com
Eine Oase 155 km nordöstlich von Alice Springs. Die Tankstelle am Napperty Creek bietet Camping, 10 einfache Kabinen, Restaurant mit Take-Away-Counter, Kunstgalerie, 9-Loch-Golfplatz und Pool.

Abenteuer pur: Der Tanami Track führt 1000 km durchs menschenleere Outback.

Tennant Creek

06

Noch immer wird in den Minen rund um Tennant Creek Gold gefördert. Die Bergbaustadt am Westrand der MacDonell Ranges ist mit 3500 Einwohnern der letzte größere Zwischenstopp auf dem 1500 km langen Stuart Highway von ►Darwin nach ►Alice Springs.

Versorgungsstützpunkt

1872 wurde 11 km nördlich vom heutigen Ort eine der damals zwölf **Telegrafenstationen** des Northern Territory errichtet, die bis 1935 im Dienst war (Schlüssel beim Visitor Information Centre). Die Stadt entstand erst, als hier 1932 Gold gefunden wurde. Rekonstruierte Bergbauszenen zeigt das **Tuxworth Fullwood Museum** des National Trust an der Schmidt Street (Öffnungszeiten: Mai – Sept. Di. bis Fr. 14.00 – 17.00 Uhr). Über die Kunst und Buschmedizin der Ureinwohner Nordaustraliens informiert das **Nyinnka Nyunyu Cultural Centre** an der Paterson Street (Öffnungszeiten: Mai – Sept. Mo. bis Fr. 8.00 – 17.00, Sa. 9.00 – 16.00; Okt. – April Mo. – Fr. 9.00 bis 17.00, Sa. 10.00 – 14.00 Uhr, www.nyinnkanyungu.com.au).

Umgebung von Tennant Creek

Battery Hill Museum

Knapp 2 km östlich der Stadt an der Peko Road zeigt das Battery Hill Museum, mit welchen Maschinen früher edelmetallhaltiges Gestein wie z. B. Hämatit zerkleinert wurde. Gleich daneben kann man einen

Die bis zu 200 Tonnen schweren Road Trains donnern mit Tempo 90 durchs Outback.

Blick in einen modernen Untertage-**Goldbergbau** werfen (Öffnungszeiten: tgl. 9.00 – 16.00 Uhr). Hinter dem Museum beginnt der Aufstieg zum **Bill Allen Lookout** mit Panoramablick über die Stadt. Folgt man der Peko Road 16 km in östlicher Richtung, so kommt man zur

TENNANT CREEK ERLEBEN

AUSKUNFT

Visitor Information Centre
Battery Hill, Tennant Creek
Tel. 08 / 89 62 12 81
Stadt und Region:
www.barklytourism.com.au

ESSEN

► Erschwinglich

Margo Miles Steakhouse
Im Tennant Creek Hotel
146 Paterson Street
Tel. 08 / 89 62 22 27
Saftige Steaks, Barramundi und Pizza, serviert im Speiseraum neben der beliebten Jackson' Bar.

ÜBERNACHTEN

► Komfortabel

Bluestone Motor Inn
Paterson Street, Tennant Creek
Tel. 08 / 89 62 26 17
Fax 08 / 89 62 28 83
www.bluestonemotorinn.com.au
Motel mit gehobenem Standard und gutem Restaurant

ROADHOUSES AM STUART HIGHWAY

► Gen Süden

Wauchope Hotel
115 km südlich von Tennant Creek
Tel. 08 / 89 64 19 63
Beliebter Truckstopp mit Campingplatz 8 km südlich der Devil's Marbels

Wycliffe Well Roadhouse
135 km südlich von Tennant Creek
Tel. / Fax 08 / 89 64 19 66
Schon UFOs sollen hier gesichtet worden sein – ob das an der größten Bierauswahl des NT liegt?

Barrow Creek Roadhouse
200 km südlich von Tennant Creek
Tel. 08 / 89 56 97 53
►Baedeker Special, S. 114/115

Ti Tree Roadhouse
313 km südlich von Tennant Creek
Tel. 08 / 89 56 97 41
Die angeschlossene Akai Art Galerie zeigt Werke der örtlichen Anmatjerar-Aborigines und der »Utopia«-Community, die einige bekannte Malerinnen hervorgebracht hat.

► Gen Norden

R S Desert Inn
160 km nördlich von Tennant Creek
Tel. 08 / 89 64 45 05
www.rennerspringshotel.com.au
Tgl. 6.30 – 23.00 Uhr; Tankstelle mit schattigem Campingplatz und 27 klimatisierten Zimmern

Daly Waters Pub
400 km nördlich von Tennant Creek
Tel. 08 / 89 75 99 27
www.dalywaterspub.com
►Baedeker Special, S. 114/115

Larrimah Wayside Inn
495 km nördlich von Tennant Creek
Tel. 08 / 89 75 99 3
Legendäres Outback-Roadhouse mit Campingplatz in der Nähe des Eisenbahnmuseums von Larrimah

Nobles Nob Mine, wo man 1934 auf Gold stieß. Das heute zugängliche Bergwerk war seinerzeit der größte Gold-Tagebau der Welt und schloss erst 1985.

Devil's Pebbles

Etwa 10 km nordwestlich des Stuart Highway liegen weiträumig verteilt die Devil's Pebbles, eine verkleinerte Ausgabe der 95 km entfernten Devil's Marbles. Die Aborigines betrachten die **runden Granitblöcke** als Eier der Regenbogenschlange. Durch Mineralienbeimischungen sind die Felsblöcke verschiedenfarbig. Am schönsten leuchten die magischen Steine im Licht der untergehenden Sonne.

✶ Devil's Marbles Conservation Reserve

Nein, nicht der Leibhaftige hat die auf 1800 ha verstreut liegenden, teils gigantischen **»Teufelsmurmeln«** verloren. Die in der Abendsonne magisch rot aufleuchtenden Granitfelsen 110 km südlich von Tennant Creek entstanden vielmehr durch allmähliche Verwitterung eines riesigen Granitklotzes. Die Aborigines glauben, dass die Steine die **Eier der heiligen Regenbogenschlange** sind, die vor Urzeiten zusammen mit den Ahnen für die Schöpfung verantwortlich war und sich dann zum ►Uluru (Ayers Rock) zusammenrollte.

Im Schein der Abendsonne wirken die Devil's Marbles tatsächlich wie rot glühende Teufelsmurmeln.

★ Uluru & Kata Tjuta National Park

F 5

Bekanntestes Wahrzeichen Australiens ist der magische Monolith Uluru, der seit Jahrmillionen wie ein gestrandeter Riesenwal im Herzen des roten Kontinents ruht. Genießen Sie die wechselnden Farben der Wüste am frühen Morgen oder bei Sonnenuntergang, wenn der heilige Berg der Aborigines in allen Rottönen leuchtet.

Uluru

Der 348 m aus der weiten Ebene aufragende Uluru oder **Ayers Rock**, wie er früher genannt wurde, liegt gut 450 km südwestlich von ►Alice Springs. Das berühmteste **Wahrzeichen Australiens** hat einen Umfang von 9,4 km und zeugt als **Inselberg** von einem gewaltigen Arkose-Sandsteinmassiv, das sich unterirdisch fortsetzt. Seine rostrote Farbe stammt vom hohen Eisengehalt. Entdeckt wurde der Felskoloss im Oktober 1873 fast gleichzeitig von den Forschern William Gosse und Ernest Giles. Seinen Namen erhielt der Berg nach Henry Ayers, dem damaligen Premierminister von Südaustralien, zu dem seinerzeit auch das Northern Territory gehörte. Die ersten Zeugnisse menschlicher Besiedlung reichen in der Region allerdings mehr als 20 000 Jahre zurück. Die ältesten bekannten Aborigines, die hier lebten, waren Jangkundjara, die um 1917 allerdings nicht von Europäern, sondern von nomadisierenden Stämmen des Pitjandjara-Volkes nach Süden verdrängt wurden. Bis zum Ende des Zweiten Weltkriegs kamen nur ganz vereinzelt Touristen, die auf Kamelen von ortskundigen Viehtreibern hergeführt wurden. Als nach der Erschließung des Gebiets durch Straßen der Zustrom der Besucher in den 1950er-Jahren stetig zunahm, wurde 1958 der 126 000 ha große **Uluru National Park** eingerichtet. 1984 folgte der Bau der Ferienstadt Yulara Resort mit einem eigenen Flugplatz. Seit 1987 gehört der Nationalpark zum **UNESCO-Welterbe**.

Nach langen Rechtsstreitigkeiten erhielten die **Anangu-Aborigines** 1985 ihren **heiligen Berg** als rechtmäßiges Eigentum zurück: das Gebiet des Uluru und Kata Tjuta. Allerdings mussten sich die Anangu verpflichten, den Nationalpark zu touristischen Zwecken für 99 Jahre an den Staat zu verpachten, sie sind jedoch laut Pachtvertrag an Verwaltung und Parkeinnahmen beteiligt.

Baedeker TIPP

Aboriginal-Touren

Die Anangu bieten diverse Führungen an. Auf dem *Liru* und *Mala Walk* erklären die Besitzer des Uluru die mythologische Bedeutung ihres Felsens und zeigen, wie sie über Jahrtausende in dem für Europäer unwirtlichen Land überlebt haben. Während der *Desert Awakenings Tour* bestaunt man bei Milchkaffee, Damper und frischen Früchten von einer Sanddüne aus den Sonnen-aufgang, danach wandert man um den heiligen Berg und lauscht den Geschichten aus der Traumzeit. Buchung im Uluru Cultural Centre und bei Anangu-Tours, Yulara Rock Resort, Tel. 08 / 89 56 21 23, www.ananguwaai.com.au. Wer sich mit der Malerei der Aborigines beschäftigen will, ist ebenfalls richtig (s. Special Guide, S. 9).

Nach langer Fahrt durch staubtrockene Landschaft endlich am Ziel: Massiv erhebt sich der Uluru (Ayers Rock) aus der weiten Ebene des Red Centre.

»I didn't climb Ayers Rock!«

Für viele ist die **Besteigung des Uluru** ein Muss und während der Hochsaison gleicht der mit einer Kette gesicherte Klettersteig einer Ameisenstraße. Für die Aborigines ist die Besteigung ihres heiligen Berges jedoch ein **Tabu**, da im Uluru jene Traumzeitwesen ruhen, die einst die Erde geschaffen haben (►Baedeker Special S. 322). Der 1,6 km lange Anstieg ist auch nicht ungefährlich, und wer nicht fit oder nicht schwindelfrei ist, sollte den stellenweise extrem steilen Aufstieg nicht machen. Immer mehr Besucher respektieren aber den ausdrücklichen Wunsch der Ureinwohner, den Berg nicht zu besteigen, und umrunden ihn lieber in etwa 3 Stunden auf einer 10 km langen **Rundwanderung**, die auch heilige Stätten der Ureinwohner berührt.

Tier- und Pflanzenwelt

In der weiten, wüstenartigen Sandebene wachsen Spinnifexgras, vereinzelte Akazien, Grevillen und schachtelhalmblättrige Kasuarien (Desert Oaks). In den geschützten Bereichen am Fuß der Felsen, wo sich Regenwasser sammelt, gedeihen kleinwüchsige Eukalyptusarten. In den Wurzeln der gelb blühenden **Witchetta**-Büsche leben die gleichnamigen Larven, die den Ureinwohnern eine wichtige eiweißhaltige Nahrung bieten. Wenn in den Sommermonaten gelegentlich Regen fällt, bilden kurze Zeit später Wildblumen bunte Blütenteppiche. Dann sieht man auch die **Sturt's Desert Rose**, die Wappenblume des Nordterritoriums, in ihrer ganzen Pracht. Im Nationalpark sind rote Riesenkängurus, Dingos und über 160 Vogelarten heimisch, die man am besten frühmorgens oder gegen Abend beobachten kann. Die Farbenspiele am Fels lassen sich am besten an den **Sunrise** und **Sunset Viewing Areas** verfolgen, die jedoch häufig überlaufen sind. Im Nationalpark herrscht wüstenhaftes Klima mit einer sehr hohen Verdunstung. Tagsüber kann es sehr heiß werden und in den Winternächten sinkt die Quecksilbersäule unter den Gefrierpunkt.

★★ **Kata Tjuta**

Die Ehrfurcht einflößenden, rostrot leuchtenden **36 Felskuppeln** der Kata Tjuta ragen 50 km westlich vom Uluru aus der wüstenhaften Ebene auf. Der höchste Fels der 35 km² großen Ansammlung ist 546 m hoch. Ihr »Entdecker« Ernest Giles nannte sie **Olgas** nach der Königin Olga von Württemberg. Ursprünglich handelte es sich bei den

Uluru • Kata Tjuta Orientierung

Geologisches Profil

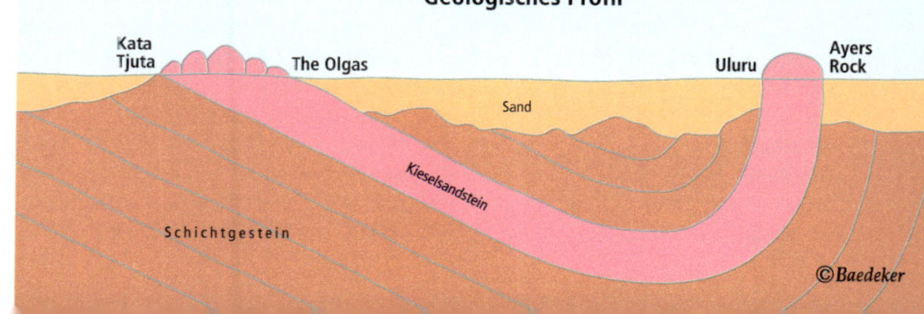

Kata Tjuta, was in der Sprache der Anangu **»viele Köpfe«** bedeutet, wohl um ein einziges gewaltiges Felsmassiv, im Gegensatz zum Uluru besteht es jedoch aus einem grobkörnigeren Konglomerat, das die zerstörenden Kräfte der Verwitterung in einzelne Kuppeln aufspalten konnten. Nach den Anangu ist auch in Kata Tjuta Schöpferkraft aus der Traumzeit gespeichert. Gegen eine Wanderung durch die **Walpa**

ULURU / KATA TJUTA ERLEBEN

AUSKUNFT

Yulara / Ayers Rock Resort
Tel. 02 / 82 96 80 10
www.ayersrockresort.com.au
Das 1984 erbaute Retortenstädtchen liegt 20 km nördlich des Uluru. Zur Ferienanlage gehören Hotels unterschiedlicher Preisklassen, Restaurants und Shopping Centre. Im Visitor Centre beim Desert Gardens Hotel kann man sich über Geologie, Pflanzen, Tiere und die Kultur der Ureinwohner informieren sowie Touren durch den Nationalpark, Kamelausritte, Harleyfahrten und Hubschrauberrundflüge buchen.

Uluru & Kata Tjuta Cultural Centre
Im preisgekrönten Kulturzentrum vermitteln die Anangu eindrucksvoll ihre Traditionen und die Bedeutung der heiligen Stätten.

ANREISE

Täglich Linienflüge von Adelaide, Alice Springs, Darwin, Melbourne, Perth und Sydney zum Connellan Airport, 7 km nördlich von Yulara; kostenloser Shuttlebus. 450 km asphaltierte Anfahrt von Alice Springs über den Stuart und Lasseter Highway, Abzweigung bei Erldunda.

ESSEN UND ÜBERNACHTEN

► Luxus

Longitude 131
Tel. 08 / 89 56 21 00
Fax 08 / 89 56 21 56
www.longitude131.com.au
Nur 3 km trennen den Uluru von der einzigartigen Nobelherberge. Die Gäste wohnen auf einer Sanddüne in 15 luxuriösen Zelten im Safari-Stil, die sich um das »Dune House« mit Gourmetrestaurant, Bar, Bibliothek und Pool gruppieren.
Mindestalter: 12 Jahre.

► Luxus, komfortabel und günstig

Ayers Rock Resort
Von Philip Cox gestalteter moderner Komplex aus sechs Unterkünften – vom 5-Sterne-Resort *Sail in the Desert* über das schicke *Desert Gardens Hotel* und die 4-Sterne-*Emu Walk Apartments* bis zu 3-Sterne-Studios, einfachen Outbacklodges und einem Campingplatz (www.ayersrockresort.com.au/accommodation). Schlemmerfreuden bieten die Restaurants Kuniya, White Gums, Winkiku und das Pioneer BBQ.

Baedeker-Empfehlung

Sounds of Silence
Auf Sekt und Canapés zum Sonnenuntergang bei Didgeridoo-Klängen folgt ein Gourmet-Barbecue mit Emu, Känguru und Krokodil. Zum Dessert erklärt ein Astronom den fantastischen Sternenhimmel der Südhalbkugel über dem nachtschwarzen Uluru (Reservierung: www.ayersrockresort.com.au/sounds-of-silence).

★ ◄ Valley of the Winds

Gorge, das Tal der Winde, haben die Aborigines jedoch nichts. Von drei Parkplätzen führen leicht begehbare Wanderwege in das Gebiet. Vom westlichen Parkplatz aus gelangt man in die zwischen zwei Kuppeln gelegene **Tatintjawiya**-Schlucht (Olga Gorge), für die man 1 bis 2 Stunden einplanen sollte. Vom südlichen Parkplatz aus braucht man etwa 2 Stunden bis zum Kata Tjuta Lookout und zurück. Werden jedoch Tagestemperaturen von mehr als 36 °C erwartet, wird das Valley of the Winds am **Kata Tjuta Lookout** um 11.00 Uhr morgens geschlossen. Vom nördlichen Parkplatz aus bietet sich eine 8 km lange, anstrengende Rundwanderung ins Valley of the Winds an – unbedingt genug Wasser mitnehmen!

Mount Connor

Ungefähr 120 km östlich des Uluru erhebt sich weithin sichtbar der 350 m hohe Mount Connor, den die Aborigines **Atila** nennen. Er wurde 1873 entdeckt und nach dem südaustralischen Politiker M. L. Connor benannt. Vom Rastplatz Mount Connor Lookout am Lasseter Highway hat man einen guten Blick auf den Berg.

◄ Weiter auf S. 326

Rostrot leuchten die mystischen Felsenköpfe der Kata Tjuta – für die Ureinwohner kreuzen sich hier seit Jahrtausenden die Traumzeitpfade.

LEGENDEN DER TRAUMZEIT

Den Anfang der Zeit bestimmt für die Aborigines die Schöpfung der Erde durch riesige, spirituelle Wesen. Tiere, Menschen und das Land waren alle Teil der endlosen »Traumzeit«, die in beseelten Dingen und Orten bis heute fortlebt. Doch die Kultur der Ahnen droht in Vergessenheit zu geraten.

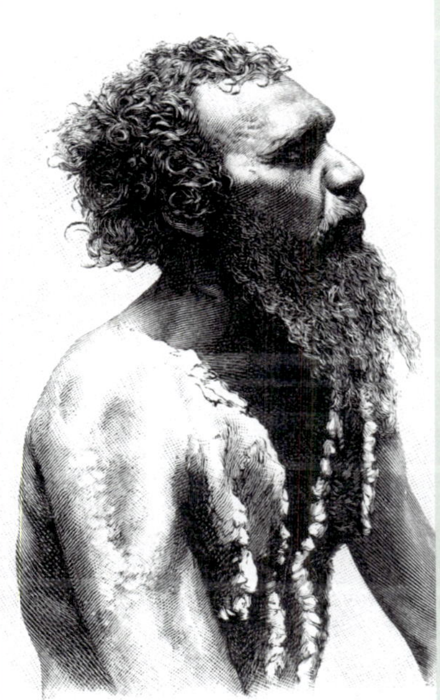

Wild und unbekannt erschienen den Europäern die Aborigines. Xylografie aus dem 19. Jahrhundert.

Die Geschichten der Traumzeit wurden von Generation zu Generation nur mündlich durch Sprache, Gesang und Tanz weitergegeben. Am Anfang der Schöpfung steht die **Regenbogenschlange** als zweigeschlechtliches Urwesen, das Himmel und Erde in sich vereinte, bevor diese geteilt wurden. Die Regenbogenschlange kroch unter der Erdkruste hervor, wo alle Tiere ruhten, und schlängelte durchs Land. Dann rief sie die Frösche aus der Erde und kitzelte ihre Bäuche, die voll Wasser waren. Die Frösche mussten lachen und das Wasser ergoss sich aus ihren Bäuchen über das ganze Land in die Spuren der Regenbogenschlange. Seen und Flüsse entstanden und alle Tiere erwachten. Viele Tiere machte die Schlange dann zu Menschen.

In der Schöpfungsgeschichte der im nordaustralischen Kakadu-Nationalpark beheimateten Gagudjus bildet **Warramurrungundji**, ein weibliches Wesen in menschlicher Gestalt, den Beginn allen Seins. Sie erschuf das Land und die Menschen und gab ihnen ihre Sprachen. Ihr folgten andere Schöpferwesen wie **Ginga**, der riesige Stammvater der Krokodile, der dem Felsland Gestalt verlieh. Nachdem die Schöpferwesen ihr Werk vollbracht hatten, wurden sie Teile der Landschaft und leben bis heute als Geister in der von ihnen erschaffenen Welt, verwandelt in einen Stein, Baum oder Strauch. Warramurrungundji ist ein weißer Felsen in den Wäldern, Ginga ein Felsblock in der Form eines Krokodilrückens. Auch die Regenbogenschlange ist noch gegenwärtig. Sie hat sich zusammengerollt und in den **Uluru** (Ayers Rock), den heiligen Berg der Anangu-Aborigines, verwandelt.

Vergangenheit ...

Die Traumzeit der Aborigines ist noch nicht zu Ende. Sie umschreibt nicht nur eine ferne Vergangenheit, sondern auch eine Art Parallelzeit, wobei nicht der Zustand des Träumens oder der Unwirklichkeit, sondern der Zustand einer Wirklichkeit jenseits der irdischen Realität gemeint ist. Überhaupt lässt sich der Aborigine-Begriff **Tjukurrpa** nur bedingt als Dreamtime bzw. Traumzeit übersetzen. Der englische Fachausdruck Dreamtime entstand aus den unzureichenden Übersetzungen der Aranda-Vokabel **Altjira rama** und deren Verkürzung »Altjiranga«. Altjira rama bedeutet etwa »die Fähigkeit, wie im Traum oder in einer Vision einen konkreten Ort von großer persönlicher Bedeutung für den jeweiligen Sprecher »sehen zu können«, Altjiranga schildert etwas, »das von Anfang an und in aller Ewigkeit vorhanden war und ist«. So umschreibt das Anangu-Wort Tjukurrpa in erster Linie die Schöpfung, die zur Entstehung der heiligen Zentren und der zahlreichen **Iwaras** bzw. »Songlines« führte, der von den Schöpferahnen beschrittenen **Traumpfade**, die sich als unsichtbare Wege labyrinthartig durch ganz Australien schlängeln.

Die Aborigines kamen in grauer Vorzeit aus Südasien nach Australien.

Jagdwaffe war – neben Speer und Keule – der Bumerang.

... und Gegenwart

Aus Tjukurrpa entwickelten sich aber auch Bräuche und Tabus, an denen sich die traditionsbewussten Aborigines auch heute noch orientieren – denn als die Erde geschaffen war, vertrauten die Ahnen den Menschen das Wächteramt über die Schöpfung Schöpferwesen ist. Vielleicht hat sich auch deshalb die Lebensform der Aborigines jahrtausendelang kaum verändert, selbst der Ackerbau wäre als tadelnswerter Eingriff in die Weltordnung verstanden worden.

Auf diese Weise wurde auch **kein Schriftsystem** entwickelt. Im Tod sehen die Ureinwohner das Ende allen Seins, **das Paradies ist hier und jetzt**. Damit dieses Paradies aber nicht verloren geht, muss dessen Ursprünglichkeit bewahrt werden – durch Zeremonien oder Besuche **heiliger Stätten**. So wird die Schöpfung mit

»Die Zeit wird knapp. Unsere Generation repräsentiert vielleicht die letzte Chance, Mutter Erde zu retten, die letzte Chance, die Gesetze und Bräuche der Ureinwohner zu lernen, Wissen und Erfahrung zu teilen und eine Welt zu schaffen, in der wir alle in Harmonie leben können.« (Yothu Yindi)

an. Die Ureinwohner fühlen sich daher als **Teil der Natur** und des Landes, und ein Eingriff in die Natur bedeutet für sie, das Leben selbst zu töten. Den Besitz von Land kennen sie traditionell nicht, sogar die Straßen, die Verkehrswege der Weißen, sind für sie gegen die Natur. Die Ureinwohner bewegen sich so in einer Welt, in der alles, auch das unscheinbarste Geschöpf, ein direktes Produkt der **Gesängen und Geschichten** von eingeweihten Aborigines immer wieder aufs Neue bekräftigt, werden die Traumpfade in jeder Einzelheit besungen, wie es die Ahnen bei deren Erschaffung taten. Bei den **Corroborees** genannten Versammlungen wird zum Klang der **Didgeridoos** und geschlagener **Bora-Bora-Hölzer** (oder Bullroarers) und **Bumerangs** getanzt, gesungen und die Mythologie wieder-

gegeben; in manchen Fällen setzen sich diese Corroborees aus nach strengen Regeln aufgeführten Ritualen zusammen, zu denen nur eingeweihte Stammesmitglieder Zugang haben. Selbst die Kunst diente ursprünglich nur dem Zweck, Kontakt mit der Traumzeit aufzunehmen. Nicht das vollendete Werk – die Darstellung traditioneller Motive auf Felswänden, Baumrinden, Didgeridoos, Bumerangs und eigenen Körpern – hat Bedeutung, sondern der von bestimmten Ritualen begleitete Akt des Malens, der den Künstler – im Zustand des Traums oder der Trance – mit der Welt der Ahnen verbindet.

Und die Zukunft?

Die zahllosen Geschichten der Traumzeit wurden in Gesängen, Tänzen und mündlich über Jahrtausende weitergegeben. Heute werden zwar immer weniger der alten Traditionen und Traumzeitgeschichten überliefert, dennoch gibt es gleichzeitig eine

Tanz und Körperbemalung sind ein wichtiges Medium der Geschichtenerzählung bei den traditionellen Corroborees.

wachsende **Aboriginesbewegung**, die wieder zu traditionellen Lebensweisen zurückkehrt und das Erbe ihrer Ahnen zu bewahren sucht. Aborigineskünstler haben in den vergangenen Jahren weltweit erstaunliche Erfolge erzielt. Tanz- und Musikgruppen, Schriftsteller, Sportler, Filmemacher und Maler haben sich auch international zum **Sprachrohr der Ureinwohner** gemacht. So trat z. B. die populäre Rockgruppe **Yothu Yindi**, ein zehnköpfiges Ensemble aus Aborigines und weißen Australiern, 1991 mit ihrem Hit »Treaty« für den geforderten Selbstbestimmungsvertrag ein und sorgte für weltweite Publicity. Seit 2006 überrascht TV-Starkoch **Mark Olive** in seinem »Outback Café« mit traditionellen Zutaten seiner Vorfahren und peppt Australiens Küche mit Akaziensamen, Buschtomaten oder fruchtigen Känguruäpfeln auf.

★★ Watarrka National Park · Kings Canyon

M 9

Rot, gelb und weiß leuchten die zerklüfteten Sandsteinwände im gewaltigen Kings Canyon auf, der zum Watarrka National Park 320 km südwestlich von ►Alice Springs gehört.

★★ **Spektakuläre Sandsteinschlucht**

Bis zu 100 m hoch sind die roten Felswände in **Australiens tiefster Schlucht**. Seit mindestens 20 000 Jahren leben hier die Luritja, und in ihrer Sprache heißt die Gegend **Watarrka**, benannt nach der im Landesinnern weit verbreiteten Regenschirmakazie. Ein Teil des Canyons ist den Ureinwohnern heilig und wurde mit Felsmalereien ausgeschmückt.

Als erster Europäer kam 1872 Ernest Giles in diese Schlucht, die er nach seinem Freund Fielder King benannte. Die steilen Klippen des Canyon sehen teilweise so aus, als habe man sie mit einer Steinfräse glatt aus dem Massiv herausgeschnitten – ein Wunder der Natur, das

Der Kings Canyon ist eine wichtige Kultstätte der Luritja-Aborigines und eine der faszinierendsten Landschaften im Herzen des fünften Kontinents.

KINGS CANYON ERLEBEN

ANREISE

Befestigte Zufahrten

- via Stuart Highway, Lasseter Highway und Luritja Road
- über den Larapinta Drive durch den West MacDonnell National Park – Meerenie Loop Pass erforderlich!
- nur für Allradfahrzeuge: ab Henbury (Stuart Highway) auf der Ernest Giles Road

ERLEBNISSE/TOUREN

- Gourmet-Dinner unter dem Wüstenmond
- Helikopterflüge über Kings Canyon (15 Min.)
- Kings Canyon/Lost City/Carmichael Crag (15 Min.)
- Kings Canyon/Carmichael Crag/ George Gill Range (30 Min.)
- Quad-Tour oder Kamelritt über das Gelände der Kings Creek Station; alles buchbar über Kings Canyon Resort.

ÜBERNACHTEN

▸ Komfortabel

Kings Canyon Resort
Tel. 08 / 89 56 74 42
www.kingscanyonresort.com.au
Moderne Lodge mit 36 Budget-Zimmern, Campingplatz, Tennisplatz, Swimmingpools, Tankstelle, Dinner am Lagerfeuer und diversen Tourangeboten; Ausgabestelle des ***Meerenie Loop Pass.***

der mehrere Millionen Jahre andauernden Verwitterung geschuldet ist. Im wechselnden Sonnenlicht ist das feine, variantenreiche Farbenspiel des Sandsteins zu bewundern.

Zwei Wanderwege

Am Parkplatz beim Eingang beginnen zwei Wanderwege. Der 6 km lange **Kings Canyon Walk** führt in knapp 3 Stunden nach einem steilen Aufstieg am oberen Rand des Canyon entlang. Auf dem Weg passiert man große, bienenstockähnliche Sandsteindome, ebenfalls ein Werk der Erosion. Der Canyon endet beim **Garden of Eden** in einem Seitental. Dort plätschert ein kleiner Wasserlauf, der sich immer wieder aufstaut. In der Schlucht sprießt und grünt es. Uralte Palmenfarne, die vor der Austrocknung des Landes überall im Zentrum Australiens wuchsen, haben sich hier erhalten. Diese Wanderung gehört zu den großen, aber auch anstrengenden Naturerlebnissen im Northern Territory – unbedingt ausreichend Trinkwasser und Sonnenhut mitnehmen.
Ganz anders ist der einstündige, 2,5 km lange **Kings Creek Walk**, der am Talgrund durch ein fast ständig ausgetrocknetes Flussbett zu einem idyllischen Felsteich führt, in den ein kleiner Wasserfall stürzt. Auf dem Plateau über dem Canyon haben sich durch Verwitterung Sandsteinkuppeln aller Größen gebildet, die wegen ihrer Ähnlichkeit mit verfallenen Häusern und Straßen **Lost City** genannt werden. Der weiche Sandstein ist sehr brüchig; Klettereien auf den Felsen sollte man aus Sicherheitsgründen unterlassen.

QUEENSLAND

Kürzel: QLD
Hauptstadt: Brisbane
Symbolpflanze: Cooktown Orchidee
Fläche: 1 852 642 km²
Bevölkerungszahl: 4,4 Mio.
Symboltier: Koala

Das ganze Jahr hindurch macht der Sunshine State an der Ostküste Australiens seinem Namen alle Ehre. Der zweitgrößte Bundesstaat gilt als tropisches Paradies: Blau schillert das Great Barrier Reef, als goldgelbes Band säumen Strände und Inseln die Küste, tiefgrün bedeckt uralter Regenwald die Küstenberge, ehe sich das tiefe Rot des Outback bis an den Horizont erstreckt.

Sunshine State

Das subtropische bis tropische Klima, die landschaftliche Vielfalt und das hervorragende touristische Angebot machen den »Sonnenscheinstaat« zu Australiens **beliebtester Urlaubsregion** für »Aussies« wie für ausländische Gäste. Queensland, das im Westen an das ► Northern Territory und im Süden an ► New South Wales grenzt, lockt mit 9800 km Strand von Cape York im Norden bis zur Gold Coast im Süden. 2300 km lang begleitet das **Great Barrier Reef** mit 3000 Korallenwällen den nordöstlichsten Bundesstaat, der sich hinter den urzeitlichen Regenwäldern der Great Dividing Range rot und rau zeigt: im Outback. Relaxt und urban gibt sich Queenslands Hauptstadt, die Millionenmetropole **Brisbane**. Bermudas statt Nadelstreifen gehören hier zum Business-Look. Zuckerrohr und Bananen haben seit mehr als 100 Jahren die Farmer reich gemacht und Arbeitskräfte aus Indien ins Land gelockt. Zu den einheimischen Glücksrittern auf den Goldfeldern gesellten sich in den 1860er-Jahren auch chinesische Schürfer. Bei Sapphire und Rubyvale wird bis heute nach Saphiren gegraben, bei Clonarry und Mount Morgan Gold und Kupfer gefördert, in Mount Isa Silber und Blei dem Gestein entrissen. Die Rinder- und Schafzucht bei Winton und Longreach im Landesinnern lockte junge Burschen aus den Küstengebieten an, die sich mit einem Schlafsack unter dem Arm als Tagelöhner auf den Stations, riesigen Farmen, verdingten. Das tragische Schicksal eines solches »swagman« hielt Buschdichter Banjo Paterson in einer Ballade fest, die zur inoffiziellen Nationalhymne Australiens aufstieg: **»Waltzing Matilda«**.

i Topziele in Queensland

- Brisbane – relaxte Hauptstadt ►Seite 333
- Cairns – tropisches Tor zu Regenwald und Riff ►Seite 344
- Fraser Island – grünes Paradies ►Seite 357
- Great Barrier Reef – das farbenprächtigste Korallenriff der Erde ►Seite 362
- Whitsunday Islands – Trauminseln zum Ausspannen ►Seite 367
- Undara Volcanic National Tubes – Höhlentour in riesigen Lavatunneln ►Seite 394

← *Didgeridoo-Vorführung im Tjapukai Aboriginal Culture Park bei Cairns, der über die früheste Kultur Australiens erzählt.*

Queensland

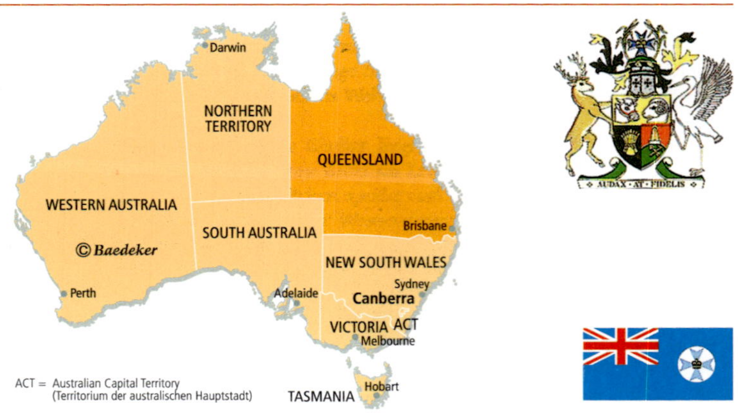

Kultur und Natur Idol der Aborigines, die knapp ein Drittel der Bevölkerung stellen, ist die Spitzensportlerin **Cathy Freeman**, 1973 in Mackay (QLD) geboren, die 2000 in Sydney die olympische Flamme im Stadion entzündete (► Berühmte Persönlichkeiten). An das kulturelle Erbe der Ureinwohner erinnern bei Laura beeindruckende Felszeichnungen, bei Cairns die Aufführungen des Tjapukai Dance Theatre. Mit 450 geschützten Gebieten, darunter 215 Nationalparks und fünf Regionen mit Weltnaturerbestatus – Great Barrier Reef, Fraser Island, Wet Tropics, Riverside Fossil Fields und Central Eastern Rainforest – ist der Sonnenstaat auch die **Arche Noah des Kontinents**. Seltene Vögel wie der 1,80 m Cassowary leben hier; Palmfarne und andere botanische Raritäten in den Küstenregenwäldern haben seit der Urzeit überlebt. Mehr als 400 Korallenarten und 1500 verschiedene Fische lassen sich am **Great Barrier Reef** bewundern. Hier können Anfänger ohne das sonst obligatorische Tauchbrevier mit speziellen Guides die Unterwasserwelt bewundern oder Tauchprofis Wissenschaftlern bei der Beobachtung von Haien oder Kalmaren helfen. Trockene Einblicke in die Farbenpracht des Riffs gewähren ein Unterwasserspaziergang per Tauchglocke oder Fahrten im Glasbodenboot.

Geschichte Australiens Ureinwohner siedeln in Queensland seit mehr als 40 000 Jahren, die ersten Europäer kamen um 1600 über den Golf von Carpentaria im Norden nach Queensland. Am 11. Juni 1770 erlitt **James Cook** vor der Küste bei Cooktown mit seinem Schiff HMS »Endeavour« Schiffbruch. Erste Siedlung des Bundesstaats war die Strafkolonie Redcliffe, die 1824 rund 40 km nördlich von Brisbane angelegt, aber bereits ein Jahr später an den Standort des heutigen Central Business District von Brisbane verlegt wurde. Queensland gehörte ab

1824 zu New South Wales und wurde erst 1859 von **Queen Victoria** als eigene Kolonie etabliert, 1860 folgten die ersten Wahlen. 1879 wurden die Torres Strait Islands und die 74 Inseln der Whitsundays sowie das gesamte Great Barrier Reef Queensland zugeordnet, das seit 1. Januar 1901 Bundesstaat im Australian Commonwealth ist.

Hinweis

Insektenschutz ist hier unabdingbar: In Queensland übertragen die Stechmücken das gefährliche Dengue-Fieber. Besonders verbreitet ist es rund um Cairns (Infos: http://www.health.qld.gov.au/dengue).

★ Atherton Tablelands

T 5

Rund eine Stunde Autofahrt westlich von ►Cairns erheben sich die Atherton Tablelands, ein 400 bis 1000 m hohes Plateau mit angenehmem Klima, fruchtbaren Vulkanböden, tropischen Regenwäldern, klaren Wasserfällen und netten Dörfern.

Hügeliges Tafelland

◄ www. tablelands.org

Wo der Regenwald auf das Outback trifft, liegt **Mareeba** (7000 Einw.) mit den **Golden Pride Wineries** (227 Bilwon Road, www.goldendrop.com.au), einem Weingut inmitten von Australiens größter Mango-Plantage – hergestellt werden Mango-Fruchtweine. Die Geschichte des Kaffeeanbaus präsentiert das Australian Coffee Centre auf der **Skybury Plantation** (www.skybury.com.au).

Atherton

Die Hauptstadt des Hochlands entstand aus einem Holzfällerlager und wurde nach John Atherton benannt, der sich hier um 1870 als Farmer niederließ. An das Erbe der einst sehr großen chinesischen Gemeinde erinnert in der Herberton Road der **Hou-Wang-Tempel** (Öffnungszeiten: tgl. 10.00 – 16.00 Uhr, www.houwang.org.au).

Yungaburra

Der Gillies Highway führt östlich weiter zum Dorf Yungaburra, nahe dem Südufer des Tinaroo-Stausees. Nicht ohne Grund nannten die Aborigines den Platz »Yungaburra« (= Feigenbaum), denn mitten im Regenwald behauptet sich ein monströser **Curtain Fig Tree** (Würgefeige), dessen Luftwurzeln aus 18 m Höhe wie Vorhänge von den ausladenden Ästen fallen – im Ort ist der Weg ausgeschildert.
Reizvolle Wanderwege führen östlich im **Crater Lakes National Park** um den Lake Barrine und den 10 km entfernten Lake Eacham, beides kleine, bis zu 65 m tiefe Kraterseen.

Malanda

◄ Millaa Millaa Falls

Die Gemeinde Malanda, 22 km südöstlich von Atherton, liegt bereits am **Waterfall Circuit**, einer 16 km langen Rundroute vorbei an tosenden Wasserfällen, Flüssen voller Stromschnellen und dichten Regenwäldern. Besonders spektakulär sind die Millaa Millaa Falls, die als dichter Wasserschleier über einen farnbewachsenen Steilhang stürzen. Ebenso atemberaubend ist die Aussicht vom Millaa Millaa

Lookout mit 180-Grad-Blick über die Tablelands. Malandas Milk Cooperative liefert jährlich mehr als 90 Mio. l Milch aus. Damit versorgen die Kühe auf den Weiden des Atherton Tableland weite Teile des Kontinents bis hin nach Darwin und Western Australia – die längste »Milchstraße« der Erde.

Mount Hypipamee National Park

Im tropischen Dickicht des Mount Hypipamee National Park, 25 km südlich von Atherton, können **Helmkasuare** oder Cassowary, wie die Australier sie nennen, den Weg kreuzen. Die 1,50 m großen, flugunfähigen Vögel mit blauem Hals, Kehllappen und messerscharfen Krallen leben nur noch im Atherton Tableland.

Ravenshoe

Am Südwestrand des Atherton Tableland liegt die ehemalige Holzfällergemeinde Ravenshoe auf 930 m, der höchstgelegene Ort in ganz Queensland. Samstags und sonntags (außer Feb. und März) pünktlich um 14.30 Uhr, startet hier der historische, dampfbetriebene **Millstream Express** zur 7 km langen Eisenbahnfahrt nach Tumoulin.

Millstream Falls National Park

Westlich von Ravenshoe sind die Millstream Falls ausgeschildert. Die etwa 1 km südlich des Highway gelegenen, 13 m hohen Wasserfälle sollen die breitesten in Australien sein.

Im Atherton Tableland gibt es zahlreiche Wasserfälle. Die Millaa Millaa Falls fallen als dichter Wasserschleier über einen Steilhang aus Farnen.

Birdsville

Q 9

Nur 120 Einwohner, aber jeder in Australien kennt das einsame Outback-Kaff, 12 km vor der Grenze nach ►South Australia, denn hier beginnt der berüchtigte Birdsville Track, eine der schwierigsten Offroad-Routen durch das rote Herz des Landes.

Viehtrieb und Pferderennen

Im 19. Jh. gab es am Birdsville Track neun **Rinderstationen**, prägten die »Drover«, professionelle Viehtreiber, das Leben von Birdsville, gab es hier drei Hotels, drei Läden und sogar einen Arzt. Als nach der Föderation 1901 der Zoll auf Rinderexporte wegfiel, schwanden die Einnahmen. Schließlich machten die über 50 m langen Road Trains wochenlange Viehtriebe überflüssig – 2002 fand der letzte große Viehtrieb über den Birdsville Track statt.

Höhepunkt des Jahres sind am ersten Wochenende im September die spektakulären **Birdsville Picnic Races** – zu dem Pferderennen fallen Tausende Aussies in Geländewagen, Luxuskarossen oder Flugzeugen ein, um drei Tage lang zu wetten, zu fiebern und zu trinken. Im legendären **Birdsville Hotel** von 1884 spülen sie sich den Staub aus den Kehlen. Nicht verpassen sollte man den Besuch des Birdsville Working Museum der Menzies, die in einer großen Scheune Gerätschaften der Schafscherer und **Viehzüchter des Outback** zusammengetragen haben (Öffnungszeiten: tgl. 8.00 – 18.00 Uhr).

◄ Birdsville Working Museum

✶ Brisbane

X 10

Einwohner: 2,1 Mio. im Ballungsraum

Tropisch relaxter Lebensstil und 300 Sonnentage: »Brissie«, die drittgrößte Stadt Australiens und Hauptstadt von Queensland, verspricht »summer in the city« – das ganze Jahr hindurch.

Boomtown »Brissie«

Natürlich ist Brisbane nicht zu vergleichen mit ►Melbourne oder ► Sydney, aber die Stadt hat in den letzten Jahren eine Menge getan, um seine Aschenputtelrolle abzulegen. Man hält etwas aufs Grün, der gepflegte City Garden im Zentrum ist eine Oase mit Palmen, Trauerfeigen und kleinen Ententeichen. Elegante Shoppingmeilen, schicke Trendlokale und anspruchsvolle Museen machen Kultur zum Genuss. Seinen Aufschwung verdankt Brisbane in erster Linie der Landwirtschaft. Bis heute ist es Queenslands wichtigster Finanzplatz und **Umschlagplatz für Agrarprodukte**, die im Hinterland gedeihen. Wachstumsbranchen sind außerdem die Informationstechnologie und die Telekommunikation, gezielt wird auch das Angebot für Touristen und Geschäftsreisende ausgebaut.

Die Story Bridge überspannt den Brisbane River vom Kangaroo Point nach Norden.

Rundgang durch das Zentrum

★ **City Botanic Gardens**

Beginnen Sie den Stadtrundgang an der Albert Street am 1,8 km^2 großen Botanischen Garten, der 1828 eröffnet wurde und fast die gesamte Südspitze der vom Brisbane River umschlossenen Halbinsel einnimmt. Turmhohe Moreton-Bay-Feigen, uralte Banyanbäume mit dichten Vorhängen ihrer Luftwurzeln, Bambus, Palmfarne und Mangroven schmücken den ältesten öffentlichen Park von Queensland, der von Oktober bis März beim **Moonlight Cinema** zum Kinovergnügen unter dem Sternehimmel lädt (Führungen: Mo.–Sa. 11.00, 13.00 Uhr, www.moonlight.com.au).

Begrenzt wird der Park vom Brisbane River, der die Anlage bereits acht Mal überschwemmt hat, vom Garden Campus der Queensland University of Technology (QUT) mit dem **QUT Art Museum** für zeitgenössische australische Kunst (Öffnungszeiten: Di.–Fr. 10.00 bis 17.00, Sa./So. 12.00–17.00 Uhr; 2 George Street, www.artmuseum.qut.com) und dem benachbarten **Old Government House**, der einstigen Residenz des Gouverneurs von Queensland aus dem Jahr 1860, die bis 2009 sorgsam restauriert worden ist (Öffnungszeiten: tgl. 10.00–16.00 Uhr; www.ogh.qut.edu.au).

Jenseits der George Street beginnt die Fußgängerzone Queen Street Mall, die sich mit über 200 Läden, Cafés und Restaurants bis zur Edward Street erstreckt. In einem Kolonialgebäude aus den 1880er-Jahren bietet das große Kaufhaus **Myer Centre** ein ultimatives Shoppingerlebnis. Die Hauptpost – **General Post Office** – ist ein viktorianisches Juwel aus dem Jahr 1871. Das kleine GPO Museum an der Queen Street 261 zeigt Exponate zum Post- und Telefonwesen (Öffnungszeiten: Di. – Fr. 9.30 – 15.30 Uhr). Hinter ihr ragt die neogotische **St. Stephens Cathedral** auf, die 1874 an der Elizabeth Street geweiht wurde. Die älteste Kirche des Bundesstaates ist von 1850 und bildet heute die **St. Stephens Chapel** der Kathedrale.

★ Shoppingmeile Queen Street Mall

! *Baedeker* TIPP

Nostalgisch

An die koloniale Ära erinnern die »Kookaburra River Queens«. Die beiden Nachbauten der Schaufelraddampfer jener Zeit schippern mehrmals täglich vom Pier an der Eagle Street den Brisbane River hinauf – auch mit Lunch oder Dinner (www.kookaburrariverqueens.com).

Über Post Office Square und ANZAC Square mit dem Gefallenenmemorial **»Shrine of Remembrance«** geht es auf der Adelaide Street zum King George Square. Vom 92 m hohen Turm der 1920 im neoklassizistischen Stil erbauten City Hall bietet sich ein weiter Blick auf die Stadt und die Flussschleife des Brisbane River. Der Vergangenheit und Gegenwart Brisbanes widmet sich das **Museum of Brisbane** im Erdgeschoss (Öffnungszeiten: tgl. 10.00 – 17.00 Uhr, www.museumofbrisbane.com.au).

★ City Hall

Nördlich im Wickham Park ist die **Old Windmill** von 1828 erhalten. Anfangs arbeitete die Mühle tatsächlich mit Windkraft, doch bald wurden die Mahlsteine ausschließlich durch die Muskelkraft von Sträflingen in Bewegung gehalten. Gegen Ende des 19. Jh.s erhielt der Mühlenturm eine Aussichtsplattform und heißt seitdem »The Observatory«.

Wickham Park

South Bank

Am gegenüberliegenden Ufer des Brisbane River entstand nach vierjährigem Umbau auf dem EXPO-Gelände von 1988 ein **Freizeitzentrum der Superlative** mit Hotels, Restaurants, Kinos und Kultureinrichtungen, aber auch kunterbunten Wasserlandschaften zwischen Palmen und tropischen Pflanzen, Rainforest Walk und künstlich angelegten Sandstränden wie dem Kodak Beach am Brisbane River (www.southbank.net.au). Beliebt ist auch der Markt, auf dem am Wochenende Händler lokales Kunsthandwerk anbieten.

★ South Bank Parklands

Besonders sehenswert im **Kulturkomplex** mit Oper, Theater, Bibliotheken und zahlreichen Restaurants, Bars und einem Kino ist das **Queensland Museum**, das eine umfassende und anschauliche Samm-

★ Queensland Cultural Centre

In den South Bank Parklands ist immer was los.

lung zur Historie und Naturgeschichte Queenslands birgt. Ausgestellt sind u. a. das in Queensland gefundene Saurierskelett Muttaburrasaurus und das Originalflugzeug des Queenslanders Bert Hinkler, der als Erster die Strecke England – Australien bewältigte (tgl. 9.30 bis 17.00 Uhr, www.qmuseum.qld.gov.au). Im ersten Stock des Museums residiert seit 2006 das **Queensland Sciencentre**, wo nicht nur Kinder die Geheimnisse der Natur interaktiv entdecken können (www.qmuseum.qld.gov.au; Öffnungszeiten: tgl. 10.00 – 17.00 Uhr). Ebenfalls einen Besuch wert ist die **Art Gallery** mit 11 000 Werken australischer und internationaler Künstler.

★★ **Queensland Gallery of Modern Art**

2006 eröffnete am Kurilpa Point in einem lichten Neubau mit dem **GoMA** das zweitgrößte Kunstmuseum Australiens. Gezeigt wird eine wachsende Sammlung **moderner Kunst des Kontinents**, aus Asien und dem pazifischen Raum, aber auch Meisterwerke der alten Welt (Öffnungszeiten: Mo. – Fr. 10.00 – 17.00 Uhr, Sa./So. 9.00 – 17.00 Uhr, www.qag.qld.gov.au).

Queensland Maritime Museum

Die Promenade am Flussufer endet nahe dem Queensland Maritime Museum, dessen Höhepunkte ein Trockendock von 1871 sowie die **Fregatte »Diamantina«**, die während des Zweiten Weltkrieges im Einsatz war, darstellen (Öffnungszeiten 9.30 – 16.30 Uhr, www.maritimemuseum.com.au).

Weitere Sehenswürdigkeiten in Brisbane

Story Bridge

◄ Bridgeclimb

Ein herrlicher Blick auf die Skyline von Brisbane ergibt sich von der Story Bridge, die östlich der City den Brisbane River vom Kangaroo Point nach Norden überspannt (►Abb. S. 334). Auf der Brücke wird auch der ultimative Kick geboten. Eingeklinkt in ein mitlaufendes Stahlseil können Schwindelfreie den 100 m hohen Brückenbogen in einer 2,5-stündigen **Klettertour** mit Panoramablick überqueren (Tel. 07 / 30 06 62 909, www.storybridgeadventureclimb.com.au).

✶ Fortitude Valley

Das Fortitude Valley im Nordosten der Stadt, von Insidern kurz **»The Valley«** genannt, ist Brisbanes **Zentrum des Nachtlebens** mit Bars, Bistros und unzähligen Discotheken. Tagsüber trifft sich alles, was sich hip und cool fühlt, zum Caffè Latte und Shopping auf der Brunswick Street Mall. In der Parallelstraße dominiert Fernöstliches: Duncan Street ist **Chinatown**, eine bunte Ansammlung von Kräutershops, Massagepraxen, Entenbratereien und Asienmärkten. An der Ann Street heißt leuchtend rot ein Torbogen die Besucher willkommen. Wenige Schritte weiter erhebt sich ein Musterbeispiel des Gothic-Revival-Stils des 19. Jahrhunderts: die **St. John's Church** mit wunderschönen Holzschnitzereien und Buntglasfenstern (Öffnungszeiten: Mo. bis Sa. 9.30 – 16.30, So. 11.00 – 16.30 Uhr; 373 Ann Street, www.stjohnscathedral.com.au).

> **!** *Baedeker* TIPP
>
> **Kajak, Pumpabike & Rollerblades**
>
> Fitness-Fans und Familien können bei *Riverlife* am Kangaroo Point Kajaks ausleihen, um die Skyline vom Wasser aus zu bestaunen. Auch Rollerblades werden hier verliehen, um über die Uferwege der South Bank Parklands zu sausen. Trendy sind die Pumpabikes, eine Art Wasserfahrrad, das durch die Arme angetrieben wird – und wenn Ihre Hose trocken bleibt, bekommen sie die Fahrt umsonst! (Tel. 07 / 38 91 57 66, www.riverlife.com.au).

Newstead House

Das Newstead House in der Breakfast Creek Road im nördlichen Stadtteil Newstead ist das **älteste erhaltene Wohnhaus in Brisbane**. Das ländliche Anwesen oberhalb des Brisbane River und des Breakfast Creek wurde 1846 für den Schotten Patrick Leslie erbaut und liebevoll mit viktorianischen Antiquitäten eingerichtet. Es ist berühmt für seine Sonntagskonzerte – und romantische Hochzeiten (Öffnungszeiten: Mo. – Fr. 10.00 – 16.00, So. 14.00 – 17.00 Uhr, www.newsteadhouse.com.au).

Umgebung von Brisbane

Brisbane Botanic Gardens – Mount Coot-Tha

Die **Botanischen Gärten** liegen 8 km westlich der City an der Mount Coot-Tha Road im Vorort Toowong. Das weitläufige Areal umfasst u. a. einen Japanischen Garten und ein kuppelgekröntes Tropenhaus (Öffnungszeiten: tgl. 8.00 – 17.00 Uhr).

BRISBANE ERLEBEN

► Karte S. 336

AUSKUNFT

Brisbane Visitor Information Centre
Queen Street Mall Pavillon
Ecke Albert Street/Queen Street
Tel. 07 / 30 06 62 90
www.visitbrisbane.com.au
www.ourbrisbane.com.au

VERKEHR

Brisbane Airport (www.bne.com.au) liegt 13 km nordöstlich des CBD; in 20 Min. fährt der Air Train (www.air train.com.au) zur City. Kreuzfahrer kommen am *Brisbane Cruise Terminal* »Portside Wharf« an (www.brisbane cruiseterminal.com.au). Zentraler Knotenpunkt für Nah- und Fernverkehr ist das *Roma Street Transit Centre*. Das Busnetz von *TransLink* ist dicht und deckt auch die Vororte ab; das Ticket gilt ebenfalls auf den *City Cat Ferries*, die tgl. 5.50 – 22.30 Uhr auf dem Brisbane River verkehren (www. translink.qld.gov.au). Für Touristen gibt es wochentags einen kostenlosen *City Bus Loop*, auf dem Busse alle 10 Min. Attraktionen wie die Queen Street Mall, die City Botanic Gardens und das Riverside Centre anfahren.

SHOPPING

Einkaufsmeile der Stadt ist die Fußgängerzone *Queen Street Mall*, ein Riesenangebot hat das neue *Direct Factory Outlet* auf dem Weg zum Flughafen. Sonntags bummeln die »Brisbanites« über die zahlreichen *Märkte*. Empfehlenswert sind: South Bank Art & Craft Market (South Bank Parklands), Riverside Markets (123 Eagle Street), King George Square Markets (Ann Street) und der Forest Lake Craft Market im Forest Lake Village Shopping Centre mit Live-Musik (Markttermine: www.bris bane.qld.gov.au).

ROOF TOP BARS

Sonnenuntergang mit einem Drink auf der Dachterrasse gefällig?

- Limes Hotel Rooftop Bar (142 Constance Street, Fortitude Valley)
- Exchange Hotel (131 Edward Street)
- Fox Hotel (Ecke Hope/Melbourne Street, South Brisbane)
- Bar Alto at Powerhouse (119 Lamington Street, New Farm)
- Lady Lamington (483 Brunswick Street, Fortitude Valley)

ESSEN

► Fein & teuer

① ***Ortiga***
466 Brunswick St, Fortitude Valley
Tel. 07 / 38 52 11 55, www.ortiga.com.au
Restaurant des Jahres und Chef des Jahres: Pablo Tordesillas erhielt 2010 gleich zwei Auszeichnungen. Im 1. Stock an der Bar gibt es feine Tapas.

② ***E'cco***
100 Boundary Street / Ecke Adelaide St.
Tel. 07 / 38 31 83 44
www.eccobistro.com
Probieren Sie in Zartbitteröl gerösteten Hirschbraten mit Schwarzkohl und Petersilienwurzelpüree.

► Erschwinglich

Baedeker-Empfehlung

③ ***Tukka***
145 Boundary Street, West End
Tel. 07 / 38 46 63 33
www.tukkarestaurant.com.au
Emu, Wallaby, Wildschwein oder Possum gewürzt mit Buschtomaten, tasmanischem Glockenpfeffer und Früchten des Regenwalds: Genießen Sie die innovative australische Küche von Stéphane Brémont.

④ ***Watt Modern Dining***
River Terrace, Brisbane Powerhouse
119 Lamington Street New Farm
Tel. 07 / 33 58 54 64, www.watt.net.au
Moderne australische Küche, drinnen im minimalistischen Design von Schoko- und Buttertönen, draußen mit Prachtblick auf den Fluss.

► Preiswert

⑤ ***Ciao Baby***
340 Sandgate Road, Albion
Tel. 07 / 38 62 42 00
www.ciaobaby.com.au
Die Vespa am Eingang verrät: Im leuchtend roten viktorianischen Stadthaus mit unverputzten Backsteinwänden komponiert Küchenchef Dan Johnson aus frischen regionalen Zutaten italienische Klassiker: Pizza, Pasta, Risotto – das Ganze auf Wunsch auch halal oder glutenfrei.

AUSGEHEN

① ***Milkbar***
2 Caxton Street, Paddington
Tel. 07 / 35 11 68 68; Mi. – So.
Cool gestylte Bar

② ***The Zoo***
711 Ann Street, Fortitude Valley
Tel. 07 / 38 54 13 81
http://thezoo.com.au; Mi. – Sa.
Hip-Hop, Jazz und Rock live

ÜBERNACHTEN

► Luxus

① ***Conrad Treasury***
Ecke Charlotte/George Street
PO Box 2488, Brisbane 4001
Tel. 07 / 33 06 88 88
www.conradtreasury.com.au
Stilvollste Nobelherberge der Stadt ist das einstige Schatzamt, heute ein Fünf-Sterne-Haus mit 130 Zimmern und sechs Restaurants, darunter die preisgekrönte »Marco Polo Dining Cellar Martini Bar«.

Italienischer Klassiker: im Ciao Baby serviert man einen ausgezeichneten Cappuccino.

► Komfortabel

② ***Il Mondo Boutique Hotel***
25–35 Rotherham Street, Kangaroo Point, Brisbane 4169
Tel. 07 / 33 92 01 11
Fax 07 / 33 92 05 44
www.ilmondo.com.au
Vier-Sterne-Komplex in den Docklands mit 18 Hotelzimmern, zehn Apartments, zwei Studios und einem Penthouse mit Panoramablick.

③ ***Rendezvous Hotel***
255 Ann Street, Ecke Edward Street
Brisbane 4000
Tel. 07 / 30 01 98 88
www.rendezvoushotels.com/brisbane
131 schicke Studios und Apartments, super zentral mit Blick auf den Anzac Square. Queen Street Mall, Bars und Restaurants sind schnell zu Fuß erreichbar. Probieren Sie im Berkley's on Ann Restaurant die frischen Austern und den Fang des Tages.

► Günstig

④ ***Tinbilly***
466 George Street
Ecke Herschel Street
Brisbane 4000
Tel. 07 / 32 38 58 88
www.tinbilly.com

Brisbane Umgebung

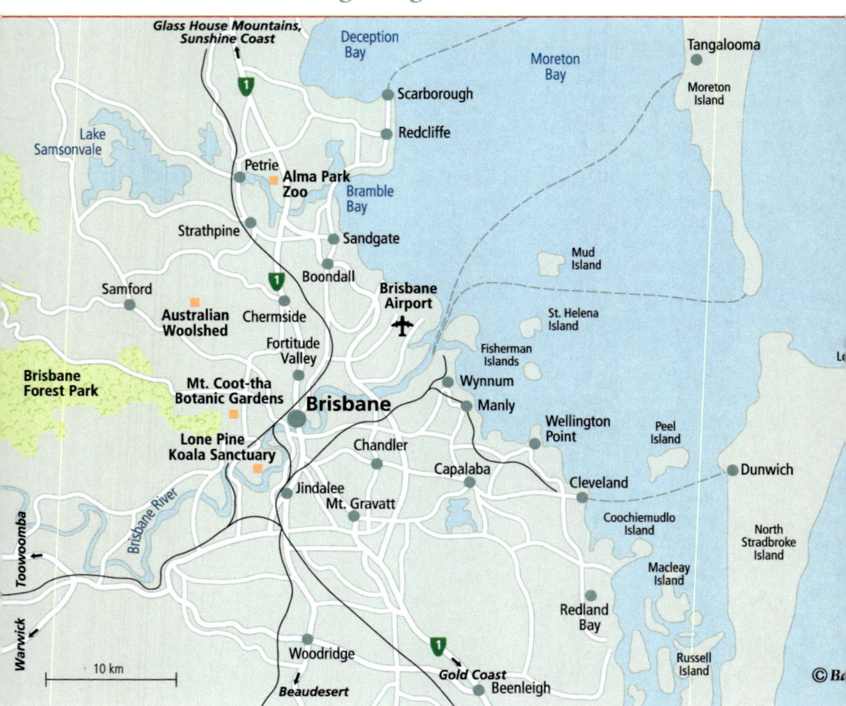

★ Lone Pine Koala Sanctuary

Janet Jackson und Königin Elizabeth II ließen sich hier mit einem Koala auf dem Arm ablichten: Das Lone Pine Koala Sanctuary von 1927 ist nicht nur das älteste, sondern auch das berühmteste Schutzgebiet der Welt für die wuscheligen Beuteltiere. Aber nicht nur rund 130 **Koalas** leben hier, sondern auch Kängurus, Wombats, Echidnas, Dingos, Schlangen, Echsen und **Tasmanische Teufel** (Öffnungszeiten: tgl. 8.30 – 17.00 Uhr; tgl. 10.00 »Miramar«-Bootshuttle ab South Bank, Jesmond Road, Fig Tree Pocket, www.koala.net).

Australian Woolshed

Nordwestlich von Brisbane kann man zuschauen, wie Schafe geschoren werden, und erfährt alles über die **australische Wollproduktion** (Ferny Hills, Straße Richtung Samford; Öffnungszeiten: tgl. 8.30 bis 16.00 Uhr, http://auswoolshed.com.au).

Alma Park Zoo

Die **australische Tierwelt** vereint der Alma Park Zoo, 30 km nördlich von Brisbane bei Kallangur. Doch fühlen sich inmitten der üppigen subtropischen Vegetation auch Leoparden, Kamele und Affen wohl (Öffnungszeiten: tgl. 9.00 – 17.00 Uhr, www.almaparkzoo.com.au).

Bundaberg

X 9

»The Famous Aussie Spirit« – in Australien ist die Stadt am Burnett River vor allem für ihren hochprozentigen »Bundy«-Rum berühmt, der aus dem Zuckerrohr der umliegenden Felder gewonnen wird. Besucher schätzen Bundaberg auch als Sprungbrett zu den südlichen Inseln des ►Great Barrier Reef.

Rumhauptstadt

Aus der Rumhauptstadt des Kontinents kommen über 35 % des australischen Zuckerrohrs. Die Anbauflächen, die nach der Ernte von Juli bis November abgefackelt werden, erstrecken sich auf 600 km² rund um die 1870 gegründete Stadt mit 46 000 Einwohnern. Die Zuckerlager am Hafen fassen mehr als 500 000 Tonnen.

Sehenswertes in Bundaberg

Stadtzentrum

Aus der zweiten Hälfte des 19. Jh.s stammen an der **Bourbong Street** das Post Office, das School of Arts Building und das Grand Hotel. Küfern und Glasbläsern kann man im Kunsthandwerkerkomplex **Schmeider's Cooperage** an der Alexandra Street zusehen (Mo. – Fr. 9.00 – 17.00, Sa. 9.00 – 15.00 Uhr, www.schmeider.bizland.com).

Botanic Gardens

Der herrliche Park 2 km nördlich vom Zentrum birgt **drei Museen**. Bert Hinkler, der 1892 in Bundaberg geboren wurde, flog 1928 als Erster in seinem selbst gebauten Flieger »Ibis« allein von England nach Australien. 1933 verunglückte er beim Überqueren der Alpen tödlich. Sein Wohnhaus **»Mon Repos«** in Southampton wurde 1982 Stein für Stein zerlegt und in Bundaberg wieder aufgebaut (Öffnungszeiten: tgl. 10.00 – 16.00 Uhr). Über die Geschichte der Region informiert das **Bundaberg & District Historical Museum** (tgl. 10.00 bis 16.00 Uhr). Das 1890 für die Besitzer der Fairymead Sugar Mill erbaute **Fairymead House** ist heute ein Museum der Zuckerindustrie (Öffnungszeiten: tgl. 10.00 – 16.00 Uhr). Durch die Grünanlage schnauft die mit Kohlen betriebene **Australian Sugarcane Railway**.

✶ Bundaberg Rum Distillery

Wie seit 1888 aus Zuckerrohr Rum gewonnen wird, lässt sich auf einer Führung durch die **Rumfabrik** an der Avenue Street erleben. Anschließend kann man im viktorianischen Spring-Hill-Landhaus den Bundaberg Rum, Royal Liqueur oder »Dark and Stormy« – Bundaberg Rum mit Ginger Beer – probieren (Führungen Mo. – Fr. 10.00 bis 15.00, Sa./So. 10.00 – 14.00 Uhr, www.bundaberg.com/info).

Bundaberg Barrel

Garantiert alkoholfrei ist das Bundaberg Ginger Beer. Die Herstellung des **Ingwerbiers** wird auf einer **»True Brew Experience Tour«** präsentiert, mit Verkostung (147 Bargara Road, Führungen: tgl. 9.00 bis 16.30 Uhr, www.bundaberg.com/info/the_bundaberg_barrel).

✶ Cairns

T 5

Einwohner: 165 000

Das ► Great Barrier Reef vor der Haustür, urzeitlicher Regenwald im Hinterland, gepaart mit Südseeklima und quirligem Nachtleben: Cairns ist die Boomtown und Freizeitkapitale von Queensland.

Hauptstadt des Tropical Far North

Der Aufstieg von Cairns begann mit einem Koffer und einer Zeltstange mit der Aufschrift »Post Office«, wo die Goldgräber ab 1873 ihre Post abholen konnten. Offiziell gegründet wurde die Stadt 1878 vom damaligen Gouverneur von Queensland, **William Wellington Cairns**, als Exporthafen für Gold und andere Bodenschätze der Minen westlich der Stadt. Für Wirtschaftswachstum sorgen heute das Zuckerrohr der umliegenden Plantagen und vor allem der Tourismus, der hier rund um die Uhr pulsiert. Dicht an dicht säumen große Hotelkomplexe die Uferpromenade **»The Esplanade«**. Das schachbrettartig angelegte Stadtzentrum um den City Place ist ein Einkaufsparadies mit Souvenirshops, Modeboutiquen, Kunstgalerien und Outback-Ausrüstern. Sobald es dunkel wird, läutet das Lichtermeer der Restaurants, Cafés, Bars, Diskotheken und Clubs das Nachtleben ein, das erst im Morgengrauen endet.

Sehenswertes in Cairns

✶ **Cairns Foreshore Promenade**

Mit viel Aufwand ist die Strandpromenade renoviert worden. Bei Ebbe gibt sie den Blick auf das Watt frei, in dem Minimangroven wachsen – die letzten Überreste eines großen Mangrovenwalds, auf dem

Rund um die Lake Street kann man herrlich shoppen.

Cairns Orientierung

Cairns erbaut wurde. Da Cairns keinen natürlichen Strandzugang besitzt, wurde 2003 eine 4800 m² große Salzwasserlagune zum Baden und Sonnen angelegt, während sich der Nachwuchs im Wasserpark **Muddy's Playground** austobt. Spaziergänger und Jogger treffen sich auf dem 3 km langen **Esplanade Walking Trail**. Sehr kommerziell ist der allabendliche Night Market auf der Esplanade von 16.30 bis 23.00 Uhr.

Pier

Die Strandpromenade endet am **Pier Marketplace**, einem Einkaufs- und Entertainment-Komplex mit mehr als 100 Geschäften, zahlreichen Bars, Cafés und Restaurants. Am Wochenende verkaufen Kunsthandwerker ihre Objekte auf einem sehenswerten Arts & Crafts Market. Von der **Marlin Marina** legen Ausflugsboote zum ► Great Barrier Reef ab. Zahlreiche Jachten liegen auch in der **Trinity Wharf** vor Anker.

Cairns Rainforest Dome

Gegenüber an der Wharf Street erhebt sich das Sofitel Reef Hotel Casino. Unter der eindrucksvollen, 20 m hohen Glaskuppel des Dachs wurde der Cairns Rainforest Dome mit mehr als 60 **tropischen Tierarten** eingerichtet (Öffnungszeiten: tgl. 8.00 – 18.00 Uhr, www.cairnsdome.com.au).

★ **Cairns Regional Gallery**

Wer sich für Russell Drysdale, Ian Fairweather, Margaret Olley oder andere **Künstler Nordaustraliens** interessiert, sollte an der Ecke Abbott und Shields Street die Regionalgalerie in einem der schönsten Bauten der Stadt besuchen (Öffnungszeiten: Mo. – Sa. 10.00 – 17.00, So. ab 13.00 Uhr, www.cairnsregionalartgallery.com.au).

CAIRNS UND PALM COVE ERLEBEN

AUSKUNFT

Cairns & Tropical North Visitor Information Centre
51 The Esplanade, Tel. 07 / 40 51 35 88
www.cairnsgreatbarrierreef.org.au

VERKEHR

Der internationale Flughafen liegt 7 km nördlich. Züge verbinden Cairns mit ►Brisbane. Vom City Place starten die Sun-Stadtbusse (www.sunbus.com.au) stündlich zu Stränden im Norden. Beliebiges Zu- und Aussteigen: Explorer Bus (Mo. – Sa. 9.00 – 16.00 Uhr) zu Sightseeing-Zielen im Zentrum.

TOUREN UND TAUCHEN

Täglich Schiffe und Glasbodenboote von Cairns zum Great Barrier Reef (►S. 362). PADI-Open-Water-Kurse/Tauchgänge: Deutsch wird gesprochen bei Pro Dive (Cairns, www.prodivecairns.com) und Diversionoz (Palm Cove, www.diversionoz.com).

ESSEN

► Erschwinglich

① ***Red Ochre Grill***
34 Shields Street, Tel. 07 / 4051 0100
www.redochregrill.com.au
Ungewöhnliche Zutaten aus dem Outback: Küchenchef Craig Squire kreiert mit Zutaten aus dem Outback ungewöhnliche Genüsse.

② ***Oliver's Restaurant***
Ecke Spence/Abbott Street
Tel. 07/40 41 12 21, www.olivers.net.au
Schräg geg. vom Reef Casino: Australisches mit mediterranem Flair.

ÜBERNACHTEN

► Luxus

① ***Shangri-La Hotel, The Marina***
Pierpoint Road, Cairns 4870
Tel. 07 / 40 31 14 11
www.shangri-la.com; 256 Z.
Cairns' Topadresse am Jachthafen. Gourmetküche im Tides Restaurant.

► Komfortabel

② ***Bay Village Tropical Retreat***
Ecke Lake/Gatton Street, Cairns 4870
Tel. 07 / 40 51 46 22, Fax 40 51 40 57
www.bayvillage.com.au; 92 Z. u. App.
Geschwungener Pool in einem tropischen Garten mitten in Cairns

Baedeker-Empfehlung

③ ***Sebel Reef House & Spa***
99 Williams Esplanade, Palm Cove 4879
Tel. 07 / 40 55 36 33, www.reefhouse.com.
Nostalgische Terrassenzimmer, Familiensuiten und Veranda-Whirlpool, Bars, Bout[iquen] quen und Spa. Preisgekrönt: Philip Mitche[ll] Reef House Restaurant mit Meerblick.

► Günstig

④ ***Rosie's Backpackers***
136 Grafton Street, Cairns 4870
Tel. 07 / 40 41 02 49
www.rosiesbackpackers.com.au
Einfache, saubere Zimmer mit Bad

★ **Flecker Botanic Garden**

Im nördlichen Vorort Edge Hill präsentiert seit 1886 der Botanische Garten Flora und Fauna des fünften Kontinents und verrät, wie die Ureinwohner die heimischen Pflanzen nutzten. Ein Erlebnis ist die **»Starry Night«**, die monatliche Kinonacht unter freiem Himmel an der Collins Avenue (Öffnungszeiten: tgl. 7.30 – 17.30, Sa./So. ab 8.30 Uhr). Zwei Wanderwege führen zum 360 m hohen Gipfel des Mount Whitfield – der 5,4 km lange, anstrengende Blue Arrow Walk und der deutlich leichtere, nur 1,3 km lange Red Arrow Walk – die Fernsicht vom **Mount Whitfield** entschädigt für die Mühen! In Edge Hill informiert ein Besucherzentrum der **Royal Flying Doctors** über Geschichte und Aufgaben der fliegenden Ärzte (Öffnungszeiten: tgl. Mo. – Sa. 8.30 – 17.00 Uhr; ►Baedeker Special, S. 354).

★★ **Sandstrände**

Im Norden von Cairns lockt zwischen Machans und Ellis Beach auf 26 km tropisches Vergnügen an palmengesäumten Sandstränden. Schönste Strandperle ist **Palm Cove** mit seinen Beach-Bars und Gourmetrestaurants, Shopping-, Sport- und Spa-Angeboten – und einem schneeweißen Strand, der als sauberster und freundlichster von Queensland ausgezeichnet wurde (►Hotel, S. 346).

★ Cape Tribulation

T 5

Das »Kap der Leiden« gehört zum Daintree Rainforest National Park, der als ältester Regenwald der Erde seit 1988 UNESCO-Welterbe ist. Die mit Dschungel bewachsenen Berge grenzen unmittelbar an traumhafte Sandstrände mit vorgelagerten Korallengärten. Seinen Namen erhielt das Kap von Captain James Cook, der am 10. Juni 1770 mit seiner »Endeavour« vor der Küste auf ein Riff auflief.

CAPE TRIBULATION ERLEBEN

ÜBERNACHTEN

► **Luxus**

Cape Tribulation Resort & Spa
Cape Tribulation Road, Cairns 4870
Tel. 07 / 40 98 00 33, Fax 40 41 67 41
www.capetribulationresort.com.au
Luxuriöse Holzbungalows mitten im Dschungel mit Gourmetrestaurant und Ocean Spa am Coconut Beach

► **Komfortabel**

Fern Tree Rainforest Lodge
Tel. 07 / 40 98 00 33
Fax 07 / 40 41 67 41
www.ferntreerainforestlodge.com.au
Gemütliche Holzhäuser wenige Hundert Meter vom Strand

► **Günstig**

YHA Crocodylus Village
Tel. 07 / 40 98 91 66, Fax 40 98 91 31
Jugendherberge im tropischen Regenwald, die auch zweitägige Touren im Seekajak mit Übernachtung auf Snapper Island anbietet.

TOUREN

Eine Stunde dauern die Bootstouren durch den Cooper-Creek-Mangrovenwald, um Krokodile aus nächster Nähe zu beobachten – kombinierbar mit einer 2-std. geführten Wanderung durch den Regenwald (Cape Tribulation Wilderness Cruises, Tel. 07 / 40 33 20 52, www.capetribcruises.com).

Am Cape Tribulation säumt dichter Dschungel die endlosen Sandstrände.

Cape Tribulation

Bis heute ist Cape Tribulation ein idyllisches Dorf, dessen 150 Einwohner es geschafft haben, dass – noch – kein Hotelblock den attraktiven **Myall Beach** säumt. Doch die Besucherströme, die hier erleben können, wie der Regenwald auf das Riff trifft, steigen Jahr für Jahr. Das **Bat House** an der Cape Tribulation Road, das die Freiwilligenorganisation Australian Tropical Research Foundation (AUSTROP) betreibt, finanziert aus den Eintrittsgeldern ein Schutzprogramm für Flughunde (Öffnungszeiten: Di. – So. 10.30 – 15.30 Uhr, www.austrop.com.au).

✶✶ Daintree National Park

Rund 100 km trennen ► Cairns vom 7080 km² großen, kaum erschlossenen Daintree National Park, der die ältesten Regenwälder der Erde schützt. Im 140 Mio. Jahre alten Dickicht mit uralten Baumriesen, Würgefeigen, Lianen, Baumfarnen und Mangroven leben 65 % der australischen Fledermaus- und Schmetterlingsarten, ein Drittel aller Beuteltier- und Säugetierarten, 30 % aller Vogelarten und ein Viertel aller Frösche. 70 Tier- und 700 Pflanzenarten sind endemisch, kommen also nur hier vor. Diese **biologische Vielfalt** ist weltweit einmalig – und rief Umweltschützer auf den Plan, als 1983 nördlich von Cape Tribulation der Bloomfield Track als Schotterpiste durch den küstennahen Regenwald geschlagen wurde. Seit 1988 gehört Daintree daher als Teil des 500 km langen Küstenschutzgebiets der »Wet Tropics of Queensland« zwischen Townsville und Cooktown zum **UNESCO-Weltnaturerbe**.

Höchste Erhebung ist der 1375 m hohe **Thornton Peak**; eine beliebte Tageswanderung führt auf den 770 m hohen **Mount Sorrow**. Touristisches »Zentrum« ist das kleine Dörfchen **Daintree** am Daintree Ri-

ver, in dem die einzige Seilfähre im tropischen Australien Fußgänger und Fahrzeuge von 6.00 Uhr früh bis Mitternacht ans andere Ufer übersetzt. Am Fähranleger beginnen auch die Ausflugsfahrten des **Daintree River Train** (www.daintreerivertrain.com), der als Boot im Bahn-Look den Daintree River auf der Suche nach Krokodilen und Kingfisher-Vögeln befährt.
Vom Nordufer führt die Straße vorbei am **Alexandra Range Lookout** hinab zur Cow Bay, wo das **Daintree Discovery Centre** (Öffnungszeiten: tgl. 10.00 – 17.00 Uhr; Ecke Cape Tribulation/Tulip Oak Road, Cow Bay, Tel. 07 / 40 98 91 71, www. daintree-rec.com.au) einlädt, den Regenwald auf einem Holzplankenweg mit einem 23 m hohen Turm in den Baumwipfeln zu erkunden. Mit Nachtwanderungen durch die uralten Tieflandregenwälder des Daintree-Nationalparks lockt **Cooper Creek** weiter nördlich (www.ccwild.com).

* Cape York Peninsula

R–T 2–5

Nördlich von ► Cooktown erstreckt sich die urtümliche Halbinsel Cape York mit einem der letzten unberührten Regenwaldgebiete, das sich deshalb nur im Allradwagen erkunden lässt.

Einsame Wildnis

Nur eine schlechte Development Road und die Telegrafenroute erschließen die **tropische Nordspitze von Queensland**. Krokodile, King Brown Snakes und anderes gefährliches Getier huschen über die Piste. Auch ein Bad im Meer ist nicht ohne Gefahren – wegen der »Salties«, der Salzwasserkrokodile, und der in ganz Australien gefürchteten hochgiftigen Würfelquallen (►S. 104).
Die urtümliche Wildnis lässt sich nicht nur auf geführten Safaris oder auf eigene Faust im Allradwagen erleben, sondern auch aus der Luft: Die regionale Fluggesellschaft **Cape York Air** (www.capeyorkair.com.au), die von Cairns aus auf fünf Routen sieben bis zwanzig Stationen mit Fracht und Post beliefert, nimmt bei freien Plätzen gerne Gäste mit. Ein guter Ausgangspunkt für Entdeckungen auf der Cape York Peninsula ist der 140 km westlich von Cooktown liegende Ort **Laura**, der in ungeraden Jahren Ende Juni das noch recht authentische **»Aboriginal Dance and Culture Festival«** feiert.

*** Quinkan Reserve**

Die Halbinsel ist ein Rückzugsgebiet der australischen Ureinwohner. Ihre mystischen Felszeichnungen wurden erst in den 1950er-Jahren in den Überhängen und Höhlen der schroffen Felslandschaft des südlich von Laura liegenden Quinkan Reserve entdeckt. Für Besucher zugänglich sind die **Aboriginal Rock Art Galleries** von Split Rock, Guguyalangi und Giant Horse Gallery sowie die Quinkans – eine besonders gut erhaltene Felsmalerei, die bis zu 16 000 Jahre alte Figuren mit großen, starren Augen zeigt. Die Ureinwohner glauben, dass diese Abbildungen Geister darstellen, die im Felsen wohnen. Ei-

Bis zu 16 000 Jahre alt ist die Felskunst des Quinkan Reserve.

ne genaue Deutung ist nicht mehr möglich – sämtliche Angehörigen des Stammes, der einst die Malereien schuf, wurden während des Goldrausches massakriert oder durch eingeschleppte Krankheiten dahingerafft. Die **prähistorische Felskunst** wird heute von der Ang-Gnarra Aboriginal Corporation geschützt und darf nur bei Führungen mit örtlichen Aborigines besichtigt werden – gut ausgebildete Guides vermittelt das Quinkan & Regional Cultural Centre (Tel. 07/ 40 60 34 57).

★ Lakefield National Park

Knapp 30 km nördlich von Laura schützt **Queenslands zweitgrößter Nationalpark** ein ausgedehntes Gras- und Waldland, das sich nach der Regenzeit als amphibische Landschaft aus Seen und Sümpfen präsentiert. Eukalypten und Paperbarks, Papierrindenbäume, säumen die Flüsse um die Princess Charlotte Bay. Lakeland ist übrigens der einzige Nationalpark der Halbinsel, in dem geangelt werden darf. Ebenso artenreich wie die Fische sind auch die Wasservögel vertreten. Der Nationalpark kann nur mit Allradfahrzeugen besucht werden; als einzige Unterkunft ist Bushcamping möglich.

Thursday Island

Täglich verkehren Fähren von Seisia zur 3,5 km² großen multiethnischen Insel Thursday in der Torres Strait. Ein Gang über den alten Friedhof auf dem Hügel im Norden mit den Gräbern japanischer **Perlentaucher** vermittelt einen Eindruck von der abenteuerlichen Vergangenheit, als um 1870 reiche Perlenfunde gemacht wurden.

Carnarvon National Park

U 9

In Jahrmillionen haben der Carnarvon Creek und seine Nebenflüsse die bis zu 200 m tiefe, spektakuläre Schlucht in das Sandsteinplateau des Consuelo Tableland National Park gegraben.

★ Carnarvon Gorge

Große Teile des Nationalparks sind nur schwer zugänglich, aber die Carnarvon Gorge ist zumindest während der Trockenzeit mit normalen Pkws erreichbar über Rolleston, rund 135 km südöstlich von ►Emerald. 4 km östlich der Ranger Station bietet die **Carnarvon Gorge Wilderness Lodge** 30 komfortable Holzhütten mit Vollpension (Tel. 07 / 49 84 45 03, www.carnarvon-gorge.com).
Beim **Queensland Parks & Wildlife Service** am Parkeingang starten zahlreiche Wanderwege in die 30 km lange Sandsteinschlucht. Einen fantastischen Blick hat man nach der 3-stündigen Wanderung auf den 200 m hohen **Boolimba Bluff** – beim Aufstieg muss man mehrfach über Felsen klettern! Höhepunkte sind die **Moss Gardens** mit einem wildromantischen Wasserfall, der über mehrere Stufen in die Tiefe stürzt. Moosbewachsene Felsklippen, ein natürliches Amphitheatre und Höhlenmalereien der Aborigines gehören zur 6-stündigen Wanderung durch den üppig bewachsenen **Carnarvon Creek**.

★ Charters Towers

U 7

Lebendiges Zeugnis aus Queenslands »goldener Zeit« ist die alte Goldgräberstadt Charters Tower 135 km südlich von ►Townsville.

Goldgräberstadt

Zwischen 1872 und 1916 wurde hier Gold im Wert von mehr als 50 Mio. AUD gefördert. Zu den Sehenswürdigkeiten führt der **»Ghosts of Gold Heritage Trail«** – nachts erscheinen die Geister des Goldes bei einem Filmspektakel unter dem Sternenhimmel auf dem 420 m hohen **Towers Hill Lookout** mit Fernblick über Stadt und Ebene.

Erinnerungen an goldene Zeiten

Neben der Touristeninformation in der Mosman Street zeigt täglich die Audiopräsentation »Calling of the Cards« in der 1888 erbauten **Stock Exchange Arcade**, wie während des Goldrausches Claims vergeben und Geld gemacht wurde.
Deponiert wurde das Kapital in der Australia Bank of Commerce von 1891, seit 1996 Heimat des **World Theatre** mit Bühne, Kino, Souvenirshop und Restaurant. In die Vergangenheit entführen das **Zara Clark Museum** (Öffnungszeiten: tgl. 10.00 – 15.00 Uhr) und das 1895 an der Ecke High und Hodgkinson Street erbaute **Ay Ot Lookout House**, in dem die Hausherrin auch Tee mit Scones auf der Terrasse serviert (Öffnungszeiten: tgl. 8.00 – 15.00 Uhr).

Venus Gold Battery Hauptattraktion ist jedoch 5 km außerhalb an der Milchester Road die 1872 erbaute, letzte funktionierende Gesteinsmühle Australiens. Wie hier 1972 **Gold** gewonnen wurde, erklären fantasievolle Schaubildern und Demonstrationen (Touren tgl. 9.30 – 15.30 Uhr).

Chillagoe

T 5

Reichhaltige Kupfervorkommen sowie Gold, Silber und Blei bescherten Chillagoe um 1900 eine wahre Blütezeit. Heute wird um das beschauliche Outbackstädtchen 215 km westlich von ► Cairns hochwertiger Marmor abgebaut und in alle Welt exportiert.

Chillagoe-Mungana Caves National Park Der Ausflug in die trockene Steppenlandschaft lohnt sich vor allem wegen der grandiosen **Tropfsteinhöhlen** des Nationalparks. Durch die Donna, Trezkinn und Royal Arch Caves gibt es mindestens einmal täglich Touren. Die Bauhinia, The Archways und Pompeii Cave können ohne Tour besucht werden. Die Temperatur ist angenehm kühl und liegt bei ca. 22 °C.

Cloncurry

R 7

Kupfer und Gold machten das beschauliche Clonburry um 1900 zu einer wohlhabenden Stadt im Outback. 1928 starteten von hier die ersten fliegenden Ärzte und eröffneten für die medizinische Betreuung der Australier eine neue Dimension.

Bergbaustädtchen Die großen Kupfer- und Goldminen um Cloncurry arbeiteten bis 1924, dann wurde die Produktion eingeschränkt, da ►Mount Isa ergiebigere Lagerstätten hatte. Die **Ernest Henry Mine**, 40 km nördlich der Stadt, kann von Mai bis Sept. Mi. und Fr. besichtigt werden.

Royal Flying Doctor Service Im Frühjahr 1928 gründete **John Flynn** (1880 – 1951) in Cloncurry die **»fliegenden Ärzte«**, die noch heute die Menschen im entlegenen Outback medizinisch versorgen (► Baedeker Special, S. 354). Nach ihm wurde der John Flynn Place benannt, wo das **RFDS Historical Museum** die Geschichte der Flying Doctors erzählt. Wirksam wurde der RFDS erst durch die Erfindung des deutschstämmigen Tüftlers Alfred Traeger, der ein Pedalfunkgerät entwickelte, das durch Treten mit Strom versorgt wurde. Erst per Funk wurde es auch abgelegenen Stationen möglich, schnell ärztliche Hilfe herbeizurufen. Heute sorgen Motorradunfälle der Neuzeit-Cowboys ebenso für Arbeit wie Schlangenbisse, Geburten oder in Bedrängnis geratene Touristen (Öffnungszeiten: Mo. – Fr. 7.00 – 16.00, Sa., So. 9.00 – 15.00 Uhr).

Cooktown

T 4

Im Naturhafen von Cooktown ließ Kapitän Cook 1770 sein vor der Küste von ►Cape Tribulation leck geschlagenes Schiff reparieren. Heute wird hier Ende Juni beim »Discovery Festival« die Ankunft von James Cook gefeiert. Cooktown ist auch ein gefragter Ausgangspunkt für Entdeckungsfahrten auf der ►Cape York Peninsula.

Vergessene Goldstadt

Als 1872 am **Palmer River** Gold gefunden wurde, verwandelte sich Cooktown in eine Boomtown mit mehr als 100 Pubs, 40 Bordellen – und 2 Kirchen für die damals 30 000 Einwohner. Um 1900 waren die Goldvorkommen erschöpft. Cooktown geriet in Vergessenheit.

Sehenswertes in Cooktown und Umgebung

James Cook Museum

An der Ecke Furneaux und Helen Street wird über Kapitän James Cook (►Berühmte Persönlichkeiten) berichtet. Die **Endeavour Gallery** birgt außer mehreren Schiffskanonen auch den Originalanker der H. M. Bark »Endeavour« (Öffnungszeiten: tgl. 9.30 – 16.00 Uhr). Cooks Bronzestatue (Stanley Hammond) steht in der Charlotte Street. An ihn erinnern auch das **Cook Monument** von 1887 und ein großer Granitblock am Flussufer mit der Aufschrift: »Hier zog Captain Cook 1770 sein Schiff an Land.«

Das **Nature's Powerhouse** stellt Flora und Fauna am Endeavour River vor (Walker Street, Öffnungszeiten: tgl. 9.00 – 17.00 Uhr, www.naturespowerhouse.com.au).

Grassy Hill

Schon Captain Cook genoss die Aussicht vom 192 m hohen Grassy Hill und suchte hier nach einer sicheren Schiffspassage durch das Riff. Der **Leuchtturm** wurde 1885 von England nach Cooktown verschifft, die Radaranlage stammt von 1942. Ein 1,5 km langer Wanderweg führt vom Gipfel zum Strand in der **Cherry Tree Bay**, wo mit Glück Meeresschildkröten und Seekühe (Dugongs) zu sehen sind.

Guurrbi Tours

Der Aborigine Willie Gordon führt Interessierte zu heiligen Stätten seines Stammes (►Special Guide, S. 8).

Black Mountain National Park

Die riesigen Granitblöcke 30 km südlich von Cooktown, die fester Bestandteil der Legenden der **Kuku-Yalanji-Aborigines** sind, bilden die nördlichste Spitze der UNESCO Wet Tropics World Heritage Area. Die Schwarzfärbung der Felsen, denen man seltsame magnetische und magische Kräfte zuschreibt, wird durch Flechten hervorgerufen. Höchste Erhebung ist der 475 m hohe **Black Mountain**. Nur wenige Kilometer westlich überspannt die Little Annan River Bridge die felsige Schlucht des **Annan River**.

Die Hilfe der Flying Doctors wird durch staatliche Zuschüsse und Spenden finanziert.

FLIEGENDE ÄRZTE

Vor dem Mai 1928 bedeutete eine schwere Krankheit im endlosen Outback den sicheren Tod. Seit es den Royal Flying Doctor Service gibt, hat sich das geändert. Manchmal haben es die Retter aus der Luft mit zähen und etwas sonderbaren Patienten zu tun.

Wenn Bill sich nicht das Bein gebrochen hätte – er wäre mit ziemlicher Sicherheit älter geworden als nur 24 Jahre. Das Missgeschick passierte weit draußen im australischen Outback, auf einer fern jeder Zivilisation gelegenen Rinderfarm. Den 500 km langen Transport ins nächstgelegene Krankenhaus überstand der verletzte Viehtreiber mehr tot als lebendig und einige Tage später starb er an den Folgen des Unfalls. Das war im Jahr 1878 und blieb nicht die einzige Tragödie in den menschenfeindlichen Gebieten Australiens.

Rettende Idee

Genau ein halbes Jahrhundert später kam der Missionar **John Flynn** auf die rettende Idee. Ein medizinischer Notdienst schwebte ihm vor, die Weiten des australischen Kontinents abdeckend. Flynn wusste um die technischen Möglichkeiten seiner Zeit. Immerhin war es schon 25 Jahre her, dass die Gebrüder Wright den **ersten Motorflug** in der Geschichte der Luftfahrt heil überstanden hatten. Und während im fernen Italien Guglielmo Marconi über Versuchen mit kurzen Wellen brütete, schickte man sich in Australien gerade an, den ersten Linienflugverkehr einzurichten. Aus den sechs Anfangsbuchstaben dieses »Queensland and Northern Territory Aerial Service« setzt sich der Name der heutigen australischen Fluggesellschaft »QANTAS« zusammen.

Vom ersten Flug ...

Es müsste doch möglich sein, sinnierte Flynn, mit Flugzeugen, die man jederzeit **über Funk** erreichen könnte, einen flächendeckenden Rettungsdienst aufzubauen. Und hatte er nicht gerade etwas von einem gewissen Alfred Traeger gehört, dem Australier mit dem deutschen Namen, der dabei war, ein Funkgerät zu entwickeln, das die Verbindung zwischen Himmel und Erde ermöglichen sollte? Flynn schritt zur Tat; er brachte Piloten, Funker, Mediziner und Krankenschwestern an einen Tisch, und nur kurze Zeit später, am **15. Mai 1928**, erhob sich von der Startbahn des kleinen Flughafens von Cloncurry in Queensland das erste speziell aus-

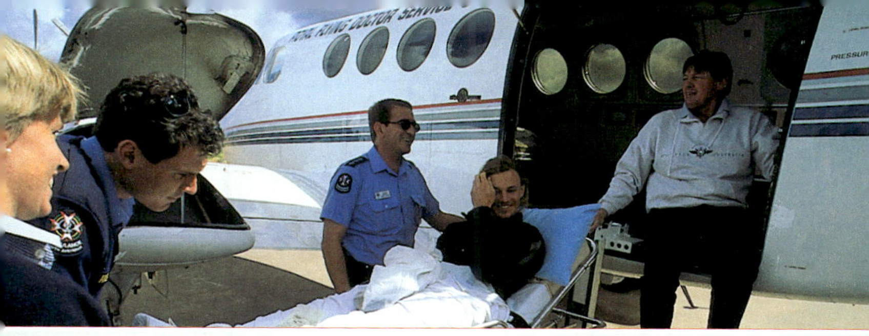

gerüstete Flugzeug des **»Aerial Medical Service«** in die Luft. Ob Beinbruch oder Blinddarmentzündung – die »Fliegenden Ärzte« sind auch heute noch höchst willkommene Helfer. Der RFDS ist mit 60 Flugzeugen und über 980 Mitarbeitern rund um die Uhr im Einsatz. Zu kurze oder überhaupt nicht vorhandene Landebahnen sind für die erfahrenen Piloten kein Problem. Seit der Gründung der Einrichtung haben sich mehr als fünf Millionen nautische Meilen in den Flugbüchern angesammelt, Zehntausende Patienten wurden durch die Luft ins nächstgelegene Hospital transportiert (**www.flyingdoctor.net**).

... zum weltgrößten Luftretter

Das Headquarter des **Royal Flying Doctor Service** befindet sich heute in Alice Springs, daneben gibt es 26 weitere, über den ganzen Kontinent verteilte Stützpunkte. Insgesamt versorgt der RFDS ein Gebiet von mehr als 7 Mio. km² und ist damit der größte Luftrettungsdienst auf der Welt. In der Einsatzstatistik nehmen Auto- und Motorradunfälle den Spitzenplatz ein, danach kommen Schlangenbisse, Geburten und anderes. Die Flugzeuge des RFDS sind für fast alle Fälle gerüstet. Ihre Kabinen gleichen Mini-Intensivstationen, in denen ohne weiteres kleine chirurgische Eingriffe durchgeführt werden können.

Selbsthilfe

Doch nicht jede Erkrankung ist gleich ein Fall für die »Fliegenden Engel«. Jede Farm im Outback ist mit einer Apotheke ausgestattet, in der die wichtigsten Medikamente vorrätig und mit einer Nummer versehen sind. Täglich gibt es eine **Sprechstunde per Funk oder Telefon**. Dann verbindet das RFDS-Kontrollzentrum mit einem Arzt im Krankenhaus, der sich über den Äther die Symptome der Erkrankung beschreiben lässt. Ist er zu einer Diagnose gelangt, gibt er nur die Nummer des Medikaments und die Dosierung durch.

Untertrieben

Nicht selten haben es die Retter aus der Luft im Outback mit äußerst zähen Patienten zu tun. Ein Bewohner teilte per Funk mit, er habe sich das Bein gebrochen. Ob er ganz allein bis zum nächsten Morgen durchhalten könne, wurde er gefragt. Der Arzt, der ihn dann bei Tagesanbruch aufsuchte, stellte voller Entsetzen fest, dass der Patient bei seinem Zustandsbericht sehr untertrieben hatte: Das Bein war nicht nur gebrochen, sondern fehlte nach einem Unfall mit einer Motorsäge unterhalb des Knies komplett. Auf die Frage, warum er das nicht gleich mitgeteilt habe, antwortete der »Bushie« nur, er habe niemanden beunruhigen wollen.

Emerald

V 8

Rote Rubine, blaue, grüne und champagnerfarbige Saphire, braune, ockerfarbige und weiße Zirkone werden in den Edelsteinminen zwischen Emerald, Rubyvale und Sapphire gefunden.

Gemfields

Aus den **Edelsteinfeldern** 60 km westlich bei **Rubyvale** und **Sapphire** kommt gegenwärtig etwa ein Drittel aller Saphire der Welt. Aber auch Rubine, Diamanten, Zirkone, Topase und Gold werden hier ans Tageslicht befördert.

! *Baedeker* TIPP

Miner's Heritage Walk-In Mine

Auf den Edelsteinfeldern von Rubyvale und Sapphire kann man nicht nur den Abbau sowie das Schneiden von Saphiren beobachten, sondern auch selbst sein Glück versuchen. In der Schaumine 2 km nördlich von Rubyvale holt man im Stollen einen Eimer saphirhaltigen Sand, um ihn auf dem »Fossicking-Platz« selbst zu sieben und zu waschen. Größere Exemplare werden im Shop gleich an Ort und Stelle geschliffen (Öffnungszeiten: tgl. 9.00 – 17 00 Uhr).

✶ **Blackdown Tableland National Park**

Blackwater verdankt seinen Namen dem Kohlenabbau. Als Geheimtipp für Naturfreunde gilt der Blackdown Tableland National Park rund 130 km südöstlich von Emerald nahe am Capricorn Highway. Mit seinen schroffen und teilweise bis zu 350 m hohen **Sandsteinklippen**, dem dichten Buschland und duftendem Eukalyptenwald mit Farnen, Orchideen und den seltenen Livistonia-Palmen erinnert die Landschaft sehr an die Blue Mountains bei Sydney. Etliche Tausend Jahre haben hier Aboriginal-Stämme gelebt. Von ihnen sind nur mehr **Felszeichnungen** geblieben. Oder vielmehr eine frühe Form von Airbrush – die Künstler hielten ihre Hände an den Felsen und bliesen rote Farbe darauf.

Über 120 Vogelarten zählen Ornithologen, darunter die purpurrot-grün-blauen Gebirgsloris, Kookaburras, Honigesser oder Rabenkakadus. In die Einsamkeit des Parks zurückgezogen haben sich auch die äußerst bedrohten Kurznagel-Zwergkängurus. Von ihnen soll es weltweit nur noch 800 geben. Ausblicke über Klippen und Täler bieten sich am **Horseshoe Lookout**. Die Anfahrt über die ungeteerte Straße sollten Reisende ohne Allradfahrzeug nur zwischen Mai und Dezember wagen.

★ Fraser Island

X 9

Bizarre Sandsteinklippen, idyllische Seen, endlose Strände und der einzige Regenwald der Welt, der auf Sand »gebaut« ist: Das ist Fraser Island. Die Insel am Südende des ►Great Barrier Reef steht seit 1992 als UNESCO-Weltnaturerbe unter Schutz.

Naturwunder südlich des Great Barrier Reef

»K'ghari« (Paradies) nannten die Butschulla-Aborigines die **größte Sandinsel der Welt**, die über Jahrtausende von Meer und Wind geschaffen wurde. In der Bucht von Hervey Bay bildeten sich riesige Sandbänke. Als der Meeresspiegel in der letzten Eiszeit sank, ragten sie als Dünen aus dem Meer. Beim erneuten Meeresspiegelanstieg tauchten nur noch die Spitzen aus den Fluten – Fraser Island war geboren. Die nährstoffarmen Dünen bedeckt eine überraschend üppige Vegetation. Ein dichter Mangrovengürtel schützt die Westküste. Wälder aus uralten Kauri-Kiefern bedecken die ältesten Dünen, unterbrochen von weiten Heideflächen, auf denen im Frühling Tausende Wildblumen blühen. Zwei »Brumbies« grasen in der Ferne. Die **Wildpferde** gehen zurück auf ein Gestüt, in dem bis Ende des 19. Jh.s Arbeitspferde für das Militär und die Forstwirtschaft gezüchtet wurden. Letztere hat das Gesicht der Insel bis heute geprägt. Nur noch vereinzelt ragen meterdicke, bis zu 60 m hohe **Satinay-Bäume** aus dem Blätterdach. Die einheimischen Baumgiganten, leicht an ihrer rostbraunen Rinde zu erkennen, wurden ab 1836 für den Bau von Schiffen im großen Stil abgeholzt.

Während eines Sturms strandete 1935 die »Maheno« am Eastern Beach.

FRASER ISLAND ERLEBEN

AUSKUNFT

Fraser Coast South Burnett Regional Tourism Board
Bruce Highway, BP South Tourist Complex, Maryborough 4650
Tel. 18 00 / 21 47 89
www.frasercoastholidays.info

ESSEN UND ÜBERNACHTEN

► Komfortabel

Kingfisher Bay Resort & Village
North White Cliffs
Fraser Island QLD 4655
Tel. 07 / 41 20 33 33
www.kingfisherbay.com
Mit mehreren Umweltpreisen ausgezeichnetes Vier-Sterne-Öko-Dorf. Zu den 152 Zimmern führen Holzstege; 110 Ferienvillen und eine Wilderness Lodge für Gruppen verstecken sich im dichten Grün. Drei Restaurants verwöhnen den Gaumen, für sportliche Abwechslung sorgen vier Pools, Spa und Hochseefischen. Touren zur Walbeobachtung und Mietwagen – auf der Insel sind nur Allradwagen erlaubt.

Pile Valley Die letzten Bestände der Satinay-Bäume stehen heute im Pile Valley. Bei der Central Station beginnt ein Plankenweg, der als Naturlehrpfad die Schönheit und Gefährdung des subtropischen Regenwaldes vorführt. Baumfarne und Orchideen begleiten den Wanderweg am **Wanggoolba Creek**.

Dünen und Seen Von Nordost nach Südwest durchzieht eine bis zu 250 Meter hohe Dünenkette die Insel, auf der rund 100 Süßwasserseen liegen. Um den Ruf des größten Sees streiten sich **Lake Birrabeen** und **Lake Boomanjin**; als »schönster Swimmingpool der Welt« gilt jedoch **Lake McKenzie**. Vom **Stonetool Sandblow Lookout** zeigt sich, was der gelbe Sand schon verschlungen hat. Schwarz und verdorrt ragen Stämme und Wurzeln aus der Düne: Skulpturen im Sand.

75 Mile Beach Autobahn der Insel ist der 75 Mile Beach entlang der Ostküste. Nicht nur Allradwagen, auch Flugzeuge donnern hier entlang und heben ab zu Rundflügen (Air Fraser Island, Tel. 18 00/24 79 92 oder 07/ 41 25 36 00, www.airfraserisland.com.au) über die 124 km lange, bis zu 7 km breite Insel. In der Mitte des Oststrands liegt das **Happy Valley** mit Unterkünften, Tankstelle und kleinem Shop. Nördlich des **Eli Creek** leuchten die Coloured Sands und Pinnacles in Beige bis Ocker. 1935 strandete bei schwerem Sturm die schottische Luxusjacht »Maheno« am Eastern Beach – mehr als 50 Schiffswracks in Inselnähe sind beliebte Ziele für Taucher. Auch das Schiff von **James Fraser** war 1836 auf ein Riff gelaufen. Erst nach langer Irrfahrt im Beiboot gelang es dem Kapitän, sich und seine Frau Eliza an Land zu retten – in die Arme der Aborigines. Elizas Schicksal rückte die Insel erstmals ins Bewusstsein der Welt, ihr Leid wurde zur nationalen Saga – und so trägt die Insel heute ihren Namen.

Gold Coast

X 10/11

Südlich von ► Brisbane beginnt die Goldküste, Australiens Hochburg für Strand- und Surfurlaub. Als heimliche Hauptstadt gilt Surfers Paradise, der Dreh- und Angelpunkt aller Aktivitäten.

Seit den 1950er-Jahren hat sich die Goldküste von einer Ansammlung versprengter Dörfer zur zweitgrößten Stadt im Sunshine State entwickelt. Wie in Florida wählen auch immer mehr Rentner die **boomende Ferienregion** als Altersruhesitz. Mit der **Bond University** besitzt Surfers Paradise die erste Privatuniversität Australiens. Im Oktober befindet sich die Gold Coast im Ausnahmezustand, wenn bis zu 300 00 Zuschauer die adrenalintreibende V8-Action des **Gold-Coast-600-Autorennen** in Surfers Paradise verfolgen (www.goldcoast600.com.au). Im November feiern bis zu 20 000 Highschool-Absolventen bei der traditionellen **»Schoolies Week«** an der Küste feuchtfröhlich ihren Schulabschluss.

Golden leuchten die Wohntürme von Surfers Paradise an der Gold Coast im Abendlicht.

Sehenswertes an der Gold Coast

Southport Im ältesten Hafen von Queensland, der als Zentrum der Holzverarbeitung bereits 1898 einen Bahnanschluss nach ► Brisbane erhielt, versprechen das 1983 erbaute **»Australia Fair Shopping Centre«**, mit 240 Läden eines der größten Einkaufszentren des Landes, und die 70 Designer-Boutiquen der **»Marina Mirage«** ultimatives Shopping.

Surfers Paradise An der Strandpromenade der Hochhausstadt mit Luxushotels, Apartmenttürmen und Beach-Bungalows reihen sich die Cafés, Fast-Food-Ketten und Souvenir-Shops, in Einkaufszentren wie **Cavill Mall** drängen sich Gucci, Kookai und MNG. Für ungetrübte Urlaubsfreuden sorgen die **»Meter Maids«** – braun gebrannt, mit goldenem Bikini und weißem Akubra-Hut patrouillieren die gut aussehenden Girls auf Inline-Skates seit 1965 auf den Straßen der Stadt und füttern die Parkuhren der Besucher, damit diese keine Strafzettel bekommen. Bezahlten früher Geschäftsleute den Service, so erwirtschaften die Meter Maids heute als bekanntestes Markenzeichen mit ihrem Merchandising – Kalender, Cups und Co. – Millionenumsätze. Das Nachtleben in den vielen Bars, Kinos, Kasinos und Karaoke-Pubs von Surfers Paradiese endet erst im Morgengrauen. Jüngstes Wahrzeichen ist der 2006 am Surfers Paradise Boulevard fertiggestellte **Wohnturm Q1**, mit 322,5 m das höchste Gebäude der Südhalbkugel. Im 77. und 78. Stock bieten Aussichtsplattformen tgl. ab 9.00 Uhr einen 360-Grad-Rundblick auf die Goldküste (www.q1observationdeck.com.au).

! *Baedeker* TIPP

Viva Versace!

Die Möbel im Palazzo Versace mit 146 glamourösen Zimmern, 59 Suiten und 72 Eigentumswohnungen am Sea World Drive hat Gianni Versace kurz vor seiner Ermordung noch entworfen. Vollendet wurde alles von seiner Schwester Donatella. Die opulente Herberge im Stilmix der Moden definiert Luxus neu – sei es beim Service, im Spa, in der Badelagune oder beim Schlemmen (Sea World Drive, Main Beach QLD 4217, Tel. 18 00 09 80 00, www.palazzoversace.com).

Freizeitparks Rund um Surfers Paradise gibt es mehrere Freizeitparks nach amerikanischem Vorbild. **Sea World** am Main Beach zeigt als größter kommerzieller Meerespark des Landes dressierte Seelöwen und Delfine (tgl. 8.30 – 17.30 Uhr, www.seaworld.com.au). In der **Dreamworld** kann der Nachwuchs die Kinderband »Wiggles« auf ihrer Weltreise begleiten und sich in der Whitewater World austoben (Öffnungszeiten: tgl. 8.30 – 17.30 Uhr; Dreamworld Parkway, Coomera, www.dreamworld.com.au). Mannshohe Wellen und die längste Wasserrutsche des Sonnenstaates warten im Wasserpark **Wet 'n' Wild** (tgl. 8.30 – 17.30 Uhr; Pacific Motorway, Oxenford, www.wetnwild.com.au). Auf dem riesigen Showgelände der **Warner Bros. Movie World** dreht sich alles um Kinoklassiker (tgl. 8.00 – 17.30 Uhr; Pacific Motorway, Oxenford, www.movieworld.com.au).

Südlich lockt Broadbeach die Surfer aufs Board und Glücksspieler ins **Jupiter Casino** (www.conrad.com.au). Kostenlose Open-Air-Konzerte bietet im Mai **»Blues on Broadbeach«**. **Broadbeach**

Auch die Brecher vor Burleigh Heads sind sind ein Hotspot der Surferszene. Die Mangrovenwälder an der Felsspitze schützt seit 1984 der **Burleigh Head National Park**. Nachtaktive Tiere des fünften Kontinents haben im **Nocturnal House** an der West Burleigh Road ein Refugium gefunden, darunter Bilbys, Woma-Pythons und die seltenen Schnabeltiere (Öffnungszeiten: tgl. 9.00 – 17.00 Uhr, www.epa.qld.gov.au). **Burleigh Heads**

Farbenprächtige **Rainbow Lorikeets** sind die Attraktion des Sanctuary an der Tomewin Street – die Papageienvögel lassen sich sogar füttern (tgl. 9.00 – 17.00 Uhr, www.currumbin-sanctuary.org.au). **Currumbin Sanctuary**

Neben dem Leuchtturm auf dem Felsvorsprung **Point Danger** erhebt sich in Coolangatta ein Denkmal für den britischen Weltumsegler James Cook. Beliebter Spot für Surfer ist auch **Kirra Point**. **Coolangatta**

Umgebung der Gold Coast

Vom Sattel des 560 m hohen Bergkamms rund 20 km westlich von Surfers Paradise eröffnet sich der Blick auf die Skyline der Gold Coast. Der gleichnamige Ort hält **deutsches Erbe** wach. In einem alpenländisch gestylten Chalet werden Kuckucksuhren verkauft. Nebenan gibt es im »German Cake House« Schwarzwälder Kirschtorte. **Mount Tambourine**

Feuerrote Flammenbäume leuchten im grünen Dickicht, mit enormen Schlingen erdrosseln Würgefeigen meterdicke Satinay-Bäume. Im Unterholz zwischen Baumfarnen, Banksia und Orchideen, erklingt Vogelgezwitscher. Im 206 km² großen Lamington-Nationalpark, seit 1994 mit dem Springbrook National Park, dem Mount Barney National Park und dem Main Range National Park Teil des UNESCO-Weltnaturerbes der **Central Eastern Rainforest Reserves**, wird der Urwald der Urzeit lebendig. Mehr als 160 km markierte Wanderwege erschließen zwischen 700 und 1000 m Höhe die Schönheiten eines der letzten und ältesten subtropischen Regenwälder der Erde mit mehr als 500 Wasserfällen. ✶ **Lamington National Park**

Ein guter Ausgangspunkt für Entdeckungen ist das **O'Reilly's Rainforest Guesthouse**. Ungewöhnliche Einblicke erwarten die Gäste des Mountain Resort: ein Wanderweg durch die Waldwipfel. Neun Hängebrücken, bis zu 16 m hoch über dem Boden, ermöglichen beim **»Tree Top Walk«** einen Blick in das Obergeschoss des Regenwalds. Leitern führen zur Aussichtskanzel in einem Feigenbaum in 30 m Höhe. Pennantsittiche, Königssittiche und Gelbohrkakadus verstecken sich im dichten Grün. Der Rundweg **»Border Walk«** kann je nach Route wenige Stunden bis zwei Tage dauern.

GREAT BARRIER REEF

★★ **Das Great Barrier Reef hält gleich mehrere Rekorde: Es ist das größte, das berühmteste und das älteste Riff der Erde. Nach der letzten Eiszeit bildeten sich in den seichten Gewässern des Kontinentalsockels von Queensland viele kleine Riffe, die im Lauf der Zeit zum weltgrößten Korallenriff verschmolzen.**

① Eiszeit
Während der letzten Eiszeit senkte sich der Meeresspiegel, an den Küstensäumen entstanden flache, bewaldete Hügel und im seichten Meereswasser bildeten sich erste Korallen.

② Nach der Eiszeit
Durch das Abschmelzen großer Eismassen nach dem Ende der Eiszeit stieg der Meeresspiegel weltweit an. Die jungen Küstenhügel vor Queensland wurden wieder überflutet.

③ Die Küste wandert
Auch in den flachen Wassern der veränderten, durch den höheren Meeresspiegel wieder landeinwärts gewanderten Küste siedelten sich neue Korallen an.

④ Innenriff
Es konnten sich also über weite Strecken zwei parallele Riffsysteme entwickeln. Das Innenriff – man spricht auch vom Küsten- oder Saumriff – verläuft parallel zur aktuellen Küstenlinie.

⑤ Riffkanal
Zwischen Küste und Innenriff verläuft ein bis zu 60 m breiter Riffkanal mit tieferem Wasser.

⑥ Barriereriff
Das Barriereriff oder »Outer Reef« liegt teilweise weit vor der Küste am Rand des Kontinentalsockels.

Ausgewachsen hat der gefrässige Dornenkronen-Seestern bis zu 21 mit giftigen Stacheln gespickte Arme.

In seichten Gewässern wachsen die Korallen kreisförmig nach außen; es entstehen sogenannte Saumriffe.

Nur Tauchern oder Schnorchlern erschließt sich die Unterwasserwelt in ihrer vollen Pracht. Wer gar nicht nass werden möchte, bekommt bei Fahrten mit einem Glasbodenboot einen Eindruck von den Schönheiten unter Wasser. Unzählige Veranstalter in den Küstenorten zwischen Bundaberg und Cooktown bieten Tagestrips und mehrtägige Ausflüge in die grandiose Welt des Riffs an.

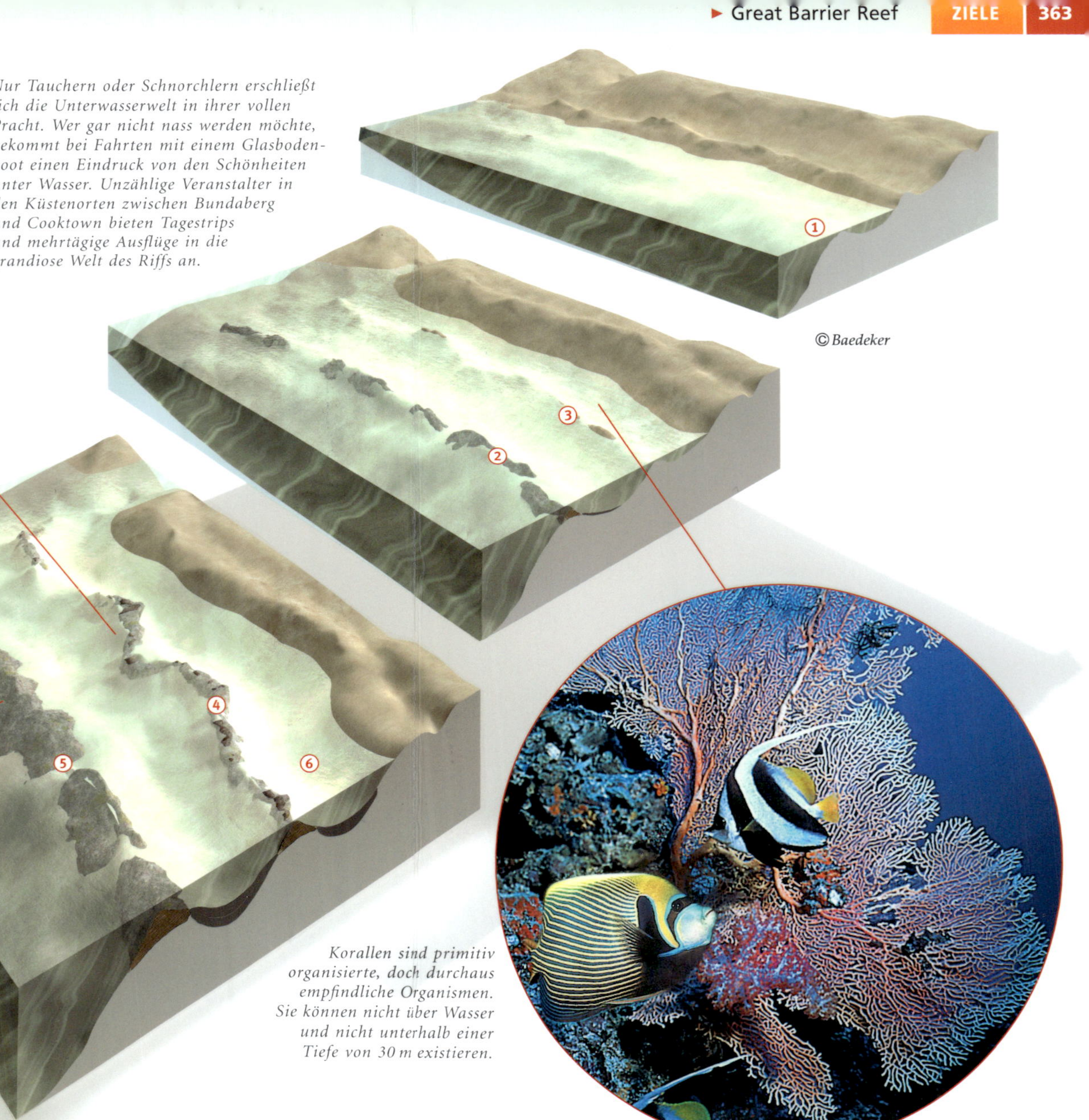

Korallen sind primitiv organisierte, doch durchaus empfindliche Organismen. Sie können nicht über Wasser und nicht unterhalb einer Tiefe von 30 m existieren.

✶✶ Great Barrier Reef

S-W 1-8

Das größte Korallenriffsystem der Erde wird auch gern als achtes Weltwunder bezeichnet. Auf 2300 km Länge ziehen sich fast 3000 Einzelriffs von der Nordostküste Queenslands bis nach Papua Neuguinea. Die schönsten Abschnitte der fantastischen Unterwasserwelt liegen vor den Whitsunday Islands.

UNESCO-Weltnaturerbe

3-D-Abb. S. 362 ►

Entdeckt wurde das Große Barriereriff, seit 1981 als Weltnaturerbe geschützt, vom englischen Kapitän **James Cook**, der am 11. Juni 1770 hier mit seinem Schiff »Endeavour« auf Grund lief. Es beginnt am 24. südlichen Breitengrad bei Lady Eliot Island, rund 75 km vor ►Bundaberg, und endet nach rund **2300 km** an der Torres Strait vor Papua Neuguinea auf dem 10. südlichen Breitengrad. Das fast 347 800 km² große Riffsystem markiert den östlichen Rand des australischen Festlandssockels und ist bei ►Cairns nur 30 km, bei Mackay hingegen 260 km von der fast parallel verlaufenden Ostküste Australiens entfernt. Zwischen Riffgürtel und Küste ragen 700 Inseln aus den Fluten, von denen aber nur zwei Dutzend touristisch erschlossen sind. Der äußere Riffgürtel, das Outer Reef, fällt abrupt bis zu 2000 m steil in die Tiefe.

Korallen als Baumeister

Das größte von lebenden Organismen je geschaffene Bauwerk der Erde ist das Werk von Abermilliarden von Korallenpolypen. Sterben die Polypen ab, dann hinterlassen sie ein hartes, skelettartiges Kalkgehäuse, auf dem sich ein neuer Polyp ansiedelt. Die ältesten Einzelriffs nördlich von Cooktown entstanden vor 20 Mio. Jahren, als sich die Nordspitze Australiens durch Kontinentalverschiebungen in tropische Breiten vorschob. Die neuen Verhältnisse und wärmeren Wassertemperaturen lockten riffbildende **Steinkorallen-Polypen** an. Mehrfach legten Eiszeiten, die den Wasserspiegel sinken ließen, das junge Riff trocken und ließen die Korallenpolypen sterben. Bei den auf die Eiszeit stets folgenden Überflutungen bauten sie die Küstenkalkberge jedoch wieder weiter – bis heute wächst das Riff im Norden um jährlich bis zu 10 cm. Der mittlere und südliche Bereich entstand erst vor 2 Mio. Jahren, der heute sichtbare Bereich der farbenprächtigen Korallenriffe mit 359 Hartkorallenarten erst vor rund 10 000 Jahren. Das einmalige Ökosystem ist **äußerst sensibel**. Schon die leichteste Berührung oder eine Erhöhung der Wassertemperatur führen zum Absterben der Korallen. Gefährlich sind auch die Treibhausgase – sie sorgten 1998 und 2002 für eine massive **Korallenbleiche**, die 95 % des Riffs schädigte. Ein natürlicher Feind ist der Dornenkronen-Seestern, der lebende Korallen auffrisst und so das Riff absterben lässt. Für die Farbenpracht unter Wasser sorgen übrigens nur die lebenden Korallen, abgestorbene sind weiß (►Baedeker Special, S. 26).

In der Korallensee um das Riff gibt es Meeresschildkröten, Seesterne und Krebstiere, veranstalten rund **1500 Fischarten** ein Fest der Farben: königliche Engelfische und Clownfische, bunt schillernde Kaiserfische und silbrig schimmernde Barrakudas, farbig gestreifte Anemonenfische, blau gesprenkelte Juwelenbarsche und Napoleonfische, dicke Burschen bis zu einem Meter, ziehen durch das 18 bis 30 °C warme Wasser. Doch es gibt auch gefährliche Riffbewohner – giftige Rotfeuerfische, Steinfische und die gefürchteten **»Box Jellyfish«**, Würfelquallen mit meterlangen Tentakeln, deren Berührung für den Menschen meist tödlich enden. Auf dem Meeresgrund sitzen »Giant Clams«, über 1 m lange Muscheln, die bei Gefahr ihre Schalen zu einem gewellten Gebiss schließen.

Wunderwelt unter Wasser

Südliche Inseln des Great Barrier Reef

Die 42 ha große Koralleninsel, deren 1873 erbauter **Leuchtturm** noch immer sein Licht übers Meer wirft, ist ein Paradies für **Taucher,** die vom Strand aus Wracks und Korallengärten entdecken können. Von November bis März legen Meeresschildkröten ihre Eier im Sand ab.

Lady Elliot Island

SÜDLICHE INSELN IM BARRIER REEF ERLEBEN

LADY ELLIOT ISLAND

Anreise

3 x tgl. Flüge ab Hervey Bay (40 Min.) und Bundaberg (30 Min.)

Übernachten

Lady Elliot Island Eco Resort
PO Box 348, Runaway Bay 4216
Tel. 07 / 41 56 44 44
www.ladyelliot.com.au
Hier geht es eher rustikal zu. Geschlafen wird in Zelthütten im zweckmäßigen Safaristil, in einfachen Mehrbettzimmern mit Bad und in Zwei-Zimmer-Strandhütten. Natur pur bieten Tauchgänge und Riffwandertouren.

LADY MUSGRAVE ISLAND

Anreise

Tagestouren per Boot starten von der Town of 1770-Marina (www.spiritof 1770.com.au) und vom Port Bundaberg, per Wasserflugzeug von den General Aviation Terminals in Hervey Bay und Bundaberg (www.ladymus graveseaplanes.com).

HERON ISLAND

Anreise

Mit dem Katamaran ab Gladstone (2 Std.), Resort-Shuttle ab Gladstone

Baedeker-Empfehlung

Übernachten

Heron Island Resort
Tel. 1300 / 86 32 48 oder 03 / 94 13 62 84
www.heronisland.com
Inselparadies mit Pool, Spa und fantastischen Tauch- und Schnorchelgründen. Das Shearwater Restaurant mit Lounge und Cocktailbar bietet eine herrliche Aussicht auf das Riff.

GREAT KEPPEL ISLAND

Die Insel ist derzeit geschlossen wegen zahlreicher Umbauvorhaben.

Tropenparadies: längster und schönster Sandstrand der Whitsunday Islands ist der schneeweiße Whitehaven Beach.

Lady Musgrave Island

Ebenfalls bei Tauchern und Schnorchlern sehr beliebt ist die unbewohnte Nationalparkinsel 100 km nördlich von Bundaberg. Zwischen November und Februar ist die 150 m² große Sandbank jedoch für Besucher gesperrt – dann nisten hier Seeschwalben und Sturmtaucher, legen **Meeresschildkröten** ihre Eier am Strand ab und erholt sich die Natur von den Tagesgästen und den maximal 40 Besuchern, die im Busch campen.

✶ Heron Island

Das ganz Jahr über ist Heron Heimat **Tausender Vögel**: Die hier nistenden Reiher gaben der Insel ihren Namen. Von Oktober bis März kommen **Meeresschildkröten** auf die 17 ha große Koralleninsel, um ihre Eier abzulegen – ab Dezember schlüpfen die Jungen und krabbeln ins Wasser. Von Juni bis Oktober ziehen dicht an der Küste Buckelwale vorbei. Geführte Touren auf dem Riff bei Ebbe zeigen die ganze Vielfalt des Meereslebens.

! *Baedeker* TIPP

Wilson Island

Maximal zwölf Gäste können auf dem winzigen Koralleneiland eine Robinsonade genießen, die Ökologie und Lebensart stilvoll verbindet. Gewohnt wird in sechs Designerzelten; Treffpunkt ist das »Longhouse« mit offener Küche. Louise und Ben servieren hier köstliche Drei-Gänge-Menüs oder ein Gourmetpicknick am Strand (www.wilsonisland.com).

Auf **Great Keppel Island** (derzeit geschlossen) warten 17 Strände auf Familien und Wassersportler, kann man einem herrlichen Wanderweg zum Bald Rock Point folgen. Erste Bewohner der Insel waren **Woppaburra-Aborigines**, die die Ressourcen des Riffs und der Tidenzone geschickt nutzten. Der erste weiße Siedler, McGillivray, setzte 1847 auf Weidewirtschaft, die jedoch nie wirklich profitabel war. Seit der Eröffnung der ersten Ferienanlage 1967 lebt die Insel ausschließlich vom Tourismus. Von der Hauptinsel der Keppel-Gruppe lassen sich gut die Nachbarinseln entdecken – Halfway Island mit seinen herrlichen Korallen, Humpy Island und **Middle Island** mit seinem Unterwasser-Observatorium.

Whitsunday Islands

Ertrunkenes Küstengebirge

Nur acht der 74 tropischen Inseln des Whitsunday-Archipels sind bewohnt, die anderen unberührte Refugien mit einsamen Stränden wie **Whitehaven Beach**. Die Whitsundays sind die Gipfel eines Unterwassergebirges – Fluchtpunkt für Inselfantasien, Segelabenteuer und Sprungbrett für Ausflüge ins **Herz des Great Barrier Reef**. Ihren Namen verdankt die Inselgruppe James Cook, der sie am 3. Juni 1770 – einem Pfingstsonntag – entdeckte und in seinem Logbuch seine Fahrt durch die Inseln als Whitsunday-Passage festhielt.

Brampton Island

Die südlichste der Whitsunday-Inseln ist bis auf die Ferienanlage von Voyages ein **Nationalpark** mit **zwölf Stränden**, von denen sieben auf Wanderwegen durch ursprüngliche Melaleuca-Wälder erreicht werden. Ein Spaziergang führt bei Ebbe zur Nachbarinsel Carlisle Island.

Lindeman Island

In einer Bucht im Südwesten der Vulkaninsel liegt der **einzige Club Med Australiens**. Die Ferienanlage ist umgeben von einem Nationalpark mit uralten Eukalytpusbäumen, riesigen Grasflächen und Regenwäldern, in denen farbenprächtige Lorikeets leben.

Long Island

Ein enger Kanal trennt die 11 km lange und nur 1,5 km breite Insel vom Festland. An der Nordspitze liegt der Club Crocodile Long Island Resort, in der Mitte die romantische Hideaway Peppers' Palm Bay, im Süden die auf naturverbundenen Outdoor-Urlaub ausgerichtete Whitsunday Wilderness Lodge. Die Oststrände sind von dunklen Steinen übersät, die Westküste säumen idyllische Sandbuchten.

Nur 2,5 Seemeilen trennen Shute Harbour von der **Daydream-Insel**, in deren Resort gerne Familien ihre Ferien verbringen.

> **! Baedeker TIPP**
>
> **Traum der Tropen**
>
> Das neue Juwel am Great Barrier Reef heißt »Qualia«. Die 2008 eröffnete Luxusoase am Pebble Beach im Norden von Hamilton Island hat 60 wunderschöne Pavillons, zwei Gourmetrestaurants direkt am Meer, Spa, Yogazentrum und zwei Infinity Pools (Tel. 02 / 94 33 33 49, www.qualia.com.au).

Hamilton Island

Die größte bewohnte Insel des Archipels besitzt als einzige einen Flughafen für Linien- und Charterflüge. Die Unterkünfte konzentrieren sich am malerischen **Catseye Beach**, den Hafen säumen Bars,

WHITSUNDAY ISLANDS ERLEBEN

AUSKUNFT

Whitsunday Information Centre
1/5 Carlo Drive, Cannonvale 4802
Tel. 07 / 49 45 37 11
www.tourismwhitsundays.com.au

BRAMPTON ISLAND

Anreise
Flüge ab Mackay (15 Min.) und Hamilton Island (20 Min.); tgl. Fähre ab Mackay Marina (75 Min.)

Übernachten
Voyages Brampton Island
Tel. 07 / 49 51 44 99
www.bramptonholidays.com.au
106 helle Zimmer unter Palmen, zwei Pools, Bar, Restaurant, Boutique, Schnorcheln, Segeln, Golf und Bushwalking

LINDEMAN ISLAND

Anreise
Fährtransfer ab Hamilton (40 Min.)

Übernachten
Club Med Lindeman Island
Tel. 02 / 95 52 48 22
www.clubmed.com.au
All-inclusive-Club mit 218 Zimmern, reichhaltigem Buffet, Spa-Village, Kinderclub, Golfplatz, Sport- und Animationsprogramm

SOUTH MOLLE ISLAND

Anreise
Hotelshuttle ab Shute Harbour (30 Min.), Fähre ab Hamilton (50 Min.)

Übernachten
South Molle Island Resort
Whitsundays QLD 4802
Tel. 07 / 49 46 94 33
www.southmolleisland.com.au
Drei-Sterne-Familien-Resort mit Strandbungalows, Spa und Golfplatz

LONG ISLAND

Anreise
Fähren ab Shute Harbour (20 Min.) 2und Hamilton (30 Min.)

Übernachten
Club Crocodile Long Island Resort
Tel. 07 / 49 46 94 00
www.clubcroc.com.au
Gepflegte Clubanlage mit langem Sandstrand, Pools und Boutiquen

Peppers' Palm Bay
Tel. 07 / 49 46 92 33
www.peppers.com.au
Robinsonade in 21 luxuriösen Strandhütten, Gourmetrestaurant, Pool und Spa; Boot-Shuttle ab Shute Harbour

DAYDREAM ISLAND

Anreise
Fähren von Fantasea, Cruise Whitsundays ab Shute Harbour (15 Min.)

Übernachten
Daydream Island Resort & Spa
PMB 22, Mackay QLD 4740
Tel. 07 / 49 48 84 88, 296 Z.
www.daydreamisland.com
Schnorcheln, Tauchen, Tennis, Segeln – schickes Resort mit drei Pools, Kids Club, 7 Restaurants, Hochzeitskapelle und Korallenlagune mit Haien und Rifffischen

HAMILTON ISLAND

Anreise
Flugplatz; Fähren von Fantasea und Shute Harbour (30 Min.)

Übernachten
Tel. 18 00 / 07 51 10
www.hamiltonisland.com.au
Riesige Ferienanlage mit allen Preis-

klassen vom günstigen Apartment über komfortable Palm Bungalows bis zum luxuriösen Beach Club. 80 % der Inselstrände sind aber immer noch völlig naturbelassen.

Essen
Feinschmecker treffen sich auf Hamilton Island zum Dinner mit Meerblick im »The Beach House«-Restaurant. Frühstück und Lunch mit handzahmen Koalas gibt es in der »Koala Gallery Wildlife Experience«.

SEGELN UND SCHNORCHELN

Abenteuerliche *Segeltörns* von Cairns, Airlie Beach, Northern Beach oder Port Douglas aus in versteckte Buchten des Großen Barriereriffs bietet die Flotte von OZ Adventure Sailing (www.ozsailing.com.au). Von ►Cairns aus kann man spektakuläre *Tauchgänge* am Riff über die deutschsprachige Tauchschule Pro Drive (www.prodivecairns.com) oder über Deep Sea Divers Den (www.diversden.com.au) buchen. Nach Michaelmas Cay schippert u. a. Ocean Spirit Cruises (www.oceanspirit.com.au), zum Paradise Reef kann man mit Passions of Paradise fahren (www. passions.com.au), zum Moore Reef mit Reef Magic Cruises (www.reefmagiccruises.com.au).

Baedeker-Empfehlung

Reefsleep
Erkunden Sie ab Airlie Beach an Bord der Katamarane und Pontons von Fantasea Cruises die atemberaubende Unterwasserwelt. Ein besonderes Erlebnis ist die *Übernachtung auf einer Riffplattform* mit Vollpension, zwei Tauchgängen und geführter Schnorcheltour (Buchung unter Tel. 07 / 49 46 51 11, www.fantasea.com.au/Reefworld, www.karawane.de).

Per Helicopter
Bestaunen Sie das Riff auch aus der Luft: Zwischen 30 und 60 Minuten dauert ein *Hubschrauberrundflug* von Cairns über Green Island, Arlington Beach, Sandy Cay und das Outer Reef (www.gbrhelicopters.com.au).

Boutiquen und Geschäfte. 2007 wurde der Jachtclub fertiggestellt, die Marina erweitert und das Luxusresort Qualia eröffnet. Auf der Nachbarnsel Dent Island entstand bis 2009 nach Plänen des fünffachen British-Open-Siegers Peter Thompson ein **luxuriöser 18-Loch-Golfplatz**. Noch völlig unerschlossen ist der Süden der Insel. Markierte Wanderwege führen in 45 bis 90 Minuten hinauf zu den Aussichtspunkten Passage Peak (239 m), Resort Lookout (195 m) und zur Hill Top Viewing Area, ferner an die Südostspitze der Insel, zum Escape Beach und zur idyllischen Bucht Coral Cove.

South Molle Island

Die mit 4 km Länge und 2 km Breite größte Molle-Insel besitzt im Norden einen familienfreundlichen All-inclusive-Club – die restliche Insel schützt ein 405 ha großer Nationalpark mit kurzen Wanderwegen zu einsamen Stränden und hinauf zum **Mount Jeffreys** (194 m) mit Panoramablick über das Inselmeer.

NÖRDLICHES GREAT BARRIER REEF ERLEBEN

MAGNETIC ISLAND

Anreise
Mehrmals tgl. Fähren ab Townsville

Übernachten
Magnetic Island Tropical Resort
56 Yates Street, Nelly Bay
Magnetic Island QLD 4819
Tel. 07 / 47 78 59 55
www.magneticislandresort.com
Im dichten Tropengrün verstecken sich Holzhütten mit Balkon; Outdoor-Spa 200 m vom herrlichen Sandstrand.

DUNK ISLAND

Anreise
Fähre ab Mission Beach, Flüge ab Cairns (45 Min.)

Unterkunft
Dunk Island Resort
Tel. 07 / 40 47 47 40
www.dunk-island.com; 160 Z.
Segeln, Fischen, Tennis oder Regenwaldtouren? Das Familienresort an der Brammo Bay hat auch zwei erstklassige Restaurants, Pools, 18-Loch-Golfplatz, Spa und Kids Club.

ORPHEUS ISLAND

Anreise
Tgl. mit dem Wasserflugzeug ab Cairns oder Townsville (Buchung: Resort)

Übernachten
Orpheus Island Resort
Tel. 07 / 47 77 73 77
www.orpheus.com.au
Inselidylle mit 21 traumhaften Zimmern, Spa, Pools und »Gezeiten-Dinner« mit göttlichen Meeresfrüchten

HINCHINBROOK ISLAND

Anreise
Fähre ab Cardwell Marina

Übernachten
Hinchinbrook Island
Wilderness Resort, PO Box 3, Cardwell
QLD 4849, Tel. 07 / 40 66 82 70
www.hinchinbrookresort.com.au
15 romantische Baumhäuser mitten im Regenwald – Schnorcheln und Tauchgänge um Mission Beach.

GREEN ISLAND

Anreise
Katamaran ab Cairns (50 Min.)

Unterkunft
Green Island Resort
Tel. 07 / 40 31 33 00
www.greenislandresort.com.au
Schickes 4-Sterne-Resort mit 46 Zimmern, zwei Pools, Spa und Tauchshop

LIZARD ISLAND

Anreise
Flüge ab Cairns (60 Min.)

Baedeker-Empfehlung

Unterkunft
Lizard Island
Tel. 03 / 94 13 62 84 (Buchung), www.lizardisland.com.au, 40 Zimmer mit Seeblick, Pool, Spa und Gourmetrestaurant. Wählen Sie zwischen Katamaransegeln, fantastischen Tauchgängen und Hochseeangeln.

Luxuriöse Robinsonade: Hayman Island Resort

Whitsunday Island ✶

Ganz und gar ursprünglich präsentiert sich die Hauptinsel der Whitsundays, die auf 10 900 km² vereint, was die Inselgruppe berühmt gemacht hat: Traumstrände, Top-Tauchpätze, herrliche Wanderwege und eine einzigartige Flora und Fauna. Wahrzeichen der Insel ist ein 8 km langer, gleißend heller Streifen beim Hill Inlet an der Ostküste: **Whitehaven Beach** – mit einem Quarzgehalt von 99,7 % der weißeste Strand der Welt (►Abb. S. 380). Wer nicht mit der Fähre von Shute Harbour, sondern im eigenen Boot anreist, findet sichere Ankerplätze bei Cid Harbour und im Gulnare Inlet.

Hook Island

Fjorden gleich schneiden sich die beiden Meeresarme Nara Inlet und Macona Inlet in die 53 km² große Hook-Insel, deren Hügel 454 m Höhe erreichen. Einzige Unterkunft ist das einfache Wilderness Resort mit eigenem **Underwater Observatory**, das Besucher 6 m unter den Meeresspiegel führt (www.hookislandresort.com).

Hayman Island ✶

Die nördlichste Insel der Whitsunday-Gruppe gehört als **»Leading Hotel of the World«** zu den luxuriösesten Urlaubsorten der Welt. Auf 389 ha kann der betuchte Gast einen Traumurlaub der Superlative erleben. Allein das Schwimmbad mit seinen olympischen Ausmaßen ist groß genug, um die hervorragende Küche ein wenig abzutrainieren. Die helle Nobelanlage mit 203 Zimmern und 11 Penthouses schmiegt sich an einen bogenförmigen Sandstrand, hinter dem dicht mit Eukalyptusbäumen bewachsene Hügel aufragen. Bei Ebbe kann man zum nahen **Langford Island** hinüberlaufen und dort schnorcheln (www.hayman.com.au).

Nördliche Inseln des Great Barrier Reef

Magnetic Island Nur 8 km trennen ►Townsville von »Maggie«, wo man neben dem Fähranleger in der Nelly Bay die beliebten **Mini Mokes**, offene Elektrokarren, mieten kann (Tel. 07/47 78 53 77, www.mokemagnetic.com). Seinen Namen erhielt Magnetic Island von Captain Cook, der glaubte, dass Metalle auf der Insel seinen Schiffskompass beeinflusst hätten. Zum Baden laden 23 Strände ein – Picnic Bay, Alma Bay und Horshoe Bay sind während der Würfelquallensaison von November bis Mai mit Netzen geschützt (www.marinestingers.com). Zu den Top-Tauchplätzen gehören die neun Wracks vor der Insel; für sportliche Abwechslung sorgen Ausritte am Strand der Horseshoe Bay. Zwei Drittel der Insel sind Nationalpark, durchzogen von 24 km Wanderwegen, bewohnt von der größten **Koalapopulation** Queenslands. Romantisches Highlight: der Sonnenuntergang am West Point.

Orpheus Island Eukalyptuswälder und Grasland bedecken die Granitinsel, seit 1979 ein Nationalpark mit **Marine Research Station** an der Little Pioneer Bay. An der Küste wechseln kantige Felsen mit sandigen Buchten.

★ **Hinchinbrook Island** Der mit 39 400 ha größte Insel-Nationalpark der Welt bietet Natur pur. Reiher, Kakadus, Fasane und Wampoo-Tauben leben im dichten Regenwald, in den Küstengewässern leben Seekühe und Riesenschildkröten, die nachmittags am **Turtle Beach** an Land gehen. Delfine und spektakuläre Sonnenuntergänge lassen sich am **Orchid Beach**, dem schönsten der elf Sandstrände, beobachten. Mitten durch das **UNESCO-Weltnaturerbe** führt der 32 km lange **Thorsborne Trail** – Permits für die fünftägige anstrengende Buschtour erteilt der Queensland Parks & Wildlife Service (www.epa.qld.gov.au).

Bedarra Island Die **Luxusresortinsel** mit 16 edlen Villen (www.bedarra.com.au) gehört zu den Family Islands – Dunk Island ist »The Father«, Bedarra Island »The Mother«, Toolghar und Coomboo sind die »Twins«.

Dunk Island Als »Coonanglebah«, die Insel des Friedens, bezeichneten die Djiru-Aborigines das unter Naturschutz gestellte Eiland 5 km vor der Küste, das auch Heimat des blauen **Ulysses-Schmetterlings** ist.

Green Island Die Dingaal-Aborigines nannten die Insel »Jiiguuru«, James Cook gab ihr den Namen nach seinem Astronom Charles Green. Die Nähe zu ►Cairns – nur 27 km entfernt – macht die hübsche Koralleninsel zu einem beliebten Ziel für Tagestouristen, die hier an schneeweißen Stränden baden und das älteste **Unterwasser-Observatorium** der Welt besuchen, das 1954 am Ende der Jetty in einer Tauchkammer aus dem Ersten Weltkrieg entstand. Krokodile, Riesenschildkröten und die farbenprächtige Fische des Great Barrier Reef präsentiert das **Marineland Melanesia** im Norden der Insel (Öffnungszeiten: tgl. 9.30 – 16.30 Uhr, www.marinelandgreenisland.com).

Gigantischer Gruß: zuletzt taucht die Schwanzflosse des Buckelwals ins Meer ein.

Lizard Island

Auch Australiens nördlichste Resortinsel erhielt ihren Namen von James Cook, der hier Warane entdeckte, die im Englischen »Monitor Lizards« heißen. Als Cook 1770 am Riff strandete, war die Insel für die Aborigines des Dyiigurra-Stammes ein heiliger Ort, der auch für Initiationsriten und zur Jagd besucht wurde. Heute ist die Insel Nationalpark, Luxusresort (►S. 370) und Startpunkt für Ausflüge in die Northern Reefs oder zu weltberühmten Tauchplätzen wie dem **Cod Hole**, wo Zackenbarsche, Napoleonfische und riesengroße Potato Cods (Teppichhaie) schwimmen. Die »Clam Gardens« sind Heimat 150 Jahre alter, bis zu 2 m großer Riesenmuscheln. Von Mai bis August kann man entlang des **Ribbon Reef** auf Minke-Wale treffen. Das **Osprey Reef** in der Coral Sea ist die erste Adresse für Haibeobachtungen. Im November/Dezember ist die Insel fest in der Hand der Hochseeangler, die hier beim **Lizard Island Black Marlin Classic** nach dem größten und schwersten Schwarzen Marlin fischen.

◄ Tauchen und Hochseeangeln

Hervey Bay

X 9

Zwischen August und November machen Buckelwale (Humpback Whales) auf ihrer langen Reise zurück zur Antarktis in den Gewässern von Hervey Bay Station. Die Saison beginnt mit einem Whale Festival im August – buchen Sie unbedingt eine Waltour!

Whalewatching Zweimal täglich startet der Katamaran von Tasman Venture zur Beobachtung von **Buckelwalen** und Delfinen (Tel. 07 / 41 24 32 22, www.tasmanventure.com.au). Auch Whalesong bietet Halbtagestouren zur Beobachtung der sanften Meeresriesen (Tel. 07 / 41 24 34 64, www.whalesong.com.au).

Neptune's Reef World Bunte Rifffische, Haie und Schildkröten tummeln sich in den Aquarien im Dayman Park (Pulgul Street Urangan, Öffnungszeiten: tgl. 9.30 – 16.00 Uhr). Höhepunkt von **Vic Hislop's Shark Show** ist die Haifütterung (553 The Esplanade, Urangan).

Umgebung von Hervey Bay

Maryborough Im Juli wird alljährlich beim **Mary Poppins Festival** an P. L. Travers erinnert, der 1899 in Maryborough geboren wurde und die Geschichte der berühmtesten Nanny erfand. Von der großen Zeit der Zuckerfabrikanten zeugen einige Gebäude der Kolonialzeit.

Gympie In Gympie wurde 1867 Gold entdeckt. Die Goldlager waren zwar 1920 erschöpft, doch bis heute wird mit dem Gold Rush Festival im Oktober der glanzvollen Zeiten gedacht. Im **Gold Mining and Historical Museum** kann man die frühere South Great Eastern Mine besichtigen (tgl. 9.00 – 16.30 Uhr, www.goldmuseum.spiderweb.com.au).

Innisfail

T/U 5

Alljährlich im September feiert die nette Kleinstadt 100 km südlich von ►Cairns mit einem mehrtägigen Sugar Festival das Zuckerrohr, das hier angebaut und verarbeitet wird.

Krokodile & Co Der kleine **taoistische Tempel** in der Owen Street erinnert an die Chinesen, die einst im Norden von Queensland nach Gold schürften. Auf der **Johnstone River Crocodile Farm** an der Flying Fish Point Road südlich der Stadt kann man nicht nur Krokodile und Alligatoren, sondern auch Wallabies, Kängurus, Dingos und Schlangen sehen (Öffnungszeiten: tgl. 8.30 – 16.30 Uhr, www.crocpark.com.au) .

Umgebung von Innisfail

Mission Beach Für geruhsame Urlaubstage empfehlen sich die 14 km langen, einsamen Sandstrände von Mission Beach, 40 km südlich von Innisfail. In einem Missionarscamp wurden hier zwischen 1914 und 1918 Aborigines zum christlichen Glauben bekehrt. Vierstündige **Bootstouren** von River Rat Eco Cruises führen durch den krokodilreichen Mangrovensumpf des **Edmund Kennedy National Park** (Tel. 07 / 40 68 80 18, www.riverratcruises.com/australian wildlife_cruisescharter.html).

Knapp 30 km westlich von Innisfail erstreckt sich der Wooroonooran National Park. 2008 eröffnete hier der nach Mamu-Aborigines benannte Mamu Rainforest Canopy Walkway, ein **Wander- und Hängebrückenpfad** vom Boden bis in die Baumkronen des Regenwalds. Am Waldboden verläuft der Forest Walk – auch für Rollstuhlfahrer geeignet –, von dem aus man das Tal des North Johnstone River überblickt. Der gut 320 m lange Elevated Walkway schlängelt sich dann über die Baumwipfel bis zu einem 40 m hohen Aussichtsturm (Öffnungszeiten: tgl. 9.30 – 17.30 Uhr, www.epa.qld.gov.au).

Wooroonooran National Park

★★

◄ Mamu Rainforest Canopy Walkway

★ Kuranda

T 5

Ausflugsklassiker von ►Cairns ist das für seine Touristenmärkte berühmte Bergstädtchen Kuranda – hinauf geht es mit der Eisenbahn, zurück schwebt man in der Gondel über dichtem tropischen Regenwald, der von der UNESCO zum Weltnaturerbe erklärt wurde.

Nostalgiker schwören auf die Anreise von Cairns mit der Kuranda Scenic Railway, die auf der 34 km langen Strecke 15 Tunnel und 40 Brücken überquert und bei den 260 m hohen Barron Falls 3 km südlich von Kuranda zum Fotostopp hält (Tel. 07 / 40 36 93 33, www.ksr.com.au). Die Zugfahrt führt über schwindelerregend hohe Viadukte, dicht vorbei an steil abfallenden Bergklippen. Baubeginn der tollkühnen Strecke war 1888. Wer mit dem eigenen Pkw unterwegs ist, startet die Zugfahrt am besten ab der Station Freshwater, wo ausreichend Parkplätze zur Verfügung stehen.

★ **Kuranda Scenic Railway**

Zurück zur Küste verkehrt die spektakuläre längste Gondelbahn des Kontinents: die 7,5 km lange **»Skyrail«**, deren 114 Gondeln für je sechs Personen nur knapp über den Blättern des Regenwaldes der ► Atherton Tablelands nach **Smithfields** schweben – mit zwei Zwischenstopps an der Red Peak Station, wo ein kleiner Rundgang durch

★★ **Skyrail**

Auf ihrer Fahrt nach Kuranda überquert die Scenic Railway 40 Brücken.

Cairns-Kuranda Railway Orientierung

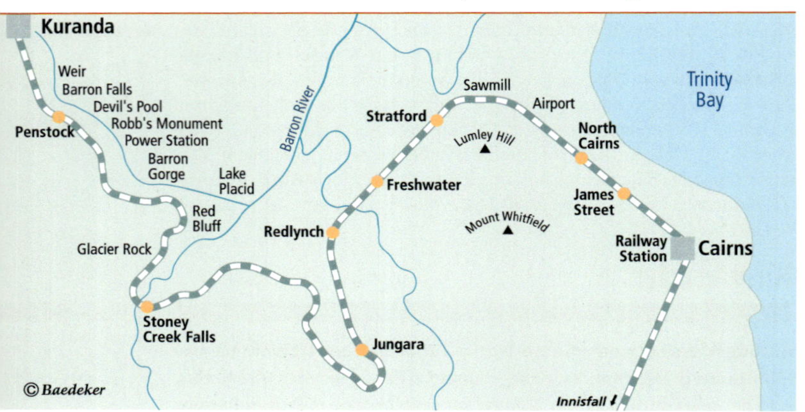

das tropische Dickicht führt, und an der Barron Falls Station mit Naturlehrpfad zu den tosenden Wasserfällen (www.skyrail.com.au).

Direkt neben der Talstation der Seilbahn können Besucher im Tjapukai Aboriginal Cultural Park Aufführungen des renommierten Tjapukai Dance Theatre beiwohnen, Didgeridoo-Musik hören und zwi Stunden lang viel über die **Kultur der Ureinwohner** erfahren (www.tjapukai.com.au).

* **Australiens Tierwelt**

Mit 1500 Schmetterlingen aus 35 unterschiedlichen Arten gelang dem **Australian Butterfly Sanctuary** in Kuranda, Australiens größter Brutstätte für Falter, der Eintrag in das Guinnessbuch der Rekorde (Öffnungszeiten: täglich 10.00 bis 16.00 Uhr, www.australianbutterflies.com). Sehenswert sind auch die benachbarte **Birdworld** (www.birdworldkuranda.com), das Fledermauszentrum **Bat Reach** (www.kuranda.org, Di. – Fr., So. 10.30 – 14.30 Uhr) und die **Koala Gardens** (www.koalagardens.com; Öffnungszeiten: tgl. 9.00 bis 18.00 Uhr). Mit Regenwaldtour, Australien-Zoo und diversen Aborigines-Präsentationen lockt der **Rainforestation Nature Park** (www.rainforest.com.au; Öffnungszeiten: tgl. 9.00 bis 16.00 Uhr). Nachtaktive Tiere kann man bei Tag im **Wildlife Noctarium** beobachten (Öffnungszeiten: tgl. 10.00 – 15.00 Uhr).

KURANDA

AUSKUNFT

Visitor Centre
Centenary Park
Tel. 07 / 40 93 93 11
www.kuranda.org

ÜBERNACHTEN

► **Komfortabel**

Kuranda Resort & Spa
Ecke Kennedy/Greenhills Road
Tel. 07 / 40 93 75 56
www.kurandaresortandspa.com
Vier Pools, Saunen, Wellness und Tennis sind geboten.

★ Lawn Hill / Boodjamulla National Park

Q 6

Über 30 000 Jahre alte Felsmalereien der Ureinwohner Australiens und 25 Mio. Jahre alte Fossilien: Der abgeschiedene Lawn Hill (Boodjamulla) National Park im Nordwesten von Queensland ist eine Schatzkammer der Vorgeschichte inmitten spektakulärer Sandsteinschluchten, die der Lawn Hill Creek geschaffen hat.

Tropisches Paradies

Nach langer Fahrt durch das Outback erscheint der 12 200 ha große Nationalpark wie eine tropische Oase. Vor den Sandsteinfelsen der Constance Range säumen Livistonia-Palmen die bis zu 60 m hohe Schlucht des **Lawn Hill Creek**, der ganzjährig Wasser führt und Lebensraum für Süßwasserkrokodile, Kookaburras und weitere 130 Vogelarten schafft. Im und am Nationalpark ist nur Camping möglich. Zeltplätze im Park müssen beim Smart Service des Queensland Parks & Wildlife Service reserviert werden (www.qld.gov.au/camping).

Erkunden Sie den ganzjährig Wasser führenden Lawn Hill Creek im Kanu.

Mehrere Wanderwege erschließen die Schlucht. Steil und schwierig ist der 4 km lange »Island Stack«, den man am besten in den Morgenstunden macht. Bei der 2 km langen, leichten »Cascades-Tour« und der 4 km langen, mittelschweren »Indarri Falls«-Strecke gehört Badezeug in den Rucksack. Zu einem Überhang mit Felsmalereien der Ureinwohner führt der 4,5 km lange Rundweg **»Wild Dog Dreaming«** – bitte halten Sie sich an das Fotografierverbot! Unvergesslich ist eine **Paddeltour mit dem Kanu**. Leihboote gibt es bei Adel's Grove und in der Lawn Hill Gorge (www.adelsgrove.com.au).

✶✶ **Riversleigh Fossil Field**

Im Süden des Nationalparks wurden 1976 riesige **Dinosaurier-Fußabdrücke** und Fossilien von mehr als 100 Tierarten entdeckt – Zeugnisse aus der Zeit vor 50 bis 25 Mio. Jahren, als sich Australien vom Urkontinent Gondwana ablöste. Seit 1994 bildet das Gebiet von Riversleigh mit den Naracoorte-Höhlen von Südaustralien, in denen ebenfalls Fossilien gefunden wurden, das **UNESCO-Welterbe** »Australian Fossil Mammal Site«. Noch immer legen Archäologen bei Ausgrabungen neue Fossilien frei. Die schönsten Fundstücke zeigt das **Riversleigh Fossil Centre** in ►Mount Isa.

Longreach

T 8

In Longreach wurde Luftfahrtgeschichte geschrieben: Vom kleinen Airport im Outback startete in den 1920er-Jahren die zweitälteste Fluggesellschaft der Welt – Queensland and Northern Territory Air Services, kurz QANTAS – ihren Flugbetrieb.

Mitten im Outback

Lange Zeit war Longreach nicht mehr als ein Lagerplatz für Viehhirten am Thomson River. Ab 1892 brachte der Bahnanschluss den Aufstieg zum prosperierenden Zentrum der Rindfleisch- und Wollindustrie. Riesige »Stations«, auf denen **Rinder und Schafe** gezüchtet werden, umgeben bis heute die größte Stadt in Zentral-Queensland, die genau auf dem **Wendekreis des Steinbocks** liegt. Einige von ihnen – ✶ wie die **Carisbrooke Station** (www.carisbrooketours.com.au) – laden Gäste ein, auf der Farm zu übernachten und den rauen Arbeitsalltag im Outback hautnah zu erleben.

Stay on a station! ►

Sehenswertes in Longreach

✶ **Australian Stockman's Hall of Fame Museum**

Die Ruhmeshalle für den australischen Cowboy erzählt im **Outback Heritage Centre** von den Entdeckern Australiens, der Goldära, der Woll- und Viehindustrie sowie der Buschkommunikation. Zwei Mal täglich wird bei der **R.M. Williams Outback Stockman's Show** der Alltag der australischen Cowboys wieder lebendig (Öffnungszeiten: tgl. 9.00 – 17.00 Uhr, www.outbackheritage.com.au).

★ **QANTAS Founders Outback Museum**

Am 7. Februar 1921 hob um 10.30 Uhr eine Avro 504 K zum **ersten QANTAS-Flug** ab und erreichte nach drei Stunden und zehn Minuten Flugzeit Winton. Der Hangar, in dem ab 1920 die ersten sechs Flugzeuge gebaut wurden, gehört heute zum QANTAS-Museum, in dem auch ein 747-Jumbojet besichtigt werden kann (tgl. 9.00 – 17.00 Uhr; Longreach Airport, Sir Hudson Fish Drive, www.qfom.com.au).

Weitere Ziele im Outback von Queensland

Winton

Gegründet wurde die australische Airline QANTAS 1920 in der Kleinstadt am Landsborough Highway. Berühmt wurde Winton (950 Einw.) aber als Heimat der Buschpoesie, denn hier schrieb **Banjo Paterson** 1895 Australiens heimliche Hymne: »Waltzing Matilda« – heute präsentiert das **Waltzing Matilda Centre** das Erbe der ersten Pioniere (Öffnungszeiten: tgl. 8.30 – 17.00 Uhr; Elderslie Street, www.matildacentre.com.au).

Seit 1999 darf sich Winton zudem des größten **Dinosaurierskeletts** Australiens rühmen: Elliott von der Gattung der Sauropoden wiegt rund 30 t und ist so hoch wie ein zweistöckiges Gebäude. Besucher können sich in der 120 km südwestlich an der zum Großteil unbefestigten Jundah Road liegenden Ausgrabungsstätte **Lark Quarry Dinosaur Trackways** als Archäologen versuchen und nach weiteren Funden graben (www.dinosaurtrackways.com.au).

Hughenden

Im urzeitlichen Binnenmeer von Hughenden, 211 km nördlich von Longreach, wurde ein 14 m hohes Dinosaurierskelett gefunden – eine Kopie des Murraburrasaurus zeigt das **Flinders Discovery Centre** am Overlander's Way (Öffnungszeiten: Feb. – Nov. tgl. 9.00 – 17.00, Dez./Jan. 10.00 – 14.00 Uhr, www.flinders.qld.gov.au).

Mackay

V 7

Auf halbem Weg zwischen ►Brisbane und ►Cairns lockt Australiens Zuckerhauptstadt mit dem zehntägigen Sugartime Festival im September, mit viktorianischer Architektur und Island-Hopping zu den südlichen Whitsunday-Inseln des ►Great Barrier Reef.

Zuckerhauptstadt

Die ersten Zuckerrohrpflanzen wurden 1868 aus Java eingeführt. Heute verarbeiten fünf Mühlen das Zuckerrohr der umliegenden Plantagen und sorgen für Wohlstand am Pioneer River. In der **Farleigh Sugar Mill**, 10 km nordwestlich, kann man während der Ernte von Juli bis November werktags auf zweistündigen Führungen zusehen, wie das Zuckerrohr verarbeitet wird (Farleigh, Tel. 07/ 49 63 27 00). Von der Blüte des Zuckerrohranbaus um 1900 zeugen in Mackay liebevoll restaurierte **viktorianische Gebäude** wie das alte

Zimmer mit Aussicht – Café im Eungella National Park

Rathaus, das Gericht und das Polizeigebäude. In 90 Minuten führt der markierte »Heritage Trail« zu 22 sehenswerten Bauten der Stadt. Kunst und Kultur der Region zeigt in der Gordon Street das **Artspace**, das alljährlich im Februar mit dem »Australian Artists' Books Forum« zum Schaufenster zeitgenössischer Buchkunst wird (Öffnungszeiten: Di. – So. 10.00 – 17.00 Uhr, www.artspacemackay.com.au). Die **Botanic Gardens** am Ufer der Eulamere Lagoon besitzen mehrere Biotope, Themengärten und ein Orchideenhaus mit 180 verschiedenen Arten (www.mackayregionalbotanicgardens.com.au). Am Pine Islet Lighthouse von 1885, einem der letzten mit Kerosin arbeitenden Leuchttürme, entstand das gemütliche Hafendorf **Mackay Marina Village** rund um einen Jachthafen mit 330 Liegeplätzen, der auch Jachten in XXL einen Platz bieten kann (www.mackaymarina.com.au). Wer selbst ins Wasser springen will: Der **Harbour Beach** liegt gleich nebenan.

! *Baedeker* TIPP

Bei Sonnenaufgang ...
kommen oft Kängurus und Wallabies an den palmengesäumten Sandstrand des Cape Hillsborough National Park. Die Tiere hoppeln auch ins Wasser, um einige Schlucke zu trinken – damit decken sie ihren Salzbedarf.

Umgebung von Mackay

Cape Hillsborough National Park

Der Küstenpark am 300 m hohen Cape Hillsborough, 54 km nordöstlich von Mackay, ist für seine Kängurus berühmt. Hier, wo der Regenwald auf das Riff trifft, haben 150 Vogel- und seltene Schmetterlingsarten ihre Heimat. Wie die Ureinwohner einst die heimischen Pflanzen nutzten, zeigt der 1,5 km lange **Yuibera Plant Trail**. Schöne Ausblicke auf die Küste bieten sich von der Grotte **Beachcomber Cove** und vom Andrews Point. Bei Ebbe lässt sich von hier aus auch **Wedge Island** erreichen.

Durch Zuckerrohrplantagen des **Pioneer Valley** und vorbei an Naturschwimmbecken der **Finch Hatton Gorge** wird nach 80 km das »Land der Wolken« erreicht: Eungella – der längste Streifen tropischen Regenwalds in Australien, der durch seine isolierte Lage 30 000 Jahre lang seltsame Kreaturen wie den Eungella Frog hervorbringen konnte: Er brütet seine Eier im Magen aus – und spuckt die Kaulquappen aus dem Schlund. Als Infozentrum für Pioneer Valley und Nationalpark dient **Melba House** in Marian, in dem die australische Operndiva **Dame Nellie Melba** (► Berühmte Persönlichkeiten) ihre ersten Ehejahre verbrachte. An sie erinnern Fotos, Bücher und Möbel im 120 Jahre alten Anwesen im Edward Lloyd Park an der Eungella Road (Öffnungszeiten: tgl. 9.00 bis 15.00 Uhr; Tea House: Mo., Mi., Fr., So. 9.00 – 12.00 Uhr).

Eungella National Park

Baedeker TIPP

Schlafen neben Schnabeltieren

Wo der Platypus daheim ist, bietet das Broken River Mountain Resort, 85 km westlich von Mackay, gemütliche Lodges, Studios und eine gute Küche inmitten einer unverfälschten Wildnis (Eungella Dam Road, Eungella QLD 4757, Tel. 07 / 49 58 40 00, www.brokenrivermr.com.au).

Moreton Bay

X 10

Über 300 kleine und große Inseln verteilen sich in der Bucht des Brisbane River – ein Taucherparadies mit Delfinen und Sandboarding auf den höchsten Küstensanddünen der Welt. Der scherenlose Hummer Moreton Bay Bugs lässt Gourmetherzen höher schlagen.

Knapp 40 km trennen ►Brisbane von der 19 km² großen Sandinsel Moreton, größtenteils ein Nationalpark mit den höchsten Sanddünen der Erde, die sich am **Mount Tempest** 280 m emporschwingen. Hinauf geht es schweißtreibend durch rutschenden Sand – hinab wird in Bauchlage auf Brettern gerodelt oder mit Quads durch den Sand gedriftet. Abends trifft man sich im **Tangalooma Wild Dolphin Resort** an der Jetty zur Delfinfütterung (www.tangalooma.com), morgens tummeln sich Kormorane und Pelikane am Strand. Von Juni bis Anfang November kann man in der Bucht auch die bis zu 50 t schweren Buckelwale beim **Whale Watching** erleben.

* **Moreton Island**

◄ Sandboarding

** ◄ Delfinfütterung

Das sportliche Couran Cove Resort (www.couran-cove.com.au) auf der Nachbarinsel **South Stradbroke Island** gehört zu den führenden Ökoresorts des Landes. Die Lagune säumen luxuriöse Bungalows, im Busch verstecken sich rustikale Eco-Cabins. Perfekt für Familien ist das 38 km lange **North Stradbroke Island** mit flach abfallenden Sandstränden, Ferienhäusern und B & Bs sowie dem Blue Lake National Park, der einen tiefen Badesee umgibt (www.straddie.info).

South und North Stradbroke Island

◄ Weiter auf S. 384

Hier geht's zur Sache: Drover in Action beim Rodeo von Mount Isa.

DROVER UND JILLAROOS

Echtes australisches Outback – die Atmosphäre und die Spannung eines Rodeos sind einzigartig. Nicht nur für Männer, auch für Frauen ist dieser raue Sport in Australien ein beliebtes Freizeitvergnügen.

Das größte Rodeo der südlichen Hemisphäre ist der Höhepunkt des zweiwöchigen Rodeo-Festivals von Mount Isa, das die Bergbaustadt im Outback von Queensland feiert. Dann betreten die besten **»Drover«** bzw. **»Stockmen«** des Kontinents in ausgewaschenen Jeans, Blundstone-Boots, kariertem Hemd und verstaubtem, breitkrempigen Akubra-Hut die Arena und kämpfen mit Cowboy-Kollegen aus aller Welt drei Tage lang in festgelegten Wettbewerben um Punkte fürs Finale und um mehr als 200 000 AUD Preisgeld. Auch **Jillaroos** sind darunter, junge Frauen, die wie der Teufel auf den halbwilden »Brumbies« reiten – und wie ihre männlichen Kollegen haufenweise in den roten Staub fallen. Veranstaltet wird das Mount Isa Rodeo seit 1959 von den drei örtlichen Rotary-Clubs, die inzwischen über 2,5 Mio. AUD an wohltätige Organisationen, Kulturvereine und Sportclubs gespendet haben.

Das ausgelassene Treiben beginnt mit der Krönung der Rodeo Queen auf dem Mayoress Ball. Beim **Rodeo Mardi Gras** am Freitag zieht eine bunte Karawane aus fröhlich geschmückten Karnevalswagen durch die gesperrte Innenstadt, die sich nach der Parade zum riesigen Volksfest wandelt: mit Achterbahn, Zuckerwatte, Tanz, Tand und Tausenden trinkfester »Sheilas«, Frauen jeden Alters, mit ihren Mates.

Um Geld, Punkte und blankes Überleben geht es im **Buchanan Park**, wo das beinharte Rodeo seit 2007 ausgetragen wird (‚www.isarodeo.com.au). Bis zu 30 000 Zuschauer verfolgen lautstark klatschend und lachend, wie sich die einzelnen Kandidaten in den **sechs Standardwettbewerben**, ausgetragen gemäß den Richtlinien der 1944 gegründeten Australian Professional Rodeo Association (APRA), bewähren.

Sechs staubige Wettbewerbe

Bei den **»Rough-Stock«-Disziplinen** – Saddle Bronc Riding, Bareback Bronc Riding und Bull Riding – müssen sich Männer acht Sekunden, Frauen sechs Sekunden lang mal mit, mal ohne Sattel auf den unbändigen Broncos und Bullen halten. Damit die Tiere auch richtig »bocken« und nicht galoppieren, wird ein Seil eng um ihre

Lenden geschnürt. Tierschützer kritisieren, dass auch Elektroschocks eingesetzt und Schweifhaare ausgerissen würden, um die Tiere richtig wild zu machen. Zwei Schiedsrichter bewerten den Auftritt und verleihen pro Disziplin maximal 25 Punkte – das Tier wird nach Kraft und Bockverhalten beurteilt, der Reiter nach Stil und Balance. Bei den **Zeitwettbewerben** – Rope and Tie, Steer Wrestling und Team Roping – wird gegen die Uhr ein Stier gefangen, gefesselt oder niedergerungen. Wer dabei Fehler macht, erhält Zeitstrafen. 1996 setzte Danny McGuire die bislang unerreichte Bestmarke beim Steer Wrestling – in 2,8 Sekunden überwältigte er beim Tumbarumba Rodeo den Stier. Zu den schnellsten Damen beim Einfangen der Kälber gehört Leanne Kenny, 2010 Australian All Round Champion Cowgirl.

Einen hohen Stellenwert im australischen Rodeo hat auch die alte Cowboy-Kunst des **»Breakaway Roping«**, bei der ein Kalb mit einem Lasso eingefangen, zur Seite geworfen und an den Füßen gefesselt wird. Wichtigste Frauendisziplin ist das **»Barrel Racing«**, ein Zeitrennen um drei 205-Liter-Fässer, die im Kleeblattmuster umrundet werden müssen. Wer die Fässer berührt, erhält eine Zeitstrafe, wer ein falsches Muster reitet, wird disqualifiziert. Eine Lichtschranke nimmt die Zeit – gute Reiterinnen schaffen den Parcours in 15 Sekunden.

Landesweiter Rodeozirkus

Mehr als 90 solcher regionalen Rodeos werden alljährlich veranstaltet. Als Topereignis von Queensland gilt neben Mount Isa das **Warwick Rodeo** im Oktober. Aber auch Städte wie Mackay, Dalby und Roma in Queensland, Wangaratta, Corryong und Rokewood in Victoria sowie Junee und Tamworth in New South Wales sind gute Adressen, um ein Rodeo einmal hautnah zu erleben.

Die 15 besten Kandidaten jedes Rodeos der National-Pro-Tour-Serie küren seit 1960 alljährlich Ende November beim **National Finals Rodeo** ihren Meister. Als eine »Hall of Fame« für Rodeogrößen wie Shane Kenny, Ray Hermann und Neville McCarthy eröffnete im Oktober 2006 das **Australian Rodeo Heritage Centre** in Warwick/QLD. Weitere Infos dazu stehen unter www.prorodeo.asn.au.

Mount Isa

Q 7

Endlose Weiten, riesige Rinderfarmen, extreme Klimaverhältnisse und mittendrin »The Isa« – alljährlich im August Schauplatz des legendärsten und größten Rodeos der Südhalbkugel (► Baedeker Special, S. 382)

Bergbaustadt Entdeckt wurden die Mineralvorkommen der Region 1923 und bald erwies sich die felsige Landschaft als eine der reichsten Vorkommen von Kupfer-, Silber-, Blei- und Zinkerzen. Als **»company town«** ist »The Isa« – mit 43 310 km² so groß wie die Schweiz – im Besitz der Bergbaugesellschaft Mount Isa Mines Ltd., des größten Silber- und Bleiproduzenten der Welt. Täglich werden mehr als 35 000 t Erz in Australiens größter Mine abgebaut. Ein Fünftel der 24 000 Einwohner arbeitet unter Tage, Hochöfen bestimmen das Stadtbild vom City Lookout. Spannende Einsichten in den Bergbaualltag vermitteln Minenführungen, die in der Hochsaison Monate im Voraus reserviert werden müssen (IQTDB, PO Box 356, Mount Isa, QLD 4825).

Sehenswertes in Mount Isa

Outback at Isa Zum Komplex der Touristeninformation gehören die **»Hard Times Mine Tour«**, eine unterirdische Führung durch ein 1,2 km langes Stollenlabyrinth, in dem es dröhnt, rattert und dampft, sowie das faszinierende **Riversleigh Fossil Centre** mit Zeugnissen der Frühgeschichte, die vier Autostunden nördlich freigelegt wurden.

Die **Isa Experience Gallery** zeigt Filme und Exponate zur Stadtgeschichte, der **Outback Park** an der Marian Street stellt Flora und Fauna der Region vor (Öffnungszeiten: tgl. 8.30 – 17.00 Uhr, www.outbackatisa.com.au).

Einblicke in die Kultur der Aborigines vermittelt neben dem Visitor Centre in der Marian Street der **Kalkadoon Tribal Council** (Öffnungszeiten: Mo. – Fr. 9.00 – 17.00 Uhr).

Gegenüber bietet der **City Lookout** ein 360-Grad-Panorama auf die Bergbaustadt. Wie die Kumpel in den 1940er-Jahren in Zelthäusern mit Baumwollwänden und Wellblechdach lebten, vermittelt das **National Trust Tent House** (Öffnungszeiten: April – Sept. tgl. 10.00 bis 14.00 Uhr; Fourth Avenue Motor Inn, Forth Avenue).

Über die Arbeit der »Fliegenden Ärzte« informiert das **Royal Flying Doctor Visitor Centre** am Barkly Highway (Öffnungszeiten: Mo. – Fr. 9.30 – 16.30 Uhr).

School of the Air Den schulpflichtigen Nachwuchs auf den Outback-Farmen unterrichtet seit 1960 die Queensland School of the Air – lauschen Sie einer **Schulstunde** per Funk und Internet (Führungen Mo. – Fr. 9.00, 10.00 Uhr; Kalkadoon High School, Abel Smith Parade).

★ Port Douglas

T 5

In nur wenigen Jahren hat der Tourismus das einstige Fischerdorf in einen mondänen Badeort verwandelt. Im Zentrum drängen sich Luxusboutiquen, kleine Straßencafés und Gourmetrestaurants, vom Jachthafen mit dem Shoppingparadies »Marina Mirage« starten täglich Ausflugsfahrten zum ►Great Barrier Reef.

Rainforest Habitat Wildlife Sanctuary

In vier künstlichen Biotopen an der Port Douglas Road können Koalas, Kängurus, Krokodile und seltene Vögel beobachtet werden (Öffnungszeiten: tgl. 8.00 – 17.30 Uhr, www.rainforesthabitat.com.au). Ende Mai feiert Port Douglas den **Reef & Rainforest Carnivale**. Von Palmen gesäumt, lädt der herrliche Vier-Meilen-Sandstrand zu stundenlangen Spaziergängen, aber auch Jetski und Parasailing können in der Strandhütte gebucht werden.

★ ◄ Four Mile Beach

PORT DOUGLAS ERLEBEN

AUSKUNFT

Port Douglas Visitor Centre
Macrossan Street 23
Tel. 07 / 40 99 45 88
www.tourismportdouglas.com.au

ÜBERNACHTEN

► **Luxus**
Silky Oaks Lodge
Mossmann Gorge, Tel. 07 / 40 98 16 66, www.silkyoakslodge.com.au
Die wildromantischen Baumhäuser mit Schlemmermenüs im Treehouse Restaurant gehören zu den schönsten Wellnessanlagen des Sunshine State.

ESSEN

Baedeker-Empfehlung

► **Fein & teuer**
Flames of the Forest
PO Box 460
Mossman QLD 4873
Tel. 07 / 40 99 31 44
www.flamesoftheforest.com.au
Eine Kerze in der Hand, folgen die Gäste einem Lichterpfad bis zu einer Lichtung, wo sie mitten im Daintree-Regenwald ein exotisches Dinner mit einer magischen Show der Aborigines erwartet.

Smaragdblaues Meer und goldener Sandstrand: der Four Mile Beach bei Port Douglas

Mossman Rund um Mossman erstrecken sich Zuckerrohrfelder bis zum Horizont. Während der Erntezeit von Juni bis Oktober lädt die 1894 in Betrieb genommene **Mossman Central Mill** ein, die Gewinnung von Rohrzucker vor Ort kennenzulernen (www.mossmanmill.com.au).
6 km westlich liegt die **Mossman Gorge**, die traditionelle Heimat der Kuku-Yalanji-Aborigines. Zwei Rundwege erschließen die Schönheiten der Schlucht, die die Südgrenze des Daintree National Park am ►Cape Tribulation bildet (www.epa.qld.gov.au).

Rockhampton

W 8

Auf dem Wendekreis des Steinbocks liegend, markiert die Universitätsstadt die Grenze zwischen Tropen und Subtropen. Dass die Rinderzucht bis heute den Wohlstand Rockhamptons sichert, signalisieren sechs Denkmäler für die Hauptrassen der Zuchtbullen.

Sehenswertes in Rockhampton

Beef Capital of Australia Parallel zum Fitzroy River führt ein Heritage Trail entlang der **Quay Street** zu einem Dutzend denkmalgeschützter Gebäude wie dem Criterion Hotel von 1889. Im neoklassizistischen **Customs House** (1898) mit imposanter Kuppel und halbrundem Säulenvorhof präsentiert die Ausstellung »The Spirit of Rockhampton« die reiche Geschichte der Rinderhauptstadt Australiens. Hier befindet sich auch die Tourist Information (www.rockhamptoninfo.com).

Botanic Gardens Von Sonnenauf- bis Sonnenuntergang kann man durch den Botanischen Garten schlendern, der 1869 im Süden der Stadt angelegt wurde. Die Murray Lagoon ist Lebensraum unzähliger Wasservögel. Daneben gibt ein Orchideenhaus, begehbare Volieren und einen Zoo.

Umgebung von Rockhampton

✶ Dreamtime Cultural Centre Im Dreamtime Cultural Centre, 5 km nördlich, erhält man Einblicke in die **Kultur der Aborigines** und Torres-Strait-Insulaner. Während der 90-minütigen Führung werden auch Didgeridoos und Bumerangs vorgeführt (Öffnungszeiten: Mo. – Fr. 10.00 – 15.30 Uhr, Führungen ab 10.30 Uhr, www.dreamtimecentre.com.au).

Capricorn Coast Herrliche Sandstrände bietet nördlich die 100 km lange Capricorn-Küste. Australisches Farmer-Feeling wird jeden zweiten und vierten Montag des Monats ab 12.00 Uhr auf den Viehauktionen in **Gracemere** geboten. 25 km nördlich von Rockhampton am Bruce Highway liegen die **Capricorn Caves**. Die eindrucksvollen Tropfsteinhöhlen sind die Heimat seltener Fledemäuse (Öffnungszeiten: tgl. 9.00

»Come and share our culture« – lernen Sie von den australischen Ureinwohnern im Dreamtime Cultural Centre.

bis 16.00 Uhr, Führungen zur vollen Stunde, www.capricorncaves.com. au). Das Feriendorf **Yeppoon** besitzt schöne Strände und viele Unterkunftsmöglichkeiten. 7 km südlich starten von Rosslyn Bay die Fähren nach Great Keppel Island am ►Great Barrier Reef (► S. 364).

Mount Morgan

Ein 2 km breiter und bis 300 m tiefer, teils wassergefüllter Krater erinnert am Mount Morgan an die Blütezeit des Bergbaus um 1900, als südwestlich von Rockhampton Gold, Silber und Kupfer im Tagebau gewonnen wurden. Zwei Stunden dauert die geführte Tour durch die alte Mount Morgan **Gold Mine**, die einst größte Goldmine der Welt.

★ Simpson Desert National Park

Q 9/10

Flirrende Hitze und Staub, der durch alle Ritzen des Allradwagens dringt, begleiten den endlosen Weg ins trockene Herz Down Unders zur Simpson Desert, der jüngsten Sanddünenwüste der Erde.

Nationalpark für Abenteurer

Über 1000 riesige, rostrote **Sanddünen**, endlose Salzseen, silbrig schimmerndes Spinifex-Gras und Mulga-Büsche bedecken jenseits von ► Birdsville das scheinbare Nichts gen Westen. Die Wüste, fast halb so groß wie Deutschland, ist das letzte Rückzugsgebiet für bedrohte Tierarten wie die urzeitlichen Dornteufelchen, die drachenähnlichen Kragenechsen oder die Mulgaras, kleine, fleischfressende Beuteltiere. Als erster Weißer betrat 1845 der Forscher **Charles Sturt** diese Wildnis. Wegen zahlreicher Notfälle mit ausländischen Touristen sind vom 1. Dezember bis 15. März der Simpson Desert Conservation Park und das Regional Reserve gesperrt – und damit auch die beliebte Wüstenroute von Birdsville nach Alice Springs. Wer trotzdem in die Wüstefährt, riskiert außer seinem Leben auch hohe Strafen und muss etwaige Rettungsmaßnahmen selbst bezahlen. Für den Besuch der Wüste muss man gegen 105 AUD den Desert Parks Pass (www.environment.sa.gov.au) erwerben, der alle notwendigen Infos enthält. Achtung: Mobiltelefone funktionieren in der Wüste nicht!

✶ Sunshine Coast

X 10

Wem die ► Gold Coast im Süden zu umtriebig ist, der findet eine Autostunde nördlich von ► Brisbane an der »Sonnenscheinküste« das ruhigere Pendant. Umgeben von schneeweißen Sandstränden und smaragdgrünem Ozean, lockt Noosa mit trendigem Lifestyle, Wassersport und erlesenen Kochkünsten.

Fun für die ganze Familie

Küstengemeinden wie Caloundra, Mooloolaba und Coolum stehen für familiären Strandurlaub. Dazu gehören auch mehrere Freizeitparks: Die **»Underwater World«** von Mooloolaba ist das größte Ozeanarium Australiens mit Haitunnel und Seerobbenfütterung (Öffnungszeiten: tgl. 9.00 – 18.00 Uhr; Parkyn Parade, www.underwaterworld.com.au).Öffnungszeiten: tgl. 9.00 – 16.30 Uhr; Glass House Mountains Drive, Beerwah, www.australiazoo.com.au). Wombats, Dingos, Echidnas und andere australische Exoten konnen bei den »Animal Encounters« des Australia Zoo hautnah erlebt werden. Handzahme Kängurus sind im **»Deer Sanctuary«** zu Hause (Öffnungszeiten: tgl. 9.00 – 18.00 Uhr, Tanawha Tourist Drive, Forest Glen). Die **»Aussie World«** unterhält mit Achterbahn, Riesenrad und Bizzy Buggies (Öffnungszeiten: tgl. 9.00 – 17.00 Uhr, 73 Frizzo Road, Bruce Highway, Palmview, www.aussieworld.com.au).

✶✶ Noosa

Endloser Sandstrand, azurblaue Lagunen, mediterraner Charme – im »australischen Saint Tropez« erholen sich Prominente wie Mick Jagger, Nicole Kidman und Tennisstar Patrick Rafter. Viele Hotels in **Noosa Heads** stehen in tropischen Gärten, meist direkt am Wasser und mit einem schnittigen Boot am Steg. In der Hastings Street reihen sich schicke Designerboutiquen, edle Lokale und angesagte Cafés aneinander. Hoch im Kurs stehen Segeln, Surfen, Golf, Kamelreiten und Beach-Safaris. Markierte Wanderwege laden ein, zu Fuß oder per Rad die Schönheit der Ferienregion zu entdecken. Einen weiten Blick über die Küstenlandschaft mit den Wasserstraßen des Noosa River bietet der Laguna Lookout im **Noosa National Park** westlich von Noosa Heads. Ein Muss ist der 90-minütige **Noosa Ferry Cruise** zwischen Tewantin, Noosaville und Noosa Heads – die Tour kann beliebig unterbrochen werden kann (Noosa Harbour Marine Village, 7/2 Parkyn Court, Tel. 07 / 54 49 84 42, www.noosaferry.com).

SUNSHINE COAST ERLEBEN

AUSKUNFT

Sunshine Coast Destination Ltd.
PO Box 9325
Pacific Paradise QLD 4564
www.visitsunshinecoast.com.au

EVENTS

Zu den Highlights gehören das zehntägige Rock 'n' Roll-Event »Rock 'n Tewantin« (www.rocknte wantin. com), das legendäre »Noosa Jazz Festival« (www.noosajazz. com.au) Ende Aug. und der »Noosa Triathlon« (www.usmevents. com.au) im Nov.

ESSEN

► Fein & teuer

River House
301 Weyba Road, Noosaville
Tel. 07 / 54 49 74 41
Der englische Koch David Rayner begeistert in seinem eleganten und doch äußerst gemütlichen Bistro Feinschmecker, die hier Schwertfisch auf Cherry-Tomaten und Kapern oder das Lammfilet an Zucchini in Weißweinsauce genießen.

► Erschwinglich

Sails Beach Restaurant
Ecke Park Road/Hastings Street
Tel. 07 / 54 47 42 35
www.sailsnoosa.com.au
Schlemmen am Strand: Die moderne australische Küche von Paul Leete mundet besonders gut zum Sonnenuntergang an der Laguna Bay.

Spirit House
20 Ninderry Road
Yandina QLD 4561
Tel. / Fax 07 / 54 46 89 77
www.spirithouse.com.au
Das für viele beste Thai-Essen des Kontinents lässt sich 20 Minuten von Noosa entfernt im tropischen Garten des Spirit House genießen. Wer es nachkochen will: Zum Restaurant gehört eine Kochschule.

ÜBERNACHTEN

► Luxus

Sheraton Noosa Resort & Spa
14–16 Hastings Street
Noosa Heads QLD 4567
Tel. 07 / 54 49 48 88, Fax 54 49 22 30
www.sheraton.com/noosa
Fünf-Sterne-Nobelherberge mit 176 großzügig geschnittenen Zimmern, Lifestyle Spa Studios und Suiten, Gourmetrestaurant mit Blick auf den Noosa River, Pool und Aqua Day Spa, das bei »Nirvana Treatments« mit Vanille- und Honigbutter den Körper verwöhnt.

Villa Alba
91 Duke Road
Doonan (Noosa Valley) QLD 4562
Tel. 07 /54 49 19 00, Fax 54 49 13 00
www.villaalba.net
Edles Boutiquehotel mit vier romantischen Villen in einem tropischen Garten. Entspannung pur bringen Massagen und Aromatherapie.

Und nach dem Baden ein Eis für alle – die Sonnenscheinküste steht für Familienurlaub.

Great Sandy National Park

Bis zu 60 m hohe, goldgelb leuchtende Sandsteinklippen säumen nördlich von Noosa Heads den 50 km langen Sandstrand. Im Norden endet die Cooloola Coast als Teilstück des Great-Sandy-Nationalparks an einem Badestrand mit passendem Namen zum sandigen Farbenfeuer – **Rainbow Beach**. Hier setzen Fähren zur weltgrößten Sandinsel über: ►Fraser Island.

Ein ganz anderes Gesicht zeigt der Nationalpark in den **»Noosa Everglades«** nördlich von Tewantin: Dichte Mangrovenwälder säumen die Flussläufe, schlanke Eukalyptusbäume spiegeln sich in den Fluten von **Lake Coorooiba** und **Lake Cootharaba**, dessen Ufer ein 7 km langer Wanderweg bis zum Infozentrum auf Kinaba Island folgt.

Caboolture

Im Hinterland der Sunshine Coast zeigt das **Caboolture Historical Village** über 50 historische Gebäude aus den Gründungstagen des Staats (Öffnungszeiten: tgl. 9.30 – 15.30 Uhr).

Glass House Mountains National Park

Captain Cook sah sich 1770 beim Anblick der ungewöhnlichen Berge 20 km nördlich von Caboolture an die Glasbrennöfen seiner Heimat Yorkshire erinnert; für die ansässigen **Kabi-Aborigines** verkörpert jede der zwölf Felsnadeln eine Figur ihrer mystischen Traumzeit. Damals, so erzählen die Kabi-Aborigines, waren die 25 Mio. Jahre alten Felsen eine Familie, die sich vor vielen Tausend Jahren zerstritt. Ihr steinernes Antlitz zeugt noch heute davon: Tibrogargan (363 m) blickt weit hinaus aufs Meer, Coonowrin (377 m) lässt seinen Kopf hängen und Mutter Beerwah (555 m) ist noch immer schwer von der Schwangerschaft, denn es dauert lange, einen neuen Berg zu gebären. Heute erschließt der markierte **Glass House Tourist Drive** die Vulkanspitzen, die Aktive zu Klettertouren, Abseiling oder Bushwalking einladen. Rund um den 8,8 km² großen Nationalpark erstrecken sich Macadamia- und Ananasplantagen – rund die Hälfte der australischen Ananasproduktion stammt von hier.

Toowoomba

W/X 10

Einwohner: 128 600

Stolz verweist die 1859 gegründete »Garden City« auf ihre prachtvollen Gärten und elf Parks. Der alljährliche Blütenkarneval Ende September ist längst weit über die Landesgrenze hinaus bekannt.

★ Cobb & Co Museum

Ab 1868 machten die Kutschen der Cobb & Co Company auf dem gut 100 km langen Weg nach ►Brisbane Station in Toowaamba. Aus dieser Zeit erzählt das im September 2010 wiedereröffnete Museum an der Lindsay Street, mit den **schönsten Pferdefuhrwerken** und eleganten Landauern (Öffnungszeiten: tgl. 10.00 – 16.00 Uhr, www.cobbandco.qm.qld.gov.au).

TOOWOOMBA ERLEBEN

AUSKUNFT

Toowoomba Visitor Centre
86 James Street (Warrego Highway)
Toowoomba QLD 4350
Tel. 18 00 / 33 11 55
www.toowoomba.qld.gov.au

ÜBERNACHTEN

► **Luxus / Komfortabel**
Vacy Hall
135 Russell Street
Toowoomba QLD 4350
Tel. 07 / 46 39 20 55
Fax 07 / 46 32 01 60
www.vacyhall.com.au
Graham Higgins und Bronwyn Foster haben das 1880 erbaute Herrenhaus in ein B & B mit zwölf eleganten Zimmern verwandelt, das Grandeur mit Gemütlichkeit verbindet.

Beccles on Margaret B & B
25 Margaret Street
East Toowoomba QLD 435
Tel. 07 / 46 38 52 54
Fax 07 / 46 59 88 80
www.becclesonmargaret bandb.com.au
Bezauberndes Anwesen mit einem fantastischen Frühstück

Gartenstadt Queenslands

Wunderschön sind der 1865 angelegte **Queens Park** mit seinen Baumalleen und der **State Rose Garden** im Newtown Park mit über 1500 Rosenarten, darunter auch die australische Rosenzüchtung »Carabella«. Das 1911 im Jugendstil erbaute **Empire Theatre** (www.empiretheatre.com.au), das mit Konzerten und Live-Shows unterhält, ist bis heute Australiens größte Regionalbühne.
Die **Toowoomba Railway Station** wurde 1874 im Stil der italienischen Neorenaissance erbaut. Sehenswerte historische Bauten säumen auch die **Russell Street** sowie die Ruthven Street mit dem Rathaus von 1900. Hier sind in der **Toowoomba Regional Art Gallery** mehr als 400 Werke von Sir Lionel Lindsay (1874 – 1961) ausgestellt (Öffnungszeiten: tgl. 10.00 – 16.00, So. ab 13.00 Uhr).

Umgebung von Toowoomba

Jondaryan

Knapp 45 km westlich von Toowoomba kann man im Freilichtmuseum **Jondaryan Woolshed** zuschauen, wie Schafe geschoren werden, und erleben, wie früher auf den Farmen gearbeitet wurde (Mi. bis So. 10.00 – 16.00 Uhr, www.jondaryanwoolshed.com).

Bunya Mountains National Park

Kiefernhaine, Wasserfälle und uralte Regenwälder prägen die schroffe Berglandschaft im 60 km nördlich gelegenen Nationalpark (www.epa.qld.gov.au). Zum höchsten Gipfel, dem **Mount Kiangarow** (1135 m), führt der »Kiangarow Track«, ein 2,3 km langer Rundweg Der »Scenic Circuit« erschließt vom Dandabah-Picknickplatz als 4 km lange Schleife herrliche Aussichtspunkte und Felsenpools.

★ Townsville

U 6

Einwohner: 180 000

Die größte Stadt der australischen Tropen bietet sowohl Tagestouren zu Geisterstädten des Outback als auch schnelle Boottrips zum Inselparadies des ►Great Barrier Reef.

Exporthafen und Universitätsstadt

1864 wurde an der Mündung des **Ross Creek** in die Cleveland Bay eine Hafenstadt für die Verladung von Rindern gegründet: Townsville – benannt nach dem Kaufmann **Robert Towns**, der 1866 finanzielle Unterstützung zugesichert hatte. Doch das war kaum nötig, denn 1867 wurde im Hinterland Gold entdeckt. Townsville erlebte einen ersten Aufschwung, erhielt 1902 Stadtrechte und wurde im Zweiten Weltkrieg wichtiger Militärstützpunkt gegen die befürchtete japanische Invasion. Noch heute sind in Townsville eine große RAAF Air Base und die dritte Brigade der australischen Armee in den Lavarack Barracks stationiert. Über den Hafen werden Erze aus ► Mount Isa und ► Cloncurry sowie Rindfleisch und Wolle der Western Plains verschifft. Mit der **James Cook University**, den CSIRO-Laboratorien und dem Australian Institute of Marine Science ist Townsville zudem ein bedeutender Forschungs- und Bildungsstandort.

Sehenswertes in Townsville

★★ Reef HQ

Muränen, Mantarochen, Haie und Riesenschwärme bunter Rifffische zeigt das größte **Korallenriff-Aquarium** der Welt. Begleitet von sphärischer Musik, schreitet man in einem Tunnel durch den 750 000 l großen Meerwassertank, in dem Ebbe und Flut simuliert werden können. In der **»Light Zone«** erfahren Besucher, wie die Meeresbewohner ihre Farben zum Überleben nutzen, im **»Hot Tropics Tank«** lassen sich Steinfische, Seeschlangen und Skorpione beobachten, im

TOWNSVILLE ERLEBEN

AUSKUNFT

Townsville & North Queensland Visitor Centre
Flinders Street, Tel. 07 / 47 21 36 60
www.townsvilleholidays.info

ESSEN

► Erschwinglich

Naked Fish
60 The Strand, Tel. 07 / 47 24 46 23
Eine Gaumenreise um den Globus mit köstlichem Meeresgetier (Reservierung ist angeraten).

ÜBERNACHTEN

► Komfortabel

Oaks M on Palmer
81 Palmer Street, Townsville
Tel. 07 / 47 53 29 00, Fax 47 53 29 99
www.oakshotelsresorts.com
Apartments für Selbstversorger, ideal für Sightseeing und Strandvergnügen.

Streichelpool können Klein und Groß Seesterne und Muscheln berühren (Öffnungszeiten: tgl. 9.30 – 17.00 Uhr; Flinders Street).

★ **Museum of Tropical Queensland**

An der Flinders Street East kann man den Nachbau der **H. M. S. »Pandora«** bewundern, die 1790 aufgebrochen war, um die Meuterer der berühmten **»Bounty«** in der Südsee aufzuspüren und sie vor ein britisches Gericht zu stellen – 14 Meuterer wurden auf Tahiti gefangen genommen, doch am 29. August 1791 sank die Fregatte am ►Great Barrier Reef. Spannend sind auch die Ausstellungen zum Leben in den Tropen und zur Meereswelt der Tiefsee (Öffnungszeiten: tgl. 9.30 – 17.00 Uhr, www.mtq.qm.qld.gov.au).

Shoppen, baden und schlemmen

Haupteinkaufsmeile ist die Fußgängerzone **Flinders Street Mall** – jeden Sonntagvormittag wird hier auf dem Cotters Market Kunst und Trödel angeboten. Schöne Geschäfte finden sich auch in der **Gregory Street**, die an der Uferpromenade **The Strand** mit ihren Nachtmärkten endet. Tagsüber ist die Grünanlage mit Blick auf Cleveland Bay und **Magnetic Island** fest in der Hand der Jogger und Familien, die am 2,5 km langen Sandstrand, im kostenlosen Water Park oder in einem der vielen Lokale entspannen. **Palmer Street** empfiehlt sich zum Dinner, Zentrum des Nachtlebens ist die **Flinders Street East**. Dancenorth gehört zu den führenden australischen Häusern für zeitgenössischen Tanz (http://dancenorth.com.au).

Castle Hill

Eine kurvige Straße führt auf den 286 m hohen Castle Hill mit zwei Aussichtsplattformen. Genießen Sie den Fernblick über die Stadt, durch die sich der Ross Creek schlängelt, bis nach Magnetic Island und die vielfältigen Blautöne des ►Great Barrier Reef.

Umgebung von Townsville

★★ **Billabong Sanctuary**

Über den Bruce Highway erreicht man 15 km südlich das Billabong Schutzgebiet – auf 10 ha leben hier Koalas, Kängurus, Kasuare, Krokodile, Wombats und Dingos zwischen Eukalyptusbäumen, üppigem Regenwald und tropischem Sumpfland (Öffnungszeiten: tgl. 8.00 bis 17.00 Uhr, www.billabongsanctuary.com.au).

Airlie Beach

Von Airlie Beach aus starten täglich **Tauch- und Schnorchelausflüge** zum ►Great Barrier Reef. Abends trifft sich die jugendliche Szene in Diskotheken und Kneipen an der Airlie Beach Road und meist kommen die vielen Backpackerunterkünfte erst früh am Morgen zur Ruhe. Dann laufen schon im 10 km entfernten **Shute Harbour** die Boote zu den **Whitsunday Islands** aus.

★★ ◄ Reptilienshow

Legendär sind Rob Bredls Krokodil- und Schlangenshows im **Barefoot Bushman Wildlife Park**, wo auch Warane, Löwen, Tiger und Geparden leben. 50 km südlich in Midge Point kann man in **Bredl's Blue Planet** auf 75 ha Tiere wie in freier Wildbahn beobachten (www.barefootbushman.com.au).

★ Undara Volcanic National Park

T 6

In der Gulf-Savanne 300 km südwestlich von ► Cairns liegt eines der größten Lavahöhlensysteme der Erde – sechs der 60 Höhlen, die vor 190 000 Jahren entstanden, können besichtigt werden.

Riesige Lavahöhlen

Als der **Undara-Vulkan** am Westhang des McBride-Plateaus explodierte, ergoss sich bis zu 1200 °C heiße Lava in ein ausgetrocknetes Flussbett. Während das Magma an der Oberfläche rasch erkaltete, floss es unterirdisch weiter und formte beim Abkühlen bis zu 30 m hohe Röhren – von den Ureinwohner »undara« genannt, »lange Röhren«. Und das sind sie wahrhaftig: Bis zu 160 km erstreckt sich das Tunnelsystem unter der weiten Savanne mit 160 erloschenen

Wunderwerk der Natur: Durch die Undara-Höhlen floss einst kochende Lava.

Vulkanen. In der **Bakers Cave** lebt die größte Fledermauskolonie Nordqueenslands. Vierstündige Höhlenbesichtigungen veranstaltet **»Undara Experience«** am Savannah Way, wo man auch Übernachtungen in schick umgebauten Eisenbahnwaggons buchen kann.

! *Baedeker* TIPP

Oper im Outback

Am ersten Wochenende im Oktober laden Stars der Opera Queensland ein, im Undara Volcanic National Park berühmten Arien open-air zu lauschen (http://undara.com.au/opera-in-the-outback).

Warwick

W/X 11

Stolz trägt Warwick den Beinamen »Rose & Rodeo City« – im Frühjahr begeistert die Blütenpracht der Rosen in den Gärten und Parks, im Oktober findet ein legendäres Rodeo statt.

Rose & Rodeo City

Ab 1848 entstand am Condamine River 160 km südlich von ►Brisbane die nach der Kapitale zweitälteste Stadt des Landes. Das **Pringle Cottage** in der Dragon Street, ein zweigeschossiger Sandsteinbau von 1871, gewährt Einblick in den Alltag vor 130 Jahren (Öffnungszeiten: Mi. – Fr. 10.00 – 12.00, 14.00 – 16.00, Sa./So. 14.00 – 16.00 Uhr). Schaufenster lokaler Kunst ist die **Warwick Art Gallery** an der Albion Street (Öffnungszeiten: Di. – So. 10.00 – 16.00 Uhr). Topevent ist seit 1857 das **Warwick Rodeo** (www.warwickrodeo.com.au). Zur Zeitreise auf Schienen lädt die **Southern Downs Steam Railway**, die mehrmals pro Monat von Warwick durch die Southern Downs und den Granite Belt schnauft (www.southerndownssteamrailway.com.au).

✶ Glengallan Homestead

Das **prachtvolle Country House** am New England Highway 18 km nördlich von Warwick wurde 1867 für den Schafzüchter John Deuchar erbaut. Die Veranda des zweistöckigen Anwesens aus hellem Sandstein ist kunstvoll mit schmiedeeisernen Balustraden eingefasst (Öffnungszeiten: tgl. 10.00 – 17.00 Uhr, www.glengallan.org.au).

Granite Belt

Südlich von Warwick beginnt der Granite Belt. Das bis zu 950 m hohe Plateau der Great Dividing Range bildet mit 48 Kellereien das größte Weinanbaugebiet des Bundesstaats. In **Stanthorpe** (www.stanthorpe.com), wo das Historical Museum an der High Street die Regionalgeschichte präsentiert (Öffnungszeiten: Mi. – So. 10.00 bis 16.00 Uhr), lockt jeden zweiten Sonntagvormittag im Monat der »Market in the Mountains« am Civic Centre mit Kunsthandwerk aus der Region. Zwischen September und November verwandeln sich die Apfel- und Pfirsichplantagen in ein Blütenmeer. Den Abschluss der im Januar beginnenden Ernte feiert Stanthorpe im März mit dem **»Apple & Grape Harvest Festival«**, einem riesigen Erntedankfest mit Feuerwerk, Paraden und Filmfest (www.appleandgrape.org).

SOUTH AUSTRALIA

Kürzel: SA
Fläche: 983 480 km²
Symboltier: Wombat
Hauptstadt: Adelaide
Bevölkerungszahl: 1,6 Mio.
Symbolpflanze: Sturt's Desert Pea

Sonnig und gut gelaunt zieht der selbsternannte Festival State das ganze Jahr über Besucher in seinen Bann. Der drittgrößte Bundesstaat des Kontinents überrascht mit sanft wogenden Weinbergen im Barossa Valley, mit göttlicher Gastronomie im eleganten Adelaide und geschützter Natur pur auf Kangaroo Island.

Wüste, Wein und weiter Himmel

Mit Stolz verweisen die Einwohner Südaustraliens darauf, dass ihr Staat nicht durch Sträflinge, sondern als einzige Region Australiens durch freie Siedler erschlossen wurde. Als erste Europäer kamen 1627 die Holländer und nannten die Küste »Pieter Nuyts Land«. 1802 wurde sie von Kapitän Matthew Flinders in seinen Seekarten als **»Terre Napoléon«** ausgewiesen. Ende 1836 landeten vor Glenelg drei britische Schiffe mit den ersten **freien Siedlern** – sie hatten ihre Passage selbst bezahlt und wurden POMS (People of Means) genannt, was soviel wie zahlungsfähige Bürger heißt. Am 28. Dezember 1836 proklamierte Hindmarsh, Kapitän der »HMS Buffalo« und erster Gouverneur, die neue **Kolonie Südaustralien**. Zwei Jahre später kamen 570 preußische Lutheraner ins Barossa Valley und pflanzten die ersten Weinreben. Die neue Kolonie hatte ihnen Religionsfreiheit versprochen – eine Zusage, an die sich die Verwaltung immer gehalten hat.

Südaustralien ist der trockenste Bundesstaat des Kontinents mit fast 60 % Wüste im endlosen Outback. Die meisten Menschen leben im fruchtbaren Südosten in und um die hübsche Hauptstadt **Adelaide**. Hier gedeihen Wein, Obst und Gemüse, grasen Rinder und Schafe. Die **hitzeflirrenden Steinwüsten** im Nordwesten versprechen reines Outbackabenteuer auf den Spuren von Edward John Eyre, der sich mit drei Expeditionen ins Landesinnere wagte und dem größten Salzsee der Erde, Lake Eyre, seinen Namen gab. »In the middle of nowhere« graben Digger die staubtrockene Erde von Coober Pedy um, beseelt von einer einzigen Hoffnung: Es möge ihnen so ergehen wie jenen Glücklichen, die im Juni 1989 den »Jupiter 5« fanden, mit 5,2 kg einer der größten **Opale** der Welt.

i Topziele in South Australia

- Adelaide – mediterrane Hauptstadt mit deutschen Wurzeln ►S. 398
- Barossa Valley – herrliche Weine und liebliche Landschaft ►S. 408
- Coober Pedy – weiße Opale und Underground Motels ►S. 414
- Fleurieu Peninsula – Raddampfertouren und Whale Whatching ►S. 417
- Flinders Ranges – bizarre, violett schimmernde Felsformationen ►S. 418
- Kangaroo Island – Koalas, Kängurus, Seelöwen und Pinguine ►S. 420

← *Fahrt durch die Flinders Ranges. Weite Teile von South Australia bestehen aus menschenleeren, sandigen Ebenen, heißen roten Felsen und Salzseen.*

South Australia

★★ Adelaide

Q 14

Einwohner: 1,1 Mio. im Ballungsraum

Südaustraliens Metropole wirbt als »Festival City« mit viel Kultur zwischen Meer und Weinbergen. Bummeln Sie durch die Boutiquen der Rundle Mall, schlemmen Sie in einem der Feinschmeckertreffs auf der Gouger Street und fahren Sie mit der Tram hinaus zum populären Strandbad Glenelg. Edle Weine lassen sich im lieblichen ►Barossa Valley verkosten, Naturfreunde müssen mindestens einen Tag auf ►Kangaroo Island verbringen.

Festival City Dass Adelaides rechtwinklig angelegte Innenstadt so überschaubar ist, verdankt sie **Colonel William Light**. Vier Jahre hatte er bis 1836 an seinem Entwurf mit breiten Boulevards und großzügigen Parkanlagen gearbeitet. Topevents der Millionenstadt sind das alljährliche **Adelaide Fringe** mit jeder Menge Kulturveranstaltungen Ende Februar (www.adelaidefringe.com.au) und das spektakuläre **Adelaide Festival of Arts**, das alle zwei Jahre (2012, 2014 etc.) im Frühsommer zu Konzerten, Oper, Kabarett, Film und Lesungen einlädt (www.adelaidefestival.com.au). Spezialitäten- und Weinfeste versprechen kulinarische Genüsse, beim Festival **WOMAD** Anfang März treten Musiker und Tänzer aus aller Welt im Botanischen Garten auf (www.womadelaide.com.au). **Nachtschwärmer** treffen sich in den angesagten Pubs und Clubs der Rundle, Hindley und Gouger Street.

Highlights Adelaide

Art Gallery of South Australia
Wichtige Werke von der Kolonialzeit bis zur Gegenwart
► Seite 401

Rundle Mall
Edelboutiquen, Szenecafés und quirliges Nachtleben
► Seite 402

Ayers House
Viktorianische Perle des einstigen Premiers Sir Henry Ayers
► Seite 402

Tandanya National Aboriginal Cultural Institute
Führende Galerie der Kauma-Aborigines mit ausgesuchten Kunstwerken
► Seite 402

Port Adelaide
Kommen Sie sonntags auf den bunten Fishermans Market beim Leuchtturm
► Seite 405

Glenelg
Zweifellos der schönste Badestrand
► Seite 405

Sehenswertes in Adelaide

Montefiore Hill

Angesichts seiner überschaubaren Größe ist Adelaide gut zu Fuß zu erkunden. Das schönste Panorama bietet der Montefiore Hill mit der **Statue des Stadtgründers** William Lights.

Adelaide Festival Centre

◄ www.adelaidefestivalcentre.com.au

Stadteinwärts an der King William Road erhebt sich seit 1973 der schneeweiße Komplex des Festival Centre, dessen Plaza der Stuttgarter Bildhauer Otto Herbert Hajek gestalten durfte. Hier werden klassische Konzerte, Opern, Theater, aber auch Rock- und Jazzevents veranstaltet (Ticketservice: www.bass.net.au, Tel. 08 / 82 05 23 00).

North Terrace

Ab 1855 tagte das südaustralische Parlament im **Old Parliament House**, heute das State History Centre. Weil das Geld für das benachbarte heutige **Parliament House** immer wieder knapp wurde, zogen sich die Bauarbeiten über 60 Jahre bis 1939 hin (Besuchergalerie: Mo. – Fr. 14.00 – 16.00 Uhr; kostenlose Führungen Fr. und an sitzungsfreien Tagen 10.00, 14.00 Uhr; www.parliament.sa.gov.au).
Gegenüber erinnert das **South African War Memorial** an die gefallenen Soldaten Südaustraliens während des Burenkriegs 1899 bis 1902 in Südafrika. Im angrenzenden Prince Henry Garden residiert im **Government House** der Gouverneur Südaustraliens.
Zur 150-Jahr-Feier von South Australia wurde 1986 der alte vik-

! *Baedeker* TIPP

Jam Factory
Goldschmiede, Glasbläser, Töpferei – seit über 35 Jahren gehört die Jam Factory for Contemporary Craft and Design an der Morphett Street 19 zu den führenden Produktionsstätten und Ausstellungsflächen für zeitgenössisches australisches Kunsthandwerk (Öffnungszeiten: tgl. 10.00 – 17.00, So. ab 13.00 Uhr, www.jamfactory.com.au.)

Adelaide Orientierung

Essen
1. Red Ochre Grill
2. The Grange
3. Top of the World Revolving Restaurant
4. Paul's
5. Pancake Kitchen

Übernachten
1. Medina Grand Treasury
2. Oaks Embassy Hotel
3. Directors Studios
4. Richmond Hotel
5. Glenelg Beach Hostel

Ausgehen
1. The Austral
2. Fowler's Live

Fußgängerzone
City Loop (kosten
City Tram (kosten

Blickt ewig auf seinen Stadtentwurf: Adelaides Gründer Colonel William Light

torianische Stadtbahnhof zum prunkvollen **Skycity Adelaide Casino** umgebaut (www.adelaidecasino.com.au). Gegenüber erhebt sich die **Holy Trinity Church**, die älteste anglikanische Kirche Südaustraliens. Ihren Grundstein legte Gouverneur Hindmarsh im Jahre 1838.

Migration Museum

Eindrucksvoll schildert das Museum an der Kintore Avenue 82 die Geschichte des **»Einwandererstaats Südaustralien«** von den Anfängen bis heute (Öffnungszeiten: Mo. – Fr. 10.00 – 17.00, Sa., So. 13.00 bis 17.00 Uhr, www.history.sa.gov.au). Im benachbarten Artlab werden historische Exponate restauriert – Gruppen können werktags um 10.00 und 12.00 Uhr zuschauen (www.artlabaustralia.com.au).

★ **South Australian Museum**

Eine einzigartige Ausstellung zu Werkzeugen, Waffen und Kunst der australischen **Ureinwohner** und über die Natur des fünften Kontinents zeigt das kostenlos zugängliche Südaustralien-Museum (Öffnungszeiten: tgl. 10.00 – 17.00 Uhr, www.samuseum.sa.gov.au).

★★ **Art Gallery of South Australia**

Freier Eintritt besteht auch nebenan zu einer der wichtigsten Kunstgalerien des Landes mit **Meisterwerken der australischen Kunst**, sowie aus Europa und dem asiatischen Raum (Öffnungszeiten: tgl. 10.00 – 17.00 Uhr, www.artgallery.sa.gov.au).

University of Adelaide

Östlich erstreckt sich der Campus der University of Adelaide. Ganz entgegen den damaligen Gepflogenheiten waren an der Universität bereits kurz nach ihrer Gründung 1874 auch Frauen zum Studium zugelassen! Bemerkenswert ist das neogotische **Mitchell Building** von 1881 nach britischem Vorbild mit dem **Museum of Classical Archeology** (Besuch nur für Gruppen nach vorheriger Anmeldung, Tel. 08 / 83 03 56 38, Mo. – Fr. 9.00 – 15.00 Uhr).

✶✶ **Ayers House**

www.ayershouse museum.org.au ►

Schmuckstück der klassizistischen Regency-Ära ist die ehemalige Residenz von **Sir Henry Ayers**, heute Sitz des National Trust of South Australia und Standort des noblen **Ayers Restaurant** (Tel. 08 / 82 23 12 34, www.ayershouse.com). Ein Museum erinnert an Ayers, der zwischen 1857 und 1897 siebenmal Premier Südaustraliens war – nach ihm wurde der Ayers Rock/Uluru benannt (288 North Terrace, Öffnungszeiten: Di. – Fr. 10.00 – 16.00, Sa., So. 13.00 – 16.00 Uhr).

✶ **Botanic Gardens**

Groß und klein sind begeistert von dem bereits 1855 angelegten Botanischen Garten. Das viktorianische Palmenhaus von 1875 kontrastiert mit dem modernen **Bicentennial Conservatory**, dem größten Gewächshaus der Südhalbkugel (Öffnungszeiten: tgl. 8.00 bzw. 9.00 Uhr bis Sonnenuntergang, Gewächshaus 10.00 – 16.00 Uhr).
Nordwestlich an der Frome Road präsentiert der **Adelaide Zoo** die Tierwelt Australiens (Öffnungszeiten: tgl. 9.30 – 17.00 Uhr, www.adelaidezoo.com.au). ✶ Im **National Wine Centre** an der Ecke Botanic Road/Hackney Road kann man alle Schritte der Weinherstellung nachvollziehen, edle Tropfen probieren und natürlich auch kaufen (Öffnungszeiten: tgl. 10.00 – 18.00 Uhr, www.wineaustralia.com.au).

Weinprobe ►

In der Grenfell Street 253 sollte man sich das von Kaurna-Aborigines geleitete Kulturzentrum ansehen, mit schönem **Kunsthandwerk**, interessanten Wechselausstellungen sowie Tanz- und Musikveranstaltungen (Öffnungszeiten: tgl. 10.00 – 17.00 Uhr, www.tandanya.com.au).

✶✶ **Rundle Mall**

In der 1976 als erste Fußgängerzone des Kontinents eröffneten Rundle Mall drängen sich auf knapp 500 m über 600 Geschäfte und 15 Passagen – die schönste ist die nostalgische **Adelaide Arcade** von 1885. Gen Osten geht die Einkaufsmeile in die **Rundle Street** über, die Modeboutiquen, Internetcafés, Bars und Restaurants zum Szene-Treff machen. Südlich in der King William Street steht die **Town Hall**, 1863 nach Plänen von William Wright im Stil der italienischen Renaissance erbaut, mit einem 44 m hohe Uhrturm. Gegenüber fällt der Blick auf das **General Post Office**. Früher signalisierte hier tagsüber eine Flagge und nachts eine rote Laterne die Ankunft von Post aus

! *Baedeker* TIPP

Kulinarischer Klassiker

Seit 1915 kommen allabendlich »Pie Carts« in die Stadt und stellen sich vor der Hauptpost (GPO) oder an der North Terrace auf. Die Imbisswagen servieren die berühmten »Pie Floaters« – einen Teller grüne Erbsensuppe, in der ein Fleisch-Pie schwimmt, der mit einem Klecks Tomantenketchup verziert wird. Dazu schmeckt ein »Sparkling Ale« aus Adelaide, gebraut von der letzten australischen Brauerei in Familienbesitz: Coopers.

ADELAIDE ERLEBEN

AUSKUNFT

South Australia Travel Centre
18 King William Street
Tel. 1300 65 52 76
www.southaustralia.com

Adelaide Greeters
Gratis für alle Besucher ist ein 4-stündiger Stadtrundgang mit ehrenamtlichen einheimischen Führern (tgl. 9.00 – 17.00 Uhr und n. V., Tel. 08 / 82 03 71 68, www.cityofadelaide.com.au). Mo. – Fr. um 9.30 beginnt am Rundle Mall Visitor Center ein Gratisrundgang zu den wichtigsten Sehenswürdigkeiten.

VERKEHR

Vom Flughafen 8 km westlich fahren Shuttlebusse in die Stadt (www.skylinkadelaide.com). Parkplätze sind ausreichend vorhanden. Kostenlos (!) ist die Benutzung der *Straßenbahn* zwischen North und South Terrace sowie der *City Loop-Bus 99C*, der auf einem Rundkurs die City anfährt (www.adelaidemetro.com.au). Eine halbe Stunde braucht die Adelaide Tram vom Victoria Square bis hinaus zum Moseley Square in Glenelg – mit einem Day Ticket kann man an 26 Stationen beliebig oft aus- und zusteigen.

SHOPPING

Haupteinkaufsstraße ist die *Rundle Mall* mit teilweise nostalgischen Passagen, beliebt ist auch Marion Shoppingtown in der *Sturt Road*. Galerien und schicke Boutiquen finden Sie in *North Adelaide* und entlang der Jetty Road von *Glenelg*. Wer Märkte liebt, darf den *Central Market* nicht verpassen. Sonntags lockt der Adelaide *Sunday Market* im alten Gebäude der Adelaide Market Company an der East Terrace mit Tand, Trödel und Straßenkunst.

AUSGEHEN

① ***The Austral***
205 Rundle Street, Tel. 08 / 82 23 46 60www.theaustral.com.au
Beste Live-Musik, gute Küche und eine endlos lange Wein- und Bierkarte machen den Pub populär.

② ***Fowler's Live***
68 North Terrace, Tel. 08 / 82 12 02 55
www.fowlerslive.com.au
Von Do. bis So. ab 19.00 Uhr Jazz, Hip-Hop, Pop & Soul – alles live!

ESSEN

► Fein & teuer

Baedeker-Empfehlung

① ***Red Ochre Grill***
War Memorial Drive, North Adelaide
Tel. 08 / 82 11 85 55, www.redochre.com.au
Emu, Barramundi, Känguru oder Krokodil mit Gebirgspfeffer, Wildpilzen und Wattlesee-Samen – raffinierte Bushtucker-Speisen

② ***The Grange***
223 Victoria Square
Tel. 08 / 82 17 20 00, www.hilton.com
Gourmettempel im Hilton Hotel. Chefkoch Cheong Liew verwöhnt mit einem exquisiten Mix aus malaysischer und japanischer Küche – probieren Sie die preisgekrönten »Four Dances of the Sea«.

► Erschwinglich

③ ***Top of the World Revolving Restaurant***
760 Anzac Highway, Level 12
Tel. 08 / 83 76 00

www.topoftheworld.net.au
Seafood und Steaks zum 360-Grad-Panorama auf Adelaide – im Drehrestaurant des Atlantic Motor Inn.

④ ***Paul's***
79 Gouger Street
Tel. 08 / 82 31 97 78
Bei Paul's gibt es seit 1946 die besten Fish & Chips der Stadt.

► **Preiswert**

⑤ ***Pancake Kitchen***
13 Gilbert Place
Tel. 08 / 82 11 79 12
www.pancakehouse.com.au
Rund um die Uhr leckere Pfannkuchen in allen Variationen, dienstags ist »All-you-can-eat«-Tag

ÜBERNACHTEN

► **Luxus**

① ***Medina Grand Treasury***
2 Flinders Street, Adelaide 5000
Tel. 08/8112 0000, Fax 08 / 81 12 01 99
www.medina.com.au
Unter Denkmalschutz stehende Nobelherberge mit 83 eleganten Zimmern, die auf den Victoria Square blicken. Pool, Spa und Toprestaurant

② ***Oaks Embassy Hotel***
96 North Terrace, Adelaide 5000
Tel. 08 / 81 24 99 00
Fax 08 / 81 24 99 01
www.oakshotelsresorts.com
Das Fünf-Sterne-Haus mit Pool, Spa und Gourmetrestaurant gehört laut Conde Nast Traveller Magazine zu den »coolsten Hotels der Welt«.

► **Komfortabel**

③ ***Director's Studios***
259 Gouger Street, Adelaide 5000
Tel. 08 / 82 13 25 00, Fax 82 13 25 19
www.breakfree.com.au/directors-studios
Im Herzen der Stadt verstecken sich hinter einer historischen Fassade 58 hübsche Zimmer und Suiten.

④ ***Richmond Hotel***
128 Rundle Mall, Adelaide 5000
Tel. 08 / 82 15 44 44
Fax 08 / 82 32 22 90
www.hotelrichmond.com.au
Trendig und zentral: Vier-Sterne-Haus in warmen Erdtönen mit gutem Restaurant.

► **Günstig**

⑤ ***Glenelg Beach Hostel***
1–7 Moseley Street, Glenelg 5045
Tel. 08 / 83 76 00 07
Fax 08 / 83 76 06 77
www.glenelgbeachhostel.com.au
Häuserreihe von 1879 beim Strand – für viele das beste Hostel der Stadt. Lounge mit Kamin und kostenloser Abholservice vom Flughafen.

Baedeker-Empfehlung

KOSTENLOSE CITYBIKES ...

stellt Adelaide seinen Besuchern zur Verfügung. Die Fahrräder gibt's tgl. 9.00 – 17.00 Uhr an der Franklin Street 111, Hutt Street 220 und Melbourne Street 101, So. auch am Rundle Street Market (www.cityofadelaide.com.au/get-around/bike.html).

England. Im Grün des weiten **Victoria Square** grüßt eine Statue Königin Victorias neben einer hübschen Brunnenanlage. Im Schatten moderner Hochbauten liegt das unter Denkmalschutz gestellte ehemalige **Treasury Building** aus dem späten 19. Jh., heute das Luxushotel Medina Grand (s. oben).

Das Adelaide Festival of Arts lädt alle zwei Jahre im Frühsommer zu Konzerten, Kabarett und Film.

★ **Central Market**

Seit 1870 werden im Central Market frisches Obst und Gemüse, Käse, Fleisch und Fisch angeboten. In der Markthalle gibt es die berühmten **Frog Cakes**, die die Bäckerei Balfours 1922 erfand: winzige Froschkuchen aus Creme und Biskuitteig, überzogen mit grünem Zuckerguss. Außer im Traditionslook schmecken die Frog Cakes heute auch in Weiß, Pink – und leuchtend rot zu Weihnachten (Öffnungszeiten: Di. 7.00 – 17.30, Do. 9.00 – 17.30, Fr. 7.00 – 21.00, Sa. 7.00 – 15.00 Uhr).

Grüne Oasen

Die Innenstadt umgeben ausgedehnte Grünflächen, die im Norden vom **Torrens River** durchzogen werden. Als Linear Park säumt ein Buschkorridor von Athelstone in den Hügeln vorbei an der Innenstadt bis nach Henley Beach South sein Ufer.

Umgebung von Adelaide

Glenelg

Über 32 km erstrecken sich die Badestrände um Adelaide. Den **schönsten Sandstrand** besitzt der Badeort Glenelg (► Abb. S. 406), an dem vor starker Brandung geschützten St. Vincent Gulf – fahren Sie mit der Tram direkt ans Meer. Vor Glenelg landete die erste Gruppe freier Siedler; im Old Gum Tree an der Mac Farlane Street wurde 1836 die Unabhängigkeit Südaustraliens proklamiert.

★ **Port Adelaide**

Am beschaulichen Hafen 14 km nördlich der City zeugen Bauten des 19. Jh.s vom einstigen Wohlstand. In die ehemaligen Lagerhäuser der **Fisherman's Wharf** sind kleine Restaurants und Boutiquen eingezogen. Betagte Schoner dümpeln im **South Australian Maritime Museum** an der Lipson Street 119 (Öffnungszeiten: tgl. 10.00 – 17.00 Uhr). Neben der ehemaligen Port Dock Station wurde das **National**

Lust auf Meer? Glenelg hat den schönsten Badestrand, der außerdem bewacht ist.

Railway Museum eingerichtet (Öffnungszeiten: tgl. 10.00 – 17.00 Uhr, www.natrailmuseum.org.au), wo Besucher in Kleinbahnen wie »Tom The Tank Engine« ein Runde drehen können. Von September bis April rattert auch ein nostalgischer Touristenzug von der Semaphore Jetty bis Point Malcom 2 km die Küste entlang.

★ **Adelaide Hills**

Wenige Kilometer östlich der Kapitale beginnt die liebliche Hügellandschaft der Adelaide Hills (www.visitadelaidehills.com.au). Seit den 1990er-Jahren werden hier **erstklassige Weine** gekeltert, vor allem Chardonnay, Sauvignon blanc und Pinot noir. Nur in französischer Eiche ausgebaut sind in Balhannah die erlesenen Rotweine von **Abbey Rock**, einem der namhaften Winzer der Region (Weinproben tgl. 11.00 – 16.00 Uhr). Vier bis sechs Weingüter und ein Mittagessen stehen auf dem Programm geführter Weintouren ab Adelaide (www.adelaideluxurytours.com.au).

★ Hahndorf ►

Ende 1838 ließen sich 188 ostpreußische Lutheraner in den Adelaide Hills nieder. Zum Dank an Kapitän Hahn, der sie mit der »Zebra« sicher von Hamburg nach Australien gebracht hatte, nannten sie ihre Siedlung Hahndorf. Die Hauptstraße des **Bilderbuchdörfchens** (1800 Einw.), das seit 1988 unter Denkmalschutz steht, säumen Siedler-Cottages aus gelben Sandsteinblöcken, kleine Läden und Cafés mit Schwarzwälder Kirschtorte und Bienenstich. Heimwehkranke finden eine altdeutsche Metzgerei und bayerische Gemütlichkeit im **German Arms Hotel** von 1839. Mitte des 19. Jh.s entstanden auch die Old Mill, die Michaeliskirche und das Hahndorf Inn. Höhepunkt deutschen Brauchtums ist das jährliche »Schuetzenfest« Mitte Januar. Bekannt wurde Hahndorf durch den Hamburger Maler **Hans Heysen** (1877 – 1968), der ab 1883 in Australien lebte. Seine Werke zeigt die **Hahndorf Academy** an der Main Street 68 (Öffnungszeiten: tgl. 10.00 bis 17.00 Uhr, www.hahndorfacademy.org.au). Heysen, der mit Vorliebe die Adelaide Hills und die ►Flinders Ranges in Öl oder Aquarell auf die Leinwand bannte, lebte außerhalb an der Heysen Road.

Adelaide Umgebung

Port Augusta
Clare
Renmark
A 1
A 20
Kangaroo Flat
BAROSSA VALLEY
Two Wells
Willaston
Lyndoch
Middle Beach
Salt Creek
B 19
Gawler
River
South
Cockatoo Valley
Gawler
Angle Vale
Barossa Res.
Para River
Port Gawler Con. Park
Port Gawler
Virginia
Williamstown
Para Wirra Rec. Park
Smithfield
Wakefield Road
Edinburgh Airfield
One Tree Hill
Elizabeth
South Para Res.
Warren Con. Park
St. Kilda
5 km
Baedeker
Salisbury
Para
River
Little Para Res.
Golden Grove
Torrens Island
Little
Parafield
Cobblers Creek Rec. Park
Kerbrook
Forreston
Parafield Aerodrome
Millbrook Res.
Chain of Ponds
R. Torrens
Tea Tree Gully
Inglewood
A 10
Modbury
Gumeracha
Port Adelaide
Sema-phore
Gepps Cross
Houghton
Highbury
Cudlee Creek
Paracombe
Enfield
West Lakes
Athelstone
Kangaroo Creek Res.
Kenton Valley
Black Hill Con. Park
Prospect
Campbell-town
Woodville
Grange
ADELAIDE
Montacute
Lobethal
Hindmarsh
Walker-ville
Payneham
Cherryville
Henley Beach
Thebarton
Norwood
Forest Range
Lenswood
Norton Summit
Onkaparinga
Charle-ston
Adelaide
Burnside
West Beach
Adelaide Airport
West Torrens
Basket Range
Unley
Ashton
Wood-side
Summertown
Uraidla
HILLS
Glenelg
Cleland Wildlife Park
Mount Lofty Bot. Gardens
Carey Gully
River
Inverbrackie
River
Mitcham
Oakbank
Crafers
Belair
Belair Nat. Park
Balhannah
Gulf St. Vincent
Brighton
Stirling
Black-wood
Verdun
Marion
Hahndorf
Bridge-water
Nairne
Sturt
Upper Sturt
Heathfield
M 1
Littlehampton
Mylor
Longwood
South Eastern Freeway
Coromandel Valley
O'Halbran Hill
Biggs Flat
Mt. Barker
Cherry Gardens
Scott Creek
Hallett Cove
Scott Creek Con. Park
Southern Expressway
Happy Valley
Dorset Vale
Echunga
Reynella
Mount Bold Reservoir
Steamranger Line
Wistow
Morphett Vale
Clarendon
Christies Beach
Flaxley
Hackam
Kangarilla
Port Noarlunga
River Onkaparinga
Green Hills
Blewitt Springs
Macclesfield
Fleurieu Peninsula
Old Noarlunga
Meadows

Im Atelier seines Anwesens **The Cedars** steht ein noch unvollendetes Werk auf der Staffelei (Öffnungszeiten: Di. – So. 10.00 – 16.30 Uhr).

Cleland Wildlife Park

Im Wildpark 13 km östlich von Adelaide tummeln sich Kängurus, Emus und Wombats. Und wer schon immer einen **Koala knuddeln** wollte – hier ist es erlaubt (Öffnungszeiten: tgl. 14.30 – 15.30, So. auch 11.00 – 12.00 Uhr, www.parks.sa.gov.au/cleland/index.htm).

Belair National Park

1891 gegründet und damit **Südaustraliens ältester Nationalpark** ist das Belair-Naturschutzgebiet 15 km südlich der City mit Kängurus, Lorikeets und Rosella-Plattschweifsittichen. Auf dem Gelände befindet sich das **Old Government House**, das bis 1880 Sommerresidenz des Gouverneurs von South Australia war (Besichtigung nur an Wochenenden und während der Schulferien tgl. 12.30 – 16.00 Uhr, Führungen So. und feiertags 13.00 – 16.00 Uhr).

Mount Lofty Botanic Gardens

Eine halbe Stunde braucht man für die 20 km bis zum Botanischen Garten im Piccadilly Valley an den Hängen des 726 m hohen Mount Lofty (Öffnungszeiten: tgl. 8.30 – 16.00, Sa., So. 10.00 – 17.00 Uhr).

Andamooka

P 12

Kleiner und weniger touristisch als ►Coober Pedy ist das Opaldorf Andamooka rund 600 km nördlich von ►Adelaide am Westufer des Lake Torrens, wo Opale im Tagebau gewonnen werden.

Opalstadt

1969 wurde in dem 470-Seelen-Ort der größte Opal der Welt gefunden: die 6,8 kg schwere **Wüstenflamme von Andamooka**. Weltberühmt wurde auch der 203 Karat schwere **Andamooka Opal** oder »Queen's Opal«. Die Regierung hatte den Opal in den Farben Rot, Blau und Grün zusammen mit Brillianten in eine Halskette setzen lassen und der englischen Königin Elizabeth II. bei ihrem ersten Besuch in Südaustralien 1954 geschenkt. Höhepunkt des Jahres ist das **Andamooka Festival** Ende September mit Grillorgien, Wettsuchen nach Opalen und einem Schubkarrenrennen über 32 km.

★★ Barossa Valley

Q 14

Edle Tropfen, hausgemachter Apfelstrudel, Schwarzbrot und geräucherter Schinken – die historischen Dörfer im lieblichen Barossa Valley sind ein Muss für Weingourmets. Nehmen Sie sich Zeit und bleiben Sie mindestens eine Nacht für eine ausgiebige Schlemmertour durch Australiens berühmteste Weinregion.

Weinbaugebiet mit deutschen Wurzeln

»Ich bin mir sicher, dass hier bald florierende Weingüter stehen werden, Obstgärten erblühen und riesige Maisfelder das Land überziehen«, prophezeite der Geologe Johann Menge 1840 jenem öden Buschland 50 km nordöstlich von ► Adelaide. Zwar wurde das Barrossa-Tal um 1830 zunächst von Engländern besiedelt, aber kurz darauf folgten mehrere Einwanderungswellen aus Schlesien, Brandenburg und Posen. 1842 fanden **preußische Lutheraner** hier ein neues, tolerantes Zuhause, das ihnen Religionsfreiheit gewährte. Sie pflanzten die ersten Rebstöcke, 1850 wurde von Johann Gramp der erste Wein gekeltert. Heute liefern über 400 Weinbauern jährlich rund 65 000 t Trauben an die 50 Kellereien im Tal, wird im Barossa Valley auf nur 8000 ha Fläche über die Hälfte des südaustralischen Weins produziert! Besonders attraktiv ist der Besuch des Tales während der **Weinlese** von Mitte Februar bis April. Mit Folkloreumzügen, Blasmusik und deutschem Essen feiert man in allen Jahren mit ungerader Jahreszahl im April das **Barossa Vintage Festival** (www.barossavintagefestival.com.au). Einen sensationellen Blick über das weite Tal hat man vom **Mengler Hill Lookout**, den man von Angaston über den ausgeschilderten Scenic Drive erreicht.

»Tal der Genießer« – unter der heißen Sonne Südaustraliens wachsen im Barossa Valley Chardonnay-, Shiraz- und Riesling-Trauben für Australiens Spitzenweine.

Barossa Valley Orientierung

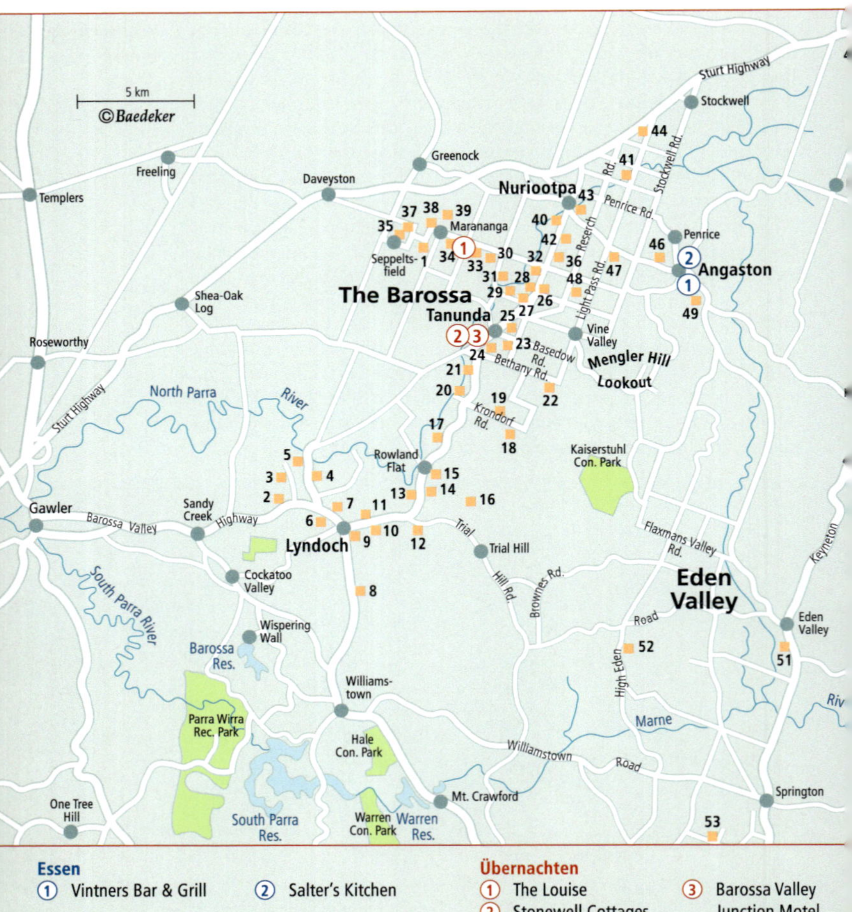

Essen

① Vintners Bar & Grill
② Salter's Kitchen

Übernachten

① The Louise
② Stonewell Cottages
③ Barossa Valley Junction Motel

Wineries

1 Barossa Valley Estate
2 Ward's Gateway Cellar
3 Tait Wines
4 Charles Cimicky Wines
5 Yaldara Wines Chateau Yaldara
6 Burge Family Winemakers
7 Kies Family Wines
8 Twin Valley Estate
9 Schild Estate Wines
10 Ross Estate Wines
11 Kellermeister Wines
12 Barossa Settlers
13 Jenke Vineyards
14 Miranda Wines Rovalley Cellars
15 Orlando Winery Complex
16 Liebichwein
17 Grant Burge Wines
18 Charles Melton Wines
19 Rockford
20 St. Hallett
21 Glaetzer Wines
22 Bethany Wines
23 Chateau Tanunda
24 Turkey Flat Vineyards
25 Basedow Wines
26 Vinecrest
27 Richmond Grove Barossa
28 Stanley Brothers
29 Peter Lehmann Wines
30 Veritas
31 Langmeil Winery
32 Chateau Dorrien
33 Whistler Wines
34 Heritage Wines
35 Seppelt
36 Hamilton's Ewell Vineyards
37 Greenock Creek Wines
38 Gnadenfrei
39 Viking Wines
40 Penfolds
41 The Willows
42 Kaesler Wines
43 Elderton Wines
44 Wolf Blass Wines
45 Craneford Wine Co
46 Saltram Winery
47 Barossa Cottage W
48 Tarchalice
49 Yalumba
50 Henschke
51 Eden Valley Wines
52 Mountadam
53 Karl Seppelt's Grand Cru Winery

BAROSSA VALLEY ERLEBEN

AUSKUNFT

The Barossa Wine & Visitor Centre
66 – 68 Murray Street
Tanunda
Tel. 08 / 85 63 06 00
www.barossa-region.org

ÜBERNACHTEN

► Luxus

The Louise
PO Box 219,
Tanunda SA 5352
Tel. 08 / 85 62 27 22
www.thelouise.com.au
Das Weinberg-Resort mit nur 15 Suiten ist ein exklusiver Rückzugsort mit jedem erdenklichen Komfort. Chefkoch Mark McNamara verwöhnt im preisgekrönten Restaurant »Appelation« mit feinster Regionalküche.

► Komfortabel

② ***Stonewell Cottages***
Stonewell Road
Tanunda 5352
Tel. / Fax 08 / 85 62 86 28
www.stonewellcottages.com.au
Direkt am Seeufer und umgeben von Weingärten liegen drei stilvolle Cottages mit allem Komfort, die vor allem eines bieten: Ruhe und Entspannung mitten in der Natur.

► Günstig

③ ***Barossa Valley Junction Motel***
Barossa Valley Way, Tanunda 5352
Tel. 08 / 85 63 34 00,
Fax 08 / 85 63 36 60
www.barossavalleyjunctionmotel.com.au
Einmal anders logieren in einem der 36 umfunktionierten Eisenbahnwaggons aus den nostalgischen 1930er-Jahren

Baedeker-Empfehlung

Australian Fine Food
Maggie Beer und ihr Mann Colin kamen 1973 ins Barossa-Tal, um Fasane zu züchten und Wein anzubauen, heute gehört Maggie zu den berühmtesten Köchinnen des Kontinents. In ihrem »Farm Shop« am Barossa Valley Way gibt es ihre Gourmetprodukte auch für daheim. Unerreicht sind ihre Fasanenpastete, Quittenpaste und Cabernet Sauce (Pheasant Farm Road, Tanunda, Öffnungszeiten: tgl. 10.30 – 17.00 Uhr, www.maggiebeer.com.au). 120 Lieblingsrezepte verrät sie im Kochbuch »Maggie's Kitchen« (Michael Joseph Verlag 2008).

ESSEN

► Erschwinglich

① ***Vintners Bar & Grill***
Nuriootpa Road
Angaston
Tel. 08 / 85 64 24 88
www.vintners.com.au
Peter Clark und Ian Bickford kreieren australasiatische Gerichte aus besten Zutaten der Region. Im Sommer sitzen die Gäste unter dichten Weinranken und riesigen Redwoods auf der Terrasse, im Winter lodert das offene Feuer im Kamin.

Baedeker-Empfehlung

② ***Schlemmertour für Weingourmets***
Gegrillte Jakobsmuscheln, Lammrücken an Rosmarinpolenta oder lieber Artischocken-Mozzarella-Pizza aus dem Holzofen? Lassen Sie sich in Salter's Kitchen auf dem 1859 gegründeten Weingut Saltram mit edlen Speisen und Spitzenweinen verwöhnen (Nuriootpa Road, Angaston, Tel. 08 / 85 64 33 44, www.saltramwines.com.au).

Wineries Viele **Weingüter** bieten nicht nur Verkostungen und Kellerführungen, sondern auch Feinschmeckerrestaurants. Stopps lohnen sich in Seppeltsfield bei der 1851 gegründeten **Seppelt Winery** mit einem Weinmuseum (Öffnungszeiten: tgl. 10.30 – 17.00 Uhr, Führungen: 11.30, 13.30, 15.30 Uhr, www.seppelt.com.au). Vom International Wine Challenge in London zum besten Rotweinerzeuger des Jahres 2008 gekürt wurde der ostdeutsche Winzer **Wolf Blass**, der seit über 40 Jahren in Nuriootpa Spitzenweine produziert (97 Sturt Highway, Öffnungszeiten: tgl. 9.15 – 17.00, Sa., So. ab 10.00 Uhr, www.wolfblass.com.au). Preisgekrönt sind auch die Weine von **Peter Lehmann**, dem »Baron des Barossa«, an der Para Road in Tanunda. Probieren Sie seinen Shiraz mit den Aromen reifer dunkler Beeren und milder Schokolade (Öffnungszeiten: tgl. 9.30 – 17.00, Sa., So. 10.00 – 16.30 Uhr, www.peterlehmannwines.com).

Seit 1844 schreibt die **Penfolds Winery** australische Weingeschichte. 1951 wurde hier der erste Grange Hermitage aus Shiraztrauben erzeugt – heute einer der bekanntesten Weine des Kontinents. Gourmets sollten einen Tisch im Magill Estate Restaurant reservieren (Tel. 08 / 83 01 55 51, www.penfolds.com). Das älteste in Familienbesitz befindliche Weingut und das einzige mit einer eigenen Küferei ist das Landschloss **Yalumba** in Angaston. Eigene 90-Liter-Eichenfässer, die Octaves, geben dem aus mindestens 80 Jahre alten Weinstöcken gekelterten Spitzenshiraz »The Octavius« seinen Namen (Öffnungszeiten: tgl. 10.00 – 17.00 Uhr, www.yalumba.com).

Starrebe des austalischen Weinbaus ist die Sorte Shiraz – probieren Sie selbst!

Auf dem Barossa Valley Way erreicht man rund 60 km nordöstlich von ►Adelaide das nette Dörfchen **Lyndoch** mit einer viel besuchten Kellerei im stattlichen **Château Yaldara** – es heißt in der Sprache der Ureinwohner »sprudelndes Wasser«, aber keine Angst: Hier geht es definitiv um besten Rebensaft (Weinprobe: tgl. 9.30 – 17.00 Uhr, Kellerführungen tgl. 10.30, 13.30 Uhr).

Weinprobe in edlem Rahmen: Château Yaldara bei Lyndoch

Alles Wissenswerte über den Weinbau im Tal erfährt man im **Barossa Wine & Visitor Centre** (►S. 411) in **Tanunda**, das 1843 von deutschen Siedlern als »Langmeil« gegründet wurde – während der beiden Weltkriege war alles Deutsche ziemlich verpönt, sodass viele Orte umbenannt wurden. Ältestes Schloss Australiens ist das 1890 erbaute **Château Tanunda** – um 1900 das größte Weingut auf dem Kontinent. Ein Showroom im Westflügel zeigt die Entstehung der Weine (9 Basedow Road, www.chateauta nunda.com).

Ceduna

N 13

Wer nach ►Perth reist, sollte sich in Ceduna noch mit Vorräten eindecken – die nächste Ortschaft, Norseman, liegt 1234 km entfernt in ►Western Australia. Was auf der Karte wie kleine Siedlungen wirkt, sind nur Tank- und Wasserstationen mitten in der Wüste.

Eckpunkt der Einöde

In dem rund 4 km entfernten Hafen von Thevenard werden Salz, Getreide und Kalkstein umgeschlagen. Gourmets schätzen die Austern der Denial Bay und Streaky Bay, Surfer lieben die mächtigen Wellen, die an die goldgelben Strände von Spoggies und Cactus Beach branden.

37 km nordwestlich von Ceduna hält die Station der **Overseas Telecommunications Commission** (OTC) mit riesigen Parabolspiegeln via Satellit Kontakt zur restlichen Welt – wie, wird auf Führungen erläutert (Öffnungszeiten: tgl. 10.00, 11.00, 14.00, 15.00 Uhr).

★ Clare Valley

Q 13

Während das südlichere Barossa-Valley den australischen Rotwein international bekannt machte, gilt das Clare Valley als Heimat des australischen Rieslings. Entlang seines Riesling-Trails laden rund 40 private Boutique-Weingüter zur Weinprobe an der Kellertür.

Neue Winzergeneration

Zwei Stunden braucht man für die 120 km von ► Adelaide nach **Clare**, dem Hauptort des 35 km langen Tals. Shootingstars unter den Jungwinzern sind Kevin Mitchel von der **Kilikanoon Winery** mit einem Spitzenriesling. Die ersten Reben pflanzten Jesuiten 1851 und noch heute bewirtschaften Jesuiten das Weingut **Sevenhill** (Öffnungszeiten: tgl. 9.00 – 17.00 Uhr, www.sevenhillcellars.com.au). Nahe dem Gut zweigt eine Straße zu den Skilly Hills ab, die Maler, Poeten und Literaten gleichermaßen begeisterten. Das **Regionalmuseum** neben der St. Michael's Church in Clare erzählt die Geschichte des Tals (Öffnungszeiten: Sa., So. 10.00 – 16.00 Uhr). Das ehemalige Gericht ist heute Heimat des Old Police Station Museum.

Mintaro

Keine 18 km südöstlich gibt es ein riesiges Heckenlabyrinth, das **Mintaro Maze** aus 800 Koniferen. Wie im 19. Jh. fühlen sich die Gäste der georgianischen **Martindale Hall**, heute Museum und Nobelherberge (www.martindalehall.com).

★ Coober Pedy

O 11

Auf der Suche nach Wasser entdeckte der 14-jährige Willie Hutchinson im Februar 1915 am Fuße der Stuart Range den ersten Opal – inzwischen stammen über 80 % der weltweit geschürften Edelsteine aus Coober Pedy.

Opal Capital of the World

Die meisten Reisenden passieren die »Welthauptstadt der Opale« auf der Fahrt über den Stuart Highway von ► Adelaide nach ► Alice Springs. »Kupa Piti« nannten die Ureinwohner die seltsame Minensiedlung, »weißer Mann im Erdloch«. Heute graben rund 1500 Digger aus 45 Nationen – überwiegend im Auftrag großer Minengesellschaften – nach den begehrten Steinen. Beim Abbau werden meist Löcher in die Erde gesprengt, neben denen sich dann der Abraum zu riesigen Hügeln auftürmt. Achten Sie beim Rundgang auf die tiefen Löcher – die **»Deep Shafts«** werden nicht mehr aufgefüllt!

Leben unter Tage

Skurrile Gestalten, Glücksritter und Lebenskünstler trifft man in der 5000-Einwohner-Siedlung. Trotz sengender Sonne zeigen viele Gesichter fahle Haut, den über die Hälfte von ihnen lebt »unter Tage«,

COOBER PEDY ERLEBEN

AUSKUNFT

Visitor Centre
Hutchison Street
Tel. 08 / 86 72 52 98
www.opalcapitaloftheworld.com.au

A TASTE OF OPAL

Wer selber nach Opalen suchen möchte, kann Siebe leihen und in der »Noodling Area« damit beginnen. Auf einem abgesteckten Claim muss man den Miner um Erlaubnis fragen. Organisierte Touren führen täglich in die *Old Timers Mine* von 1916 mit einem Museum, in dem auch Willie Hutchinsons Opal ausgestellt ist (www.oldtimersmine.com), und zur *Umoona Mine* mit Museum (www.umoonaopalmine.com.au) – zum Programm gehört in beiden Minen der Besuch einer Schleifwerkstätte und eines unterirdischen Domizils.

ESSEN

► Erschwinglich

Old Miner's Dugout Café
Hutchinson Street
Tel. 08 / 86 72 55 41
Probieren Sie im Höhlenrestaurant das zarte Kängurufilet.

ÜBERNACHTEN

► Komfortabel

Desert Cave Hotel
Hutchison Street
PO Box 223, Coober Pedy 5723
Tel. 08 / 86 72 56 88
Fax 08 / 86 72 51 98
www.desertcave.com.au
Preisgekröntes Höhlenhotel mit 50 behaglich möblierten Zimmern – 19 davon in Sandsteinhöhlen unter Tage –, Pool, Spa, Umberto's Restaurant und dem Crystal Café mit tollem Sonntagsbrunch

Harte Jagd nach dem Glück: zwei Miner auf der weltgrößten Fundstelle für Opale

in sogenannten **Dugouts**, unterirdischen Wohnungen – einige davon sind über 400 m² groß. Während im Sommer die Temperaturen in der Gegend um Coober Pedy auf 50 °C steigen können, gibt es im Winter oft Frost. In den Dugouts bleibt die Temperatur derweil konstant bei 23 – 25 °C. Einen Eindruck davon, wie man unter Tage lebt, vermitteln der Underground Bookshop, die Underground Pottery, drei unterirdische Kirchen, Restaurants und natürlich eine Übernachtung in einem der Hotels mit Zimmern unter der Erde.

Coorong National Park

Q 14/15

Kormorane, Pelikane, Ibisse und Regenpfeifer bevölkern die faszinierende Lagunenlandschaft zwei Autostunden südlich von ► Adelaide. Beste Besuchszeit sind die Monate September bis Mai.

Küstennationalpark

www.thecoorong.com ►

Parallel zum Princes Highway erstreckt sich die 145 km lange und an keiner Stelle über 3 km breite **Salzwasserlagune** des Coorong National Park, der von flachen Salzpfannen durchsetzt ist und von hohen Sanddünen der Younghusband-Halbinsel vor der Meeresbrandung geschützt wird. Angler fischen in der Lagune gern nach der Coorong-Meeräsche. Ausgeschilderte **Wanderwege** führen vom Princes Highway in den Nationalpark. Nur zehn Minuten läuft man zum Jacks Point, wo Pelikane zu beobachten sind. Zwei Tage dauert der 27 km lange Nukan Kungun Hike von Salt Creek zum 42 Mile Crossing Campground. Ein ausführliches Faltblatt zum Nationalpark ist bei Salt Creek oder im Meningie Tourist Office, 14 Princes Highway, erhältlich. Von ► Adelaide aus werden vier- bis sechsstündige **Bootstouren** an Bord der »Spirit of Coorong« durch die Lagune angeboten (www.coorongcruises.com.au).

Eyre Peninsula

O/P 13/14

Kleine Buchten, versteckte Strände und atemberaubende Felsküsten prägen die Eyre-Halbinsel am Indischen Ozean. Lassen Sie sich auf dem Seafood & Aquaculture Trail mit fangfrischen Smoky-Bay-Austern, Blauflossentunfisch, Krabben oder Seeohren verwöhnen.

Whyalla

Große Stahlwerke verweisen am Tiefseehafen Whyalla auf die Bedeutung der Schwerindustrie. Den Alltag auf einer Schaffarm um 1920 kann man im **Mount Laura Homestead** erleben (Öffnungszeiten: Mo. – Sa. 10.00 – 12.00, So. 14.00 – 16.00 Uhr, www.whyalla.com). Über Schiffsbau am Spencer Gulf erzählt das **Whyalla Maritime Museum** am Lincoln Highway (Öffnungszeiten: tgl. 10.00 – 17.00 Uhr).

Port Lincoln

Australiens größte Fischfangflotte ist in Port Lincoln (15 000 Einw., www.visitportlincoln.net) beheimatet. Bis heute ist die Fischzucht die Haupteinnahmequelle der Stadt, die 1839 an der Südspitze der Eyre-Halbinsel entstand. Mit Märkten und Paraden wird alljährlich im Januar die Thunfischsaison eröffnet. Unvergesslich ist eine Bootstour in die **Baird Bay**, wo man zwischen **Seelöwen** und **Delfinen** schwimmen kann (www.bairdbay.com). Wer den absoluten Kick sucht, lässt sich im sicheren Käfig zwischen **Weißen Haien** absenken (Infos: Calypso Star Charter, www.sharkcage diving.com.au). Wer Snapper, King George Whiting, Samsons oder Nanygai fischen will, findet eine große Auswahl an Halbtages-Chartertörns mit erfahrenen Skippern.

! *Baedeker* TIPP

Wal in Sicht!

Über 100 Südliche Glattwale kommen jedes Jahr im Mai zur Paarung in die Bucht am Head of Bight. Hier gebären sie auch ihre Kälber, bevor sie in die antarktischen Gewässer zurückkehren. Von den Aussichtsplattformen auf den 60 m hohen Bunda Cliffs kann man die sanften Meeresriesen »hautnah« erleben.

Lincoln National Park

Im Nationalpark 12 km südlich mit wilden Klippen und artenreicher Vogelwelt erinnert ein Gedenkstein an **Matthew Flinders**, der hier im Februar 1802 ankerte, um Frischwasser aufzunehmen.

Coffin Bay

Knapp zwei Dutzend Austernfarmen produzieren im warmen Wasser der Coffin Bay jährlich über 12 Mio. **Austern**. Den **Coffin Bay National Park** 50 km westlich von Port Lincoln prägen Heideflächen, Wanderdünen, einsame Sandstrände und bizarre Klippen. Im Naturschutzgebiet **Point Labatt**, 40 km südlich von Streaky Bay, befindet sich eine der größten **Seelöwenkolonien** des Landes.

★ Fleurieu Peninsula

Q 14

Dank herrlicher Bade- und Surfstrände ist die Fleurieu-Halbinsel 50 km südlich von ►Adelaide ein beliebtes Urlaubsziel. Aber nicht nur Wassersportler, sondern auch Weinfreunde kommen gerne hierher: In mehr als 70 Kellerien kann man edle Tropfen verkosten.

Port Noarlunga

Hinter dem vorgelagerten Hausriff von Port Noarlunga lässt es sich **gefahrlos baden**, schnorcheln und tauchen. Die schönsten Strände sind Christies Beach, Moana Beach und Maslin Beach.

★ Weinbau mit Tradition

Südöstlich von Port Noarlunga erstreckt sich mit den **Southern Vales** eines der ältesten Weinbaugebiete Australiens. Traditionsreiche Weingüter wie **Chapel Hill**, das tatsächlich in einer Kapelle residiert, mit Gästehaus, Gourmet Retreat und Kochkursen (www.chapelhillwine.

! Baedeker TIPP

Star of Greece

Zehn Autominuten von den Weingütern des McLaren Vale entfernt erhebt sich auf einer Kliffkante an der Port Road von Port Willunga ein über 50 Jahre alter Strandkiosk, den selbst Politiker und Prominente schätzen. Wer etwas auf sich hält und ungestört schlemmen möchte, fliegt sogar aus Sydney hierher. Auch Popikone Kylie Minogue zählt zu den Stammgästen (Tel. 08/85 57 74 20).

com.au), und **Coriole** mit Lunch und einer Probierstube (www.coriole.com) begründeten mit ihren prämierten Shiraz-, Merlot- und Cabernet-Sauvignon-Weinen das Renommée des **McLaren Vale** (www.mclarenvale.info). Fast 80 Winzer haben hier ihre Kellertür geöffnet und laden gerne zur Weinprobe. Alljährlich im Juni zelebriert das »Rotwein-Tal« sein **Sea and Vines Festival**, gefolgt vom Erntefest »Fiesta! Food Festival« im Oktober.

Das verschlafene Dörfchen **Goolwa** am Ausgang des Lake Alexandrina war Ende des 19. Jahrhunderts wichtiger Warenumschlagplatz. Damals brachten **Schaufelraddampfer** auf dem Murray River jährlich bis zu 25 000 Ballen Schafwolle ins »New Orleans Aus-traliens« für die Verschiffung nach Übersee. Heute lädt die »Murray Princess« ab ►Murray Bridge zu einer nostalgischen Flussfahrt.

Victor Harbor

Über die große als Walfangstation und über das Leben von Walen, Robben, Delfinen und Haien informiert das **South Australian Whale Centre** an der Railway Terrace 2 (Öffnungszeiten: tgl. 9.30 – 17.00 Uhr, www.tourismvictorharbor.com.au). Die besten Chancen zur Walbeobachtung hat man zwischen Juni und Oktober. Wahrzeichen des Seebads ist die »Horse Drawn Tram«, eine zweistöckige Pferdestraßenbahn, die Besucher gemächlich über eine Holzbrücke vom Festland zur 1,5 km entfernten Granite Island bringt – hier lassen sich in der Dämmerung **Zwergpinguine** und **Wallabies** beobachten.

★★ Flinders Ranges National Park

Q 12

Leuchtend rot erhebt sich 250 km nördlich von ►Adelaide eine der ältesten Landschaften der Erde: die mächtigen, über 1,5 Mrd. Jahre alten Flinders Ranges – Südaustraliens Tor zum Outback.

Naturwunder

Im Frühjahr erlebt der Nationalpark eine wahre Farborgie, wenn **Wildblumenteppiche** mit rotem Granit und schwarzem Basalt um die Wette leuchten. Ihren Namen erhielt die Bergregion vom englischen Seefahrer **Matthew Flinders**, auf dessen Vorschlag der fünfte Kontinent seit 1817 offiziell Australien heißt. Höchster Gipfel der 430 km langen Bergkette zwischen Port Pieri und Callabonna ist der **St. Mary's Peak** (1165 m) – der Aufstieg ist anstrengend, aber lohnend. Durch die Flinders Ranges zieht sich der **Heysen-Trail**: Die

Auf Schotterpisten kann man mit dem Allradfahrzeug die Flinders Ranges durchqueren.

1500 km lange Fernwanderroute beginnt in der Parachilna Gorge im Flinders Ranges National Park und schlängelt sich gen Süden, bis sie bei Cape Jervis auf den Southern Ocean trifft.
Ein Muss sind die wildromantische **Brachina Gorge** und die **Chambers Gorge** mit Badestellen und uralten Felsgravuren der Aborigines. Wer Südaustraliens größtes Gebirge auf eigene Faust entdecken will, sollte einen Geländewagen mieten – die schönsten Routen liegen allesamt abseits der geteerten oder gut planierten Straßen.
Zwischen April und Oktober schnauft die über 100 Jahre alte Dampfeisenbahn **»Pichi Richi Railway«** (www.prr.org.au) auf den Schienen des legendären Ghan von Quorn über Wooshed Flat nach ►Port Augusta und zurück. 66 km nördlich dient das Landstädtchen **Hawker** mit Eisenbahnanschluss, Hotels und Campingplätzen als Service-Stützpunkt der nördlichen Flinders Ranges.

Wilpena Pound

Der 17 km lange und 7 km breite Felskessel im Herzen der Flinders Ranges gehört zu den Highlights des fünften Kontinents: ein riesiges **Amphitheater der Natur** mit mehreren Hundert Meter hohen, jäh abstürzenden Felswänden. Die Aborigines verliehen ihm den Namen »gewölbte Hand«. Aus der Luft erinnert der Wilpena Pound an einen Meteoritenkrater – tatsächlich entstand er bei den Auffaltungen der Flinders Ranges. Am **Wilpena Pound Resort** mit 60 komfortablen Zimmern (www.wilpenapound.com.au/resort) und benachbartem Visitor Centre beginnen gut ausgeschilderte **Wanderrouten** zu Zielen wie Hills Homestead, Wangarra Lookout, Arkaroo Rock, Malloga Falls und Mount Olsen Bagge.

★★ **Arkaroola Wilderness Sanctuary**

Die nördliche Verlängerung der Flinders Ranges bilden die **Gammon Ranges**. Da sie weniger stark erodiert sind, wirken sie schroffer und kantiger. Das 610 km² große Arkaroola Wilderness Sanctuary ist ein privates Naturschutzgebiet. Reg und Griselda Sprigg legten es 1968 auf dem Gelände einer einstigen Schaffarm an. 160 Vogelarten und das scheue **Ringschwanz-Felsenkänguru** leben hier. Buchen Sie eine vierstündige Ridgetop-Tour im Allradfahrzeug durch die nördlichen Flinders Ranges oder heben Sie ab in einer Cessna 207 zu einem Rundflug über die majestätischen Berge. Abends lockt eine Tour über den nächtlichen Sternenhimmel im Arkaroola Astronomical Observatory (www.arkaroola.com.au).

★★ Kangaroo Island

P 14/15

Nicht nur Heerscharen der seltenen Tamar-Kängurus tummeln sich auf Australiens drittgrößter Insel, auch Koalas, Pinguine und Seelöwen sind hier zu Hause. Wind und Wasser haben gigantische Felsformationen hinterlassen, einsame Strände laden zum Baden ein.

Perle des Pazifik

»Zoo ohne Zäune« wird die 155 km lange und 55 km breite Insel vor Cape Jervis auch genannt, die Ende 2007 vom Magazin National Geographic zur »schönsten Insel der Pazifik-Region« gekürt wurde. Aschereste und Felsgravuren belegen, dass auf der vor 10 000 Jahren durch einen Meeresspiegelanstieg vom Festland abgetrennten Insel einst Aborigines lebten. 1802 entdeckte Kapitän **Matthew Flinders** die Insel. Als seine halb verhungerte Crew an Land ging, wurde sie von Kängurus umringt. Die Mannschaft erschoss 31 Exemplare, kam wieder zu Kräften – und benannte die Insel nach den Beuteltieren, die ihnen das Leben gerettet hatten. Nach ihrer Entdeckung blieb die Insel zunächst Wal- und Seehundfängern überlassen. 1836 gründeten die Passagiere der »Duke of York Kingscote« die erste Siedlung der Insel und Südaustraliens überhaupt. Doch der Mangel an Trinkwasser zwang die meisten, die Insel bald wieder zu verlassen.

★★ **Tierparadies**

Durch die isolierte Lage und die dünne Besiedlung konnte sich auf Kangaroo Island eine einzigartige Tier- und Pflanzenwelt erhalten, die nie durch Dingos, Kaninchen oder Füchse bedroht war. Auf der Insel sind das kleine, graubraune Tamar- bzw. Derbywallaby, Schnabeltiere, Echidnas, Emus, Possums, sechs Fledermausarten, Zwergpinguine, Robben und Seelöwen heimisch. Im Moorgebiet der Murray Lagoon nisten zahlreiche Sumpfvögel. Die in den 1920er-Jahren ausge-setzten **Koalas** fanden derart ideale Lebensbedingungen vor, dass ihr Bestand inzwischen durch Verhütungsmittel begrenzt werden musste. Rund ein Drittel der gesamten Inselfläche steht heute unter Naturschutz. Entlang der 540 km langen Küste findet man herrliche Sandstrände zum Surfen und Baden.

Bizarre Felsformen: die Remarkable Rocks im Flinders Chase National Park

Ziele auf Kangaroo Island

Kingscote

Ein 1836 gepflanzter Maulbeerbaum am Reeves Point mitten in Kingscote, das First Post Office und das Hope Cottage Pioneer Museum erinnern an die Anfänge der Besiedlung. Hauptbesucherattraktionen sind jedoch die täglich um 17.00 Uhr stattfindende Fütterung der **Pelikane** an der Kingscote Wharf und die Beobachtungstour zu den **Zwergpinguinen**, die bei Dämmerung vom Fischen kommen und zu ihren Nestern watscheln – Start ist am Ozone Seafront Hotel.

> ! *Baedeker* TIPP
>
> **Koala Watching**
>
> Einer der besten Plätze, um Koalas zu beobachten, ist das Hanson Bay Wildlife Sanctuary an der South Coast Road mit geführten Nachttouren (Tel. 08 / 85 59 73 44, www.hansonbay.com.au). In ihrer natürlichen Umgebung lassen sich die Tiere rund 15 km westlich von Kingscote beim Picknickplatz Dick Lagoon beobachten; von der Verbindungsstraße nach Padarna zweigt eine beschilderte Piste gen Norden ab. Beobachten Sie an der Duck Lagoon genau die Baumkronen. Die Augen müssen erst ein wenig üben, bis man die Koalas sieht. Am besten kommt man ganz früh oder kurz vor der Abenddämmerung.

★★ Seelöwenkolonie

Australiens zweitgrößte Seelöwenkolonie, an der Südküste im **Seal Bay Conservation Park,** darf man nur in kleinen Gruppen in Begleitung eines Rangers besuchen. An warmen Tagen dösen hier am Strand Hunderte von Seelöwen. Die Tiere sind an Menschen gewöhnt und lassen Besucher deshalb relativ nah heran (Führungen tgl. ab Seal Bay Visitor Centre 9.00 – 16.15, im Sommer bis 19.00 Uhr). Man kann die Seelöwen auch von Aussichtsplattformen auf den Sanddünen beobachten – von hier lassen sich mit etwas Glück auch Buckelwale vor der Küste sichten.

KANGAROO ISLAND ERLEBEN

AUSKUNFT

Howard Drive, Penneshaw 5222
Tel. 08 / 85 53 11 85
www.tourkangarooisland.com.au

ANREISE UND VERKEHR

Von ►Adelaide aus werden *organisierte Touren* angeboten. Einen 4WD kann man auf die Insel mitnehmen. Regional Express (www. regionalexpress.com.au) und Air South (www.airsouth.com.au) fliegen von Adelaide zum Inselflughafen Kingscote. Die Autofähren von SeaLink (www.sealink.com.au) schippern vier Mal tgl., bei Bedarf öfter, von Cape Jervis/Fleurieu Peninsula in 45 Min. nach Penneshaw – rechtzeitig reservieren! Auf Kangaroo Island gibt es keine Taxis; Shuttle-Busse verkehren zwischen Flughafen und Kingscote sowie 2 x tgl. als Fährzugbringer zwischen Kingscote, American River und Penneshaw.
Die Hauptattraktionen der Insel sind auf Asphaltstraßen erreichbar.

ESSEN UND ÜBERNACHTEN

► Luxus

① ***Southern Ocean Lodge***
Hanson Bay
Tel. 08 / 85 59 73 47, Fax 85 59 73 50
www.southernoceanlodge.com.au
Für Leute mit dickem Geldbeutel: 21 Luxussuiten, modernes Spa, exzellente Sterne-Küche, großes Tourangebot.

► Komfortabel

② ***Wisteria Lodge Motel***
7 Cygnet Road, Kingscote
Tel. 08 / 85 53 27 07, Fax 85 53 22 00
www.wisterialodge.com.au
Familienfreundliches Ferienhotel mit Panoramablick über die Nepean Bay.

An der Seal Bay lassen die Seelöwen Besucher bis auf wenige Meter hernankommen.

Kangaroo Island Orientierung

Übernachten
① Southern Ocean Lodge ② Wisteria Lodge Motel

★★ Flinders Chase National Park

Ein Teil der **Kelly Hill Caves**, ausgedehnte Tropfsteinhöhlen an der South Coast Road, kann besichtigt werden (geführte Touren tgl. ab 10.00 Uhr). Fast den gesamten Westen der Insel nimmt der 740 km² große Flinders Chase National Park ein. Herrliche Eukalyptuswälder und üppige Malleebuschvegetation, zahlreiche Kängurus, Koalas, Emus und Schnabeltiere machen ihn zu einem echten Highlight. Vom Besucherzentrum fährt man auf einer asphaltierten Straße zum **Admirals Arch** – auf Holzstegen spaziert man durch den Höhlenbogen mit Tropfsteinen und Blick auf die offene See, wo sich neuseeländische Pelzrobben tummeln. Unweit östlich erheben sich die bizarr geformten **Remarkable Rocks**, mächtige Granitblöcke, die bei Sonnenschein orange leuchten (►Abb. S. 421).

Im **Cape Gantheaume Conservation Park** im Süden kann man Vogelschwärme an der Murray Lagoon beobachten.

Zum Abschluss sollte man am frühen Abend die **Pinguinkolonien** von Kingscote (► S. 421) oder Penneshaw einplanen. Am Hafen in Penneshaw werden täglich nach Sonnenuntergang vom **Penneshaw Penguin Centre** an der Ecke Middle und Bay Terrace geführte Touren zum Hog Bay Beach angeboten (Tel. 08 / 85 53 11 03) – unweit der Fähranlegestelle und beim Penneshaw Caravan Park lassen sich die kleinen Tiere von einem Bohlenweg aus bestaunen.

> **! *Baedeker* TIPP**
>
> **So schmeckt Kangaroo Island**
>
> Kosten Sie den Inselkäse und Jogurt aus Schafsmilch, den Honig ligurischer Bienen von Clifford's Honey Farm und die Marrons – fangfrische Süßwasser-Hummer. Dazu passt ein Tropfen von Sunset Wines, der ersten Weinkellerei der Insel. Die Engländerin Susan Pearson, in Sydney zur Starköchin avanciert, verwöhnt bei Anruf mit Sterne-Genüssen: Ihr Catering-Dienst »2 Birds & A Squid« beliefert die Gäste von Ferienhäusern und Apartments mit Gourmetdinners just-in-time (www.2birds1squid.com).

Lake Eyre

P 10/11

Die Wetterkapriolen 2009/2010 sorgten dafür, dass sich Lake Eyre von einer salzigen Einöde in den größten See Australiens verwandelte – ein Ereignis, das in den letzten 160 Jahren drei Mal eintrat. Benannt wurde der See nach seinem Entdecker Edward John Eyre.

Menschenleere Einöde

»Katitanda« nannten die Ureinwohner den Salzsee, der 17 m unter dem Meeresspiegel liegt – die **tiefste Stelle des Kontinents**. Auch während der Trockenzeit, wenn die Salzschicht fast 50 cm dick ist, bleiben gewöhnlich kleine Seen im Becken des Lake Eyre zurück, der mit seiner Umgebung im 12 880 km² großen **Lake Eyre National Park** unter Naturschutz steht. 1964 stellte Donald Campbell auf dem Salzsee mit seinem turbinengetriebenen Fahrzeug »Bluebird« mit 690 km/h einen neuen Geschwindigkeitsweltrekord auf.

! *Baedeker* TIPP

Let's Dance!

Alle zwei Jahre im Oktober (2012, 2014 etc.) treffen sich in der staubigen Einöde an der Old Ghan Train Station von Curdimurka Tausende von Aussis in Smoking und Abendkleid zum *Curdimurka Outback Ball*, der größten Open-Air-Party des Kontinents. Wer einen Platz ergattert, lässt sich mit der Museumsbahn zum Festplatz chauffieren – der Rest schreitet zur 1000 m² großen Tanzfläche.

Mount Gambier

R 15

Auf halbem Weg zwischen ► Adelaide und ► Melbourne ragt der vor über 5000 Jahren erloschene Vulkan Mount Gambier aus der Ebene – wie ein Saphir schimmert im Sommer sein »blauer See«.

Mount Gambier

Bei Bats Bike Hire am Jubilee Highway in Mount Gambier (24 000 Einw.) kann man sich Fahrräder mieten, um eine **Radtour** um die Kraterseen zu unternehmen (Tel. 04 / 18 13 34 07). Im **Lady Nelson Visitor & Discovery Centre** am Jubilee Highway East ist der Nachbau eines Zweimasters von der Limestone-Küste ausgestellt (Öffnungszeiten: tgl. 9.00 – 17.00 Uhr, www.mountgambiertourism.com.au).

Blue Lake

Schönster der vier **Kraterseen** ist der Blue Lake. Von den ursprünglich vier Maarseen der Caldera existieren nur noch zwei – der Leg of Mutton Lake und der Browne's Lake fielen in den 1960er-Jahren trocken. Zwischen November und März wechselt der 97 m tiefe **»Blaue See«** seine Farbe von trübem Grau zu leuchtendem Kobaltblau. Das Phänomen ist leicht geklärt: Die steigenden Wassertemperaturen sorgen dafür, dass sich die Kalkpartikel im Seewasser zusammenziehen, die alles sichtbare Licht außer Blau binden. Wenn sich das Wasser

Hummer satt symbolisiert der »Big Lobster« in Kingston.

abkühlt, lösen sich die Partikel wieder – und der See wird langsam wieder graugrün. Um den Krater führt der 5 km lange **Scenic Drive**.

Umgebung von Mount Gambier

Tantanoola Caves

Am Princes Highway 30 km nördlich kann man unterirdische **Tropfsteinhöhlen** besichtigen (Führungen tgl. 9.15 – 16.00 Uhr).

Millicent

Vom harten Alltag der Pionierzeit berichtet das **Millicent Museum** an der Mount Gambier Road (Öffnungszeiten: tgl. 9.00 – 17.00 Uhr). Nur mit Allradfahrzeugen kann man den nahen **Canunda National Park** erkunden, eine reizvolle Küstenlandschaft mit Wanderdünen und artenreicher Vogelwelt.

Beachport

Nächster Halt ist Beachport, ehemals eine bedeutende Walfangstation, heute ein beliebter Ferienort. Heimatgeschichte präsentiert hier am Wochenende der **Old Wool & Grain Store** an der Herbert Street. Am **Beachport Jetty**, mit 770 m einer der längsten Holzpiers Australiens, kann man den Fisch direkt vom Kutter kaufen. Schöne Ausblicke aufs Meer bietet der Bowman Scenic Drive. Auf dem vorgelagerten Penguin Island nisten Zwergpinguine.

Robe

Ein Dutzend Bauten aus dem 19. Jh. erinnert daran, dass Robe einst ein wichtiger Wollexporthafen war, darunter das 1863 erbaute **Old Customs House** (Öffnungszeiten: Di. – Sa. 14.00 – 16.00 Uhr).

Cape Jaffa Lighthouse

Der 35 m hohe Leuchtturm von Cape Jaffa wies einst den Schiffen vor **Kingston** den Weg auf See. **The Big Lobster**, ein riesiger roter Hummer aus Fiberglas, weist am Princes Highway in Kingston auf den reichen Fang von Schalentieren vor der Küste hin.

Murray Bridge

Q 14

Mit 2570 km ist der Murray River Australiens längster schiffbarer Strom, der als unentbehrliche Lebensader durch den Südosten des Kontinents fließt. Murray Bridge verdankt seinen Namen der ersten Brücke, die den Fluss seit 1879 überspannt.

Professionell erschlossen wurde der südlich des Mount Kosciuszko entspringende **Murray River** erst Ende des 19. Jh.s, als man den mäandrierenden Strom zur künstlichen Bewässerung von Weinfeldern und Zitrusplantagen in Mildura (Victoria) aufstaute. Betagte **Schaufelraddampfer** legen in Murray Bridge und 25 km nördlich in Mannum zu Rundfahrten auf dem Murray ab (Tel. 02 / 92 06 11 00, www.captaincook.com.au). Oder man mietet sich in Mannum ein **Hausboot** – ein herrliches Urlaubsabenteuer für die ganze Familie.

Umgebung von Murray Bridge

Monarto Zoological Park

Die heimische Tierwelt, aber auch Zebras und Giraffen können im Zoo 20 km westlich von Murray Bridge beobachtet werden (Öffnungszeiten: tgl. 9.30 – 17.00 Uhr, www.monartozp.com.au).

Mannum

30 km nördlich von Murray Bridge lief 1853 in Mannum der erste 18 m lange **Schaufelraddampfer** des Murray vom Stapel, die »P. S. Mary Ann«. Ihr riesiger Dampfkessel steht am Flussufer zusammen mit einer Nachbildung von Sturts' Walfängerboot als Erinnerung an dessen Erkundung des Flusses bis zur Mündung 1830. Die »P. S. Marion«, ein 1898 gebauter Raddampfer, gehört zum **Mannum Dock of River History Museum**, das auch das 1873 erbaute Randall Trockendock und eine Kunstgalerie einschließt (www.psmarion.com).

Tailem Bend

Nahe der Mündung des Murray in den Lake Alexandrina erweckt das Freilichtmuseum **Old Tailem Town** mit 70 Gebäuden die Zeit um 1900 zu neuem Leben (Öffnungszeiten: tgl. 10.00 – 17.00 Uhr).

★★ Naracoorte

R 15

»Großes Wasserloch« nannten die Meintangk-Aborigines die ländliche Kleinstadt Naracoorte, die hauptsächlich von Weinbau, Rinder- und Schafzucht lebt, aber auch vom Tourismus durch die berühmten Karsthöhlen im Naracoorte-Nationalpark.

The Sheep's Back Museum

Alles zum Thema Wolle und **Schafzucht** erfährt man in Naracoorte an der Mac Donald Street 36 (Öffnungszeiten: tgl. 9.00 – 17.00 Uhr).

★★ **Naracoorte Caves World Heritage Fossil Site**

Seit 1994 sind die 26 Karsthöhlen an der Hynam Caves Road 12 km südlich von Naracoorte **UNESCO-Weltnaturerbe**. Das Wonambi Fossil Centre und die Wet Cave kann man auf einem Rundkurs allein erkunden, während die 12 m hohe Cathedral Cave, die Bat Cave mit einer der größten Fledermauskolonien Australiens, die Blanche Cave, Fox Cave, Alexandra Cave und Victoria Fossil Cave nur im Rahmen von Führungen zu besichtigen sind (Öffnungszeiten: tgl. 9.30 – 15.30 Uhr, www.naracoortelucindale.sa.gov.au).
Im August 1969 machten Höhlenforscher in der **Victoria Cave** einen sensationellen Fund: Abertausende von 18 000 bis 170 000 Jahre alten Skeletten prähistorischer Säuge- und Beuteltiere, Vögel und Reptilien bedeckten den Höhlengrund. Darunter waren unter anderem Knochen von Riesenkängurus, die den Kontinent vor 100 000 Jahren bevölkerten. Aber nicht nur die einzigartigen **fossilen Funde**, auch die außergewöhnlichen **Tropfsteinbildungen** versprechen ein besonderes Erlebnis.

★★ **Weinregion Coonawarra**

Knapp 20 km südlich sorgt beim Dörfchen Coonawarra beiderseits des Riddoch Highway die »Terra rossa«, eine dünne Schicht aus leuchtend roter, eisenhaltiger Erde auf weichem Kalkstein- und Sanduntergrund, für Furore im Glas. Die ersten Reben wurden 1890 von John Riddoch gepflanzt, dem Gründer der Coonawarra Fruit Colony. Heute keltern auf 16 km Länge und 3 km Breite **22 Winzer** aus Shiraz-, Merlot-, Cabernet-Sauvignon und Pinot-Noir-Trauben rote Tropfen von Weltruf, die alljährlich mit Auszeichnungen überhäuft werden.
Die **hochkarätigen Rotweine** werden in Barriques aus französischer Eiche ausgebaut. Dabei entstehen tiefe, strukturierte Weine mit einem »Bordeaux-Touch«. Dank ihrem ausladenden Körper und viel Schmelz bleiben sie aber typische Aussies.
Zu den Top-Labeln im Tal gehören die Winzereien Redman, Ryman, Wynn, Hollick und Balnaves. Probieren Sie einen purpurnen Shiraz mit einem Hauch Vanille oder einen kraftvollen Cabernet Sauvignon mit satten Aromen von Brombeeren, Schokolade und der charakteristischen Coonawarra-Minzenote. Dazu passen ausgezeichnet die »Wine Sticks« von Schlachter David Meek im nahen **Penoren** an der Church Street 66: geräucherte Wurstspieße mit Lammfleisch, sonnengetrockneten Tomaten, Oliven, Rosmarin und Cheddar-Käse.

★ **Chardonnay Lodge**

Mitten in den Weinbergen von Coonawarra liegt am Riddoch Highway eine kulinarische Oase für Weingourmets: The **Poplars Winery Cellar Door Precinct** – 2008 mit dem SA Tourism Award ausgezeichnet! Die edlen Tropfen des Weinguts werden täglich zwischen 9.00 und 16.00 Uhr verkostet, hübsche Zimmer kann man gegenüber in der Chardonnay Lodge buchen. Probieren Sie zum Dinner Austern in Rieslingsauce, Kängurufilet mit Wattleseed-Kruste oder marinierte Lammkeule mit Kürbis und Couscous.

★ Oodnadatta Track

O–Q 9–11

Diese Outbackpiste gehört zu den beliebtesten und einfachsten Offroad-Strecken des Kontinents. Sie beginnt in Marree rund 700 km nördlich von ►Adelaide, führt in weitem Bogen parallel zur alten Ghan-Strecke um Australiens größten Salzsee, ►Lake Eyre, und endet nach 407 km bei Marla am Stuart Highway.

Dog Fence

Auf dem Oudnadatta Track passiert man den längsten Zaun der Welt, der quer durch Australien verläuft. Der über 5300 km lange »Dog Fence« erstreckt sich von der Ostküste Queenslands bei ►Brisbane bis nach ►Ceduna nahe der Great Australian Bight und teilt bis heute den Kontinent in das Land der Rinderzüchter im Norden und der Schafzüchter im Süden. Ein aus Südostasien in den Norden eingeschleppter Wildhund gab vor mehr als 100 Jahren den Ausschlag für den Bau des durchschnittlich 1,5 bis zwei 2 m hohen Zauns: der **Dingo**. Dringt er erst einmal in eine Herde ein, reißt er gleich mehrere Tiere. Wer den Zaun beschädigt oder vergisst, beim Passieren das Tor wieder zu schließen, muss mit hohen Geldstrafen rechnen.

Alle zwei Jahre (2012, 2014 ...) werden Hunderte Rinder auf dem Oodnadatta Track von Birdsville nach Marree getrieben. Zahlende Gäste können als Möchtegern-Drover den Viehtrieb wahlweise vier oder fünf Tage begleiten (www.cattledrive.com.au).

Legendäre Servicestation: das Pink Roadhouse am Oodnadatta Track

Als eine der Haupttouristenrouten wird der Oodnadatta Track relativ gut gewartet. Dennoch untersagen die meisten Mietwagenfirmen den Trip mit konventionellen Wagen. Benannt wurde die breite Piste nach dem Örtchen **Oodnadatta**, das mit dem **Pink Roadhouse** (Tel. 08 / 86 70 78 22, www.pinkroadhouse.com.au) eine der berühmtesten Servicestationen entlang der Strecke besitzt: Werkstatt, Tankstelle, General Store, Waschcenter und Caravanpark, kompetent und freundlich betrieben von Lynnie und Adam Plate, die auch viertägige Kamelsafaris mit Phil Ghee vermitteln. Ihr Caravanpark bietet Zeltplätze, On-Site-Vans und Hütten. Direkt an den Track grenzt auch die **Anna Creek Station**, mit 34 000 km² eine der größten Rinderfarmen der Welt.

Outbackpiste

Nur im 4WD-Fahrzeug und im Konvoi sollte der Witjira National Park am Westrand der Simpson-Wüste durchquert werden. Die abenteuerliche Piste über Sanddünen und durch steiniges Tafelland ist nur erfahrenen Outbackern mit bester Ausrüstung zu empfehlen. Nach 175 km erreicht man die grüne Oase **Dalhousie Springs** (Bademöglichkeit!), deren Thermalquellen sogar Palmen wachsen lassen.

Witjira National Park

Port Augusta

P 13

Die Stadt an der Spitze des Spencer-Golfs bildet zusammen mit Port Pirie und Whyalla das »eiserne Dreieck« – das Industrierevier Südaustraliens. Für wirtschaftlichen Aufschwung sorgten vor allem das Kohlekraftwerk des State Electricity Trust und die Touristen.

In der 21 000-Einwohner-Stadt starten viele auf dem Stuart Highway oder im Ghan die 2735-km-Tour nach ► Darwin oder sie reisen im »Indian Pacific« bzw. auf dem Eyre Highway gen Westen bis ► Perth. Außerdem beginnt hier die längste Briefträgerrunde der Welt, der **Outback Mail Run**. Jeden Mittwoch um 8.00 Uhr früh hebt in Port Augusta die Maschine zur zweitägigen Tour nach ► Birdsville ab, auf der immer zwei Besucher beim Verteilen der Post im Outback mithelfen können (Tel. 07 / 47 43 21 44).

PORT AUGUSTA

AUSKUNFT

Wadlata Outback Centre
41 Flinders Terrace, Port Augusta
Tel. 08 / 86 42 45 11
www.wadlata.sa.gov.au

ESSEN & ÜBERNACHTEN

► **Erschwinglich**

Acacia Ridge Motor Inn
33 Stokes Terrace
Port Augusta West 5700
Tel. 08 / 86 42 33 77
www.southaustralia.com/9002857.aspx
Gepflegtes Motel mit 47 geräumigen Zimmern, Pool und gutem Restaurant.

Museen

Aus dem 19. Jh. stammen die Town Hall, das Court House und die St. Augustine's Church mit schönen Glasmalereien. Im alten Bahnhof zeigt die **Curdnatta Art Gallery** Wechselaustellungen (105 Commercial Road; Öffnungszeiten: Mo. – Fr. 10.00 – 16.00 Uhr). Schaufenster regionaler Kunst ist die **Fountain Gallery** in der Kapelle des St.-Joseph-Klosters an der Flinders Terrace 43 (Öffnungszeiten: Mo. bis Sa. 10.00 – 16.00 Uhr).

Im **Homestead Park Pioneer Museum** an der Elsie Street wird die Pionierzeit Mitte des 19. Jh.s zu neuem Leben erweckt (Öffnungszeiten: tgl. 9.00 – 17.00 Uhr).

Australian Arid Lands Botanic Garden

Im **Botanischen Garten** am Stuart Highway kann man die artenreiche Flora und Fauna der australischen Trockenräume studieren. Am aussichtsreichen **Flinders Lookout** wird die besondere kartografische Leistung von Matthew Flinders gewürdigt – seine Karten waren so genau, dass man sie sogar während des Zweiten Weltkriegs verwenden konnte (Öffnungszeiten: Mo. – Fr. 9.00 – 17.00, Sa., So. 10.00 bis 16.00 Uhr, www.australian-aridlands-botanic-garden.org).

Royal Flying Doctor Service

Wer sich für die Arbeit der »Fliegenden Ärzte« interessiert, kann die Basis des Royal Flying Doctor Service besichtigen (4 Vincent Street, Öffnungszeiten: Mo. – Fr. 10.00 – 15.00 Uhr; ► Baedeker Special, S. 354). Auch die **School of the Air**, die Schüler im Outback via Funk und Internet unterrichtet, hat in Port Augusta eine Dependance.

Port Pirie

P/Q 13

Weithin sichtbar kündet ein 205 m hoher Turm das Hüttenwerk an. Schon 1880 wurde in Port Pirie mit der Verhüttung von Erzen aus ► Broken Hill begonnen. 2008 fusionierten Zinifex und Umicore zur Nyrstar Limited, der größten Bleischmelze der Welt.

Port Pirie Smelter

Heute werden in Port Pirie auch Zink, Kupfer und Silber für den Export gewonnen. Touren durch die **Bleischmelze** starten jeden Mittwoch; Reservierung: Port Pirie Regional Tourism & Arts Centre, 3 Mary-Elie Street, Tel. 08 / 86 33 87 00.

National Trust Historic and Folk Museum

Zum Museumskomplex in der Ellen Street gehören ein **viktorianischer Bahnhof**, das Zollhaus und die ehemalige Polizeistation (Öffnungszeiten: Mo. – Sa. 10.00 – 16.00, So. 13.00 – 16.00 Uhr).

Mount Remarkable National Park

Rund um den 959 m hohen Mount Remarkable, 65 km nördlich von Port Pirie, findet man wilde Schluchten wie die **Alligator Gorge** in den südlichen ► Flinders Ranges. Am Besucherzentrum bei Mambray Cree starten herrliche Wanderwege durch den Park. Unterwegs kann man roten Riesenkängurus und Gelbfuß-Felsenkängurus begegnen.

Renmark · Riverland

R 14

Schon 1887 legten die kanadischen Brüder Chaffey ein Bewässerungssystem im Riverland des Murray an. Heute werden riesige Zitrusplantagen, Obstgärten und Rebflächen künstlich beregnet.

Bootsfahrten ab Renmark

Renmark River Cruises in der Murray Avenue veranstaltet täglich Bootsfahrten auf dem Murray River. Oder mieten Sie ein Hausboot (Tel. 08 / 85 95 18 62, www.renmarkrivercruises.com.au). In den **Ruston's Rose Gardens** 5 km außerhalb blühen über 50 000 Rosen (Öffnungszeiten: tgl. 9.00 – 18.00 Uhr, www.rustonsroses.com).

Berri Estates

Knapp 13 km westlich von Berri erreicht man bei Glossop die **größte australische Weinkellerei** – über 70 000 t Trauben von 850 Winzern im Riverland werden hier jährlich verarbeitet (Weinprobe und Verkauf tgl. 9.00 – 17.00 bzw. 16.00 Uhr).

Loxton Historical Village

Mehr als 30 Gebäude aus dem 19. Jh. gehören zum **Freilichtmuseum** am Ufer des Murray River in Loxton südlich von Renmark (Öffnungszeiten: tgl. 10.00 – 16.00, an Wochenenden bis 17.00 Uhr).

Yorke Peninsula

P 14

Auf der stiefelförmigen Halbinsel zwischen St. Vincent und Spencer Gulf zeugen zahlreiche Relikte von der Kupferära um 1900. An der Südspitze laden Dolphin, Shell und Brown Beach zum Baden ein.

Cooper Coast

Im Dreieck zwischen Kadina, Moonta und Wallaroo entdeckte man im 19. Jh. reiche Kupfervorkommen. Im **Kadina Farm Shed Museum** an der Moonta Road wird über das harte Leben der vorwiegend aus Cornwall stammenden Minenarbeiter erzählt – die Bergbauregion wird daher auch häufig »Little Cornwall« genannt (Öffnungszeiten: Mo. – Fr. 9.00 – 17.00, Sa., So. 10.00 – 16.00 Uhr, www.coppercoast.sa.gov.au).
An die »Cornish miners« erinnert zudem das **Moonta Mines Museum** an der Ellen Street in Moonta, wo bis in die 1920er-Jahre Kupfer abgebaut wurde. Am Wochenende schnaPuft eine historische Schmalspurbahn über das Minengelände (Öffnungszeiten: Mi. – So. 13.00 – 16.00 Uhr). Das erste Kupfer wurde in den **Wallaroo Mines** gefunden, die heute auf einem Rundweg besichtigt werden können.

Innes National Park

Den Nationalpark an der Südspitze prägen Mallee- und Heidevegetation, Salzseen, Steilküsten und Sanddünen. Surfer treffen sich in der Pondalowie Bay. Am Ethel Beach rostet das Wrack des 1904 gestrandeten Frachters »Ethel«.

TASMANIA

Kürzel: TAS
Fläche: 68 400 km
Symboltier: Tasmanischer Teufel
Hauptstadt: Hobart
Bevölkerungszahl: 502 600
Symbolpflanze: Blue Gum

Das zu kolonialer Zeit als Vorhölle berüchtigte Sträflingslager betört heute als grüne Inselidylle mit unberührter Wildnis, dichten Urwäldern, in denen die Tasmanischen Teufel wuseln, und grandios zerklüfteten Felsküsten. Kristallklar schimmert das Wasser der Seen des regenreichen Südwestens und oft hüllt dichter Nebel die schroffen Karstkegel des Cradle Mountain National Park ein.

Kleinster Bundesstaat ganz groß

Australiens kleinster Bundesstaat – er hat etwa die Größe des Freistaates Bayern – steckt voller Superlative: Die Insel südlich des kontinentalen Festlands soll mit der **reinsten Luft** und dem **saubersten Wasser** der Welt aufwarten. In den Wäldern des Südwestens wächst eine Huonkiefer, mit rund 4000 Jahren einer der ältesten lebenden »Erdbewohner«. Stolz sind die Tassies auch darauf, dass »Cascade«, die älteste Brauerei des Kontinents, in Tasmanien beheimatet ist. **Gourmets** geraten ins Schwärmen, wenn man Tasmaniens Meeresfrüchte erwähnt – nirgendwo sonst in Australien gebe es so gute Braunforellen, fleischige Jakobsmuscheln und zarte Flundern wie »auf der Insel«. Und im **Tamar Valley** produzieren immerhin 17 Weingüter erstklassige Pinots und Rieslinge.

i Topziele in Tasmanien

- Cradle Mountain / Lake St. Clair NP – herrliche Wanderpfade ►S. 436
- Freycinet Peninsula – grandioses Naturtheater ►S. 440
- Hobart – koloniales Erbe und traditionelle Kneipen ►S. 441
- Tamar Valley – Gaumenfreuden für Genießer ►S. 449
- Port Arthur – den Sträflingen auf der Spur ► S. 451

Die Entdeckung der größten Insel Australiens durch die Europäer begann mit einem Irrtum. Der niederländische Seefahrer **Abel Tasman** hatte das Eiland erstmals am Morgen des 2. Dezember 1642 betreten. **»Van Diemen's Land«** nannte er es – zu Ehren des damaligen Gouverneurs der Kolonie Holländisch-Ostindien. Tasman glaubte, auf den äußersten Südzipfel des Festlands gestoßen zu sein. Und so zeichnete er auf den Seekarten jene Landbrücke ein, die bereits Ende der letzten Eiszeit vor über 12 000 Jahren im ansteigenden Meer versunken war. Erst die Seefahrer Matthew Flinders und George Bass entdeckten gut 150 Jahre später die 250 km breite **Bass Strait**. Die Briten wachten eitel über das Land, das James Cook in den Besitz der Krone genommen hatte. Lieutenant

◄ www.discovertasmania.com.au

← *Der 1425 m hohe Mount Arthur mit den nur auf Tasmanien vorkommenden scharfblättrigen Pandani-Pflanzen*

Tasmania

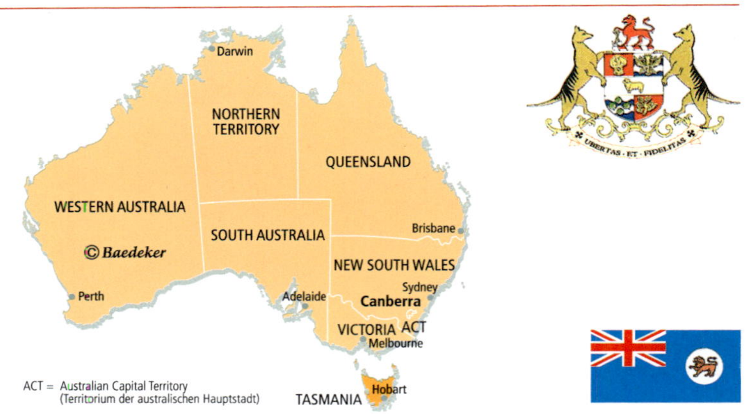

Colonel David Collins kam die Ehre zu, es zu befrieden. An der Sullivans Cove am Derwent River gründete er das spätere Hobart.

Ab 1821 war Macquarie Harbour an der Westküste Endstation für die schlimmsten aller Verbrecher aus dem kolonialen England. Bis 1853, als die letzten **deportierten Häftlinge** eintrafen und man Van Diemen's Land offiziell in **»Tasmanien«** umtaufte, mussten Tausende im ausbruchssicheren Sträflingslager Port Arthur harte Zwangsarbeit auf Werften, beim Hausbau und in der Forstwirtschaft leisten. Denn nur ein Jahr vor der Loslösung Tasmaniens von ► New South Wales hatte 1824 Lieutenant George Arthur das Ruder übernommen. Bis 1836 regierte er mit eiserner Hand. Grausame Treibjagden auf Ureinwohner begleiteten das Arthur-Regime. Die Übergriffe und eingeschleppten Krankheiten überlebte niemand der rund 5000 tasmanischen **Aborigines**. Als letzte Angehörige ihres Volkes starb die als charismatisch beschriebene Aborigine Truganini am 8. Mai 1876.

Holzindustrie, Bergbau, Schafzucht und vor allem der stetig steigende **Tourismus** sind heute die Haupteinnahmequellen. Und der Export der grünen **Granny-Smith**-Äpfel, die nach Maria Smith benannt sind. Die betagte Dame war es nämlich, die 1868 in ihrem kleinen Garten in Hobart die ersten Granny-Smith-Äpfel Tasmaniens erntete.

! *Baedeker* TIPP

Fähre und Smartvisit Card

Rund elf Stunden brauchen die drei Fähren **»Spirit of Tasmania«**, die abends um 20.00 Uhr im Port of Melbourne ablegen, um gemächlich durch die Bass Strait zu schippern und um 7.00 Uhr früh Devonport/Tasmanien zu erreichen (Tel. 1800 / 63 49 06, www.spiritoftasmania.com.au).

Freien Eintritt zu über 60 Attraktionen auf Tasmanien hat man mit der 1, 3 oder 10 Tage gültigen »See tasmania **Smartvisit Card**« (www.seetasmaniacard.com).

Bicheno

V 17

Die um 1803 entstandene einstige Walfangstation 180 km nordöstlich von ▸Hobart ist heute Zentrum der Langustenfischerei.

Meerestiere der Tasman Sea tummeln sich in den Aquarien des **Sea Life Centre** am Tasman Highway (Öffnungszeiten: tgl. 10.00 – 17.00 Uhr). Vorbei an eindrucksvollen Blowholes, führt der 3 km lange Foreshore Footway, der am Redbill Point beginnt, südlich von Bicheno zum **Rocking Rock**, einem 80-Tonnen-Granitblock, den die Wucht der Wellen zum Schwanken bringt.

★ Grandiose Natur

7 km nördlich des Ortes präsentiert der **East Coast Natureworld** am Tasman Highway Wallabies, Kängurus, Tasmanische Teufel, Pelikane – und den Anker des einzigen Schiffes, das der polnisch-englische Autor Joseph Conrad jemals gesteuert hat (Öffnungszeiten: tgl. 9.00 bis 17.00 Uhr, www.natureworld.com.au).
Ein beliebter Spaziergang führt bei Ebbe zum nahen **Diamond Island Nature Reserve** mit seiner großen Pelikan-Kolonie. Der nahezu unberührte **Douglas-Apsley National Park** 15 km nördlich von Bicheno ist ein großer Eukalyptus-Hartlaubwald mit Wasserfällen und Felsschluchten, Heideflächen und der Badestelle Apsley Gorge.

Ross

Gut 100 km westlich in den welligen Midlands gelegen, besitzt Ross neben dunkelgrünen Wiesen und vornehmen Bauernhäuschen etliche historischen Bauten. Berühmt ist die von Sträflingen 1836 erbaute Macquarie Bridge – für seine Steinmetzarbeiten bekam der Sträfling Daniel Herbert die Freiheit zurück. Dass die Schafe im Umland hervorragende Wolle liefern, zeigt das **Tasmanian Wool Centre** in der Church Street (Öffnungszeiten: tgl. 9.00 – 17.00 bzw. 18.00 Uhr, www.taswoolcentre.com.au).

★ Bruny Island

U 18

Vom Küstenort Kettering, 40 km südlich von ▸ Hobart, pendeln mehrmals täglich Fähren nach North Bruny Island. Der schmale Nehrungsstreifen »The Neck« verbindet die lang gezogene Insel mit South Bruny Island.

Eco-Cruise

Das Innere der dünn besiedelten Doppelinsel ist von nahezu unberührtem **Regenwald** bedeckt. Die Küste prägen bis zu 300 m hohe Klippen aus Sandstein und Dolerit, zu deren Füßen sich australische **Pelzrobben** auf glatten Felsen sonnen – am besten zu erleben auf einem dreistündigen Eco-Cruise (Tel. 03 / 62 93 14 65, www.brunycharters.com.au), der in Adventure Bay beginnt. Unterkunft auf der Insel bieten Cottages, B & Bs und Campingplätze.

★★ Cradle Mountain/ Lake St. Clair National Park

T/U 17/18

Kaum berührte Bergwildnis und herrliche Wanderwege locken Besucher aus aller Welt zum »Wiegenberg«. Zusammen mit dem Lake St. Clair gehört er seit 1982 zum Weltnaturerbe der UNESCO.

UNESCO-Weltnaturerbe

Die **Tasmanian Wilderness World Heritage Area** umfasst fünf Nationalparks und ist mit fast 14 000 km², das sind 20 % der Fläche Tasmaniens, das größte Schutzgebiet in Australien. Das alpine Landschaftsbild entstand im Wesentlichen am Ende der letzten Eiszeit. Gletscher haben schroffe Bergspitzen, Trogtäler und Moränenseen hinterlassen. Landschaftliche Highlights sind die zackige Bergspitze des Frenchmans Cap, die wie abgehobelt wirkenden Hochebenen des Mount-La-Perouse-Massivs und die schroffen Höhenzüge der Denison und Western Arthur Range. Sie sind Teil des Zentralplateaus der Insel, das rund 20 Gipfel mit Höhen über 1300 m umfasst, darunter als höchste Erhebung Tasmaniens den 1617 m hohen **Mount Ossa**.

Der meistbesuchte Nationalpark Tasmaniens verdankt seine Entstehung dem österreichischen Naturforscher **Gustav Weindorfer** (1874 bis 1932). Er war im Alter von 25 Jahren nach Australien ausgewandert, trat in ►Melbourne der Royal Geographic Society bei und lernte dort auch seine spätere Frau kennen – eine gebürtige Tasmanierin. Sie brauchte nicht lange, um Weindorfer von der Schönheit ihrer Heimat zu überzeugen. Im Sommer 1913 eröffnete Weindorfer am Cradle Mountain eines der ersten Hotels – die Waldheim Chalets. 1922 wurde auf sein Betreiben der Cradle Mountain/Lake St. Clair Nationalpark eingerichtet.

CRADLE MOUNTAIN/LAKE ST. CLAIR NP ERLEBEN

AUSKUNFT

Cradle Mountain Visitor Centre
An der Parkeinfahrt
Tel. 03 / 64 92 11 33
www.parks.tas.gov.au

ESSEN UND ÜBERNACHTEN

► **Luxus**

Cradle Mountain Lodge
4038 Cradle Mountain Road
Cradle Mountain TAS 7306
Tel. 03 / 64 92 21 00
www.cradlemountainlodge.com.au
Am Eingang des Nationalparks macht die wunderschöne Lodge müde Wanderer wieder fit: im Waldheim Alpine Spa mit Blick auf den immergrünen Märchenwald. Gewohnt wird in gemütlichen Cabins, geschlemmt im mehrfach ausgezeichneten Highland Restaurant.

► **Komfortabel**

Lemonthyme Lodge
Dolcoath Road, Moina Tasmania 7306
Tel. 03 / 64 92 11 12, Fax 64 92 11 13
www.lemonthyme.com.au
Rustikal-komfortable Blockhäuser. Einige der Unterkünfte stehen auf Stelzen mitten im Wald.

Überwältigende Aussichten verspricht eine Wanderung am Lake St. Clair.

Wanderungen

Cradle Valley

Gutes Schuhwerk und regenfeste Kleidung sind Voraussetzung für alle Wanderungen. Kürzere Touren gehen vom Cradle Valley aus. Der 6 km lange **Weindorfer Walk** ist streckenweise als Naturlehrpfad angelegt. Der etwa zweistündige **Lake Dove Walk** ist ein aussichtsreicher Rundweg um den eiskalten Dove-See, vorbei an moosüberwachsenen Urwaldriesen. Eine überwältigende Aussicht belohnt den Aufstieg zum **Cradle Mountain** – rund 12 km, ausgehend von den Waldheim Chalets via Marion Lookout, zurück via Crater Peak Lookout. Sehr schön ist auch die 18 km lange Wanderung auf dem aussichtsreichen **Cuvier Valley Track**. Der **Watersmeet Nature Walk** führt bei Cynthia Bay nahe am Ufer des Lake St. Clair entlang bis zum Zusammenfluss von Hugel River und Cuvier River. Eine 18 km lange Ganztagestour verläuft als Rundweg von Cynthia Bay über die Hugel Lakes nach Westen zum Mount Rufus.

Overland Track

In 5, 6 oder 7 Tagen führt der 65 km lange Overland Track (www.overlandtrack.com.au) von Ronny Creek zum Lake St. Clair quer durch das gebirgige Herz Tasmaniens mit uralten Regenwäldern, Hochmooren und spektakulären Wasserfällen. Unterwegs wird in Hütten übernachtet oder im eigenen Zelt. Wer sich lieber einer geführten Tour anvertraut: **Cradle Mountain Huts** (PO Box 1879, Launceston TAS 7250, Tel. 03 / 63 91 93 39, www. cradlehuts.com.au) bietet von Nov. bis Anfang Mai sechstägige Overland-Track-Pakete inkl. Übernachtung in den komfortablen **Cradle Mountain Huts** so-

Tierische Begegnung auf dem Lake-St.-Clair-Campingplatz

wie Verpflegung, Guide und allen Transfers ab 2550 AUD pro Person an. Vom Nov. bis April müssen alle Wanderer sich rechtzeitig vorab registrieren lassen (Bookings Administration: 134 Macquarie Street, Hobart TAS 7001, Tel. 03 / 62 33 60 47 oder www. overlandtrack.com. au), um eine Überfüllung der Camps zu vermeiden. Zudem wird in der Hauptwanderzeit eine **Overland Track Fee** von 160 AUD fällig.

Auch der östlich angrenzende **Walls of Jerusalem National Park** (nur für Wanderer) ist Teil der Tasmanian Wilderness World Heritage Area. Der Name rührt von den steil aufragenden Bergen her, die wie Mauern die **Seenlandschaft** im zentralen Hochplateau umrahmen. Der West Wall und der Mount Jerusalem erreichen knapp 1500 m.

★★ Franklin Gordon Wild Rivers National Park

Die Naturschutzbewegung mit dem Schlachtruf »No dams« rettete in den 1980er-Jahren die wilde Schönheit des Franklin River und den dichten Regenwald, die ebenfalls zum UNESCO-Welterbe zählen. Von **Strahan**, einer hübschen Ansammlung kleiner Holzhäuser am nördlichen Ende des riesigen Naturhafens **Macquarie Harbour**, fahren Ausflugsschiffe in den Unterlauf des **Gordon River** durch Urwälder mit 2000 Jahre alten Baumriesen (Gordon River Cruises, The Esplanade, Strahan, Tel. 03 / 64 71 43 00, www.strahanvillage.com.au).
Nur erfahrene Wildwasserkanuten wagen sich in die tosenden Fluten des **Franklin River**. Einen nachhaltigen Eindruck hinterlässt auch die Fahrt auf dem **Lyell Highway**. Hier bietet sich immer wieder Gelegenheit für kurze Wanderungen wie der **Nelson Falls Walk**, der in einer knappen halben Stunde hin und zurück durch dichten Regenwald mit Schlingpflanzen und Baumfarnen zu einem kleinen Wasserfall führt. Eine gute Dreiviertelstunde braucht man für den aussichtsreichen **Donaghys Hill Wilderness Walk**, der den Highway südlich des Collingwood River verlässt.

Devonport

U 17

Nach oft rauer Überfahrt legen die Autofähren von ►Sydney und ►Melbourne in der mit 23 000 Einwohnern drittgrößten Stadt Tasmaniens an.

Von den im 19. Jh. ausgerotteten Ureinwohnern erzählt das **Tiagarra Tasmanian Aboriginal Culture Centre** am Mersey Bluff. Ein Rundweg führt vom Museum entlang der Küste zu Felszeichnungen der Aborigines (Öffnungszeiten: tgl. 9.00 – 17.00 Uhr).

Der Seefahrt widmet sich das **Tasmanian Maritime and Folkmuseum** an der Victoria Parade (Öffnungszeiten: Di. – So. 10.00 – 16.00 Uhr).

Das Kolonialhaus **Home Hill** gehörte einst Joseph Lyons, der 1923 bis 1928 Premier von Tasmanien und 1932 – 1939 Premierminister von Australien war. Nach seinem Tod wurde seine Witwe Enid 1943 als erste Frau in das Parlament von ► Canberra gewählt (77 Middle Road, Öffnungszeiten: Di. – Do., Sa./So. 13.30 – 16.00 Uhr).

Umgebung von Devonport

Deloraine

Von den Anfängen Deloraines zeugen die Bowerbank Mill von 1853, die 1871 zur Dampfmühle umgebaut wurde, und die neogotische St. Marks Anglican Church von 1859. Einblicke in vergangene Zeiten gewährt das **Deloraine Folk Museum** (98–100 Emu Bay Road, Öffnungszeiten: tgl. 9.00 – 17.00 Uhr). Ein beliebtes Ausflugsziel sind 27 km südlich die **Liffey Falls**.

Ein riesiger Tasmanischer Teufel markiert 15 km westlich von Deloraine den Eingang zum sehenswerten **Trowunna Wildlife Park**, der nicht nur Wombats, Quolls, Koalas und Kängurus in ihrer natürlichen Umgebung präsentiert, sondern auch verletzte Tiere gesundpflegt (1892 Mole Creek Road, Öffnungszeiten: tgl. 9.00 – 17.00 Uhr, www.tro wunna.com.au).

Baedeker TIPP

Verwöhnoase

Marmorkamine, Zedernfußböden, Goldrahmen und feinste Textilien: Das georgianische Landhaus »Calstock« schwelgt in opulenter Eleganz, die sich in der französisch-tasmanischen Küche von Daniel Tourancheau fortsetzt, der seine Gäste mit einem Aperitif im Salon begrüßt (Peppers Calstock, High Lakes Road, Deloraine, Tel. 03 / 63 62 26 42, www.peppers.com.au).

Mole Creek Karst National Park

Der Mole-Creek-Nationalpark, rund 35 km westlich von Deloraine gelegen, schützt seit 1996 das größte und meistbesuchte Höhlensystem Tasmaniens mit mehr als 300 bekannten **Tropfsteinhöhlen** sowie unterirdischen Flüssen und Karstschluchten. Zwei dieser Höhlen sind für interessierte Besucher geöffnet. In der **Marakoopa Cave** leuchtet die größte Glühwürmchen-Kolonie des Kontinents und die **King Salomon Cave** birgt gewaltige Stalagmiten und Stalaktiten (Kombiticket für beide Höhlen, Führungen 10.00 – 16.00 Uhr, www.parks.tas.gov.au).

Westbury

Knapp 16 km östlich von Deloraine steht an der King Street in Westbury das 1841 errichtete **White House** mit Möbeln und Spielzeug des 18. Jh.s (Öffnungszeiten: Di. – So. 10.00 – 16.00 Uhr). In **Pearns Steam World** an der Main Street kann man viktorianische Dampfmaschinen bewundern (Öffnungszeiten: tgl. 9.00 – 17.00 Uhr).

King Island Australiens berühmte Käse-Insel vor der Nordwestspitze Tasmaniens, letzter Rest der einzigen Landbrücke nach Victoria, kann man mit einem Flugzeug ab Devonport erreichen. Auf dem abgeschiedenen Eiland, einst die Heimat von Pelzrobben und See-Elefanten und heute Nistplatz von Albatrossen, Sturmtauchern und Seeadlern, leben rund 1500 Menschen. Das **Lavinia Nature Reserve** schützt die Küstenvegetation, schöne Sandstrände findet man im Norden und Osten.

Flinders Island Die größte Insel der Furneaux Group kann man von Devonport per Flugzeug oder Schiff nach Whitemark ansteuern (www.visitflinders island.com.au). Die **Furneaux-Inseln** in der Bass Strait sind der sichtbare Rest jener Landbrücke, die einst Tasmanien mit dem australischen Festland verband. Auf den Inseln gab es schon früh Niederlassungen von Robbenfängern, heute leben 1300 Menschen auf Flinders Island. Herrliche Wanderwege führen durch den **Strzelecki National Park** an der Südwestspitze der Insel. Geführte Touren bietet Flinders Island Adventures (Lady Barron Road, Lady Barron, Tel. 03 / 63 59 45 07, www.flindersisland.com.au).

★ Freycinet Peninsula

U 18

Ein fantastisches Naturtheater aus Fels und Meer ist die Freycinet-Halbinsel mit dem rot glühenden Granitmassiv der Hazards und Tasmaniens schönster Bucht, der Wineglass Bay.

Traumbucht mit schneeweißem Strand: die Wineglass Bay der Freycinet-Halbinsel

★ **Freycinet National Park**

In **Coles Bay** hat das Informationszentrum des Nationalparks seinen Sitz, gibt es Zeltplätze, Holzbungalows und die komfortable Freycinet Lodge (www.freycinetlodge.com.au), gemütliche Cafés, Bäckereien, Fischrestaurants und herrliche Badestrände. Den besten Blick auf die traumhafte Wineglass Bay mit schneeweißem Sandstrand gewährt der Aussichtpunkt auf dem 422 m hohen Mount Amos am 12 km langen **Wineglass Bay Track**, dem eindrucksvollsten Wanderweg im Park. An den Rastplätzen tummeln sich oft Wallabies. Weitere Highlights sind die drei roten Granitfelsen **The Hazards**, die von Granitfelsen umrahmten Buchten der Honeymoon Bay und Sleepy Bay und der 614 m hohe Mount Freycinet.

★★

◄ Wineglass Bay

★ Hobart

U 18

Einwohner: 220 000

Schmucke Kolonialbauten, einladende Cafés und originelle Läden prägen die behagliche Hauptstadt Tasmaniens, die einen der schönsten Naturhäfen des Landes besitzt. Anfang Januar steht Hobart kopf, wenn die schnittigen Jachten der legendären Sydney-to-Hobart-Regatta am Constitution Dock ins Ziel einlaufen.

Hafenstadt mit Historie

Fast 100 historische Gebäude tragen zum Charme der Kapitale bei und brachten Hobart den Beinamen **»größtes Freilichtmuseum Australiens«** ein. Lieutenant Colonel David Collins hätte sich sicher nicht träumen lassen, dass jener Flecken, den er 1804 nach dem damaligen Kolonialminister Lord Hobart benannte, einmal die südlichste Hauptstadt Australiens sein würde. Gouverneur **Lachlan Macquarie** war es zu verdanken, dass die recht schnell wachsende Ansiedlung einem geordneten Bebauungsplan folgte. 1811 ließ er die sieben Hauptstraßen und den George Square entwerfen. Drei Jahre später entstanden dann die Anglesea Barracks – die älteste noch erhaltene Kaserne Australiens.

Baedeker TIPP

Taste Festival of Tasmania

Von Ende Dez. bis Anfang Jan. feiert Hobart zwei populäre Volksfeste mit Musik, Theater und kulinarischen Köstlichkeiten: das Taste of Tasmania und das Hobart Summer Festival (http://tastefestival.com.au).

Walfang, Schiffsbau und der Export von Holz und Merinowolle verhalfen der Stadt zu Wohlstand, der sich in prächtigen Sandsteinbauten niederschlug, die man mit Hilfe von Häftlingen errichten ließ. 1973 eröffnete in Hobart das erste Kasino Australiens. 2004 heiratete Mary Donaldson aus Hobart den dänischen Kronprinzen Frederik. Ebenfalls von hier stammt Errol Flynn.

Sehenswertes in Hobart

Harbour

Am Hafen von Hobart legen beim **Constitution Dock** die Ausflugsschiffe für Fahrten auf dem Derwent River ab. Nördlich des **Victoria Dock**, wo die Fischrestaurants direkt vom Kutter beliefert werden, hat man die alten Lagerhäuser an der Hunter Street sorgsam restauriert. Hier haben auch die Tasmania School of the Arts und die **Plimsoll Gallery** für zeitgenössische Kunst ihren Sitz (Öffnungszeiten: tgl. 12.00 – 17.00 Uhr, Eintritt frei). Von der großen Zeit des Walfangs, von Robbenfängern und Schiffsbau erzählt das **Maritime Museum of Tasmania** an der Argyle Street 16 (Öffnungszeiten: tgl. 9.00 – 17.00 Uhr, www.maritimetas.org).

Macquarie Street

An der von georgianischen Bauten gesäumten Macquarie Street wartet im **Tasmanian Museum & Art Gallery** eine spannende Sammlung zu Tasmaniens Natur und zur Kultur seiner Ureinwohner. Die angeschlossene Kunstgalerie zeigt Werke australischer Künstler bis zur Moderne (40 Macquarie St., Öffnungszeiten: tgl. 10.00 – 17.00 Uhr, www.tmag.tas.gov.au, Eintritt frei).

Die benachbarte **Town Hall** wurde 1864 im Neorenaissancestil von Henry Hunter entworfen. Uralte Platanen spenden Schatten am **Franklin Square**, den eine Bronzestatue von Sir John Franklin ziert, 1837 – 1843 Gouverneur von Tasmanien. Der Grundstein zur **St. David's Cathedral** wurde 1868 gelegt.

State Library Building

Nordwestlich zwischen den beiden Einkaufsstraßen Murray und Elizabeth Street verläuft die **Cat & Fiddle Arcade**, eine der beliebtesten Shoppingadressen der Stadt – zur vollen Stunde erzählt eine Uhr das Gedicht von der Katze und der Fiedel. Zur **Staatsbibliothek** gehört auch das **Museum of Fine Arts** mit kostbarem Silber, Drucken und Antiquitäten aus dem 18. und 19. Jh. (Öffnungszeiten: Mo. bis Fr., letzter Sa. im Monat 9.30 – 17.00 Uhr, Eintritt frei).

Salamanca Place

Vom klassizistischen **Parliament House**, das Lee Archer 1840 als Zollhaus entwarf (Führungen an sitzungsfreien Tagen Mo. – Fr. 10.00, 14.00 Uhr), sind es nur wenige Schritte zu den ehemaligen Lagerhäusern am Salamanca Place. Sträflinge hatten die Sandsteinhäuser in den 1830er-Jahren erbaut. Heute bummelt man hier durch kleine Cafés, Boutiquen, Ateliers und Galerien, jeden Samstagvormittag ist großer **Lebensmittel- und Trödelmarkt**.

Battery Point

Schmale Gässchen und winzige Arbeiterkaten präsentiert das liebevoll **renovierte Altstadtviertel** Battery Point – benannt nach den Geschützstellungen am St. Davids Park, die früher die Hafeneinfahrt sicherten. Das »Viertel der kleinen Leute«, in dem einst Fischer, Matrosen und Walfänger zu Hause waren, ist längst begehrte Wohnadresse – das schönste Ensemble aus 16 über 140 Jahre alten Häuschen steht am **Arthur Circus**.

HOBART ERLEBEN

AUSKUNFT

Hobart Travel Centre
20 Davey Street, Hobart 7000
Tel. 03 / 62 30 82 33
www.hobarttravelcentre.com.au

SHOPPING

Collins, Liverpool, Murray Street und die Fußgängerzone der Elizabeth Mall bilden den Einkaufs- und Geschäftsbereich von Hobart. Ein Erlebnis ist der bunte Markt am Samstagvormittag am Salamanca Place. Auf dem »schönsten Markt Australiens« wird alles von Obst und Gemüse über Bücher bis hin zu Antiquitäten, Kitsch und Kunst verkauft.

ESSEN

► Fein & teuer

① *Mures Upper Deck*
Victoria Dock, Tel. 03 / 62 31 19 99
www.muresupperdeck.com.au
Fangfrischer Fisch in rustikalem Ambiente direkt am Hafen

② *Prosser's on the Beach*
Beach Road, Long Point, Lower Sandy Bay, Tel. 03 / 62 25 22 76, So. geschl.
www.prossersonthebeach.com
Zu den besten Seafood-Restaurants Tasmaniens gehört auch das feine Lokal im Stadtteil Sandy Beach, wo Chef de Cuisine Stuart Prosser Jakobsmuscheln, Scampi und delikate Fischgerichte direkt am Meer serviert.

► Erschwinglich

③ *Catch Restaurant*
11 Morrison Street
Tel. 03 / 62 34 34 90
www.catchrestaurant.com.au
Wer Köstlichkeiten aus dem Meer liebt, ist hier richtig.

ÜBERNACHTEN

► Luxus

Baedeker-Empfehlung

① *The Henry Jones Art Hotel*
25 Hunter Street, Hobart 7000, Tel. 03 / 62 10 77 00, www.thehenryjones.com
Australiens 1. Galeriehotel verbindet in Hafenspeichern des 19. Jh.s geschickt Komfort mit edler Kunst, Antiquitäten und modernem Design. Das Restaurant ist bekannt für seine feine Regionalküche.

② *Lenna*
20 Runnymede Street, Battery Point
Hobart 7000, Tel. 03 / 62 32 39 00
www.lenna.com.au
Luxusherberge in einer denkmalgeschützten Villa unweit vom Salamanca Place. Das Alexander Restaurant gehört zu den besten der Stadt.

► Komfortabel

Hugo' B & B
Sandy Bay, Hobart 7005
Tel. 03 / 62 25 19 02
www.hugosbb.com.au
Bei Hugo's fühlt man sich wohl.

► Günstig

④ *Brunswick Hotel*
67 Liverpool Street, Hobart 7000
Tel. 03 / 62 34 49 81, Fax 62 34 49 81
www.oldhobarthotel.com.au
Zentrales, freundliches Budgethotel

Hobart Orientierung

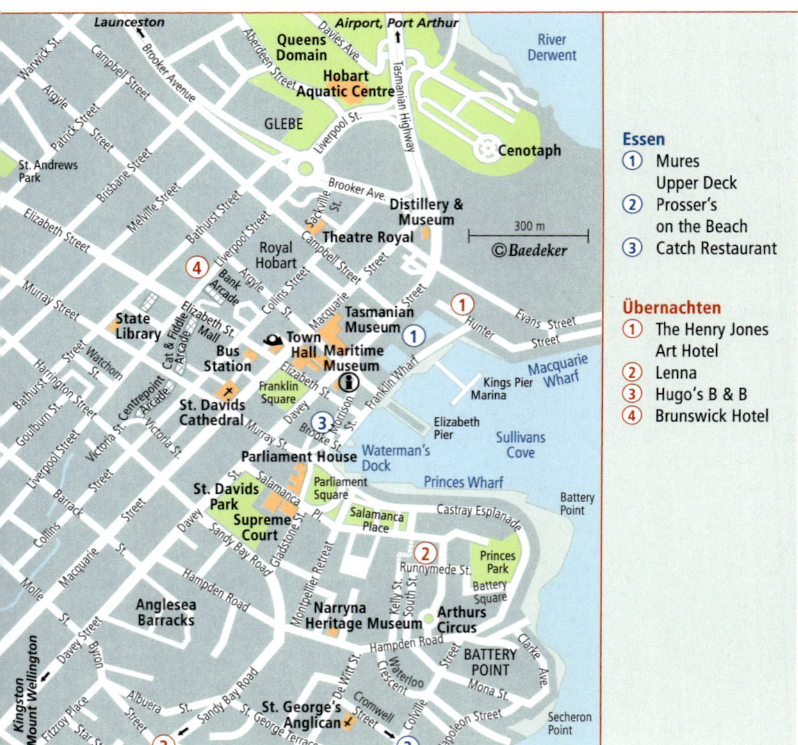

★ **Narryna Heritage Museum** Paradebeispiel georgianischer Architektur ist das 1836 errichtete Narryna House mit herrlichem Garten an der Hampden Road 103. Das Museum widmet sich mit Möbeln, Porzellan und Kinderspielzeug der Pionierzeit (Öffnungszeiten: Mo. – Fr. 10.30 – 17.00, Sa., So. 12.30 – 17.00 Uhr, www.narryna.com.au).

Anglesea Barracks Auf einer Anhöhe des Mount Wilson mit exzellentem Blick auf den Hafen begann man 1814 mit den Bauarbeiten für die Unterkünfte des **73. Regiment of Foot**. Ihren Namen erhielten sie von jenem Duke of Anglesea, der bei der Schlacht von Waterloo ein Bein verlor und dieses später symbolisch und feierlich auf dem Schlachtfeld begrub (Davey Street, Führungen: Di. 11.00 Uhr, Museum: Di. 9.00 bis 13.00, Do. 9.00 – 12.00 Uhr).

Theatre Royal Das Theater an der Campbell Street 29 wurde bereits 1834 gebaut und ist damit das älteste Schauspielhaus in ganz Australien.

Nördlich der Innenstadt dehnt sich die Queens Domain aus, eine große öffentliche Grünanlage mit dem im Stil der Tudorgotik gehaltenen **Government House** von 1858 (nicht zugänglich).

Government House

Die Botanischen Gärten am Ostrand der Queens Domain wurden 1818 angelegt. Highlights sind das Tropenhaus, das **Farnhaus**, der Rosengarten und ein japanischer Garten (Öffnungszeiten: Winter 8.00 – 17.00, Okt. – März 8.00 – 18.30 Uhr, www.rtbg.tas.gov.au).

★ **Royal Tasmanian Botanical Gardens**

Das Runnymede House an der Bay Road 61 im Vorort New Town ist eine original eingerichtete Regency-Villa von 1840 inmitten eines prächtigen Gartens (Öffnungszeiten: tgl. 10.00 – 16.30, Sa., So. ab 12.00 Uhr).

Runnymede House

Umgebung von Hobart

Südlich der Innenstadt windet sich die kurvenreiche Nelson Road hinauf zum 340 m hohen **Mount Nelson**, der einen überwältigenden **Panoramablick** auf Hobart, den Hafen sowie auf die Mündung des River Derwent bietet – Busse ab Franklin Square. Auf der Fahrt zum Mount Welling-ton passiert man im gleichnamigen Vorort die **Casca-**

Im Hafen von Hobart liegen schnittige Jachten vor Anker, und hier endet auch alljährlich das legendäre Sydney to Hobart Yacht Race.

! Baedeker TIPP

Unwiderstehlich

Schon seit 1921 produziert die Cadbury Schweppes Chocolate Factory eine sagenhafte Schokolade. Bei einer Tour durch die Fabrikanlagen im Vorort Claremont, 12 km nördlich von Hobart, werden alle Produktionsschritte der Schokoladenherstellung erläutert und dazu nette Anekdoten erzählt. Zwischendurch gibt es reichlich Kostproben und am Schluss aus der Schatztruhe einen Beutel Schokolade (Führungen: Mo. – Fr. 9.00 –13.00 Uhr, Tel. 03 / 62 23 58 93, www.cadbury.com.au).

de Brewery. Im Jahr 1824 gegründet, ist sie die älteste noch aktive Brauerei Australiens. Von der Braukunst kann man sich bei einer geführten Tour überzeugen und das süffige Bier natürlich auch probieren (Führungen: Mo. – Fr. 9.00, 13.00 Uhr, Voranmeldung unter Tel. 03 / 62 24 11 17, www.cascadebrewery.com.au). Ganz in der Nähe steht die ehemalige **Cascade Female Factory**, heute UNESCO-Weltkulturerbe als einer der Australian Convict Sites. Von 1828 bis 1856 waren hier Frauen interniert. Auch später diente die Anlage noch als Gefängnis.

✶ **Barilla Bay Oyster Farm**

In den sauberen, kühlen Küstengewässern Tasmaniens gedeihen außergewöhnlich **schmackhafte Austern**. Eine der rund 100 Austernfarmen der Insel ist die Barilla Bay Oyster Farm am Tasman Highway in Cambridge hinter dem Hobart Airport. Schlürfen können Sie die Gourmetaustern hier tgl. von 7.30 – 18.00, Führungen sind Sa., So. 12.00 und 16.00 Uhr (www.barillabay.com.au).

✶ **Mount Wellington**

Bei klarem Wetter genießt man vom Gipfel des 1270 m hohen Mount Wellington Daeinen **spektakulären Blick** auf Hobart. Wer im Sommer anreist, sollte sich am frühen Morgen aufmachen, denn häufig hüllt sich der Berg ab Mittag in Wolken. Die Gipfelstation ist über eine 21 km lange Serpentinenstraße erreichbar.

✶ **Tahune Forest Reserve**

In dem Regenwaldgebiet gut 30 km westlich von Hobart kann man über den Baumwipfeln spazierengehen. In schwindelerregenden 25 bis 45 m Höhe lernt man auf dem 600 m langen **Tahune AirWalk** den Wald aus einer anderen Perspektive kennen (Öffnungszeiten: tgl. 9.00 – 13.00 Uhr, http://adventureforests.com.au/tahune).

✶ **Hartz Mountains National Park**

Ein beliebtes Wochendenziel für Familien aus Hobart ist der Hartz Mountains National Park mit Bergseen und Hochmooren gut 20 km westlich von Geeveston. Der Nationalpark mit Buschcamping, Picknickplätzen und Wanderwegen ist Bestandteil der Tasmanian Wilderness World Heritage Area. Einen herrlichen Ausblick gewährt der **Waratah Lookout** schon bald nach der Parkgrenze.

Hastings Caves

Das ehemalige Holzfällerdorf Hastings am Ende des Huon Highway ist für seine Thermalquellen und die 10 km westlich gelegenen **Karsthöhlen** mit wundervollen Tropfsteinbildungen bekannt. In der Newdegate Cave werden täglich zwischen 10.00 und 16.00 Uhr Führungen veranstaltet.

Zentrum der Obstregion 40 km südwestlich von Hobart ist **Huonville**. Die erste **Apfelplantage** im Huon Valley wurde bereits 1841 angelegt – die ersten Setzlinge hatte »Bounty«-Kapitän William Bligh Anfang des 19. Jh.s als Gouverneur von New South Wales nach Tasmanien geschickt. Schon bald exportierte man Früchte nach Neuseeland und Indien, später auch nach Europa. Am schönsten präsentiert sich das Tal während der Apfelblüte zwischen Ende Oktober und Anfang November. Das **Apple & Heritage Museum** in Grove vermittelt alles Wissenswerte über die vitaminreichen Früchte (Öffnungszeiten: tgl. 9.00 bis 17.00 Uhr, http://applemuseum.huonvalley.biz).

Kleine Straßencafés und Boutiquen säumen den Salamanca Place.

Bothwell

Mehr als 50 bemerkenswerte Gebäude aus dem 19. Jh. verleihen dem ländlichen Bothwell 75 km nordwestlich von Hobart Atmosphäre. Schottische Einwanderer errichteten hier schon 1822 am Clyde River den wahrscheinlich ersten Golfplatz Australiens (http://rathogolf.com). Interessantes über die weiße Kugel erfährt man im **Australian Golf Museum** im ehemaligen Schulhaus von 1887 (Öffnungszeiten: tgl. 10.00 – 16.00 Uhr, im Winter verkürzte Öffnungszeiten).

Launceston

U 17

Die mit 100 000 Einwohnern zweitgrößte Stadt Tasmaniens gruppiert sich mit gut erhaltenen viktorianischen Kolonialbauten und viel Grün um den geschützen Hafen am Tamar River.

Grüne Stadt

Schon 1804 stellten die ersten Siedler hier ihre Zelte auf. Eine ertragreiche Landwirtschaft, Mühlen und Brauereien sorgten für wachsenden Wohlstand. Um 1820 entstanden am Flusshafen Kaianlagen und Lagerhäuser, war Launceston die wichtigste Stadt Nordtasmaniens. Historische Bauten im georgianischen Stil findet man in der St. John Street und ihrer Parallelstraße, der George Street. Das Einkaufsleben konzentriert sich auf zwei **Fußgängerzonen**: die Brisbane Street Mall und die bogenförmig verlaufende Quadrant Mall.

LAUNCESTON ERLEBEN

AUSKUNFT

Launceston Visitor Centre
Cornwall Square, 12–16 St John Street
Tel. 03 / 63 36 31 33
www.visitlauncestontamar.com.au

ÜBERNACHTEN

► **Luxus**

Ashton Gate Guest House
32 High Street, East Launceston,
Tel. 03 / 63 31 61 80, Fax 63 34 77 28
www.ashtongate.com.au
John und Jen verwöhnenin ihrer denkmalgeschützen viktorianischen Villa (1880) mit herzlicher Gastfreundschaft und komfortabler Nostalgie: Die geräumigen Zimmer sind im Stil jener Tage eingerichtet, in der Lounge knistern an kühlen Tagen der Kamin, und auf der Terrasse lässt es sich herrlich entspannen.

► **Komfortabel**

Colonial Launceston
31 Elizabeth Street
Tel. 1800 / 06 09 55
www.colonialinn.com.au
Das 1846 erbaute ehemalige Schulhaus hat 64 nette Zimmer und ein gemütliches Lokal.

ESSEN

► **Fein & teuer**

Stillwater Restaurant
Paterson Street
Tel. 03 / 63 31 41 53
www.stillwater.net.au
Tagsüber ein beliebtes Café, verwandelt sich »Ritchie's Mill« – eine Kornmühle direkt am Tamar River – abends in ein mehrfach preisgekröntes, schickes Restaurant mit bester Fisch- und Fleischküche.

Sehenswertes in Launceston

Am Civic Square steht die repräsentative **Town Hall**, das 1864 erbaute klassizistische Rathaus. Östlich gelangt man durch die Cameron Street zum **Old Umbrella Shop** an der George Street 60. Der hübsche Bau war Ende des 19. Jh.s ein Schirmgeschäft. Heute ist das Haus im Besitz des National Trust, der hier ein Schirmmuseum und einen Souvenirshop betreibt (Öffnungszeiten: Mo. – Fr. 9.00 – 17.00, Sa. 9.00 – 12.00 Uhr).

Vorbei am **Batman Fawkner Inn** von 1820 wird der 12 ha große **City Park** mit Ulmen und Eichen, kleinem Tierpark und hübschem Springbrunnen erreicht. An der Ecke Brisbane/Tamar Street zeigt und verkauft das **Design Centre of Tasmania** hochwertige Handwerkskunst. Ebenfalls hier ansässig ist die renommierte **Wood Design Collection** mit tasmanischem Holzdesign.

! Baedeker TIPP

Boag's Brewery

Südtasmanier schwören auf Cascade Beer, Nordtasmanier lieben ihr Boag, das seit 1861 in der William Street gebraut wird. Im »Boag Centre for Beer Lovers« gegenüber der Brauerei können Touren gebucht werden (Tel. 03 / 63 32 63 00, www.boags.com.au).

Westlich davon im Royal Park an der Wellington Street 2 birgt das Queen Victoria Museum (www.qvmag.tas.gov.au, Öffnungszeiten: tgl. 10.00 bis 17.00 Uhr) Ausstellungen zu den Aborigines und der Tierwelt Tasmaniens. Das angeschlossene **Planetarium** präsentiert Di. bis Fr. um 15.00, Sa. um 14.00 und 15.00 Uhr den Sternenhimmel der südlichen Hemisphäre. Die Museumsdependance in den ehemaligen Inveresk Railyards beherbergt eine eindrucksvolle Kunstgalerie, Exponate zur Besiedlung der Insel sowie restaurierte Eisenbahnwerkstätten.

✶ **Queen Victoria Museum**

Zehn Gehminuten westlich des Zentrums erstreckt sich die malerische Cataract Gorge. Senkrecht flankieren die Felsen des **South Esk River** die Schlucht, durch die zwei Wanderwege führen. Sie beginnen am Kings Basin, erreichen das First Basin mit (kostenlosem!) Swimmingpool, Gorge Restaurant und Seilbahn, die über das erste Becken schwebt, und enden an den spektakulären Aussichtspunkten Cataract und Eagle Eye.

✶ **Cataract Gorge**

Umgebung von Launceston

Nördlich von Launceston säumen Rebhänge beide Ufer des Tamar River: Im Tamar Valley werden 75 Prozent aller tasmanischen Weine produziert; etwas weiter nordwestlich sitzt der Marktführer für »Cool Climate«-Weine aus Tasmanien: **Pipers Brook**. Zu den zwölf Winzern im Tamar-Tal führt die markierte Touristenstrecke **Tamar Valley Wine Route** (www.winetasmania.com.au/wine-route). Einen Stopp mit Verkostung lohnen vor allem St. Matthias mit herrlichem Ausblick auf das Tal, das etwas abgelegene Gut Holm Oak, Tamar Ridge mit seinen trockenen Riesling-Weinen, Tasmaniens ältestes Weingut **Providence** sowie Rosevears Estate. Für eine Schlemmerpause inmitten von Weinreben empfiehlt sich das Gourmetrestaurant **»Daniel Alps at Strathlynn«**.

✶ **Tamar Valley Vineyards**

Südwestlich von Launceston haben drei staatliche georgianische Herrenhäuser ihre Tür für Besucher geöffnet. Britton Jones, der als Strafgefangener in die Kolonie kam und später einer ihrer erfolgreichsten Geschäftsmänner wurde, erbaute 1838 **Franklin House** (413–419 Hobart Road. Öffnungszeiten: Mo. – Sa. 9.00 – 16.00, So. 12.00 – 16.00 Uhr), 8 km südlich von Launceston. Von 1842 bis 1866 war das Haus Sitz der renommiertesten Privatschule Tasmaniens.

Einem Vorort von Kolkota (Kalkutta) verdankt **Entally House** seinen Namen (Bass Highway, Hadspen, derzeit nur von außen zu besichtigen), das 18 km südwestlich von Launceston für Thomas Reibey errichtet wurde – er soll zu Lebzeiten die größte Bibliothek der Kolonie besessen haben. Reibeys Mutter war als Pferdediebin mit 13 Jahren nach New South Wales verbannt worden und dort später zu einer erfolgreichen Unternehmerin aufgestiegen. In **Evanston**, einem »Historic Village« 20 km südlich, wird jeden Sonntag von 10.00 bis 15.00

✶ **Historische Herrenhäuser**

Georgianisches Schmuckstück: das Clarendon House bei Evandale

Uhr ein großer Markt veranstaltet. 10 km südlich bei **Evandale** entstand 1838 für den wohlhabenden Händler James Cox eines der schönsten Landhäuser Australiens: **Clarendon House**, eine Regency-Villa inmitten eines 7 ha großen, herrlichen Landschaftsparks am Ufer des South Esk River. Und wer eine Nacht beim Sohn von William Cox verbringen möchte, der in New South Wales die erste Straße durch die Blue Mountains gebaut hat, kann auf dem Gelände in gemütlichen Cottages nächtigen und im Menzies Restaurant vorzüglich speisen (www.nationaltrusttas.org.au/properties-clarendon.htm).

Longford Um 1813 kamen die ersten Siedler nach Longford, dessen Hauptstraßen mit alten Geschäften und Lokalen an eine englische Kleinstadt des 19. Jh.s erinnern. Das herrschaftliche Anwesen **Brickendon** etwas außerhalb an der Wellington Street wurde 1824 eingeweiht (Öffnungszeiten: Di. – So. 9.30 – 17.00 Uhr).

Ben Lomond National Park Skifahrer schätzen den 165 km² großen Ben Lomond National Park: Im Winter unterhält hier der Northern Tasmanian Alpine Club ein **»Ski Village«** mit Übernachtungsmöglichkeiten, Lokalen und Geschäften an den Hängen des 1572 m hohen Legges Tor, des zweithöchsten Gipfels von Tasmanien. Das 14 ha große Skigebiet erschließen 3 Schlepp- und 4 Sessellifte (www.skibenlomond.com.au).

★ New Norfolk

U 18

Das 1807 gegründete Städtchen im reizvollen Tal des Derwent River beeindruckt mit gut erhaltenen Kolonialbauten, die vom National Trust unter Denkmalschutz gestellt worden sind.

Stadt unter Denkmalschutz

Erste Siedler waren Rückwanderer einer aufgegebenen Niederlassung auf Norfolk Island. Die St. Matthew's Anglican Church, die älteste Kirche Tasmaniens, ist 1823 an der Bathurst Street errichtet worden. An der Montagu Street gefallen das 1835 erbaute viktorianische **Old Colony Inn**, wo Lydia Graham herzhafte Gerichte serviert (www.oldcolonyinn.com.au), und das 20 Jahre ältere **Bush Inn Hotel**, wo bereits seit 1825 Bier gezapft wird. Nur 10 km nördlich werden in der **Salmon Ponds Trout Hatchery** Forellen gezüchtet (Öffnungszeiten: tgl. 9.00 –17.00 Uhr).

Umgebung von New Norfolk

★ Mount Field National Park

Rund 35 km nordwestlich liegt mit dem Mount Field National Park einer der ältesten australischen Nationalparks. Herrliche Regenwaldbestände, alpine Moorlandschaften und rauschende Wasserfälle ziehen Besucher an. Im Park bestehen Campingmöglichkeiten, Cottages können gemietet werden. Während der Mount Field National Park im Winter ein beliebtes **Skigebiet** ist, bietet er sich den Rest des Jahres als ausgezeichnetes Wanderrevier an: Der kurze **Russell Falls Nature Walk** ist sogar für Rollstuhlfahrer geeignet. Eine andere leichte Wanderung führt um den Lake Dobson herum. Wer unterwegs keinen Tasmanischen Teufel zu Gesicht bekommt, kann es 4 km östlich an der Gordon River Road bei **Something Wild** versuchen, wo kranke Wildtiere gesundgepflegt werden – es müsste schon mit dem Teufel zugehen, wenn hier kein Tasmanischer Beutelteufel dabei wäre (www.somethingwild.com.au).

★ Port Arthur

U 18

Auf rund 40 ha bewahrt Port Arthur mehr als 30 Gebäude der kolonialen Sträflingssiedlung, denn zwischen 1831 und 1853 durchliefen hier mehr als 12 500 Häftlinge die »Hölle Tasmaniens«.

Die Gefangenen mussten harte **Zwangsarbeit** leisten – jeder siebte überlebte die Entbehrungen nicht. Oft waren die Gründe für ihre Haft nichtig: Der Diebstahl eines Brots genügte, um nach Port Arthur zu kommen. Häufig handelte es sich auch um Wiederholungstäter, die vom australischen Festland verbannt wurden. Nach

1853, als die Deportationen endeten, baute man die Gefängnisstadt zur Nervenheilanstalt um. Diese musste 1877 aus Kostengründen geschlossen werden. 1897 brannte ein Gutteil der Gebäude durch ein Buschfeuer nieder.
Wer von Hobart über die A 3 in Richtung Flughafen Sorell fährt und dann auf die A 9 abbiegt, kann die Ruinen des ehemaligen **»Modellgefängnisses«** von Port Arthur an der Südspitze der ►Tasman Peninsula nicht verfehlen. Und dem Besucher laufen wahrhaft kalte Schauer über den Rücken, wenn er erst durch die kahlen Mauerreste der Gefängnistrakte läuft und der Sturm sein schauriges Lied dazu pfeift. Am **Visitor Centre** erhält jeder Besucher eine fiktive Häflingsidentität, deren Schicksal ihn durch die Abteilungen führt bis zum wehrhaften Gefängnisbau, der bis zu 500 Häftlinge aufnehmen konnte. Auch eine Karte in deutscher Sprache ist im Besucherzentrum erhältlich. Dort starten zudem »Historische Touren« (Dauer ca. 40 Minuten). Nicht versäumen sollte man den Besuch des Museums am Settlement Creek (Öffnungszeiten: tgl. 9.00 – 17.00 Uhr; im Preis enthalten ist eine 20-minütige Hafenrundfahrt, www.portarthur.org.au). Zum alljährlichen Festival **»Beating Retreat«** im Frühjahr gehören Paraden und historische Kostüme

Queenstown

T 18

Mit 2600 Einwohnern ist Queenstown die größte Siedlung im Westen Tasmaniens. 1856 entdeckte man hier Gold und über Nacht wurde Queenstown zur »Boomtown«.

Bergbaustadt

Der Bergbau hinterließ in der Umgebung seine wenig schönen Spuren. Die für die **Kupferverhüttung** benötigten Holzmengen führten zum Kahlschlag der Bergwälder. Saurer Regen im Verbund mit hohen Niederschlagsmengen und Erosion verhinderte ein Nachwachsen des Waldes. Etliche Bauten künden noch von Queenstowns glanzvoller Epoche. Das 1901 fertiggestellte Empire Hotel ist ein architektonisches Musterbeispiel für die Blütezeit. Im früheren Imperial Hotel von 1898 ist das **Eric Thomas Galley Museum** untergebracht, das u. a. eine Sammlung historischer Fotos zur Entwicklung der Region zeigt (Öffnungszeiten: tgl. 10.00 – 17.00 Uhr).

Umgebung von Queenstown

Zeehan

Das Städtchen Zeehan wurde nach dem Schiff benannt, mit dem **Abel Tasman** 1642 die Insel umsegelte. Die Entdeckung von Silbervorkommen 1882 führte auch hier zum wirtschaftlichen Aufschwung. Ab 1908 waren die Lagerstätten erschöpft, die letzte Mine

◄ Weiter auf S. 456

← *Angeblich wurde die Kirche der Häftlingskolonie Port Arthur nie geweiht.*

Das »Modellgefängnis« Port Arthur war unter den Sträflingen besonders gefürchtet.

SPURENSUCHE

Sträflinge waren die ersten Siedler des australischen Kontinents. Einige wenige gelangten schon bald auf freien Fuß und machten sogar große Karrieren. Auf die meisten Deportierten aber wartete harte Zwangsarbeit und erst, wenn sie diese überlebten, die Freiheit. Heute sind viele Aussies stolz darauf, von den »Convicts« abzustammen.

Der Ausgucker hoch droben im Krähennest sah das Land als Erster. Auf diesen Augenblick hatte nicht nur er seit mehr als drei Monaten gewartet. Damals hatten sie unter den Augen der sensationslüsternen Bevölkerung der kleinen englischen Hafenstadt Plymouth dieses Schiff betreten. Schwere Eisenketten an Händen und Füßen trugen sie, was sie als Diebe und Betrüger, als Räuber und Totschläger auswies. Es war eine Gemeinschaft, die 1798 der zweite Gouverneur John Hunter so beschrieb: »Nie ist ein verdorbenerer, verlassenerer und **gottloserer Haufen Menschen** als hier irgendwo auf der Welt zusammengebracht worden ... Ordnung und Moral ist das Letzte, was sie im Sinn haben.«

Das puritanische England König Georgs IV. sollte ein sauberes Königreich sein, mit Missetätern machte man deshalb nicht viel Federlesens. Die Unglücklichsten verurteilte man gleich zum Tode. Wer Gnade fand, kam mit der Deportation zur Zwangsarbeit in einer der Kolonien des Britischen Empire davon, denn auch weitab der Heimat brauchte man Menschen englischen Blutes. Da bot es sich an, die **Convicts** (Sträflinge) als billige Arbeitskräfte einzusetzen.

Vom Sträfling zum Stararchitekten

Einige der Deportierten aber sollten im fernen Australien eine zweite Chance bekommen. Wie z. B. der begabte Künstler **Francis Howard Greenway**, der wegen Wechselbetrugs verurteilt worden war. 1814 hatte er als »Convict« den australischen Kontinent betreten, doch es dauerte nur wenige Monate, bis er die Regierenden von Sydney mit glänzenden Entwürfen für repräsentative Neubauten auf sich aufmerksam machte. Zwei Jahre nach seiner Ankunft avancierte er zum Stadtarchitekten, entwarf und baute ein Gebäude nach dem anderen. **Sträflingsarchitektur** nennt man heute noch diese Bauten. Für Leute wie Francis Greenway dauerten die Unannehmlichkeiten des Sträflingslebens in Australien

nicht lange, durch Fleiß und Ehrgeiz machten sie ihre Taten in England rasch vergessen.

Harte Haftbedingungen

Doch nur wenige der rund 160 000 Deportierten hatten das Glück und Talent eines Greenway. Für sie endete die Reise zunächst in den Sträflingslagern des australischen Festlands oder in **Port Arthur** auf Tasmanien. An Ketten geschmiedet, mussten sie schwerste körperliche Arbeit verrichten. Port Arthur galt als »Modellgefängnis«. Ließen sich die Gefangenen eine Verfehlung zuschulden kommen, wurden sie nicht – wie üblich – bis zur Bewusstlosigkeit ausgepeitscht, sondern in Isolierzellen gesperrt. Wann immer sie diese verlassen konnten, mussten sie eine undurchsichtige Kapuze tragen. Das Ergebnis solcher »Humanität«: Viele wurden wahnsinnig. Das Gefängnis von Port Arthur gehört heute zum **UNESCO-Welterbe** (Australian Convicts Sites).

Auch wenn den meisten Zwangsarbeitern mit dem Urteil die formelle Chance der Bewährung gegeben worden war, erlebten viele von ihnen den Tag ihrer Entlassung nicht. Sie starben an Entkräftung durch die Strapazen und an den ungewohnten klimatischen Bedingungen. Zahlreiche Fluchtversuche endeten durch auf Menschen abgerichtete Bluthunde oder durch die Gewehrkugeln der Wachmannschaften.

Endlich frei!

»Emancipists« durften sich diejenigen nennen, die es tatsächlich schafften, sich zu bewähren. Fortan konnten sie sich innerhalb der Kolonie als freie Bürger bewegen, eine Farm bewirtschaften oder sich als Handwerker niederlassen.

Später Stolz

1848 stellte die Regierung von New South Wales endlich die Sträflingsttransporte aus dem Mutterland ein, andere Kolonien folgten. Westaustralien hingegen war noch zwei weitere Jahrzehnte auf die billigen Arbeitskräfte angewiesen. Lange Zeit schämten sich viele Australier, einen Sträfling als Vorfahren nennen zu müssen. Heute jedoch sind die meisten von ihnen, in fünfter oder sechster Generation, stolz auf die einst unglücklichen, aber davongekommenen Convicts, denen sie ihre Existenz in Australien verdanken.

schloss 1960. An glanzvolle Zeiten erinnert das **Gaiety Theatre** von 1898 mit 1000 Plätzen, in dem überragende Vertreter der Sangeskunst ihren Auftritt hatten, darunter Enrico Caruso. Prächtig ist auch das ehemalige Grand Hotel von 1898.

Rosebery In Rosebery, 50 km nördlich von Queenstown, hat man im Jahre 1893 Gold gefunden. Heute dominiert die große Fabrikanlage der Electrolytic Zinc Company die Szenerie. Bei der aufgegebenen Minenstadt **Williamsford** (8 km südlich von Rosebery) startet ein schöner Weg zu den eindrucksvollen Montezuma Falls.

✶ Richmond

U 18

Im georgianischen Bilderbuchstädtchen rund 25 km nordöstlich von ►Hobart scheint die Zeit stillzustehen. Der 700-Einwohner-Ort mit 45 denkmalgeschützten Bauten ist heute ein Besuchermagnet und beliebtes Ausflugsziel.

Historic Richmond Wahrzeichen von Richmond ist die 1825 von Sträflingen erbaute **Steinbrücke** über den Coal River. Schon bald nach der Landung der ersten Siedler erhielt Richmond mit der **St. John's Church** das älteste katholische Gotteshaus Australiens. Die neugotische Kirche wurde 1837 geweiht, jedoch erst im Jahre 1859 vollendet.

Bridge Street Die Bridge Street säumen mehrere **historische Gebäude** wie das Old Bakehouse von 1830 mit seinen alten Backöfen, das Bridge Inn von 1834, das Old Post Office von 1826 und das Richmond Arms Hotel von 1888 mit seinen schmiedeeisernen Verzierungen.

Für Besucher geöffnet ist auch das **Richmond Goal** von 1825 in der Bathhurst Street, das 1825 als Zwischenlager für den Gefangenentransport ins berüchtigte ►Port Arthur diente (www.richmondvillage.com.au). Das Model Village zeigt Hobart im Jahr 1820 im Maßstab 1 : 60.

Umgebung von Richmond

Oatlands Die »Historic Town« 55 km nördlich von Richmond entstand um 1830. Aus dieser Zeit sind noch etliche **Kolonialgebäude** erhalten. Besondere Beachtung verdient das 1829 von Sträflingen errichtete Gerichtsgebäude sowie das **Holyrood House** von 1840 an der High Street. Heute ist darin ein im Stil der Entstehungszeit gehaltenes Restaurant eingerichtet.

Unweit nördlich an der Middle Tree Tea Road 620 kann man im **Zoo Doo Wildlife Fun Park** Tasmanische Teufel und andere Tiere der Insel sehen (www.zoodoo.com.au).

Scottsdale

U 17

Zwischen grünen Hügeln liegt das beschauliche Städtchen Scottsdale, die wichtigste Siedlung im Nordosten Tasmaniens und Zentrum einer agrarisch geprägten Region.

Umgebung von Scottsdale

Bridport und Derby

Herrliche Strände ziehen im Sommer Ausflugsgäste ins Seebad Bridport. Vom Waterhouse Point bietet sich ein grandioser Ausblick. Wie bei Derby am Tasman Highway, 30 km östlich von Scottsdale, im 19. Jh. Zinn abgebaut wurde, erzählt das **Derby Tin Centre** (Öffnungszeiten: tgl. 9.30 – 17.00 Uhr). Höhepunkt im Oktober ist das Derby River Derby, ein Rafting-Wettbewerb auf dem Ringarooma River.

Mount William National Park

Tasmaniens Nordostspitze wird bedeckt vom Mount William National Park. Eukalyptuswälder ziehen sich über die Hänge des 216 m hohen Mount William sowie von Bailey's Hill. Hier werden vor allem **Forester-Kängurus** geschützt. Mit viel Glück kann man Tasmanische Teufel sehen. Es gibt Camping- und Picknickplätze. Die ehemalige Walfängerstation **St. Helens** ist besonders in den Sommerferien ein beliebtes Reiseziel, nicht zuletzt wegen ihrer guten Fischlokale. Die schönsten Strände findet man an der rund 10 km entfernten **Binalong Bay**, der geschützten Georges Bay und bei Stieglitz. Am St. Helens Point lohnen die Sanddünen der **Peron Dunes** einen Besuch.

> **! Baedeker TIPP**
>
> **Lavendelduft**
>
> Nur 20 Minuten braucht man mit dem Auto von Scottsdale über Lilydale bis zur Bridestowe Lavender Farm, wo man seit 1922 auf riesigen Feldern Lavendel anpflanzt. Das wohlduftende Lavendelöl wird heute in alle Welt exportiert. Im Dezember und Januar gibt es Führungen durch das Blütenmeer, im Visitor Centre kann man Öle und Seifen kaufen (http://bridestowelavender.com.au).

St. Columba Falls

Rund 25 km westlich zweigt von der A 3 eine beschilderte Straße zu den St. Columba Falls ab. Vom Parkplatz aus erreicht man nach 10 Minuten eine Aussichtsplattform, von der aus sich eine schöne Sicht auf den 90 m hohen Wasserfall bietet.

★ South West World Heritage NP

T/U 18

Der South West World Heritage National Park ist der größte und zugleich abgelegenste Nationalpark Tasmaniens. Er bildet den südlichen Bereich der Tasmanian Wilderness World Heritage Area und umfasst den gesamten Südwesten der Insel.

Abgeschiedene Natur

Kahle Quarzit- und Schieferberge und dicht bewaldete Täler, durchsetzt von Grasebenen, bestimmen das Landschaftsbild. Ganz im Süden erstrecken sich einsame, **großartige Küstenlandschaften**. Man erreicht das Gebiet am besten über die nach Strathgordon führende Gordon River Road. Davon zweigt 30 km westlich von Maydena eine Piste nach Süden ab zum Ostufer des **Lake Peddar**. Die Einrichtungen beschränken sich auf einen Campingplatz und Wildniscamps im Sommer. Zu Tagestouren in die Wildnis, die so groß ist wie Irland, startet Par Avion Wilderness Tours (http://paravion.com.au).

★ Stanley

T 17

An der Nordwestspitze Tasmaniens schmiegt sich Stanley um eine weit in die Bass Strait hinausragende Halbinsel. Aus der Gründerzeit sind einige Gebäude der Van Diemen's Land Company erhalten, die hier ab 1826 ihren Stützpunkt hatte.

Sehenswertes in Stanley

Hafen

Während der Zeit des Goldbooms im jungen Bundesstaat Victoria erlangte Stanley als Hafen Bedeutung. Um die alten Schiffsanlegeplätze, an denen früher Walfänger und Segelschiffe festmachten, gruppieren sich einige historische Bauten wie die alten Getreidespeicher und das ehemalige Zollhaus. Das georgianische Union Hotel an der Church Street 19 mit alten Kellergewölben und engen Stiegen entstand 1847. Zwei Jahre später konnte am Hafen das mächtige Store House der Londoner **Van Diemen's Land Company** fertiggestellt werden, die Land roden und Merinoschafe züchten wollte.

! *Baedeker* TIPP

Innovatives Holzdesign

Die duftende Huonkiefer gehört zu den ältesten Bäumen der Welt und wird von Mark Bishop zu Möbeln und Wohnaccessoires verarbeitet, die gekonnt modernes Design und traditionelles Handwerk vereinen. Besonders reizvoll: helle Huonkiefer kombiniert mit dunklem Blackwood (Stanley Artworks, 16 Church Street, Tel. 03 / 64 58 20 00; geöffnet: Mo. – Sa. 10.00 – 17.00, So. 13.00 – 17.00 Uhr).

The Nut

Wahrzeichen Stanleys ist »The Nut«, ein 152 m hoher, massiger **Vulkanpfropf**. Das weichere Material ist längst durch die Erosion abgetragen. Als Aufstiegshilfe steht ein Sessellift zur Verfügung.

Highfield House

Nur 6 km außerhalb wurde 1825 das Anwesen Highfield erbaut. Erhalten sind das repräsentative Wohnhaus, Reste einer Kapelle, Gesinderäume, Ställe und Scheune – im 19. Jh. residierte hier der Vertreter der **»Van Diemen's Land Company«** (Öffnungszeiten: tgl. 10.00 bis 16.00 Uhr, www.historic-highfield.com.au).

Umgebung von Stanley

Rund 30 km östlich von Stanley erreicht man den Rocky Cape National Park, eine zerklüftete Küstenlandschaft mit Riffs und Inselchen. Eingerichtet wurde er, um **Felshöhlen** zu erhalten, die den australischen Ureinwohnern über Jahrtausende Schutz boten. Ganze Berge von Knochen, Gräten, Muscheln usw. belegen, wie die Aborigines in früheren Zeiten gelebt haben. Übernachtungsmöglichkeiten bestehen im Nationalpark nicht, aber im nahen Boat Harbour. Gut markierte Wanderwege führen von Rocky Cape ostwärts bis Sisters Beach zu kleinen Stränden und auf die Hügel mit Blick auf die Küste.

✶ **Rocky Cape National Park**

Im Dismal Swamp, einer 600 ha großen Karstsenke gut 30 km südwestlich von Smithton, verbinden sich spannungsreich Natur und Kultur: Inmitten von Blackwood-Bäumen, Farnen und gurgelndem Untergrund interpretieren Skulpturen, Bilder und Installationen der **Aborigines-Künstler** Ross Langford, Greg Duncan, Gwen Egg, Bob Jenyns und Yvonne Rees-Pagh die Flora und Fauna des ungewöhnlichen Biotops (Öffnungszeiten: Nov. – März 9.00 – 7.00, April – Okt. 10.00 – 16.00 Uhr, www.forestrytas.com.au).

✶ **Dismal Swamp**

Swansea

V 18

Die bereits 1825 an der Great Oyster Bay gegründete Siedlung war früher eine bedeutende Walfangstation. Wassersportler schwärmen vom herrlichen Nine Mile Beach.

Sehenswertes

Wie ab 1880 aus der Black-Wattle-Mimose ein Gerbstoff für Leder gewonnen wurde, erfährt man in der **Bark Mill**. Aus den Pioniertagen der Region erzählt das angeschlossene **East Coast Museum** am Tasman Highway 96 (Öffnungszeiten: tgl. 9.00 – 17.00 Uhr).

Umgebung von Swansea

Spiky Bridge

Der Tasman Highway führt an der Küste entlang südwärts nach 8 km zur 1841 erbauten Spiky Bridge, das Ergebnis harter Zwangsarbeit von Sträflingen. Die aus spitzen Steinen bestehenden Brückenränder sollten Abstürze von Kühen verhindern. Von der Küste hat man einen guten Blick auf die ►Freycinet Peninsula.

Maria Island National Park

Von Louisville, etwa auf halber Strecke zwischen Triabunna und Orford, kann man mit der Fähre zur vorgelagerten Insel Maria übersetzen. Ihre Strände an der Westküste sind geschützt und daher bei Schwimmern, Schnorchlern und Tauchern sehr beliebt. In der Saison sind alle Übernachtungsmöglichkeiten auf Maria Island schnell ausgebucht, eine rechtzeitige Reservierung ist also zu empfehlen.

Darlington ► Bei Darlington sind noch Ruinen von Gefangenenunterkünften zu sehen. Vor der Einrichtung der Strafkolonie ►Port Arthur hatte man auf Maria Island rückfällige Sträflinge und Schwerverbrecher interniert. Später bestand hier eine Bewährungsstation. Mitte des 19. Jh.s wurde der Strafvollzug auf Maria Island aufgegeben. Seit 2010 gehört diese Anlage, eine der »Australian Convict Sites«, zum UNESCO-Welterbe.

Tasman und Forestier Peninsula

U 18

Etwa anderthalb Autostunden südöstlich von ► Hobart ragen die Tasman Peninsula und die mit ihr durch eine schmale Landzunge verbundene Forestier Peninsula ins Meer hinaus.

Vom Aussterben bedroht: der scheue Tasmanische Teufel

Die stürmische See hat atemberaubende Felsen und Klippen an den Ostseiten der beiden Halbinseln geschaffen. Die meisten Reisenden kommen hierher, um die Relikte der berüchtigten Strafkolonie ►Port Arthur zu besichtigen.

Sturmumtoste Landzungen

Ziele auf der Tasman Peninsula

Eaglehawk Neck

Die nur 400 m breite Landenge Eaglehawk Neck stellt die einzige Verbindung zwischen der Forestier und der Tasman Peninsula dar. Als in ►Port Arthur Sträflinge interniert waren, wurde dieser schmale Landübergang von Soldaten und Bluthunden scharf bewacht. Inzwischen ist hier ein ruhiger Ferienort entstanden. Ein großes Besucherzentrum informiert über Wanderungen im nahen Tasman National Park. Berühmt sind das **Tessellated Pavement**, ein von den Gezeiten geschaffenes Pflastermosaik an der Küste, sowie die bizarren Felsbildungen des 63 m hohen Felsbogens **Tasman Arch** und die 63 m tiefe Schlucht **Devils Kitchen**. Aus dem **Blowhole** schießt die Gischt bei starker Brandung meterhoch empor. Kelpwälder, Höhlentauchen und Robben gehören zu den **Tauchspots** des Eaglehawk Neck Dive Center (www.eaglehawkdive.com.au).

✶ **Tasmanian Devil Conservation Park**

Über den Arthur Highway gelangt man nach 9 km zum Tasmanian Devil Conservation Park von Taranna. In dem Wildschutzareal wird erforscht, was man gegen die bislang unheilbare krebsartige Krankheit tun kann, von der viele **Tasmanische Teufel** in freier Wildbahn befallen sind. Im angeschlossenen Naturpark kann man natürlich auch gesunde **Beutelteufel** bestaunen. Außerdem werden Kängurus und einheimische Raubvögel in Gehegen, bei Fütterungen und Shows präsentiert (Öffnungszeiten: tgl. 9.00 – 17.00 Uhr, Fütterung 10.00, 11.00, 13.30, 17.00 Uhr, www.tasmaniandevilpark.com).

Coal Mine Historic Site

Im Nordwesten der Halbinsel kann man die älteste Mine der Insel besichtigen, heute geschützt als Coal Mines Historic Site und seit Kurzem als ein **»Australian Convict Site«**-UNESCO-Welterbe, wo Wiederholungstäter aus ►Port Arthur nach Kohle schürfen mussten (Öffnungszeiten: tgl. 9.00 – 17.00 Uhr, www.portarthur.org.au).

VICTORIA

Kürzel: VIC
Fläche: 227 416 km² (Land)
Symboltier: Honigfresser

Hauptstadt: Melbourne
Einwohner: 5,7 Mio.
Symbolpflanze: Heide

Knapp ein Viertel aller Australier lebt im kleinsten Bundesstaat des Festlands. Auf verhältnismäßig engem Raum kann man hier die ganze Vielfalt des Kontinents erleben: Outback im Norden, Felsküsten und Surfstrände im Süden, Weinland und schneebedeckte Berge im Landesinneren, Goldrauschstädte und die Kapitale Melbourne, für viele die l(i)ebenswerteste Stadt der Welt.

Staat der Vielfalt

Victoria wird auch **»The Garden State«** genannt, da im gemäßigten bis mediterranen Klima des Südens alles grünt und blüht. Dass Victoria nur 3 % der gesamten Fläche Australiens einnimmt, hat einen entscheidenden Vorteil: Tags kann man im Busch Koalas und Kängurus bestaunen, abends in den angesagten Gourmettreffs von Melbourne schlemmen. Im **»State of Diversity«** sind Natur und Kultur, Erbe und Avantgarde keine Tagesreisen, sondern nur wenige Kilometer voneinander entfernt. Mit ihren Museen, ihrer modernen wie klassischen Architektur und den Festivals ihrer 140 Nationen ist **Melbourne** die unangefochtene Kulturhauptstadt im Südosten Australiens. Fantastische landschaftliche Kontraste setzen die spektakuläre Küste mit der **Great Ocean Road**, die wilde Bergwelt der **Grampians**, das fruchtbare Tal des Murray und das endlose Outback.

Der nach Großbritanniens **Queen Victoria** (1819–1901) benannte Bundesstaat grenzt im Norden und Osten an ►New South Wales, im Westen an ►South Australia, im Süden trennt die stürmische Bass Strait das Festland von ►Tasmanien.

i Topziele in Victoria

Victorias wirtschaftlichen Wachstumsraten beeindrucken. Die verarbeitende Industrie konzentriert sich auf Melbourne sowie auf Geelong als Standort der Ford-Werke. Braunkohle wird im Kohlerevier La Trobe Valley gefördert, Erdgas und Erdöl offshore vor der Küste

← *Den spektakulärsten Teil der »Great Ocean Road« schützt der Port Campbell National Park mit den »Twelve Apostels«.*

Victoria

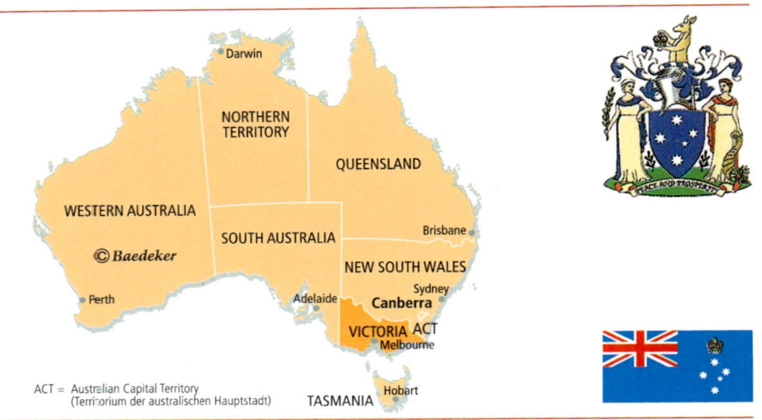

Gippslands in der Bass Strait. Dank seines Klimas wird in den Küstenebenen und Tälern eine vielseitige Landwirtschaft mit Schafzucht, Mast- und Milchvieh, Obstkultivierung, Getreideanbau und Wein betrieben. Melbourne gilt als Hauptstadt der Biotech- und Lebensmittelindustrie. Schnee bedeckt von Juni bis September die Viktorianischen Alpen, auf denen im Frühjahr ein herrlicher Farbenteppich blühender Wildblumen leuchtet.

Freie Siedler und Goldsucher

Nach der Gründung der Kolonie ► New South Wales 1788 bestand Australien aus zwei Teilen: New South Wales im Osten und New Holland im Westen. 1803 sah sich die Regierung in London zu einem Schachzug genötigt: Französische Fregatten waren Tasmanien und der Südküste des Kontinents gefährlich nahe gekommen. So ordnete das Kolonialministerium eine »kontrollierte Landnahme« durch freie Siedler an – mit Erfolg, die Franzosen blieben fern. 1834 ließen sich die ersten weißen Siedler an der Westküste des heutigen Victoria in **Portland** nieder, 1835 gründete John Batman Melbourne. Als »Port Phillip Bay District« erhielt das Gebiet rund um Melbourne kurz darauf von New South Wales eine eigene Verwaltung zugestanden, 1851 folgte die Gründung der **Kolonie Victoria**, die binnen zehn Jahren mit 540 000 Einwohnern zur größten australischen Kolonie aufstieg. Auslöser für die Masseneinwanderung von Europäern und Chinesen waren 1851 Goldfunde bei ► Ballarat und ► Bendigo: Der **»Goldrush«** hier ähnelte jenem in den USA. Die exorbitant hohen Steuern, die man von den Goldgräbern verlangte, führten 1854 zur »Eureka Stockade« in Ballarat. Der Goldrausch machte **► Melbourne** zum Finanzzentrum für Australien und Neuseeland und – nach dem Beitritt zum australischen Bund – von 1901 bis 1927 zur Interimshauptstadt der Föderation.

★ Alpine National Park · Victorian Alps

U 15

Nur zwei Autostunden nordöstlich von ►Melbourne finden Anfänger und Fortgeschrittene in den viktorianischen Alpen sieben Skigebiete mit einem abwechslungsreichen Pistenvergnügen aller Schwierigkeitsgrade.

★ Alpine National Park

Teile des Gebirges stehen als Alpine National Park – mit 6460 km² einer der größten Nationalparks von Australien – unter Naturschutz. Mit dem Mount Bogong und dem Mount Feathertop erreichen die Victorian Alps eine Höhe von fast 2000 m. Mehr als 400 markierte Wanderwege durchziehen die Viktorianischen Alpen, die im Frühjahr von bunten Matten blühender **Wildblumen** überzogen sind. In der kalten Jahreszeit ist das »High Country« ein **beliebtes Wintersportgebiet** mit bekannten Skiorten wie Dinner Plain, Mount Hotham, Falls Creek, Mount Buller und Mount Buffalo. Beliebte Ziele sind auch der Mount Baw Baw National Park und das Goldgräberstädtchen Walhalla.

Auf der Great Alpine Road durch das Gebirge

Die 308 km lange Great Alpine Road von Wangaratta nach Bairnsdale windet sich aussichtsreich vom Gebirge zum Meer. Sie ist Australiens höchstgelegene ganzjährig befahrbare Bergstrecke.

Wangaratta

Rund um Wangaratta (15 500 Einw.) gedeihen Hopfen, Tabak, Weizen, Wein und Baumwolle. Auf dem Friedhof ruht der berüchtigte Bushranger Dan »Mad Dog« Morgan (1830 – 1865) aus New South Wales. Künstler der Region präsentiert die **Wangaratta Gallery** in der Ovens Street (Öffnungszeiten: tgl. 12.00 bis 17.00 Uhr). Radfahrer und Wanderer können auf dem 94 km langen **Murray to the Mountains Rail Trail** (www.murraytomountains.com.au) entlang einer stillgelegten Bahnstrecke Beechworth, Myrtleford, Porepunkah und Bright erreichen.

! *Baedeker* TIPP

Wangaratta Jazz Festival

Jedes Jahr Anfang November pilgern Tausende von Jazzfans nach Wangaratta, wo an vier Tagen Spitzen-Jazzer aus aller Welt spielen – mit 90 Konzerten und 350 Künstlern eines der Topevents in Down Under (www.wangaratta-jazz.org.au).

Beechworth

Die Great Alpine Road verlässt Wangaratta nach Südosten. Im Gericht der Goldgräberstadt Beechworth wurde 1880 der Bushranger **Ned Kelly** (►Berühmte Persönlichkeiten) zum Tode verurteilt – seine Totenmaske ist im **Burke Museum** in der Loch Street zu sehen (Öffnungszeiten: tgl. 9.00 – 17.00 Uhr, www.beechworth.com/burkemus).

Mount Buffalo National Park Bei Porepunkah zweigt die aussichtsreiche C535 in den 310 km² großen Mount Buffalo National Park ab – im Winter ein herrliches Skigebiet, im Sommer begeistern 120 km Wanderwege und Kletterfelsen. Schönster Aussichtspunkt ist der 1722 m hohe **Mount Buffalo**.

Bright Im Herbst (April/Mai) feiert das für die Laubfärbung seiner uralten die Straßen säumenden Bäume berühmte Bergdorf Bright das **Bright Autumn Festival** (www.brightautumnfestival.org.au). Ein schöner Spaziergang ist der 3 km lange **Canyon Walk** am Ovens River.

✶ Skigebiete Hinter Bright zweigt der Discovery Drive ab und führt über Mount Beauty – ein beliebtes Feriendorf am Fuß des Mount Bogong – nach **Falls Creek**, einem der exklusivsten Wintersportorte mit Abfahrten aller Schwierigkeitsgrade. 1750 m hoch gelegen, lockt **Mount Hotham** v. a. erfahrene Skiläufer: 80 % der Pisten sind mittelschwer bis schwer, das offene Terrain der schmalen Täler extrem steil.

Omeo Omeo war von 150 Jahren die wildeste **Goldgräbersiedlung** von Victoria: Von 1851 bis 1858 galt hier das Faustrecht, bis die Entsendung eines Polizeipostens das Treiben beendete. Zum **A. M. Pearson Historical Park** gehören das ehemalige Stadtgericht, die alte Post und eine Schmiede aus dem 19. Jahrhundert.

✶ Ballarat

S 15

Als 1851 die ersten Nuggets bei Ballarat gefunden wurden, verwandelte sich die Kolonie Victoria über Nacht in ein Abenteuerland für Glücksritter aus aller Welt.

Australiens berühmteste Goldstadt »Balla arat«, Rastplatz, nannten die Koorie-Aborigines das Gebiet der heute größten Inlandsstadt Victorias. Schafzüchter waren die ersten weißen Siedler, die hier 1838 ihre Hütten bauten. Doch als 1851 in Clunes Gold gefunden wurde, strömten in wenigen Jahren über 20 000 Menschen in die Region. Ihre Lebensumstände waren erbärmlich, die Lage chaotisch. So kam es 1854 zur **Eureka Stockade**, bei der 25 Goldsucher und 5 Polizisten ihr Leben ließen. 1858 wurde am Bakery Hill in 58 m Tiefe der 62,85 kg schwere **Welcome Nugget** entdeckt. Der drittgrößte australische Goldfund lockte weitere Tausende nach Ballarat, das 1868 bereits 70 000 Einwohner zählte. Bis 1917 wurden mehr als 17 Mio. Unzen Gold gefördert.

Sehenswertes in Ballarat

✶✶ Sovereign Hill Mehr als 100 Statisten in historischen Kostümen stellen am alten Standort der **Goldgräbersiedlung** den Alltag um 1850 nach. Juwelier und Blechschmied, Töpfer, Bäcker und Kerzenzieher arbeiten in ih-

So war es damals: Nachbau der Goldgräberstadt Sovereign Hill bei Ballarat

ren Werkstätten. Traditionelle Hotels und kleine Geschäfte, die authentische Souvenirs aus jener Zeit verkaufen, säumen die staubige Hauptstraße. Wer will, kann die Postkutsche nehmen oder an der **Sovereign Goldmine Tour** unter Tage teilnehmen. Neben dem Chinesenlager, wo die Glücksritter aus dem fernen Osten nächtigten, liegen die Schürfgebiete. Probieren Sie selbst, wie die »Digger« einst das Gold mit einer Pfanne aus dem Wasser wuschen. Allabendlich inszeniert das **Sound & Light-Spektakel** »Blood on the Southern Cross« die Geschichte der Eureka Stockade (Öffnungszeiten: tgl. 9.00 – 17.00 Uhr). Im Eintrittspreis eingeschlossen ist der Besuch des **Gold Museum** in der Bradshaw Street, das Gerätschaften der Goldgräber ausstellt (Öffnungszeiten: tgl. 9.30 – 17.30 Uhr).

Eureka Centre

Am Morgen des 3. Dezember 1854 wurden rund 200 aufständische Goldsucher, die sich in einer improvisierten Barrikade (Stockade) bei Ballarat verschanzt hatten, vom Angriff der Regierungstruppen überrascht. Nach 20 Minuten war die Rebellion niedergeschlagen – und ein Nationalmythos begründet: Im Eureka Centre, Ecke Eureka und Rodier Street, wird der Aufstand als **Initialzündung für die australische Demokratie** gefeiert (tgl. 9.00 – 16.30 Uhr).

Kunst und Kultur

Tanz, Musik und Multimedia – die **Kirrit Barreet Aboriginal Art Gallery** (www.aboriginalballarat.com.au) in der Main Street 403 lädt zu einer Entdeckungsreise auf den Spuren der Ureinwohner (tgl. 10.00 bis 17.00 Uhr). Die **Ballarat Fine Art Gallery** an der Lydiard St North 40 besitzt Werke der »Heidelberger Schule« von Eugene von Geurard, Nicholas Chevalier und Tom Roberts. Eine Galerie ist der »Eureka-Flagge« gewidmet (Öffnungszeiten: tgl. 10.30 – 17.00 Uhr).

Grüne Oasen Auf dem künstlichen **Lake Wendouree**, 1956 die olympische Ruderstätte, schwimmen heute schwarze Schwäne. Um das Haus des Dichters Adam Lindsay Gordon (1833 – 1870) wurden 1858 die 40 ha großen **Botanical Gardens** angelegt, die für ihre Begonien- und Azaleenpracht berühmt sind. Am Wochenende fährt eine Minibahn durch den Park. Im **Ballarat Wildlife Park** an der Ecke York und Fussel Street dürfen Koalas gestreichelt werden. Gänsehaut garantiert die Krokodilfütterung (tgl. 9.00 – 17.00 Uhr, www.wildlifepark.com.au).

Umgebung von Ballarat

Goldfields Touring Route Die 144 km lange Touristenroute in Form eines Nuggets, markiert mit einem goldenen G, präsentiert die wichtigsten Orte des Goldrausches vor gut 150 Jahren. Von Ballarat aus geht es über Daylesford nach ►**Bendigo**, Maryborough und durch sanft gewelltes Weinland mit den renommierten Kellereien von Avoca, Stawell und Ararat zurück nach Ballarat.

Spa Country 1836 waren bei **Hepburn Springs** 42 Mineralquellen gefunden worden und ab 1870 kurte hier die Melbourner Prominenz. Das viktorianische Badehaus von 1895 im tief eingeschnittenen Spring Creek ist heute ein öffentlicher Wellnesstempel mit Thermalbecken und Hydrotherapie-Zentrum. Das 3 km entfernte Nachbarstädtchen **Daylesford** ist bekannt für seine sehenswerten Kunstgalerien, die vielen Cafés entlang von Raglan und Vincent Street und das luxuriöse **Lake House** mit einem der besten Regionalrestaurants Victorias (King Street, Tel. 03 / 53 48 33 29, www.lakehouse.com.au).

BALLARAT ERLEBEN

AUSKUNFT

Ballarat Visitor Information Centre
Eureka Centre
Ecke Rodier / Eureka Street
Tel. 1800 / 44 66 33
www.visitballarat.com.au

ESSEN

► Erschwinglich

Dino on Sturt's
212 Sturt Street
Tel. 03 / 53 32 97 11
Im modern gestylten Dino's gegenüber vom Rathaus verwöhnen Lorraine und Dino Cudia ihre Gäste mit italienischen Klassikern und zartem Kängurufilet.

ÜBERNACHTEN

► Komfortabel

Golden City Hotel
427 Sturt Street, Ballarat
Tel. 03 / 53 31 62 11
www.goldencityhotel.com.au
Die Fassade ist originalgetreu von 1858, die Küche frisch und der Weinkeller mit edlen Tropfen bestückt.

Sovereign Hill Lodge
Magpie Street, Tel. 03 / 53 33 11 59
www.sovereignhill.com.au
Hier kann man einmal ganz nostalgisch im Stil der Kolonialzeit übernachten. Man wohnt angenehm und nicht zu teuer.

Bellarine Peninsula

T 16

Die Halbinsel an der Port Phillip Bay bildet das westliche Gegenstück zur ► Mornington Peninsula. Ihre vielfältigen Wassersportmöglichkeiten und kleinen Kellereien machen die Region zu einem beliebten Ausflugsziel für den Großraum ►Melbourne.

Queenscliff

Wahrzeichen der alten Lotsenstation, die zum viel besuchten viktorianischen Seebad (2000 Einw.) aufstieg, sind der **Queenscliff Pier** und das **Fort Queenscliff**, das 1880 errichtet wurde, um die Einfahrt zur Port Phillip Bay vor der befürchteten russischen Invasion zu schützen. Zur Festung, heute eine Marineschule, gehört der »Schwarze Leuchtturm« (Führungen: Sa./So. 13.00, 15.00 Uhr).

◄ Maritimes Erbe

3,7 km vor der Küste wurde die HMAS Canberra versenkt – Taucher können die Innenräume mit Maschinen und Inventar besichtigen! Das **Queenscliff Historical Museum** an der Hesse Street 49 dokumentiert die Geschichte des Seebads (Öffnungszeiten: tgl. 14.00 – 16.00 Uhr). Das Meeresleben in der Bass Strait lässt sich im **Marine Discovery Centre** am Bellarine Highway entdecken – in den Schulferien finden Schnorcheltouren, Kanufahrten und Wattwanderungen statt (tgl. 11.00 bis 15.00 Uhr). U.a. historische Schiffe birgt das **Queenscliff Maritime Museum** an der Weeroona Parade (Öffnungszeiten: Mo.– Fr. 10.30 – 16.30, Sa./So. 13.30 – 16.30 Uhr). Eisenbahnnostalgie wird bei der **Bellarine Peninsula Railway** ab Symonds Street wach (Fahrpläne: www.bpr.org.au).

! *Baedeker* TIPP

Good Vibrations

Eine Dampflok, vier nostalgische Waggons und die beste Blues-Band des Bundesstaats: Das ist der sogenannte Blues Train. Von Oktober bis Mai schnauft er ab Queenscliff Railway Station über die Schienen und sorgt von 19.00 bis 23.30 Uhr für Stimmung beim Dinner (Tel. 03 / 52 58 43 43, www.bluestrain.com.au).

Bendigo

T 15

Vom Glanz der Goldgräberzeit während der zweiten Hälfte des 19. Jh.s zeugt in Bendigo (82 000 Einwohner) bis heute eines der besterhaltenen Ensembles viktorianischer Bauten in Australien.

Sehenswertes in Bendigo

Viktorianische Prachtbauten

Wahrzeichen des Zentrums ist der **Alexandra Fountain**, den der »Quarzkönig« George Lansell der Stadt schenkte. Der Brunnen nach Entwürfen des deutschstämmigen Architekten William Charles (Wilhelm Carl) Vahland (1828 – 1915) besteht aus 20 t Harcourt-Granit.

BENDIGO ERLEBEN

AUSKUNFT

Old Bendigo Post Office
51–57 Pall Mall
Tel. 1800 / 81 31 53
www.bendigotourism.com

ÜBERNACHTEN

► Komfortabel

Shamrock Hotel
Pall Mall & Williamson Street
Bendigo 3550
Tel. 03 / 54 43 03 33
Fax 03 / 54 42 44 94
www.hotelshamrock.com.au
Während des Goldrauschs 1854 erbaute Nobelherberge im Herzen der Stadt. Im Victorian Wine Room verwöhnt Shayne Walkley mit exquisiter Küche und edlen Weinen.

ESSEN

► Erschwinglich

GPO Bendigo
60–64 Pall Mall, Tel. 03 / 54 43 43 43
www.gpobendigo.com.au
Moderne australische Küche in der alten Hauptpost: Der gekonnte Mix aus Tradition und Trend machen das Lokal zum In-Treff.

Baedeker-Empfehlung

Talking Tram
Dem Bendigo Trust gehören 34 historische Straßenbahnen. Sie kommentieren als »Talking Trams« auf ihrer Fahrt von der Deborah Gold Mine zum Chinesischen Tempel die Sehenswürdigkeiten der Stadt.
Abfahrt: stündlich 9.30 – 15.30 Uhr
www.bendigotramways.com.

Erbe des Goldrauschs: die viktorianischen Bauten von Bendigo

Das hübsche Ensemble aus Seepferdchen und Nymphen bildet den Auftakt zum **Prachtboulevard Pall Mall** mit seinen viktorianischen Bauten wie dem Post Office von 1887 und den Gerichtsgebäuden von 1896. Gemeinsam mit seinem ebenfalls deutschstämmigen Partner Robert Getschmann gestaltete Vahland in der zweiten Hälfte des 19. Jh.s das Shamrock Hotel, das Goldmines Hotel und das Rathaus. Die **Bendigo Art Gallery** zeigt Gemälde australischer Künstler von der Kolonialzeit bis zur Gegenwart (tgl. 9.30 – 17.00 Uhr, www.bendigoartgallery.com.au). Im **Bendigo Disovery Centre** können Kinder an 120 interaktiven Exponaten die Grundgesetze der Physik entdecken (tgl. 10.00 – 16.00 Uhr, www.discovery.asn.au).

Central Deborah Gold Mine

Die von 1909 bis 1954 betriebene Goldmine an der Violet Street 76 ist heute ein **Bergbaumuseum**. Mit Helm und Taschenlampe ausgerüstet, kann man in einen 85 m tiefen Schacht steigen und auf einer zweieinhalbstündigen »Underground Adventure Tour« über Leitern klettern und selbst eine Goldader suchen. Alternative: eine einstündige, ebenerdige Minentour in 61 m Tiefe oder einen Rundweg über Tage mit der Möglichkeit, selbst Gold zu waschen. Ein herrlicher Blick auf Bendigo bietet sich vom Förderturm »Poppet Head« (Öffnungszeiten: tgl. 9.30 – 17.00 Uhr, www.central-deborah.com).

Zeugnisse der Chinesen

Mitte des 19. Jh.s kamen auch viele Chinesen, um auf den Goldfeldern zu arbeiteten. An sie erinnern das **Chinese Joss House** (Öffnungszeiten: Sa., So. 11.00 – 16.00 Uhr), ein Tempel für den Gott Kwan Gung in der Finn Street und das **Golden Dragon Museum** an der Bridge Street 5–11 mit zwei riesigen Prozessionsdrachen: Der 1892 gefertigte »Old Loong« ist der älteste, der 100 m lange »Sun Long« der längste chinesische Drachen der Südhalbkugel (Öffnungszeiten: tgl. 9.30 – 17.00 Uhr, www.goldendragonmuseum.org).

Umgebung von Bendigo

Bendigo Pottery

Australiens älteste Töpferei wurde 1858 von George Duncan Guthrie 7 km nördlich bei Epsom gegründet. Bis heute werden die Töpferwaren in elf historischen Brennöfen gebrannt. Besucher können bei der Arbeit zuschauen und in der **Potiche Gallery** Keramik kaufen, während der Nachwuchs mit Ton spielt (Öffnungszeiten: tgl. 9.00 – 17.00 Uhr, www.bendigopottery.com.au).

Castlemaine

Als 1851 rund 35 km südlich von Bendigo am Mount Alexander Gold gefunden wurde, strömten mehr als 20 000 Digger nach Castlemaine, das zum wichtigsten Umschlagplatz aller Goldminen von Zentral-Victoria aufstieg. Für Unterhaltung sorgt seit 1858 das **Theatre Royal**, Australiens ältestes durchgehend bespieltes Theater. Einblicke in das gutbürgerliche Leben während des Goldrausches gewährt das 1861 errichtete **Buda Historic Home** in der Hunter Street 42 (Öffnungszeiten: Mi. – Sa. 12.00 – 17.00, So. ab 10.00 Uhr).

Die **Castlemaine Art Gallery** besitzt Hauptwerke von Tom Roberts, Fred McCubbin und Louise Buvelot (14 Lyttleton Street; Öffnungszeiten: Mo. – Fr. 10.00 – 17.00, Sa., So. 12.00 – 17.00 Uhr).

Maldon Auf 2 km säumen historische Fassaden die Goldgräberstadt 18 km östlich von Castlemaine, »Australia's First Notable Town«. Eine stilgerechte Verbindung zwischen beiden Städten schafft die nostalgische **Victorian Goldfields Railway**, Fahrpläne: www.vgr.com.au.

Echuca

T 15

Um 1870 sorgten mehr als 240 Schaufelraddampfer auf dem Murray River für den Transport von Weizen und Wolle, war das 1853 von Sträflingen gegründete Echuca wichtigster Binnenhafen des fünften Kontinents.

Sehenswertes in Echuca

★ Alter Hafen Die Eisenbahn machte dem Aufschwung ein Ende, 1920 war der Hafen bankrott. Seit 1975 steht das Hafenviertel mit seinen restaurierten Kaianlagen unter Denkmalschutz, können Kai, Star Hotel und Bridge Hotel mit einem **Port Tour Ticket** besichtigt werden, das auch als Kombiticket mit einem Raddampferausflug erhältlich ist. Holztreppen führen hinunter zu den historischen **Schaufelraddampfern** wie der »P. S. Adelaide« (1866), »P. S. Canberra« (1912) und »Pride of Murray« (1924). An das Leben auf den Flussdampfern erinnert eine Lagerhalle mit Dioramen und Werftmodellen (tgl. 9.00 – 17.00 Uhr, Raddampferfahrten: tgl. 10.15, 11.30, 13.00, 14.15, 15.30 Uhr). Alte Navigationskarten, Fotos und Exponate der Flussschifffahrt sind im **Echuca Historical Museum** an der Dickinson Street ausgestellt (Öffnungszeiten: tgl. 11.00 bis 15.00 Uhr). Rund 70 Persönlichkeiten präsentiert die **World of Wax** an der High Street 630 (Öffnungszeiten: tgl. 9.00 – 17.00 Uhr). Mehr als 40 Oldtimer besitzt das **National Holden Museum** in der Warren Street 7 (Öffnungszeiten: tgl. 10.00 – 17.00 Uhr). Kunsthandwerk aus Eukalyptusholz fertigen die Drechsler im historischen Sägewerk **Red Gum Works** an der Murray Esplanade (Öffnungszeiten: tgl.

! *Baedeker* TIPP

Murray River Paddlesteamers

Im Sommer werden an Bord der »P. S. Emmylou« Lunch und Dinner serviert, während der Schaufelraddampfer von der Murray Esplanade aus langsam den Fluss hinaufschippert (www.emmylou.com.au). Wer ein Hausboot mieten möchte, braucht nicht einmal einen Sportbootführerschein. Auch das Anlegen ist kinderleicht: Mit dem Schwung der Strömung rutschen die Boote auf den Strand und werden an einem Eukalyptusbaum vertäut (www.murrayriver.com.au).

9.00 – 16.00 Uhr). Das Zollamt von 1884 an der Leslie Street erinnert daran, dass ►New South Wales und Victoria einst unabhängige Kolonien waren mit dem Murray als Grenze; heute laden hier die **Murray Esplanade Cellars** zur Weinprobe.

Geelong

T 16

Einwohner: 160 000

Die pulsierende Hafenstadt hat in den letzten Jahren erhebliche Anstrengungen unternommen, um auch für Urlauber interessant zu werden – neues Wahrzeichen ist die revitalisierte Waterfront.

»Jillong« nannten die Aborigines die Bucht – und gaben damit der Stadt ihren Namen, deren Hinterland **Matthew Flinders** 1802 erkundete. 1838 kamen die ersten weißen Siedler, aber erst als in ►Ballarat Gold gefunden wurde, begann der Aufstieg zum wichtigsten Hafen für Goldexporte. Als die Goldquellen versiegten, wurde Wolle zum wichtigsten Wirtschaftsfaktor. Heute sorgen Autofabrik und Aluminiumwerk, Hafen und Raffinerie für Wohlstand. Der nördlich der Stadt liegende Avalon-Flughafen ist Drehkreuz der Billigflieger.

Sehenswertes in Geelong

Waterfront

Zur Jahrtausendwende wurden die alten Kais an der Corio Bay attraktiv umgestaltet. Neben dem Steampacket Quai dreht täglich ab 11.00 Uhr das **Armitage-Herschell-Dampfkarussell** in einem Stahl-Glas-Pavillon seine Runden. An das maritime Erbe erinnern Container-Skulpturen aus Bronze von Maggie Fookes und Bill Perrin auf dem Vorplatz des **Customs House** von 1838. Aus alten Pollern der Yarra Street Pier schuf Jan Mitchell farbenfrohe Figuren, die von Badenixen, Matrosen und Rettungsschwimmern um 1900 erzählen.

Botanic Gardens

In den angrenzenden Botanic Gardens stehen über 30 vom National Trust registrierte Baumveteranen (Öffnungszeiten: tgl. 7.30 – 17.00 Uhr), neu ist der mit einheimischen Pflanzen angelegte 21th Century Garden. Seit 1925 baut Ford in Geelong. Einblicke in die Fertigung von der Designstudie bis zur Endmontage vermittelt das **Ford Discovery Centre** an der Ecke Gheringhap/Brougham Street (Öffnungszeiten: Mi. – Mo. 10.00 – 17.00 Uhr, www.forddiscovery.com.au). Australischer Kunst zeigt die Geelong Art Gallery (Öffnungszeiten: Mo. – Fr. 10.00 – 17.00, Sa., So. 13.00 – 17.00 Uhr).

◄ Geelong Art Gallery

In der Morabool Street 26 wird die **Geschichte der Wollindustrie** von der Schafzucht bis zum Wollpullover erzählt (Öffnungszeiten: Mo. – Fr. 9.30 – 17.00, Sa., So. 13.00 – 17.00 Uhr).

GEELONG ERLEBEN

AUSKUNFT

Geelong and Great Ocean Road Visitor Information Centre
Princess Highway
Little River, Victoria 3211
Tel. 08 / 52 83 17 35
visitgeelongbellarine.com
www.geelongaustralia.com.au

ÜBERNACHTEN

► **Komfortabel**
Pevensey House
17 Pevensey Crescent, Geelong 3220
Tel. 03 / 52 24 28 10
www.holiday-wa.net/H1977
Viktorianisches Kleinod mit vier nostalgischen DZ und offenem Kamin

Umgebung von Geelong

★ Werribee

Auf halbem Weg zwischen Geelong und ►Melbourne bietet der **Werribee Open Range Zoo** eine aufregende Safari mit Nashörnern, Zebras und Giraffen inmitten einer »afrikanischen« Savanne (Öffnungszeiten: tgl. 9.00 –17.00 Uhr). Direkt daneben liegt das um 1875 erbaute **Herrenhaus Werribee Park**, heute eine Nobelherberge inmitten uralter Baumriesen (www.mansionhotel.com.au). Der nahe **Victoria State Garden** entfaltet seine duftende Pracht von Nov. bis Mai, wenn 4500 Rosen ihre Knospen öffnen. Ein Kontrastprogramm liefert an der Point Cook Road das **RAAF-Museum**, das den einzigen australischen B24-»Liberator«-Bomber besitzt (Di. – So. 10.00 – 15.00 Uhr).

★★ Grampians · Gariwerd National Park

S 15

So wie der ►Uluru haben auch die Grampians ihren traditionellen Aborigines-Namen zurückerhalten: Gariwerd. Gewaltige Erdbeben schufen vor über 400 Mio. Jahren das faszinierende Küstengebirge dreieinhalb Fahrstunden westlich von ► Melbourne. Seit 2006 ist das Wander- und Tierparadies Nationalerbe.

Fantastisches Küstengebirge

Nach Osten fallen die parallelen Gebirgswände aus rotem Sandstein steil in die Ebene, gen Westen neigen sie sich sanft zu Weiden und Feldern hinab. Wind und Wasser haben **bizarre Felsskulpturen** geschaffen, in den Baumwipfeln von Eukalypten schlummern Koalas, in der Dämmerung sieht man Herden von Kängurus grasen. Jedes Frühjahr überzieht ein Teppich blühender Wildblumen die archaische Urlandschaft. ★ **»Gariwerd«** nannten die ansässigen Koorie-Aborigines ihre Heimat und schmückten Höhlen und Überhänge mit mehr als 4000 Felszeichnungen – einige davon sind über 5000 Jahre

Felszeichnungen ►

alt. Die bekanntesten Fundorte sind die **»Cave of Hands«** (Wab Manja) im Westen bei Buandik und die **»Cave Of Ghosts«** (Ngamadjidji) beim Mount Zero im Norden des Parks. Entdeckt wurde das Gebirge von Thomas Mitchell, der im Juli 1836 den 1168 m hohen Mount William als höchsten Gipfel erklomm – leicht zu erkennen an den Antennen der australischen Flugsicherung – und das Bergmassiv in Erinnerung an seine schottische Heimat »Grampians« nannte.

Fahrt durch den Nationalpark

Halls Gap

Ausgangspunkt für Ausflüge und Rundfahrten ist Halls Gap (300 Einw.) am Osthang der Grampians. Hier gibt es Supermärkte, Tankstellen, Restaurants, Hotels und das 2008 preisgekrönte **Brambuk National Park & Cultural Centre**, das Geschichte und Kultur der örtlichen Koorie-Aborigines mit allen Sinnen erlebbar macht: beim Bumerang-Bemalen, Didgeridoo-Spielen oder beim Bushtucker-Kosten (Grampian Road; tgl. 9.00 – 17.00 Uhr, www.brambuk.com.au).

◄ Kulturzentrum der Aborigines

✶ **Boroka Lookout**

Von der Mt. Victory Road, die Halls Gap Richtung Westen verlässt, zweigt die Mt. Difficult Road ab, die am Parkplatz zum 100 m entfernten Boroka Lookout endet. Weit schweift der Blick über den **Lake Bellfield** bis zum Fyans Valley und zur Wonderland Range.

GRAMPIANS NATIONAL PARK ERLEBEN

AUSKUNFT

Grampians Visitor Centre
115 Grampians Road
Halls Gap
Tel. 1800 / 06 55 99
www.visitgrampians.com.au

WANDERN

Besonders beliebte Tageswanderungen führen von Halls Gap durch die Wonderland Range mit den aussichtreichen *Pinnacles* und dem Grand Canyon. Anstrengend ist der Aufstieg zum Gipfel des Mount William (1168 m). Routen: www.parkweb.vic.gov.au.

ESSEN

► **Erschwinglich**
Kookaburra Restaurant
125 – 127 Main Road, Halls Gap
Tel. 03 / 53 56 42 22
Klassiker auf der Karte sind Hirschsteak, Kängurufilet, Ente an Kräuterrisotto und das hausgemachte Eis.

ÜBERNACHTEN

Baedeker-Empfehlung

► **Komfortabel**
Marwood Villas
31 Halls Gap-Mt Zero Road
Halls Gap 3381
Tel. 03 / 53 56 42 31
Fax 03 / 53 56 45 13
www.marwood.net.au
Romantische Villen im toskanischen Stil mit King-Size-Betten, Whirlpool und offenem Kamin; tolles Frühstück und köstliches Abendessen – probieren Sie die griechische Platte!

★★ The Balconies

Wer auf der Mt. Victory Road bleibt, erreicht kurz darauf den Parkplatz am **Reed's Lookout**, von dem ein 700 m langer Fußweg zu einer atemberaubenden Kulisse führt: Dramatisch dominieren die grauen Felsnasen der »Balconies« den **Panoramablick** über den Nationalpark – besonders romantisch bei Sonnenuntergang.

Zumstein

Direkt am Parkplatz von Zumstein, 10 km westlich von Halls Gap, leben Kängurus und Wallabys, die sich von Besuchern sogar streicheln lassen – bitte nicht füttern! Am Parkplatz beginnen auch zwei Wanderwege zu den **MacKenzie Falls** – ein dreistündiger Rundweg, der zunächst dem MacKenzie River folgt, dann über Stufen und steile Kehren die Wasserfälle erreicht. Der kurze MacKenzie Loop Walk zur Aussichtsplattform über den Fällen ist auch für Rollstuhlfahrer geeignet. Der Besuch der Fälle ist das ganze Jahr hindurch ein Erlebnis – sie werden vom **Wartook Reservoir** gespeist, das auch die Trinkwasserversorgung im Norden der Grampians sichert.

★ Wasserfälle ►

Umgebung des Grampians National Park

Hamilton

Als **»Wool Capital of the World«** ist Hamilton die wichtigste Stadt (9300 Einw.) im Western District. Alljährlich im August trifft sich die Branche zur Messe »Sheepvention«, das ganze Jahr hindurch grasen Hunderttausende Schafe auf den saftigen Weiden, die die drittgrößte Vulkanebene des Kontinents bedecken. Alles zum Thema Wolle vermitteln 3 km westlich die fünf **Big Woolbales** – große, weiße Wollballen mit Ausstellungen im Inneren (Öffnungszeiten: tgl. 9.30 – 16.00 Uhr). Aquarelle von Paul Sandby und Radierungen des englischen Karikaturisten William Hogarth gehören zu den Schätzen der **Hamilton Art Gallery** in der Brown Street (Öffnungszeiten: tgl. 10.00 – 17.00 Uhr). Eine englische Eiche mit 30 m hoher Krone steht in den **Hamilton Botanic Gardens**.

Stawell

Im Goldgräberstädtchen Stawell (7000 Einw.) wird inzwischen wieder Gold abgebaut – und alljährlich zu Ostern das berühmteste Kurzstreckenrennen des Kontinents ausgetragen: Stawell Gift – 1878 als Benefizveranstaltung für die Goldgräber entstanden. Heute winkt dem Sieger auf der 120-m-Gras-Sprintstrecke im Central Park ein Preisgeld von 40 000 AUD. Erinnerungsstücke an das Laufevent sind in der **Stawell Gift Hall of Fame** an der Lower Main Street ausgestellt (Öffnungszeiten: Mo. – Fr. 9.00 – 11.00 Uhr). Dem Schöpfergeist der örtlichen Aborigines ist **Bunjil's Shelter** 11 km südlich von Stawell gewidmet, eine bedeutende Felskunststätte der Ureinwohner.

Great Western

Wer Wein liebt, sollte in Great Western bei einer Führung in den Keller von **»Seppelt's«** hinabsteigen – 1,7 Mio. Flaschen lagern in den unterirdischen Gewölben, vor allem Sekt, der zum Großteil noch per Hand gerüttelt wird, aber auch Fässer und Flaschen mit Shiraz, Pinot Noir und Sauvignon Blanc. Baumeister des Weinkellers waren

Goldgräber: Sie hatten gehofft, mit den Stollen auf eine Goldader zu treffen (Öffnungszeiten: tgl. 10.00 – 17.00, Führungen: Mo. – Sa. 10.30, 13.30, 15.00 Uhr; So. nur während der Schulferien).

★ Great Ocean Road

S/T 16

Amerika hat den Highway 1, Australien den Highway 100: die Great Ocean Road – Mythos und Legende. Für viele Australier ist die 320 km lange Panoramastraße von Torquay nach ► Warrnambool bis heute Symbol für den Sieg über eine unerbittliche Natur. Hier stemmt sich der Kontinent gegen die wilde Küste, künden steile Klippen vom Kampf mit den Gezeiten, von Gefahr und Verlust.

Schaumgekrönt brechen sich die Wellen des Indischen Ozeans an den Klippen der Great Ocean Road.

Great Ocean Road Orientierung

Traumstraße zwischen Klippen und Regenwald

Torquay ist das Tor zur State Road 100, besser bekannt als »Great Ocean Road«. Die legendäre Traumstraße folgt den Steilklippen aus Sandstein, die den **Southern Ocean** vom hügeligen Hinterland mit uralten Regenwäldern und tosenden Wasserfällen trennen. Nur mit Pickel und Schaufel hatten Soldaten zwischen 1919 und 1932 die Straße in den Fels geschlagen – zur Arbeitsbeschaffung und Erschließung einer Region, die bis dahin nur per Schiff erreichbar war.

Torquay

Weit vor der Brandung schaukeln die kühnen Wellenreiter auf ihren Brettern im Wasser und warten am »Rincon« auf die **perfekte Welle**. Ihr dicker Neoprenanzug schützt nur wenig vor dem 16 Grad kalten Southern Ocean. Plötzlich springen sie auf ihre Bretter und tanzen mit rasantem Tempo und atemberaubender Geschicklichkeit über die meterhohe Dünung. Noch ein letztes Mal gleiten sie durch den Wellentunnel, tauchen durch die Woge und paddeln auf ihrem Board auf das offene Meer zurück, während die Brandung auf dem **Bells Beach** ausläuft. Die Bucht ist ein Wallfahrtsort für Surfer. Hier trafen sich Keanu Reeves und Patrick Swayze im Film »Point Break« (»Gefährliche Brandung«) zum surfenden Showdown, hier tragen alljährlich zu Ostern die besten Wellenreiter der Welt ihre Meisterschaften aus, was dem Strand in der Szene den Beinamen »Hells Beach« einbrachte. Im nahen Torquay, der Heimat von Australiens Surflegende

Surfspot ►

Essen und Übernachten

① Chris's Beacon Point Restaurant & Villas

② Claerwen Retreat

Jason Polakow, schlägt das Herz der australischen Surfindustrie – gut die Hälfte der Stadt besteht aus Niederlassungen und Shops dieser Branche. Die Grundlagen und Geschichte des Wellenreitens erzählt das **Surfworld Museum** an der Surf City Plaza (Öffnungszeiten: tgl. 9.00 – 17.00 Uhr).

Lorne

Gut betuchte Gäste aus ►Melbourne legten bereits 1879 an der Pier von Lorne (1200 Einw.) an und logierten first class im **Grand Pacific Hotel**, dem ältesten Badehotel Victorias. Sie flanierten auf der Mountjoy Parade, die heute trendige Boutiquen und Cafés säumen. Unbeschwertes Badevergnügen verspricht der kilometerlange Sandstrand an der Louttit Bay – sein Südende ist familienfreundlich, sein Nordende begeistert Surfer. Die Baugeschichte der Great Ocean Road dokumentiert sonntags von 13.00 bis 16.00 Uhr das **Lorne Historical Museum** an der Ecke Otway Street/Great Ocean Road. Zeitgenössische Kunst zeigt die **QDOS Contemporary Art Gallery** an der Allenvale Road 35 (Öffnungszeiten: Do. – Di. 10.00 – 17.00 Uhr).
Einen Abstecher lohnen die Erskine-**Wasserfälle** im Landesinnern – vom Parkplatz sind es nur wenige Schritte zur Aussichtsplattform.

◄ Erskine Falls

Apollo Bay

Auch Apollo Bay ist ein Paradies für Sonnenanbeter vor traumhafter Kulisse. An die erste unterseeische Telegrafenleitung, die 1859 von

GREAT OCEAN ROAD ERLEBEN

AUSKUNFT

Great Ocean Road Visitor Information Centre
Great Ocean Road, Apollo Bay 3233
Tel. 03 / 52 37 65 29
www.greatoceanroad.org

ESSEN & ÜBERNACHTEN

► Erschwinglich

① ***Chris's Beacon Point Restaurant & Villas***
280 Skenes Creek Road
Apollo Bay 3233
Tel. 03 / 52 37 64 11
www.chriss.com.au

Im Beacon Point ist die Lage hoch über der Great Ocean Road genauso traumhaft wie die griechische Küche von Chris Talihmanidis.

Baedeker-Empfehlung

② ***Claerwen Retreat***
480 Tuxion Road, Apollo Bay 3233
Tel. 03 / 52 37 70 64
www.claerwen.com.au
Country Lifestyle in wunderbarer Natur. Schöne Zimmer und Cottages mit atemberaubendem Blick aufs Meer.

Apollo Bay aus nach ►Tasmanien verlegt wurde, erinnert das **Apollo Bay Old Cable Station Museum** (6250 Great Ocean Road; Öffnungszeiten: Sa., So. 14.00 – 17.00 Uhr). Spektakuläre Ausblicke bieten sich 1,5 km außerhalb vom **Marriner's Lookout**. Abenteuerlustige können die Great Ocean Road per pedes entdecken: Der **Great Ocean Walk** führt von Apollo über 104 km bis Glenample und soll bis zu den Zwölf Aposteln verlängert werden (www.greatoceanwalk.com.au).

✶ Great Otway National Park

Hinter Apollo Bay verlässt die Straße die Küste und schlängelt sich durch den Great Otway National Park. 15 Autominuten hinter Lavers Hill führen in 25 m Höhe die Holzstege des **Otway Fly Tree Top Walk** durch die Wipfel des Regenwalds mit 100 m hohen Königseukalypten – den besonderen Blick liefert ein 40 m hoher Aussichtsturm (www.otwayfly.com). Auf kurzen Wanderwegen sind einige schöne Wasserfälle zu erreichen. Das sturmumtoste **Cape Otway** wurde vielen Schiffen zum Verhängnis. Sein strahlend weißer Leuchtturm wies 1848 bis 1994 den Schiffen den Weg auf See (tgl. 9.00 – 17.00 Uhr).

Moonlight Head

Zu den höchsten Klippen des Kontinents gehört die 70 m hohe Felsnase »Moonlight Head«. Die zwei Anker beim **»Wreck Beach«** stammen von der 1880 gesunkenen »Marie Gabrielle« und der 1891 havarierten »Fiji«. In Princetown erreicht die Straße wieder die Küste, die bis Port Fairy zu Recht den Namen **Shipwreck Coast** trägt.

✶✶ Port Campbell National Park

In der Bucht des Port Campbell National Park steht mit den **»Zwölf Aposteln«** eines der bekanntesten Wahrzeichen Australiens: Bis zu 65 m ragen die ockerfarbenen Kalksteinfelsen aus der stürmischen

See. Seit 2007 informiert ein Visitor Centre über die gewaltigen Felsen. Stetig schlägt die Brandung Grotten, Schluchten und bizarre Bögen in den weichen Kalkstein, erschafft und zerstört: Am 15. Januar 1990 stürzte die Verbindung der **London Bridge** mit dem Festland ohne Vorwarnung ins Meer – die Besucher der Felsbrücke, plötzlich isoliert, wurden per Helikopter gerettet. Im Juni 2009 stürzte der Island Archway, eine der Top-Attraktionen der Great Ocean Road, ein und nur die beiden Felstürmen des Bogens blieben stehen. Doch es gibt Ersatz: Das Meer hat vor Kurzem eine noch namenlose Felsformation herausgebrochen.

Die **Gibson Steps**, im 19. Jh. von Hugh Gibson, dem Erbauer der Glenample Homestead (1869) in den Fels gehauen, sind jetzt aus Beton und führen hinab zu einem wilden Strand, an dem Baden lebensgefährlich ist. Das **Loch Ard Shipwreck Museum** (27 Lord Street; Öffnungszeiten: tgl. 9.30 – 17.30 Uhr) in **Port Campbell** erzählt von den Gefahren auf See.

! *Baedeker* TIPP

Shipwreck Coast

Mehr als 200 Schiffe havarierten an den Riffen und Klippen der Great Ocean Road. Berühmt wurde die »Loch Ard«, Namensgeberin der Bucht und heute einer der tollsten Wracktauchgänge. Im Warrrnambool Flagstaff Maritime Museum sind Funde des 1873 in Glasgow erbauten Dreimasters ausgestellt, der im Morgengrauen des 1. Juni 1878 an den Felsen von Mutton Bird Island zerschellte – nur zwei der 54 Passagiere überlebten.

★ Lake Eildon National Park

J/K 15

Durch die Erweiterung des Sugarloaf-Staudamms entstand in den 1950er-Jahren 150 km nordöstlich von ►Melbourne Victorias größter See. Seitdem ist Lake Eildon nicht nur Trinkwasser- und Stromressource, sondern auch ein Tummelplatz für Wassersportler.

Eildon Dam

Markierte Wanderwege erschließen das sanfte Hügelland des 1997 ausgewiesenen **Nationalparks**, in dem Kängurus, Koalas, Wombats und Echidnas leben. Mit dem Bau des Staudamms für 52 Mio. AUD entstand die neue Siedlung Eildon (650 Einw.). Eine Aussichtsplattform auf der 46 m hohen Staumauer und der **Mount Pinninger Lookout** eröffnen den Blick auf den See und »The Pondage«, ein Überlaufreservoir zwischen Stausee und Goulburn River.

Snobs Creek

In Snobs Creek, 5 km südwestlich, werden im **Victoria's Marine and Freshwater Research Institute and Hatchery** alljährlich Hunderttausende einheimischer Fische gezüchtet, die dann in die Flüsse des Landes entlassen werden (Besichtigung: Sa. – Mi. 11.00 – 16.00 Uhr). Hinter der Zuchtstation erreicht die Snobs Creek Road nach 6 km einen Parkplatz, von dem ein kurzer Weg zu den **Snobs Creek Falls** führt, die über Felsen rund 100 m tief hinabstürzen. An der Zufahrtsstraße zum Ski- und Wandergebiet **Mount Buller** boomt in **Mansfield** (2300 Einwohner) der Aktivtourismus: Skiverleih, Riverrafting, Wildlifetouren, Mountainbiking. Die Angebote der Outdoor-Shops sind das ganze Jahr hindurch beeindruckend.

★ Lakes Entrance · Gippsland Lakes

U/V 15

Wohl jeder, der in Victoria lebt, hat schon einmal Urlaub in Lakes Entrance gemacht, dem größten Familienferienort der Ostküste an der Nahtstelle zwischen den Gippsland Lakes und dem Ozean.

Lakes Entrance Schon Ende des 19. Jahrhunderts hatte man den schmalen Dünenstreifen zwischen den **Gippsland Lakes** und dem Meer durchstoßen und auf diese Weise eine künstliche Einfahrt in die **längste Seenkette Australiens** geschaffen. An der **Esplanade** von Lakes Entrance bieten Ausflugsschiffe Delfin- und Walbeobachtungsfahrten an. Dort liegt auch die größte Fischereiflotte Victorias vertäut. Fischfreunde sollten im Nautilus Floating Restaurant den »Seafood Platter« probieren. Ein Familienklassiker ist **Griffiths Sea Shell Museum & Marine Display** an der Esplanade 125 mit mehr als 90 000 Muscheln(Öffnungszeiten: tgl. 9.00 – 12.00 und 14.00 – 17.00 Uhr). Eine Fußgängerbrücke führt hinüber zum **Ninety Mile Beach** mit goldgelbem Sand, herrlicher Brandung und teilweise starker Strömung! Den schönsten Blick auf die Binnenseen hat man von **Jemmy's Point** an der westlichen Zufahrt des Princes Highway.

★ **Metung** Am Nordufer des Lake King, wo einst der Stamm der Gunai-Aborigines lebte, entspannen sich heute in Metung gut betuchte Gäste beim **Golfen** auf dem Green des Kings Cove Club (www.gippslandgolf.com.au).

Bairnsdale Der Vergangenheit von Bairnsdale widmet sich das **Historical Museum** in der Macarthur Street (Öffnungszeiten: Mi., So. 13.00 – 16.00 Uhr). Die Wandmalereien der katholischen **St. Mary's Church** in der Main Street schuf Francesco Floreani während der Großen Depression in den 1930er-Jahren. Giebel, Türmchen und Steinmetzarbeiten heimischer Fauna schmücken das 1893 in der Nicholson Street erbaute Court House, lokale Künstler zeigt die benachbarte Gippsland Art Gallery (Öffnungszeiten: Mo. – Fr. 10.00 – 16.00, Sa. 10.00 – 14.00 Uhr). Einblicke in die Kultur der Gunai-Aborigines gewährt der **Krowathunkooloong Keeping Place** in der Dalmahoy Street (Öffnungszeiten: Mo. – Fr. 9.00 – 17.00 Uhr). Durch den Ort mäandriert gemächlich der Mitchell River, auf dem einst Dampfschiffe die Waren von den Gippsland Lakes heraufbrachten. Heute sind seine Ufer beliebte Picknickplätze.

Ausblick vom Jemmy's Point: Nur ein schmaler Küstenstreifen trennt die Gippsland Lakes vom offenen Meer.

Paynesville

Kostenlos pendelt eine Fähre von Paynesville nach **Raymond Island**, wo Sie mit Sicherheit **Koalas** sehen. Im Februar swingt der Badeort beim Paynesville Jazz Festival (www.paynesvillejazzfestival.com).

★ Melbourne

T 15

In der Vier-Millionen-Metropole am Yarra River sind über 140 Nationen zu Hause. Melbourne begeistert mit viktorianischen Prachtbauten und hypermoderner Architektur, schicken Shoppingmeilen und großzügigen Parks. Die Stadt ist Schlemmerhochburg, Modezentrum, Sportkapitale und angesagte »City of Events« und nicht nur für die Melburnians die »lebenswerteste Stadt der Welt«.

Marvellous Melbourne

Ihre Ansicht teilt auch das Population Crisis Committee Washington, das Melbourne seit Jahren immer wieder auf Spitzenplätze im internationalen Ranking hebt – vor ► Sydney. »Marvellous Melbourne« nennt sich daher stolz die Stadt, die bis heute mit Sydney einen Wettstreit um die Nummer eins im Land führt. Die großzügig geplante Stadt am Yarra ist die Kultur- und Sportmetropole des Kontinents und ein wichtiges internationales Finanzzentrum. Unbestritten ist auch der **hohe Freizeitwert** der Hauptstadt Victorias und ihrer Umgebung, dem sanften Hügelland der Dandenongs.

MELBOURNE ERLEBEN

AUSKUNFT

Melbourne Visitor Centre
Federation Square
Ecke Swanston/Flinders Street
Tel. 03 / 96 58 96 58
www.visitmelbourne.com
www.thatsmelbourne.com.au

Melbourne Greeter Service
Gratis und in 15 Sprachen zeigen ehrenamtliche Melburnians Gästen aus aller Welt auf halbtägigen Rundgängen ihre Stadt – mindestens einen Tag im Voraus buchen (www.thatsmelbourne.com.au).

VERKEHR

Der *Flughafen* von Melbourne (www.melbourneairport.com.au) liegt 20 km nordwestlich der Stadt; 30-Minuten-Shuttle bringen Gäste in die City (www.skybus.com.au). Zwar gibt es mehr als 140 Parkhäuser, doch die lassen sich das Abstellen teuer bezahlen. Und wer falsch parkt, wird sofort aufgeschrieben oder abgeschleppt.
Besser und bequemer: die kostenlose weinrot-goldene *City Circle Tram*, mit der tgl. von 10.00 bis 18.00 Uhr alle Sehenswürdigkeiten der Innenstadt und der Docklands leicht zu erreichen sind. Der kostenlose *Melbourne City Tourist Shuttle* fährt als »Hop-on-hop-off-Bus« tgl. von 10.00 bis 16.00 Uhr 15 Sehenswürdigkeiten der City an.
Melbourne hat zwei Bahnhöfe: *Southern Cross Station* an der Spencer Street für Fernverbindungen, *Flinders Street Station* für Stadt- und Vorortzüge.
Vom Anleger Southbank und der St. Kilda Pier verkehren Ausflugsboote auf dem *Yarra River* flussabwärts nach Williamstown (www.williams townferries.com.au).

SHOPPINGPARADIES

Haupteinkaufsstraßen sind Bourke Street Mall, Swanston und Collins Street, eleganteste Passage ist die Royal Arcade. Schön ist der nostalgische *Queen Victoria Market*, australische Marken und Outbackmode findet man im Shoppingcenter *Melbourne Central*. Designerlabels führen die Boutiquen an der Toorak Road und Chapel Street. Hochwertiges Kunsthandwerk der Ureinwohner verkauft u. a. die *Aboriginal Gallery of Dreaming* in der Bourke Street 73.

Baedeker-Empfehlung

Hidden Secrets Shopping Tour
Eine echte Insiderin der Melbourner Mode szene ist die Textildesignerin Fiona Sweetman. Sie führt zu angesagten Modemachern wie Lisa Gorman, Misa Glisovic oder Tim Everist und verrät, wo bestes australisches Design, handgemachte Schokolade oder tolle Tea Rooms zu finden sind (Tel. 03 / 93 29 96 65, www.hiddensectretstours.com).

AUSGEHEN

Nachtschwärmer zieht es in die Szenetreffs der *Smith Street, Brunswick Street* und nach South Yarra mit Trendcafés, Bars und Diskotheken um die *Chapel Street*. Wer wo auftritt, erfährt man unter *www.onlymelbourne.com.au*.
Was gerade angesagt ist, verraten der Bar-Flyer von That's Melbourne und die Bar Secrets Melbourne (9,95 AUD, Visitor Centre).
Klassische Konzerte, Ballett und Theateraufführungen finden meist im *Victorian Arts Centre* statt (100 St. Kilda Road, Tel. 03 / 92 81 81 98).
Ticketservice: Tel. 13 61 00

Entspannte Mittagspause am Federation Square -

ANZ
melbourne cup

① *Palace Theatre*
20–30 Bourke Street
Tel. 03 / 96 50 01 80, www.palace.com.au, Mi. – So. 21.00 – 5.00 Uhr
Größte Diskothek der Südhalbkugel mit drei Tanzflächen und acht Bars

② *Dizzy's Jazz Club*
381 Burnley Street, Richmond
Tel. 03 / 94 28 12 33
www.dizzys.com.au
Spitzenjazzer wie Paul Grabowsky, Gil Askey und Ted Vining, sonntags ab 11.00 Uhr Jazzbrunch

ESSEN

► Fein & teuer

① *Fifteen*
115 – 117 Collins Street
(Eingang via George Parade)
Tel. 1300 / 79 94 15, So. Ruhetag
www.fifteenmelbourne.com.au
Jamie Oliver öffnete nach dem Vorbild des Londoner Originals »Fifteen« sein erstes Lokal außerhalb Europas.

② *Cutler & Co*
55–57 Gertrude St Fitzroy
Tel. 03 / 94 19 48 88
www.cutlerandco.com.au
Andrew McConnell ist mit den Jahren immer kreativer geworden – im Cutler & Co. serviert er heute als »Chef des Jahres 2010« Genüsse wie Sydney Rock Oyster, geeiste Kürbis-Ingwer-Suppe oder gegrillten John Dory.

Baedeker-Empfehlung

Colonial Tram Car Dinner
Während drinnen die Gäste auf rotem Samt sitzen, zierlich am Champagner nippen und feinste australische Gerichte genießen, zuckelt das Colonial Tram Car Restaurant stilvoll an den schönsten Punkten der Stadt vorbei. Abfahrt ist in der Normanby Road, unweit Ecke Clarendon Street (Tel. 03 / 96 96 40 00, www.tramrestaurant.com.au).

Gastlichkeit wird in Melbourne großgeschrieben: Und der Cappuccino schmeckt fast wie in Italien ...

③ ***Pearl***
631–634 Church Street, Richmond
Tel. 03 / 94 21 45 99
www.pearlrestaurant.com.au
Austern mit grünem Chili oder lieber gedämpfter Barramundi mit handgerollten Reisnudeln? Geoff Lindsay und Adam D'Sylva wurden 2009 vom Age Good Food Guide mit zwei Kochmützen ausgezeichnet.

④ ***Rockpool Bar and Grill***
8 Whiteman Street, Crown Complex Southbank, Tel. 03 / 86 48 19 00
www.rockpoolmelbourne.com.au
Neil Perry zeigt, welche erlesenen Genüsse vom Holzkohlengrill kommen können – kosten Sie das Wagyu Beef.

⑤ ***Flower Drum***
17 Market Lane, City
Tel. 03 / 96 62 36 55
Es ist nicht einfach, hier einen Tisch zu bekommen, aber die kantonesischen Köstlichkeiten und die Peking-Ente sind auch unerreicht.

► Erschwinglich

⑥ ***Jimmy Watson***
333 Lygon Street, Tel. 03 / 93 47 39 85
Seit mehr als 50 Jahren lockt die Traditionsweinstube in Carlton mit süffigen Tropfen und einer Küche, die mediterrane und australische Zutaten gekonnt kombiniert.

⑦ ***Mecca Bah***
55a New Quay Promenade, Docklands, Tel. 03 / 96 42 13 00
www.meccabah.com
Die Dinneradresse in den Docklands: Die Szene ist jung und trendy, die Atmosphäre einladend, die Küche eine einzige orientalische Sinnesreise.

⑧ ***The Stokehouse***
30 Jacka Boulevard
Tel. 03 / 95 25 55 55
Beliebtes Lokal in Traumlage direkt am Strand von St. Kilda mit Terrasse, gemütlichem Pub und Restaurant mit modern-australischer Küche

► Preiswert

⑨ ***Vegie Bar***
378 Brunswick Street, Fitzroy
Tel. 03 / 94 17 69 35
www.vegiebar.com.au
Seit Jahrzehnten die beste Adresse für grüne Gerichte: Im stets turbulenten, gemütlichen Lokal werden auch Fleischliebhaber zum Gemüsefan.

ÜBERNACHTEN

► Luxus

① ***Lindrum***
26 Flinders Street, Melbourne 3000
Tel. 03 / 96 68 1697, Fax 03 /96 68 11 99
www.hotellindrum.com.au
Zentral gelegenes Boutique-Hotel mit 59 Zimmern, in denen dunkles Holz und Textilien in Erdtönen ein edles Wohlfühlambiente schaffen; für guten Schlaf sorgt ein Kissen-Menü. Offener Kamin in der Lounge, Restaurant »Felt« mit moderner Küche.

② ***The Cullen***
164 Commercial Road
Prahran 3181, Tel. 03 / 90 98 15 55
www.artserieshotels.com.au/cullen
Künstlerhotels sind der neueste Trend: Die 119 Suiten des Hotels im edlen Viertel Prahan zieren die Werke des zeitgenössischen Künstlers Adam Cullen.

③ ***The Prince***
2 Acland Street, St. Kilda
Tel. 03 / 95 36 11 11
Fax 03 / 95 36 11 00
www.theprince.com.au
Cooles Designhotel der Luxusklasse im Prince-of-Wales-Komplex mit 40 minimalistisch eingerichteten Zimmern und Bädern von Philippe Starck. Das Restaurant »Circa« mit Blick auf die Bay gehört zu den

schönsten der Stadt, die Kreationen vom britischen Küchenchef Andrew O'Connell verbinden europäisches Erbe mit Innovationen aus Oz.

④ ***The Windsor***
103 Spring Street, Melbourne 3000
Tel. 03 /96 33 60 00, Fax 96 33 60 01
www.thewindsor.com.au
Gregory Peck und Sir Laurence Olivier, aber auch Metallica haben in den fantastischen Zimmern des nostalgischen Grand-Hotels gegenüber dem Parlament bereits genächtigt. Ein Erlebnis ist die traditionelle Tea Time mit Gurkenschnittchen, Scones und bestem Tee.

► Komfortabel

Vibe Savoy Hotel
1630 Little Collins Street
Tel. 03 / 96 22 88 88
www.vibehotels.com.au
Zeitgenössischer Chic und Verwöhnambiente in der City: Zur Begrüßung gibt es eine Flasche australischen Sekt auf das Zimmer; gefrühstückt werden kann bis 12.00 Uhr mittags.

⑥ ***Batman's Hill***
623 Collins Street, Melbourne 3000
Tel. 03 / 96 14 63 44
Fax 03 / 96 14 11 89
www.batmanshill.com.au
Ein Katalogklassiker hat sich vergrößert: Durch die Übernahme der Old State Bank und des alten Telstra-Gebäudes in der Collins Street verfügt das Mittelklassehaus neben 85 Standardräumen jetzt auch über 60 Club-Zimmer mit King-Size-Betten sowie 45 Apartments.

► Günstig

⑦ ***base Backpackers St. Kilda***
17 Carlisle Street, St. Kilda
Tel. 03 / 3 85 98 62 00
www.basebackpackers.com
Australiens erstes Designhotel für Rucksacktouristen – mit einer »Sanctuary«-Etage exklusiv für Frauen. Alle Zimmer mit Klimaanlage, Bad, Schließfächern; ferner Bar, Café, Internet und Reisebüro im Haus.

Baedeker-Empfehlung

See Melbourne & Beyond Smartvisit Card
Freien Eintritt zu über 60 Attraktionen und Touren in und um Melbourne hat man mit der »See Melbourne«-Karte, die für 1, 2 oder 3 Tage gilt. Man erhält sie bei »Best of Victoria« am Federation Square oder online unter www.seemelbournecard.com.

Stadtgeschichte

Bereits 17 Jahre nach Stadtgründung durch **John Batman**, der im Mai 1835 von den örtlichen Kulin-Aborigines für Werkzeug, Mehl und Kleidung 250 000 ha Land »gekauft« hatte, war Melbourne eine Boomtown. Der **Goldrausch** brachte wöchentlich fast 2000 Einwohner ins Land, darunter unzählige Amerikaner und Chinesen. 31 % der **Immigranten** kamen aus dem Vereinigten Königreich, die meisten aus Schottland und Irland. Die schnell wachsende Siedlung, die den Namen vom damaligen britischen Premierminister **Lord Melbourne** erhielt, war in jenen Jahren die größte und wichtigste Stadt auf dem fünften Kontinent, von 1901 bis 1927 sogar die **erste Hauptstadt Australiens**.

Schmelztiegel der Nationen

Für Melbourne bedeutete die Ankunft der Emigranten den Aufbruch in eine ganz andere und sehr gemischte Kultur. Australiens erste Espressomaschine im Gepäck, eroberten die Italiener die Stadt mit ihrer Kaffeekultur. Nachfahren iberischer Einwanderer feiern an der Esplanada España, **Johnston Street**, mit Tapas und Tango. Um die **Lonsdale Street** und in Richmond lebt nach Athen und Thessaloniki die drittgrößte griechische Gemeinde der Welt. Ein bunter Torbogen an der Little Bourke Street führt in die **Chinatown**. Das Hofbräuhaus in einer Seitengasse hält mit Kassler und Kraut »deutsches Volksgut« hoch. Melbourne, der Melting Pot: Als Premierminister John Gordon 1971 die multikulturelle Gesellschaft für Australien forderte, wurde sie hier bereits gelebt, von über 140 ethnischen Gruppen im offenen Dialog.

City of Events

Das ganze Jahr hindurch ist der **Veranstaltungskalender** prall gefüllt. Höhepunkte sind das Moomba Waterfest (März), Melbourne Food & Wine Festival (März, www.melbournefoodandwine.com.au), Melbourne International Comedy Festival (April, www.comedyfestival.com.au), **Melbourne International Film Festival** (Juli, www.melbournefilmfestival.com.au) und das Melbourne International Arts Festival (Okt., www.melbournefestival.com.au).

Neben Kunst, Kultur und multinationalen Festivals locken vor allem sportliche Großereignisse wie die **Australian Open Tennis Championships** (Januar, www.australianopen.com). Alljährlicher Auftakt zur Grand-Prix-Saison ist das **Formel-1-Autorennen** auf dem 5,3 km langen Rundkurs im Albert Park (März, www.grandprix.com.au).

Während der **Toyota AFL Grand Final Week** ist Melbourne eine Woche lang im Fußballfieber (September, www.afl.com.au). Sechs Wochen lang galoppieren die weltbesten Vollblüter beim **Spring Racing**

Highlights Melbourne

Federation Square
Melbournes neuer Mittelpunkt mit Topmuseen, angesagten Restaurants und einer Plaza voller Leben
▸ Seite 491

Docklands
Revitalisiertes Werftenviertel mit schicken Lokalen und Events der Superlative
▸ Seite 497

Immigration Museum
Spannende Geschichte von John Batman bis heute
▸ Seite 494

Skydeck 88
Schwindelerregender 360-Grad-Blick aus dem 88. Stock des Eureka Tower
▸ Seite 496

Melbourne Museum
Verpassen Sie im größten Museum Australiens auf keinen Fall die Aborigine-Ausstellung!
▸ Seite 494

Royal Botanic Gardens
Wunderschöne Parklandschaft mit dem spannenden Aboriginal Heritage Walk
▸ Seite 495

Melbourne Orientierung

Essen
1 Fifteen
2 Cutler & Co
3 Pearl
4 Rockpool Bar and Grill
5 Flower Drum
6 Jimmy Watson
7 Mecca Bah
8 The Stokehouse
9 Vegie Bar

Übernachten
1 Lindrum
2 The Cullen
3 The Prince
4 The Windsor
5 Vibe Savoy Hotel
6 Batman's Hill
7 base Backpackers St. Kilda

Ausgehen
1 Palace Th
2 Dizzy's Jazz Club

— kostenlose City Circle Tram

Carnival um Pokale und Preisgelder (Oktober, www.springracingcarnival.com). Höhepunkt des Spektakels ist der Kampf um den **»Melbourne Cup«** – seit 145 Jahren hält das Pferderennen Anfang November ganz Australien in Atem (www.melbournecup.com).
Die Tageszeitung »The Age« enthält täglich einen umfangreichen Veranstaltungskalender. Sehr hilfreich ist auch »That's Melbourne«, das online unter www.thatsmelbourne.com.au Events vorstellt.

Central Business District (CBD) · Innenstadt nördlich des Yarra River

★★ **Federation Square**

Eines der attraktivsten Zentren der Stadt ist auch eines der jüngsten. 2002 entstand auf 3,6 Hektar das neue Herz der bunten Metropole: der Federation Square, gepflastert mit Steinen der Kimberleys, bebaut mit einem kühnen Kulturkomplex, dessen Dreiecke aus Zink, Glas und Sandstein auf der Fassade ein geradezu spektakuläres Puzzle bilden (► Abb. S. 485, Führungen: Mo. – Sa. 11.00, 15.00 Uhr, www.fedsq.com). Hinter der mehrfach ausgezeichneten Architektur verbergen sich das **Ian Potter Centre NGV Victoria** mit einer spannenden Sammlung australischer Kunst von den Aborigines bis zur Pop Art (Di. – So. 10.00 – 17.00 Uhr), das **Australian Centre of the Moving Image** (tgl. 10.00 – 18.00 Uhr) mit Ausstellungen und Filmen zur Kinogeschichte, das **Australian Racing Museum** (tgl. 10.00 – 18.00 Uhr), die Studios des Multikulti-Senders SBS, mehrere Geschäfte sowie 15 Restaurants, Cafés und Bars, die zu den angesagtesten Locations der Stadt gehören. Die terrassierte Plaza ist Treffpunkt, Bühne der Straßenkünstler und schönster Aussichtspunkt der City. Zeitgleich mit dem »FedSquare« entstand der Park **Birrarung Marr** mit dem Glockenspiel Federation Bells und dem Kinderkunsthaus Artplay, das Kreativkurse für den Nachwuchs anbietet.

> ! *Baedeker* TIPP
>
> **Bootstouren**
>
> Eine Möglichkeit, die Stadt kennenzulernen, sind Flussrundfahrten, z. B. mit den Melbourne River Cruises, Anleger Brücke 5, Southgate und Federation Wharf. Sie führen zu 26 wichtigen Attraktionen am Yarra River. Abfahrt tgl. ab 11.00, Okt. bis Dez. ab 10.30 Uhr alle halbe Stunde. Office, Ecke Princes Bridge /Batman Avenue, Tel. 03 / 96 14 12 15, www.melbcruises.com.au.

Swanston Street

An der Ecke Flinders Street/Swanston Street spiegelt sich der neugotische Kirchenbau der **St. Patrick's Kathedrale** in den Glasfassaden des Central Business District (CBD). Die Swanston Street ist die wichtigste Nord-Süd-Achse der City. Hier verkehren zahlreiche Tramlinien und befinden sich imposante Gebäude wie das Manchester Unity Building Ecke Collins Street im Art-déco-Stil der 1930er-Jahre. Vom Balkon der **Melbourne Town Hall**, lange Zeit größter Konzertsaal der Stadt, grüßten 1964 die Beatles ihre Fans. Die Grünfläche vor der neoklassizistischen Fassade der **State Library**

of Victoria (328 Swanston Street), die 1854 erbaut und mehrfach erweitert wurde, ist ein beliebter Treffpunkt der Studenten. Viele Besucher legen auf dem Rasen eine Ruhepause ein, bevor sie die nächste Sehenswürdigkeit ansteuern. In der Galerie unter der imposanten Kuppel der Staatsbibliothek ist u. a. die Rüstung von **Ned Kelly** ausgestellt (►Berühmte Persönlichkeiten).

Melbourne City Baths

Weiter nördlich folgen an der Ecke Victoria Street die Melbourne City Baths (www.melbournecitybaths.com.au), die 1860 eröffnet wurden, um die Melburnians davon abzuhalten, sich weiter im verdreckten Yarra River zu waschen, und damit auch das immer wieder ausbrechende Typhus-Fieber einzudämmen. Heute ist der viktorianische Backsteinbau ein moderner **Badetempel** mit Fitnessstudio, Squash-Court, Wellness-Kursen und Massagen. Wenige Meter weiter entwarf 1991 der japanische Stararchitekt Kisho Kurokawa (geb. 1934) rund um den historischen Shot Tower den bis heute futuristisch anmutenden Shoppingkomplex **Melbourne Central** mit 300 Geschäften und unterirdischem Bahnanschluss.

✶ Queen Victoria Market

Frisches Obst und Gemüse, aber auch Akubra-Hüte und günstige Klamotten gibt es an den Ständen des 1878 eröffneten Queen Victoria Market. Dienstags und donnerstags bis sonntags gibt es Marktführungen mit kulinarischen Kostproben. In der »Electrolux Cooking School« zeigen Melbourner Spitzenköche ihr Können (Tel. 03 / 93 20 58 22, www.qvm.com.au).

✶ Collins Street

Als eleganteste Straße der City gilt die Collins Street. Ihr östliches »Pariser Ende« säumen Platanen, in denen nachts viele Lämpchen glühen, und edle Boutiquen europäischer Designer wie Gucci oder Hermès. Das westliche Ende zwischen Spencer Street und Elizabeth Street ist fest in der Hand von Banken, Börsianern und Zentralen internationaler Unternehmen. Victorias älteste kulturelle Institution ist das 1839 an der Collins Street 188 gegründete **Melbourne Athenaeum**, das heute neben dem Melbourne Athenaeum Theatre, dem Comedy Club und einer Bibliothek auch das beliebte Café D'Orsay beherbergt. Collins und Block Street verbindet die nostalgische **Block Arcade** mit einer Filiale von Haigh's Chocolates. Zur eleganten Teepause empfehlen sich die 1892 eröffneten Hopetoun Tea Rooms, deren Wände viktorianische Tapeten mit tiefgrünem Weinrankenmuster schmücken. In der schmalen Passage **Block Place** wird selbst im Winter draußen diniert – Gasheizer machen es möglich.

! *Baedeker* TIPP

Real Melbourne Bike Tours

Der Journalist Murray Johnson kennt seine Heimatstadt in- und auswendig und zeigt das auf seinen Radtouren. Wer auf eigene Faust losstrampeln will, bekommt zum Leihrad eine Karte und viele Tipps (am Federation Wharf-Anleger, Tel. 04 / 17 33 92 03, www.rentabike.net.au/biketours).

✶ **Rialto Towers**

An der Collins Street 525 stehen die 253 m hohen Rialto Towers. Einst konnte man von der Aussichtsplattform einen herrlichen Blick über die Stadt genießen, jetzt logiert hier das Gourmetrestaurant Vue du Monde.

Bourke Street

Filialen landesweiter Ketten, Flagship Stores internationaler Marken und die beiden Kaufhäuser Myer und David Jones finden sich in der Bourke Street, die zwischen Swanston Street und Elizabeth Street als **Bourke Street Mall** für den Autoverkehr gesperrt ist – achten Sie jedoch auf den regen Tram-Verkehr!
Die 2001 durch Brand zerstörte Hauptpost an der Ecke Elizabeth Street ist heute ebenfalls ein Mekka für Shopaholics – rund 60 Geschäfte von funky bis fein sind in das 1859 im Stil der Neorenaissance erbaute **GPO Building** eingezogen. Älteste Einkaufspassage des Kontinents ist die 1884 – 1889 erbaute **Royal Arcade**. Naschkatzen erstehen hier bei »Koko Black« handgemachte Trüffelspezialitäten, besuchen die »Chocolate Lounge« im Obergeschoss oder kaufen bei »Suga Bonbons« Lollies und kunterbunte Bonbons – auf Wunsch nach eigenen Entwürfen.

Chinatown

Zentrum der chinesischen Einwanderer, die vor mehr als 150 Jahren mit dem Goldrausch nach Melbourne kamen, ist die Little Bourke Street. An ihre Geschichte und Kultur erinnert das **Chinese Museum** (22 Cohen Place; tgl. 10.00 – 17.00 Uhr). Wer zum nördlichen Ende der Russell Street weitergeht, gelangt zum **Old Melbourne Goal**, in dem 135 Straftäter gehängt wurden – der berühmteste: Ned Kelly. Jeden Samstag um 12.30 und 14.00 Uhr wird sein Schicksal bei **»The Real Ned Kelly Story«** wieder lebendig (tgl. 9.30 – 17.00 Uhr).

Spring Street

Die Spring Street mit dem 1860 erbauten **Hotel Windsor** markiert das östliche Ende des CBD. Fünf Jahre zuvor hatte man schräg gegenüber bereits mit dem Bau des größten öffentlichen Gebäudes Victorias aus dem 19. Jh. begonnen, doch erst auf dem Höhepunkt des Goldrausches um 1880 erhielt das von Regierungsarchitekt Charles Pasley entworfene **Parliament House of Victoria** seinen Portikus und die klassische Kolonade. Kostenlose Führungen außerhalb der Sitzungsperiode: tgl. 10.00, 11.00, 12.00, 14.00, 15.00 und 15.45 Uhr. Wenige Schritte die Straße hinauf, birgt das Old Treasury Building von 1858 heute das Standesamt: Paare lassen sich gerne auf seinen Stufen fotografieren.

✶ **Royal Exhibition Building**

Am nördlichen Ende der Spring Street leuchtet wie ein indischer Palast ein monumentaler Bau hell im Grün einer Parkanlage: Das für die Weltausstellung 1861 im Carlton Park errichtete Royal Exhibition Building gehört als einziger Bau Australiens zum **UNESCO-Weltkulturerbe**. 1901 bis 1927 traf sich unter der 60 m hohen Kuppel des von David Mitchell entworfenen Königlichen Ausstellungsbaus auch das Parlament von Victoria – im eigentlichen Parlamentsgebäude von Victoria tagten in jenen Jahren die Bundesparlamentarier. Führungen gibt es täglich ab Melbourne Museum.

★★ Melbourne Museum

Direkt gegenüber setzt sich seit der Jahrtausendwende an der Nicholson Street das Melbourne Museum interaktiv mit der Geschichte und Umwelt Australiens auseinander. Der mit 16 Mio. Exponaten größte Museumskomplex der Südhalbkugel vereint unter seinem futuristischen Dach einen überdachten Regenwald, die erstaunliche Insektensammlung »Bugs alive«, ein IMAX-Theater und eine lebendige Sammlung zur **Stadtgeschichte** – verpassen Sie nicht die Sammlung zu »Phar Lap«, dem besten Rennpferd aller Zeiten, das in den 1930er-Jahren von Sieg zu Sieg eilte! Im Erdgeschoss ist das knapp 19 m lange Skelett eines Blauwals zu bewundern, seit 2009 zeigt der neue Dinosaur Walk Urzeitskelette und Megafauna. »Jumbunna« bedeutet in der Sprache der Koorie-Aborigines »Geschichten erzählen«. Und das will die von den Ureinwohnern selbst gestaltete **Bunjilaka-Ausstellung**. Sie bringt Aspekte ihrer Vergangenheit zum Ausdruck, die bislang verdrängt oder beschönigt wurden: die gewaltsame Trennung von Familien, Zwangsadoptionen, das eingesperrte Leben auf den Missionen. Erst 1967 erhielten die Ureinwohner Bürgerrechte (Öffnungszeiten: tgl. 10.00 – 17.00 Uhr, http://museumvictoria.com.au/melbournemuseum).

Zeugnisse der Aborigines

Die Wunden, die die Ureinwohner erlitten, symbolisiert auch die Installation **»Scars – a stolen vision«** am Ufer des Yarra, Höhe William Street. Während früher die Aborigines aus lebenden Eukalyptusbäumen ihre Boote und Speere schnitzten, schnitten Aborigine-Künstler anlässlich der Hundertjahrfeier der australischen Föderation 2002 in 28 alte Holzpoller ihre persönliche Form der Verletzungen. Ihre Kunst zeigt auch der **Koorie Heritage Trust**, 295 King Street. Bereits 1985 gründeten die Koorie ihr Kulturzentrum und laden seitdem ein, sich in der Dauerausstellung, Verkaufsgalerie, Bibliothek oder dem Research Centre näher mit ihrer Kultur zu beschäftigen (Öffnungszeiten: tgl. 10.00 – 16.00 Uhr).

★★ Immigration Museum

Die Schicksale der Einwanderer aus aller Welt, die seit dem 19. Jh. nach Melbourne auswanderten, präsentiert das spannende Museum an der Flinders Street 400. Erzählt wird von **John Batman**, der 1835 mit John Pascoe Fawkner aus Tasmanien kam, um Land am Yarra River in Besitz zu nehmen, und wie Batman damals mit Aborigines-Führern von Port Phillipp »Verträge« über 250 000 ha Land abschloss. Holzstiche von 1863 zeigen, wie die ersten Immigranten ihre Habseligkeiten an der Queen's Wharf in Melbourne ausluden. Aber auch die **Flüchtlingsströme** nach dem Zweiten Weltkrieg aus Europa und Asien sind mit Fotos und Zeitdokumenten spannend festgehalten. Wie unterschiedlich die Überfahrt für die Immigranten ausfallen konnte, können Besucher hautnah selbst erleben, indem sie sich in die nachgebauten engen Kojen eines Dreimasters zwängen oder durch den Salon eines Luxusliners wandeln (Öffnungszeiten: tgl. 10.00 bis 17.00 Uhr, http://museum victo ria.com.au/ImmigrationMuseum).

Mit Mördermuscheln, Seedrachen und farbenprächtigen Korallen erschließt das 2006 erweiterte **Melbourne Aquarium** die Tiefen des südlichen Ozeans. Wagemutige können beim »Shark Dive« mit Haien tauchen, andere mit dem Glasbodenboot die Unterwasserwelt des »Oceanariums« erkunden oder bei der »Creepy Creatures Night Tour« im Dunkel der Nacht japanische Spinnenkrebse und andere krabbelnde Kreaturen entdecken (Öffnungszeiten: tgl. 9.30 – 18.00 Uhr).

i »The Emigrant's Friend« ...

- ... steht auf dem Grabstein der Engländerin Caroline Chisholm. Die Gattin eines Kapitäns der East Indian Company war die erste, die sich für die mittellosen Immigrantenfrauen einsetzte. Sie organisierte 1838 in Sydney saubere Unterkünfte für die jungen Frauen, gab ihnen Unterrricht und gründete 1849 die Family Colonisation Loan Society, die Einwandererfamilien half. Von 1967 bis 1987 zierte ihr Bild die australische 5-Dollar-Note.

Südliches Yarra-Ufer · Southbank

Royal Botanic Gardens

Östlich der Hauptverkehrsachse nach St. Kilda erstreckt sich am Ufer des Yarra eine der schönsten Parkanlagen der Welt: der Königliche Botanische Garten mit Minibiotopen aus aller Welt zwischen ausgedehnten Rasenflächen. Passionierte Gartenliebhaber finden umfangreiche Literatur im ausgezeichneten Museumsshop und einen prall gefüllten Veranstaltungskalender.
Ein Highlight ist der **»Aboriginal Heritage Walk«** (► Special Guide, S. 3). Viele der mehr als 52 000 Pflanzenarten im Park waren für die Aborigines Teil ihres Alltags. Die zerstoßenen Blätter des Coranderk-Baums linderten Muskelkater und andere Schmerzen. Aus dem Holz der Stringbark schnitzten sie Bumerangs, der Saft der Hoop Pine war ein natürlicher Klebstoff und zur Verhütung kauten die Frauen die unreifen Früchte des Känguru-Apfelbaums (Öffnungszeiten: Nov. – April tgl. 7.30 bis 20.30 Uhr, Mai – Okt. tgl. 7.30 – 17.30 Uhr, Führungen: Mo. – Sa. 11.00 und 15.00 Uhr).

Shrine of Remembrance

Zwischen dem Botanischem Garten und der St. Kilda Road wurde auf der Kings Domain von 1928 bis 1934 zu Ehren der 114 000 australischen Gefallenen des Ersten Weltkriegs der Shrine of Remembrance nach dem Vorbild des Mausoleums von Halikarnassos errichtet, einem der Sieben Weltwunder der Antike.
Alljährlich am **Remembrance Day**, dem 11. November, fällt genau um 11.00 Uhr morgens das Sonnenlicht durch den Lichtschacht im Dach direkt auf einen in der Mitte des Bodens eingelassenen Gedenkstein und erhellt das eingravierte Wort LOVE. Datum und Uhrzeit wurden in Erinnerung an den Waffenstillstand von 1918 gewählt (Öffnungszeiten: tgl. 10.00 – 17.00 Uhr, Führungen: 11.00 und 14.00 Uhr).

✶ **National Gallery of Victoria** Kunst und Kultur konzentrieren sich am Arts Precinct westlich der St. Kilda Road. Die National Gallery of Victoria besteht aus zwei Komplexen: dem **Ian Potter Centre: NGV Australia** am Federation Square und der **NGV International**, einem Granitbau nach Plänen von Roy Grounds an der St. Kilda Road 180. Seit der Eröffnung 1968 hat sich ihr Sammlungsbestand auf mehr als 70 000 Exponate verdoppelt – die NGV International gehört damit zu den bedeutendsten Kunstmuseen der Südhalbkugel. Gezeigt werden Werke europäischer Meister, darunter Tizian, van Dyck, Rembrandt, Monet, Pissarro und Turner; im Skulpturenhof stehen Plastiken von Henry Moore und Auguste Rodin (Öffnungszeiten: Mi. – Mo. 10.00 – 17.00 Uhr).

Victorian Arts Centre Der Konzertsaal Hamer Hall, Heimat des Melbourne Symphony Orchestra (MSO), und das Theatres Building mit dem State Theatre, dem Playhouse und dem George Fairfax Studio bilden zusammen das Victorian Arts Centre (www.vicartscentre.com.au). Markantes Wahrzeichen des Kulturkomplexes ist eine 163 m hohe **Stahlspitze**, die nachts durch Glasfaserröhren beleuchtet wird.

ACCA Wie ein rostiger Riesentanker ruht seit 2002 das Australian Centre for Contemporary Art (ACCA) an der Sturt Street 111. Drinnen präsentiert der von Wood Marsh gestaltete Bau auf fünf Ausstellungen pro Jahr ebenso ungewöhnliche **zeitgenössische Kunst** – innovative visuelle Werke, experimentelle Installationen und Kunstprojekte, die sich mit sozialen oder kulturellen Fragen auseinandersetzen (Öffnungszeiten: Di. – So. 11.00 – 18.00 Uhr; www.accaonline.org.au).

Southbank Promenade Die Southbank-Promenade mit der riesigen Dervish-Skulptur, die der in Melbourne geborene Bildhauer Clement Meadmore (1929 bis 2005) gefertigt hat, säumen Einkaufspassagen wie Southgate, Hotels, Restaurants, Cafés und der **Crown Casino & Entertainment Complex**, dessen Spielbank für eine kurze Zeit die größte der Welt war. Der beste Blick auf Southbank bietet sich von der **Rainbow Bridge**, einer geschwungenen Fußgängerbrücke hinüber zum CBD.

✶✶ **Eureka Tower** Jüngster Star der Hochhauskulisse am Südufer ist der 2001 – 2006 erbaute Eureka Tower am Riverside Quay 7 (www.eurekatower.com.au), mit 297,3 m der höchste Wolkenkratzer Melbournes – und eines der höchsten Wohngebäude der Welt. Entworfen wurde der 290 Mio. Euro teure Turm vom Architektenbüro Fender Katsalidis, das in Melbourne bereits mit dem Ian Potter Museum, dem Republic Tower und dem New Quay Precinct der Docklands seine Handschrift hinterlassen hat.

! *Baedeker* TIPP

Skydeck 88

Atemberaubend ist die Aussicht aus dem Glaskubus »The Edge« im 88. Stockwerk des Eureka Tower, mit 285 m Höhe der höchste Rundblick der Südhalbkugel (Abb. S. 497, www.eurekaskydeck.com.au).

Fast wie Fliegen: der Rundblick über Melbourne aus dem 88. Stock des Eureka Tower.

Melbourne Exhibition Centre

Westlich der Kings Bridge entstand 1994–1996 nach Plänen des Melbourner Architektentrios John Denton, Bill Corker und Barrie Marshall (DCM) ein futuristischer Messebau. Für die Einheimischen ist der mehrfach prämierte Bau schlicht »Jeff's Shed«, der Schuppen des ehemaligen Premiers von Victoria.

Polly Woodside

Weiter westlich ist nach vierjähriger Restaurierung die Dreimastbark »Polly Woodside« ins Trockendock von Duke & Orr zurück gekehrt. Das Schiff ist der Star unter den Exponaten des **Maritime Museum** an der South Wharf Road, das Anfang 2011 wieder eröffnet wurde.

Melbourne Docklands

In den alten Hafenanlagen westlich der City entsteht bis 2030 für mehr als 9 Mrd. AUD ein neues Stadtviertel mit Jachthafen, Apartmenthäusern, Boutiquen, Hotels und Restaurantszene (www.docklands.com). Zum Komplex gehört am Südufer des Yarra außer dem neuen **Melbourne Convention Centre** eine Marina mit 150 Liegeplätzen. Daneben locken die Direct Factory Outlets (DFO) mit über 100 Shops von Guess, Calvin Klein und anderen In-Labels. Die Webb Bridge führt hinüber zum **Victoria Harbour,** auf dessen Harbour Plaza eine Kuh im kahlen Baum hängt – das Kunstwerk von John Kelly schmückte zuvor die Champs Elysées in Paris. 52 000 Sitzplätze bietet seit der Jahrtausendwende der **Etihad Dome** für Football und andere Großevents (Führungen: Mo.–Fr. 11.00, 13.00 und 15.00 Uhr).

Melbourne Docklands

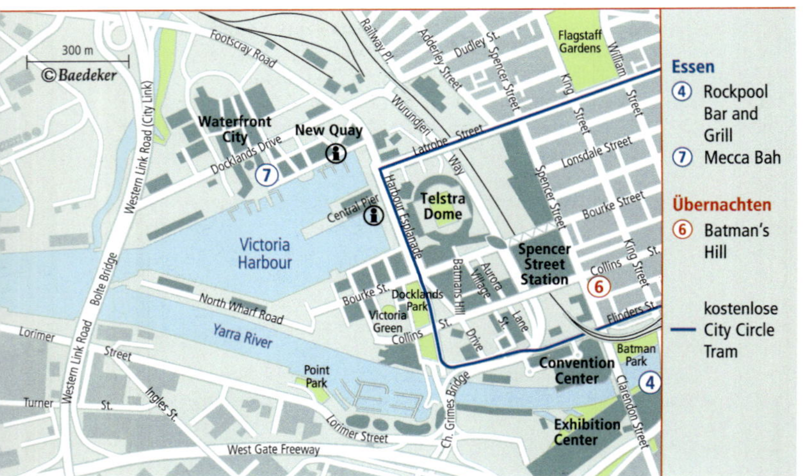

★ **New Quay Promenade ►** Mit zwei Dutzend Restaurants, Cafés und Bars hat sich die New Quay Promenade als neuer beliebter **Treff für Nachtschwärmer** etabliert. Probieren Sie doch mal im Berth das Entenrisotto (Nr. 25, www.berth.com.au) oder in Renzo's Bar das Saltimbocca alla Romana (Nr. 46, www.ren zosbar.com). Wer arabische Küche schätzt, wird »Mecca Bah« (Nr. 55, ► S. 487) genießen. »Limonetto« (Nr. 35) packt eiskalte himmlische Genüsse in die Tüte: das beste Gelato von Melbourne! Zwei Dutzend Restaurants und Shops gehören zur **Waterfront City**.

Melbournes Stadtteile

Metropolregion 31 Bezirke und 270 Stadtteile bilden die 8830 km² große Metropolregion von Melbourne, die sich bis zur Mornington Peninsula erstreckt – das eigentliche Stadtgebiet umfasst 1705 km². Zum Vergleich: In Berlin leben auf der Hälfte der Fläche fast genauso viele Einwohner wie in Melbourne.

★ **Fitzroy** Auf nur einer Meile vereint **Brunswick Street**, die wohl turbulenteste Straße der Stadt, nahezu alle Küchen dieser Welt: Hinter Fassaden in Himmelblau, Knallorange, Sonnengelb, Lila und Schwarz sitzt die Cyber-Generation mit den letzten Fans von Flower Power bei Caffè Latte, Mojito oder schlicht V. B., Victoria Bitter. Die Grenze zu Collingwood markiert die **Smith Street** mit guten Lebensmittelgeschäften, Buchläden und Boutiquen. Beim Rose Street Market präsentieren am Wochenende ab 11.00 Uhr Melbournes Kreative ihre neuesten Kreationen (60 Rose Street, www.rosestmarket.com.au).

★ St. Kilda

Bekanntestes Symbol von St. Kilda ist ein lachendes Mondgesicht, durch dessen Mund seit 1912 Ausflügler in den **Luna Park** an der Lower Esplanade strömen, um seine altmodischen Vergnügungen zu genießen (Sa., So. 11.00 – 17.00 Uhr, www.lunapark.com.au). In den viktorianischen Villen des Strandbads an der Port Phillip Bay haben zahlreiche jüdische Einwanderer eine neue Heimat gefunden. Den breiten, lang gezogenen Sandstrand säumen Fahrrad- und Spazierwege; auf das Meer hinaus führt die **St. Kilda Pier**, die am St. Kilda Pavilion endet – der exzentrische edwardianische Pavillon mit seiner beliebten Tee- und Caféstube wurde nach einem Brand 2003 wieder aufgebaut. Ebenfalls an der Esplanade beim Strand liegen die orientalisch anmutenden **St. Kilda Sea Baths** (10–18 Jacka Boulevard), in denen der South Pacific Health Club Wellnessfans begeistert. Am Sonntag verwandelt sich die Esplanade zum Kunsthandwerkermarkt: Von 10.00 bis 17.00 Uhr lockt der Esplanade Sunday Market mit New-Age-Objekten, Australiana und Kleinoden, die zu entdecken sich lohnt. Ebenfalls beliebt ist Brighton Beach südlich von St. Kilda.

★ Williamstown

Von Southgate und der St. Kilda Pier schippern Ausflugsschiffe den Yarra River hinab zur Gem Pier von Williamstown, das 1837 der größte Hafen an der Port Phillip Bay werden sollte – doch mit der Vertiefung des Yarra River 1880 wurde Port Melbourne wichtiger, Williamstown geriet in Vergessenheit. In den 1990er-Jahren wurde »Willy« wieder entdeckt und seitdem ist der nostalgisch-maritime Charme des Hafenstädtchens mega-in. Sein historisches Herz schlägt am **Nelson Place**, in dessen historische Gebäude Restaurants, Cafés, Pubs, Bars, Galerien und Souvenirshops eingezogen sind.
An der Ecke Syme Street zeigt die **Customs Wharf Gallery** (126 Nelson Place) täglich von 11.00 bis 17.00 Uhr Gemälde, Glaskunst, Schmuck und Keramik. Nach dem Sightseeing geht es zum Baden an den herrlichen **Williamstown Beach** an der Südseite der Halbinsel oder zum Greenwich Reserve für einen Traumblick auf Melbournes Skyline und dann per Fähre zurück nach Melbourne.

★ Scienceworks

Ist der Nachwuchs mit dabei, unterbrechen Sie die Rückfahrt bei Scienceworks (2 Booker Street, Spotswood): Im naturwissenschaftlichen **Erlebnismuseum** in der alten Spotswood Pumpstation können große und kleine Besucher stundenlang Hebel ziehen, Knöpfe drücken und Technik von gestern, heute und morgen spielerisch entdecken. Das dazugehörige **Melbourne-Planetarium** entführt in die Sternenwelt der südlichen Hemisphäre (Öffnungszeiten: tgl. 10.00 – 16.30 Uhr).

Umgebung von Melbourne

Valley of the Arts

Der Mittellauf des Yarra, rund 20 – 30 Autominuten vom CBD entfernt, hat eine lange künstlerische Tradition. Die Heimat der Wurundjeri-Aborigines mit den Städten Banyule, Manningham und Maroondah wurde ab 1891 zur Keimzelle der »Heidelberger Schule«.

Melbourne Umgebung

Den Spuren der Künstler folgt der **Heidelberg School Artists' Trail**, der in Heidelberg beginnt und auf 40 km Länge dem Lauf des Yarra bis in die Dandenongs folgt. Unterwegs zeigen 57 Schilder Reproduktionen berühmter Werke der Heidelberger Schule und informieren über den jeweiligen Maler und sein Motiv. Die älteste noch heute existierende Künstlerkolonie Australiens ist **Montsalvat** (7 Hillcrest Avenue, Eltham, www.montsalvat.com.au), 1934 von Justus Jörgensen gegründet. Heute wird das Anwesen auch für Konzerte, Ausstellungen und Hochzeiten genutzt. In der Barn Gallery sind sehenswerte Wechselausstellungen zu sehen.

! 

Familienklassiker ...

... ist »Puffing Billy«, ein historischer Dampfzug, der mehrmals täglich von Belgrave an den südöstlichen Ausläufern der Dandenongs über Holzbrücken und durch Farnwälder des Emerald Lakeside Park bis nach Gembrook rattert (www.puffingbilly.com.au).

★★ **Heide Museum of Modern Art**

Das **Kunstmuseum** in einem weitläufigen Park am Ufer des Yarra River ist Australiens größtes und bedeutendstes privates Museum für moderne Kunst und gilt als **»Louisiana der Antipoden«**. Keimzelle des 1981 eröffneten Kunstkomplexes ist das viktorianische Wohnhaus von John und Sunday Reed, zu deren Freunden Künstler wie Albert Tucker, Sir Sidney Nolan und John Perceval zählten. Sie arbei-

Kilometerweit ziehen sich Melbournes Stadtstrände wie der Brighton Beach an der Küste entlang.

teten auf dem Anwesen und schufen den Grundstock der Heide-Kunstsammlung, deren Ruf sich nicht auf dem Fundus mit 2000 Werken seit 1930 gründet, sondern auf den exzellenten wechselnden Ausstellungen. Regelmäßig ausgetauscht werden auch die mehr als 30 Skulpturen im Park (Di. – Fr. 10.00 – 17.00, Sa./So. 12.00 – 17.00 Uhr, 7 Tempelstowe Road, Bulleen, www.heide.com.au).

★ Dandenong Ranges

Im Sherbrooke Forest der Dandenongs, einem Mittelgebirge im Osten von Melbourne, wachsen die höchsten Eukalypten Australiens: **Königseukalypten**, auch Mountain Ashes genannt. Der mit 83 m höchste Baum Victorias steht in der Nähe von Marysville. Bei Olinda locken die Blütenpracht der **National Rhododendron Gardens** und das geradezu mystische **William Rickett's Sanctuary**. Mit Baumskulpturen, die Aborigines-Motive aufgreifen, hat sich der viktorianische Bildhauer William Rickett (1898 – 1993) seinen eigenen Kunstpark im Wald geschaffen. Vom höchsten Gipfel **Mount Dandenong** (633 m) bietet sich ein schöner Blick auf Melbourne.

Mildura

S 14

Die Bewässerungsprojekte der Mildura Irrigation Colony haben das rote Land in »Sunraysia« verwandelt, Australiens größten Produzenten von Rosinen, Zitronen und Orangen.

Weinbau im Sonnenscheinland

Dass die Region »Sunraysia« rund um Mildura heute ein äußerst fruchtbares »Sonnenscheinland« ist, verdankt sie den kanadischen Brüdern George und William B. Chaffey. Sie legten ab 1887 mithilfe des Flusses Murray ein Bewässerungssystem an. William B. Chaffey gehörte auch zu den Pionieren im Weinbau. Heute werden von Weingütern wie »Mildara Blass Wines«, »Trentham Estate« oder »Lindemanns Karadoc Winery« Spitzenweine produziert.

Sehenswertes in Mildura

Paddlesteamer

Von der Mildura Wharf schippert täglich um 10.50 und 13.50 Uhr der 1912 erbaute **Schaufelraddampfer** »P. S. Melbourne« den Murray River hinauf. Jeden Donnerstag um 10.30 Uhr startet der 1881 erbaute Dampfschlepper »P. V. Rothbury« zur einer Weinkreuzfahrt mit Barbecue und Verkostung auf dem Trentham Estate (Tel. 03 / 50 23 22 00, http://visitmildura.com.au).

Mildura Arts Centre

Die Regionalgalerie von Mildura an der Cureton Avenue 199 besitzt die größte Einzelsammlung des anglo-irischen Malers **Sir William Orpen** (1878 – 1931). Die angeschlossene Backsteinvilla »Rio Vista« erinnert an den Weinbaupionier William B. Chaffey (Öffnungszeiten: tgl. 10.00 – 17.00 Uhr). Die **Old Mildura Homestead**, ein originalgetreuer Nachbau der ersten Siedlung am Murray, lässt sich täglich von 6.00 bis 18.00 Uhr entdecken. Landesweit beliebt ist das in Mildura gebraute Bier (www.mildurabrewery.com.au). Besonders gefragt sind die »seasonal beers«: Beim Cocoa Stout wurden Kakakobohnen mitgeröstet und im Sommer wird ein Weizenbier mit tasmanischem Himbeersaft angeboten.

Umgebung von Mildura

Murray Sunset National Park

Riesige Redgums und die Murray-Lilie, die größte endemische Blume des Bundesstaates, wachsen im Nationalpark 70 km südwestlich von Mildura. Er umschließt auch den **Pink Lakes State Park**, dessen Salzseen durch Mikroorganismen in allen Rosatönen schimmern.

Hattah-Kulkyne National Park

Auf der anderen Seite des Highways breitet sich 75 km südöstlich von Mildura der Hattah-Kulkyne National Park aus, an dessen Ostgrenze der Murray River träge dahinfließt. Die Malleelandschaft ist die Heimat des **Mallee Fowl** (Thermometerhuhn) und der einzigen roten Riesenkängurus von Victoria. Durch den sandigen Park, der nach Regenfällen selbst für Allradfahrzeuge unpassierbar ist, führt beim Hattah Lake ein 6 km langer Self-Guided Nature Drive.

Mornington Peninsula

T 16

Am Wochenende ist die Mornington-Halbinsel am Ostufer der Port Phillip Bay ein beliebtes Naherholungsziel der Melbournians. Das Hinterland lockt mit Golf und Wein – um Frankston bauen über 160 Winzer vor allem Pinot Noir, Pinot Gris und Chardonnay an.

Ziele auf der Mornington Peninsula

Sorrento

Im Badeort Sorrento, 1803 als erste offizielle europäische Siedlung in Victoria gegründet, starten **Swim-with-the-Dolphins**-Bootstouren, bei denen Gäste mit Delfinen, Robben oder Seeschildkröten schwimmen und schnorcheln können (Polperro Dolphin Swims, Sorrento Pier, Esplanade, Tel. 03 / 59 88 84 37, www.polperro.com.au).

Portsea

Pulsierendes Herz des Badeorts ist das Portsea Hotel (www. portsea hotel.com.au) mit Traumblick auf die Bay. Zum Baden empfehlen sich die **Front Beaches**; der **Back Beach** mit seiner beeindruckenden Felsformation »London Bridge« ist eher für Surfer geeignet.

Point Nepean

Die Sandbuchten, steilen Felsklippen und alten Befestigungsmauern von Point Nepean am äußersten Zipfel der Halbinsel werden geschützt vom **Mornington Peninsula National Park**. Das im Jahr 1882 erbaute **Fort Nepean** war bis 1945 Militärstützpunkt, die benachbarte

! Baedeker TIPP

Pitchen und Putten

Die Halbinsel gehört zu den besten Golfregionen der Welt. Die 18 Anlagen von »The Cups«, wie die Region unter Golfern genannt wird, reichen von einfachen Neun-Loch-Plätzen bis zu Top-Greens wie Moonah Links (www.moonahlinks.com.au), auf dem alljährlich die Golfmeisterschaft »Australian Open« ausgetragen wird.

Quarantänestation sorgte ab 1852 dafür, dass keine kranken Emigranten die Kolonie Victoria erreichten, denn das hätte verheerende Folgen haben können. Auf der 6 km langen Stichstrecke zwischen Visitor Centre und Fort Nepean pendelt ein »Hop-on-hop-off-Bus«. Über der zerklüfteten Küste von Cape Schanck erhebt sich strahlend weiß das **Cape Schanck Lighthouse**. Vom 1859 erbauten Leuchtturm, der sein Licht in 100 m Höhe über die Bass Strait sendet, öffnen sich herrliche Ausblicke (Museum/Besteigung: tgl. 10.00 – 16.00 Uhr).

Peninsula Hot Springs

Jeglichen Muskelkater vertreibt ein Besuch der Peninsula Hot Springs. Aus 637 m Tiefe sprudelt hier heilendes Thermalwasser 38 bis 43 °C warm in mehrere Pools – vom höchstgelegenen Badebecken öffnet sich ein tolles 360-Grad-Panorama auf die Bass Strait und Arthurs Seat. Danach sorgt eine Kodo-Massage, die auf alten Techniken der Abo-rigines beruht, für wohlige Entspannung. Wie gut, das seit 2009 auch 130 komfortable Lodges zum 17 ha großen Wellness-Centre gehören.

Orbost

V 15

Angesichts von sieben Nationalparks, die sich in seiner Umgebung erstrecken, ist das kleine Landstädtchen Orbost am Snowy River ein idealer Ausgangspunkt, um die faszinierenden Küsten- und Berglandschaften von East Gippsland zu entdecken.

Sehenswertes in Orbost und Umgebung

Orbost

Wie schlicht und einfach die ersten Siedler einst gewohnt haben, verrät in Orbost die 1872 aus Holz erbaute **Slab Hut** an der Nicholson Street. Weitere Einblicke in die Zeit von 1890 bis etwa um 1960 vermittelt das kleine **Orbost Museum** (1 Ruskin Street; Mo. – Fr. 9.00 bis 17.00 Uhr).

✶ Buchan Caves

Unterhalb des Städtchens sieht das Gelände aus wie ein Schweizer Käse: Dort erstrecken sich mehr als **300 Karsthöhlen**. Zu besichtigen sind die »Fairy Cave« mit schönen Stalagmiten und Stalaktiten sowie die »Royal Cave« mit unterirdischen Karstseen (Führungen: Okt. bis Ostern 10.00, 11.15, 13.00, 14.15, 15.30, nach Ostern bis Sept. 11.00, 13.00, 15.00 Uhr, www.parkweb.vic.gov.au).

Knapp 14 km südlich von Orbost mündet der **Snowy River** bei Marlo ins Meer. Durch weite Heideflächen und Banksia-Buschland führt eine 19 km lange Küstenstraße zum stürmischen Cape Conran Coastal Park, dessen Schönheit der markierte **Cape Conran Nature Trail** erschließt.

★ Cape Conran Coastal Park

Zusammen mit dem Nadgee Nature Reserve im Nachbarstaat ►New South Wales bildet der Croajingolong National Park eines der zwölf australischen **UNESCO-Biosphärenreservate** – seinen Namen erhielt er vom Kruaetungalung-Stamm der Ben-Kurnai-Aboringines. 1770 entdeckte Kapitän **James Cook** die felsigen Landvorsprünge von Croajingolong vom Bord der »Endeavour«. In der rund 100 km langen, unberührten Küstenzone leben Opossums, Fledermäuse und Goannas, vor der Küste kann man Robben, Wale und Delfine sehen. An den drei Campingplätzen beginnen mehrere markierte Wanderwege, die Parks Victoria in einem kostenlosen Faltblatt vorstellt. Für den **Wilderness Coastal Walk** vom Sydenham Inlet bis Wonboyn im Nadgee Nature Reserve braucht man ein Permit von Parks Victoria (www.parkweb.vic.gov.au). Ein 360-Grad-Panoramablick belohnt den steilen Aufstieg zum Genoa Peak (490 m).

★ Croajingolong National Park

In einer restaurierten Funkstation an der Airfield Road dokumentiert das **WWII Operations Bunker Museum**, wie im Zweiten Weltkrieg die vielen Buchten des Mallacoota-Inlet überwacht wurden (Öffnungszeiten: Di. 9.30 – 12.30 Uhr). Mehrere **Wilderness-Bootstouren** beginnen während der Saison an der Mallacoota Marina. Beliebte Reviere für Kanu- und Kajaktouren sind neben dem Mallacoota Inlet die unteren Läufe von Betka, Genoa und Wallagaraugh River. Als schönste Tauchplätze gelten die Felsen am Bastion Point, geschützte Badestrände finden sich am Betka Beach.

Mallacoota

Typisch für den Nationalpark, der zu den ursprünglichsten und isoliertesten des Bundesstaates gehört, sind die vielen Schluchten – die Little River Gorge ist mit 500 m die tiefste Schlucht Victorias. Die nahen **Little River Falls** stürzen sich in Stufen 600 m tief zu Tal. Die McKillops Bridge ist ein guter Startpunkt für Kanufahrten – wer mag, kann in vier Tagen bis nach Buchan paddeln.

★ Snowy River National Park

★ Phillip Island

T 16

Keine zwei Autostunden trennen ►Melbourne von einer »Naturinsel«, die ihrem Anspruch mehr als gerecht wird: Phillip Island. Bekannt ist vor allem die abendliche Pinguinparade.

Über 60 000 Pinguine leben auf der Insel, doch die Zahl der **Zwergpinguine**, die abends an Land kommen, schwankt je nach Wetter und Jahreszeit – der Rekord liegt bei 2700 Tieren in einer Stunde. Ende September treffen alljährlich die Sturmtaucher ein und bauen ihre Nester in den goldenen Sanddünen von Cape Woolamai, dem höchsten Punkt von Phillip Island. **Surfer** nennen das Meer hier »Magic Lands« – die Wellen hinter dem wilden Strand gehören zu den besten Australiens. Hinüber zur Naturinsel führt eine Brücke, die San Remo mit dem Inseldorf Newhaven verbindet. Touristisches Zentrum und Inselhauptstadt ist **Cowes** mit Pensionen, Restaurants, Cafés und Supermarkt. Seit 1920 werden auf dem 20-Kilometer-Rundkurs von Phillip Island **Motorradrennen** ausgetragen. Im Visitor Centre mit einer Motorsportausstellung beginnen Führungen über die Rennbahn (Beach Road, Cowes, Tel. 03 / 59 52 94 00, www.phillipislandcircuit.com.au).

! *Baedeker* TIPP

Inselidylle

Versteckt in den Gärten des Glen Isla Homestead von 1870 verspricht das preisgekrönte Boutiquehotel raffinierte Eleganz und den Charme der alten Welt (230–232 Church Street, Cowes 3922, Tel. 03 / 59 52 18 82, Fax 03 / 59 52 50 28, www.glenisla.com).

★ **Seal Rocks**

Auf den Felsen vor Point Grant lebt Australiens **größte Seehundkolonie**. Bis zu 16 000 Tiere treffen zur Brutzeit zwischen Oktober und Dezember ein und bringen hier ihren Nachwuchs zur Welt. Einblicke in ihr Leben vermitteln das Besucherzentrum und die Wildlife Coast Cruises (The Esplanade, Cowes, Tel. 1300 / 76 37 39, www.bayconnections.com.au). Nur mit Glück lassen sich die scheuen Koalas

Phillip Island Orientierung

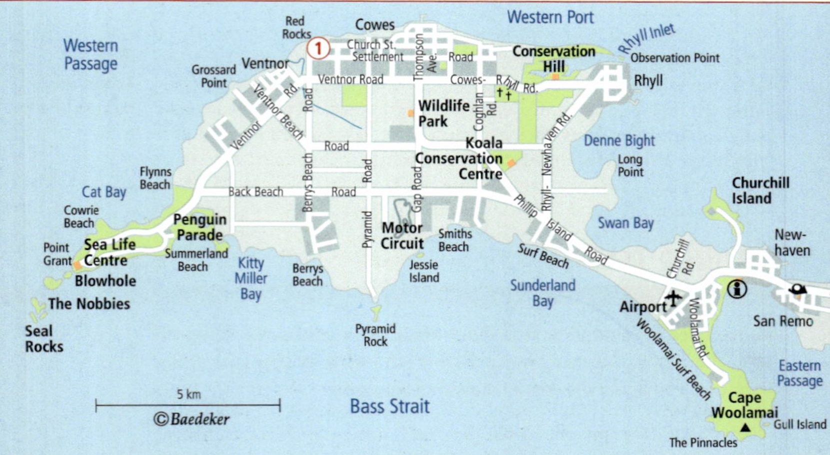

Übernachten

① Glen Isla Homestead

Cape Woolamai auf Phillip Island: ideal für stundenlange Strandspaziergänge

in freier Natur entdecken. Auf zwei Holzwegen, die in 3 m Höhe durch das **Koala Conservation Centre** führen, hocken die wuscheligen Gesellen wenige Meter von den Besuchern entfernt in den Astgabeln und knabbern Eukalyptusblätter (Öffnungszeiten: tgl. 10.00 bis 17.00 Uhr; Phillip Island Tourist Road, www. penguins.org.au).

★★ **Penguin Parade**

Am Summerland Beach im Südwesten der Insel marschieren allabendlich die niedlichen befrackten Zwergpinguine (**Fairy Penguins**) auf. Ziemlich pünktlich nach Sonnenuntergang machen sie sich auf den Weg vom Meer zu ihren Nestern in den Dünen. Diese Attraktion wollen tagtäglich Hunderte oder sogar Tausende Besucher miterleben. Damit man alles besser beobachten kann (von einer Besuchertribüne aus!), werden die Tiere mit Flutlicht angestrahlt. Näher kommt man an die Pinguine von einem zweiten Aussichtsplatz heran (nach Passieren des Besucherzentrums rechts halten). Auf Planken kann man dann neben ihnen hermarschieren bis sie endlich den jeweiligen Nachwuchs erreicht haben. Blitzlichtaufnahmen sind verboten, dennoch ist kaum vorstellbar, dass die Pinguine – manchmal sind es nur einige Dutzend, dann Hunderte – nicht durch das Flutlicht und die vielen Besucher gestört werden. Je nach Einbruch der Dämmerung beginnt die Pinguinparade unterschiedlich früh, sie dauert eine knappe Stunde (Voranmeldung im Besucherzentrum von Phillip Island bei Newhaven oder beim Visitor Centre am Summerland Beach, Öffnungszeiten: tgl. ab 10.00 Uhr; Auskunft Tel. 03 / 59 51 28 00, www.penguins.org.au).

Churchill Island Auf der Nachbarinsel im Norden von Newhaven wird auf einem **Museumshof** das traditionelle Leben einer australischen Farm aufrechterhalten. Auf der Veranda des Haupthauses kann man eine Kaffeepause einlegen und beim **»Working Horse Festival«** zu Ostern einem Hufschmied bei der Arbeit zuschauen.

Strände Eine kräftige Brandung prägt die Strände der Südküste – **Woolomai** und **Smiths Beach** sind Top-Locations für Surfer. Familienfreundliche Strände mit ruhigerem Wasser liegen an der Nordküste.

Portland

R 16

Die älteste europäische Siedlung von Victoria, der einzige Tiefseehafen zwischen ►Melbourne und ►Adelaide, besitzt über 200 historische Gebäude – die schönsten zeigt der »Historic Buildings Walk«.

Sehenswertes in Portland

Maritime Discovery Centre Die hübsche weinrot-weiße **Cable Tram** rattert von Henty Park an der Küste entlang zum RSL Memorial Lookout an der Wade Street und erreicht auf ihrer 4 km langen Route in Hafennähe das Meeresmuseums mit einem der ältesten Seenotrettungsboote der Welt – mit dem 1858 erbauten Kahn wurden 1859 die Überlebenden der »Admella« sowie 1863 die Passagiere der Leck gelaufenen »Julia« gerettet (Öffnungszeiten: tgl. 9.00 – 17.00 Uhr).

Blauwale ► Von November bis Mai halten sich die vom Aussterben bedrohten Blauwale vor der Küste Victorias auf. Am besten lassen sie sich aus der Luft beobachten (www.heliexplore.com.au).

Powerhouse Vintage Car Museum Oldtimer und historische Motorräder zeigt das Museum im ehemaligen Kraftwerk Ecke Glenelg/Percy Street (Öffnungszeiten: Mo. – Fr. 13.00 – 16.00, Sa./So. 10.00 – 16.00 Uhr). Die benachbarten **Botanic Gardens** begeistern vor allem mit ihrer Rosenschau und der Dahlienblüte (Öffnungszeiten: tgl. von Sonnenauf- bis Sonnenuntergang).

Umgebung von Portland

✶ **Great South West Walk** Zu den schönsten Küstenfernwanderwegen gehört die 250 km lange Rundstrecke vom Portland Visitor Centre vorbei an Cape Nelson und Cape Bridgewater durch den Discovery Bay Coastal Park nach Nelson, dann am Lauf des Glenelg durch den Lower Glenelg National Park und den Cobboboonee Forest zurück nach Portland.

Cape Nelson, Cape Bridgewater

11 km südlich von Portland erstreckt sich der **Cape Nelson State Park** rund um einen 1880 errichteten Leuchtturm, der strahlend weiß über der zerklüfteten Küste thront. Spaziergänger haben die Wahl zwischen dem 3 km langen Sea Cliff Nature Walk und dem 6 km langen Lighthouse Walk. Bei den Klippen von **Cape Bridgewater** leben rund 650 australische Pelzrobben. Nur wenige Schritte entfernt ragen im **Petrified Forest** versteinerte Baumstümpfe in den Himmel – die letzten Reste eines einst dichten Waldes mit Moonah-Bäumen (www.parkweb.vic.gov.au).

Discovery Bay Coastal Park, Mount Richmond National Park

Die 50 km langen, hellgelben Sanddünen zwischen Portland und Nelson schützt der Discovery Bay Coastal Park. Mehr als 450 verschiedene **Wildblumen** – besonders im Frühling ein traumhafter Anblick! – blühen im Mount Richmond National Park. Auf den 229 m hohen Gipfel des erloschenen Vulkans führt eine Panoramastraße. Im Buschland leben Kängurus, Koalas und die farbenprächtigen Crimson-Rosella-Plattschweifsittiche (www.parkweb.vic.gov.au).

Lower Glenelg National Park

Den Unterlauf des Glenelg River säumt der Lower Glenelg National Park. Besonders schön: seine 15 km lange Sandsteinschlucht mit bis zu 50 m hohen Felswänden. Die 20 m unter der Erde liegende, 150 m lange Karsthöhle **Princess Margaret Rose Cave** besitzt seltene Höhlenkorallen (www.parkweb.vic.gov.au).

Rutherglen

U 15

»Sydney may have a big harbour, but Rutherglen has a great port.« Stolz verweisen die Bewohner auf ihre kraftvollen Likörweine, die aus den Trauben rund um Rutherglen gewonnen werden.

Weinbauzentrum

Ursprünglich war Rutherglen ein Bergbaustädtchen, doch die Suche nach Gold erwies sich als schwierig – und so setzten die Bewohner auf »flüssiges Gold«: goldgelbe **Likörweine**. Schon 1897 errangen die »Stickies« beim Pariser Weinsalon eine Goldmedaille. Rasch entwickelte sich Rutherglen zum größten Weinbaugebiet Victorias, das heute auch hervorragende Rot- und Weißweine produziert.

Warrnambool

S 16

Von Mai bis September verwandelt sich die Küste an der ▸ Great Ocean Road vor Warrnambool zur Kinderstube der Southern-Right-Wale. Wer will, kann bei einer Walbeobachtungstour oder auf der Plattform am Logan's Beach die sanften Meeresriesen beobachten.

Flagstaff Hill Maritime Village

Wie der Hafenort zur Zeit der großen Segler aussah, zeigt das Museum in der Merri Street mit mehr als **30 restaurierten Gebäuden** und historischen Kuttern am 1859 erbauten Leuchturm und Überresten der Befestigung, abends erzählt die Sound-&-Laser-Show »Shipwrecked« vom tragischen Untergang der »Loch Ard« 1878 (Öffnungszeiten: tgl. 9.00 – 17.00 Uhr, www.flagstaff hill.com).

! *Baedeker* TIPP

Simply the best!

Garnelen satt, knusprige Tintenfischringe und die besten Fish & Chips der Region gibt's bei Wishart's at the Wharf mit Blick auf die beschauliche Hafenmole von Port Fairy (29 Gipps Street, Tel. 03 / 55 68 18 84).

Ungefähr 25 km westlich, im Fischerdorf **Port Fairy**, werden mehr als 50 Kolonialgebäude am River Moyne vom National Trust betreut – auch das **Caledonian Inn**, in dessen Pub der erste Alkohol Victorias ausgeschenkt wurde. Hinter der Flotte der Hummerfischer, die im Hafen dümpelt, führt ein Damm zur Griffith Island. Im September kommen die Sturmtaucher aus Sibirien hierher, um ihre Eier auszubrüten und die Jungen großzuziehen.

★★ Wilsons Promontory National Park

K 16

»Wilsons Prom« markiert den südlichsten Punkt des australischen Festlands. Die Halbinsel, ein verwittertes Granitgebirge mit bewaldeten Hängen, Heideflächen, Salzmarschen und Sanddünen, die weite Buchen mit mächtigen Felsenblöcken an feinsandigen Stränden säumen, schützt seit 1898 ein Nationalpark.

Für die Aborigines gehört Wilsons Promontory zum mythischen Land »Yiruk« oder »Wamoom«, dem seit Jahrtausenden mit kleinen Muschelbergen hinter den Stränden gehuldigt wird. Entstanden ist die Landmasse des »Prom« vor 400 Mio. Jahren, seine Höhenzüge fanden auf ► Tasmanien ihre Fortsetzung. Durch den Ansteig des Meeresspiegels wurde vor 15 000 Jahren die Landbrücke gekappt, das Gebiet wurde zur Insel, die erst später durch den Yanakie Isthmus wieder Landanschluss erhielt. Im Nationalpark sind mehr als 700 Pflanzen endemisch, leben viele Kängurus, Emus und Wombats.

Sehenswertes im Wilsons Prom und Umgebung

Wanderungen im Nationalpark

Hinter **Yanakie** beginnt die asphaltierte Zufahrtsstraße in den Park, die nach 46 km in **Tidal River** endet – mit Zeltplätzen, Hütten, Kramladen und Besucherzentrum. Knapp 300 m lange Short Walks

Über gewaltige Granitfelsen geht es hinunter zum Squeaky Beach.

führen zur Picnic Bay, zum Whisky Beach und zum Squeaky Beach. Kurz vor Tidal Rover zweigt links eine Stichstraße zum Parkplatz unterhalb von **Mount Oberon** ab – für den etwa einstündigen Aufstieg zum 558 m hohen Gipfel belohnt ein Panoramablick über den Nationalpark. Schönste Kurzwanderung von Tidal River ist der auch für Rollstuhlfahrer geeignete **Loo Errn Track**, ein herrlicher Plankenweg entlang dem Tidal River zur Norman Bay. Die südlichsten Mangroven der Welt lassen sich auf einer einstündigen Wanderung auf dem **Millers Landing Nature Walk** erleben. Wer wie einst der Leuchtturmwärter in der **Wilsons Prom Lightstation** von 1859 an der Südostspitze übernachten will, muss Monate im Voraus reservieren (www.parkweb.vic.gov.au). Bei allen Mehrtageswanderungen muss zuvor eine Genehmigung im Besucherzentrum eingeholt werden! Der Nordosten des »Prom« ist als Wilderness Zone eingestuft und nur für Wanderer mit Navigationserfahrung zu empfehlen.

Foster

Neben der einstigen Victorymine erinnert im alten Postamt von Foster ein Museum an die Blütezeit des Goldrausches. Vom **Foster North Lookout**, 6 km nordwestlich, eröffnen sich weite Blicke über das Corner Inlet und Wilsons Promontory. Speedsurfer schätzen das Shallow Inlet wegen seiner starken Winde. 3 km östlich von Foster lädt an der Fish Creek Road das Weingut **Windy Ridge** zur Verkostung (www.windyridgewinery.com.au).

Port Albert

Zu den ältesten Hafenstädten des Bundesstaates gehört das 1841 gegründete Port Albert 55 km östlich von Foster, das noch einige restaurierte Bauten aus dem 19. Jh. besitzt, darunter das seit 1844 lizenzierte Port Albert Hotel. Riesige Anker, Ausrüstungen von Lebensrettern und Exponate der Schifffahrt birgt das **Port Albert Maritime Museum** in der ehemaligen Bank of Victoria (Öffnungszeiten: Sept. bis Mai tgl. 10.30 – 16.00 Uhr, Juni – Aug. nur Sa., So.).

★ Yarra Valley

J 15

Eine Autostunde nordöstlich von ►Melbourne erstreckt sich Victorias ältestes Weinbaugebiet: das Yarra Valley – 1838 pflanzten die Ryrie Brothers auf Yering Station die ersten Reben.

Edle Tropfen Heute produzieren über 55 Winzer in den weiten, sanft gewellten Tälern rings um Yarra Glen samtig weiche Chardonnays, kristallklaren Sauvignon Blanc, pfeffrig-beerigen Shiraz sowie Schaumweine von Weltruf. Die Schilder vor den Rebhängen gleichen einem Who's

YARRA VALLEY ERLEBEN

AUSKUNFT

Yarra Valley
Visitor Information Centre
The Old Courthouse, Harker Street
Healesville VIC 3777
Tel. 03 / 759 62 26 00
www.visityarravalley.com.au

VERANSTALTUNGEN

Edle Tropfen, Kochkunst und Livemusik prägen das »Grape Grazing Festival« (www.grapegrazing.com.au), das 21 Weingüter Mitte Feb. feiern. Ende März erinnert Yarra Glen an die australische Operndiva Dame Nellie Melba mit dem »Melba Festival« (www.yarraglen.com).

ESSEN

► **Erschwinglich**

Yering Station Wine Bar
38 Melba Highway
Yarra Glen VIC 3775
Tel. 03 / 97 30 11 07
www.yering.com
In Australiens ältester Kellerei stimmt Shane Delia sämtliche Gerichte auf die Weine des Yarra Valley ab.

De Bortoli
Winery & Restaurant
58 Pinnacle Lane
Dixons Creek VIC 3775
Tel. 03 / 59 65 22 71
www.debortoli.com.au
Mediterrane Küche mit Panoramaausblick über die Weingärten aus jedem Fenster

ÜBERNACHTEN

Baedeker-Empfehlung

► **Luxus**

Chateau Yering
Melba Highway
Yering VIC 3770
Tel. 1800 / 23 73 33
Fax 03 / 92 37 33 00
www.chateauyering.com.au
Das herrschaftliche Relais-&-Château-Hotel auf dem Weingut Yering Station verwöhnt mit 20 luxuriösen Nostalgiesuiten und dem Gourmet restaurant »Eleonore«.

Who der besten australischen Winzer: Michelton, Fergusson, De Bortoli, Domaine Chandon – 40 von ihnen haben ihre Kellertüren geöffnet und laden zur Weinprobe. Edle Tropfen, Kochkunst und Livemusik prägen das **»Grape Grazing Festival«** (Infos: www.grapegrazing.com.au), das zwei Dutzend Weingüter Mitte Februar feiern.

! *Baedeker* TIPP

Champagne Ballooning

Mit einem Glas Champagner im Heißluftballon den Sonnenaufgang über dem Yarra Valley genießen, mit Kellermeistern exquisite Weine testen, stilvoll am Morgen und zu Mittag schlemmen: ein wirklich prickelndes Erlebnis! Global Ballooning, Tel. 03 / 94 28 57 03, www.globalballooning.com.au.

Sehenswertes im Yarra Valley

Yarra Glen

Das 2000-Einwohner-Städtchen inmitten von Weingärten ist für seine Märkte bekannt – an jedem 1. Sonntag im Monat lockt der **Yarra Glen Craft Market** mit Kunsthandwerk, jeden 3. Sonntag im Monat gibt es die besten Erzeugnisse der Region beim **Yarra Valley Regional Food Group Farmers' Market**. Ende März erinnert Yarra Glen an die australische Operndiva Dame Nellie Melba mit dem »Melba Festival« (www.yarraglen.com; ►Berühmte Persönlichkeiten).

★ Healesville

Von den wichtigsten Weingütern des Tals umgeben ist das Zentrum des Lower Yarra Valley, die betriebsame Kleinstadt Healesville (9000 Einw.). Hauptattraktion ist der bereits 1934 eröffnete Tierpark **Healesville Sanctuary**. Die Außenstelle des ►Melbourne Zoo hat sich auf australische Tiere spezialisiert (tgl. 9.00 – 17.00 Uhr). Moderne australische Kunst seit 1950, vor allem Werke von Fred Williams, Albert Tucker und Clifton Pugh, präsentiert das **Tarra Warra Museum of Art** (311 Healesville – Yarra Glen Road); den spektakulären Bau für die Privatsammlung von Eva und Marc Besen gestaltete Allan Powell (Öffnungszeiten: Di. – So. 11.00 – 17.00 Uhr).

Lilydale

Nach dem Abschied von der Bühne wählte die berühmte australische Sopranistin Dame **Nellie Melba** (1861 – 1931 ►Berühmte Persönlichkeiten) den Ort Lilydale (12 700 Einw.) als Ruhesitz. Erinnerungsstücke an die Diva präsentiert das Lilydale Museum in einem neoklassizistischen Bürobgebäude von 1889 (Öffnungszeiten: Mi. bis So. 11.00 – 16.00 Uhr). In der Kleinstadt beginnt auch der idyllische **Lilydale to Warburton Rail Trail**, eine 38 km lange Route für Reiter, Radler und Wanderer entlang einer 1901 erbauten, 1964 stillgelegten Gleisstrecke (www.yarravalleytrails.org.au). Leihräder gibt es bei Lilydale Cycles, gleich neben dem alten Bahnhof.

WESTERN AUSTRALIA

Kürzel: WA
Fläche: 2 529 875 km²
Hauptstadt: Perth
Symbolpflanze: Kangaroo Paw (Anigozanthos manglesii)
Bevölkerungszahl: 2,2 Mio. (davon Perth: 1,7 Mio.)
Symboltiere: Numbat (Ameisenbeutler) und Schwarzer Schwan

Der wilde Westen boomt. Selbstbewusst präsentiert sich Westaustralien als Schatzkammer der Nation mit sonnigem Klima und endlosen Traumstränden, faszinierenden Naturwundern und einer fröhlichen Hauptstadt, schnellen Flugverbindungen und gut ausgebauten Highways, jungen Weinbaugebieten und einigen der schönsten Nationalparks des Landes.

The Golden State

Grillen zirpen. Der rostrote Fels atmet noch die Hitze des Tages aus und knackt dann und wann, wenn sich das abkühlende Gestein zusammenzieht. Der Wüstenwind hat sich gelegt und der Vollmond hüllt das karge Land in einen silbern-weichen Schleier. **Baobabbäume** recken ihre dürren Äste in die Höhe, als wollten sie dem Sternenhimmel Wasser entlocken. Doch regnen wird es in den **Kimberleys** erst wieder in einigen Monaten, wenn die Tropenluft aus dem Nordwesten Regen nach Westaustralien bringt. Erst dann werden die Affenbrotbäume wieder in frischem Grün erblühen.

Die schroffen, unwirtlichen und doch wunderschönen Kimberley-Berge Westaustraliens sind nur eines der vielen Naturwunder des größten australischen Bundesstaates. Zwischen Kununurra im Nordosten und Cape Leeuwin im Südwesten erwarten den Besucher einige der ältesten Landschaften der Erde: Bis zu 4 m hoch ragen die **Pinnacles** nahe Cervantes aus dem goldgelben Wüstensand. Die Sonne hat vertrockneten Baumstümpfen im Laufe vieler Jahrtausende eine Kalk- und Sandschicht nach der anderen aufgebrannt – und so entstanden die Felsnadeln. Wie das Riesenmaul eines gähnenden Nilpferds erscheinen die 400 Mio. Jahre alten Schluchten des **Karijini-Nationalparks**, besonders eindrucksvoll am Oxer's Lookout, wo sie

i Topziele in WA

- Gibb River Road – Traumpiste für Outbackfans ►Seite 534
- Kimberley Mountains – endlose Weite und gewaltige Schluchten ►Seite 534
- Wave Rock – steinerne Riesenwelle ►Seite 536
- Nambung National Park – The Pinnacles ►Seite 550
- Ningaloo Reef – faszinierende Unterwasserwelt ►Seite 551
- Perth – charmante Hauptstadt ►Seite 557
- Purnululu National Park – bizarre Sandsteinkolosse ►Seite 567
- Shark Bay – World Heritage Area ►Seite 569

← Statt vom Boot aus nach Walhaien Ausschau zu halten, kann man im Ningaloo Marine Park mit den friedlichen 18-Meter-Kolossen schnorcheln.

Western Australia

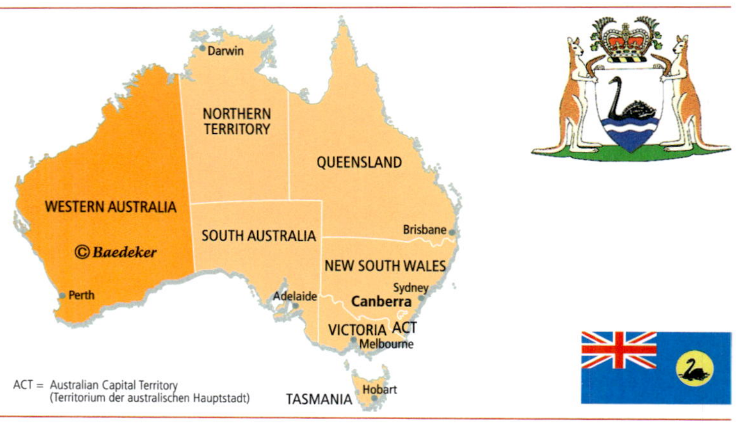

aufeinander treffen. Im Norden des Bundesstaats zeugen die schwarz-gelben Sandsteinhügel der Bungle Bungle Range im **Purnululu National Park** von Jahrmillionen turbulenter Erdgeschichte. Wie eine zu Stein erstarrte Riesenwelle begann sich der **Wave Rock** vor 2700 Mio. Jahren aus der Wüste aufzubäumen. Einzigartige Naturwunder prägen Western Australia ebenso wie der ungemein **entspannte Lebensstil** an den Traumstränden rund um die sonnige Hauptstadt **Perth**, wo sich Schwarze Schwäne am Swan River tummeln. Die »entlegenste Großstadt der Welt« verzeichnet ein rasantes Wirtschaftswachstum und verwöhnt mit allen urbanen Annehmlichkeiten – nirgendwo sonst in Australien leben mehr Millionäre pro Quadratkilometer.

Staat der Extreme

Westaustralien ist ungefähr siebenmal so groß wie Deutschland – das entspricht einem Drittel des gesamten australischen Kontinents. In und um Perth leben die weitaus meisten der gut 2 Mio. Einwohner. In der Hauptstadt erzählen wuchtige Bankgebäude vom Wohlstand des **»Golden State«**, der sich als Wahlheimat, Wirtschaftsstandort und Urlaubsziel wachsender Beliebtheit erfreut.

Im karstigen Erdreich ruhen auch noch ordentliche Mengen Gold. Ausgebuddelt wird es in der Diggerstadt **Kalgoorlie**. Noch heute gilt ein Landstreifen nahe Mount Charlotte – auch Golden Mile genannt – als der goldreichste Quadratkilometer der Welt. 1893 bargen Paddy Hannan, sein irischer Kompagnon Thomas Flanagan und Dan Shea mit einfachsten Spaten und mühevoll gezimmerten Holzsieben den ersten Nugget. Wie damals weht der heiße Wüstenwind auch heute Goldgräberstimmung durch die Straßen von Kalgoorlie, zwischen den roten, blauen und grünen Fassaden knarzender Holzbauten aus der Zeit um 1900. Immer noch bergen Tausende von Minenarbeitern das Edelmetall in großen Mengen. Schaufelradbagger wühlen die Erde heute dort auf, wo einst Heerscharen von **Goldsuchern** mit Spaten und Dynamitpatronen dem Traum vom Reichtum nachjagten. Bis heute geblieben ist der Wunsch, den »Big Find«, den großen Fund zu machen, für den es Tausende von Dollars Prämien gibt.

Westaustraliens notorische **Hitze** stellt die Urlauber im Sommer oft auf eine harte Probe. Die Provinz Pilbara zählt zu den heißesten Gegenden der Erde. **Marble Bar**, gut 200 km südöstlich von Port Hedland gelegen, verzeichnet Jahr um Jahr neue Temperaturrekorde. Das Etikett »Australias hottest town« verdankt die kleine Gemeinde der Tatsache, dass die Tageswerte im Sommer 1923/1924 an 160 aufeinander folgenden Tagen die Marke von 38 °C übersprangen. Ähnlich heiß kann es in den Kimberley-Bergen und sogar in Perth werden. Kein Wunder, dass Westaustralien den Löwenanteil an Australiens Great Deserts, dem Wüstengürtel, einnimmt.

Zum Abkühlen müssen die Westaustralier allerdings nicht nach Queensland fliegen! Denn **Superstrände** gibt es in Hülle und Fülle: einsame, endlose und meistens quallenfreie Sandmeilen, die sich – wie etwa der **Cable Beach** in Broome – über viele Kilometer an der 12 500 km langen Küstenlinie des Indischen Ozeans entlangziehen. Wem es zu heiß wird, der flüchtet in Westaustraliens grünen Garten. Im Süden regnet es mehr als im Rest des Landes. Darauf verweisen Orte mit seltsamen Endungen wie Manjimup, Boyanup, Dardanup, Nannup. »Up« bedeutet in der Sprache der Ureinwohner Wasser, Quelle. Überall an diesen Orten fanden die Aborigines das begehrte Nass. Nach den Winterregen, etwa ab September, legt hier der Frühling bunte **Wildblumenteppiche** über das Land. Callistemon, Graslilie, Banksie oder Melaleuca stehen dann in voller Pracht.

Der Niederländer **Dirk Hartoog** entdeckte die Westküste Australiens schon im Jahre 1616. Passatwinde hatten ihn, wie viele andere holländische Seefahrer auch, auf dem Weg nach Jakarta vom Kurs abge-

! *Baedeker* TIPP

Tauchen in Down Under

Westaustralien gilt als exotisches Tauchreiseziel. Zu den Highlights gehört das 260 km lange **Ningaloo Reef**, das im Artenreichtum dem Great Barrier Reef in nichts nachsteht (www.ningalooreefdive.com). Anders als vor Queensland gibt es in Westaustralien keine Probleme mit Quallen. Von April bis Juli kann man hier mit Walhaien, ab Ende Juni mit Mantas schnorcheln. Lange Bootsfahrten entfallen, da das Riff direkt vor der Küste liegt.

Aber auch vor Perth gibt es um die Insel **Rottnest** mehrere Korallenriffe und betauchbare Wracks (www.rottnestisland.com).

Ein weiterer Tipp ist **Rowley Shoals** (Kimberley), ein Korallengarten 300 km westlich von Broome, der nur auf einer mehrtägigen Tauchsafari zu erreichen ist.

Bei den **Abrolhos** (Mid West) tummeln sich entlang der Küste wegen eines warmen Meeresstroms tropische Fischarten und am **Recherche-Archipel** vor Esperance lässt sich die 174 m lange »Sanko Harvest« erkunden. Weitere berühmte und auch für Tauchanfänger geeignete Wracks sind die »Swan« vor Dunsborough und die »Perth« vor Albany.

Infos unter http://diversionoz.com/de/gbr-overview.htm

bracht. Nahe der heutigen Shark Bay landete er an einer kleinen Insel. Dort sollte auch **William Dampier** in den Jahren 1688 und 1698/1699 vor Anker gehen. Wenig schmeichelnd schrieb er über die Ureinwohner des Hollandia Nova (Neuholland) genannten Territoriums, sie zählten zu den »jämmerlichsten Völkern der Erde«, denn »wenn man ihre menschliche Gestalt außer Acht lässt, ähneln sie eher Tieren«. Das Land selbst bezeichnete er als »ödesten Ort auf Erden«.
Captain **James Stirling** war da ganz anderer Meinung. Begeisterte Berichte sandte er nach seiner Landung im Süden 1828 ans Kolonialministerium in London. Das angeblich so heiße, wüstenhafte und öde Land enthalte äußerst wertvollen Ackerboden, Wasser und Wälder. Man reagierte sofort – auch um den Franzosen zuvorzukommen, deren Schiffe bereits vor der Küste kreuzten. Am 2. Mai 1829 sollte **Captain Charles Fremantle** offiziell die Kolonie Westaustralien gründen.

✶ Albany

E 14

»Was für ein wunderschöner Hafen!«, schrieb Captain George Vancouver begeistert an die Admiralität in London. Im September 1791 war er dort vor Anker gegangen, wo 1827 die erste Siedlung der späteren Kolonie Westaustralien gegründet werden sollte.

Zentrum des Walfangs

Dank der vielen Walfänger, die sich hier niederließen, wuchs die Siedlung schnell. Heute zählt das 400 km südöstlich von ►Perth gelegene Küstenstädtchen mehr als 20 000 Einwohner. Aufgrund seiner herrlichen Sandstrände und einer zerklüfteten, buchtenreichen Küste hat es sich zum Zentrum von **»Great Southern«** entwickelt, wie die beliebte Ferienregion auch genannt wird. Zudem gibt es noch schöne Ziele in der Nähe, u. a. die Stirling Range oder der Torndirrup National Park.
Sehr bald schon zog das Walfang-Unternehmen Cheynes Beach Whaling die ersten Fabrikhallen hoch, in denen die getöteten Pottwale zerlegt und weiterverarbeitet wurden. Bis zu 850 der gigantischen Meeressäuger ließen noch bis 1984 alljährlich im King George Sound ihr Leben. Die Station im Torndirrup National Park ist heute das größte Walfängermuseum der Erde.

✶ Whale-Watching

Zwischen Juli/August und Oktober fahren Boote hinaus zur Walbeobachtung und nähern sich bis auf wenige Meter den bis zu 20 m langen, tonnenschweren Giganten der Meere. Whale-Watching-Touren sollten wegen des großen Andrangs unbedingt einige Tage im Voraus gebucht werden. Morgens um 9.30 und nachmittags um 17.30 Uhr fahren Boote von **Silver Star Cruises** (www.whales.com.au) und von **Albany Whale Tours** (www.albanywhaletours.com.au) zu zwei- bis dreistündigen Beobachtungsfahrten hinaus aufs Meer.

Sehenswertes in Albany

Viktorianisches Erbe

In der Stadt gibt es noch einige Gebäude aus den Gründerjahren. So hat sich in der Stirling Terrace eine fast geschlossene Häuserfront im viktorianischen Stil erhalten. Über die Geschichte der Seefahrt und über die Natur im Südwesten informiert das **Western Australian Museum** in der Residency Road (Öffnungszeiten: tgl. 10.00 – 17.00 Uhr, www.museum.wa.gov.au/oursites/albany/albany.asp). Vor dem Museum befindet sich ein Nachbau der Brigg »Amity«. Dieses Segelschiff brachte 1826 unter dem Befehl von Major Lockyer die ersten europäischen Siedler von ► Sydney nach Albany (Öffnungszeiten: tgl. 9.30 bis 16.00 Uhr).

Das benachbarte **Albany Convict Goal** von 1851 lädt heute als Heimatmuseum auch zu schaurigen Nachttouren (Öffnungszeiten: 10.00 bis 16.00 Uhr, Nachttouren Fr., Sa. nach Voranmeldung, Tel. 03 / 98 45 10 20, www.historicalbany.com.au/convictgaol.htm). Seit Sommer 2007 ebenfalls hier zu sehen ist die »Miniature World«, eine liebevoll gestaltete Miniaturstadt. Ältestes Gebäude der Stadt ist das **Patrick Taylor Cottage** von 1832 (39 Duke Street, Öffnungszeiten: tgl. 10.00 bis 15.00 Uhr). Aus der Gründerzeit stammt auch die St. John's Church von 1848 in der York Street, in deren Lady Chapel ein Bogenabschnitt aus der Londoner St. Paul's Cathedral zu sehen ist.

Beachtung verdienen ferner das **Old Post Office** von 1870 mit seinem hohen Uhrturm, Sitz des Inter Colonial Communications Museum (Öffnungszeiten: 10.00 – 16.00 Uhr), und die **Old Farm** am Strawberry Hill, ein 2 km außerhalb gelegenes Landhaus von 1836 (Öffnungszeiten: tgl. 10.00 – 16.00 Uhr).

ALBANY ERLEBEN

AUSKUNFT

Albany Visitor Information Centre
Old Railway Station
Proudlove Parade
Tel. 08 / 98 41 92 90
www.albanytourist.com.au

ESSEN

► **Erschwinglich**

Leonardo's Ristorante
164 Stirling Terrace
Tel. 08 / 98 41 17 32
Fangfrisches regionales Seafood, von Küchenchef Mark italienisch zubereitet. Ebenso ein Hochgenuss: die Desserts.

ÜBERNACHTEN

► **Luxus / Komfortabel**

The Priory Boutique Lodge
55–59 Burt Street Mount Clarence
Tel. 08 / 98 41 89 10
www.thepriory.com.au
Elegante viktorianische Landvilla mit acht nostalgischen Zimmern und köstlichem Gourmetfrühstück!

► **Günstig**

Albany Discovery Inn
9 Middleton Road
Tel. 08 / 98 42 55 35
www.discoveryinn.com.au
Gemütliches Ferienresort aus den 1920er-Jahren, 100 m vom Strand

Mount Clarence, Mount Melville

Von den beiden Gipfeln des Mount Clarence und des Mount Melville, 3 km südöstlich des Stadtzentrums, genießt man **herrliche Ausblicke** über die Küste, die Stadt und ihr Hinterland, wo sich die bizarren Berge der Stirling Range und die Granitfelsen des Porongurup National Park erheben. Auf dem Mount Clarence erinnert ein wuchtiges Reiterstandbild an die Gefallenen des Ersten Weltkriegs – viele der bei Gallipoli Gefallenen waren in Albany an Bord gegangen.

Umgebung von Albany

✶ **Torndirrup National Park**

Der Nationalpark mit seinen beeindruckenden Küstenformationen gehört dank seiner leichten Erreichbarkeit – 10 km südlich von Albany – zu den meistbesuchten Parks in Westaustralien. Die schönste Zeit beschert der Frühling, wenn die Wildblumen blühen. Im Park gibt es keine Übernachtungsmöglichkeiten, jedoch eine Informationsstelle und eine Rangerstation.

Klippen, Spalten, Gischtlöcher und Strände zwischen Landzungen begrenzen den Park an der Südflanke des King George Sound. Stichstraßen führen zu verschiedenen Sehenswürdigkeiten. Grandios ist der Ausblick von der Besucherterrasse bei **»The Gap«**, einem 30 m tiefen Felseinschnitt in den Klippen. Zu den Highlights des Parks gehören ferner die Natural Bridge sowie die Gischt sprühenden **Blowholes**. Eine sechsstündige Wanderung führt über den Isthmus Hill zur Flinders-Halbinsel, zum Limestone Head und Bald Head. Ebenfalls auf dem Gelände des Nationalparks befindet sich die ehemalige Walfangstation **Albany Whale World**, die zu einem äußerst informativen Erlebnismuseum umgestaltet wurde (Frenchman Bay Road, Öffnungszeiten: tgl. 9.00 – 17.00 Uhr, www.whaleworld.org).

✶ **Stirling Range National Park**

Von Albany aus erreicht man die 80 km nördlich gelegenen schroffen Gipfel der Stirling Range in einer knappen Stunde. Beste Besuchszeit ist wegen der **Wildblüte** der späte Frühling und frühe Sommer von Oktober bis Dezember. Die Winter sind kalt und niederschlagsreich, manchmal fällt hier sogar etwas Schnee. Die Anfahrt erfolgt von Albany über die Chester Pass Road, die den Park durchquert. Die Zufahrtsstraßen von Cranbrook, Kendenup und vom Mount Barker sind nicht asphaltiert, aber gut zu befahren. Im Park ist Camping nur bei Moingup Springs gestattet, mit Permit der Ranger. Vor der Parkeinfahrt im Norden liegt ein gut eingerichteter Caravan- und Campingpark.

Kegelförmige Gipfel, schroffe Zacken, Felskamine und Sattel erheben sich abrupt aus der landwirtschaftlich genutzten Ebene im Süden. Zwölf Gipfel sind über 750 m hoch, **Bluff Knoll** ist mit 1073 m der höchste. An den Hängen gibt es Eukalyptuswälder, berühmt ist der Nationalpark jedoch wegen seiner Wildblüte. Über 1000 Pflanzenarten wachsen in der Stirling Range, darunter 60 endemische, die **Mountain Bells/Darwinia** gilt als botanische Besonderheit. Auch die Tierwelt ist vielfältig vertreten, vom grauen Riesenkänguru bis zum winzigen Honigopossum. Der Park ist ein Paradies für Wanderer. Manche Gipfel werden durch Pfade von den Parkplätzen bis zur Spitze erschlossen. Herrliche Ausblicke belohnen den steilen Aufstieg. Die schönsten Wanderwege führen zum Bluff Knoll (3 Std.), Toolbrunup Peak (3 Std.), Mount Trio (2 Std.), Mount Hassell (2 Std.) und Mondurup Peak (2 Std.) – alle Wege sind ziemlich steil.

Denmark

Mit Deutschlands nördlichem Nachbarland hat das Küstenstädtchen 55 km westlich von Albany nichts zu tun, dafür gibt es hier Elefanten! Wer das nicht glaubt, der fahre an die **Elephant Rocks** im William-Bay-Nationalpark, gut 13 km westlich von Denmark. Mit ein klein wenig Fantasie erkennt man in den durch die Brandung seltsam zugeschliffenen Granitbrocken tatsächlich die Formen grauer Dickhäuter. Südlich von Denmark erstreckt sich der bei Surfern angesagte **Ocean Beach**. Landschaftlich reizvolle Routen führen durch das Valley of Giants (► Nornalup) sowie durch Naturschutzgebiete an der Küste, z. B. den Walpole Nornalup National Park um Walpole, den man am besten im Frühling zur Wildblüte besucht.

Die Felsküste von Cape Leeuwin ist der südwestlichste Punkt des australischen Festlands.

Augusta

D 14

Das beschauliche kleine Fischerdorf Augusta thront 320 km südlich von ►Perth auf einer Anhöhe zwischen Hardy Inlet und dem Meer.

Cape Leeuwin

Nur 2 km sind es bis zum Cape Leeuwin, dem **südwestlichsten Punkt Australiens** (►Abb. S. 521). Hier bläst der kalte Südwestwind oft so stark, dass es den gut 100 m vom Meer entfernten, 1895 erbauten Leuchtturm sogar in Gischtnebel taucht (Öffnungszeiten: tgl. 9.00 – 16.00 Uhr). Der Aufstieg lohnt wegen des herrlichen Blicks auf die Küste, an der zwischen Mai und November **Wale** vorbeiziehen.

✶ Tropfsteinhöhlen

Wer hierher kommt, hat vor allem ein Ziel: die Tropfsteinhöhlen des **Cape Leeuwin Naturaliste National Park** an der Caves Road zwischen Augusta und ►Margaret River. Wie Perlen an einer Kette reiht sich eine Kaverne an die nächste – insgesamt mehr als 350. Besonders eindrucksvoll ist die illuminierte **Jewel Cave**, 8 km nördlich von Augusta (Führungen: 9.30, 10.30, 11.30, 12.30, 13.30, 15.30 Uhr). Rotes, blaues, orangegelbes, violettes und grünes Licht verzaubert die gewaltigen Stalagmiten und Stalaktiten, die zu den größten der Welt zählen. In der Höhle wurden zudem die versteinerten Überreste eines Tasmanischen Tigers gefunden, der mittlerweile ausgestorben ist. Empfehlenswert ist auch ein Besuch der **Lake Cave** zwischen Augusta und ►Margaret River, deren Eingang von einem Karri-Baumriesen mit einem Umfang von mehr als 7 m bewacht wird (Öffnungszeiten wie Jewel Cave). Sowohl **Seelöwen** als auch **Neuseeland-Pelzrobben** lassen sich häufig entlang der Küstenfelsen beobachten.

✶ Broome

H 5

Zehn Tage lang im August erinnert in Broome das Shinju Matsuni Festival mit japanischen Traditionen an die Blütezeit als »Perlenhauptstadt der Südhalbkugel«. Ausgedehnte Strandspaziergänge garantiert der kilometerlange Cable Beach mit XXL-Breite.

Schon kurz nach der Stadtgründung 1883 machten Geschichten die Runde vom sagenhaften Reichtum, der auf dem Meeresboden der Roebuck Bay »einfach nur so herumliegt«: Weiße, glänzende **Naturperlen**! Wie anderswo der Goldrausch, lockten die runden Pretiosen Tausende neuer Siedler an. 1910 wurden in der Roebuck Bay fast 400 **»Lugger«** gezählt – kleine, hölzerne Perlentaucherboote. Chi-

? WUSSTEN SIE SCHON ...?

- ... dass es auch den Dinosauriern in Broome gefiel? Auf den zerklüfteten Felsen von Point Gantheaume haben sie vor 130 Millionen Jahren ihre Fußabdrücke hinterlassen.

BROOME ERLEBEN

AUSKUNFT

Broome Visitor Centre
Ecke Broome Road/Short Street
Tel. 08 / 91 92 22 22
www.broomevisitorcentre.com.au

ESSEN

► Erschwinglich
Matso's Café & Brewery
60 Hamersley Street
Tel. 08 / 91 93 58 11
www.matsosbroomebrewery.com.au
Im angesagten Restaurant mit eigener Brauerei ist für alle Bedürfnisse aufs Angenehmste gesorgt.

ÜBERNACHTEN

Baedeker-Empfehlung

► Luxus/Komfortabel
Cable Beach Club Resort
Cable Beach Road
Tel 08 / 91 92 04 00, Fax 91 92 25 83
www.cablebeachclub.com
260 Z. und Studios, 80 Bungalows
Die 10 ha große Ferienanlage am traumhaften Cable Beach gehört zu den schönsten in ganz Australien – genau das Richtige für einen unvergesslichen Familienurlaub.

nesen, Japaner, Aborigines, Südsee-Insulaner – sie alle wollten das schnelle Glück mit den Händen greifen. Doch viele fanden statt der begehrten Schmuckstücke den Tod, wovon auch die fast 900 Gräber des japanischen Friedhofs zeugen. Mit der Weltwirtschaftskrise und dem Aufkommen von Zucht- und Kunstperlen endete der Boom in den 1930er-Jahren. Im März 1942 bombardierte die japanische Luftwaffe Broome und den Flughafen.

Heute locken das **sonnige Wetter** und Temperaturen, die selbst im Winter nie unter 25 °C sinken, die kälteempfindlichen Westaustralier zwischen Juni und Oktober nach Broome. Und natürlich der breite, feinsandige und flache **Cable Beach**, der sich über 22 km von Broome in Richtung Norden zieht – benannt wurde er nach der ehemaligen Telegrafenleitung zwischen Broome und der indonesischen Insel Java. Am Strand reihen sich schicke Apartments und luxuriöse Traumhotels aneinander, von deren Frühstücksterrassen aus der Gast direkt aufs Meer blickt.

Ein ganz besonderes Schauspiel bietet sich in klaren Vollmondnächten zwischen März und Oktober: die gigantische **»Leuchttreppe zum Mond«**. Da zu dieser Zeit eine be-

Auf dem Friedhof von Broome erinnern Grabsteine an die japanischen Perlentaucher.

Allabendlich zieht eine Kamelkarawane zum Sonnenuntergang am Cable Beach.

★ Staircase to the Moon ►

sonders starke Ebbe herrscht – die Gezeitenunterschiede können bis zu 10 m betragen –, reflektiert das feucht-geriffelte Watt das Mondlicht bis zum Horizont – ein himmlisches Naturspektakel. Das »Staircase to the Moon« genannte Phänomen wird in Broome natürlich gefeiert. An der Cable Beach Road kann man über die **Staircase-Markets** laufen, kleine Snacks essen, etwas trinken oder sich von Kleinkünstlern unterhalten lassen.

Sehenswertes in Broome und Umgebung

★ **Chinatown**

An der mangrovengesäumten Roebuck Bay lädt Chinatown mit kleinen Läden und geduckten Häuschen zum Bummeln ein. Einen Eindruck von der Perlenfischerei vermittelt das **Broome Historical Society Museum** im Old Customs House an der Saville Street (Öffnungszeiten: Mo. – Fr. 10.00 – 16.00, Sa., So. nur bis 13.00 Uhr).
Die meisten Gebäude in Chinatown sind heute Perlengeschäfte und Restaurants. Viel Charme strahlt auch das 1916 eröffnete, hölzerne Sun-Pictures-Kino in der Carnarvon Street aus. In diesem ältesten **Open-Air-Filmtheater** der Welt kann man unter dem funkelnden Sternenhimmel jeden Abend Filme sehen (Tel. 08 / 91 92 10 77, www.sunpictures.com.au).

★ Sun Pictures ►

Crocodile Park

Im Crocodile Park an der Cable Beach Raod (Öffnungszeiten: Mo. bis Fr. 10.00 – 16.00, Sa., So. ab 14.00 Uhr) von TV-Tierfilmer Malcom Douglas leben **Salz- und Süßwasserkrokodile**. 16 km außerhalb von Broome sind im **Wilderness Park** Cassowaries, Wallabies, Emus und andere australische Tiere heimisch (Great Northern Highway, Öffnungszeiten: April – Nov. Fr – So. 14.00 – 17.00, Dez. bis März 15.30 – 17.30 Uhr, www.malcolmdouglas.com.au).

★ Bird Observatory

Schwärme von Zugvögeln, Seeadler und **Honigfresser** lassen sich im Forschungszentrum an der Crab Creek Road 25 km östlich von Broome beobachten (www.broomebirdsobservatory.com).

Aborigines-Kommune

In Lombadina (Dampier Peninsula) nördlich von Broome gibt es eine interessante Aborigines-Kommune (► Special Guide, S. 7 u. 13).

Bunbury

D 13

Die mit 26 000 Einwohnern zweitgrößte Stadt Westaustraliens ist wichtigster Hafen und Wirtschaftszentrum des Südwestens. In der Innenstadt blieben einige Kolonialgebäude erhalten.

Das **King Cottage** an der Forest Avenue, ein 1867 – 1880 erbautes Ziegelgebäude, zeigt historische Sammlungen und viktorianische Möbel (Besichtigung nach Voranmeldung, Bunbury Historical Society, Tel. 08 / 97 21 75 46).
Beachtung verdienen auch das **Leschenault Homestead**, ein frühes Siedlerhaus aus Lehmziegeln und Holz mit schönem Garten in der Old Coast Road, und das **Rose Hotel** von 1865 an der Ecke Victoria/ Wellington Street mit seiner umlaufenden Veranda und Eisenverzierungen. Von **Boulter's Lookout** und Marlston Hill Lookout hat man einen herrlichen Blick über Stadt und Umland.

! *Baedeker* TIPP

Delfine hautnah

Unvergesslich ist das Schwimmen mit Delfinen. Das **Dolphin Discovery Centre** in Bunbury ist der einzige Ort, wo man wilde Delfine sowohl am Strand als auch auf Schwimm- und Bootstouren beobachten kann. Die Schwimmtour wird von Meeresbiologen geführt und dauert drei Stunden. Ausgerüstet mit Wetsuit, Schnorchel und Flossen, besucht man die Delfine in ihrem natürlichen Lebensraum. Wer nicht nass werden möchte, kann auf der 90-minütigen Eco Tour vom Boot aus erleben, wie die Delfine in großen Wellen mitspringen (www.dolphindiscovery.com.au).

Umgebung von Bunbury

★ Busselton

Auch Busselton (11 000 Einw.), 54 km südlich von Bunbury, ist wegen seiner Strände ein beliebter Ferienort mit einer 2 km langen Mole. An ihrem Ende kann man im **Jetty Underwater Observatory** Seeanemonen, Clownfische, große Schnapper und anderes Meeresgetier 8 m unter dem Meeresspiegel erleben, ohne nass oder seekrank zu werden (Öffnungszeiten: tgl. 8.30 – 17.45 Uhr, Touren: tgl. 9.25 bis 16.25 Uhr, www.busseltonjetty.com.au). Das **Old Court House** ist jetzt Herzstück eines Kulturkomplexes, www.artgeo.com.au).

Carnarvon

C 9

Dank künstlicher Bewässerung kommen mehr als 80 % der in West Australia angebauten Bananen aus der 7000-Einwohner-Stadt Carnarvon, gut 900 km nördlich von ►Perth.

Tor zum Norden

Wer von Carnarvon in Richtung Norden fährt, wird auf einer Strecke von mehr als 300 km nur noch wenige Tankstellen oder »Roadhouses« vorfinden. Und wer aus Richtung Norden kommt – und die höheren Benzin-, Lebensmittel- und Übernachtungspreise der Roadhouses kennengelernt hat –, wird ein günstiges Mahl in Carnarvon zu schätzen wissen. Die **Westaby Plantation** an der Robinson Street bietet um 11.00 und 14.00 Uhr Führungen durch die Bananenplantage. Sehenswert sind auch das Arts and Crafts Centre in der 1897 erbauten **Jubilee Hall** und die **One Mile Jetty**, von deren Ende die betagte Diesellok »The Pot« bis in die City fährt.

✶ Blowholes

Kurz hinter Carnarvon zweigt ein schmales Sträßchen in Richtung Point Quobba ab. Schnurgerade führt es auf die manchmal bis zu 50 m hoch sprühenden Blowholes zu, **Wasserfontänen**, die dadurch entstehen, dass die anschäumende Brandung durch enge Felshöhlen gepresst wird.

✶ Esperance

P 13

Einige der schönsten Badestrände des Landes mit schneeweißem Silikatsand und türkisgrün bis dunkelblau schimmerndem Wasser säumen die Twilight Beach Road von Esperance.

Westaustraliens Côte d'Azur

Wenn die Sonne über den **Traumstränden** von Lovers, Twilight oder Second Beach, über dem Blue Haven oder dem Salmon Beach leuchtet, wähnt man sich fast im Paradies. So drehen sich in Esperance 480 km östlich von ►Albany auch alle Aktivitäten um den **Wassersport** – sei es beim Surfen, Segeln, Tauchen oder ganz einfach nur beim Planschen. Eine Unterkunft (Motel, Inn, Apartment) muss man aber rechtzeitig reservieren, denn vor allem im Sommer ist der Andrang groß. Dafür kann man z. B. die traditionellen Fischfangmethoden der Aborigine kennenlernen (►Special Guide, S. 13).

Namensgeber

Esperance – der Name des viel besuchten Badeörtchens leitet sich aus dem Französischen ab und bedeutet **»Hoffnung«**. Die musste der gallische Seemann d'Entrecasteaux auch haben. Ein schwerer Sturm hatte nämlich im Jahr 1792 sein Schiff »L'Espérance« an einen der Traumstrände geworfen. Nach Tagen des Wartens konnte er weitersegeln – und benannte die Küste zum Dank nach seinem Schiff.

Feinster Sand und türkisblaues Wasser: der »Twilight Beach« bei Esperance

Umgebung von Esperance

Archipelago of the Recherche

Die vorgelagerte Inselgruppe des Recherche-Archipels wird aus 105 kleineren Inseln gebildet und ist Vogel- und **Naturschutzgebiet**. Übernachtungsmöglichkeiten gibt es nur auf Woody Island.

★ **Cape Arid National Park**

Schneeweiße Sandstrände, weite Heideflächen und sandige Ebenen – das sind die Markenzeichen des 2800 km² großen Cape Arid National Park, 125 km östlich von Esperance. Beste Besuchszeit ist das Frühjahr, wenn die **Wildblumen** blühen. Im Sommer locken Wassersport und Wanderungen. Man erreicht den Nationalpark von Esperance her auf der Fisheries Road. Die letzten 19 km bis zum Besucherzentrum im Westen des Parks am Thomas River sind für alle Fahrzeuge geeignet. Teilstrecken im Park sind nur mit Allradfahrzeugen zu befahren. Im Park gibt es mehrere Campingplätze, aber kein Trinkwasser! Nächster Versorgungsplatz ist Condingup, ca. 55 km westlich. Hinter der abwechslungsreichen Küste des Nationalparks erheben sich niedere Granithügel, im Norden des Parks ragt die **Russell Range** mit dem 594 m hohen Mount Ragged als höchste Erhebung empor.

ESPERANCE

AUSKUNFT

Esperance Visitor Centre
Museum Village, Tel. 08 / 90 83 15 55
www.visitesperance.com

ESSEN

► **Erschwinglich**
Taylor Street Tearooms
Taylor Street Jetty
Tel. 08 / 90 71 43 17
Der schönste Aussichtsplatz für einen Sunset Drink – auch die Mahlzeiten sind köstlich!

Nuytsland Nature Reserve Im Osten schließt sich an den Cape Arid National Park zur Nullarborebene hin das Nuytsland Nature Reserve an. Die Strände erstrecken sich über 20 km von der Mündung des Thomas River im Westen bis zum Cape Arid, überragt vom 356 m hohen **Mount Arid**. Von dort hat man einen guten Blick über die Küstenlinie und zahllose kleine Inselchen des Archipelago of the Recherche.

★ Fremantle

D 13

»Freo« ist ein schicker Vorort von ►Perth, 20 km südlich der City an der Mündung des Swan River. Viele Maler, Schriftsteller und Musiker wohnen in dem hübschen Hafenstädtchen mit pastellfarbenen spätviktorianischen Häuschen und kleinen, eingestreuten Parks.

Lebendige Hafenstadt Entlang der Hauptflaniermeile **South Terrace** reihen sich Trendlokale und mediterrane Straßencafés aneinander – weshalb die an sonnigen Tagen und in lauen Sommernächten angesagte Straße auch den Beinamen »Cappuccino Strip« trägt. Am Wochenende locken die berühmten **Fremantle Markets** unter dem Dach der 1897 erbauten Victoria Market Hall mit Obst und Gemüse, Fisch und Fleisch, Kleidung, Kunst, viel Krimskrams und Livemusik in der Markets Bar (Öffnungszeiten: Fr. 9.00 bis 21.00, Sa. bis 17.00, So., Mo. 10.00 bis 17.00 Uhr).

! *Baedeker* TIPP

Fremantle Festival

Seit über 100 Jahren kann man das lässige »Fremantle Feeling« auf dem zehntägigen Festival erleben, das alljährlich im November über die Bühne geht. Dazu gehören große Paraden, Konzerte und jede Menge Kleinkunst (www.fremantle.wa.gov.au).

Sehenswertes in Fremantle

Zwischen Gefängnis und AC/DC Der Aufstieg als Hafenstadt setzte erst ein, nachdem der Ingenieur Charles O'Connor 1890 eine Felsbarriere an der Mündung des Swan hatte sprengen lassen. Auch heute noch werden in Fremantle mineralische Rohstoffe und Agrarprodukte verschifft. Am Arthur Head an der High Street steht das älteste öffentliche Gebäude Westaustraliens: Das **Round House**, 1831 als Zwölfeck aus Sandsteinquadern errichtet, diente als erstes Gefängnis. Von 1842 bis 1991 saßen Häftlinge im **Fremantle Prison** ein. Es ist seit 2010 eine der elf Stätten des UNESCO-Welterbes »Australian Convict Sites«. Alle halbe Stunde starten Touren durch die Gefängnisanstalt, besonders gruselig sind die Torchlight Tours Do. und Fr. abends (The Terrace, Öffnungszeiten: tgl. 10.00 – 17.00 Uhr, www.fremantleprison.com.au).

AC/DC-Fans können mit der Straßenbahn den Spuren von AC/DC Leadsängers Bon Scott folgen, der in Fremantle seine Jugend verbrachte (www.fremantletram.com).

FREMANTLE ERLEBEN

AUSKUNFT

Fremantle Visitor Centre
Kings Square High Street
Fremantle WA 6160
Tel. 08 / 9431 78 78
www.fremantlewa.com.au

ÜBERNACHTEN

► Luxus

The Esplanade Hotel
Tel. 08 / 94 32 40 00
Fax 08 / 94 30 45 39
www.esplanadehotelfremantle.com.au
Das 1897 eröffnete Traditionshotel ist bis heute das erste Haus am Platz. Im Atrium Garden Restaurant serviert Küchenchef Gavin Wilcock kulinarische Genüsse.

Seit über 100 Jahren steigt man in Fremantle im »Esplanade« ab.

ESSEN

► Erschwinglich

Harvest
1 Harvest Road, North Fremantle
Tel. 08 / 93 36 18 31
www.harvestrestaurant.net.au
Ein kleines Cottage mit gemütlichem Innenhof ist in Freo die Adresse für beste Cross-Over-Cuisine.

Sail & Anchor
64 South Terrace, Tel. 08 / 93 35 84 33
www.sailandanchor.com.au
Das Hotel von 1854 ist ein Szenetreff mit eigenem Bier: Dogbolter, Brassmonkey Stout, Freemantle Steamer.

Maritime Museum

◄ »Batavia«

An ein gestrandetes Schiff erinnert die Architektur des Meeres- und Schifffahrtsmuseums am Victoria Quay. Hauptattraktion ist der Rumpf des holländischen Ostindienseglers »Batavia«, der 1629 bei den Albrolhos vor ►Geraldton – Greenough gestrandet war. Aus dem Wrack geborgen wurde u. a. Westerwälder Keramik (Öffnungszeiten: tgl. 9.30 – 17.00 Uhr, www.museum.wa.gov.au/maritime).

Prachtbauten und Museen

Fremantles Blütezeit war der **Goldrausch** um 1890. Aus jenen Jahren sind prunkvolle **viktorianische Villen** und Geschäftshäuser erhalten, darunter das Lionel Samson Building von 1898, das luxuriöse Esplanade Hotel von 1896, das 1887 nach italienischem Vorbild erbaute Rathaus und die ehemalige Evan-Davies-Bücherei von 1899. Im ersten Irrenhaus der einstigen Kolonie, um 1860 von Strafgefangenen errichtet, erinnert heute das **Fremantle History Museum** an die Ge-

schichte der Stadt (1 Finnerty Street, Öffnungszeiten: Mo – Fr. 10.00 – 16.30, Sa. 13.00 – 17.00, So. 10.30 – 16.30 Uhr, www.museum.wa.gov.au/oursites/freohistory/freo history.asp).
Ebenfalls hier ansässig ist das **Fremantle Arts Centre**, das mit sehenswerten und gut besuchten Ausstellungen und Konzerten die Vielfalt des lokalen Kunstschaffens zeigt (www.fac.org.au). Didgeridoo-Spielen kann man in der größten Didgeridoo-Schule des Landes lernen (►Special Guide, S. 10).

! Baedeker TIPP

Reisemüde?
Erholung vom Sightseeing verspricht Australiens größte Wellness-Oase: das Keturah Day Spa mit Verwöhnanwendungen aus aller Welt und Relax-Lounge mit Weitblick über den Kings Square (22 Queen Street, Tel. 08 / 94 30 68 00, www.keturah.com.au).

Army Museum of Western Australia

In der ältesten, durchgängig betriebenen Kaserne des Bundesstaats wird die Militärgeschichte von der Kolonialzeit bis zum Zweiten Weltkrieg dokumentiert (Burt Street, Öffnungszeiten: Mi. 11.00 bis 15.00, Sa., So. 12.30 – 16.30 Uhr, www.armymuseumwa.com.au).

★ Geikie Gorge National Park

J 6

Eine 14 km lange Schlucht hat der Fitzroy River in die Geikie Ranges gegraben. Auf den Sandbänken sonnen sich Krokodile der harmloseren Gattung Johnsoni, also Süßwasserkrokodile. Von Fitzroy Crossing aus werden Ausflüge in den Nationalpark angeboten.

★ Geikie Gorge

Süßwasserkrokodile können zwar bis zu 3 m lang werden, sind jedoch bei Weitem nicht so angriffslustig wie die Salzwasserkrokodile (► Baedeker Special S. 306). Aber noch ganz andere, seltsamere Bewohner sind im Wasser zwischen den gezackten Felswänden zu finden: der **Schützenfisch** beispielsweise, der seine Beute mit Hilfe eines Wasserstrahls abschießt. Oder Sägefische und Stachelrochen, deren Vorfahren vor Jahrmillionen in die Schlucht gespült wurden. Denn die heute bis zu 30 m tiefe Schlucht war einst Teil des 1000 km langen und bis zu 20 km breiten urzeitlichen **Devonian Great Barrier Reef**, das im Erdzeitalter des Devon die ganze Kimberley-Region bedeckte. Damals lag der ganze Nordwesten Australiens unter einem flachen, sehr warmen, tropischen Meer. Allerdings schufen nicht Korallenpolypen, sondern winzige, urzeitliche Kalkalgen die hohen Felswände, indem sie dort über Jahrmillionen ihre Skelette

! Baedeker TIPP

Geikie Gorge Tour
Ein bis zwei Stunden dauern die Bootstouren auf dem Fitzroy River durch die spektakuläre Schlucht mit einem Parkranger oder einem Führer der lokalen Bunuba-Aborigines von Darnkgu Aboriginal Heritage Cruise (www.kimberleywild.com.au/geikie_gorge_tour.htm).

Wildweststimmung beim Rodeo in Fitzroy Crossing

ablagerten. So bergen die Felswände heute zahlreiche Fossilien aus dem Urzeitmeer. Der Park ist von April bis November tgl. von 6.30 bis 18.30 Uhr geöffnet. Vom Parkplatz am Fitzroy River erschließen drei Wanderwege die Schlucht: der 3 km lange **Reef Walk** folgt dem westlichen Flussufer nach Norden, der abzweigende **Short Walk** führt durch grandiose Kalksteingebilde, der 20-minütige **River Walk** verläuft bis zu einer Sandbank mit Badeplatz.

Geraldton – Greenough

D 11

Dank seines milden und sonnigen Klimas nennt sich der wichtigste Exporthafen der Region Midwest auch »Sun City«. Feinsandige Strände und gute Angelreviere ziehen alljährlich viele Besucher an.

Sun City

Die Küste vor Geraldton – Grenough war im Juni 1629 Schauplatz der Meuterei auf dem holländischen Handelsschiff **»Batavia«**. Den Aufstand überlebten nur die beiden Crewmitglieder Jan Pelgrom und Wouter Looes. Sie ließen sich auf dem Festland nieder – als erste europäische Siedler in Australien. Die Stadt wurde 1849 gegründet und entwickelte sich mit heute 25 000 Einwohnern zum Wirtschaftszentrum der Region.

GERALDTON – GREENOUGH ERLEBEN

AUSKUNFT

Geraldton – Greenough Visitor Centre
Bill Sewell Complex
Ecke Chapman Road / Bayley Street
Tel. 08 / 99 21 39 99
www.geraldtontourist.com.au

ESSEN & WEINPROBE

Entlang der Marine Terrace drängen sich die Lokale. Beliebtester Pub der Locals: das ***Fremason's Hotel*** mit süffigem Beez Neez Honey Wheat Beer (Weißbier) vom Fass. 30 km nordöstlich von Geraldton – Greenough lädt Chapman Valley Wines zur Degustation von Shiraz, Cabernet und Chenin Blanc (Howatharra Rd., Tel. 08 / 99 20 51 48, www.chapmanvalleywines.com.au).

ÜBERNACHTEN

► Günstig

Best Western Hospitality Inn
Cathedral Avenue
Geraldton – Greenough WA 6530
Tel. 08 / 99 21 14 22, http://hinngeraldton.bestwestern.com.au
Zum »Haus der Gastfreundschaft« gehören ein Restaurant und ein Pool.

Sehenswertes in Geraldton – Greenough

In der Innenstadt von Geraldton – Greenough stehen noch einige historische Gebäude; die prächtige St Francis Xavier Cathedral wurde 1938 fertiggestellt. Das moderne **Western Australian Museum** am Museum Place zeigt in der Shipwreck Gallery Relikte der vor der Küste gestrandeten Schiffe, in der Mid West Gallery werden Flora und Fauna vorgestellt (Öffnungszeiten: tgl. 9.30 – 16.00 Uhr, www.museum.wa.gov.au). Die **Geraldton Regional Art Gallery** im ehemaligen Rathaus an der Chapman Road 24 birgt mehrere Werke des exzentrischen Malers Norman Lindsay (1879 – 1969), Öffnungszeiten: Di. – Sa. 10.00 – 16.00, So. ab 13.00 Uhr, www.cgg. wa.gov.au. Kunsthandwerk bietet das **Old Gaol Craft Centre** im Bill Sewell Complex. Schöne Ausblicke hat man vom Separation Point Lookout und dem Mount Tarcoola Lookout.

! *Baedeker* TIPP

Frische Hummer

Sie sind die Stars der Coral Coast: Rock Lobster, kiloschwere Felsenhummer. Wie sie vom Meeresgrund auf den Teller kommen, verrät die Brolos Cooperative bei einer einstündigen Führung (Live Lobster Factory, Connell Street, www.brolos.com.au, Touren: Mitte Nov. – Juni, Mo. – Fr. 9.30 Uhr).

Umgebung von Geraldton – Greenough

Fürstentum im Wilden Westen

Ein Fürstentum mitten im Wilden Westen, auch das gibt es: His Royal Highness Prince Leonhard Casley und Prinzessin Shirley regieren über ein 75 km² großes Reich – den unabhängigen Staat **Principality of Hutt River** (www.principality-hutt-river.com), rund 100 km nördlich von Geraldton – Greenough. Am 21. April 1970 erklärte der Farmer aus Geraldton – Greenough seine Ranch wegen eines Behördenstreits für unabhängig, ließ eigene Pässe, Geld und Briefmarken drucken. Kein Staat der UNO hat das Fürstentum bislang anerkannt. Auch von Australien wird die Unabhängigkeit des Fürstentums regelmäßig bestritten. Doch darf Prinz Leonhard jenen gut 50 000 Touristen, denen er pro Jahr einen Besuch gewährt, ein Visum in den Pass stempeln.

Greenough

Greenough, 25 km südlich von Geraldton, entstand Mitte des 19. Jh.s als kleine Bergbaustadt. Die Shire of Greenough wurde 2007 mit der City of Geraldton verschmolzen. Heute sind einige der Pioniergebäude zu besichtigen (Öffnungszeiten: tgl. 9.00 – 17.00 Uhr). Folgt man der Küstenstraße weiter in Richtung Süden, erreicht man nach 40 km den Hafen Dongara. Eine lohnende Alternativstrecke in Richtung ► Perth ist der 30 km südlich von Dongara vom Brand Highway abzweigende, teils am Meer verlaufende **Indian Ocean Drive**.

★ **Kalbarri**

Zwischen Geraldton – Greenough und Carnarvon an der Mündung des windungsreichen **Murchison River** liegt der Ferienort Kalbarri mit einer der schönsten Steilküsten Australiens. Ihre **bizarren Felsen** scheinen im Sonnenuntergang zu glühen. Im Laufe von Jahrtausenden hat die wilde Brandung des Indischen Ozeans das Klippenwunder geschaffen: Red Bluff, Mushroom Rock, Shellhouse Grandstand oder die Natural Bridge – ein Aussichtspunkt ist schöner als der andere und kann auf einem 15 km langen **Klippenwanderweg** erkundet werden. Die vorgelagerte Unterwasserwelt präsentiert das **Kalbarri Oceanarium** gegenüber der Marina (Öffnungszeiten: tgl. 10.00 bis 16.00 Uhr, www.kalbarriexplorer.com.au/oceanarium.htm); possierliche Seepferdchen tummeln sich im **Kalbarri Seahorse Sanctuary** (Red Bluff Road, Öffnungszeiten: Di – Sa. 10.00 – 16.00 Uhr, www.seahorsesanctuary.com.au). Oder Sie wählen die gut befahrbare, unbefestigte **Ballina-Kalbarri-Piste**, von der aus immer wieder Stichstraßen in den Park abzweigen. Nicht minder spektakulär ist die 80 km lange Schlucht, die der **Murchison River** in das 400 Mio. Jahre alte Sandsteinplateau rund um Kalbarri gegraben hat. Vom leicht erreichbaren **Ross Graham Lookout** führt eine 38 km lange, recht anstrengende Vier-Tages-Wanderung am Fluss entlang.

Rainbow Jungle

Knapp 4 km südlich von Kalbarri lohnt auch der Rainbow Jungle einen Besuch, ein Vogelpark, der vor allem für seine farbenfrohen **Papageien** bekannt ist (Red Bluff Road, Öffnungszeiten: tgl. 9.00 bis 17.00 Uhr, www.rainbowjunglekalbarri.com).

Westaustralien ist bis heute ein Land der Pioniere. Einer von ihnen ist Bob Porter – auf seinem **Riverside Sanctuary** wird der »Farmstay« zu einem Crashkurs rund ums Outback (Coolcalaya Road, Ajana, Tel./Fax 08 / 99 36 10 21, www.riversidesanctuary.com.au).

★★ Gibb River Road · Kimberleys

J/K 4/5

Am eindrucksvollsten erlebt man die atemberaubende Landschaft des Nordwestens auf einer Allradtour über die Gibb River Road, die zwischen Derby und ►Kununurra rund 700 km durch das abgelegene Bergland der Kimberley Mountains führt.

Traumpiste für Outback-Fans

Obwohl rund 240 km kürzer als der Great Northern Highway (auch Highway 1 genannt), ist sie alles andere als eine Abkürzung. Angelegt wurde die Gibb River Road, um Vieh von den verstreut gelegenen Farmen zu den Häfen zu transportieren. Und immer noch sind zu bestimmten Jahreszeiten die riesigen **Cattle Road Trains** auf den ausgefahrenen Wellblechpisten unterwegs.

Unterwegs auf der Gibb River Road

Derby

Derby liegt an der Spitze des King Sound im tropischen Nordwesten. Ihre Blütezeit erlebte die Kleinstadt, nachdem 1885 am Halls Creek Gold entdeckt und in Windeseile ein Hafen gebaut worden war – und dennoch mussten die Digger mit Jollen anreisen. Denn nirgendwo sonst in Australien gibt es bis zu **12 m Gezeitenunterschiede**. Hauptsehenswürdigkeit ist das mächtige hohle Wurzelwerk des 1500 Jahre alten **Baobab Prison Tree**, 7 km südlich vom Stadtzentrum, von der Polizei um 1900 als natürliches Gefängnis genutzt. Daneben befindet sich der mit 120 m vermutlich längste Viehtrog der Südhalbkugel, Myall's Bore. Die Geschichte von Stadt und Region dokumentiert das **Wharfinger's House Museum** (nur auf Anfrage, Schlüssel im Visitor Centre), das Schicksal der Viehhirten der **Derby Pastoral Trail**, der am One Mile Dinner Camp Ecke Mimosa und Rowan Street beginnt und am Centenary Pavilion endet.

GIBB RIVER ROAD ERLEBEN

REISEZEIT UND AUSKUNFT

Für die nicht asphaltierte Piste sollte man sich mindestens vier Tage Zeit nehmen. Außerdem benötigt man bis auf die Abschnitte zwischen Derby und dem ►Windjana Gorge National Park und zwischen ►Kununurra und der El Questro Station ein Allradfahrzeug. Beste Reisezeit ist kurz nach der Regenzeit. Von Dezember bis April / Mai ist die Strecke wegen Überflutungen unpassierbar.

Informationen über Straßenzustand, Unterkunftsmöglichkeiten und Abstecher zu sehenswerten Schluchten entlang der Route erhält man im Tourist Office in Derby oder in ►Kununurra und unter www.discoverwest.com.au/western_australia/gibb_river_road.html. Vorräte, Treibstoff und Unterkunft sind unterwegs erhältlich. Sowohl in Derby als auch in Kununurra werden organisierte Touren angeboten.

Ungezähmte Wildnis: Nur mit 4WD und entsprechender Outdoor-Ausrüstung sollte man sich auf die unbefestigte Gibb River Road durch die Kimberleys wagen.

Weiterfahrt

Die ersten 60 km von Derby aus sind asphaltiert. Kurz vor dem Lennard River geht es nach Süden ab zu den ► Windjana-Gorge- und Tunnel-Creek-Nationalparks. Auch im weiteren Verlauf führen Abstecher zu Aussichtspunkten oder schönen Schluchten, teils mit Bademöglichkeiten. Vorräte und Unterkunftsmöglichkeiten gibt es u. a. im **Mount Hart Homestead** (185 km nordöstlich von Derby und weitere 50 km auf einer Nebenstraße in Richtung Norden), Beverley Springs Homestead (250 km und weitere 43 km auf einer Nebenstrecke in Richtung Norden) und im **Mount Barnett Roadhouse** (305 km). Abstecher lohnen u. a. zur **Bell Creek Gorge** oder zur Manning Gorge beim Mount Barnett Roadhouse mit Felsen, Wasserfällen und natürlichem Schwimmbecken. 370 km trennen Derby von der **Mount Elizabeth Station** im Herzen der Kimberleys, wo man in gemütlichen Zimmern übernachten und das Farmleben des Outback kennenlernen kann (www.mountelizabethstation.com).

Mitchell Falls

Auf der Kalumburu Road sind es 240 km bis zu den spektakulären Mitchell Falls nahe der Küste am Mitchell-Plateau. **Kalumburu**, eine ehemalige Missionsstation, ist 265 km entfernt. Da sie auf Aborigine-Land liegt, braucht man ein Permit von der Kalumburu Aboriginal Corporation (www.exploroz.com). An der Strecke gibt es in der Drysdale River Station Treibstoff und Vorräte. Vom Mitchell Falls

Campground bietet Slingair **Helikopterrundflüge** über die Wasserfälle an (www.ozhorizons.com.au/wa/kimberly/slingair/mpha.htm). Bleibt man auf der Gibb River Road, folgen 70 km hinter der Kalumburu-Kreuzung die Ellenbrae Station (476 km nordöstlich von Derby und 8 km auf einer Nebenstraße in Richtung Norden), die Durack River Station und **Jack's Waterhole** (524 km), wo es Gelegenheit zu einem Bad im Durack River gibt. 590 km hinter Derby durchquert man den **Pentecost River** am Fuß der spektakulären **Cockburn Range**, die mit ihren schroffen Abbruchkanten jeden Fotostopp wert ist (► Abb. S. 146/147). Die faszinierende Landschaft diente 2008 auch als Kulisse für den Film **»Australia«**. Eine Nebenstraße führt nach 25 km zur Rinderfarm **El Questro Station** (► S. 546). Von hier kommt man zu Fuß in die **Emma Gorge** mit dem schönen Emma Gorge Resort. Nach 24 km folgt die Abzweigung nach ►Wyndham. Hier mündet die Gibb River Road in den Victoria Highway, auf dem man nach knapp 50 km ►Kununurra erreicht.

★★ Hyden · Wave Rock

F 13

Wie mitten in der Bewegung erstarrt: die Riesenwelle Wave Rock

Eine Riesenwelle mitten in der endlosen Wüste? Der gigantische Wave Rock beim Dorf Hyden 350 km östlich von ►Perth gehört zu den bekanntesten Highlights von Westaustralien.

Nur wenige Meter vom Parkplatz in Hyden entfernt schwappt die steingewordene, gestreifte Woge aus der Wüste empor. 2,7 Milliarden Jahre alt ist der fast 100 m lange, 15 m hohe **»Wellenfelsen«**, ein Wunderwerk von Wind und Wetter. Denn Regen, Fröste und die Hitze sprengten vor Urzeiten aus dem großen, vertikalen Hyden-Granitblock die weicheren Schichten heraus. Für den endgültigen Schliff sorgte in Jahrmillionen das von der Krone herablaufende Regenwasser. Auch die schwarz-weiß-roten Streifen des Felsens schuf der Regen. Das Wasser sorgte dafür, dass sich Eisenoxide und Karbonate am Felsen ablagerten.

★ Kalgoorlie – Boulder

G 12

Obwohl der Goldboom Westaustraliens 1885 um Halls Creek im fernen Norden begann, gelten die 500 – 600 km östlich von ►Perth liegenden kargen Flächen um die Doppelstadt Kalgoorlie – Boulder als die eigentlichen Goldfelder, denn hier erreichte der Goldrausch seinen Höhepunkt.

Im Zentrum der Goldfelder

Und noch heute birgt dieser Quadratkilometer Boden nahe der Doppelstadt Kalgoorlie – Boulder (25 000 Einw.) und Coolgar das **größte Goldvorkommen der Erde**. Seit 1893 wurden über 1000 t des Edelmetalls in den »Goldfields« gefördert, was Westaustralien den Beinamen »The Golden State« eintrug. Prächtige Bauten aus der Zeit um 1900 spiegeln in beiden Städten die »goldene Epoche« wider.

Gold, Gold, Gold!

Unter einem mächtigen Eukalyptusbaum, 39 km östlich der Diggerstadt Coolgardie, wollten die Iren Paddy Hannan, Dan Shea und Thomas Flanagan eigentlich nur ihr Zelt aufschlagen an jenem heißen Wintertag des 15. Juni 1893. Keine zehn Minuten später lagen sich die drei in den Armen: »Gold! Endlich!« Die drei Freunde hatten die **Golden Mile** entdeckt. Innerhalb weniger Wochen wurde die Gegend von Glücksrittern überschwemmt, Kalgoorlie entstand aus dem Nichts und wurde Anfang 1896 durch die neue Eisenbahntrasse mit ►Perth verbunden. Noch heute wird das Edelmetall im Tagebau geschürft, zudem entdeckte man reiche Nickelvorkommen in Kambalda im Süden von Kalgoorlie.

Heute braucht sie niemand mehr, die alten Minengeräte.

KALGOORLIE – BOULDER ERLEBEN

AUSKUNFT

Kalgoorlie Goldfields Visitors Centre
Kalgoorlie Town Hall
Ecke Hannan Street/Wilson Street
Tel. 08 / 90 21 19 66
www.kalgoorlietourism.com

ESSEN

► Erschwinglich

Palace Hotel Restaurant
137 Hannan Street, Kalgoorlie
Tel. 08 / 90 21 27 88
www.palacehotel.com.au
US-Präsident Herbert Hoover, damals 23-jähriger Bergbauingenieur, verliebte sich 1897 in eine Bar Maid. Bis heute servieren Girls in ultrakurzen Röcken die Dinner und Drinks. Zu empfehlen: das saftige Eye Fillet.

ÜBERNACHTEN

► Komfortabel

The York
259 Hannan Street
Kalgoorlie
WA 6430, Tel. 08 / 90 21 23 37
Elegantes, edwardianisches Hotel mit Meerwasserpool und populärer Bar.

Sehenswertes in Kalgoorlie – Boulder

Prachtbauten

Selbstbewusstsein demonstrieren die Fassaden an der Prunkstraße **Hannan Street**, wie die Town Hall von 1908, die Government Buildings von 1899, das Post Office sowie einige der ursprünglich fast 100 Hotels und Pubs, die »Kal« und Boulder in ihrer Blütezeit aufzuweisen hatten, darunter das 1900 eröffnete York Hotel und die zur gleichen Zeit erbauten Markthallen.

In Kalgoorlie-Boulder gibt es auch eine Station des berühmten **Royal Flying Doctor Service** (Flughafen, Öffnungszeiten: Mo. – Fr. 10.00 bis 15.00 Uhr) und eine Einrichtung der **School of the Air** (Ecke Piesse/Brookman Street). Die Funkschule unterrichtet hier seit 1962 Kinder der weit abgelegenen Farmen (www.emerge.net.au).

★ Western Australian Museum-Kalgoorlie-Boulder

Das Museum in der Hannan Street 17 versetzt zurück in die 1890er-Jahre, als hier über 6000 **Digger** unter extremen Entbehrungen und großen Gefahren nach Gold gruben (Öffnungszeiten: tgl. 10.00 bis 16.30 Uhr, www.museum.wa.gov.au/museums/kalgoorlie-boulder).

★ Australian Prospectors & Miners Hall of Fame

Ebenso lohnend ist ein Besuch im Minenmuseum an der Broadarrow Road. Dort kann man in mehreren Galerien viel über die harte Arbeit der Digger erfahren, in die historische Goldmine »Hannan's North« einfahren und selbst einmal Gold auswaschen (Öffnungszeiten: tgl. 9.00 – 16.30 Uhr, www.mininghall.com).

Golden Mile

Die einstige Goldmeile zwischen Kalgoorlie und Boulder heißt heute **»Super Pit«**. Wo einst diverse Minengesellschaften Stollen hatten, fördert heute das Konglomerat Kalgoorlie Consolidated Gold Mines

Goldfields Region *Orientierung*

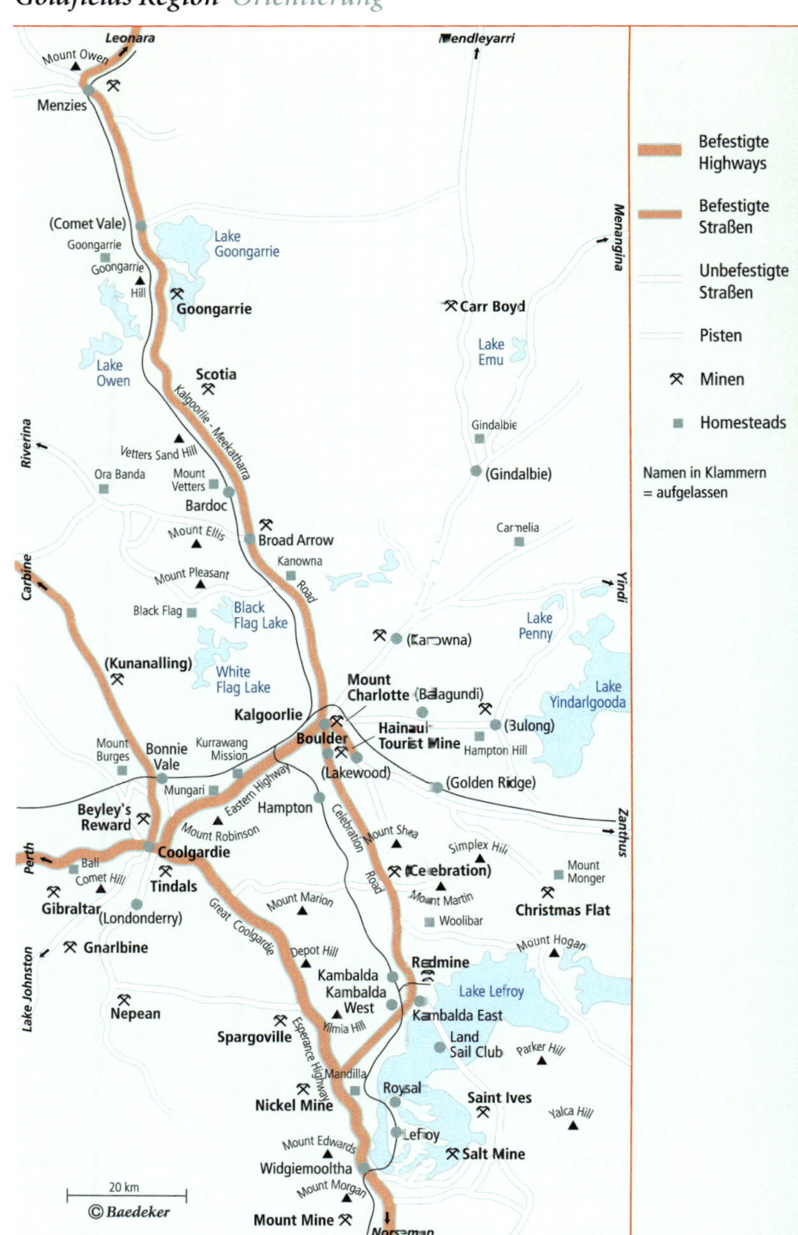

Riesenspaß für Kinder: »Digging for gold« in der Hannan's North Mine

Pty Ltd (KCGM) jährlich bis zu 850 000 Unzen Gold. Den besten Blick auf den 3,8 km langen, 1,4 km breiten und mehr als 500 m tiefen **Tagebau** bietet der Aussichtspunkt an der Outram Road (Öffnungszeiten: tgl. 7.00 – 19.00 Uhr, www.superpit.com.au).

Burt Street Im Stadtzentrum von Boulder hat die Burt Street zahlreiche **viktorianische Prachtbauten** aufzuweisen, darunter das Rathaus mit Theater und Kunstgalerie, das Gerichtsgebäude, der Freimaurertempel und das Grand Hotel. An der Boulder Railway Station von 1897 endet die Golden Mile.

Umgebung von Kalgoorlie – Boulder

Coolgardie Wo 1892 Arthur Bayley und William Ford massenhaft Goldnuggets fanden, schoss 40 km südwestlich von Kalgoorlie eine Stadt empor, die um 1900 bereits 15 000 Einwohner, zwei Dutzend Hotels, sechs Banken und mehrere Tageszeitungen vorzuweisen hatte. Doch die Goldsucher zogen weiter, viele Häuser verfielen. Erst der Tourismus brachte neuen Wind. Heute informiert in der 1898 erbauten Town Hall die **Goldfields Exhibition** über die Geschichte der Goldfelder (Bayley Street, Öffnungszeiten: tgl. 9.00 – 17.00 Uhr). Der elegante Bahnhof von 1896 an der Woodward Street ist jetzt ein **Railway Museum** (Öffnungszeiten: tgl. 9.00 – 17.00 Uhr).

★★ Karijini National Park

E/F 8

Die tropische Halbwüstenregion des 6000 km² großen Karijini National Park liegt 1300 km nördlich von ▸ Perth im Herzen der Pilbara-Ebene. Sie grenzt im Norden an die Kimberley-Berge, im Westen an den Ozean, im Osten an das ▸ Northern Territory und ihre Südgrenze ist fast identisch mit dem Wendekreis des Steinbocks.

Im Herzen der Pilbara

Bis vor wenigen Jahrzehnten war die Gegend fast menschenleer. Dann wurde hier eines der reichsten **Eisenerzvorkommen** der Erde entdeckt und dessen Abbau entwickelte sich zum Katalysator der westaustralischen Wirtschaft. Rund 55 000 Menschen leben heute hier. Man erreicht die Pilbara auf dem North West Coastal Highway oder auf dem Great Northern Highway.

★★ Hamersley Range

Als erster Europäer hatte der Engländer Francis Gregory die Gebirgskette 1861 entdeckt und sie nach seinem Freund Hamersley benannt. Als das Gebiet jedoch an die Clans der Panyjima, Yinnawanjka und Injibaandi zurückgegeben wurde, deren Vorfahren seit mindestens 20 000 Jahren hier lebten, wechselte auch der Name: **Karijini** bedeutet »kommt von weit her, ist sehr alt«.

Und tatsächlich sind die Karijini-Berge viele Millionen Jahre alt. Über 100 m tiefe, **atemberaubende Schluchten**, die meist von Süd nach Nord verlaufen, klaffen in den sanften Hochebenen, geschaffen von Wind, Regen, Hitze und Frost von sowie Flüssen, die stetig an den Felsen nagen. Kleine Wasserfälle oder Pools laden zum erfrischenden Bad ein. Während im Norden, gleich hinter Newman, die roten Berge steil aus der trockenen Ebene aufsteigen, fallen die Hänge der Hamersley Range nach Süden hin sanft ab. Sie sind mit blassgrünem Spinifex (Stachelkopfgras) bewachsen, Ghost Gums (Geistereukalyptus) und die blaugrünen harten Blätter der Mulgabüsche stehen in lebhaftem Kontrast zur roten Erde.

KARIJINI NATIONAL PARK ERLEBEN

AUSKUNFT

Karijini National Park Visitor Centre
Banyjima Drive, Tel. 08 / 91 89 81 21
Tgl. 9.00 – 16.00 Uhr,
www.naturebase.net
Erbaut in der Form eines Goannas, bietet das Visitor Centre an der Hauptzufahrtstraße neben Karten, Infos und sehenswerter Ausstellung auch Trinkwasser und Duschen.

ÜBERNACHTEN

Camping ist inzwischen nur noch beim Karijini Visitor Centre gestattet.

Karijini Eco Retreat
Tel. 08 / 94 25 55 91
www.karijiniecoretreat.com.au
Komfortable Zelte, 10 km südlich von Weano bzw. 35 km vom Besucherzentrum, die von den örtlichen Gumala-Aborigines betrieben werden.

Unterwegs im Nationalpark

Von Newman (5000 Einw.) kommend, ist das Auski Roadhouse am Ostrand der letzte Stützpunkt vor dem Eingang in den Park. Die Minenstadt **Tom Price** (3900 Einw.), mit 747 m ü. d. M. die höchstgelegene Stadt Westaustraliens, liegt am Westrand des Parks, am Fuß des 1128 m hohen Mount Nameless. Hier gibt es diverse Übernachtungsmöglichkeiten. **Paraburdoo** (1800 Einw.), 80 km südlich von Tom Price, liegt am Südwestrand des Parks, nur noch 24 km vom Wendekreis des Steinbocks entfernt.

Wittenoom am Nordrand des Parks ist seit der Schließung einer Asbestmine 1966 nur noch eine Geisterstadt. Auch heute wird noch vor den mikroskopisch kleinen, krebserregenden Asbestfasern gewarnt, die sich nach wie vor in größeren Mengen im Abraum befinden.

Schluchten im Karijini National Park

Etwa 10 km südlich vom Visitor Centre beginnt eine 10 km lange Piste in die **Dales Gorge**. Vom Parkplatz führt ein Weg in die Schlucht zu den **Fortescue Falls**, die auch im heißen Sommer nicht versiegen, weil sie von einem Grundwasserstrom gespeist werden. Hier beginnt ein 3 km langer Rundwanderweg zum Circular Pool.

Erfrischungsbad in den Fortesque Falls

Auf der Joffre Falls Road gelangt man in die **Knox Gorge**. Am sensationellen Oxer's Lookout treffen **fünf der schönsten Schluchten** aufeinander: Wittenoom-, Knox-, Weano-, Joffre- und Hancock-Gorge. Bei Sonnenuntergang erlebt man hier ein wahres Alpenglühen. Im Nordwesten des Parks liegen die Rio-Tino- und die Hamersley-Schluchten. Die **Kalamina Gorge**, westlich der Yampire Gorge, ist leicht begehbar. Einige tiefe Wasserstellen umgibt dichtes Grün. Die auf 30 km befahrbare **Wittenoom Gorge** hat herrliche Picknickplätze neben Wasserstellen zum Schwimmen unter schattigen Bäumen und steilen Klippen.

★★ ◄ Oxer's Lookout

Der höchste Berg Westaustraliens, der 1245 m hohe **Mount Meharry**, erhebt sich westlich des Great Northern Highway. Der mit 1235 m zweithöchste Berg, der **Mount Bruce**, befindet sich westlich vom Visitor Centre; man kann bis zum Fuß des Berges fahren und ihn in rund zwei Stunden besteigen.

Millstream-Chichester National Park

Einen absoluten Kontrast bilden die **spinifexbewachsenen, sanften Hügel** und Feuchtgebiete des 2000 km² großen Millstream-Chichester National Park. Der Nordosten des Nationalparks wird von zumeist trockenen Flusstälern durchzogen. Besonders reizvoll präsentiert sich der Park um Millstream. Ständig Wasser führende Flussläufe und verschiedene Teiche mit Möglichkeiten zum Schwimmen und Rudern sorgen dafür, dass hier eine Oase mit üppiger Vegetation entstanden ist. Relikte eines früher feuchteren Klimas sind die Millstream-Palmen. Es gibt Campingplätze und ein Besucherzentrum im Millstream Homestead (Öffnungszeiten: tgl. 8.00 – 16.00 Uhr).

Durch den Park führen mehrere Wanderwege: Im Nordosten ein kurzer Weg vom Snake Creek zum Python Pool, im Südwest mehrere Wanderwege entlang dem Flusslauf.

Karratha

E 7

Karratha ist Ausgangspunkt für Besichtigungs- und Safaritouren in den ► Karijini National Park, den Millstream-Chichester National Park oder zum Dampier Archipel.

Verwaltungszentrum

Karratha (12 000 Einw.), das 1560 km nördlich von ► Perth an der Central Pilbara Coast liegt, wurde 1968 als Verwaltungszentrum für die **Eisenerzindustrie** im Hinterland und das **North West Shelf Natural Gas Project** gegründet, das die riesigen Gasvorkommen 130 km vor der Küste ausbeutet.

Umgebung von Karratha

Dampier

Der 2200-Einwohner-Ort 20 km westlich von Karratha entstand in den 1960er-Jahren als Exporthafen – bis zu 2,5 km (!) lange »Block

Trains« transportieren das Eisenerz an den Kais. Einige dieser gewichtigen Loks und Waggons zeigt das **Pilbara Railways Historical Museum** (6 Mile Museum, www.prhs.org.au).

Dampier Archipel

Gegenüber von Dampier liegen die 42 unbewohnten Inseln des Dampier Archipels mit einsamen weißen Stränden, Korallenriffen und hervorragenden Schnorchel- und Tauchplätzen. Die **Burrup Peninsula** ist eine der bekanntesten Kultstätten der Yapurra-Aborigines mit mehr als 12 000 **Felsgravuren** der Ureinwohner. Zum Baden empfiehlt sich die malerische Hearson's Cove. Von April bis Oktober bilden die Reflektionen des nächtlichen Himmels bei Ebbe einen **»Stairway to the Moon«**, eine Treppe zum Mond.

Point Samson

✶ Fish & Chips ►

Der kleine Fischerhafen Point Samson ist dank der reizvollen Küste ein beschaulicher Ferienort mit Motel, Caravanpark und **Moby's Kitchen** – eine der besten Fish & Chip-Stuben von WA. Das Korallenriff, das die Strände schützt, ist ein beliebtes Schnorchelrevier.

Roebourne

Roebourne (1400 Einw.), 14 km landeinwärts, ist die älteste Stadt der Pilbara. Über die Ortsgeschichte informiert das **Old Roebourne**

Lebensader: der Ord River versorgt die trockene Kimberley-Region um Kununurra mit kostbarem Wasser.

Gaol, wo sich auch das Tourist Information Centre befindet. Hier beginnt der malerische **Emma Withnell Heritage Trail**, eine 52 km lange Fahr-und Wanderroute, die von Roebourne über Cossack und die Bergbaustadt Wickham bis nach Point Samson führt.

Cossack

Die **Geisterstadt** Cossack, 12 km nördlich von Roebourne, war der erste Hafen der Gegend und ein lebhaftes Zentrum der Perlenfischerei. Doch als die Mündung des Harding River immer mehr verschlammte, zog die Perlenindustrie nach ► Broome. Mehr über die Ortsgeschichte erfährt man an der Main Street im **Old Cossack Courthouse** von 1885/1886, das heute ein Museum ist.

Kununurra

L 4

Viele Aborigines leben in der mit 6000 Einwohnern größten Stadt der Kimberley-Region am Ende der ►Gibb River Road, wenige Kilometer westlich der Grenze zum ►Northern Territory.

Tor zu den Kimberleys

Gegründet wurde der **»Ort des Wassers«** in den 1960er-Jahren als Versorgungszentrum für das **Ord River** Irrigation Scheme, ein großes Bewässerungssystem. Heute gibt es hier sechs Galerien, das einzige Kino im Umkreis von 250 km und eine erfolgreiche Diamantenhändlerin: Frauke Bolten-Boshammer vertreibt mit Kimberley Fine Diamonds die seltenen **rosafarbenen Diamanten**. Für die Erkundung der Kimberleys ist Kununurra ein bevorzugter Ferienort, sodass man für die Hochsaison von Juni bis August die Unterkunft frühzeitig buchen sollte. Den schönsten Rundblick zum Sonnenuntergang gewährt der Gipfel des roten **Kelly's Knob**. Eindrucksvoll ist auch das Hidden Valley im Mirima National Park, nur 2 km östlich vom Stadtzentrum. Ein Labyrinth von Tälern mit gestreiften **Sandsteinformationen** durchzieht diese Miniaturausgabe des ►Purnululu.

★ ◄ Hidden Valley

Umgebung von Kununurra

★ Lake Argyle

Etwa 65 km stromaufwärts von Kununurra wird der Ord River zum **größten Stausee Australiens** aufgestaut. Lake Argyle, der vier Mal so groß ist wie der Bodensee und die neunfache Wassermenge des Hafens von ► Sydney enthalten soll, spendet der gesamten Region im Rahmen des **Ord-River-Bewässerungssystems** das wertvolle Nass, mit dessen Hilfe ödes Buschland in fruchtbares Farmland verwandelt wurde. Der Bau zu Beginn der 1970er-Jahre war nicht unumstritten, denn u. a. wurde eine 18 000 Jahre alte Traumzeit-Stätte der Aborigines geflutet.
Ebenfalls im Wasser versank die Rinderfarm »Argyle Downs«. Die **Durack Argyle Homestead** von 1895 jedoch wurde Stein für Stein oberhalb des Sees wieder aufgebaut und berichtet nun als Museum

KUNUNURRA ERLEBEN

AUSKUNFT

East Kimberley Tourism House
Coolibah Drive, Tel. 08 / 91 68 11 77
www.kununurratourism.com

ÜBERNACHTEN

▶ **Luxus/Komfortabel**

El Questro Station
Gibb River Road
Tel. 08 / 91 69 17 77, Fax 91 69 13 83
www.kununurratourism.com
Ob Zelten am Flussufer, Selbstversorgerküche im Holzbungalow oder Outback-Luxus in der Homestead: Eine Nacht auf dem Gelände der 405 km² (!) großen Rinderfarm ist ein Erlebnis!

Baedeker-Empfehlung

Home Valley Station
Gibb River Road
Tel. 08 / 91 61 43 22, Fax 08 / 91 61 42 88
www.homevalley.com.au
Gut 120 km trennen die 300 km² große Rinderfarm von Kununurra am Fuß der Cockburn Range. Hier drehte Regisseur Baz Luhrmann 2008 etliche Szenen seines Dramas »Australia«. Herzstück der Station ist ein altes Farmhaus mit gemütlichen Doppelzimmern. Hier hat Chris Fenech ein Paradies für Abenteurer geschaffen. Unter der Leitung kundiger Ranger können Gäste sich im Outback vergnügen.

vom Leben der ersten Siedler (Öffnungszeiten: tgl. 9.00 – 16.00 Uhr). Direkt am See kann man vom Lake Argyle Tourist Village Rundfahrten mit dem Schiff oder Angelausflüge buchen.

★ Kimberley Fine Diamonds

Etwa 200 km südwestlich von Kununurra, im Süden des Argyle-Stausees, fördert die einzige Diamantenmine Australiens etwa ein Viertel der Weltproduktion. Berühmt ist die Mine für die **Pink Diamonds**, nur hier vorkommende rosafarbenen Diamanten (93 Konkerberry Drive, Kununurra, www.kimberleydiamonds.com.au).

Kochschule im Outback

Im luxuriösen Faraway Bay Bush Camp von Bruce und Robyn Ellison, 280 km nord-westlich von Kununurra gelegen, können Gäste unberührte Natur entdecken – und kochen: mit Kochstars wie Chris Taylor oder Pete Evans: www.farawaybay.com.au.

★ Keep River National Park

Nur 36 km sind es von Kununurra zum knapp 60 000 ha großen Keep River National Park, der bereits auf dem Gebiet des Northern Territory liegt. Beste Besuchszeit ist von Mai bis Ende August. Während der übrigen Zeit können die Schotterstraßen im Park wegen Überflutung gesperrt sein. Der Parkeingang liegt 3 km östlich vom Victoria Highway. Im **Visitor Centre** erhält man Informationen über den Park und die beiden Campingplätze und eine Karte mit besonders guten Wanderwegen. Der Park ist für seine Landschaft und die knapp 4 km lange Schlucht des **Keep River** bekannt, an deren steilen Wänden man einige der ältesten Felsmalereien der Aborigines sieht.

★ Manjimup

E 14

Ein Museum erzählt in Manjimup die Geschichte der Holzindustrie Westaustraliens, als die Eukalyptus-Baumriesen der Southern Forests nur mit Axt und Säge gefällt wurden.

Tor zu den Southern Forests

In den Southern Forests wachsen die uralten endemischen Baumarten **Karri**, **Marri** und **Jarrah**. Einzelne der Baumriesen, die bis zu 90 m aufragen können, sind über 400 Jahre alt. Ihr Hartholz ist äußerst begehrt – Jarrah für Möbel und Karri für den Hausbau. Die Hälfte des Staatswaldes wird heute für die Holzproduktion genutzt, andere Teile sind nach jahrelangem Raubbau als Naturschutzgebiete ausgewiesen worden. Das **Manjimup Timber Museum** im Timber Park Complex informiert über die Entwicklung der Holzindustrie (Rose Street, Öffnungszeiten: tgl. 9.00 bis 16.30 Uhr).

Fit und schwindelfrei sollte man sein, um den über 60 m hohen Gloucester Tree zu besteigen.

Umgebung von Manjimup

Etwa 22 km westlich an der Graphite Road führt die **One Tree Bridge** über den Donnelly River. 1904 fällten die Brüder Giblett einen **riesigen Karri-Baum**, der bis 1943 als Brücke diente. Nach 1,5 km folgen Four Aces, **vier Riesen-Karris**, alle zwischen 300 und 400 Jahre alt.

Über die Ökologie des Waldes unterrichtet das **Pioneer Museum and Karri Forest Discovery Centre** in Pemberton (Brockman Street, Öffnungszeiten: tgl. 9.00 – 17.00 Uhr). Der 800-Einwohner-Ort bietet verschiedene Unterkünfte. Südöstlich vom Zentrum ragt der 63 m hohe **Gloucester Tree** in die Höhe. 153 spiralförmig um den Stamm angebrachte Sprossen führen zu einer Plattform in der Baumspitze.
Um die Stadt erstreckt sich der **Pemberton National Park** mit Eukalyptuswäldern und reich blühendem buschigen Unterwuchs. Ein Rundweg führt zum 100 m hohen Beedelup-Wasserfall, im Sommer laden hier Teiche zum Baden ein.

★ Margaret River

D 13

Jedes Jahr im Mai treffen sich Weinkenner rund 280 km südlich von ►Perth beim Margaret River Wine Festival. Erst 1967 wurden hier die ersten Reben gepflanzt, heute kommen hervorragende Weißweine aus der Region.

★ Wine & Dine

Ältestes Weingut ist **Vasse Felix** in der Harmans Road South in Cowaramup, wo man im lichtdurchfluteten Restaurant auch wunderbar speisen kann, mit Blick auf die Rebhänge (Weinproben: tgl. 10.00 bis 16.00 Uhr, www.vassefelix.com.au).
Ausgezeichnete Chardonnay und Pinot Noir kommen vom eleganten **Leeuwin Estate** an der Stevens Road, das auch für sein Feinschmeckerlokal und die international besetzten Klassikkonzerte im Feb./März berühmt ist (Weinproben: tgl. 10.00 – 16.00 Uhr, www.leeuwinestate.com.au). Fantasievolle Küche und erlesene Weine werden im nostalgischen Speisesaal des **Voyager Estate** serviert (Stevens Road, Weinproben: tgl. 10.00 – 16.00 Uhr, www.voyagerestate.com.au).

Die Yallingup Cave, eine der über 300 Tropfsteinhöhlen an der Caves Road

MARGARET RIVER ERLEBEN

AUSKUNFT

Margaret River Visitor Centre
100 Bussell Highway
Tel. 08 / 97 80 59 11
www.margaretriver.com
Tgl. 9.00 – 17.00 Uhr
Auch Auskunft über Weinproben in den 35 umliegenden Winzereien

ÜBERNACHTEN

► **Komfortabel**

Forest Rise Eco Retreat
231 Yelverton Road, Yelverton
Tel. 08 / 97 55 71 10
www.forestrise.com.au
Öko-Hideaway mit 10 Chalets, Gourmetküche und Massagen nach dem privaten Bush-Walking

Eagles Heritage Raptor Wildlife Centre

Im Eagles Heritage Raptor Wildlife Centre an der Boodjidup Road, 5 km südlich vom Stadtzentrum, werden **Greifvögel** gehalten, die regelmäßig ihre Flugkünste demonstrieren (Vorführungen: tgl. 11.00 und 13.30 Uhr, www.eaglesheritage.com.au).

Umgebung von Margaret River

Tropfsteinhöhlen und Glasbläser

An der **Caves Road** in Richtung ► Augusta gibt es über 300 Kalksteinhöhlen im Untergrund. Hier lohnt auch ein Besuch von Cape Leeuwin, dem südwestlichsten Punkt Australiens. Nimmt man auf dem Rückweg den Bussell Highway, kann man im Fox Studio Glass in **Karridale** Glasbläsern bei ihrer Arbeit zusehen.

★ Mount Augustus National Park

E 9

Der größte Monolith des Kontinents ist nicht etwa der ►Uluru, sondern der Mount Augustus in der roten Erde der Gascoygne, gut 1000 km nördlich von ►Perth und 460 km östlich von ►Carnarvon.

Mächtiger Monolith

Der 1,8 Mrd. Jahre alte **Mount Augustus** ist 1106 m hoch, 7 km lang und 3 km breit – und übertrifft damit sein berühmtes Felspendant im ►Northern Territory um ein Vielfaches! Wer sich auf die Piste ab ► Carnarvon Richtung Gascoygne Junction, Dairy Creek und Mount-Augustus-Nationalpark wagt, sei gewarnt: Der Track führt durch unbesiedeltes Gebiet, ist sehr staubig, vor allem nach Regenfällen in schlechtem Zustand und nur mit Geländewagen zu befahren. Im Nationalpark wartet ein gut ausgestatteter Campingplatz. Schon aus 50 km Entfernung ist der mächtige **Sandsteinklotz** zu erkennen, der sich majestätisch über die steinige Ebene erhebt. Laut Legende der Aborigines handelt es sich bei dem Stein um den verwandelten Krieger **Burringurrah**. Seine Feinde hatten den tapferen Kämpfer auf den Boden geworfen und ihn mit einem Speer durchbohrt.

✶✶ Nambung National Park

D 12

Eines der großartigsten Naturwunder Westaustraliens ragt aus dem gelblichen Sand des 175 km² großen Nambung-Nationalparks empor: die bis zu 4 m hohen Kalksteinsäulen der Pinnacles.

Mitten in der Wüste

Ab September verwandeln sich die **Wildblumen** des Parks in ein Blütenmeer. Dies ist auch die beste Besuchszeit, um mit dem Pkw die 20 km Sandpiste von **Cervantes** in der Wüste zu fahren, um auf dem 6 km langen **Pinnacles Desert Loop Drive** die bizarren Kalksteinsäulen zu besichtigen – kommen Sie frühmorgens oder im weichen Licht der untergehenden Sonne. Es gibt keine Campingmöglichkeiten. Beim Parkplatz vor den Pinnacles beginnt ein 500 m langer Rundweg, ausgedehnte Wanderwege führen zum Kangoroo Point und der Hangover Bay am Meer.

✶✶ Pinnacles

Der Indian Ocean Drive, Panoramaroute entlang der Küste von Lancelin bis Cervantes führt durch den Nationalpark. Als Highlight der Route gelten die Pinnacles. Manche von ihnen erscheinen wie steinerne Wesen! Gezackte, geriffelte und konische **Kalksteinsäulen** ragen aus dem Wüstensand der Dünen auf, die im Sommer von der Sonne

Kunst aus Sand und Kalk, von Wind und Wasser geschaffen: die Pinnacles

NAMBUNG NATIONAL PARK ERLEBEN

AUSKUNFT

Pinnacles Visitor Centre
im Postamt, Cervantes
Tel. 08 / 96 52 76 72
www.visitpinnaclescountry.com.au

ESSEN & ÜBERNACHTEN

► **Komfortabel**

Best Western Cervantes Pinnacles Motel
7 Aragon Street, Cervantes
Tel. 08 / 96 52 71 45, Fax 96 52 72 14
http://pinnacles.bestwestern.com.au
Vier-Sterne-Motel mit 40 netten, wenn auch kleinen Zimmern, Pool, Restaurant und BBQ-Grills

Cervantes Lodge
91 Seville Street, Cervantes
Tel. 08 / 96 52 73 77
www.cervanteslodge.com.au
Gepflegtes Haus in Strandnähe

kräftig aufgeheizt werden. Gut 50 km lang und bis zu 30 km breit ist die Pinnacle Desert. Wie sie entstanden, weiß keiner genau. Nur so viel ist gewiss: Während der letzten Eiszeit sank der Meeresspiegel um viele Meter unter seinen heutigen Stand. Der Wind fegte den kalkhaltigen Wüstensand des ausgetrockneten Meeresbodens zwischen ►Perth und ►Geraldton – Greenough landeinwärts, wo er sich zu meterhohen Dünen auftürmte. Winterlicher Regen mischte den Sand mit Humus zu witterungsbeständigen Kalksteinschichten, die sich nach und nach ablagerten. Weichere Kalksteinschichten wurden von Wind und Wetter wieder gelöst und fortgeweht.

★★ Ningaloo Reef Marine Park

C/D 7/8

Die farbenprächtigen Korallengärten in der 260 km langen Unterwasserwelt des gewaltigen Ningaloo Reef sind Westaustraliens Topziel für Schnorchler und Taucher.

Westaustraliens Taucherparadies

Das Ningaloo Reef reicht fast bis an die wenige Kilometer vor der Küste steil abfallende Kontinentalplatte des australischen Kontinents heran. Die **farbenprächtige Unterwasserwelt** ist hier ebenso artenreich wie die am viel längeren ►Great Barrier Reef in Queensland. Und das Korallenriff ist dabei nirgends weiter als 3 km vom Ufer entfernt, an einigen Stellen sogar nur ein paar Meter, sodass man hinschwimmen kann. Über 530 Fischarten tummeln sich zwischen den 250 Korallenarten. Mit etwas Glück sieht man Seekühe, Schildkröten und Mantas, im Juni und Juli kommen Buckelwale, von Ende März bis Juni **Walhaie**, der Traum eines jeden Tauchers. Das Riff wurde im Ningaloo Reef Marine Park unter Schutz gestellt, die trockenen Anhöhen des Kaps bilden den Cape Range National Park.

Coral Bay

Für Familien empfiehlt sich die vom nahen Riff geschützte Coral Bay am Südende des Riffs. Die weißen **Traumstrände**, die direkt am Ort beginnen, sind auch für kleinere Kinder geeignet – das sehr flache Wasser erwärmt sich im Sommer bis auf 28 °C. Das Riff hält die gefährliche Brandung ab. Motels und Caravanparks bieten in Coral Bay Unterkünfte. Im **Bayview Coral Bay** kann man Glasbodenbootsfahrten buchen, **Ningaloo Reef Dive** veranstaltet tgl. Tauch- und Schnorcheltouren zum Ningaloo Reef (www.ningalooreefdive.com). Märchenhaft schöne Korallengärten, die teilweise nur 30 m vom Strand entfernt liegen, ziehen Taucher und Schnorchler an. Zahlreiche Schiffswracks befinden sich bei Point Cloates. Außerdem gibt es Überreste einer norwegischen Walfangstation von 1915.

Sportlich Ambitionierte bevorzugen 150 km weiter nördlich den tropischen Ferienort **Exmouth** (9500 Einw.), weil hier der Weg zum spektakulären Outer Reef kürzer ist. »Schwimmen Sie mit den **Walhaien**« – überall um Exmouth wird zwischen Ende März und Anfang Juni dasselbe Erlebnis angeboten: Mit Schnorchelmaske und Flossen lassen sich Besucher im Wasser neben den bis zu 18 m langen und 40 t schweren, Plankton fressenden Giganten treiben, die sich hier zur Paarung treffen. Traumstrände wie der Jansz Beach, der 5-Mile-Beach oder die Turquoise Bay und ganzjähriger Sonnenschein gehören in Exmouth ebenso dazu.

Im Sommer kann man unter Aufsicht von Rangern den seltenen **Grünen Meeresschildkröten** bei der Eiablage an den geschützten Stränden des Cape Range National Park zuzusehen. Von Juni bis September ziehen **Buckelwale** vor der Küste vorbei – die Beobachtungsfahrten sind schnell ausgebucht!

! *Baedeker* TIPP

Hinter den Dünen

Das nur für 12 Gäste eingerichtete Ningaloo Reef Retreat ist die einzige Unterkunft im Cape Range National Park. Es liegt hinter den Dünen versteckt, mitten im Park. Vom Camp selbst führt ein Weg zum Ozean, wo das Ningaloo Reef bis auf wenige Meter an den Strand heranreicht und ideale Schnorchelbedingungen bietet (Tel. / Fax 08 / 9942 1776, www.ningalooreefretreat.com).

Neugieriger Riffbewohner: ein Riesenkugelfisch im Ningaloo Reef

Obwohl die Yardie Creek Road nach einigen Kilometern in eine Schotterpiste mündet, sollten sich Urlauber nicht abschrecken lassen, mit dem geländegängigen Wagen auf ihr zur **Yardie Creek Gorge** zu fahren. Am schönsten ist die Bootstour durch die Schlucht am Abend, wenn sich die rot leuchtenden Wände der schroffen Schlucht im Wasser spiegeln.

EXMOUTH

AUSKUNFT

Exmouth Visitor Centre
Murat Road, Exmouth
Tel. 08/99 49 11 76
www.exmouthwa.com.au

ÜBERNACHTEN

► **Komfortabel**
Novotel Ningaloo Reef
Madaffari Drive, Exmouth
Tel. 08/99 49 00 00
www.novotelningaloo.com.au
Modernes Design in Erdtönen, eine großzügige Badelandschaft und 150 geräumige Studios und Zimmer: 24 Mio. Euro wurden in die schicke Ferienanlage am Sunrise Beach investiert.

★★ **Cape Range National Park**

Die weite Exmouth-Halbinsel wird von einer niedrigen Bergkette durchzogen, mit **spektakulären Schluchten**, trockenen Küstenebenen und wandernden Sanddünen, die im Cape Range National Park geschützt werden. Hier leben Kängurus, Emus und vielerlei Echsen. Beste Besuchszeit ist während des Winters von Mai bis September. Die einzige Wasserstelle im Park liegt nördlich von **Milyering**, wo sich das Besucherzentrum befindet. Mandu Mandu Creek und Yardie Creek sind gute Standorte, um Vögel zu beobachten. Von der am Golf entlangführenden Straße von Coral Bay über Learmonth nach Exmouth führen zwei Pisten, die Charles Knife Canyon Road und Shothole Canyon Road, in den Nationalpark zum **Thomas Carter Lookout** und zum Lightfoot-Rundwanderweg.

Nornalup

E 14

Die größten und ältesten Karri-Bäume Westaustraliens findet man im Valley of the Giants, 10 km östlich der kleinen Ortschaft Nornalup am South Coast Highway.

★ **Valley of the Giants**

★ ◄ Tree Top Walk

Wer auch immer den Namen »Tal der Giganten« verlieh, hat nicht übertrieben. Denn die **Eukalypten** schießen dank des reichlichen Regens bis zu 90 m in die Höhe. Gigantisch sind auch die oftmals hohlen Wurzeln der Karri-Bäume, deren Durchmesser 16 m und mehr erreichen kann. Ein Auto passt in solch eine »Garage« mühelos hinein und bei Regen bieten die Wurzelhöhlen auch Wanderern Schutz. Schwindelfrei sollte man sein für den Tree-Top-Walk-Laufsteg in 40 m Höhe durch die Kronen der Baumriesen (Öffnungszeiten: tgl. 9.00 – 16.15, Dez./Jan. bis 18.00 Uhr).

Northam

E 12

Das 1833 gegründete Northam erlebte seinen Aufschwung nach der Entdeckung von Goldfeldern im Gebiet um ► Kalgoorlie und Boulder und nach dem Bau der Eisenbahnlinie von ► Perth, die hier einst endete.

Koloniales Erbe

Northam (7000 Einw.) ist das Zentrum des Avon Valley, 100 km nordöstlich von Perth am Great Eastern Highway. Im Ort sind einige historische Gebäude erhalten, darunter das 1904 erbaute **Byfield House**, ein Ziegelgebäude mit Turm an der Gordon Street, das Rathaus im italienischen Stil von 1898, das 1859 eröffnete Avon Bridge Hotel und der 1886 errichtete Bahnhof an der Millington Street, der heute ein **Eisenbahnmuseum** beherbergt (Öffnungszeiten: So. 10.00 bis 16.00 Uhr). Ältestes Gebäude ist das Morby Cottage von 1836 an der York Road, ein typisches kolonialzeitliches Siedlerhaus.

Äußerst reizvoll, auch zum Wandern: das Tal des Avon River

Umgebung von Northam

York

Das schmucke 1600-Einwohner-Städtchen 35 km südlich von Northam ist die älteste Inlandssiedlung Westaustraliens. Farmer machten ab 1830 das fruchtbare Land am **Avon River** urbar, versorgten die Goldsucher auf der Reise von und nach ► Kalgoorlie mit allem Lebensnotwendigen und begründeten so den einstigen Wohlstand des Bilderbuchstädtchens. Die **restaurierten Häuschen** mit viktorianischen Fassaden erinnern an diese Blütezeit. Die meisten liegen an der **Avon Terrace**: Die Town Hall, das Rathaus von 1911 mit reicher Stuckverzierung und schönem Portal beherbergt heute das Tourist Office (Nr. 81). Das Castle Hotel, eines der ältesten Gasthäuser Westaustraliens, besteht seit 1842 und diente lange als Postkutschenstation (Nr. 95). Im **Settler's House**, um 1860 erbaut, druckte man die erste Zeitung in Western Australia, den »York Chronicle«. Heute ist es ein Hotel und elegantes Restaurant.

◄ Oldtimersammlung

Gegenüber im **Australian Motor Museum** (Öffnungszeiten: im Sommer 9.30 – 15.00, im Winter: bis 16.00 Uhr, www.yorkwa.com.au/Motor.Museum/index.htm) sind 150 Veteranen von 1894 bis 1980 zu sehen – die größte Oldtimersammlung Australiens.

Das Faversham House von 1831 in der Grey Street liefert ein schmuckes Beispiel kolonialer Architektur. Südlich vom Bahnhof erhebt sich an der Broome Street seit 1891 die vierstöckige Getreidemühle, heute Kunsthandwerkszentrum und Galerie. Am gegenüberliegenden Flussufer erzählt das **Residency Museum** von 1843 aus der Gründerzeit von York (4 Brook Street, Öffnungszeiten: Di. – Do. 13.00 – 15.00, Sa./So. 11.00 – 15.30 Uhr, www.yorksoc.org.au).

Nullarbor Plain · Eyre Highway

G – L 12/13

Tatsächlich wächst fast »kein Baum« in der endlosen Nullarbor-Ebene zwischen ►Adelaide und ►Perth, die der 2400 km lange und erst 1969 durchgängig asphaltierte Eyre Highway durchquert.

Endloses Ödland

Geologisch ist die Ebene wohl das Bodensediment eines vorzeitlichen Meeres, das später zur trockenheißen, wüstenhaften Landschaft gehoben wurde. Die Steilküste am stürmischen Südozean mit **bizarren Kalksteinklippen**, Karsteinbrüchen und überhängenden Rändern wird teilweise durch Stichwege erschlossen. Außer dem beeindruckenden Blick auf die Küstenlinie hat man von Juni bis Oktober die Chance, **Wale** bei ihrer alljährlichen Wanderung zu beobachten. 1841 durchquerte **John Eyre** als erster Europäer unter großen Strapazen und Entbehrungen die Nullarbor-Ebene.

Heute ist die lange, eintönige Fahrt auf dem gut ausgebauten Highway durch Tankstellen, Rast- und Übernachtungsmöglichkeiten ungefährlich geworden. Die transkontinentale Eisenbahnlinie, die vom

Die Nullarbor Plain trägt ihren Namen zu Recht: kaum ein Baum wächst auf dem ausgedörrten, porösen Kalkboden.

Indian Pacific befahren wird, zieht sich im Norden rund 100 km parallel zum Eyre Highway durch die menschenleere Einöde, wobei die Schienen insgesamt 478 km lang geradeaus laufen (►S. 141).

Stationen am Eyre Highway

Norseman Norseman (2000 Einw., 730 km östlich von ► Perth) gilt als Westaustraliens **Tor zur Nullarbor** – wer die Wüste erfolgreich bewältigt hat, erhält im Tourist Centre die »offizielle« Durchquerungsurkunde«. Eine riesige Abraumhalde erinnert an die großen Tage der Goldfunde. Auch heute sind noch Amateursucher am Werk – Permits gibt es im Tourist Centre an der Roberts Street (www.norseman.info). Bergwerksausrüstung und alte Fotos birgt das **Historical & Geological Museum** im früheren Gebäude der School of Mines an der Battery Road. Ein Denkmal an der Roberts Street erinnert an das Pferd Norseman, das einst beim Scharren Goldnuggets freilegte, den **Goldrausch** auslöste und der Stadt ihren Namen gab. Bis zur Staatsgrenze zu Südaustralien sind es von hier 725 km, bis Ceduna 1200 km.

Balladonia, 190 km östlich von Norman inmitten der sanft gewellten Fraser Range gelegen, bedeutet in der Sprache der Ureinwohner »großer, roter Fels«. Weltweite Schlagzeilen machte das Neun-Einwohner-Nest 1979, als die Überreste der Raumstation Skylab 40 km östlich davon auf der Woorlba-Schaffarm niedergingen. Die sogenannte »90 Mile Straight« von Balladonia nach **Caiguna** ist mit 146,6 km der längste, völlig gerade verlaufende Highwayabschnitt Australiens. Unterwegs gibt es mehrere Felsteiche als natürliche **Wasserlöcher**, wo um 1890 die Kamelkarawanen rasteten.

Baedeker TIPP

Weltlängster Golfplatz

Seit Sommer 2008 können sich passionierte Golfer in Western Australia einer einmaligen Herausforderung stellen: Zwischen dem Tee Off in Kalgoorlie und dem 18. Loch in Ceduna erstreckt sich auf 1365 km durch die Nullarbor Plain die längste Golfbahn der Welt – zwischen jedem Loch liegen gut 80 km (http://worldslongestgolfcourse.com).

Nächster Halt ist **Cocklebiddy**, 66 km östlich. Hinter dem Motel zeugen nur Ruinen von der ehemaligen Missionsstation. Im Nordosten liegt die Cocklebiddy Cave, an der Küste kann man im **Eyre Bird Oberservatory** 240 verschiedene Vogelarten beobachten.

Madura

Auf halber Strecke erreicht man 91 km östlich von Cocklebiddy den Madura Pass Lookout mit herrlichem Blick auf die Roe Plain. Im Hintergrund erheben sich die Hügel des Hampton-Tafellandes. Das nächste Motel steht in Mundrabilla, 114 km östlich von Madura.

Eucla

Der winzige Außenposten Eucla liegt 68 km östlich von Mundrabilla, nur noch 12 km westlich der Staatsgrenze. Von der Höhe blickt man auf die vom Flugsand fast zugedeckten Ruinen der 1877 erbauten **Telegrafenstation** und auf den Südozean. Östlich von Eucla erstreckt sich der gleichnamige Nationalpark, in dem es nur Pisten für Allradfahrzeuge gibt.

Östlich der Grenze zu Südaustralien führt der Highway teils dicht an den Küstenklippen entlang. Ab und zu zweigen Stichstraßen zu Aussichtsstellen ab, von wo man atemberaubende Aussichten auf die **Great Australian Bight** hat. Bis nach **Ceduna** sind es von der Grenze noch etwa 480 km.

★★ Perth

D 12

Einwohner: 1,7 Mio.

Die boomende Hauptstadt Westaustraliens und »entlegenste Großstadt der Welt« verwöhnt mit sonnigem Wetter, guter Laune und schickem Jachthafen am Indischen Ozean.

Lebenslustige Hauptstadt

»The Golden State« prangt auf den gelben Autokennzeichen Westaustraliens. Wohl wahr: 1890 bescherte der Goldrausch Perth und seiner Region einen ungeahnten Aufschwung, der noch immer anhält. In Perth leben mehr Millionäre pro Quadratkilometer als sonstwo in Australien – und das bei einer Stadtfläche, die mit 5500 km² mehr als sechsmal so groß ist wie Berlin. Perth ist nach Darwin die am schnellsten wachsende Stadt (2010). Wolkenkratzer aus Glas, Stahl und Beton wetteifern um die höchste Höhe und zeugen vom **rasanten Wirtschaftswachstum**. Die City gibt sich modern und geschäftig, die Vororte zeigen englisches Erbe. Eindrucksvoll erleben Besucher das entspannte West-Coast-Lebensgefühl an den vielen warmen Nachmittagen, die die **sonnigste Großstadt** Australiens so oft erlebt. Tausende bummeln unter dem azurblauen Himmel im Vorort ► Fremantle am **»Cappuccino Strip«** entlang. Und an den herrlichen Stränden – Leighton Beach, Cottesloe Beach, Swanbourne oder Scarborough Beach – geben Surfer eine Gratisvorstellung. Kleine Jollen und schnittige Jachten nutzen die kühle Brise und verleihen dem Swan River bunte Tupfer. Kein Wunder, dass Perth als die australische Metropole des **Wassersports** gilt. Zu den Highlights im Veranstaltungskalender gehören das Wildblumenfestival im September und das UWA **Perth International Arts Festival** im Sommer.

! *Baedeker* TIPP

Beste Genüsse

Bei der alljährlichen Good Food & Wine Show Anfang Juli können Sie bei der Celebrity Kitchen u. a. australischen Kochstars zuschauen oder an der Decanter Bar erlesene Tropfen verkosten (www.goodfoodshow.com.au).

1829	Gründung der Siedlung Perth
ab 1890	Schnelles Wachstum der Stadt durch Goldfunde in der Umgebung
März 2010	Ein Sturm mit Golfball-großen Hagelkörnern richtet schwere Verwüstungen an.

Stadtgeschichte

Jene holländischen Seefahrer, die im Dezember 1696 vor der Westküste ankerten, trauten ihren Augen nicht. An der Mündung eines großen Flusses schwammen ihnen **schwarze Schwäne**entgegen! Zur Erinnerung daran tauften sie das Gewässer Swan River – Schwanenfluss. 133 Jahre später fuhren Gouverneur James Stirling, einige Soldaten und Siedler den Fluss hinauf. Nach guten 18 km befand der Gouverneur, hier solle die **Hauptstadt der neuen Kolonie** stehen. Doch der Platz war schlecht gewählt: Im Norden und Süden lagen moskitoverseuchte Sümpfe, im Westen versperrte die Hügelkette des Mount Eliza den Weg. Für die wenigen mutigen Siedler stand bald fest: Ohne Unterstützung war die Bebauung und Kultivierung des Landes nicht zu schaffen. Und so kam es, dass ab 1850 entgegen den ursprünglichen Absichten Häftlinge beim Aufbau der Kolonie und deren Hauptstadt mit´anpacken mussten.

Highlights Perth

Berndt Museum of Anthropology
Eine der besten Aborigine-Kunstsammlungen Australiens
► Seite 564

His Majesty's Theatre
Der weiße, klassizistische Prachtbau ist das einzige erhaltene edwardianische Theater Australiens.
► Seite 559

Ausflug nach Fremantle
Nehmen Sie die Fähre von der Barrack Street Jetty auf dem Swan River nach »Freo« und bummeln Sie dort über den »Cappuccino Strip«.
► Seite 528

Kings Park
Ob mittags oder abends – der Blick von den Terrassen des Kings Park auf die Skyline von Perth ist zu allen Tageszeiten faszinierend.
► Seite 564

Western Australian Museum
Spannendes über Flora und Fauna Westaustraliens sowie die Geschichte der australischen Ureinwohner
► Seite 564

Perth Zoo
Einer der schönsten Zoos Australiens
► Seite 564

Als 1962 der Astronaut John Glenn die Erdkugel umkreiste, grüßte ihn Perth mit einer leuchtenden Geste: Alle Bewohner schalteten gleichzeitig ihre Lichter an. Als einziger Lichtpunkt leuchtete die Stadt im All. Tief berührt, taufte der Astronaut Perth **»City of Light«**, einen Namen, den sie bis heute stolz trägt.

Verkehr

Der **internationale Flughafen** liegt rund 20 km nordöstlich der City, das Domestic Terminal für Inlandsflüge befindet sich auf der Westseite des großen Areals, nur 10 km von der Stadt entfernt. Der Zug **Indian Pacific** fährt zwei Mal pro Woche vom Bahnhof East Perth via ►Kalgoorlie und ►Adelaide nach ►Sydney; ebenfalls hier startet der »Prospector«-Zug nach Kalgoorlie. Am Railway Terminal der Fernzüge besteht Anschluss an die Überlandbusse von **Transwa**, die in Western Australia 275 Destinationen bedienen (www.transwa.wa.gov.au). Railway Terminal in East Perth ist die Endstation der Fernzüge, hier starten auch die Überlandbusse von Westrail. Die mitten im Zentrum gelegene **City Railway Station** an der Wellington Street ist Knotenpunkt aller Nahverkehrslinien. Hier fährt auch der Touristenzug Australind nach ►Bunbury ab.

Vorhang auf!

Die **Perth Concert Hall** am östlichen Ende der St. George's Terrace, das riesige **Perth Entertainment Centre** an der Wellington Street **His Majesty's Theatre** Ecke King und Hay Street, das die Pracht um 1900 widerspiegelt, sowie das **Playhouse Theatre** Ecke Hay und Pier Street sind die besten Adressen in Perth, wenn es um hochkarätige Abendveranstaltungen geht. Zentrum des Nachtlebens ist der Stadtteil **Northbridge**, wo sich neben Museum, Staatsbibliothek und Kunstgalerien zahlreiche Restaurants, Nachtlokale, Diskotheken und Bars angesiedelt haben. Das **Spielkasino** im Burswood Resort Complex, einer Hotel- und Vergnügungsanlage im Stadtteil Riversvale, wartet mit 142 Spieltischen auf Glücksspieler.

Sehenswertes in Perth

Gut zu Fuß Die Innenstadt von Perth ist leicht zu Fuß zu erkunden. Im Süden und Osten wird sie vom **Swan River** begrenzt. Im Norden schließt sich jenseits der Bahnlinie Northbridge an, wo sich Gastronomie, Unterhaltung und die wichtigsten Museen konzentrieren. Die Haupteinkaufsstraßen sind die beiden durch Fußgängerpassagen miteinander verbundenen **Hay Street Mall** und **Murray Street Mall.**

★ Forrest Place In der Mitte der Murray Street treffen sich Straßenmusikanten, Schausteller und Touristen aus aller Welt auf dem Forrest Place, dem größten Platz der Innenstadt. Hier laden zahlreiche Straßencafés, Boutiquen und das Kaufhaus Myers zum Bummeln ein.

St. Mary's Cathedral Östlich am Victoria Square ragt die ockerfarbene St. Mary's Cathedral auf. Sie ist eine Erweiterung der 1844 erbauten St. John's Chapel, eines kleinen katholischen Kirchleins, 1863 folgte das westliche Schiff, zwischen 1926 und 1930 die Ostseite. Sehenswert ist auch der Säulenbau der klassizistischen Cathedral Presbytery, deren kunstvolles Design so gar nicht an ein bescheidenes Pfarrhaus erinnern mag.

Perth Mint Wenn man nun die Goderich Street entlang geht und nach rechts in die Hill Street einbiegt, steht man vor dem Tamala-Kalksteinbau der Perth Mint von 1899. Noch heute werden hier sämtliche **Gold-, Silber- und Platinmünzen Australiens** geprägt (Öffnungszeiten: 9.00 bis 17.00, Führungen: stdl. 9.30 – 15.30 Uhr, www.perthmint.com.au).
Old Deanery ► Nach rechts die Hay Street entlang, trifft man auf die Old Deanery. Das schindelgedeckte georgianische Landhaus von 1859 diente dem damaligen anglikanischen Bischof Matthew Hale als Wohnsitz.

★ St George's Terrace Nun ist die St. George's Terrace erreicht. Zwischen den Bäumen der parkartigen Stirling Gardens schimmert der rostrote Ziegelbau des **Government House** von 1864 hervor. Biegt man nach rechts, taucht die relativ schlichte, 1889 geweihte St. George's Cathedral auf.
In der Grünanlage südlich vom Government House befinden sich der Supreme Court und das **Old Court House** von 1836, das älteste öffentliche Bauwerk der Stadt. Heute beherbergt es ein kleines Museum (Mo., Di., Fr. 10.00 – 16.30 Uhr). Ganz im Osten des Parks stehen zwei Neubauten: In der **Perth Concert Hall** werden Opern, Folkmusic und Rockkonzerte aufgeführt, im Council House ist die Stadtverwaltung untergebracht. In der sogenannten **Music Shell** im Park des Supreme Court gibt es im Sommer Gratiskonzerte.

Wolkenkratzer aus Glas, Stahl und Beton wetteifern in der »City of Light« um die höchste Höhe.

Old Perth Boys School

Auf der St. George's Terrace weiter in Richtung Westen erreicht man nach etwa 600 m die 1854 erbaute, kirchenähnliche Old Perth Boys School. Heute sind hier ein Souvenirladen des National Trust, eine kleine Galerie und ein gemütliches Teehaus untergebracht. Der benachbarte Ziegelbau **The Cloisters** war um 1858 eine Knabenschule. An der Ecke Hay und King Street steht der weiße, klassizistische Prachtbau des einzigen erhaltenen edwardianischen Theaters Australiens: **His Majesty's Theatre** wurde 1904 vollendet.

Hay Street Mall

Nun taucht man ein in eine der **Shoppingmeilen** der Stadt, die Hay Street Mall, die über Passagen und Kaufhäuser mit einer anderen Haupteinkaufsstraße, der Murray Street Mall, verbunden ist. Rechter Hand liegen übrigens die Trinity Arcade und der London Court, fotogenes Wahrzeichen von Perth. Die schmale Arkadenanlage im Tudorstil mit kleinen Läden wurde 1937 erbaut und erstreckt sich von der St. George's Terrace bis zur Fußgängerzone Hay Street Mall. Den nördlichen Eingang bildet ein **Uhrturm**, ein Nachbau von Big Ben in London, mit vier Rittern über der Uhr, die sich jede Viertelstunde bewegen. Am südlichen Tor zur St. George's Terrace steht die Nachbildung der Stadtuhr von Rouen, der Gros Horloge von 1527, mit dem hl. Georg und dem Drachen.

★★ ◄ London Court

Treasury Building

Das Treasury Building an der Ecke St. George's Terrace und Barrack Street ist Teil der Regierungsgebäude und wurde 1874 im klassizistischen Stil erbaut. Das oberste Stockwerk wurde erst 1905 aufgesetzt.

Perth Orientierung

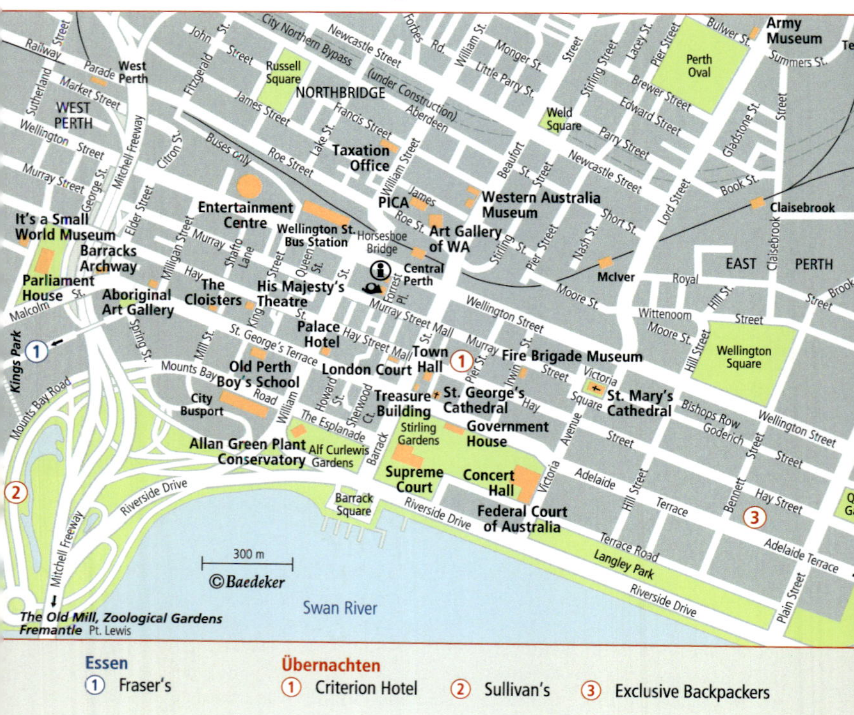

Town Hall An der Ostseite der Barrack Street fällt die Town Hall mit Türmchen und Uhrturm durch ihre ungewöhnliche Mischung von Baustilen auf. Das **Rathaus** wurde 1867 als letztes Gebäude von Sträflingen errichtet, ein Jahr später stellte man die Gefangenentransporte ein.

Northbridge Nördlich vom viktorianischen Bahnhof im Stadtteil Northbridge konzentrieren sich um die **James Street Mall** schicke Cafés, Restaurants und die Kulturszene der Stadt. Im **Cultural Centre** ist auch die preisgekrönte Art Gallery of Western Australia untergebracht. Sie besitzt eine der bedeutendsten Sammlung an **Aborigine-Kunst** und Werke australischer Künstler von der weißen Besiedlung bis heute – zu jeder Epoche mehr als 1000 Exponate (Öffnungszeiten: tgl. 10.00 bis 17.00 Uhr, www.artgallery.wa.gov.au).

✶✶ Art Gallery of Western Australia ►

PICA Im Perth Institute of Contemporary Arts (PICA) wird internationale **zeitgenössische Kunst** präsentiert (51 James St.; Öffnungszeiten: Di. bis So. 11.00 – 18.00, Fr. bis 21.00 Uhr, www.pica.org.au).

PERTH ERLEBEN

AUSKUNFT

Perth Visitor Centre
Albert Facey House
Ecke Forrest Place/Wellington Street
Tel. 08 / 94 83 11 11
www.experienceperth.com

MIT DEM AUTO IN DER STADT

Perth's rechtwinkliges Straßennetz macht die Orientierung einfach. Die vielen gebührenpflichtigen öffentlichen Parkplätze sind aber oft belegt.

NAHVERKEHR

In der Innenstadt verkehrt während der Geschäftszeiten der kostenlose Busservice »City Clipper« zwischen allen Hauptshopping-Punkten. Die kostenlosen Buslinien »Blue Cat« und »Red Cat« sind klimatisiert und erleichtern bei der ständigen Hitze in der Stadt erheblich das Fortkommen. Die Perth Tram mit ihren historischen hölzernen Wagen, die um 1899 gebaut wurden, ist ein Muss für Straßenbahnfans. Sie bietet die schönste Form der Stadtrundfahrt. Start: 124 Murray Street (Infos unter www.transperth.wa.gov.au).

VERANSTALTUNGSTIPPS

Infos zu Veranstaltungen enthält die Broschüre »What's on Perth, Fremantle and Surrounds« vom Visitor Centre. Der »Perth Nightlife Guide« liegt in den Hotels aus. Weitere Infos unter www.whatson.com.au

SHOPPING

Stundenlang shoppen lässt sich in den beiden Fußgängerzonen Murray und Hay Street Mall mit schönen Arkaden wie der Piccadilly Arcade, der Carillon Arcade und der Plaza Arcade. London Court ist eine Flaniermeile mit Boutiquen und Cafés. Besonders ausgefallene Galerien bieten die Vororte Subiaco und Fremantle. Unbedingt sehenswert ist der Midland Sunday Market. Die von Fr. bis So. geöffneten Fremantle Markets sind in 100 Jahre alten Markthallen untergebracht. Eine gute Auswahl an authentischer Aborigine-Kunst haben die Native Creative Gallery, 32 King Street, und »Ganada«, 71 Barrack Street.

ESSEN

► Erschwinglich

① *Fraser's*
Fraser Ave. Kings Park
Tel. 08 / 94 81 71 00
www.frasersrestaurant.com.au
Nicht nur wegen seiner guten Küche sehr gefragt, sondern auch wegen seiner herrlichen Aussicht

ÜBERNACHTEN

► Luxus

① *Criterion Hotel*
560 Hay Street, Perth 6000
Tel. 08 / 93 25 51 55
www.criterion-hotel-perth.com.au
Schönes Art-déco-Gebäude mit sehr geschmackvollen Zimmern

► Komfortabel

② *Sullivan's*
166 Mount's Bay Road, Perth 6000
Tel. 08 / 93 21 80 22
www.sullivans.com.au
Freundlicher Familienbetrieb 2 km außerhalb neben dem Kings Park

► Günstig

③ *Exclusive Backpackers*
158 Adelaide Terrace, Perth 6000
Tel./Fax 08 / 92 21 99 91
www.exclusivebackpackers.com
Gut eine Klasse über den üblichen Backpackerunterkünften in einem schön restaurierten Gebäude

Western Australian Museum

Highlights des benachbarten Western Australian Museums sind der 11 t schwere Meteorit von Mundabilla, das Skelett eines 25 m langen Blauwals und ein präparierter Riesen-Hai (Megamouth). Die Ausstellung **»Patterns of Life in a Vast Land«** informiert über Kultur und Alltag der Aborigines. Zum Museum gehört das **Old Gaol**, das 1853 von Sträflingen errichtet wurde und 35 Jahre lang bis 1888, als Gefängnis und Hinrichtungsort der Stadt diente. Heute werden hier Ausstellungen zur westaustralischen Kultur gezeigt (Francis St.; Öffnungszeiten: Mo. – Fr. 10.30 – 17.00, Sa., So. 13.00 – 17.00 Uhr; www.museum.wa.gov.au, Eintritt frei).

Kings Park

Der schon Ende des 19. Jh.s angelegte, 404 ha große Kings Park nimmt einen Landvorsprung am Fuße des steilen Mount Eliza ein. Er gehört sicher zu den schönsten Landschaftsparks des fünften Kontinents. Der Großteil ist natürliches Buschland, das sich alljährlich im Frühling in ein **Blütenmeer** verwandelt. Im Osten liegt ein botanischer Garten mit einheimischer Flora. Ein geradezu überwältigender Panorama-Rundblick auf die Stadt und ihre nächste Umgebung bietet sich vom **Mount Eliza Lookout.** Eine schöne Aussicht hat man auch vom War Memorial und Pioneer Women's Memorial.

! *Baedeker* TIPP

Auf zwei Rädern

Angesichts der Größe des Kings Park und der vielen hervorragenden Radwege bietet es sich an, das Gelände mit dem Fahrrad zu erkunden. Leihen kann man sie u. a. im Cycle Centre, 282 Hay Street, oder direkt bei Koala Bycicle Hire auf dem Hauptparkplatz beim Park.

Old Mill

Südlich der Lagune, jenseits der Narrows Bridge des Kwinana Freeway, erstreckt sich **South Perth**. Am südlichen Brückenende steht die Old Mill, eine malerische Windmühle aus dem Jahr 1835, heute beherbergt sie ein kleines Mühlenmuseum.

Zoo

Den Zoologischen Garten am Südufer der Lagune erreicht man am besten mit der Fähre von der Barrack Street Jetty. Zu den Highlights gehört das Conservation Discovery Centre mit einem **Nachttierhaus**, in dem auch Wombats und Kiwis beobachtet werden können (Öffnungszeiten: tgl. 9.00 – 17.00 Uhr, www.perthzoo.wa. gov.au).

Berndt Museum of Anthropology

Eine der besten **Aborigine-Kunstsammlungen** Australiens ist im Social Sciences Building der University of Western Australia zusammengetragen worden (Hackett Drive, Öffnungszeiten: Mo., Mi. 14.00 bis 16.00, Fr. 10.00 – 14.00 Uhr, www.berndt.uwa.edu.au).

Umgebung von Perth

Badestrände

Baden, Surfen, Tauchen und Segeln sind in Perth nicht nur Ferienspaß, sondern gehören zum Alltag. Traumhaft schöne Badestrände am Indischen Ozean sind von der City aus auch mit öffentlichen

Verkehrsmitteln leicht erreichbar. Beliebt sind Port, City, Cottesloe und Scarborough Beach – nur für erfahrene Schwimmer. Gern besucht werden auch die Strände von Swanbourne (FKK-Strand) und Trigg Island sowie die geschützten Buchten des **Swan River** (Crawley, Peppermint Grove und Como Beach). Sehr malerisch und wegen des flachen Wassers für Familien mit kleinen Kindern besonders gut geeignet sind der **Ricey Beach** und der Catherine Beach im Norden.

! *Baedeker* TIPP

Tag Along Tour

Hilfsbereit, teamfähig und abenteuerlustig sollte man sein, wenn man sich der 19-tägigen Outback-Tour über die legendäre *Canning Stock Route* anschließen möchte, die 2010 ihr 100-jähriges Bestehen feierte. Fast 60 Jahre lang diente der Track dem Viehtrieb. Von Perth geht es in Allradcampers im geführten Konvoi durch Wüste, Sand und Berge über Wiluna nach Halls Creek und von dort über Timber Creek nach Darwin, wo die Fahrzeuge wieder abgegeben werden. Übernachtet wird in freier Natur unterm südlichem Sternenhimmel (www.canningstockroutecentenary.com, www.karawane.de).

★ Rottnest Island

Wer in 30 Minuten mit der Schnellfähre **»Rottnest Express«** (tgl. ab Barrack Street Jetty, Perth oder Victoria Quay bzw. Northport Terminal, Fremantle, www.rottnestexpress.com.au) nach Thomson Bay Settlement übersetzt, glaubt in einer anderen Welt zu sein! Selbst in dem 800-Einwohner-Hauptort stört kaum ein Auto. Und die graubraunen, eichhörnchenähnlichen **Quokka-Zwergkängurus**, die auf

Von Perth sind es 2720 km bis zur nächsten Großstadt ...

der Insel heimisch und überall gut zu beobachten sind, nähern sich den Menschen ohne Scheu. Denn das 19 km vor der Küste gelegene Eiland steht bereits seit 1917 unter Naturschutz – nur die Einheimischen dürfen Auto fahren. Traumbuchten mit einsamen, **schneeweißen Sandstränden** rund um die Insel kann der Besucher fast ungestört mit dem **Fahrrad** erkunden. Leihräder bekommt man bei Rottnest Bike Hire, Thomson Bay, Tel. 08 / 792 92 51 05. Wer surfen lernen möchte, kann es mit Surfing Western Australia lernen (Fr. bis Mo.; www.surfingwa.com.au).

The Quad ►

The Quad, ein achteckiges Kalksteingebäude mit großem Innenhof, wurde 1864 als Gefängnis errichtet. Die renovierten Arrestzellen sind heute Urlaubsquartiere. Das benachbarte Rottnest Hotel wurde im gleichen Jahr als Sommerresidenz für den Gouverneur von Westaustralien gebaut. Das **Rottnest Museum** zeigt in der Scheune und Dreschmühle von 1857 die Geologie der Insel, historische Sammlungen und Reste von Schiffswracks (Öffnungszeiten: tgl. 10.45 – 15.30 Uhr, www.rottnestisland.com). Die meisten der kleinen Kalksteinhäuser am Hafen im Osten der Insel wurden um 1860 in Sträflingsarbeit errichtet; sie gehören zu den ältesten Gebäuden in Western Australia.

✶ Hillarys Boat Harbour

Rund 20 km nordwestlich von Perth liegt Hillarys Boat Harbour am Indischen Ozean. Hauptattraktion ist das **Aquarium of Western Australia**, wo man in einem begehbaren Unterwasser-Glastunnel heimische Meerestiere beobachten kann, darunter Stachelrochen, Mantas und Delfine. Einmalige Erlebnisse sind das Haifischtauchen sowie das Spiel mit den Delfinen in einem besonderen Becken. Ferner veranstaltet das Aquarium von Oktober bis Dezember »Ocean Safaris«, bei denen Seelöwen, Delfine und mit Glück auch Buckelwale beobachten werden können (91 Southside Drive, Öffnungszeiten: tgl. 10.00 – 17.00 Uhr, www.aqwa.com.au).

✶ Yanchep National Park

Etwa 55 km nördlich von Perth erreicht man über Wanneroo den touristisch gut ausgestatteten Yanchep National Park, ein beliebtes Ausflugsgebiet der Perthianer. Bemerkenswert ist die Vielzahl an Vögeln, **Kängurus, Emus und Koalas** (in Gehegen), die sich in dem Nebeneinander von natürlicher Vegetation, künstlich angelegten Rasenteppichen und Gartenanlagen wohl fühlen. Sehenswert sind auch die Tropfsteinhöhlen; die Crystal Cave im Osten des Nationalparks kann man erkunden.

New Norcia

✶ Benediktinerkloster ►

Ein Tagesausflug führt nach New Norcia, 130 km nordöstlich von Perth. Hier gründeten 1846 spanischen Mönche ein Benediktinerkloster. Es wurde Anfang des 20. Jh.s vollendet, die Kathedrale 1860 geweiht. Die beiden Colleges von 1908 und 1913 sind Internate. Wertvolle Kunstschätze sind im Museum zu sehen (Öffnungszeiten: tgl. 9.30 – 16.00 Uhr, www.newnorcia.wa.edu.au). Im Gästehaus des Klosters kann man übernachten (Tel. 08 / 96 54 80 02).

★ Swan Valley

Nordöstlich von Perth windet sich der Swan River durch die **älteste Weinbauregion Westaustraliens**. Man besucht sie am besten mit einem Ausflugsboot ab der Barrack Street Jetty in Perth. 21 Kellereien laden zur Weinprobe ein, darunter **Evans & Tate** Swan Street, Henley Brook (Öffnungszeiten: Mo. – Fr. 9.00 – 17.00 Uhr, Sa., So. 10.00 bis 16.00 Uhr), **Garbin**, 209 Toodyay Road, Middle Swan (Öffnungszeiten: Mo. – Sa. 8.30 – 17.30 Uhr) oder **Lamont**, Bisdee Road, Millendon (Öffnungszeiten: Mi. – So. 10.00 – 17.00 Uhr).

Walyunga National Park

Etwa 40 km nordöstlich von Perth hat der hier noch junge Swan River eine wildromantische Schlucht im Bereich der Darling Ranges geschaffen, wo man wandern, klettern, baden und raften kann. Im Walyunga National Park befindet sich der größte Siedlungsplatz der **Aborigines** im Großraum Perth. Er wurde von den australischen Ureinwohnern bis ins späte 19. Jh. benutzt. Archäologen haben zahlreiche Werkzeuge aus Stein und Knochen gefunden. Der Walyunga Aboriginal Heritage Trail führt am Flussufer entlang. Weitere Wege führen über Berge durch Eukalyptuswälder.

★ Cohuna Koala Park

Knapp 25 km südöstlich von Perth ist der Cohuna Koala Park ein Besuchermagnet. An Wochenenden kommen viele Familien, um die **größte Koala-Kolonie Westaustraliens** zu erleben. Außerdem springen hier über 300 zahme Kängurus herum (Mills Road East, Öffnungszeiten: tgl. 10.00 – 17.00 Uhr, www.cohunu.com.au).

Rockingham

Die einst wichtige Hafenstadt Rockingham (50 000 Einw.), 45 km südlich von ► Perth, verlor Ende des 19. Jh.s nach dem Ausbau des Hafens von ► Fremantle an Bedeutung. Wegen der schönen, geschützten Strände und der günstigen Nähe zu Perth erlebte Rockingham trotz der angrenzenden Industrieanlagen eine rasante Entwicklung zur Ferien- und Pendlersiedlung. Beliebt sind Bootsfahrten zu den vorgelagerten Inseln, besonders nach **Penguin Island** mit einer Pinguinkolonie. Ein Aussichtspunkt bei Point Peron bietet einen herrlichen Panoramablick über Ozean, Inseln, Küste und Stadt. Der Shoalwater Bay Islands Marine Park erstreckt sich südlich von Garden Island bis zum Warnbro Beach am Becher Point.

★ ★ Purnululu National Park · Bungle Bungle

L 5

Bis Mitte der 1980er-Jahre waren die von den örtlichen Kija-Aborigines »Purnululu« genannten Sandsteindome der Bungle Bungle Range kaum bekannt. 1987 wurden die bienenkorbähnlichen, schwarz-orange gestreiften Bergkuppen zum Nationalpark erklärt und 2003 zum UNESCO-Weltnaturerbe erhoben.

Bringen Reisende zum Staunen: die gestreiften Sandsteinhügel der Bungle Bungle Range im Purnululu-Nationalpark

Purnululu National Park

Nur von April bis November kann man den 3200 km² großen Nationalpark besuchen, während der Regenzeit ist er gesperrt. Dann führen allenfalls **Rundflüge** vom Bellburn Airstrip das Naturwunder vor Augen (www.slingair.com.au). Wer kein Allradfahrzeug hat, sollte sich auf jeden Fall einer **geführten Tour** anschließen, z. B. Kimberley Adventure Tours ab ►Broome (www.kimberleyadventures.com.au).
Für die seltsamen schwarzen Streifen der **»Beehive«-Felsendome** sind Flechten verantwortlich, die den 350 Mio. Jahre alten Stein durchziehen. Die orangefarbenen Streifen deuten auf Silikate im Gestein hin, die der Regen freigelegt hat. Zum Schutz des empfindlichen Purnululu ist das Klettern im Park verboten.
Man erreicht den Park über den Great Northern Highway. 240 km südlich von ►Kununurra wechselt man auf eine unbefestigte Schotterpiste, auf der man 56 km zurücklegt. Für diese Strecke muss man mindestens zwei Stunden Fahrzeit einkalkulieren. Dann hat man im Park die »Three-Ways-Kreuzung« erreicht. In Richtung Norden geht es über den Kurrajong-Campingplatz (5 km) zum Echidna Chasm (weitere 15 km). Vom Parkplatz führt ein 1,5 km langer Fußweg in die **Echidna-Schlucht.** Fährt man dagegen nach Süden, erreicht man über den Bellburn-Campingplatz nach insgesamt 32 km den Parkplatz am Piccaninny Creek. Er ist Ausgangspunkt für einen leichten Wanderweg in die **Cathedral Gorge** (2,5 km); ein weiterführender schwieriger Weg endet nach 18 km in der **Piccaninny Gorge** (8 bis 10 Stunden); von der Schlucht aus kann man den Purnululu aus nächster Nähe besichtigen.

Echidna Chasm ►

★★ Shark Bay · Monkey Mia

C 9

Im stillen Wasser der Shark Bay, gut 800 km nördlich von ►Perth, kommen fast nach Stundenplan wilde Delfine an den Strand, um Menschen aus der Hand zu fressen. Seit 1991 steht die geschützte Bucht auf der UNESCO-Liste des Weltnaturerbes.

Das einstige Perlenfischerzentrum **Denham** (1200 Einw.) ist die westlichste Stadt des fünften Kontinents und hat sich zum touristischen Zentrum der Shark Bay entwickelt. Die Unterkünfte sind das ganze Jahr über schnell ausgebucht, müssen also früh reserviert werden!

★ Hamelin Pool

Im Hamelin Pool blieb ein besonderes Relikt der Erdgeschichte erhalten: Die hier leicht zugänglichen **Stromatolithen** werden von Mikroben gebildet, die schon vor drei Milliarden Jahren vorkamen, die ältesten bekannten Lebewesen der Erde. Bis zu eineinhalb Meter hoch ragen die Kalkablagerungen aus der salzigen Lagune – bis zu zehn Millionen Mal größer als ihre Schöpfer. Der 60 km lange **Shell Beach** nördlich von Hamelin Pool besteht aus einer bis zu 15 m hohen Schicht winziger Herzmuschelschalen.

★★ Monkey Mia

Berühmtestes Aushängeschild von Shark Bay sind die **Delfine** von Monkey Mia, 20 km nördlich von Denham (►Special Guide, S. 5). Seit über 40 Jahren kommen die Tümmler am frühen Morgen in die Bucht und kreuzen vor dem **Dolphin Information Centre** und dem **Monkey Mia Dolphin Resort** (www.monkeymia.com.au) im knietiefen Wasser. Am Strand stehen die Zuschauer dicht an dicht und erleben, wie die Ranger die fast zahmen Meeresbewohner füttern. 600 Tiere leben in der Bucht von Shark Bay, 460 können Wissenschaftler anhand der Rückenflosse unterscheiden, 7 bis 10 sind regelmäßig am Strand zu sehen. Das Spektakel wiederholt sich 3-mal täglich – kontrolliert von CALM, dem Department of Conservation and Land Management. Der Delfin-Nachwuchs bekommt nichts, damit der Jagdinstinkt erhalten bleibt.

Unter Schutz stehen auch die **Dugongs**. Rund 10 000 dieser 300 kg schweren »Sirenen« leben in Shark Bay – die größte Seekuh-Kolonie weltweit.

Aboriginal Guide Darren »Capes« Capewell erklärt auf dreistündigen Kajaktouren entlang des Ufers der Monkey-Mia-Bucht Flora und Fauna und die facettenreiche Geschichte und Kultur seiner Vorfahren (www.wulaguda.com.au).

Die zutraulichen Delfine kommen bis ins knietiefe Wasser – heute dürfen allerdings nur noch die Ranger füttern.

Peron National Park

Karminrot leuchten die Sanddünen am Cape Peron. An der Nordspitze der überwiegend von Trockengebüsch bestandenen Halbinsel steht ein mit Sonnenenergie betriebener Leuchtturm. Der Nationalpark bietet vielen seltenen Tierarten Schutz. Für die meisten Wege braucht man ein Allradfahrzeug. Eine Attraktion ist der durch artesisches Wasser gespeiste Thermalpool – das 44 °C warme, stark mineralhaltige Wasser sprudelt durch eine Bohrung aus über 500 m Tiefe an die Oberfläche. Ein elektrischer Zaun trennt das **»Lost Project Eden«** von der restlichen Peron Peninsula. Um ein Stück »echtes« Australien zu retten, richtete CALM dort um 1990 ein Schutzgebiet für die einheimische Tierwelt ein – heute leben hier bereits wieder Bandicoots und Bilbies im Busch.

★★ Windjana Gorge National Park

J 5

Zwar ist die Piste zur Windjana Gorge nur in der Trockenzeit von Mai bis November freigegeben – die schönste Schlucht Westaustraliens, 150 km östlich von Derby, lohnt jedoch die Mühe.

Schönste Schlucht in WA

Auf dem 3,5 km langen, sandigen Pfad, der dem mäandernden Lauf des Lennard River folgt, kann man sich lebhaft vorstellen, dass die wild gezackten Wände der Windjana Gorge einst Teil des **Devonian Great Barrier Reef** waren, das im Erdzeitalter des Devon in der ganzen Kimberley-Region entstand – damals bedeckte ein flaches, tropisches Meer den Nordwesten Australiens.

Während der Regenzeit überflutet der Lennard River als reißender Strom den Nationalpark. Aber auch in der Trockenzeit bleiben kühle Teiche auf dem Grund der Schlucht zurück. Entlang des Wasserlaufs wachsen **Flusseukalypten** und Feigenbäume. Höhlen in den Kalksteinwänden enthalten **Felsmalereien** der Aborigines. Im »Classic Face«, dem östlichen Abschnitt der Schlucht an der Nordwand, zeigt sich der Aufbau des vorzeitlichen Riffs besonders gut. Süßwasserkrokodile der harmloseren Johnsoni-Gattung (► Baedeker Special S. 306) dösen auf den Sandbänken der Schlucht. Der Eingang zum Park liegt 20 km östlich der ► Gibb River Road. Im Gegensatz zur unzugänglichen ► Geikie Gorge kann die Windjana-Schlucht in der Trockenzeit gut erwandert werden. Ein 3,5 km langer **Wanderweg** führt vom Campingplatz aus durch die Schlucht, wobei Vögel und Flughunde, eventuell auch Krokodile zu beobachten sind.

★ Tunnel Creek National Park

Wer den stockdunklen Tunnel Creek etwa 20 km südlich der Windjana Gorge erkunden will, benötigt vor allem Licht. 750 m lang ist de **3 bis 15 m hohe Tunnel** und ein Werk der steten Tropfen, die den Kalkstein im Laufe von Jahrmillionen ausgehöhlt haben. Im Schein der Taschenlampe watet man Schritt für Schritt durch den morastigen Untergrund. Direkt nach der Regenzeit können sogar einige Schwimmzüge notwendig werden.

Wolfe Creek Meteorite National Park

K-L 6

Abends oder am frühen Morgen und am besten aus der Luft sollte man sich den Wolfe Creek Meteorite National Park ansehen.

★ **Riesiger Meteoritenkrater**

Denn dann zeichnet das Sonnenlicht die Umrisse des nach dem Barringer-Krater in Arizona **zweitgrößten Meteoritenkraters der Welt** richtig plastisch aus, kann man sich bei einem Rundflug die Wucht des urzeitlichen Einschlags vor rund 300 000 Jahren lebhaft ausmalen – Rundflüge kann man im **Halls Creek** Visitor Centre buchen (www.hallscreektourism.com.au).
Der Durchmesser des Kraters beträgt rund 850 m. Die Trockenheit hat der Erosion wenig Spielraum gelassen, sodass die 30 m hohen Kraterränder gut erhalten sind. Vom Wind verwehter Sand hat die innere Schüssel teilweise ausgefüllt. Man erreicht den Krater über den Great Northern Highway, 16 km südlich von Halls Creek biegt man auf eine Piste ab. Im Park gibt es keine touristischen Einrichtungen.

Wyndham

L 4

Die nördlichste Stadt im Bundesstaat Western Australia entstand zur Versorgung der Goldgräber in Halls Creek und ist heute Versorgungszentrum für die Farmen in der Region.

Nördlichste Stadt in Western Australia

Das 800-Einwohner-Städtchen liegt an der Nordspitze des Great Northern Highway, 95 km nordwestlich von ► Kununurra. Old Wyndham Port am Cambridge Gulf war der ursprüngliche Standort, hier steht auch noch eine Reihe historischer Gebäude, u. a. die Post und das alte Gericht. Mehr über die Stadtgeschichte erfährt man im Port Museum. Der **afghanische Friedhof** erinnert an die Zeit, als Kamelkarawanen mit afghanischen Anführern von hier die Siedlungen im Norden der Kimberley mit lebenswichtigen Dingen versorgten. Wyndham ist auch die Heimat der gefährlichen »Big Crocs«, **riesiger Krokodile** – 20 m hoch begrüßt eines von ihnen als Wahrzeichen aus Beton die Besucher. Lebende Exemplare tummeln sich beim **Crocodile Lookout** am Pier des alten Schlachthofs und in der Wyndham Crocodile Farm an der Port Barytes Road (Tel. 08 / 91 61 11 24).

◄ Big Crocs

REGISTER

a

b

C

d

n

o

p

q

r

t

u

Z

VERZEICHNIS DER KARTEN & GRAFISCHEN DARSTELLUNGEN

BILDNACHWEIS

AKG S. 52, 74, 76, 77, 79, 249 (unten rechts)
ASA Mac Namara: S. 84/85, 173 (rechts)
Associated Press: S. 83
Australian Tourist Commission ATC: S. 5, 14, 15 (unten), 16/17,17 oben, 18, 19 (3x), 20 (Mitte u. unten), 21, 40, 65, 66, 85, 93, 96, 97, 105, 115, 131, 134, 154 rechts oben, 159 (unten links und oben links), 160, 170 (oben links), 174, 170 (unten rechts, oben links), 177 (oben), 178, 186, 187 (5x), 190, 201, 220, 248, 249 (oben u. Mitte unten), 257 (oben links), 257 (2 x rechts), 262 oben, 263 (oben), 284, 332, 334, 338, 348, 357, 359, 362 (unten), 363 (links), 368, 373, 389, 394, 405, 419, 422, 428, 432, 445, 452, 462, 486, 501, 524, 537, 542, 552, U2, U4
Baedeker Archiv:: S. 6, 125, 126, 127, 128, 443, 465, 512, 546
Bareth: S. 188, 380
Best of Travel: S. 11, 152
Bilderberg: S. 26/27/28/29, 285, 364
Borowski: S. 63, 207, 213, 230, 232, 260, 413, 421, 507, 511
Corbis/Zefa/Treverton: S. 73, 154 (Mitte), 176/177
DLR, Oberpfaffenhofen, Dr. M. Dameris: S. 34/35, 168 (unten),172 (rechts), 554
Grohe: S. 1, 109
DuMont Bildarchiv: S. 11, 168 (unten rechts), 251, 321, 438, 467, 470
DuMont Bildarchiv/Emmler: S. 3 (rechts), 20 (oben), 146 / 147, 170 (oben rechts), 297, 406, 440, 485, 497
DuMont Bildarchiv/Gasterland-Teschner: S. 45, 69, 149 (2 x), 163 (Mitte), 163 (oben links), 203, 219, 251, 279, 282, 287, 304, 316, 344, 350, 354, 370, 387
DuMont Bildarchiv/Leue: S. 7 (rechts), 111, 172 (links), 246, 250, 254, 258
DuMont Bildarchiv/Widmann: S. 7 (links), 10 (oben), 13 (oben), 15 (oben), 22, 37, 43, 46, 51, 55, 60, 63 (rechts nten) 70, 163 (oben li.), 163 (unten rechts), 163 (unten inks) 165 (Mitte rechts und unten rechts) 165 (unten), 185, 284, 304, 316, 355, 396, 401, 409, 412, 415, 437, 447, 450, 455, 485, 521, 527, 540, 544, 547, 550, 556, 565, 568, Umschlagklappe hinten
IFA-Bilderteam, Bail & Spiegel: S. 2, 363 (rechts)
Interfoto: S. 322, 323
Kratt: S. 523, 569
Laif/Kristensen: S. 262 (Mitte), 263 (oben links)
Laif/J. M. La Roque: S. 154 (unten rechts), 173 (links), 477
Leue: S. 3 (links unten), 9 (links), 25, 38, 99, 101, 154 (links oben), 198, 216, 237, 253, 299, 303, 310, 318, 324, 328, 371, 383
Mauritius/Nakamura: S. 514
Necke: S. 326
Novak: S. 9 (rechts) 165 (unten links), 552
Laif/Emmler: S. 4, 12, 13 (unten), 56, 116, 147, 159 (oben rechts), 165 (oben rechts), 168 (oben rechts), 170 (unten links), 192, 225, 231, 234, 261, 270, 273, 274, 288, 307, 313, 314, 325, 366, 377, 385, 460, 529, 531, 535, 536, 548, 561
Okapia: S. 29 (unten), 362 (Mitte)
PA (dpa): S. 15 (unten), 256 (2x), 306
photoweb: S. 257 (unten links)
Rometsch: S. 8 (links unten), 141, 154 (unten links), 177 (oben9
Tourism Australia: S. 89
Wrba: S. 301
Zakrezewski: S. 293, 356, 375
Schliebitz: S. 210, 240, 425, 483

Titelbild: McPHOTO/Vario Images

IMPRESSUM

Ausstattung:
289 Abbildungen, 60 Karten und grafische Darstellungen, eine große Reisekarte

Text:
Hilke Maunder und Dr. Madeleine Reincke; mit Beiträgen von Birgit Borowski, Ellen Hahn, Dr. Gerlinde Lamping, Prof. Dr. Heinrich Lamping, Silwen Randebrock, Anja Schliebitz, Wolfgang Veit und Reinhard Zakrzewski

Bearbeitung:
Baedeker Redaktion (Isolde Bacher)

Kartografie:
Christoph Gallus, Hohberg; MAIRDUMONT/Falk Verlag, Ostfildern (Reisekarte)

3D-Illustrationen:
jangled nerves, Stuttgart

Gestalterisches Konzept:
independent Medien-Design, München (Kathrin Schemel)

Chefredaktion:
Rainer Eisenschmid, Baedeker Ostfildern

9. Auflage 2011

Urheberschaft:
Karl Baedeker Verlag, Ostfildern

Nutzungsrecht:
MAIRDUMONT GmbH & Co KG; Ostfildern

Anzeigenvermarktung:
MAIRDUMONT MEDIA
Tel 0049 711 4502 333
Fax 0049 711 4502 1012
media@mairdumont.com
http://media.mairdumont.com

Printed in China

atmosfair

Reisen bereichert und verbindet Menschen und Kulturen. Jedoch wer reist, erzeugt auch CO_2. Dabei trägt der Flugverkehr mit bis zu 10% zur globalen Erwärmung bei. Wer das Klima schützen will, sollte sich somit nach Möglichkeit für die schonendere Reiseform entscheiden (wie z. B. die Bahn). Wenn keine Alternative zum Fliegen besteht, kann man mit atmosfair handeln und klimafördernde Projekte unterstützen.
atmosfair ist eine gemeinnützige Klimaschutzorganisation unter der Schirmherrschaft von Klaus Töpfer. Die Idee: Flugpassagiere spenden einen kilometerabhängigen Beitrag für die von ihnen verursachten

nachdenken • klimabewusst reisen
atmosfair

Emissionen und finanzieren damit Projekte in Entwicklungsländern, die dort den Ausstoß von Klimagasen verringern helfen. Dazu berechnet man mit dem Emissionsrechner auf **www.atmosfair.de** wieviel CO_2 der Flug produziert und was es kostet, eine vergleichbare Menge Klimagase einzusparen (z.B. Berlin – London – Berlin 13 Euro). atmosfair garantiert die sorgfältige Verwendung Ihres Beitrags. Auch der Karl Baedeker Verlag fliegt mit *atmosfair*. Unterstützen auch Sie unser Klima. Alle Informationen dazu auf www.atmosfair.de.

BAEDEKER VERLAGSPROGRAMM

- Ägypten
- Algarve
- Allgäu
- Amsterdam
- Andalusien
- Argentinien
- Athen
- Australien
- Australien • Osten
- Bali
- Baltikum
- Barcelona
- Bayerischer Wald
- Belgien
- Berlin • Potsdam
- Bodensee
- Brasilien
- Bretagne
- Brüssel
- Budapest
- Bulgarien
- Burgund
- Chicago • Große Seen
- China
- Costa Blanca
- Costa Brava
- Dänemark
- Deutsche Nordseeküste
- Deutschland
- Deutschland • Osten
- Djerba • Südtunesien
- Dominik. Republik
- Dresden
- Dubai • VAE
- Elba
- Elsass • Vogesen
- Finnland
- Florenz
- Florida
- Franken
- Frankfurt am Main
- Frankreich
- Frankreich • Norden
- Fuerteventura
- Gardasee
- Golf von Neapel
- Gomera
- Gran Canaria
- Griechenland
- Griechische Inseln
- Großbritannien
- Hamburg
- Harz
- Hongkong • Macao
- Indien
- Irland
- Island
- Israel
- Istanbul
- Istrien • Kvarner Bucht
- Italien
- Italien • Norden
- Italien • Süden
- Italienische Adria
- Italienische Riviera
- Japan
- Jordanien
- Kalifornien
- Kanada • Osten
- Kanada • Westen
- Kanalinseln
- Kapstadt • Garden Route
- Kenia
- Köln
- Kopenhagen
- Korfu • Ionische Inseln
- Korsika
- Kos
- Kreta
- Kroatische Adriaküste • Dalmatien
- Kuba
- La Palma
- Lanzarote
- Leipzig • Halle
- Lissabon
- Loire
- London
- Madeira
- Madrid
- Malediven
- Mallorca
- Malta • Gozo • Comino
- Marokko
- Mecklenburg-Vorpommern
- Menorca
- Mexiko
- Moskau
- München

- Namibia
- Neuseeland
- New York
- Niederlande
- Norwegen
- Oberbayern
- Oberital. Seen • Lombardei • Mailand
- Österreich
- Paris
- Peking
- Piemont
- Polen
- Polnische Ostseeküste • Danzig • Masuren
- Portugal
- Prag
- Provence • Côte d'Azur
- Rhodos
- Rom
- Rügen • Hiddensee
- Ruhrgebiet
- Rumänien
- Russland (Europäischer Teil)
- Sachsen
- Salzburger Land
- St. Petersburg
- Sardinien
- Schottland
- Schwäbische Alb
- Schwarzwald
- Schweden
- Schweiz
- Sizilien
- Skandinavien
- Slowenien
- Spanien
- Spanien • Norden • Jakobsweg
- Sri Lanka
- Stuttgart
- Südafrika
- Südengland
- Südschweden • Stockholm
- Südtirol
- Sylt
- Teneriffa
- Tessin
- Thailand
- Thüringen
- Toskana
- Tschechien
- Tunesien
- Türkei
- Türkische Mittelmeerküste
- Umbrien
- Ungarn
- USA
- USA • Nordosten
- USA • Nordwesten
- USA • Südwesten
- Usedom
- Venedig
- Vietnam
- Weimar
- Wien
- Zürich
- Zypern

BAEDEKER ENGLISH

- Andalusia
- Austria
- Bali
- Barcelona
- Berlin
- Brazil
- Budapest
- Cape Town • Garden Route
- China
- Cologne
- Dresden
- Dubai
- Egypt
- Florence
- Florida
- France
- Gran Canaria
- Greece
- Iceland
- India
- Ireland
- Italy
- Japan
- London
- Mexico
- Morocco
- New York
- Norway
- Paris
- Portugal
- Prague
- Rome
- South Africa
- Spain
- Thailand
- Tuscany
- Venice
- Vienna
- Vietnam

LIEBE LESERINNEN, LIEBE LESER,

ein herzliches Dankeschön, dass Sie sich für einen Baedeker Allianz Reiseführer entschieden haben. Er wird Sie zuverlässig auf Ihrer Reise begleiten und Sie nicht im Stich lassen.
Natürlich beschreibt er die wichtigen Sehenswürdigkeiten, aber er empfiehlt auch die nettesten Kneipen und Bars, dazu Hotels für den großen und kleinen Geldbeutel, gibt Tipps für Restaurants, Shopping und für vieles mehr, was eine Reise zum Erlebnis macht. Dafür haben unsere Autoren Sorge getragen. Sie sind für Sie regelmäßig nach Australien gereist und haben all ihre Erfahrungen und Kenntnisse in diesen Reiseführer gepackt.

Trotzdem: Die Erfahrung zeigt, dass Fehler und Änderungen nach Drucklegung, für die der Verlag keine Haftung übernehmen kann, nicht ausgeschlossen werden können. Für Kritik, Berichtigungen und Verbesserungsvorschläge sind wir Ihnen außerordentlich dankbar. Schreiben Sie uns, mailen Sie uns oder rufen Sie an:

► **Verlag Karl Baedeker GmbH**
Redaktion
Postfach 3162
D-73751 Ostfildern
Tel. (0711) 4502-262, Fax -343
E-Mail: info@baedeker.com

Besuchen Sie uns auch im Internet unter www. baedeker.com. Hier finden Sie jeden Monat den aktuellen Reisetipp der Redaktion und das gesamte Verlagsprogramm. Hier können Sie auch lesen, wer Karl Baedeker war und wie er seinen ersten Reiseführer geschrieben hat. Mit seinen über 180 Jahren ist der Karl Baedeker Verlag der älteste Reiseführer-Verlag der Welt.

www.baedeker.com

ZU GEWINNEN: STADTREISE NACH LONDON

Unter allen Einsendungen verlost der Verlag am Jahresende – unter Ausschluss des Rechtswegs – eine Städtekurzreise für zwei Personen nach London.
Freuen Sie sich auf ein spannendes Wochenende in London. Natürlich ist ein Baedeker Allianz Reiseführer London auch dabei!